Hugo Aust

Realismus

Lehrbuch Germanistik

Verlag J. B. Metzler
Stuttgart · Weimar

Der Autor

Hugo Aust, geb. 1947, ist Professor für Deutsche Sprache und Literatur sowie deren Didaktik an der Universität zu Köln. Bei J.B. Metzler ist erschienen: »Der historische Roman«, SM 278, 1994; »Literatur des Realismus«, SM 157, 3. Aufl. 2000; »Novelle«, SM 256, 4. Aufl. 2006.

Bibliografische Information Der Deutschen Bibliothek
Die Deutsche Bibliothek verzeichnet diese Publikation in der Deutschen Nationalbibliografie; detaillierte bibliografische Daten sind im Internet über <http://dnb.ddb.de> abrufbar.

Gedruckt auf chlorfrei gebleichtem, säurefreiem und alterungsbeständigem Papier

ISBN-13: 978-3-476-01864-9
ISBN-10: 3-476-01864-4

© 2006 J. B. Metzlersche Verlagsbuchhandlung
und Carl Ernst Poeschel Verlag GmbH in Stuttgart
www.metzlerverlag.de
info@metzlerverlag.de

Einbandgestaltung: Willy Löffelhardt
Satz: DTP + TEXT Eva Burri, Stuttgart, www.dtp-text.de
Druck und Bindung: Kösel, Krugzell, www.koeselbuch.de
Printed in Germany

Juli / 2006

Verlag J. B. Metzler Stuttgart · Weimar

Vorbemerkung

Mit dem Realismus in Kunst und Literatur ist es seltsam bestellt: Der Begriff wirkt altbacken oder – schlimmer noch – er klingt falsch, und doch kommen alltägliche Kunst-Gespräche, feuilletonistische Kritik und akademische Wissenschaft nicht ohne ihn aus.

›Realismus‹ hebt an Kunstwerken die **unverfälschte Wiedergabe des tatsächlichen Lebens** hervor. Das mag in erster Annäherung oder vorübergehend an der künstlerischen Arbeit beobachtet, geschätzt oder auch beanstandet werden, berücksichtigt aber nicht den Grundsatz der ästhetischen Verarbeitung, demzufolge alles Material, ungeachtet seiner Herkunft, zum Baustein für eigene ›Kunsträume‹ und fiktionale Gebäude transformiert wird. Gleicht deshalb nicht die Praxis, an künstlerischen Darstellungen zu loben, wie haargenau sie die Wirklichkeit widerspiegeln, dem törichten Verhalten jener Sperlinge, die ›blindlings‹ dem Reiz der bloß abgebildeten Körner erliegen und automatisch darauf losfliegen? Und doch bemühen sich auch heute noch angesehene Comic-Zeichner darum, nebensächliche Gegenstände wie Laternen und Töpfe so darzustellen, wie sie zu einem bestimmten Zeitpunkt in der Vergangenheit ausgesehen haben (vgl. FAZ vom 16.4.2005); und Filmproduzenten sind stolz auf ihre ›Kunstleistung‹, wenn es ihnen mit neuen digitalen Mitteln gelingt, Figuren ohne Schauspieler als leibhaftige Menschen mit echtem Haar und überzeugender Augenfarbe auf die Leinwand zu bannen. Sollte ›Realismus‹ ein in den Kinderschuhen steckengebliebenes Verfahren bezeichnen, eine vorübergehende Begeisterung für die verblüffende Wirkung entdeckter Darstellungstechniken?

Nach wie vor neigt die sozialhistorisch orientierte Literaturwissenschaft dazu, Entsprechungen zwischen Kunstwelt und gesellschaftlicher Wirklichkeit zu ermitteln und zu bewerten. Geändert haben sich nur die Gegenstände bzw. ›Versatzstücke‹ solcher ›Widerspiegelungen‹ (lokale Besonderheiten, psychische Strukturen, gesellschaftliche Formationen, historische Kräfte, kollektive Wahrnehmungsstile). Mehr denn je oszilliert der Realismus-Begriff zwischen sinnlich erfahrbarer Wiedererkennung und theoretisch fundierter Struktur-Erkenntnis. Sollte ›Realismus‹ ein Ausdruck der Anerkennung sein?

Falsch hingegen klingt ›Realismus‹, weil der Begriff etwas voraussetzt, was er – näher besehen – selbst erst erzeugt, die **Wirklichkeit**. ›Realismus‹ unterstellt die Objektivierbarkeit dessen, was er kraft seiner Darstellung eigentlich erst hervorbringt, obwohl er vorgibt, alles nur abzubilden: die bestimmte, strukturierte, sich bewegende oder stillstehende, sinnerfüllte, sinngewinnende oder sinnverlierende Realität. Und doch gibt es Kunst- und Literaturprozesse, Gerichtsverfahren, die ermitteln, ob künstlerische Darstellungen realistisch sind, das heißt, ob sie darstellen, wie es sich tatsächlich verhält, und die gegebenenfalls solche Darstellungen untersagen bzw. mit Strafe belegen. Damit sind nicht nur die Zensur-Prozesse der Vergangenheit gemeint, vielmehr kennt auch die Gegenwart solche juristischen Schritte gegen insbesondere autobiographische Literatur (z. B. das gerichtliche Verbot des autobiographischen Romans *Esra* von Maxim Biller; vgl. den Bericht in der FAZ vom 7. April 2004, 35). Sollte ›Realismus‹ ein Effekt der jeweils eingeklagten Normverstöße sein?

naiver
Begriff

① wiedererkennen
sinnl.
Erfahrbaren

② Erkennen
von
Strukturen

›Realismus‹ ist trotz seiner Ambivalenz oder gar Widersprüchlichkeit kein Begriff, den man fallen lassen oder auf die Dauer umgehen kann; dafür ist er zu **fundamental**. Selbst radikal skeptische Positionen, die bezweifeln, dass es ›die Wirklichkeit‹ überhaupt gibt, kommen nicht umhin, der Frage nach dem ›Wie-es-sich-eigentlich-verhält‹ einen bestimmten Ort in ihren ›Konstrukten‹ der Welt zu geben. Es mag sein, dass die realistischen Künste immer nur Illusionen erzeugen; doch zeigen die gegenwärtigen Diskussionen über Vernetzung von Information und Virtualisierung von Welt, dass der Illusionsbegriff unter der Hand seine Bedeutung verändert hat. Sollte ›Realismus‹ – gleich einer bestimmten Schachfigur – in jedem (Kunst- oder Literatur-)Spiel unabsehbar viele Positionen einnehmen können – bis hin zu seinem ›Geschlagen-werden‹, worauf natürlich ein weiteres Spiel mit derselben Realismus-Figur erneut beginnen könnte?

Dieser als Lehrbuch konzipierte Band führt in die deutschsprachige Literatur des Realismus ein.

- Er entwirft einen kulturgeschichtlichen Horizont, an dem die philosophischen, wissenschaftsgeschichtlichen, politischen und gesellschaftlichen Bedingungen und Kräfte der sogenannten realistischen Literatur von der Revolution im März 1848 bis zur Jahrhundertwende sichtbar werden.
- Er fasst den Verlauf der realistischen Debatte von der frühen Programmatik in Literaturzeitschriften (1848–1860) bis zur späten Auseinandersetzung mit der jungen Moderne (1880–1890) zusammen.
- Und er stellt schließlich sowohl die bedeutenden Werke (Romane und Novellen) als auch die vom Epochenprofil weniger erfassten Gattungen (Drama, Lyrik) oder gar zum Realismus querliegenden Genres vor (Unterhaltungsliteratur, Verserzählung).

Insbesondere richtet sich die Aufmerksamkeit auf den **Modernitätsgehalt der realistischen Literatur**, die, im Kernbereich des 19. Jh.s gelegen, aus späterer Sicht eigentlich dem traditionellen Muster verpflichtet zu sein scheint. ›Realismus‹ erweist sich jedoch als dynamisches Konzept, das seine eigenen frühen Voraussetzungen – nicht nur unbeabsichtigt, sondern geradezu konsequent – in Frage stellen kann und somit im Lauf eines halben Jahrhunderts den Anschluss an die frühe Moderne gewinnt, ohne das realistische Fundament zu verlassen.

Als Lehrbuch will der vorliegende Band eine Brücke schlagen zwischen einem rapide sich ausweitenden Forschungsbereich und einem jeweils ›endlichen‹ Lernweg. Das geht nicht ohne Vereinfachung und Auswahl. Dennoch sollte das Komplexe, Vielschichtige und auch Widersprüchliche in der ›griffigen‹ Vermittlung erhalten bleiben. Bei dieser Gratwanderung gab es gute Helfer: in entfernter Nachbarschaft die lebhaften Literaturgespräche im gastlichen Haus von Dieter Seibel und Heidi Helmhold, im Zentrum der lektorierenden Betreuung Ute Hechtfischer, die anregend, warnend und unermüdlich helfend das Werden des Bandes von Anfang bis Ende begleitet hat.

Köln, März 2006   Hugo Aust

Inhaltsverzeichnis

Abkürzungen

BR	Bürgerlicher Realismus. Hrsg. von Andreas Huyssen. Stuttgart 1974 (= Die deutsche Literatur. Ein Abriß in Text und Darstellung. Hrsg. von Otto F. Best u. Hans-Jürgen Schmitt, Bd. 11).
BRuG	McInnes, Edward/Plumpe, Gerhard (Hrsg.): Bürgerlicher Realismus und Gründerzeit 1848-1890. München 1996 (= Hansers Sozialgeschichte der deutschen Literatur, Bd. 7).
DD	Dichter über ihre Dichtungen.
	Theodor Fontane. Hrsg. von Richard Brinkmann/Waltraud Wiethölter. 2 Bde. München 1977.
	Gottfried Keller. Hrsg. von Klaus Jeziorkowski. München 1969.
DL	Glaser, Horst Albert (Hrsg.): Deutsche Literatur. Eine Sozialgeschichte. Bd. 7: Vom Nachmärz zur Gründerzeit: Realismus 1848-1880. Reinbek 1982.
DU	Der Deutschunterricht
DVjs	Deutsche Vierteljahrsschrift für Literaturwissenschaft und Geistesgeschichte
EG	Études Germaniques
FBl	Fontane Blätter
GBA	Theodor Fontane: Große Brandenburger Ausgabe. Hrsg. von Gotthard Erler.
IASL	Internationales Archiv für Sozialgeschichte der deutschen Literatur
JDSG	Jahrbuch der Deutschen Schillergesellschaft
JRG	Jahrbuch der Raabe-Gesellschaft
LfL	Literatur für Leser
LL	Theodor Storm: Sämtliche Werke. Hrsg. von K.E. Laage/D. Lohmeier.
MLR	Modern Language Review
RuG	Bucher, Max/Hahl, Werner/Jäger, Georg/Wittmann, Reinhard (Hrsg.): Realismus und Gründerzeit. Manifeste und Dokumente zur deutschen Literatur 1848-1880. Bd. 1: Einführung, Bd. 2: Manifeste und Dokumente. Stuttgart 1975/76.
RuR	Ruckhäberle, Hans-Joachim/Widhammer, Helmuth: Roman und Romantheorie des deutschen Realismus. Darstellung und Dokumente. Frankfurt a.M. 1977.
STSG	Schriften der Theodor-Storm-Gesellschaft
SW	Sämtliche Werke (Anzengruber, Keller, Ludwig, Meyer, Raabe, von Saar)
TbR	Plumpe, Gerhard (Hrsg.): Theorie des bürgerlichen Realismus. Eine Textsammlung. Stuttgart 1985.
TKN	Polheim, Karl Konrad (Hrsg.): Theorie und Kritik der deutschen Novelle von Wieland bis Musil. Tübingen 1970.
W	Werke (Fontane, Ludwig, Stifter)
WB	Weimarer Beiträge
WW	Wirkendes Wort
ZfdPh	Zeitschrift für deutsche Philologie
ZfG	Zeitschrift für Germanistik

I. Grundlagen, Rahmenbedingungen und Selbstbilder der Epoche

1. Allgemeine Tendenzen

1.1 Geschichte des Realismusbegriffs

Manchmal vermögen Einblicke in Etymologie und Wortbildung einen zuverlässigen Vorgeschmack von dem zu vermitteln, was ein zum Begriff gewordenes Wort an semantischer Komplexität oder gar Irritation noch in seinem gegenwärtigen, alltäglichen Gebrauch birgt. So verhält es sich mit Wort und Begriff des ›Realismus‹. Was seine **Wortbildung** betrifft, so leitet sich das Substantiv ›Realismus‹ vom Adjektiv ›realistisch‹ ab, das seinerseits eine geringfügig modifizierte (wohl aber nicht bewertend oder gar überspitzend gemeinte) Ableitung vom Adjektiv ›real‹ darstellt (Duden: *Grammatik* § 861, 909). Dieser wortgeschichtliche Zusammenhang weist bereits auf Komplikationen in der Sache hin: ›Realismus‹ bzw. ›realistisch‹ meint keine Eigenschaft, die ›in‹ einer Sache ›steckt‹ (so wie ›hölzern‹ als Eigenschaft eines Stuhls aus Holz), sondern eine Eigenschaft, besser einen Wert, der einer Sache ›zugeschrieben‹ wird, noch genauer ein ›Prädikat‹, das infolge einer Abwägung, Einschätzung oder Beurteilung einem bestimmten Handeln zuerkannt wird (›realistisch‹ als Eigenschaft einer Zeichnung, die einen Stuhl darstellen soll).

Für zusätzliche Verwirrung könnte der Umstand sorgen, dass gerade das letztlich zugrunde liegende Eigenschaftswort ›real‹ – logisch gesehen – anders gebraucht wird als seine Ableitung ›realistisch‹. Angesprochen ist der Unterschied zwischen dem ›Existenzquantor‹ und einer ›Prädikation‹: Die Aussage »Etwas ist real« entspricht nicht der Aussage »Etwas ist hölzern« oder »Eine Darstellung ist realistisch«. ›Real sein‹ heißt, dass es ›etwas gibt‹, und nicht dass ein Gegenstand die Eigenschaft hat, real zu sein. Dennoch begegnen in der Verständigung über realistische Literatur Formulierungen wie ›reale Gegenstände‹ bzw. ›reale Begebenheiten‹. Ihren Sinn gewinnen sie aus dem unterstellten Gegensatz zu eingebildeten, erfundenen oder schematisch angedeuteten Gegenständen bzw. Begebenheiten, so der reale Stuhl auf der Bühne statt einer Attrappe oder die realen Figuren bzw. Begebenheiten in einem (autobiographischen) Roman, die – sich wiedererkennend – eine solche Abbildung auf dem Weg eines Gerichtsbescheids verbitten können.

Hält man sich an den engeren Ableitungszusammenhang (Realismus – realistisch), so bedeutet ›Realismus‹ in erster Linie **das, was der Wirklichkeit entspricht**, ihr nahesteht und somit lebensecht wirkt (*Duden Universal-Wörterbuch*). Ein solcher **Wortgebrauch** setzt also voraus, dass es so etwas gibt wie Leben, Wirklichkeit oder gesellschaftliche Entwicklungsstufe; und er unterstellt die Möglichkeit, dass man dieser objektiv existierenden, jedenfalls nicht gerade erst individuell hergestellten Außenwelt mit einer subjektiven, also vom Subjekt ausgehenden Handlung, mit einer Abbildung, Darstellung, Einschätzung, Prognose, einem Entwurf oder Plan, mehr oder weniger nahe kommt. Das In-Frage-Stellen sowohl des objektiv Gegebenen als auch des subjektiv Veranstalteten gehört eigentlich nicht ins übliche, alltägliche ›Sprachspiel‹ mit der Wortfigur ›Realismus‹, bildet aber eine Hauptbeschäftigung aller Reflexionen über Realismus. Gebräuchlich ist dieser alltägliche Wortsinn seit dem späten 18. Jh.

[handschriftliche Randnotizen: realistisch, real, alltägl. Wortsinn]

Berücksichtigt man darüber hinaus den weiteren Ableitungszusammenhang (Realismus – real), so rückt schließlich auch das lateinische Ausgangswort *res* bzw. seine mittellateinische Ableitung *realis* in den Blick. Dieses Adjektiv, das ›wesentlich‹ bedeutet, liegt seinerseits dem bereits um 1120 nachweisbaren Wort *realitas* zugrunde, das ›Grund und Boden‹ meint; es wird im 18. Jh. als ›Realität‹ unter Wahrung dieser konkreten Bedeutung eingedeutscht (Weigand: *Deutsches Wörterbuch* ³1878).

Solche Zusammenhänge müssen nicht unbedingt dazu dienen, eine eigentliche Wortbedeutung zu ermitteln; immerhin aber machen sie die semantische ›Belastung‹ einer weit zurückreichenden Wortform mitsamt ihren unterschiedlichen Ableitungen deutlich und wecken Verständnis für eine Gemengelage, deren oszillierende Wirkung wohl noch im gegenwärtigen Sprachgebrauch spürbar bleibt.

[Randnotiz: Kant] Der **wortgeschichtliche Horizont** des Realismus-Begriffs beginnt wohl bei Immanuel Kant. In seiner *Kritik der Urteilskraft* (1790) spezifiziert Kant einen »*Realismus* der Naturzwecke« (KdU § 72, 505 f.) und versteht darunter ein menschenähnliches absichtsvolles Handeln der Natur (im Gegensatz zum »*Idealismus*« solcher Zwecke, der eine kausale oder fatalistische Zweckmäßigkeit meint). An anderer Stelle gilt ihm dieser intentionale Naturzweck auch als ein »wirklicher« (KdU § 58, 454). Das scheint mit dem literarischen Realismus-Verständnis wenig zu tun zu haben, betrifft es aber doch indirekt, insofern die idealistische Alternative gerade jenen Subjektivismus des Geschmacksurteils bezeichnet, der nur selbständig urteilt, also ›rücksichtslos‹ ist, d. h. auf die Wirklichkeit nicht Rücksicht nimmt. Es ist genau diese Haltung, gegen die sich der spätere Realismus programmatisch wenden wird. Die Konsequenz, die schon Kant aus der realistischen Position zieht und natürlich zurückweist, nämlich dass »wir da von der Natur lernen müßten, was wir schön zu finden hätten« (ebd., 457), werden die späteren Realisten durchaus akzeptieren. ›Realismus‹ steht für die prinzipielle Bereitschaft, außer der eigenen Willkür auch noch Anderes berücksichtigen zu wollen.

[Randnotiz: 18 Jh. Realismus in Klassik (Autonomie)] Im 18. Jh. muss dieser »Realismus« im Bann des ästhetischen **Autonomiegedankens,** der die Freiheit und Eigengesetzlichkeit der Literatur verficht, eine negative, gerade den poetischen Anspruch verfehlende Bedeutung haben bzw. bewahren oder annehmen. Im Zuge der sich parallel vollziehenden Kritik am älteren, kanonischen Nachahmungskonzept (s. Kap. II.1.2) gerät der Realismus als rein imitative Darstellungstechnik ohnehin in Misskredit. Realismus bzw. »Realism« kann so gesehen »keinen Poeten machen«, weil er mehr die »Wirksamkeit des Verstandes« als die »Mitwirkung des Ideenvermögens«, auf die es ankommt, anzeigt (Schiller an Goethe, 27. April 1798; 613).

Anzeichen für eine Bedeutungsverbesserung des Wortes ›Realismus‹ begegnen zur Zeit der Romantik in Friedrich Schlegels *Gespräch über die Poesie* (1800) anlässlich der Frage nach den **Quellen der Poesie.** Zwar setzt die Argumentation auch hier am fundamentalen Idealismus-Begriff an, fasst diesen aber so, dass er sich zu einem »grenzenlose[n] Realismus erheben« muss. Dieser »neue Realismus« hat zwar einen idealistischen Ursprung, verselbständigt sich wohl aber im – modern gesprochen – Medium der Poesie, die ihrerseits »auf der Harmonie des Ideellen und Reellen beruhen soll« (Schlegel: *Gespräch*, 499). Damit rückt ›Realismus‹ schon sehr früh (1800) und wenn auch nur vor spezifisch romantischem Hintergrund in die Nähe jener **balancierenden Vermittlung zwischen Realem und Idealem,** die später das Signum des ›programmatischen Realismus‹ sein wird (s. Kap. II.3).

Rückblickend ist es kaum verwunderlich, dass schon bei Schlegel in diesem Zusammenhang dann auch der **Begriff der** »**Verklärung**« fällt (ebd., 501). Natürlich bezeugen die daran geknüpften Begriffe wie ›Mythologie‹, ›Phantasie‹ und ›Liebe‹ das ganz anders gerichtete Interesse; und dennoch wird ein Kerngedanke des späteren Realismusbegriffs, das **Vermittlungskonzept zur ›Rettung‹ der Wirklichkeitskunst** angesichts einer dem positivistischen Zugriff überlassenen Wirklichkeit ahnbar.

Die **lexikalische Gebrauchsgeschichte** zeigt, dass ›Realismus‹ je nach Verwendungszusammenhang (Alltag, Politik, Wissenschaft) verschiedene Bedeutungen annehmen und unterschiedliche Funktionen erfüllen kann. Selbst auf dem engeren Feld der literaturwissenschaftlichen ›Verhandlungen‹ dient dasselbe ›Zahlungsmittel‹ verschiedenen Zwecken: **Es bezeichnet**

Begriff (6 Aspekte)

- ein fundamentales Merkmal von Literatur überhaupt, ihre Verknüpfung mit Welt, Leben und menschlicher Praxis,
- eine Gruppe von Texten, die das Leben nicht ›abstreifen‹ (Th. Mann),
- ein Darstellungsverfahren, das sich entwickeln und verändern kann, aber zu jeder Zeit verfügbar ist,
- einen Funktionszusammenhang, der das gesellschaftliche und politische Veränderungspotential der Literatur betrifft (Brecht 1971, 70),
- einen Grad bzw. Wert ihres Gelingens, also eine literaturkritische Kategorie, und
- eine Epoche ihres verstärkten bzw. typischen Vorkommens.

Diese Vielseitigkeit wirkt auf das Verständnis von ›Realismus‹ zurück, zumal die sechs Aspekte ineinander übergehen. Die folgende Darstellung orientiert sich am letzten Aspekt, geht also vom **Epochenbegriff** aus. Es wird sich zeigen, dass der historische Zugang auch den fundamentalen, inhaltlichen, stiltypologischen, funktionalen und wertenden Aspekt umgreift.

1.2 Hauptströmungen, Schlüsselbegriffe und Leitaspekte

Das Konzept der realistischen Literatur hängt mit allgemeineren und übergreifenden Deutungen von Wirklichkeit und menschlicher Praxis zusammen. Wo immer Literatur im Kontakt mit ihrem Umfeld steht bzw. seine Berührung sucht, rücken **Aspekte der immanenten Welt, der individuellen Autonomie und der teils technischen, teils gesellschaftspolitischen Veränderbarkeit** aller Dinge in den Vordergrund. Das realistische Konzept verwirft transzendente, metaphysische, mythologische und deterministische Muster der Weltdeutung; statt dessen geht es von der Möglichkeit einer rationalen Erkenntnis, selbstverantwortlichen Gestaltung und förderlichen Aneignung der Welt aus. Erst auf dieser Grundlage erfahren Realisten wie Keller, Storm, Raabe und Fontane die **Grenzen des Sag- und Beschreibbaren** und greifen erneut auf mythologische Muster zurück, um »ihre neue und radikale Einsicht in Tiefe, innere Pluralität und Ungreifbarkeit des Subjekts« zu gestalten (Böschenstein 1986, 120).

Im weitesten Sinn meint ›Realismus‹ eine den Dingen und Prozessen der Welt abgeschaute bzw. abgelesene Tätigkeit, eine produktive Praxis, die im Einklang mit Produktionsvorgängen in der Natur steht. Auf sie zielt der **Aristotelische Mimesis-Begriff** (vgl. Kap. II.1.2), der – in mannigfaltiger Abwandlung – das Realismus-Konzept über Jahrtausende tradierte und mit Unterbrechungen sogar bis in die Gegenwart vermittelte. ›Realismus‹ ist somit von Anfang an ein in den Künsten und in der Literatur präsentes Phänomen, ein Prinzip und Verfahren, bestimmte Ausschnitte der Wirklichkeit bzw. entscheidende Entwicklungen im gesellschaftlichen Leben wiedererkennbar, angemessen, innovativ, ernst bzw. kritisch, vielleicht auch heiter, nicht aber satirisch zu reproduzieren (vgl. Auerbach 1946; Kohl 1977).

Die Lokalisierung realistischer Literaturkonzepte in der frühen Neuzeit (ab der Renaissance), unterstreicht all jene Bewegungen und Kräfte, die zur »Legitimierung der Neuzeit« (Blumenberg 1966) beitrugen. Hierzu gehören die **Prozesse der Säkularisierung, Verwissenschaftlichung, Modernisierung und Emanzipation**. Betroffen sind davon alle Lebensbereiche. Das realistische Prinzip zeichnet sich dadurch aus, dass es solche Bezüge deutlich macht und deutlich hält. ›Realismus‹ steht in diesem Sinn für das **Verhältnis der Literatur zur Wirklichkeit** überhaupt (vgl. Spriewald 1974), für ihre besondere Form von »Aneignung der Welt« (Weimann 1977). Das bedeutet jenseits marxistisch-leninistischer Festschreibung, dass die Welt als frei, offen und veränderbar angesehen wird, so dass sie neue Beziehungen eingehen kann; das bedeutet, dass sie ›Anderes‹ enthält, als was man bereits, von Natur aus hat, so dass sich ihr Besitz lohnt; und schließlich bedeutet es, dass es geeignete Handlungsweisen gibt, um sich das Andere und Fremde anzueignen. Die Merkmale eines so verstandenen Realismus hängen demnach von den jeweiligen Welt-, Erfahrungs- und Tätigkeitstheorien ab, von Konzepten, die Auskunft geben darüber, welche Welt relevant ist, wie sie wahrgenommen werden soll und welche Handlungen dabei erforderlich sind.

Das gilt auch für die zweite Hälfte des 19. Jh.s, in dem die **Modernisierung durch Liberalismus, Positivismus** (vgl. Kap. 2.3 u. 4.1) und **Industrialisierung** das Epochenbild prägen. Die zweite Hälfte des 19. Jh.s ist **eine Zeit**

- **der Revolutionen** (von unten wie von oben, des Staates, der Gesellschaft, der Wirtschaft und des Wissens),
- **der Kriege** (im Inneren, nach Außen, in der Ferne) und
- **der Machtspiele** (mit Waffen, Aktien und Reden),
- **des Fortschritts** (in Verwaltung, Wissenschaft, Technik, Hygiene und Erziehung),
- **der Gründungen** und Entdeckungen,
- **des Geldes** und des Kapitals.

Es ist eine Zeit hoher Erwartungen und tiefer Enttäuschungen, in der euphorische und depressive Phasen dicht aufeinander folgen (Gründerzeit). Ist es etwa schon die Geburtsstunde der Erkenntnis, »daß die ›Demokratie‹, d. h. eine parlamentarische Verfassung auf der Grundlage breitgestreuten Stimmrechts, eine Unvermeidbarkeit war; aber mehr noch: daß sie zwar ein vielleicht lästiges, aber politisch unschädliches Übel war«? (Hobsbawm 1979, 15). Im 19. Jh. bereitet sich manches vor, was im 20. Jh. das Glück und Unglück der Menschen ausmachen wird (technischer und wissenschaftlicher Fortschritt, wirtschaftliche Expansion, Massen- und Mediengesellschaft).

Allgemein gilt, dass dieses Zeitalter ein bürgerliches gewesen ist. **Bürgerlich** bedeutet im Sinne der Aufklärung eigentlich soviel wie ›allgemein menschlich‹. ›Bürger‹ zu sein heißt auch, als ›**Individuum**‹ anerkannt zu werden. Deshalb meint das bürgerliche Signum der zweiten Jahrhunderthälfte zugleich ein ›individualistisches‹. ›Individuell‹ zu leben setzt existentielle Autonomie voraus. Als entscheidende Grundlage des Lebens im 19. Jh. erweist sich zunehmend das Geld, vielmehr das **Kapital**. Der »Triumph des Kapitalismus« (Hobsbawm 1979, 13) nimmt das aufgeklärte Konzept eines bürgerlichen Individuums zurück und realisiert das autonome Individuum als »triumphierenden Bourgeois« (ebd., 15), dem die Masse der übrigen Individuen zur Verfügung steht. So ist die Vermassung im Zeichen des modernen Individualismus programmiert. Ihre erneute ›individuelle Aufhebung‹ erfolgt – politisch gesehen – in einer gleichfalls epochentypischen »**Nationalisierung der Massen**« (Mosse 1976, nach Nipperdey 1998b, II, 259); Individualisierung und Vermassung schließen sich also nicht aus. Solche »Massen« entstehen im 19. Jh. durch eine ›Bevölkerungsexplosion‹. Demnach wäre das Bürgerliche des Jahrhunderts nur ein Deckmantel für ›Massen‹-Bewegungen und ›nationale‹ Umschichtungen. Dadurch entstehen **neue ›Einheiten‹:**

- nationale Einheiten in erster Linie,
- soziale Einheiten (von der Stände- zur Klassengesellschaft),
- ökonomische Einheiten (Arbeitsteilung, Polarisierung der Gesellschaft durch das Geld-Kriterium) und
- konfessionelle Einheiten (Kulturkampf).

Wenn wesentliche Abschnitte des 19. Jh.s kulturgeschichtlich durch ihren ›**bürgerlichen Sinn**‹ gekennzeichnet sind (vgl. Becker 2003), so zeichnet sich ein spannungsvolles Widerspiel zwischen Globalisierungs- und Diskriminierungstendenzen ab, in dem der Konfliktherd für Gegenwart und Zukunft liegt. Das heißt, immer mehr Menschen werden nach wirtschaftlichen oder verwaltungstechnischen Gesichtspunkten gleichgeschaltet, und immer tiefer spaltet sich die Gesellschaft infolge ihrer Festlegung auf bestimmte Funktionen (Spezialisierung) auf.

Der Schlüsselbegriff für den dramatischen Verlauf des ›bürgerlichen Zeitalters‹ ist der des **Liberalismus** (vgl. Kap. 2.3). Es ist ein überregional wirkendes, alle Lebensbereiche betreffendes Konzept, zwar kein einheitliches Programm und doch ein säkulares Signé. ›Liberalismus‹ bedeutet

> »im politischen Bereich die parlamentarische Demokratie; in der Wirtschaft der aus kleinen und mittleren Unternehmen bestehende industrielle Kapitalismus; in sozialer Hinsicht der Aufstieg und die Machtausübung der Bourgeoisie; kulturell die Freiheit des Denkens und der Meinungsäußerung; in der Moral der Individualismus; auf internationaler Ebene das berühmte Nationalitätsprinzip; im religiösen Bereich ein von Land zu Land unterschiedlicher, mehr oder weniger heftiger oder gemäßigter Antiklerikalismus.« (Cesaire 1985, 134)

Das klingt wie eine erstrebenswerte Utopie und birgt doch, wie bei Utopien nicht selten der Fall, gegenläufige Momente in sich; keiner der genannten Begriffe, selbst ›parlamentarische Demokratie‹ ist vor dem gefeit, was der ›Aufklärung‹ in ihrer ›dialektischen‹ Umkehrung widerfahren ist, als klar wurde, welche Katastrophen ihre Rationalität herbeiführte (Horkheimer/Adorno 1971).

Fortschritt ist ein weiterer (eigentlich im ›Liberalismus‹ enthaltener) Schlüsselbegriff des Jahrhunderts (Hobsbawm 1979). Er scheint Aufbruch zu meinen, zielgerichtetes Handeln auf allen Ebenen zu fördern, den Glauben zu stärken, dass über kurz oder lang alles besser wird. Er scheint der Menschheit zu dienen. Und doch wirkt er sich nicht nur menschenfreundlich aus. Er geht über vieles hinweg, das seinetwegen am Weg zurückbleibt. Fortschritt hat etwas mit Wettkampf und Konkurrenz zu tun. Und hinter diesen liegen auch Hass und **Aggression** (Gay 1996, 10).

Betrachtet man ›Fortschritt‹ im Zusammenhang mit solchen Motiven, dann werden ›Leerstellen‹ am Fortschritt deutlich, die eine Art Dramaturgie des historischen Geschehens ergeben: Auch im Fortschreiten gibt es die Figurenkonstellation von Gewinnern und Verlierern, Siegern und Besiegten, Tätern und Opfern; auch hier wird rechtfertigend zwischen erlaubtem und verbotenem Tun unterschieden, und selbstverständlich kommt es dabei auf die Darstellungsperspektive an, die allein das Eigene vom

Fremden abgrenzt, Täter als Leidtragende hinstellen kann und die Welt weithin sichtbar in Gut und Böse teilt. Die ›poetische Gerechtigkeit‹ des Realismus wird sich an solchen ethischen ›Achsen‹ der Welt abarbeiten müssen. Das Spektrum dieser Mühen reicht von Gustav Freytags *Soll und Haben* bis zu Raabes *Akten des Vogelsangs*.

1.3 Phasengliederung und Periodisierung

›Realismus‹ als literaturgeschichtlicher Begriff umfasst wesentliche Teile der europäischen und transatlantischen Literatur vor allem im 19. Jh., aber auch darüber hinaus; so lässt er sich einerseits schon auf literarische Bewegungen seit der frühen Neuzeit, andererseits auf Richtungen innerhalb der Moderne anwenden. Das bedeutet nicht, dass dieser Begriff einen gemeinsamen Nenner für national und temporal geschiedene Literaturen darstellt; vielmehr begegnen epochale, nationale, regionale und gruppenspezifische Besonderheiten auf Schritt und Tritt, so dass es fast unmöglich erscheint, ein gemeinsames begriffliches Substrat zu ermitteln. Schon zwischen französischem und deutschem Realismus treten die Unterschiede so scharf hervor, dass die Einheit des Begriffs mehr als fraglich wird; und dennoch behauptet sich die Kennzeichnung ›Realismus‹ nahezu weltweit. Der ›**Europäische Realismus**‹ (vgl. Lauer 1980) meint »Europäische Realismen« (Dethloff 2001). Das ist ein deutliches Signal für die Notwendigkeit, den Begriff zu differenzieren, wohl aber nicht dafür, ihn zu beseitigen. Das Differenzierungsgebot lässt sich sogar auf die deutsche Literatur übertragen und verweist dann auf Facettierungen innerhalb der realistischen Literaturen deutscher Sprache.

›Realismus‹ gilt nach wie vor als **Epochenbegriff**. Zwar nimmt das Vertrauen in seine Tauglichkeit rapide ab – weder ›Realismus‹ noch ›Epoche‹ sind ja auf die Dauer festschreibbare Begriffe (vgl. Ackermann 2002; Rosenberg 2002) –, doch lässt sich die mittlerweile in die Jahre gekommene Nomenklatur – soweit zu sehen ist – durch nichts Angemesseneres ersetzen. Die verflüssigenden, fraktalisierenden und dezentralisierenden Tendenzen der jüngeren Forschung richten sich ja nicht nur gegen eine überholte Konvention der epochenbildenden Vereinheitlichung und Trennung, sondern betreffen die Leistung von Begriffen überhaupt und müssen auf dieser Ebene ihrerseits kritisch befragt werden. Das alternative Schlagwort von der »Literaturgeschichte als permanente[r] Umbaulandschaft« (Thielking 2003, 44) suggeriert zwar situationsadäquate und dynamische Handlungskompetenz, droht aber auch zum bloßen Leerlauf permanenten Umräumens zu verkommen; schlimmer noch: Es verkennt die in jedem Fall auszuhandelnden Rahmenbedingungen für ›Bauten‹ und deren Umformung. Gerade die sich hier abzeichnende Architektur-Metaphorik erinnert an die Notwendigkeit von ›stabilen‹ Epochen-Bauten und ›bedürfnisorientierten‹ Epochen-Umbauten. Fließ- und Trennungskonzepte erhalten gerade durch den (metaphorischen) Bezug aufs Bauen ihre verlässlichen Grenzen oder freieren Öffnungen.

Noch hält die Epoche des Realismus ihren herausragenden Platz **in der zweiten Hälfte des 19. Jahrhunderts.** Sie sieht sich zwar von beiden Seiten bedrängt, so dass ihre scharfen Grenzen immer durchlässiger werden, doch dominiert sie nach wie vor den sie umgebenden ›Hof‹: Sie sticht von der ersten Hälfte des Jahrhunderts ebenso ab wie von der Jahrhundertwende. Sie unterscheidet sich von der vergangenen Epoche der Romantik ebenso wie von der kommenden Epoche der Moderne. Diese markanten Unterschiede kommen aber nicht durch Distanz, sondern durch Berührung zustande, so dass in jeder Absonderung zugleich eine ›Affizierung‹ liegt. Das löst den Epochenbegriff nicht auf, sondern macht ihn komplex. Eine Epoche ist kein Tortenstück, sondern eben eine Baumaßnahme mit verschiedenen ›Ebenen‹ und steht – demzufolge auch – mit ›Lebenspraxis‹ in Verbindung.

So ist grundsätzlich mit **Schichtungen und Überschneidungen** zu rechnen, deren spezifische Grenzen erst dort sichtbar werden, wo die Besucher der ›Umbaulandschaft‹ für sich sein, d. h. einen ›Raum‹ für sich und nach ihrem Geschmack haben wollen. Es liegen verschiedene **Vorschläge zur Identifizierung der Epochenschwellen** vor: politische, generationen-, werk- und systemorientierte.

Als **politische Epochenschwelle** gilt schon in den frühen Literaturgeschichten des 19. Jh.s das **Revolutionsjahr 1848**. Es bildet einen deutlichen Einschnitt im politischen, gesellschaftlichen und kulturellen Leben der Zeit. Es markiert Wendungen, deren Ausstrahlung bei allen Realisten mehr oder minder spürbar ist. Weniger deutlich lässt sich in Jahreszahlen jene Schwelle ausdrücken, die den Übergang zur Moderne bildet. Genannt wird der **Regierungsantritt Kaiser Wilhelms II.** (1888), der die ›Ära Bismarck‹ beendet und das Kaiserreich endgültig dem üblichen Imperialismus gleichschaltet. Genannt wird aber auch der bedeutend frühere Zeitpunkt der Reichsgründung 1871, der den Abschluss der nationalen Konsolidierung bezeichnet und das gründerzeitliche Profil der neuen Militär- und Wirtschaftsmacht Deutschland unterstreicht.

Die **generationenorientierte Zäsurierung** setzt die Schwelle bei denen an, die im Nachfeld der Befreiungskriege (1815), also in der Restaurationszeit (1815–1830) geboren wurden und im Wesentlichen erst in der Jahrhundertmitte zu schreiben beginnen. Sie haben durch die Eltern eine lebhafte Erinnerung an die liberale Aufbruchsphase der Befreiungskriege bewahrt, erfahren die Repressalien der Metternich-Ära schon als Kinder und erleben die Revolution von 1848 als Jugendliche bzw. junge Erwachsene. Zum Zeitpunkt der drei Kriege gegen Dänemark (1864), Österreich (1866) und Frankreich (1870/71) sind sie mehr oder minder etablierte Autoren. Die imperialistische Verschärfung der Weltpolitik nehmen sie im hohen Alter, aber mit wacher Aufmerksamkeit wahr.

Werkgeschichtlich gesehen, auf den Roman bezogen und nach kanonischer Bedeutung ausgewählt, stehen an der Schwelle des Realismus Gottfried Kellers *Der grüne Heinrich* (1854–55), Gustav Freytags *Soll und Haben* (1855) und Wilhelm Raabes *Die Chronik der Sperlingsgasse* (1857). Theodor Fontanes erster Roman *Vor dem Sturm* erscheint erst 1878. Erweitert man das Blickfeld auf Novelle und Drama und lockert etwas den kanonischen Maßstab, so begegnen hier neben Theodor Storms *Immensee* (1851), auch Otto Ludwigs *Der Erbförster* (1853), Gustav Freytags *Die Journalisten* (1854) und, wieder mit kanonischer Geltung, Gottfried Kellers *Die Leute von Seldwyla* (1856); Conrad Ferdinand Meyers erste Novelle *Das Amulett* erscheint erst 1873. Adalbert Stifter (*Studien*, 1844–50; *Bunte Steine*, 1853, *Der Nachsommer*, 1857) wäre nach solcher Einteilung ein Autor zweier Epochen, und Friedrich Hebbel (*Maria Magdalene*, 1844; *Herodes und Mariamne*, 1850; *Agnes Bernauer*, 1855) stünde möglicherweise über jeder Epoche und ganz allein wie Kleist unter den Klassikern und Romantikern.

Nicht klarer bzw. einheitlicher gestaltet sich erwartungsgemäß der ›Ausklang‹ des Realismus: Seine ›letzten‹ Titel sind Kellers *Martin Salander* (1886), Storms *Der Schimmelreiter* (1888), Meyers *Angela Borgia* (1891), Fontanes *Der Stechlin* (1898) und Raabes *Hastenbeck* (1899). Stifters letzte Veröffentlichung zu Lebzeiten ist der historische Roman *Witiko* (1865–67), Hebbels letztes vollendetes Trauerspiel ist *Die Nibelungen* (1862).

Für eine Identifizierung der Epochenschwellen erweisen sich in neuerer Zeit **strukturale Ansätze** als besonders fruchtbar (vgl. Wünsch 1991 u. 2004; Titzmann 2002a/b). Zugrunde gelegt wird ein Konzept des Literatursystems, dessen Struktur auf der Basis von Merkmalen gewonnen wird. Solche ›Merkmale‹ bezeichnen charakteristische Züge von Texten auf Figuren-, Handlungs- und Reflexionsebene; sie werden in Form von Minimalpaaren (Oppositionspaaren) entworfen. Eine Epoche konstituiert sich gegenüber einer anderen (vorausgehenden oder folgenden) demnach dadurch, dass sie bestimmte Merkmale umfasst und deren Gegenteil, das den Merkmalsumfang der benachbarten Epoche definiert, ausgrenzt. So werden an binär angeordneten Merkmalspaaren Epochenschwellen und epochaler Strukturwandel ablesbar. Das muss nicht zu einer bestimmten Jahreszahl führen, konturiert aber realistische Literatur gegenüber noch nicht oder nicht mehr realistischer Literatur. Die Merkmale werden aus einem möglichst umfangreich angelegten Textcorpus realistischer Werke gewonnen. Damit entsteht das nicht leicht lösbare Problem der Auswahl, die ja aufgrund vorläufiger Begriffsbildung erfolgt und deshalb nur zeigt, was ohnehin im Ausgewählten steckt. Auch macht es einen Unterschied, ob Merkmale im Umkreis des Figurenbewusstseins oder der auktorialen Rede gesammelt werden (Innstettens Reflexionen über gesellschaftliche Normen sind nicht identisch mit der erzählerischen oder textuellen Bewertung solcher Themen und dienen doch dazu, das Literatursystem Realismus zu konturieren). In der Tat rücken andere Merkmale in den Blick, je nachdem ob sie an der Textoberfläche oder in der Texttiefe gewonnen werden (vgl. Titzmann 2002b, 198). Dennoch ergeben sich aufschlussreiche Zusammenhänge bzw. Umbrüche.

In vereinfachter Schematisierung könnten folgende Merkmalsoppositionen den **Gegensatz zwischen Restaurationsliteratur und Realismus** verdeutlichen:

Romantik, Restauration Biedermeierzeit	Realismus
Spekulativ	empirisch
Utopie	Realpolitik
Zerrissenheit	Ganzheit
politische Tendenz	ästhetische Autonomie
Vielheit	Einheit
Stilspannung	Stilausgleich
Extremstil	Normalstil
Supranaturalismus	Immanenz

Ähnlich lässt sich auch das Verhältnis von Realismus und Moderne als Strukturwandel schematisieren:

Realismus	Moderne
chronologisch	assoziativ
kausal - final	zufällig – ziellos
zusammenhängend	auseinanderfallend
zentralperspektivisch	polyperspektivisch
sinnsuchend	sinnverweigernd

Realismus	Moderne
anschaulich	abstrakt
orientierend	verwirrend
identifikatorisch	verfremdend
individuell	kollektiv
verantwortbare Handlungsfolgen	sich entwindende Handlungsfolgen
Dominanz des Beschreibbaren, Sagbaren und Bewussten	Dominanz des Unbeschreibbaren, Unsagbaren und Unbewussten
Ganzheit	Fragment
geschlossene Form	offen Form
Integration	Montage, Collage

Führt man beide Tabellen zusammen, so ergibt sich, erheblich verkürzt, eine ›mittlere‹ **Stellung des Realismus** zwischen den Nachbarepochen:

Romantik	Realismus	Moderne / Naturalismus
Idealismus	Positivismus	Materialismus
Reaktion Revolution	Realpolitik Nation	Imperialismus Demokratie Sozialismus
Frühliberalismus	(Manchester-) Liberalismus	Monopolkapitalismus
spekulativ	empirisch pragmatisch	relativitätstheoretisch quantentheoretisch
sprengend	ausgleichend	umwertend
Nachtseiten	Gesundheit	Pathologie
idealisieren	entdecken	demontieren

Die Literatur des Realismus in der zweiten Jahrhunderthälfte stellt keine geschlossene Einheit dar; sie verändert sich noch innerhalb des Zeitraums zum Teil erheblich, sie entfernt sich von frühen Voraussetzungen und reagiert auf Erscheinungen der näher rückenden Zukunft. Das macht sie als Inhalt einer Epoche komplexer und ergibt schon bei ein und demselben Autor ein plurales Bild seines Beitrags zum Realismus: Storms *Immensee* und *Der Schimmelreiter*, Kellers *Der grüne Heinrich* und *Martin Salander*, Raabes *Chronik der Sperlingsgasse* und *Altershausen* oder Fontanes *Vor dem Sturm* und *Der Stechlin* sind ›Elemente‹ derselben Epochen-›Menge‹, und nicht immer lassen sich **konvergierende wie divergierende Tendenzen** so gegeneinander ausspielen, wie im Fall der wohl am meisten vergleichbaren Romane Fontanes.

Vor diesem Hintergrund bewahrt die schon früher gestellte Frage nach einer **Binnendifferenzierung der Epoche** ihre Aktualität (Cysarz 1928; Linden 1932). Im Gespräch war und ist heute zum Teil wieder die Differenzierung in Früh- und Hochrealismus (Kohlschmidt 1975) bzw. Gründerzeit und Spätrealismus. Diese Untergliederung kann Verschiedenes zum Ausdruck bringen:

1. Insbesondere steht **Frührealismus** für eine zeitliche Rückverlängerung bis auf das Jahr 1830 (vgl. U. Müller 1982; Blamberger u.a. 1991). Nach diesem Zuschnitt würden z.B. Georg Büchners und Christian Dietrich Grabbes Dramen sowie Jeremias Gotthelfs Erzählwerk und Annette von Droste-Hülshoffs *Die Judenbuche* (vgl. Laufhütte 2002) bereits zum Realismus gehören. Die Berücksichtigung solcher ›Vorzeiten‹ modifiziert das Realismus-Verständnis erheblich, weil auf diesem Wege

andere Wirklichkeitserfahrungen (z. B. religiöse) und Darstellungsverfahren (in der Nachfolge der Rhetorik) berücksichtigt werden können. ›Realismus‹ wird – das hat insbesondere Ricklefs (1991) gezeigt – zu einem Prinzip des verantwortungsvollen Handelns in einer Welt, deren ›spontanes‹ Leben noch erfühlt wird, aber unter dem Druck der Verfremdung zunehmend erstarrt oder auseinanderfällt; ein auf diese Wirklichkeit bezogenes Handeln ließe sich nicht mehr mit herkömmlichen, sondern, wenn überhaupt, dann eher mit experimentellen Mitteln umsetzen und fügte dem Epochenbild schon früh eine andere, ja modernistische Facette hinzu.

2. Was die **Kernzone des Realismus** betrifft, seine Hoch- bzw. Blütezeit, so erstreckt sie sich – zeitlich gesehen – über die zwei bis drei Jahrzehnte seit der Revolution und erfasst sowohl die journalistischen und literaturkritischen Initiativen des ›programmatischen Realismus‹ als auch die frühen und mittleren Werke Kellers, Raabes, Storms, Auerbachs, Freytags und Ludwigs. Meyer und Fontane sowie Anzengruber, Ebner-Eschenbach und Saar gehören zwar auch in die Kernzone des Realismus, beginnen ihre Laufbahn als Erzähler aber erst in der Phase des Spätrealismus bzw. der Gründerzeit (vgl. Hermand 1967 u. 1977). Dieser Abschnitt, in den auch das Spätwerk Kellers, Storms und Raabes hineinreicht, weist schon Berührungen bzw. Überschneidungen mit anderen Stiltendenzen oder Epochen auf (Naturalismus, Impressionismus, Decadénce).

3. Der Einfluss der frühen Moderne tritt im **Spätrealismus** besonders deutlich hervor und rückt die ›klassischen‹ Realisten immer entschiedener von dem ab, was der programmatische Realismus in seiner Anfangszeit verkündet hat, wenn es denn je eine produktive Wechselbeziehung zwischen Programmatikern und Realisten gegeben haben sollte. Solche Wandlungen werden aber nicht im Sinne einer Entwicklung des realistischen Konzepts verbucht und der Realismus-Epoche zugute geschrieben, sondern eher als einen Schritt über die Epochengrenze hinaus charakterisiert. Diese ›Umschichtung‹ der spätrealistischen Werke zugunsten der frühen Moderne bewirkt eine Reduzierung der genuin realistischen Literatur, insofern nach Abzug der modern erscheinenden Realisten Keller, Raabe, Storm, Fontane und Meyer für den eigentlichen Realismus nur noch Autoren aus der ›zweiten Reihe‹ übrigbleiben: Otto Ludwig, Gustav Freytag, Fritz Reuter und Friedrich Spielhagen.

Daraus mag Entgegengesetztes folgen:

- Entweder löst sich das realistische Epochen-›Imperium‹ von seinen Rändern her auf und verschmilzt mit anderen ihrerseits ›übergreifenden‹ Kräften (das gilt sogar vom Einfluss der Romantik auf die kanonischen Realisten), oder
- es gewinnt von eben diesen Übergriffen bzw. Überschreitungen eine frische Kraft zur Bildung neuer Zentren, oder
- es kommt zu einer regional begrenzten Parzellierung, die durch kein übergeordnetes Konzept erfasst, sondern, wenn überhaupt, dann im Netzgedanken verknüpft ist, oder
- es zeigt sich abermals, dass der Realismus schon von seinen Voraussetzungen her über sich selbst hinausgehen kann.

Gerade die letzte Möglichkeit hält in Erinnerung, dass ›Realismus‹ ein komplexes und dynamisches Prinzip ist.

1.4 Trilaterale Differenzierung

Zur Komplexität des Realismus gehört, dass er im Fall der deutschen Literaturgeschichte die Literatur verschiedener Staaten betrifft. Gemeint sind neben der deutschen Literatur die österreichische und die Literatur der deutschsprechenden Schweiz. Zu fragen gilt es, ob diese trilaterale Differenzierung auch die Grundlage bietet für eine Differenzierung in ›Realismen‹ der deutschsprachigen Literatur. Die Vermutung liegt nahe,

> »daß der ›deutsche Realismus‹ ein Konglomerat aus eigenständigen, national begrenzten Literaturen umschließt, die sich nicht harmonisch zu einem Ganzen fügen, sondern bisweilen in Konkurrenz zueinander treten, wobei zum Teil sogar der gemeinsame Nenner ›deutsche Sprache‹ in Frage gestellt wird.« (Günter/Butzer 1998, 215)

Um eine solche Differenzierung bemühen sich vorläufig nur wenige Literaturgeschichten (vgl. Sprengel 1998). Ihr Ertrag für die Realismusforschung ist noch nicht absehbar.

Wenn es darum gehen soll, den trilateralen Gesichtspunkt auf der Höhe der kanonisierten Realisten (vgl. Martini [4]1981) zu erproben, so geraten für die deutsche Literatur Storm, Raabe und Fontane, für die schweizerische Keller und Meyer und für die österreichische Stifter und Ebner-Eschenbach ins Blickfeld (vgl. Aust 2001b). Vergleicht man Stifter, Keller und Fontane hinsichtlich ihres Verständnisses von Realismus, so fallen die **Unterschiede in der Begriffsbildung** auf, während die Voraussetzungen und Resultate sich wieder annähern. Alle Drei ›sehen sich um‹; Stifter aber argumentiert mit dem Göttlichen in den Dingen, während Keller die Augen auf die Welt und zwar nur auf sie zu richten empfiehlt und Fontane alle begegnenden Widersprüche nach dem Muster kontroverser Interessenvertretungen aushandelt. Am Ende der theologischen, sensualistisch-atheistischen oder parlamentarischen Debatte stehen dann wieder **verwandte ›Synthesen‹:**

- der ›Idealismus als Krönung des Realismus‹ bei Stifter,
- die »Reichsunmittelbarkeit der Poesie« bei Keller und
- die »Verklärung« bei Fontane.

Alle Drei erweisen sich als ›Alchimisten‹, die ihr ›gesammeltes Material‹ zu ›veredeln‹ suchen. Am weitesten geht dabei wohl Stifter, der schließlich die aufgefundene ideale Wirklichkeit an die Stelle der zurückbleibenden Kunst setzt. Fontane lernt die rapide fortschreitende Technologie des ›Virtuellen‹ hautnäher kennen (Daguerreotypie, Naturalismus) und verstärkt demnach die Interessensvertretung der Kunst im Parlament der realpolitischen Kräfte. Keller wagt aus der singulären Position der freiheitlichen Republik den weitesten Sprung vom Boden der Realität zum ›Wolkenkuckucksheim‹ des Märchens und setzt trotzdem sicheren Fußes auf.

Wer Rang und Namen hatte oder erwerben wollte, bemühte sich um einen Vorabdruck seiner literarischen Arbeit in Julius Rodenbergs *Deutscher Rundschau*, dem führenden literarischen Organ der Wilhelminischen Kaiserzeit. Hier erschienen in den 1880er und 1890er Jahren die Werke Kellers, Ebner-Eschenbachs und Fontanes. Das bedeutete freilich nicht, dass die Autoren deshalb auch untereinander den Kontakt gesucht hätten; diese Art vernetzender Regsamkeit blieb einem anderen, nicht gerade realistisch zu nennenden Autor, Paul Heyse, vorbehalten. Unter trilateralem Gesichtspunkt trug Keller (und natürlich auch Meyer) dazu bei, dass es zum Eindruck eines deutschen Zentrums kam, dessen österreichische bzw. schweizerische Ränder je nach Anpassungsgrad ferner oder näher rückten und somit den hegemonialen Anspruch Deutschlands durch Assimilation oder Provinzialismus bestätigten. Die Gesichtspunkte, unter denen Rodenberg seine redaktionelle ›Führung‹ gestaltete, gehören unmittelbar zum gegenwärtigen Zusammenhang, obwohl sie in ihrer Auswirkung auf die realistische Literatur noch deutlicher untersucht werden müssten (vgl. Schrader 1994 u. 2001; Butzer/Günther/von Heydebrand 1999 u. 2002; Zeman 1996). Sichtbar wird, dass die *Rundschau* ein »Paradigma der ›realistischen Klassik‹« erzeugt hat (Butzer u. a. 2002, 78).

Ob die Realisten ihre Eigenart unter trilateralem Gesichtspunkt wahrnehmen, ist nicht leicht und schnell zu beantworten. Bekannt ist z. B. Kellers Plädoyer für eine **sprachlich-kulturelle Integration,** die aber dem Interesse an der Herausbildung einer schweizerischen Nationalität nicht im Wege steht. Missverstanden fühlte er sich, wenn ihn die Literaturkritik

> »als eine spezifisch schweizerische Literatursache behandelt, während ich mich gegen die Auffassung, als ob es eine schweizerische Nationalliteratur gäbe, immer auflehne. Denn bei allem Patriotismus verstehe ich hierin keinen Spaß und bin der Meinung, wenn etwas herauskommen soll, so habe sich jeder an das große Sprachgebiet zu halten, dem er angehört.« (Brief an Ida Freiligrath vom 20.12.1880; Keller 1967, 287)

Das scheint darauf hinzudeuten, dass im Zeichen des Realismus regionalisierende und globalisierende Tendenzen (Dorfgeschichten-Mode vs. Vorliebe für Gesellschafts- bzw. Stadtroman) nebeneinander wirken.

Bei der weiteren Beurteilung möglicher Differenzierungen, bei der Ermessung ihrer Reichweite für das Realismusphänomen, darf der Gesichtspunkt einer ›**deutschen Binnendifferenz**‹ nicht übersehen werden. Zu denken wäre hier an den Unterschied zwischen Storm und Fontane, der in dem gewiss nicht objektiven bzw. gerechten, aber vielleicht doch typischen Urteil Ausdruck fand: »*Er* war für den Husumer Deich, *ich* war für die Londonbrücke; sein Ideal war die schleswigsche Heide mit den roten Erikabüscheln, mein Ideal war die Heide von Culloden mit den Gräbern der Camerons und Mac Intosh« (Fontane III/4, 372 f.). Im Rahmen des Konzepts ›deutscher Realismen‹ wiegt eine solche »**Ästhetik der Differenz**« nicht leichter als die staatenübergreifende.

2. Politische, wirtschaftliche und gesellschaftliche Ansichten der Wirklichkeit

2.1 Deutsche Einheit in Freiheit zwischen Utopie und Wirklichkeit

Die deutschsprachige Literatur des Realismus hat sich im Schatten der gescheiterten Revolution von 1848 entwickelt. Das heißt, ihre Eigenart steht im Zusammenhang mit **revolutionären Hoffnungen und Enttäuschungen** auf politischem und gesellschaftlichem Gebiet. Sie ist eine Literatur, die sowohl Revolution als auch Reaktion kennt und darauf antwortet bzw. sich darauf beziehen lassen kann. Da ›realistische‹ Literatur sowohl eine nationale als auch europäische Erscheinung ist und sich nach

Maßgabe der je dominanten Vorbilder entfaltet, ist eine monokausale Herleitung des deutschen Realismus aus den besonderen Revolutionserfahrungen wenig angebracht. Der vermeintlich deutsche ›Sonderweg‹ mit seiner nachrevolutionär nationalgeschichtlichen Wendung steht nicht nur im europäischen, sondern sogar weltgeschichtlichen Zusammenhang (Bayly 2004). Russland, England und Frankreich entwickeln sich, revolutionsgeschichtlich betrachtet, nicht zeitgleich, dennoch entsteht hier zur gleichen Zeit realistische Literatur; Österreich und Preußen haben gleiche Revolutionserfahrungen, und doch unterscheiden sich ihre realistischen Literaturen.

Die **März-Revolution des Jahres 1848** »entsprang dem Anspruch einer weitgefaßten Bürgergesellschaft auf freiheitlich-volkstümliche Neuordnung von Staat und Gesellschaft« (Nipperdey 1998a, 604). Gemeint ist die Bürgergesellschaft zweier Großmächte, Österreich und Preußen, sowie der übrigen deutschen Kleinstaaten, oder des Deutschen Bundes (gegr. 1815) bzw. des Deutschen Zollvereins (gegr. 1833, ohne Österreich); nicht inbegriffen ist die Schweiz, wo schon 1830 demokratische Verfassungen in den reformierten Kantonen eingeführt wurden. Träger dieser Revolution waren also bürgerliche Gruppierungen unterschiedlicher Staaten, d. h. eines Kaiserreichs und vieler Königreiche bzw. Herzogen- und Fürstentümer.

Was diese staatlich getrennten Bürger verband, war eher ein gleichgerichteter Unwille gegen die herrschenden Verhältnisse als ein gemeinsames Programm (vgl. ebd., 600).

Ziele der Achtundvierziger-Revolution waren
- die Aufhebung der ›Karlsbader Beschlüsse‹,
- die Einführung einer demokratischen Verfassung,
- die Gründung eines Nationalstaates der bislang getrennten deutschen Staaten in Freiheit,
- die Schaffung eines deutschen Nationalparlaments,
- die Durchsetzung einer unbeschnittenen politischen Öffentlichkeit (Aufhebung des Parteiverbots),
- die Gewährung der Pressefreiheit,
- Garantie eines Rechtsstaates (Abschaffung des Polizeistaates, Rechtsgleichheit, individuelle Freiheits- und Eigentumsrechte) und
- Einrichtung einer Bürgerwehr.

Der gemeinsame Nenner dieser politischen Bewegung hieß **Liberalismus**, zu dessen Zielen seit je der Rechts- und Verfassungsstaat, der Nationalstaat sowie die bürgerliche Gesellschaft gehörten. Allerdings verdeckt dieser Schlüsselbegriff des Jahrhunderts nicht einen zugrunde liegenden Zwiespalt, der den Grad der Gemeinsamkeit abschwächt. So traten die Liberalen um Heinrich von Gagern (Präsident der Frankfurter Nationalversammlung) für eine konstitutionelle Monarchie ein, in der die Nationalversammlung mit der dem Monarchen verantwortlichen Regierung Vereinbarungen aushandeln kann, während die Demokraten unter den Liberalen (Friedrich Hecker und Gustav von Struve, beide herausragende Persönlichkeiten während der 48er Revolution in Baden) eine deutsche Republik anstrebten, in der sich die Nationalversammlung allein eine Verfassung gibt, oberstes Staatsorgan ist und egalitär verfährt. So zeichnete sich schon innerhalb des Liberalismus eine Konkurrenz bzw. ein **Gegeneinander von ›realistischen‹ und ›utopischen‹ Kräften** ab.

Ein anderer zukunftsweisender Zwiespalt betraf die **Rolle Österreichs** in einem künftigen deutschen Nationalstaat. Die seit dem Ende des Heiligen Römischen Reiches

Deutscher Nation (1806) übriggebliebene k.u.k. Monarchie war ein Vielvölkerstaat, der nicht ohne Weiteres in das neue nationale Schnittmuster passte. **Großdeutsche und kleindeutsche Lösungsvorschläge** konkurrierten miteinander und hielten den Gegensatz der Interessen zwischen Österreich und Preußen wach. Österreichs osteuropäische Literatur (Franzos, Sacher-Masoch) kam im preußisch-deutschen Kontext wegen seiner ›asiatischen‹ Herkunft kaum zur Geltung.

Das **Scheitern der Revolution von 1848** in Deutschland und Österreich hat verschiedene Gründe. An erster Stelle ist die militärische, aber auch sonstige Überlegenheit der herrschenden feudalen Systeme zu nennen; hinzu kommt das eigenen Versagen, sei es dass aufseiten der Revolutionäre zwar ›verständliche‹, aber entscheidende Fehler begangen wurden und unnötige Verzögerungen den günstigen Augenblick für wirksame Handlungen verspielten, sei es dass erst während der revolutionären Entwicklung erkannte schwer lösbare Konflikte ein Umdenken einleiteten und neue Befürchtungen (Anarchie) ein konsequentes Handeln unterbanden bzw. zur freiwilligen Aufgabe der eigenen Ziele führten.

Dennoch brachte diese Revolution **Ergebnisse** hervor, die nicht durch ihr Scheitern verloren gingen. Dazu gehören
- die Beendigung der restaurativen Ära Metternichs (Ende des Absolutismus),
- die Relativierung der feudalen Gesellschaft,
- die Schaffung einer nationalen Öffentlichkeit jenseits elitärer Scheidung wie überhaupt
- der Beginn der bürgerlichen Zeit (vgl. Nipperdey 1998a, 669).

Auch die gescheiterte Revolution verhindert nicht den **allgemeinen Modernisierungsprozess** in Wirtschaft, Verwaltung und Gesellschaft. »Die Reaktion war, paradox gesagt, moderner, als die Restauration nach 1815« (ebd., 674). Das relativiert die stereotype Rede der älteren Literaturgeschichte von den zurückgebliebenen politischen und gesellschaftlichen Verhältnissen in Deutschland. Was sich den Realisten deutscher Sprache bietet, ist auch und trotz der gescheiterten Revolution eine fortschreitend moderner werdende Welt mit all ihren gesteigerten Unsicherheiten und Unheimlichkeiten (vgl. ebd., 716).

Unter (**national-**)**politischem Gesichtspunkt** entsteht die deutschsprachige Literatur des Realismus im Spannungsfeld unterschiedlicher Interessen. Österreichische, schweizer und deutsche Autoren aller Himmelsrichtungen (Stifter, Keller, Fontane) mögen dieselben Revolutionen miterlebt oder aus wechselnder Entfernung beobachtet haben, ihre nationalen Konsequenzen müssen deshalb keineswegs übereinstimmen, wenn sie sich überhaupt auf diese kritische Besonderheit einlassen. Das zeigt sich ja schon innerhalb Deutschlands am Nord-Süd-Kontrast, der nicht nur ein konfessioneller, sondern politischer ist und in der Tat zum Bürgerkrieg von 1866 führte; das erweist sich selbst auf engstem Raum, wenn es um die Einschätzung von Preußens Anspruch auf Vormacht geht (vgl. Storm vs. Fontane).

Eine **bürgerkriegsähnliche Stimmung** breitete sich schon im Umkreis des sogenannten Verfassungskonflikts anlässlich der preußischen Heeresreform aus. Nach Nipperdey wurden hier »die Weichen der preußischen und deutschen Geschichte noch einmal neu gestellt« (ebd., 749). Unmittelbar voraus ging solchen Ereignissen die Ablösung des reaktionären Manteuffel-Regimes durch eine liberalere Regierung. Doch sollte diese ›Neue Ära‹ nicht lange währen und fand im Konflikt zwischen Regierung und Parlament ein abruptes Ende. Das herrschende politische Denken wird erneut militärischer und aggressiver. Es ist die Geburtsstunde der Rede von »Eisen und Blut«, durch die allein »die großen Fragen der Zeit« entschieden werden können (Bismarck, zit. nach Nipperdey 1998a, 762). Zu den **großen Fragen** zählt in erster Linie die nationale Einigung, für die selbst Liberale, wenn es hart auf hart kam und die Bilder vom äußeren, aufrüstenden Feind wirkten, ihre freiheitlichen Grundsätze zurücksteckten. Das Schiller-Jahr 1859 trug zur Konsolidierung eines kulturell motivierten Nationalbewusstseins bei. Das ›Programm‹ »Eisen und Blut« klingt übel martialisch, macht aber vergessen, dass ein anderes Begriffspaar, nämlich »Kohle und Stahl« die Lösung der deutschen Nationalfrage ebenfalls vorbereitet hat (Stürmer 1994, 17). Infolge des Verfassungskonflikts und seiner gewaltsamen Lösung durch Bismarck nimmt die Vorstellung von der ›eigentlichen Wirklichkeit‹ immer deutlicher nationalstaatliche Züge an und konturiert sich als bevorstehende Zukunft, die nur durch Krieg zu verwirklichen ist.

Demnach liegt in ›**Nation**‹ ein **Schlüsselbegriff** des politisch situierten Realismus, insofern er eine Solidargemeinschaft konturiert, in der frühe Hoffnungen (Befreiungskriege, Wartburgfest) eingelöst und arge Missstände (Willkür, Unterdrückung, Zersplitterung) beseitigt erscheinen. In dieser Nation richtet sich jene Gesellschaft mit ihren Normen und Tabus ein, die den Realisten zu schaffen machen wird. Es ist eine Nation, die nicht nur abstrakt, sondern auch persönlich in der Gestalt des Fürsten **Bismarck** präsent ist. Nationale Größe manifestiert sich somit nicht nur als System, Region und militärische bzw. wirtschaftliche Potenz, sondern auch als geradezu heroische Figur (vgl. Plett 2002). Für die Weiterentwicklung eines vorgründerzeitlichen Realismusbegriffs kann nicht ohne Belang sein, was ›Bismarck‹ bedeutet: »Er hat die modernen Bedingungen von Politik erkannt und anerkannt, die Notwendigkeit eines plebiszitär-popularen oder parlamentarischen Konsensus, die Unwiderrufbarkeit demokratischer Mobilisierung und liberal-bürgerlicher Modernisierung, und natürlich [...] die unüberholbare Realität der nationalen Bewegung und der nationalen Frage« (Nipperdey 1998a, 733; Gall 1980). Der an ›Bismarck‹ sich reibende Realismus deutscher Sprache kommt nicht umhin, sich den **modernen Kräften der Wirklichkeitsgestaltung** bzw. ihren ›Kollateralschäden‹ zu stellen.

Wenn Utopien Wirklichkeit werden, rücken ihre gebrechlichen Einrichtungen oft rascher ans Licht als im Zustand ihres ›phantastischen‹ Entwurfs. Die **Utopie der nationalen Einheit in Freiheit** wurde Wirklichkeit dank dreier Kriege (des deutsch-dänischen 1864, deutsch-österreichischen 1866 und deutsch-französischen 1870/71) und der Entscheidung ›von oben‹, also ohne ›Freiheit‹ und stattdessen mit viel Gewalt. Ihre Realität ähnelt nur noch von Ferne dem, was ehemals gewollt wurde. Fraglich bleibt, welche Facetten der möglichen, aber verhinderten Utopie nationaler Einheit in Freiheit sich in den realistischen Werken angesichts der eingetretenen Wirklichkeit erhalten haben bzw. noch fortwirken.

Die **Gründung des zweiten Deutschen Kaiserreichs** (1871) im Schloss zu Versailles, also auf fremdem, mit Waffengewalt erobertem Boden, stellt einen entscheidenden Wendepunkt in der Nationalgeschichte dar. Auf diese ›kleindeutsche‹ Lösung reagieren alle zeitgenössischen Autoren, aber sie tun dies nicht nur individuell oder regional (Nord-Südkontrast) verschieden, sondern auch wegen ihrer unterschiedlichen staatlichen Herkunft (für die deutsch schreibenden schweizerischen Autoren vgl. Zeller 1996). Die Reichsgründung ist ein Wendepunkt, der alte Erwartungen einlöst und zugleich enttäuscht. Nach offizieller Darstellung aber ist es ein Ausgangspunkt für unerhörte **Neugründungen** im wirtschaftlichen, technischen und baulichen Bereich.

Oft sind es dieselben Personen, die dieses politische ›Wechselbad‹ erfahren, zum Beispiel Wilhelm Raabe. ›Vorher‹ und ›nachher‹, ›alt‹ und ›neu‹, ›klein‹ und ›groß‹ ›eigentlich‹ und ›tatsächlich‹ müssen für alle Zeitgenossen und unter ihnen besonders für die Autoren des Realismus zu entscheidenden Kategorien der Wahrnehmung und Orientierung werden. Es bleiben aber heikle kategoriale Gegensätze, weil das, was in ihnen vorausgesetzt wird, nämlich die Unterscheidungsfähigkeit zwischen ›schlechterer‹ und ›besserer‹ Wirklichkeit, nach Auskunft der Realisten im Verlauf des nach Größe strebenden Wilhelminischen Kaiserreichs und des europäischen Imperialismus immer nachhaltiger gestört wird.

Binnen kürzester Frist stellt sich heraus, dass die **Gründerzeit eine Krisenzeit** ist. Sie führt dem ursprünglich optimistisch angelegten Realismus-Konzept vor Augen, wie nationale Wirklichkeit tatsächlich gemacht wird, was solche militärischen und wirtschaftlichen Handlungen menschlich kosten und wie lange diese scheinbar auf Ewigkeit angelegten politischen und industriellen Unternehmungen halten bzw. wie schnell sie krachend zusammenstürzen. Die nationale Einigung verengt den Realisten nicht den Blick, sondern weitet ihn. Realität, begegnende Umwelt, beginnt sich als das zu entfalten, was sie später im hohen Maße sein wird, vernetzt und global. Daraus entstehen im 19. Jh. **Entfremdung, Verlorenheit und erstickende Enge.**

Auch in Österreich gibt es eine Gründerzeit. Sie ist mit dem Begriff der **Ringstraßenära** eng verbunden. Die ›Ringstraße‹ in Wien meint mehr als nur den Prunkstraßen-Namen einer Stadt an der Schwelle zur Moderne. Der Ausdruck signalisiert eine ganze Ära, vergleichbar dem Begriff des ›Viktorianischen‹ in England oder der ›Gründerzeit‹ in Deutschland (vgl. Schorske 1961/81, 24). Die ›Ära der Ringstraße‹ grenzt einen historischen Abschnitt ein, der um 1860 beginnt und bis an das Jahrhundertende, vielleicht sogar noch darüber hinaus, reicht; sie bezeichnet in etwa die österreichische »Epoche des Liberalismus« (Rossbacher 1992, 13). Im Unterschied zum Gang der politisch-militärischen Geschichte im preußischen Norden beginnt hier Entscheidendes mit der Niederlage von 1866. Sie führt für Österreich eine Wende herbei, in der die konservativen Kräfte erheblich an Einfluss verlieren, während die fortschrittlich liberale Richtung – seit 1860 schon erstarkt – die Oberhand gewinnt und bis etwa 1879 behält (vgl. ebd., 44).

Europäisch gesehen, handelt es sich um einen verspäteten Sieg des Liberalismus, der aber in kürzester Frist den gleichen krisenhaften Verlauf nimmt. Auch ohne den gründerzeitlichen Boom, den das zweite Deutsche Kaiserreich dank der französischen Reparationszahlungen verstärkt erfährt, erlebt die ›Ringstraßen-Ära‹ ihre Gründerzeit und wird von der Börsenkatastrophe des Jahres 1873 erschüttert. Auch hier wird die Wirklichkeit, nach frührealistischem Maßstab etwas Festes, Sicheres und Solides, zunächst als faszinierendes Sprungbrett in ungeahnte Höhen, dann aber gleich als »Sumpf« erfahren, in dem man über Nacht spurlos versinkt. Rückblickend ergibt sich somit ein zwiespältiger Befund, der nicht nur für Österreich gilt:

> »Das damals zu Grabe gegangene [Jahrhundert] hatte sich in seiner zweiten Hälfte nicht gerade ausgezeichnet. Es war **klug im Technischen, Kaufmännischen und in der Forschung** gewesen, aber außerhalb dieser Brennpunkte seiner Energie war es still und verlogen wie ein Sumpf. Es hatte gemalt wie die Alten, gedichtet wie Goethe und Schiller und seine Häuser im Stil der Gotik und Renaissance gebaut. Die Forderung des Idealen waltete in der Art eines Polizeipräsidiums über allen Äußerungen des Lebens. Aber vermöge jenes geheimen Gesetzes, das dem Menschen keine Nachahmung erlaubt, ohne sie mit einer

Übertreibung zu verknüpfen, wurde damals alles so kunstgerecht gemacht, wie es die bewunderten Vorbilder niemals zustandegebracht hätten [...], und, ob das nun damit zusammenhängt oder nicht, die ebenso keuschen wie scheuen Frauen jener Zeit mußten Kleider von den Ohren bis zum Erdboden tragen, aber einen schwellenden Busen und ein üppiges Gesäß aufweisen.« (Musil: *Der Mann ohne Eigenschaften*, 54)

Näher betrachtet, erweist sich also die »handliche Formel« vom »goldene[n] Zeitalter der Sicherheit« (Zweig 1947, 16) als irreführend. Es mag dies ein Moment der Selbstdarstellung des Jahrhunderts sein, doch sind die Brüche nicht zu übersehen, und der Realismus dieser Zeitstufe macht sie auf seine Weise sichtbar.

Von inneren Krisen (Börsenkrach, Kulturkampf, Sozialistengesetz) geschüttelt und im verspäteten Gefolge der allgemeinen Staaten-Konkurrenz um die ›Ressourcen‹ der Welt, tritt auch das zweite Deutsche Kaiserreich in die Phase des **Kolonialismus** ein. Die Welt wird offener und weiter. Das war ursprünglich eine liberale Sicht, zu der sich auch die Realisten bekannten; doch dienen Offenheit und Weite nicht der Aufklärung darüber, wie es sich in der Ferne eigentlich verhält, sondern der eigennützigen Unterdrückung und Ausbeutung ferner Länder und der systematischen Vernichtung der Völker. Die realistische Literatur antwortet in unterschiedlichen Medien auf diese Öffnung, die eine Lizenz zum terroristischen Raubbau und gewissenlosen Morden gibt (s. vor allem die vielen Abenteuerromane, aber auch erste Spuren in Zeitroman wie Kellers *Martin Salander* oder Fontanes *Die Poggenpuhls* und vor allem in Fontanes Ballade »Die Balinesenfrauen auf Lombok«).

2.2 Die Geburt der Realpolitik: Ludwig August von Rochau

Es mag sein, dass der ›realistische‹ Wille, sich an der Wirklichkeit zu orientieren, die größte Illusion derer darstellt, die auszogen, um alles Illusionäre zu vertreiben. Das widerlegt jedoch nicht automatisch den im realistischen Projekt auch enthaltenen Vorsatz, aus Erfahrungen lernen und zuverlässige Orientierungspunkte gewinnen zu wollen. So verhält es sich nicht nur in der Literatur, sondern auch in der Politik. Denn schon hier wirkt eine Art **Dialektik des Realismus**, eine Verschränkung von Tendenzen, die das neue Wirklichkeitsgefühl in das Gegenteil dessen umschlagen lassen, was es an ›Befreiung‹ versprach.

Die politische Variante des Realismus-Begriffs heißt **Realpolitik**. Den Begriff prägte der Journalist und Reichstagsabgeordnete der nationalliberalen Partei Ludwig August von Rochau (1810–1873). Sie versteht sich als »praktische Politik« (Rochau 1853/1972, 25), und definiert sich dadurch, dass sie sich von dem absetzt, was in der bürgerlichen Revolution von 1848 ›idealistisch‹ angestrebt wurde und deshalb scheitern musste. Wie jedes politische Programm destilliert sie aus dem Vorgefallenen einen ›Zusammenhang‹, der keineswegs als blind zu glaubendes Dogma gelten, sondern als unbeirrbar wirkendes »Gesetz« beobachtet sein will und deshalb Wirklichkeit, ›eigentliche‹ Wirklichkeit ist. Das Grundgesetz der Realpolitik meint »*das Gesetz der Stärke*«. Es bildet den Grundsatz des neuen politischen Pragmatismus, demzufolge »die Macht allein es ist, welche herrschen *kann*« (ebd., 25). Das heißt, schon im Begriff der Politik als ›Regierung‹ bzw. ›Herrschaft‹ liegt ›Macht‹ geradezu tautologisch inbegriffen, und deshalb gilt der Zusammenhang zwischen ›Herrschen‹ und ›Macht‹ unumstößlich. Er liefert die vermeintlich unbestreitbare »Grundwahrheit aller Politik und den Schlüssel der ganzen Geschichte« (25 f.). Abgesichert wird diese Wahrheit von einer quasi physikalischen Metaphorik, die als objektive »Kraft« exponiert, was tatsächlich ein von Interessen geleitetes Handeln anrichtet.

Auf dem Hintergrund dieses Konzepts wird messbar, was in der Historie wahr und am Staate nützlich ist und was sich mit Hilfe philosophischer Reflexion als haltbar erweist (vgl. 28). Dieser fundamentale Funktionalismus, **utilitaristisch und pragmatisch** ausgerichtet, beansprucht für sich so plausibel zu sein wie der biologische Zusammenhang von Organ und Körper; wo dennoch ein ›Widerstreit der Einzelkräfte‹ auffällt bzw. sich nicht vertuschen lässt, wird er nach Maßgabe einer ›gesunden‹ Machtpolitik beurteilt und im Interesse einer ›gedeihlichen‹ Stetigkeit entschieden. Aus der somit nicht mechanisch, sondern »organisch wirkenden Naturkraft« leitet sich das Konzept der »**Nationalität**« bzw. der »Gesamtpersönlichkeit des Volkes« ab, die ihrerseits mit dem »einheitliche[n] innere[n] Bildungstrieb zusammenhängt, »aus welchem alle seine [des Staates] Einrichtungen hervorwachsen sollen« (36).

So bedeutet ›**Realismus**‹ **als imperatives Prinzip,** »die Menschen und Dinge so zu sehen, wie sie sind« (208), im politischen Verständnis eine entschiedene Absage an sämtliche Ideale, insbesondere an die idealen Ziele der demokratischen Revolutionen (ewiger Friede, Brüderlichkeit, Gleichheit; vgl. ebd., 208) und ein unverhohlenes Bekenntnis zur modernen, aggressiven Politik, ja zur Politik des gezielt geplanten Angriffskrieges (202). Es sind solche und ähnliche Bestimmungen, die dem literarischen Realismus die »Wirklichkeiten der Gegenwart und alle vernünftigen Wahrscheinlichkeiten der Zukunft« (210) als verbindliche Rahmenbedingungen vorgeben wollen. Sie stiften einen ›Zusammenhang der Dinge‹, in dem »Selbsterhaltung [des Staates] das oberste Gesetz« (215) ist und vorausgesetzte »geschichtliche Notwenigkeiten« sogar ›Un-Handlungen‹ wie die »Ausrottung niederer Menschenrassen« vor jeder Rechenschaftspflicht bewahren.

2.3 Schicksale des Liberalismus: Hermann Baumgarten

Der Begriff des Liberalismus signalisiert für die Dauer des 19. Jh.s und weit darüber hinaus die krisenreiche Geschichte des bürgerlichen Handelns in der Öffentlichkeit. Unter ›Liberalismus‹ versteht man das Prinzip der **Emanzipation aus allen fremdbestimmten Verhältnissen,** insbesondere aus absolutistischer, dogmatischer, autoritärer, militärischer und bürokratischer Bevormundung. Ziel und Zweck dieser Emanzipation liegen in der Sicherung und Steigerung der Produktivität auf allen Bereichen der menschlichen Tätigkeit. Liberalismus ist eine bürgerliche Bewegung, die sich keineswegs nur im Bereich der Großmächte Österreich und Preußen, sondern gerade auch seitab in den süddeutschen Kleinstaaten entfaltet hat. Sie braucht und fordert, politisch gesehen, eine konstitutionelle Verfassung; in wirtschaftlicher Hinsicht vertritt sie den freien Wettbewerb, und sozialpolitisch gesehen setzt sie sich für die auf Leistung begründete Mobilität aller Handlungsfähigen ein.

Als Weltanschauung steht ›Liberalismus‹ für die **Grundsätze des Individualismus, der Freiheit, Selbstverantwortung und Selbstregulierung.** Die Grenzen des Liberalismus werden an allen antiliberalen Tendenzen (Idealismus, Materialismus, Kommunismus, Faschismus) sowie an einer innewohnenden Dialektik (z. B. Konkurrenz- und Gewinn-Prinzip) deutlich. Seine kritische Herausforderung liegt in den Umständen seiner Realisierbarkeit. Er vertritt große, ja hohe Ideale und formuliert sie nicht mehr nur als utopische, sondern pragmatische Ziele. Und es ist gerade die Macht des Pragmatismus, der diese Ideale wieder in Frage stellt, einschränkt oder gar zunichte macht. Er widerruft sie nicht eigentlich, sondern verstrickt sich in die verführerische Idee eines permanenten Umbaus angesichts einer in Bewegung geratenen politischen Landschaft. Der Liberalismus verwandelt das Autonomie-Prinzip der Aufklärung und die Ideale der Französischen Revolution in eine konkrete Interessenvertretung, die sich öffentlich engagieren will, die Evaluation aller Aktivitäten am tatsächlichen Resultat und Erfolg nicht scheut und unter diesem Diktat der Effizienz horrende Wandlungen erfährt (Monopolkapitalismus, Staatssozialismus, Weltmarkt).

Ein Schlüsselwerk dieser Bewegung ist Hermann Baumgartens *Der deutsche Liberalismus. Eine Selbstkritik* (1866). Baumgarten (1825–1893) war ein bedeutender Historiker und Politiker; er beeinflusste das Programm der nationalliberalen Partei, distanzierte sich aber von der weiteren Entwicklung des neuen Kaiserreichs. Ziel des Liberalismus ist es laut Baumgarten, »zu einer herrschenden Macht im Staate zu werden« (Baumgarten 1866/1974, 47). Grundlegend ist der Anspruch, »in größerem Stil« (40) eine Tätigkeit entfalten zu wollen. Als erste Voraussetzung für die »praktische Wendung« (49) auf allen öffentlichen und wissenschaftlichen Gebieten zeichnet sich ein moderner »Staat« ab, der, befreit von allen kleinstaatlichen Einschränkungen, seinerseits über eine »unerläßliche Selbständigkeit der Bewegung« verfügt und »die ebenso unerläßliche Summe der geistigen und materiellen Mittel« bereitstellt.

Das Vorbild für einen solchen Staat findet sich nach liberaler Ansicht bei den Engländern, Franzosen oder Nord-Amerikanern, die es vermochten, die »gewaltige Realität eines großen, mächtigen, alles private Gedeihen stützenden und fördernden Staatswesens« (57) zu schaffen. Für den Liberalismus liegt hier der **Kern der nationalstaatlichen Idee**, die aller »Zwergpolitik«, jedem Partikularismus und allem Chaotischen eine Absage erteilt. Mit der Freiheit zu großräumigem Handeln verknüpft sich die durchgehende Professionalisierung aller öffentlichen Tätigkeitsformen, der politischen zumal. »Politik ist ein Beruf« (45), zu dem weder Privileg, noch bloß guter Wille (Kritik am Dilettantismus), sondern vor allem Erfahrung qualifizieren. Diese durch Erfahrung begründete Kompetenz liegt aus bürgerlicher Sicht noch immer beim Adel, mit dem das Bürgertum deshalb einen »erfrischenden Austausch« (46) unterhalten sollte.

Das ›Schicksal‹ des Liberalismus beruht nach Baumgartens kritischer Einschätzung auf seiner bisherigen Erfolglosigkeit.

> »Er siegte wohl öfter, aber die Ungunst der gesamten Lage ließ ihn kaum je zur Regierung kommen, und weil ihm so die Erfahrungen abgingen, welche allein in der Regierung erworben werden, und weil seiner Tätigkeit das natürliche positive Ziel versagt war, geriet er in jene negative Opposition, deren Streben oft mehr dahin ging, die feindliche Regierung zu hemmen, als den Staat zu fördern, in jene verderbliche Betrachtungsweise, der jede Regierung an sich etwas Übles ist und die deshalb dazu kommt, die Existenz des Staates selber zu untergraben.« (47 f.)

Angesichts der augenfälligen militärischen Erfolge und des darauf basierenden unschlagbaren Arguments vom »rettenden Krieg« (119) sticht die Unfähigkeit des Liberalismus, eine »wirkliche Politik« (102) zu betreiben, desto deutlicher ins Auge und führt zur ›konsequenten‹ **Umkehrung liberaler Ziele** oder zu ihrer Verstrickung in Widersprüche.

■ Freiheit war die wesentliche Voraussetzung für die Tätigkeit im großen Stil; zugleich aber muss sie als »Stellung, die einen freieren Blick gewährt«, erst von dem, der »sich von unten heraufarbeitet« (43), erworben werden.

■ Liberalismus als soziale Emanzipationsbewegung bedeutet eine Auflösung des feudalen Ständestaates; der pragmatische Zug des Liberalismus kommt jedoch nicht umhin, den Erfahrungsvorsprung des Adels im politischen Leben anzuerkennen, und so entsteht ein ›Kompromiss‹, der einerseits »wohltätige Arbeitsteilung« (46), andererseits ›Klassenverrat‹ heißen kann.

■ Die am Erfolg orientierte Selbstkritik verwandelt den nicht preußischen Nationalgedanken in ein machtpolitisches Programm der preußischen Hegemonialpolitik.

■ Eine politische Signatur der Epoche ist der beklagenswerte Rückzug »in die kleine Privatexistenz« (54) angesichts verpasster oder ›verschlafener‹ großer Aufgaben; in ein anderes Licht jedoch gerät die Reaktion auf dieses Format der deutschen ›Misere‹, wenn klar wird, dass nur ›mannesstolze‹ Handlungen gegen den »brutalen Dänen« Abhilfe schaffen können (angesprochen ist der Konflikt mit Dänemark in der ›schleswig-holsteinischen Frage‹).

■ Die eigene Furchtlosigkeit bedeutet im fortgeschrittenen Liberalismus zunehmend, die anderen zittern zu lassen (88).

So rückt unaufhaltsam **der praktische Wert des Positiven, Tätigen,** also des aggressiv schaffenden Willens auf Kosten rechtlicher und moralischer Bedenken in den Vordergrund und bildet einen Rahmen, in dem sich die Wirklichkeitsbilder der literarischen Realisten einrichten, verzerren oder gar auslöschen. Denn dieser Rahmen ist nicht dazu da, zu halten und zu schützen, sondern alle Einwände des Gemüts als »Joch« der »banalen Phrasen« (128) fernzuhalten. So wird das Recht zum Schein, die Freiheit zur »Chimäre« (139) und die ›männliche‹ Tat zu jener geltenden Wirklichkeit, in der Rechtsbrüche das »Heil Deutschlands« begründen können. Diesen »festen sicheren Boden« (146) fühlen nicht nur die Realisten, sondern alle ihre Figuren »unter den Füßen« und erleben dabei Unterschiedliches.

2.4 Selbstentwürfe der ›bürgerlichen‹ Gesellschaft: Wilhelm Heinrich Riehl und Ferdinand Tönnies

Die Wirklichkeit, mit der es die realistische Literatur aller Regionen zu tun hat, ist eine **spezifisch gesellschaftlich formierte Welt.** Zwar gibt es weder in der Literatur noch außerhalb ihrer eine Alternative zum sozialen Leben – immer begegnen Menschen in gesellschaftlichen Verhältnissen –, doch zeichnet es die Literatur des Realismus aus, dass sie diese menschliche ›Verfassung‹ thematisiert, historisch-politisch konkretisiert, regional differenziert und an repräsentativen Einzelfällen problematisiert.

Insbesondere rückt das **Verhältnis zwischen Individuum und Gesellschaft** in den Blick; erkundet wird die Beziehung unter dem Gesichtspunkt ihres wechselseitig aufeinander Bezogenseins und ihrer gegenseitigen Angewiesenheit. Zur Darstellung gelangen sowohl Entfaltungsmöglichkeiten wie Störungen, die in diesem Abhängigkeitsverhältnis auftreten. Zwar handelt es sich nicht um eine symmetrische Beziehung, denn der Begriff des Individuellen liegt auf einer anderen Ebene als der des Sozialen. Aber spätestens im Zuge des Historismus ist es üblich geworden, ›die Gesellschaft‹ (wie auch ›die Geschichte‹) als Kollektivsingular (Kosellek 1975) zu behandeln, und in dieser Verwendung geraten dann doch die beiden ›Positionen‹ als ›Protagonisten‹ differenter bzw. alternativer Lebenskonzepte neben- und gegeneinander.

Wie ein Leitmotiv durchzieht der **Gegensatz zwischen menschlichem Bedürfnis und gesellschaftlichem Zwang** die realistische Literatur und spaltet das hier entworfene Leben in einen gefährdeten menschlichen und bedrohlichen gesellschaftlichen Bezirk. Das wirkt sich auf die Wirklichkeitsgestaltung aus, lässt ›Wirklichkeit‹ zu einem sozialen System werden, in dem Leben, Identität, Sinn und Glück ›Figuren‹ sind, die hin- und hergeschoben werden in einem Spiel, das schärfer oder milder, kooperativ oder konkurrierend, einschließend oder ausschließend ausgetragen wird. Die von der realistischen Literatur thematisierten Konflikte stehen im Zusammenhang mit unterschiedlichen Deutungen der Frage, wie Leben als gesellschaftlicher Prozess in Vergangenheit, Gegenwart und Zukunft gefördert oder behindert wurde und wird. Dabei rücken Formen des Zusammenlebens in den Blick.

Eine Verallgemeinerung des Gesellschaftsbegriffs und seine Verknüpfung mit dem sozialen, also modernen Roman begegnen bei **Wilhelm Heinrich (von) Riehl** (1823–1897), dem seinerzeit bedeutenden Novellisten und Kulturhistoriker sowie Professor für Staatswirtschaftslehre bzw. Kulturgeschichte. Von ihm stammt die wiederholt aufgelegte *Naturgeschichte des Volkes als Grundlage einer deutschen Social-Politik* (1851–69), darin als zweiter Band *Die bürgerliche Gesellschaft* (1851, ⁵1858). Riehls Begriff der ›bürgerlichen Gesellschaft‹ setzt sich ausdrücklich von dem der ›politischen Gesellschaft‹ ab und meint **den vom Staatsgedanken ablösbaren Horizont des öffentlichen Lebens überhaupt.** Riehl verwendet dafür den Ausdruck ›soziale Politik‹ und ›Sozialpolitiker‹. »Die Emancipirung der Gesellschaftsidee von dem Despotismus der Staatsidee ist das eigenste Besitzthum der Gegenwart, die Quelle von tausenderlei Kampf und Qual, aber auch die Bürgschaft unserer politischen Zukunft« (Riehl ⁵1858, 4).

Riehl weist ausdrücklich auf einen wesentlichen **Zusammenhang zwischen dem Interesse an der bürgerlichen Gesellschaft und der modernen Literatur,** insbesondere dem »sozialen Roman« hin:

> »In dem Maße als uns das durch lange Zeit fast ganz abgestorbene Bewußtseyn des Lebens in der bürgerlichen Gesellschaft wieder lebendig wurde, keimte auch **die reiche Saat der socialen Romane** auf. Das 18. Jahrhundert konnte keine Literatur des socialen Romans haben, denn der moderne Begriff der Gesellschaft fehlte ihm. Wenn aber ein künftiger Historiker die socialen Entwicklungen unserer Tage zu schildern unternimmt, dann wird er ein eigenes Capitel ausarbeiten über dieses Phänomen der socialen Romane: er wird da reden von Sealsfield, von Dickens, selbst schon von Walter Scott, von Eugen Sue und von all den künftigen großen deutschen Romanschreibern, die jetzt noch als Quintaner in den Gymnasien sitzen. Die Zeit ist da, wo Staatsmänner zu ihrer Instruction auch Romane lesen müssen.« (ebd., 21 f.)

Damit ist das ›Mandat‹ des Realismus angesprochen, der Auftrag, »den Einzelnen [...] in den Localtönen eines bestimmen Gesellschaftskreises« (22) darzustellen, alle Personen als »*gesellschaftlich* individualisirte(n) Figuren« zu profilieren. Riehl erkennt darin einen »Triumph der historischen socialen Weltanschauung über die philosophisch nivellierende« (ebd.). Ihr entsprechend hängen die Modifikationen des Charakters mit den Besonderheiten und Wandlungen der ›bürgerlichen Gesellschaft‹ zusammen. »Ein Mensch, der keiner besonderen Gesellschaftsgruppe angehört, sondern nur dem allgemeinen Staatsbürgerthum, ist für den Romandichter eben so sehr ein Unding als ein allgemeiner Baum, der nicht Eiche, nicht Buche, nicht Tanne für den Maler« (25). Mit Riehl wird es sinnvoll, **die Phänomene auf ihre soziale Bedeutung hin zu befragen,** ›soziale Charakterfiguren‹ (vgl. z. B. 273) zu kennzeichnen und das

›Wesen sozialer Gruppen‹ gesellschaftswissenschaftlich (vgl. 123) zu erkunden. So entsteht **ein soziologischer Blick aus naturgeschichtlichem Interesse.**

Riehls soziologische Kulturgeschichte oder – wie er sie nennt – seine »Wissenschaft vom Volk« (38) geht aus den **Erfahrungen der Märzrevolution** hervor. Angesichts der möglichen Umwälzungen vertritt er einen zwar noch liberalen, aber konservativen Standpunkt der »*Selbstbeschränkung* und *Selbstbescheidung*« (35) aller, sowohl der Gruppen wie der Individuen.

Riehl unterscheidet »**Mächte des sozialen Beharrens**« von denen der »sozialen Bewegung«. Zu jenen gehören Bauern und Aristokratie, zu diesen Bürgertum und vierter Stand. Bauern, Aristokraten und Bürger lassen sich differenzieren in solche »von guter Art« bzw. entarteter Form; der vierte Stand hingegen erscheint zumeist nur als »Summe der Entartung aller übrigen Stände« (274), als »neues, fremdartiges Leben«, entstanden aus Verwesung und Zersetzung der alten ständischen Gesellschaft. Es ist der »Stand der Ständelosen« (275) und des »Abfalls«, der sich nun zu einer »furchtbaren Armee« (272) von »zermalmende[r] corporative[r] Macht« (273) formt. Erst eine ständische Organisierung des ›Arbeiters‹ könnte einen »ächte[n] vierte[n] Stand« (290) schaffen.

Obwohl Riehl keine Rangordnung der Stände kennt (vgl. 132 f.), ihnen vielmehr einen je eigenen, gleichwertigen ›sozialen Beruf‹ zuspricht, gehört seine Sympathie eindeutig den **Bauern.** In ihnen entdeckt er den »trotz allem Wechsel beharrende[n] Kern«, bei ihnen liege die »Zukunft der deutschen Nation« (41). Die bäuerliche Welt als »lebendiges Archiv« (43), in dem alle »historischen Besonderheiten« (46) in einer zunehmend ›zivilisierten‹ bzw. schon überzivilisierten (vgl. 108) und somit nivellierten und verfälschten Gegenwart gespeichert sind. Am Bauerntum entwickelt Riehl seine **Vorstellung von gesellschaftlicher Identität und Einheit.** Selbst im entarteten Zustand bewahrt diese ethnographische Projektion ihre nicht irritierbare Leitbildfunktion. So repräsentieren die Bauern »den leibhaftigen Realismus gegen die Ideale des Schreibtisches, das letzte Stück einer ›Natur‹ gegen eine gemachte Welt« (108).

Das Besondere an Riehls Gesellschaftstheorie liegt in der eigentümlichen **Mischung konservativer und fortschrittlicher Momente** sowie in der Erkenntnis, dass dies alles mit der Entstehung des sozialen Romans zusammenhängt. Wenn es ein Kennzeichen des realistischen Romans ist, Charaktere und Geschehen hauptsächlich aus dem sozialen Umfeld zu entwickeln bzw. das Individuelle und Soziale in eine Wechselwirkung zu versetzen sowie eine Art Verlaufskurve der sozialen Verantwortung und Zukunft zu profilieren, so findet sich bei Riehl eine wesentliche theoretische Stütze für dieses realistische Erzählprojekt.

In der Geschichte der Bemühungen um eine Typologie des menschlichen Zusammenlebens spielt das Werk des Soziologen **Ferdinand Tönnies** (1855–1936) *Gemeinschaft und Gesellschaft. Grundbegriffe der reinen Soziologie* (1887, [8]1935) eine herausragende Rolle. Es ist nicht nur ein Klassiker der frühen deutschen Soziologie, sondern auch eine zeitgenössische Quelle für die **Rahmenbedingungen des Realismus als Epoche einer spezifisch gesellschaftskritischen Literatur.** Tönnies war ein enger Freund Theodor Storms und hat dessen Vorstellung von ›gesellschaftlichem Wandel‹ wesentlich beeinflusst (vgl. Bollenbeck 1991, 293, 340 f., 364 f.). Seine literaturgeschichtliche Relevanz ist damit angedeutet, aber noch längst nicht hinreichend gewürdigt (vgl. Sprengel 1998, 321), denn sie betrifft Grundlagen jener Situationen, Prozesse und Krisen, in welche die Protagonisten der realistischen Literatur verstrickt sind.

Der Titel von Tönnies' Werk exponiert ein synonymes Begriffspaar, mit dessen Hilfe zwei soziale Verhältnisse differenziert, typisiert und strikt gegeneinander gestellt werden. Aus der begrifflichen Opposition entwickelt Tönnies das Profil eines sozialen Wandels von Gemeinschaft und Gesellschaft, der zugleich ein **Wandel der kulturellen Konstitution** ist (vgl. das Vorwort zur 1. Aufl., S. XXIV). Sichtbar soll werden, »wie abhängig die Menschen voneinander sind und wie die einen das Schicksal der anderen werden« (Vorrede zur 6./7. Aufl., S. XLIV). **Gemeinschaft wie Gesellschaft** entstehen gleichermaßen durch »Bejahung«, doch die Art der Bejahung unterscheidet sie grundlegend und definiert ›Gemeinschaft‹ als natürliche (aus dem »Wesenwille« hervorgehende) und ›Gesellschaft‹ als künstliche, rationale (aus der »Willkür«, später dem »Kürwillen« hervorgehende) Verbindung.

> »Alles vertraute, heimliche, ausschließliche Zusammenleben [...] wird als Leben in Ge-
> meinschaft verstanden. Gesellschaft ist die Öffentlichkeit, ist die Welt. In Gemeinschaft
> mit den Seinen befindet man sich, von der Geburt an, mit allem Wohl und Wehe daran
> gebunden. Man geht in die Gesellschaft wie in die Fremde.« (Tönnies 1969, 3)

Auf diesem dichotomen Begriffsfundament errichtet Tönnies sein zweigeteiltes Welt- und Lebensgebäude, ein System strikter Zuordnung aller menschlichen Beziehungen und Einrichtungen zu einem der beiden Pole:

> »Gemeinschaft der Sprache, der Sitte, des Glaubens; aber Gesellschaft des Erwerbes,
> der Reise, der Wissenschaften. [...] Gemeinschaft ist alt, Gesellschaft neu, als Sache und
> Namen. [...] Gemeinschaft ist das dauernde und echte Zusammenleben, Gesellschaft
> nur ein vorübergehendes und scheinbares. Und dem ist es gemäß, daß Gemeinschaft
> selber als ein lebendiger Organismus, Gesellschaft als ein mechanisches Aggregat und
> Artefact verstanden werden soll.« (ebd., 4 f.)

Als **gemeinschaftliche Verhältnisse**, die durch »unmittelbare gegenseitige Bejahung« (8) definiert werden, gelten das Verhältnis zwischen Mutter und Kind, zwischen Mann und Frau sowie unter Geschwistern; begründet werden sie durch »Gefallen«, »Sexual-Instinkt« und »schwesterlich-brüderliche Liebe« (8 ff.). Aus ihnen entwickeln sich weitere Gemeinschaften des Ortes (Haus, Dorf, »Städte des Landes«, 244) und des Geistes (z. B. Freundschaft). In einer so definierten Gemeinschaft gelten drei Hauptgesetze:

> »1. Verwandte und Gatten lieben einander, oder gewöhnen sich leicht aneinander: re-
> den und denken oft und gern mit-, zu-, aneinander. Ebenso vergleichsweise Nachbarn
> und andere Freunde. 2. Zwischen Liebenden usw. ist Verständnis. 3. Die Liebenden
> und Sich-Verstehenden bleiben und wohnen zusammen und ordnen ihr gemeinsames
> Leben.« (21)

So entstehen bzw. erhalten sich soziale Identität (vgl. das Ideal des »bei sich« Seins 15) und »lebendige[s] Verständnis« (20).

Im strikten Gegensatz zu den gemeinschaftlichen Bindungen stehen die **gesell-schaftlichen Verhältnisse**:

> »Die Theorie der Gesellschaft konstruiert einen Kreis von Menschen, welche, wie in
> Gemeinschaft, auf friedliche Art nebeneinander leben und wohnen, aber nicht wesentlich
> verbunden bleibend, sondern wesentlich getrennt sind, und während dort verbunden
> bleibend trotz aller Trennungen, hier getrennt bleiben trotz aller Verbundenheit.« (40)

Die ›Welt‹ der Gesellschaft ist durch das Prinzip der Vergleichbarkeit geprägt, das heißt, alles – Menschen, Tätigkeiten, Dinge – können als Ware betrachtet und nach

Geldeswert bemessen werden. So entsteht ein ›konventionelles‹ Beziehungsgeflecht, in dem – Tönnies zitiert hier Adam Smith – »jedermann ein Kaufmann ist« (52). Die menschlichen Beziehungen wandeln sich im Verein mit den ökonomischen. Die Hauswirtschaft geht über in die Handelswirtschaft, der Ackerbau in die Industrie (vgl. 55). Kapital und (Welt-)Markt bilden – in Anlehnung an Karl Marx – die Schlüsselbegriffe dieses Gesellschaftssystems. »Die Kaufleute oder Kapitalisten (Inhaber von Geld, das durch doppelten Tausch vermehrbar ist), sind die natürlichen *Herren* und Gebieter der Gesellschaft« (61). Die noch nach gemeinschaftlichem Prinzip organisierte Stadt weitet sich zur Großstadt (bzw. Fabrik) und Haupt- bzw. Weltstadt.

> »In ihr ist Geld und Kapital unendlich und allmächtig, sie vermöchte für den ganzen Erdkreis Waren und Wissenschaft herzustellen, für alle Nationen gültige Gesetze und öffentliche Meinungen zu machen. Sie stellt den Weltmarkt und den Weltverkehr dar; Weltindustrien konzentrieren sich in ihr, ihre Zeitungen sind Weltblätter, und Menschen aller Stätten des Erdballes versammeln sich geldgierig und genußsüchtig, aber auch lern- und neugierig in ihr.« (247)

Tönnies' Theorie über den Gegensatz von Gemeinschaft und Gesellschaft stellt einen historisch angemessenen Rahmen bereit für einen Hauptzug der realistischen Kunst, für ihr Bestreben, gesellschaftliche Zustände darzustellen, soziale Prozesse zu beobachten bzw. Lebensläufe, Ereignisse oder Zeitverhältnisse gesellschaftskritisch zu durchdringen. Mit ›Gesellschaft‹ bzw. ›gesellschaftlich‹ rücken **Prozesse des Wandels** in den Blick, die das Unbehagen und die Befremdung, von denen viele Figuren des Realismus befallen werden, genauer charakterisieren und weitreichend erklären. Fontane, Keller, Raabe, Reuter und Storm erfassen diese Prozesse des sozialen Wandels und beschreiben ihre Rückwirkung auf alle individuellen Lebensverhältnisse. Tönnies' begriffliche Sichtung und Scheidung ergibt eine **sozialtypologische Variante des** ›**Zusammenhangs der Dinge**‹ und interpretiert ihn als spezifisch soziale Ordnung; zugleich zeichnen sich Prozesse des Wechsels, der Ablösung und Konkurrenz von Ordnungen ab, die das ganze Leben der Menschen betreffen. Das heißt zusammengefasst:

- ›Wirklichkeit‹ lässt sich als »Ordnung des Zusammenlebens« beschreiben.
- Eine solche »Ordnung« betrifft alle Bereiche des menschlichen Lebens (private wie öffentliche).
- Sie regelt in je spezifischer Weise den Zusammenhang zwischen Einzelnen und Gruppen, Menschen und Räumen, Gefühlen und Institutionen, Tätigkeiten und Sachen.
- Es gibt unterschiedliche, alternative, gegensätzliche Ordnungen und somit entgegengesetzte Lebenswelten, die man erhalten oder verlieren kann.
- Verschiedene Ordnungen begründen unterschiedliche Zeitalter bzw. Epochen, die aber nicht nur im entwicklungsgeschichtlichen Sinn aufeinander folgen, sondern sich auch vermengen, so dass Reste der früheren Ordnung in der späteren erhalten bleiben und Erinnerungen bzw. Absonderungen unter gewandelten Verhältnissen die andere Ordnung präsent halten können (vgl. Vischers »grüne Stellen«; vgl. Kap. III.1.4).
- Der Entwicklungsprozess ist ein eminent krisenhaftes Geschehen, an dessen Horizont zwar Fortschritts- bzw. Hoffnungsperspektiven aufscheinen können, aber auch Auflösung, Verderben und Zerstörung drohen.

Die von Tönnies entwickelte Spannung zwischen den gegensätzlichen Kulturformen lässt sich als Erfahrungs- und Konfliktraum für Lebenswege deuten, wie sie von der realistischen Literatur immer wieder dargestellt werden. Alle Figuren des Realismus geraten auf je eigene Weise in den Strom der von Tönnies gekennzeichneten ›sozialen Bewegung‹. Was in der Interpretationsgeschichte als ein Gegeneinander gesellschaftlicher und menschlicher Kräfte eher vage beschrieben wird, rückt im Rahmen der Lehre über gesellschaftliche und gemeinschaftliche Sozial-Welten in bedeutend schärfere Beleuchtung.

2.5 Umrisse des gewöhnlichen Alltags

Ein wesentliches Merkmal des realistischen Selbstverständnisses liegt darin, den **Alltag als Stoff, Thema und Feld** der literarischen Darstellung entdeckt zu haben. Trotz einer bereits vertrauten Neugierde am Alltag, wie sie sich in der Literatur im 18. Jh. anbahnte, bleibt der Blick in die ›Niederungen‹ des menschlichen Lebens während des 19. Jh. s eine heikle Angelegenheit. Akzeptiert wird er eher dort, wo die reglementierende Poetik bereits Lizenzen eingeräumt hat, so im Bereich des ›bürgerlichen Dramas‹, der ›Idylle‹, des ›Volksstücks‹ und der ›Dorfgeschichte‹. Je höher man in der noch immer geltenden Gattungshierarchie steigt, desto anfechtbarer werden Überschreitungen. Was in der ›niederen‹ Prosa unbedenklich ist, kann im Vers, sei es auf epischem, sei es auf dramatischem Feld, zum Skandal führen. Auf jeden Fall scheint der realistische ›Effekt‹, das Leben zu schildern, wie es tatsächlich ist, überall dort spürbar zu werden, wo Alltagsinteressen zur Darstellung drängen und mit den kanonisierten Formen der Literatur mehr oder minder in spannungsvolle Berührung geraten.

Was bot sich den Realisten als Alltag (vgl. Nipperdey 1998b, I, 125–191)? Gibt es ›den‹ Alltag überhaupt in gleicher oder vergleichbarer Weise für alle Bevölkerungsschichten oder zumindest für ihren lesenden Teil? Ist ›Alltag‹ vielleicht schon eine Fiktion, eine charakteristische Leerstelle, die erst von der Poetik des Realismus geschaffen wurde, als sie forderte, das Leben in seinem alltäglichen Verlauf zu schildern? Gibt es zwischen Herrschenden und Dienenden (vgl. Corbin 1993), Besitzenden und Armen, Frauen und Männern, Erwachsenen und Kindern ›Gemeinsamkeiten‹ des Geborenwerdens und Sterbens, des Schlafens und Wachens, der Aufnahme von Nahrung und ihrer Verdauung, des Arbeitens und Ruhens, der Freude und Trauer, des Erkrankens und Genesens, des Gehens und Kommens? Verhält es sich etwa mit dem Begriff des Alltags wie mit dem Begriff des Bürgerlichen, der ja auch zunächst ›alle Menschen‹ meinte und dann doch rigide Scheidelinien zog?

Gewiss ist, dass vieles, was alltäglich vorkommt, in realistischen Werken nicht erwähnt, sondern stillschweigend vorausgesetzt bzw. rigoros unter **Tabu** gestellt wird. Hygieneangelegenheiten spielen keine dominante Rolle, obwohl sie die Lebensqualität bestimmen und in einer realistischen Darstellung nicht übergehbar sind. Die Intimsphäre erscheint nur hinter Filtern und auch da standardisiert als präsentable Häuslichkeit bzw. Familiarität. Die Welt der Arbeit (Art, Formen und Bedingungen des Arbeitens) bietet sich nur in gezielten Ausschnitten und unter karger Beleuchtung. Infektionen, gar Geschlechtskrankheiten, werden ausgeblendet. Liebe steht zwar immer im Vordergrund, aber der ganze Bereich der Sexualität, ihre halböffentliche Regelung und stillschweigend geduldete Praxis, fällt unter das Tabu-Gebot (vgl. Korte 1989; Thomé 1993; Titzmann 2002b; Jackson 1996 u. 2000).

Das bürgerliche Jahrhundert steht im Zeichen der **Bevölkerungsexplosion**. Dadurch dass immer mehr Menschen auf immer weniger Raum wohnen, zunächst

noch auf dem Land, dann aber vermehrt in der Stadt, ändern sich auch die Lebensverhältnisse. An die Stelle der gewohnten Übersichtlichkeit und Regelmäßigkeit im nah
umzirkelten Bereich treten die **Erfahrungen der Desorientierung, Anonymisierung,
Entfremdung und Vermassung.** Das Ganze wird unübersichtlich, und das Übersichtliche monoton. Es gibt immer mehr zu tun; aber die Arbeitsplätze liegen selten vor
der Haustür. So bewegen sich immer mehr Menschen immer häufiger von Ort zu Ort.
Der so entstehende ›Alltag‹ ist wohl ein sehr bewegter und müsste fast schon einer
›Völkerwanderung‹ gleichen. Bewegungsmittel, menschliche und technische, wären
seine typischen Requisiten, ohne die der ›Alltagsmensch‹ nicht zu denken wäre. So
werden Straßen, Brücken und Schienen, die Eisenbahnen zumal, zum Signum einer
Epoche der Bewegung. Ein nicht mehr romantisch, sondern wirtschaftlich motivierter
Gegensatz von hier und dort, nah und fern, Heimat und Fremde entsteht.

Die Menschen lebten in Groß-, Residenz- und Kleinstädten, in Metropolen,
Provinz und auf dem Lande. Sie wohnten in Schlössern, Villen, Hinterhäusern,
Tagelöhnerkaten und Armenhäusern, in Wohnungen, Beletagen, Dachgeschossen,
feuchten Zimmern und Hängeböden je nach Stand und Vermögenslage. Die **städtische
Wohnungsmisere** war unübersehbar und wurde doch nicht ernst genommen: »Mieths-
kasernen, Kellerlöcher, Hängeböden, Schlafburscheninstitut, alles überfüllt, Kanalluft,
Schnaps, kühle Weiße und Budikerwurst, – da kann es [Cholera] jeden Augenblick
hereinbrechen« (Fontane IV/4, 211). Einzelzimmer bewohnten die Reichen; weniger
Begüterte teilten sich den Schlafraum (wie die drei gerechten Kammacher in Kellers
gleichnamiger Novelle, wie Mutter und Tochter in Fontanes *Mathilde Möhring* oder
Mutter und Sohn in Anzengrubers *Sternsteinhof*); Stadt und Land unterschieden sich
darin nicht.

Es gibt vollgestellte und leere Räume; ihre jeweilige Ausstattung charakterisiert
ihre Bewohner, und ihre narrative Repräsentation zählt zu den bevorzugten Darstel-
lungsmitteln des Realismus (vgl. Titzmann 2002a, 31). Schlafsäle, die es gab, kommen
in der deutschsprachigen Literatur kaum vor. Toiletten fanden sich »halbstock oder
über dem Hof« (Stürmer 1994, 42), wurden aber in der realistischen Literatur nicht
benutzt. ›Toilette machen‹ erfolgt sogar bei verarmten Adligen im Zimmer: »ein
Küchenstuhl mit Waschbecken und Handtuch, ein Glas und eine Wasserkaraffe«
(Fontane: I/4, 508). Man war Besitzer, Mieter, Untermieter, Trockenmieter, Schlaf-
gänger oder Obdachloser. In Fontanes Roman *Der Stechlin* ist beiläufig von einem
Hausbesitzer Schickedanz die Rede; was darin an symptomatischer Bedeutung steckt,
hat die Forschung längst erkannt (Minder 1968).

Gearbeitet wurde den ganzen Tag lang, halbtags oder gar nicht. Industriearbei-
ter hatten am Ende des Jahrhunderts eine etwa 60-Stunden-Arbeitswoche (Stürmer
1994, 31). **Freizeit,** wenn auch nur am Rande des Tages, gab es schon. In sozial
höheren Kreisen hieß die Freizeit ›Zerstreuung‹, die in Bädern, Sommerfrischen oder
Landpartien gesucht wurde. ›Urlaub‹ nahmen Militärs und Arbeiter. ›Ferien‹ hatten
Lehrer und Schulkinder; für die Kinder hieß das aber oft Einsatz bei der Ernte (ebd.,
31). Vergnügen konnte man sich auf Bällen, im Theater, in Volksbühnen, am ›jour
fixe‹, bei Sportveranstaltungen, an Volksfesten und in Vereinen (Turner, Sänger;
Bildungsvereine).

3. Philosophische Tendenzen

3.1 Ludwig Feuerbachs ›Realismus‹

Die philosophischen Grundlagen des Realismus, der um der Wahrheit willen die Wirklichkeit entdecken möchte, liegen bei Ludwig Feuerbach (1804–1872). Seine anthropologische Religionskritik, formuliert in seinem Hauptwerk *Das Wesen des Christentums* (1841, ²1843), führt einen entscheidenden Blickwechsel herbei, indem er die Aufmerksamkeit vom religiös motivierten Jenseits ablenkt und auf **eine menschlich gefasste Welt** richtet. Diese Kehrtwende betrifft nicht nur die spezifisch christliche Welt- und Lebensanschauung, sondern verändert die Einstellung des Menschen zu seinem Leben überhaupt. Es geht um eine Aufrechnung dessen, was jahrhundertealte elementare Wünsche, Träume und Imaginationen vermochten oder vereitelten. Feuerbach leistet in doppeltem Sinn eine Aufklärungsarbeit, indem er sowohl Scheinhaftes entlarvt als auch Unscheinbares aufwertet. So greifen ›Erniedrigung‹ und ›Erhebung‹ ineinander und erzeugen **eine schöne neue Welt im Glanz sinnlicher Verklärung.**

Dem gewählten Ziel, das Augenmerk auf die Erde als den einzigen Ort des Lebens und seiner Erfüllung zu richten, entspricht die Methode. Feuerbach versteht sein im Resultat revolutionäres Werk nicht als umstürzlerische Theorie, sondern als »eine getreue, richtige Übersetzung der christlichen Religion aus der orientalischen Bildersprache der Phantasie in gutes, verständliches Deutsch« (Feuerbach 1841/1971, 18). Abgesehen von dem topischen Gegensatz zwischen ›Orientalismus‹ und ›Deutsch‹, hinter dem vielleicht auch andere Facetten zum Ausdruck kommen könnten (›orientalisch‹ bedeutete oft ›jüdisch‹), deutet sich schon im Verfahren ein realistisches Prinzip an: Es gilt nicht, etwas spekulativ und erfindungsreich zu setzen, sondern genau hinzuschauen, wie es sich verhält; nicht ums Blenden geht es, sondern um ein Verständlich-Werden. Er »brauche zum Denken die Sinne«, bekennt Feuerbach in der Vorrede zur 2. Auflage seiner Schrift (²1843/1971, 19).

Das zielt auf das **sensualistische Prinzip**, das auch dem Realismus zugrunde liegen wird. In scharfer Wendung gegen Kant, Fichte, Schelling und Hegel geht Feuerbachs Philosophie von dem »*Gegenstand*« aus, der »*außer dem Kopfe existiert*« (19). Die sinnliche Wahrnehmung wird zur ausschließlichen Grundlage des Gedankens, nicht umgekehrt. Folgerichtig sieht Feuerbach im Menschen als »allerwirklichste[m] Wesen« das »positivste *Realprinzip*« (21); und deshalb setzt seine induktive Methode am Menschen an. Wie später der Romancier Friedrich Spielhagen, verkündet schon Feuerbach den Grundsatz: »[n]icht zu erfinden – zu entdecken, ›Dasein zu enthüllen‹« (22).

Nach Feuerbach ist der Gott der Christen nichts anderes als eine **Projektionsfläche** für all das, was der Mensch im Leben entbehren muss und sich nichtsdestotrotz vorstellt, wünscht und herbeisehnt. »*Das Bewußtsein Gottes ist das Selbstbewußtsein des Menschen, die Erkenntnis Gottes die Selbsterkenntnis des Menschen*« (53). Und: »*Der Mensch bejaht in Gott, was er an sich selbst verneint*« (72). Wenn Gott im Glauben als unbegreiflich und unendlich erscheint, so spiegelt dieses ›Bild‹ nur das menschliche Unvermögen, sich selbst als endlich zu begreifen bzw. aus der erfahrenen Endlichkeit einen positiven Sinn zu schöpfen. Daraus zieht Feuerbach eine radikale Konsequenz, die zum Umdenken zwingen soll: »*Wer sich scheut, endlich zu sein, scheut sich zu existieren*« (56).

Aus den biblischen und dogmatischen Glaubensinhalten (Trinität, Inkarnation, Schöpfungsbericht) gewinnt bzw. restituiert Feuerbach **menschliche Grundwerte** wie

Liebe, Mitleid, Herz und gemeinschaftstiftende Sprache. Nur in der Verblendung konnte dieses genuin menschliche Vermögen einem Gott zu- und gutgeschrieben werden, und zwar mit der doppelten Wirkung, dass die eigentlich menschenferne Seite um so gewichtiger wird, als die menschliche an Menschlichkeit abnimmt. »Je *leerer* das Leben, desto *voller*, desto *konkreter* ist Gott« (134). Genau dies, diesen geradezu vampirischen Vorgang, den das »Gemüt« des Menschen sich selbst zufügt (223 ff.), gilt es rückgängig zu machen. Dieses Projekt hat Feuerbach vor Augen, wenn er schon im Jahr 1842 erklärt: »Der Geist der Zeit oder Zukunft ist der des Realismus« (zit. nach BRuG, 86).

›Realismus‹ meint somit **das zentrale Prinzip des Lebendigen, Natürlichen, Sinnlichen, Reichen, Guten und Schönen.** Es ist ein ganzheitliches und soziales Prinzip, das den Grundsatz der Individuation als Beschränkung und den der Sozialisation als Vollendung zu sehen lehrt (vgl., 240). Hier liegt der Grund für die Verherrlichung der Gattung, konkretisiert im komplementären Verhältnis zwischen Mann und Frau: »Mann und Frau zusammen machen erst den wirklichen Menschen aus, Mann und Weib zusammen ist die Existenz der Gattung – denn ihre Verbindung ist die Quelle der Vielheit, die Quelle anderer Menschen« (261).

Alle Realisten beriefen sich mehr oder minder, direkt oder auf Umwegen auf Feuerbach (Fasold 1997, 19 f.; Becker 2003, 75–82). Der Optimismus der realistischen Position – sei es bei der Aufdeckung der wahren Wirklichkeit, sei es bei dem Vertrauen auf die endliche Versöhnung aufbrechender Konflikte – hat in Feuerbachs immanent harmonistischem Konzept der wiedergewonnenen **Göttlichkeit des Menschen** und seines blühenden Lebens seine klarste Quelle. Gottfried Kellers Erzählungen wider die unwirtlich gewordene Welt und gegen die fatalen, weil weltverfehlenden Einbildungskräfte gehen von Feuerbachs ›Übersetzungsarbeit‹ aus. Keller schloss sich – jedenfalls zunächst – den Feuerbach'schen Versprechungen an: »Für mich ist die Hauptfrage die: Wird die Welt, wird das Leben prosaischer und gemeiner nach Feuerbach? Bis jetzt muß ich antworten: Nein! im Gegenteil, es wird alles klarer, strenger, aber auch glühender und sinnlicher« (Brief an Wilhelm Baumgarten, 28. Januar 1849). Alle öffentlichen und privaten Beziehungskrisen im späteren Realismus setzen Feuerbachs säkularisiertes Harmonie- und Gemeinschaftskonzept stillschweigend voraus und erhalten erst vor diesem verklärten Hintergrund ihre tragische Schärfe. Dass der Alltag wichtig ist, vor Verödung bzw. Verwüstung bewahrt werden muss, im gepflegten, aber alltäglich bleibenden Zustand sogar schön wirkt und in sich vollkommen sein kann, das alles sind Früchte der Feuerbach'schen Religionskritik, die dem Realismus zugute kommen, ihn nähren, aber auch belasten und schwächen. Denn die Stärke des rein immanenten Gattungskonzepts, das dem Individuellen und Kreatürlichen ein sicheres Netz aus tragenden Bezügen ausbreitet, wird bald seine brutalen Nebenwirkungen offenbaren und als rundum bedrohendes »Gesellschafts-Etwas« (Fontane) seine realpolitische ›Unbeschränktheit‹ erweisen. Was das Sterben und den Tod betrifft (vgl. Wünsch 1999), so gelingt es den Realisten immer weniger, Feuerbachs Lehre von der Aufhebung des individuell begrenzten Lebens in der ewigen Gattung umzusetzen (vgl. den in Storms Gedicht »Geh nicht hinein« erreichten Grenzwert; s. Kap. V.3).

3.2 Arthur Schopenhauers ›Pessimismus‹

Die Philosophie von Arthur Schopenhauer (1788–1860) ist ein Jahrhundertereignis. Schon im zweiten Jahrzehnt des Jahrhunderts an die Öffentlichkeit getreten, entfaltet sie erst in der zweiten Jahrhunderthälfte ihr ganzes Wirkungspotential; und dennoch mag fraglich bleiben, welchen Einfluss sie gerade auf die realistische Literatur ausgeübt hat (vgl. Sorg 1975). Näher scheint es zu liegen, Schopenhauer für die nach-realistische Zeit, also für die Überwindung des Realismus in Anspruch zu nehmen und mit ihm die Moderne einzuleiten.

Wer das Konzept des Realismus auf Optimismus, Fortschritt, Aufhellung und schließlich eintretende Versöhnung aller widrigen Umstände in dieser Welt einschränkt, kann Schopenhauers Philosophie nur als grimmigen Einspruch gegen diese leutselige Weltfrömmigkeit begreifen. Wer dagegen im Realismus ein **dynamisches Verlaufsprinzip** entdeckt, das in seinem Scheitelpunkt ins Gegenteil von dem umschlagen kann, wovon es ausging, wird den prägenden Zusammenhang nicht zu knapp bemessen. Offenbar werden könnte dann, dass der Realismus als moderne Kritik an herrschender Politik, Wirtschaft, Gesellschaft und Bildung in den Bann jener totalen **Desillusionierung und Verweigerung** gerät, für die Schopenhauer steht und der er wirkungsvollen Ausdruck verlieh.

Das Bild der lichten, freien, ewigen Welt, das Feuerbachs induktive Methode ausmalte, verwandelt sich in Schopenhauers Sicht wieder zu einem argen, engen, finsteren Gefängnis, das sich die menschliche Gattung selbst gebaut hat, um ihre Herrschaft über den Rest der Welt zu begründen, auszuüben und zu erhalten. Die von Feuerbach entdeckten natürlichen Verhältnisse (Raum, Zeit, Kausalität) erweisen sich unter Schopenhauers Zugriff als willkürliche Einrichtungen der ausgesprochen schlagkräftig wirkenden Erkenntnisinstrumente und dienen zur Abwehr eines elementaren, nicht zu beseitigenden Mangels. Erneut behaupten sich die von Feuerbach entzauberten **Mechanismen des projizierenden Denkens**. Doch sollen sie nach dieser Auffassung nicht schwächend, sondern im Gegenteil stärkend wirken. Freilich erreichen sie ihr Wirkungsziel nie endgültig, so dass alles Leben zum sinnlosen Getriebe um Erhaltung und Ausübung von Vorherrschaft ausartet. Sich diesem Räderwerk verweigern oder entziehen zu können ist nur wenigen vergönnt. Asketen, Heilige und Künstler (Genies) vermögen dies allenfalls.

Schopenhauer teilt seine **radikale Weltverneinung** in seinem Hauptwerk *Die Welt als Wille und Vorstellung* (1819) dem Jahrhundert schon früh und somit deutlich vor Feuerbach mit; doch erst in der zweiten Jahrhunderthälfte, im Gefolge seiner *Parerga und Paralipomena* (1851) steigt er zum Modephilosophen auf. Was er den Realisten zu sagen hat, lässt sich nicht auf eine Formel bringen. Seine pessimistische Botschaft verschärft das realistische Prinzip und konterkariert es, sie gibt ihm eine andere Wendung und stößt es ab.

Die Verschärfung des realistischen Prinzips liegt in der **Erkenntniskritik**; sie führt zur **Aufwertung des ästhetischen Blicks** im Zeitalter der empirischen Wahrnehmung. Schopenhauers **Entlarvung der Welt als Vorstellung**, d. h. als strategisch gemeinte Zurichtung der Wirklichkeit im Konkurrenzkampf der Gattungen, legt eine ganz andere Erkenntnisform frei, die jenseits des positivistischen Räderwerks und unbeeinflusst von seiner kampfgerüsteten Maschinerie, die Dinge zeigt, wie sie eigentlich sind. Hier liegt ein Grundmotiv für die Disposition der Realisten zur Resignation und ihre bevorzugte humoristische Perspektive (vgl. Safranski 1990, 501).

So rechtfertigt Schopenhauer, was die Realisten anstrebten, sobald sie erkannten, dass ihre Wirklichkeitsbilder zunächst einmal an die Seite von Polizeibericht und Essay rückten, mit ihnen konkurrierten und doch unvergleichlich anders arbeiten und wirken wollten.

Hintertrieben wird das realistische Prinzip durch Schopenhauer deshalb, weil der wahre Blick etwas **von Grund auf Hässliches** aufdeckt, das endlose Band der Triebe. In Feuerbachs Sicht beginnt alles, was in die Augen fällt, das Leben überhaupt, das Soziale und nicht zuletzt der Körper, zu leuchten, zu glänzen und zu glühen, in Schopenhauers Wahrnehmung dagegen dominieren das Rattern und Stampfen des Triebwerks, unterhalb der Oberfläche wie auf ihren geschienten Bahnen, eine fortreißende Bewegung, die sich genauer besehen doch nur im Kreis und auf der Stelle dreht. Wilhelm Buschs Kettenreaktionen der tückischen Objekte und die ›Schmerzspiralen‹ ihrer Opfer bringen dies zur Anschauung. Eine fast schon barock zu nennende Bühne mit scheinbar glänzenden Ansichten, die aber alle null und nichtig sind, macht sich im protestantischen Norden geltend; nur verweist das moderne Vanitas-Spiel nicht auf die zugrunde liegende Heilsgeschichte, sondern auf die heillos getriebene Welt. Sich davor zu bewahren, heißt, auf sie zu verzichten, sich von ihr abzuwenden, aus ihr auszutreten. Schopenhauers philosophisches **Verfahren des Dahinterkommens** verdüstert, was die Realisten als detektivisch zu praktizierende Aufklärung über die im Kern gute, wahre und schöne Wirklichkeit zuversichtlich betreiben wollten (vgl. Eisele 1979).

Konfrontiert mit der Schopenhauer'schen Philosophie, muss der Realismus nicht unbedingt seine Geltung verlieren; er kann vielmehr in ein anderes Stadium eintreten. Er wird **skeptischer, scharfsichtiger, unerbittlicher**, aber auch umsichtiger, kurz moderner. Er gibt den Optimismus seiner Frühzeit auf, ohne ihn deshalb verraten zu müssen. Denn dieser schroffen Absage zu begegnen, heißt, sich an ihr zu reiben, heißt klaren Auges sehen zu lassen, worum es geht und was auf dem Spiel steht: das ganze Leben. Der Schopenhauer'sche Pessimismus gedeiht eben nicht nur auf dem Boden der gescheiterten liberalen Ideale, sondern gleichermaßen im Bann ihrer Verwirklichung und Umsetzung nach Maßgabe moderner realpolitischer und positivistischer Kriterien. Nicht nur die politische Ohnmacht, sondern gerade auch ihre mächtigen Initiativen und die sich darauf beziehenden neuen Sinnangebote legen bloß, was es heißt, frei, in voller Freiheit fortzuschreiten.

Schopenhauers Lebensverneinung trifft den Realismus im Kern. Die durch Feuerbach entdeckte Konkretheit, Sinnlichkeit, Herrlichkeit und immanente Ewigkeit des Lebens in der Gattung werden durch Schopenhauer widerrufen und verwehen wie Staub. Dem schmausenden Zu-Tische-Sitzen voll Liebe und Glück entspricht unter asketischem Vorzeichen die ewige Ruhe im Grab. Von ›Behagen‹, jenem deklarierten Grundgefühl des Realismus, kann keine Rede mehr sein (vgl. Safranski 1990, 503).

An Schopenhauers Lebensverneinung kann sich die Differenzierungs- und Nuancierungskunst der Realisten entzünden. Längst ›bilden‹ sie nicht mehr die geglaubten Herrlichkeiten der alltäglichen Welt ›ab‹ und haben das Unzulängliche dieser Widerspiegelungskunst durchschaut. Ihre Wahrnehmungen werden komplexer, raffinierter, aber auch gebrochener. Immer klarer wissend, dass ein bloßes Nennen, Sagen und Erzählen, wie richtig und treffsicher sie auch sein mögen, doch nur (trügerische) **Effekte der (machtgierigen) Vorstellung** sind, mobilisieren sie andere Formen des Mitteilens, zum Beispiel konstellative, konfigurationsreiche Ausdrucksformen, die nach wie vor viel ›sagen‹, jetzt aber noch mehr und anderes zugleich ›zeigen‹. Wer z. B.

verlässliche »Akten« über ein wildes Leben anlegen will, erfährt, wie gerade dieses Leben ihm die Sprache verschlägt (Raabes *Akten des Vogelsangs*). Realistische Werke nach solchen Verfahren erweisen sich dann nicht nur als Räume, in denen man sich, lebendig und anschaulich, ja wohnlich einrichten kann, sondern sie offenbaren ein Filigranwerk vielfältiger Treppen und Gänge, auf und ab und kreuz und quer (vgl. Aust 2000a, 395–400; Fauth 2001 u. 2004; Kristiansen 1999).

3.3 Am Rande des Realismus: Friedrich Nietzsche

Im Bild des Jahrhunderts voller Umschwünge darf der Name Friedrich Nietzsches (1844–1900) nicht fehlen. Für den Realismus freilich signalisiert er einen **Endpunkt**, der als Zäsur zwar die Epoche terminiert, nichts aber zu ihrem Selbstverständnis bzw. zu ihrer Entwicklung konstruktiv beiträgt; es sei denn, dass selbst der ›alte‹ Realismus entgegen seinen frühen Voraussetzungen doch schon an dem teilnimmt, was Nietzsche verkündet: das Gespür für Nuancen und die Kunst der Nuancierung (vgl. Aust 2000a, 400–405; Kaiser 2001).

Nietzsches ›**Umwertung aller Werte**‹, das als Schlagwort an den späten Grenzen des Realismus (*Der Stechlin*) vernehmbar wird, eröffnet eine Perspektive, in der das Profil des Realismus schärfer erscheint, seine Wirklichkeitsansichten, die sich so selbstverständlich und natürlich boten, befremdlicher wirken und seine Probleme oder gar Antinomien als natürliche Konsequenzen früher Entscheidungen entgegentreten. So gesehen, bietet Nietzsches philosophische Kritik schließlich doch den Schlüssel zu einer Epoche, die sich zunächst ganz zuversichtlich im weiten Raum der ›wirklichen Wirklichkeit‹ wohnlich eingerichtet hat, bald aber an dessen eng gezogene Wände stieß und nunmehr kaum noch ein und aus weiß.

Zu Beginn des zweiten Buches seiner *Fröhlichen Wissenschaft* (1882) wendet sich Nietzsche an »*die Realisten*«. Gemeint sind hier wohl schon – nach literaturgeschichtlicher Einteilung – die ›Naturalisten‹, doch trifft die Anrede auch deren ›Vorgänger‹ im Amt der Wirklichkeitsschilderungen:

> »Ihr nüchternen Menschen, die ihr euch gegen Leidenschaft und Phantasterei gewappnet fühlt und gerne einen Stolz und einen Zierat aus euerer Leere machen möchtet, ihr nennt euch Realisten und deutet an, so wie euch die Welt erscheine, so sei sie wirklich beschaffen: vor euch allein stehe die Wirklichkeit entschleiert, und ihr selbst wäret vielleicht der beste Teil davon – oh ihr geliebten Bilder von Sais!« (Nietzsche, III, 77)

Nietzsches **Kritik an den Realisten** hat eine dreifache Stoßrichtung: Zum einen wirft er ihnen vor, ohne »Leidenschaft und Phantasterei« die Wirklichkeit wahrnehmen zu wollen und schilt sie deshalb als nüchterne, ja leere Menschen. Zum anderen stellt er die Selbstgewissheit in Frage, mit der diese Leute die ihnen erscheinende Wirklichkeit als entschleierte Tatsache hinstellen. Und zum dritten rechnet er ihnen nach, dass sie trotz der behaupteten Nüchternheit im Grunde doch von »Leidenschaften und Verliebtheiten« seit alters durchdrungen seien, so dass selbst sie die »Wirklichkeit« im Blickwinkel einer »Liebe« sähen.

> »Immer noch ist eurer Nüchternheit eine geheime und unvertilgbare Trunkenheit einverleibt! Eure Liebe zur ›Wirklichkeit‹ zum Beispiel – oh das ist eine alte, uralte ›Liebe‹! In jeder Empfindung, in jedem Sinneseindruck ist ein Stück dieser alten Liebe: und ebenso hat irgendeine Phantasterei, ein Vorurteil, eine Unvernunft, eine Unwissenheit, eine Furcht und was sonst noch alles! daran gearbeitet und gewebt.« (ebd.)

Dieser aufgespürten »Liebe« – nicht umsonst in Anführungsstriche gesetzt – ist ebensowenig zu trauen wie der vorgeschützten »Nüchternheit«; das deutet sich in dem an, womit sie gemischt ist und was sie somit bewirkt. Auch sie formt den Gegenstand ihres Begehrens nach eigenem Geschmack.

> »Da jener Berg! Da jene Wolke! Was ist denn daran ›wirklich‹? Zieht einmal das Phantasma und die ganze menschliche *Zutat* davon ab, ihr Nüchternen! Ja, wenn ihr *das* könntet! Wenn ihr eure Herkunft, Vergangenheit, Vorschule vergessen könntet – eure gesamte Menschheit und Tierheit!« (ebd.)

Nietzsche widerlegt den **Objektivitätsanspruch der Realisten** bzw. Naturalisten mit ihren eigenen, positivistischen Argumenten, indem er deren (naturalistische) Grundkategorien – *race, moment* und *milieu* – auf sie selber anwendet und somit die Unmöglichkeit des ›nüchternen Ausnahmezustands‹ in Erinnerung bringt. Daraus folgt: »Es gibt für uns keine ›Wirklichkeit‹«.

Der in Anführungszeichen gesetzte Wirklichkeitsbegriff macht nochmals deutlich, dass Nietzsche nicht nur eine sogenannte Sache, die »Wirklichkeit« der »Gegenwärtigen« (ebd. III, 375 ff.), verhandelt, sondern auch **Sprachkritik** betreibt, die fundamental argumentiert, weil sie die Aufmerksamkeit auf jenen Betrieb lenkt, der für sich allein das Recht beansprucht, festzulegen, was unter ›Wirklichkeit‹ wahrzunehmen ist. Dass Nietzsche auch eine gültige Form der **Entschleierung** kennt, deutet sich in der Wortschöpfung ›hinterfragen‹ an (*Morgenröte*, Nr. 523; II, 1254), deren Relevanz für die realistische Poetik des Aufdeckens und Verbergens noch auszumessen wäre. Nietzsches Argumentation gegen die Realisten wirkt geradezu ›karnevalesk‹, weil er sich selbst die Maske eines Trunkenen aufsetzt. In dieser Rolle meldet er sich schon früh zu Wort, als er sich, in schroffer Distanzierung von den Nüchternen, mit einem »wir« auf die Seite der Trunkenen stellt. Die Glaubwürdigkeit des Berauschten steht hier ebensowenig in Frage wie das, was der angeheiterte Wilibald Schmidt in Fontanes Roman *Frau Jenny Treibel* zu guter Letzt als »Unsinn« ›verkündet‹. Es geht um Evidenzen, deren kühne Inszenierung selbst der literaturgeschichtlich kanonisierte Realist nicht scheut.

Mit Nietzsche auf den Realismus zurückzublicken heißt, zu erkennen, dass ›Realismus‹ schon eine Reaktion auf die beunruhigende **Wahrnehmung der bereits unverfügbaren Wirklichkeit** ist, ähnlich wie das ›Individuum‹ eine sensible Reaktion der Ästhetik des 18. Jh.s auf frühe Erfahrungen von Vermassung und Anonymität darstellt (vgl. Plumpe in: BRuG, 305; Söring 2001). Der Begriff der ›Wirklichkeit‹ offenbart in solchem Zusammenhang seine kompensatorische Rolle. ›Realismus‹ nach solchem Zuschnitt begegnet in den Erzählwerken Fontanes, Storms und Raabes allenthalben, wenn jenen Interpretationen zu glauben ist, die den Realismus eigentlich an seine Grenzen gelangt sehen (Wünsch 1992; Plumpe 1994; Titzmann 2000a). Die vom Realismus gesuchte und begehrte objektive Darstellung erweist sich unter Nietzsches kritischem Zugriff als ein Defizit, ja als Offenbarungseid einer zum Subjektiven, Persönlichen unfähigen Welt. Von hieraus könnte dann verständlich werden, dass die Einführung der modernen Perspektive, Nietzsches »unzählige Sinne« (VI, 903) auch als ein Schritt zur Installation einer totalen Sicht gemeint ist, deren Fruchtbarkeit seit der Kritik am auktorialen Erzähler zwar suspendiert, aber nicht ernsthaft bestritten und im ›objektiven‹ Erzählen keineswegs besser eingelöst wurde.

Nietzsche wäre nicht der **Philosoph des Perspektivismus und des Perspektivenwechsels**, wenn er das, was die von ihm gemeinten »Realisten« wollten, nur demontierte. Auch hier kann der Abriss dem Gegenentwurf den Grund bereiten. Wenigstens nominell würde Nietzsche dann etwas fortsetzen oder gar einlösen, was auch die Realisten auf ihre Weise anstrebten, nämlich »Die Wirklichkeit ehren«. Was sich Nietzsche darunter vorstellt, entwickelt er nur in Form einer Frage; aber sie lässt sich als Entgegnung auf einen Realismus begreifen, der sich selbst mutwillig auf Beobachtung und Widerspiegelung einschränkte. Um die Wirklichkeit ehren zu können, darf man sich – so Nietzsche – nicht von ihrem Erlebnis »fortreißen« lassen (*Morgenröte*, Nr. 448; II, 1228 f.). Hier wiederholt sich das »Liebes«-Argument in anderem Zusammenhang und führt zu einer Erprobung – mehr gibt die Frageform nicht her – alternativer Wirklichkeitserfahrung:

> »Man muß, um sich nicht zu verlieren, um seine *Vernunft* nicht zu verlieren, vor den Erlebnissen flüchten! So floh Plato vor der Wirklichkeit und *wollte* die Dinge nur in den blassen Gedankenbildern anschauen; er war voller Empfindung und wußte, wie leicht die Wellen der Empfindung über seiner Vernunft zusammenschlugen. – So hätte sich demnach der Weise zu sagen: ›ich will die *Wirklichkeit* ehren, aber ihr den Rücken dabei zuwenden, *weil* ich sie kenne und fürchte‹?« (ebd.)

Liegt hier etwa eine Erklärung für die unter Realisten durchaus anzutreffende ›indirekte‹ Methode, das heißt für jene Darstellungstechniken, die nicht prompt einlösen, was das Dogma von Detailtreue, Anschaulichkeit und Lebendigkeit in Aussicht stellt? Ist dies der Umweg bzw. die Abkehr, die aber schließlich zur Nuance führt?

Für Nietzsche kam eine ›Ehrung‹ der Wirklichkeit wohl nie auf dem Weg einer wie auch immer gestalteten Hinwendung in Frage, deren Zweck darin gelegen hätte, ihr, der Wirklichkeit, das Eigentliche zu ›entnehmen‹. Ganz im Gegenteil stand für ihn fest, dass der Wirklichkeit, wie sie nun einmal ist, nur noch etwas ›gegeben‹ werden könne. »Die Künstler sollen nichts so sehen, wie es ist, sondern voller, sondern einfacher, sondern stärker« (VI, 756). Das erforderte eine besondere Kraftanstrengung, zu der ein Künstler nur im Rausch und Traum oder durch Grausamkeit bzw. Geschlechtstrieb fähig würde. Im Gefühl der »*erhöhten* Kraft« (VI, 755), die das Wirkliche ins »Vollkommene« verwandelt, entsteht »*Kunst*«. »Das Wesentliche an der Kunst bleibt ihre Daseins-*Vollendung* [...]. Die Kunst bejaht. Hiob bejaht. – Aber Zola? Aber die Goncourts?« (VI, 784). So entsteht eine Kunst der »Verschönerung« (VI, 755) und ›Verklärung‹; nur besteht hier kein Zweifel, dass es allein der »Rausch« ist, der diese »Transfigurationskraft« (VI, 752) herbeiführt, die den Dingen gibt, was sie längst nicht mehr besitzen.

Auch der ›poetische Realismus‹ anerkannte die **Notwendigkeit der Idealisierung, Läuterung und Verklärung**; auch er machte sich früher oder später keine Illusionen über den ›rohen‹ Zustand der vorgefundenen Wirklichkeit. Dennoch wird an der Verwendung desselben Begriffs deutlich, was diesen Realismus der Insuffizienz und künstlerischen Zugabe von Nietzsches Wirklichkeitsnihilismus und künstlerischer Allmachtsphantasie trennt.

4. Der Empirismus in den Wissenschaften

4.1 Positivismus und Historismus

›Positivismus‹ heißt die wissenschaftsgeschichtliche Hauptströmung des 19. Jh.s, die dem Realismus den Boden bereitet. Er ist die Instanz, die festlegt, was Wirklichkeit ist, genauer **was als Wirklichkeit gelten soll**: die Details, die Fakten, alles Harte und Solide sowie insbesondere die kausalgesetzlichen Zusammenhänge. Dieser Positivismus schreibt vor, wie man Wirklichkeit erkennt: durch Beobachtung, Messung, Analyse und induktive Schlussfolgerung, vor allem also durch Experimente. Er zeigt an, welche Art von Erkenntnis dabei herauskommt: das objektive und intersubjektiv überprüfbare Wissen; und er weiß auch den Zweck dieser Forschungsarbeit zu benennen: die **Verbesserung des gesellschaftlichen Lebens und den Dienst am Fortschritt**. Der Positivismus setzt die rationalistischen, sensualistischen und empiristischen Tendenzen der Aufklärung fort und verabsolutiert sie als herrschendes Welt- und Gesellschaftsbild.

Wirklichkeit ist demnach ein scharf umrissener Bereich des rational Erkennbaren und kausal Erklärbaren. Seinem Anspruch nach ist dieser wissenschaftliche Weltausschnitt ein Totalbild; seine ›scharfen‹ Ränder aber halten im dialektischen Sinn entgegen aller Absicht bewusst, dass es jenseits dieser Markierungen ein weites, diffuses Feld des nicht rational Erkennbaren und nicht kausal Erklärbaren gibt. Der Realismus, der dem Positivismus seinen Wirklichkeitsblick verdankt, wird über kurz oder lang gerade an die Ränder dieser gewissen, ›positiven‹ Welt stoßen und vieles darüber hinaus liegende, also ›Negative‹, alles Unwägbare, Fluktuierende und sogar manches Phantastische, vor Augen rücken (vgl. Scheuer in DL 1982, 24–35).

Wort und Begriff des Positivismus gehen auf den Philosophen und Soziologen **Auguste Comte** (1798–1857) zurück. Sein Hauptwerk *Cours de philosophie positive* (6 Bde., 1830–1842; dt. 1883) begründete eine Wissenschaftstheorie, die trotz ihres rational-immanenten Grundzuges schließlich das quasi-religiöse **Format einer Heilslehre** annahm. Im Zentrum von Comtes Theorie steht ein Entwicklungsgesetz, demzufolge das menschliche Denken drei Phasen (»états«) durchläuft: die theologische, metaphysische und positive.

- In der **theologischen Phase** begreift der Mensch die Wirklichkeit nach Maßgabe seines Glaubens an Götter oder übernatürliche Mächte, die alles, was in der Natur und Geschichte passiert, bewirken und verantworten.

- In der weiterentwickelten **metaphysischen Phase** rücken als ›Konstrukteure der Wirklichkeit‹ abstraktere Kräfte in den Vordergrund; sie setzen zwar keinen religiösen Glauben mehr voraus, aber ihre ›Existenz‹ verdanken sie doch nur der Spekulation.

- Erst die höchste, die **positive Phase** ermöglicht es, die Wirklichkeit als einen aus Ursachen erklärbaren gesetzmäßigen Zusammenhang zu begreifen. Die so ›durchdachte‹ und ›erdachte‹ Wirklichkeit umfasst nicht nur die Verhältnisse in der Natur, sondern vor allem auch in der menschlichen Gesellschaft.

Ein Muster der klassischen Physik wird verallgemeinert, so dass es zum Konzept einer »**physic sociale**« kommt, deren Entwurf das höchste Ziel des Positivismus ist.

So verabsolutiert sich das Verfahren, **Sachverhalte kausal zu erklären**, zum entscheidenden Kriterium für das, was ›wirkliches Leben‹ heißen soll und darf, für

Planungssicherheit und Zukunftsorientierung. Dahinter steckt eine ethische oder sogar utopische Ambition, die es darauf absieht, die Welt überschaubar, regulierbar und optimierbar zu machen; eine pragmatische Maxime aus dem Experimentierlabor voll säkularisierter heilsgeschichtlicher Momente. Dahinter steckt aber auch der Wahn eines totalitären Denksystems, das im Namen der Humanität alle humanen Verhältnisse mechanisiert und damit entmenschlicht.

Der Realismus geht zwar eine positivistische Verbindlichkeit ein, indem er in seinen Wirklichkeitsbildern alles vermeidet, was dem positiven Bewusstsein zuwiderläuft, alles Irrationale, Spekulative, Abstrakte und Subjektive; hierzu passt selbst seine ›**Verklärungspoetik**‹, die – literarisch antizipierend – einlöst, was der Positivismus als Endziel, als ›Humanitätskult‹, vor Augen hat. Wo immer der Realismus wirklichkeitsähnliche Bilder anstrebte, konnte er sich auf den Nutzen der Erkenntnisgewinnung durch Experimente berufen. Doch diese ›positive‹ Betrachtungsweise führt ihn über kurz oder lang dazu, im Erklärungsnetz des ›Ererbten‹, ›Erlebten‹ und ›Erlernten‹ (Scherer 1877/86) sowohl die Lücken zu sehen, durch die vieles hindurchfällt (Irrationalität des Menschlichen), als auch die Schlingen zu bemerken, die das Netz als gefährliches Fangmittel erweist (Determination). Die ›positive‹ Verkettung aller Dinge gibt dem Realismus viel zu tun beim Knüpfen und Entwirren der menschlichen Schicksalsfäden; wo diese sich ›vernetzen‹, verliert der distanzierte objektive Blick seinen Halt, hören monokausale Erklärungen auf und öffnen sich rhizomatische Labyrinthe, in denen die vermeintlich souveränen Erzähler wie George Eliots auktoriale Erzählerin, die alle Fäden zusammenhalten möchte (*Middlemarch*, Kap. 15), selber die Orientierung verlieren. Vor dem Hintergrund des positivistischen Genauigkeits- und Erklärbarkeitsideals erhalten alle realistischen Verfahren der Andeutung, Ambivalenzstiftung und Vieldeutigkeit, der zwielichtigen Beleuchtung und überhaupt des ›Ungenauen‹ einen symptomatischen Wert.

Historismus und Realismus hängen eng zusammen und bedingen sich wechselseitig. Beide Begriffe zeugen von einer energischen Hinwendung zur raumzeitlich definierten Wirklichkeit und dem Bemühen, dieser Wirklichkeit, vor allem ihrem vergangenen Verlauf, also der **Geschichte einen Sinn zu geben** bzw. abzugewinnen. Sowohl Historismus als auch Realismus dienen insbesondere in der zweiten Jahrhunderthälfte noch weiteren symbolischen Zwecken, sie lassen sich sogar vermarkten und können auf diesem Weg sogar populär werden. Wenn das 19. Jh. mit Recht ein bürgerliches genannt wird, so liegt in diesem Begriffspaar der Schlüssel zu dieser Welt: »Das Bürgertum war dabei, seine Umwelt schrittweise nach eigenen Vorstellungen zu gestalten, und die Geschichte, so scheint es, war auf seiner Seite« (Mommsen 2000, 110). Beide Begriffe, Historismus wie Realismus, geraten schließlich in eine Krise, aus der sie nur verwandelt oder gar beschädigt hervorgehen, die sie aber auch überleben. Beide tragen zur Modernisierung der Welt bei, und beiden fällt die etablierte Moderne in den Rücken.

›Historismus‹ bezeichnet eine besondere Form des geschichtlichen Bewusstseins bzw. der geschichtlichen Betrachtung; er meint zunächst die **Hinwendung zur und die Aufwertung der Vergangenheit** als einer Zeit, die ihren eigenen Wert besitzt. Darin liegt eine Maxime, die zu Handlungen aufruft, die sowohl einem Selbstzweck dienen als auch Mittel zum Zweck sind. Sie ruft dazu auf, die Vergangenheit als einen geschlossenen Kosmos selbständiger, fremder Welten zu rekonstruieren, und sie erinnert zugleich daran, diese Vergangenheit auch als ein Bedingungsgefüge für die Gegenwart aufzufassen, als ›Vorgeschichte‹, deren Studium dazu beiträgt, für die Zukunft effektiver planen zu können.

›Individualität‹ und ›Entwicklung‹ sind **Grundkonzepte des Historismus**. Dazu kommen noch ›Übersichtlichkeit‹ bzw. ›Anschaulichkeit‹.

- ›**Individualität**‹ meint das je Spezifische, in sich Vollständige und Totale, somit auch das Für-sich-selbst-Verantwortliche eines vergangenen Zeitabschnitts. Das heißt, der kontinuierliche Zeitfluss wird nach Maßgabe solcher individueller Einheiten aufgeteilt. Die Gleichwertigkeit dieser Individuen bedingt, dass ihr Aufeinanderfolgen nur eine Kreisbewegung um einen gemeinsamen wertgebenden Mittelpunkt beschreibt.

- ›**Entwicklung**‹ meint dagegen, dass jede noch so individuelle Einheit eine geworden ist und sich somit aus ihrer jeweiligen Vergangenheit verstehen bzw. erfahren lässt. Soll das Moment der prägenden Stufenfolge im Entwicklungskonzept nicht mit dem Moment der ›Souveränität‹ jeder einzelnen Stufe im Individualitätskonzept kollidieren, müsste das Bild der Kreisbewegung um einen einzigen Mittelpunkt zugunsten einer elliptischen Bewegung um eine gemeinsame Achse erweitert werden. Auch das **Moment des Selbstverantwortlichen** erfährt durch den Entwicklungsgedanken eine Modifikation: Auf die Spitze getrieben, entsteht daraus ein **Determinismus**, der den Freiheitsaspekt der Individualität wieder zunichte macht. Im abgeschwächten Fall ergibt sich eine Art »Geborgenheit der Individuen in den überindividuellen Tendenzen« (Mommsen 2000, 99), die unterschiedliche Namen führen können: Schicksal, »*sittliche Mächte*« (Droysen 1857/58/1977, 408), Fortschritt, Nation. Nach der Weltsicht des Historismus soll aus dem Wissen um solche Zusammenhänge ein »Vertrauen in die Sinnhaftigkeit der geschichtlichen Entwicklung« entstehen (Mommsen 2000, 99).

- ›**Anschaulichkeit**‹ meint den herausgehobenen Standort des Historikers, der – wie im **Panorama**, der technisch fortgeschrittensten Form des inszenierten Rundumblicks – alles auf einen Blick übersehen kann. ›Anschaulichkeit‹ meint auch sichtbare Präsentierung von Geschichte in Bauten, Monumenten und Denkmälern (vgl. Hebekus 2003).

Der Individualitätsgedanke, für sich genommen, mag zur ›Gleichgültigkeit‹ aller Geschichtsphasen führen und der isolierte Entwicklungsgedanke zum Fatalismus; zusammen aber stellen sie ein historisch-politisches Hoffnungs- und Zuversichtsprinzip dar, das nicht nur spekulativ gedacht, sondern mit ›guten Augen‹ gewiss gesehen werden kann. Der Historismus meint nicht nur Geschichtliches, sondern ist selbst ein geschichtlich bedingtes Phänomen. Er verbindet genetisch gesehen Gegensätzliches, nämlich Momente der Aufklärung mit Entdeckungen der Romantik.

Seit der Aufklärung ist evident, dass es so etwas wie ›Geschichte‹ im Kollektivsingular gibt (Kosellek 1975), dass sie durch bewusste Taten des Menschen zustande kommt und dass diese Handlungen nach vernünftigem Maßstab immer besser werden, so dass ›Geschichte‹ einen **Prozess des Fortschritts** meint, an dessen Ende das optimale Glück für möglichst alle als grundsätzlich erreichbares Ziel steht. Das heißt, in diesem Zusammenhang spielt das ›Schicksal‹ im Sinne Droysens noch keine Rolle.

Im Licht der fortschrittsgläubigen Aufklärung musste Vergangenheit immer das Zeichen eines Defizits tragen: Je weiter eine Zeit zurücklag, desto ferner stand sie ihrem vernünftigen Ziel. Gegen diese Abwertung der Geschichte wandte sich Johann Gottfried Herder, indem er nach organologischem Muster den Eigenwert und die Vielfalt vergangener Zeiten betonte, und forderte, dass man den zu beobachtenden Unterschied durch Einfühlung kompensieren müsse, statt ihn nach Maßgabe rationaler Berechnung nur abzuwerten. So wurde **Einfühlung** zum fundamentalen Vermögen, über den eigenen Schatten zu springen und das ganz Andere und Fremde als Eigenes bzw. Gegenwärtiges, das nur verdrängt wurde, zu entdecken. Zum ›Anderen‹ im ›Selbst‹ zählt dann auch das Bewusstsein, dass eine höhere Macht den Lauf der Geschichte unabhängig von menschlichen Eingriffen absichtlich lenkt. So zieht das ›Schicksal‹ in die Geschichte ein. Die erneut rationalistische Form dieses Geschichtsverständnisses begegnet im Frühhistorismus eines Leopold von Ranke, demzufolge »jede Epoche unmittelbar zu Gott« sei (Ranke 1888). Daraus ergab sich der Grundsatz, jede Epoche aus sich selbst zu verstehen ohne Rücksicht auf das, was später aus ihr wurde. Der Ranke'sche Historismus legt es den Realisten nahe, bei ihren Wirklichkeitsentwürfen nie die Frage außer acht zu lassen, »wie es eigentlich gewesen sei« (Ranke SW 33/34, xii).

Der Historismus prägt in unterschiedlicher Weise das öffentliche und kulturelle Leben in der zweiten Jahrhunderthälfte und bleibt seinerseits von seiner **Auswirkung** nicht unbeeinflusst. Allenthalben ist eine »Mobilisierung vergangener Wirklichkeiten im Dienste gegenwärtiger künstlerischer, literarischer oder emotiver Bedürfnisse« zu beobachten (Mommsen 2000, 103). Relikte der Vergangenheit werden nicht mehr umstandslos beseitigt, sondern gepflegt oder gar restauriert. Neues wird im Stil des typisch Vergangenen (z. B. des Gotischen) errichtet, zum einen weil es gefällt, zum anderen aber weil es an politische, soziale und wirtschaftliche Verhältnisse erinnert (z. B. die bürgerliche Selbständigkeit im Kreis reichsunmittelbarer Städte), die auch weiterhin gelten sollen, darüber hinaus eine altehrwürdige Tradition haben und überhaupt legitim sind. Zu beobachten ist freilich, dass je griffiger das historische Bewusstsein wird, desto mehr sein »symbolischer Gehalt« verblasst (ebd., 106). Historismus wird nicht nur in der Architektur »zur steingewordenen Statussicherung des zu Wohlstand und gesellschaftlichem Ansehen aufgestiegenen Bürgertums« (ebd., 107).

Noch im Jahrhundert des Historismus melden sich seine **Kritiker**. Nietzsche verurteilt die Sterilität der leblos gewordenen monumentalen und antiquarischen Historiographie; selbst der ›kritischen‹ Historiographie weist er in seiner Abrechnung *Vom Nutzen und Nachteil der Historie für das Leben* (1874) Mängel nach. Der Volkswirtschaftler Karl Menger verkündet 1884 die »Irrtümer des Historismus in der deutschen Nationalökonomie«. Die Probleme und Krisen des Historismus will das 20. Jh. nicht mehr übersehen. Dazu gehören Auflösung oder Pathologisierung des Individualitätsbegriffs, Destruktion von kausalen bzw. finalen Zusammenhängen, Verdrängung des Sinn-Prinzips durch Kategorien der Macht und des Sieges sowie die Atomisierung aller Handlungsbereiche (Hey'l 1994, 38–44; Hebekus 2003, 19–115).

Das sind gewichtige Widerlegungen des historistischen Prinzips. Wenn dieser Mängel-Katalog jedoch dazu herhalten soll, den Historismus des ganzen Jahrhunderts zu verwerfen, so widerfährt dem Begriff wohl auch Unrecht, denn wie das Prinzip des geschichtlichen Bewusstseins ist auch der Begriff des Historismus kein einheitliches, undifferenzierbares Konzept. Ihn mit seinem ausgehöhlten Zustand am Jahrhundertende gleichzusetzen heißt seinen Beitrag zur Humanisierung und Modernisierung gerade jener Welt zu verkennen, die hinter ihrem eigenen Horizont eben auch weitere und oft ganz andere Welten zu präsentieren vermochte. Schon der Historismus des 19. Jh.s weist einen selbstreflexiven Zug auf, der ihn modern erscheinen lässt (Sohns 2004).

4.2 Materialistische und evolutionstheoretische Positionen

Nicht erst der Naturalismus, sondern schon der Realismus steht aus verschiedenen Gründen (die sich allerdings von denen der Romantik unterscheiden) in einem wesentlichen Zusammenhang mit den **modernen Naturwissenschaften** (vgl. Rohe in BRuG). Beide verstehen sich als empirische Verfahren zur besseren Erkenntnis der Wirklichkeit, das heißt, sie studieren die bunte Oberfläche, um darunter, in der Tiefe, das alles regelnde Gesetz und den einen, entscheidenden Sinn zu entdecken. Diese vergleichbare Ambition begründet ein Konkurrenzverhältnis, das von Seiten des literarischen Realismus gern zur Ausgestaltung von szientistischen Feindbildern benutzt wird, um die eigenen Absichten desto klarer zu formulieren. Als negative Folie ist die moderne Naturwissenschaft im Realismus also ständig präsent. Über die Art ihres ›Einflusses‹ ist damit noch nicht entschieden. Geht man generell davon aus, dass realistische Literatur es nicht vermocht habe, »den Blick einzustellen auf die Probleme, die sie bewegt haben« (Preisendanz 1963, 472), müsste die Bilanz des Verhältnisses negativ ausfallen. Dennoch rücken die thematischen und formalen Bezüge bei Keller, Storm, Heyse und, aus noch anderen Gründen, natürlich bei Stifter sogleich in den Blick.

Das ›**Natürliche**‹ liefert wohl den größten gemeinsamen Nenner für naturwissenschaftliche und realistische Darstellungen. Der Unterschied liegt in dem, was zählt; das meint im realistischen Kontext eben nicht nur die bloße Objektivierbarkeit oder Integrierbarkeit, sondern die normbildende Kraft des Natürlichen. Ihr entspringen allerdings Wirkungen, die den sicheren Boden des Positiv-Naturwissenschaftlichen wieder zum Wanken bringen. Natur heißt Ordnung, Ordnung meint Gesetz; im Realismus wird dargestellt, wie gesetzliche Ordnungen und ihresgleichen regelmäßig gebrochen werden oder was es kostet, im Kreis der Regeln auszuharren. Was das naturwissenschaftliche Denken mit dem liberalen und realpolitischen verbindet, ist der **Utilitarismus**, der Mittel-Zweck-Kalkül. Der literarische Realismus wird ihn nie aufgeben können, aber sich fortwährend an ihm reiben und zu ganz verschiedenen Ergebnissen gelangen. Im realistischen Frühwerk, Gustav Freytags Kaufmannsroman *Soll und Haben*, wird dieses Ethos und seine Entfaltung verherrlicht; im realistischen Spätwerk, Wilhelm Raabes *Die Akten des Vogelsangs*, bricht es angesichts der Unmöglichkeit solcher Laufbahnen zusammen

Die **Fähigkeit der Beobachtung** gehört zu den Grundfertigkeiten der experimentellen Wissenschaft. Die realistische Literatur wird davon profitieren, auch wenn sie infolge ihres eigentümlichen Objektivitätsideal den verdinglichenden Blick nicht übernehmen will. Zugleich wird sie aber erfahren, an welche Grenzen die reine Beobachtung stoßen kann und ab wann sich das bloße Beobachten in ein deutendes ›Lesen‹ verwandeln muss (vgl. Kellers *Sinngedicht*). So gerät das implizierte Medium der Wirklichkeitserfahrung selbst auf den ›empirischen‹ Prüfstand realistischer Literatur.

Unter den **populärwissenschaftlichen Selbstdarstellungen** des naturwissenschaftlichen Erkenntnisstands, insbesondere des »physischen und physiologischen Materialismus« (260), ragt Ludwig Büchners (1824–1899) erfolgreiches Buch *Kraft und Stoff. Empirisch-naturphilosophische Studien* (^{9}1867) heraus. Es ist eine selbstbewusste, rechthaberische Darstellung der Dinge, wie sie sind bzw. wie sie sich durch »Wagen und Retorten« (ebd., 12) beweisen und durch zitierte kanonische Autoren, darunter nicht nur Wissenschaftler, sondern auch Mystiker und selbst Dichter, besiegeln lassen.

Danach gilt, dass die Welt nicht erschaffen wurde, sondern »ewig ist« (7). Ihr ›Stoff‹ ist »**unsterblich**« (8), nichts geht verloren; was vermeintlich verschwindet, hat sich nur umgewandelt. »Wir verwandeln uns so rasch, daß man wohl annehmen kann, daß wir in einem Zeitraume von vier Wochen stofflich ganz andere und neue Wesen sind; die Atome wechseln, nur die Art der Zusammensetzung bleibt dieselbe« (10). So bewegt sich alles fortwährend mit ausnahmsloser Notwendigkeit (5, 35) und weckt im Gemüt des ›Verständigen Mannes‹ nicht nur das »Gefühl der Bescheidenheit«, sondern auch »ein solches der Ruhe, Selbstzufriedenheit und Selbstachtung« (42).

Kraft ist eine Eigenschaft des Stoffes, der »Würde« besitzt und unsterblich ist. Er liefert die unzerstörbaren Bausteine für eine Welt, die proteisch flexibel und zugleich eng wie ein Gefängnis ist. Denn: »Nirgends in diesem Raum gibt es einen Schlupfwinkel für die Phantasie, in welchem sie tolle Ausgeburten zeugen und eine von den gewohnten Schranken emancipirte, fabelhafte Existenz träumen könnte« (49). Das soll nicht traurig, sondern triumphierend klingen. Alles lässt sich durchleuchten und regeln, weil schon die »Erfahrung lehrt [...], daß die Gesetze des Denkens die Gesetze der Welt sind« (52). Das Organische steht mit dem Anorganischen in untrennbarem Zusammenhang, so dass selbst das Leben nur eine von mehreren Funktionen der Materie ist.

›Geschichte‹ bedeutet ›**Entwicklung**‹, und ›Entwicklung‹ heißt, Schritt für Schritt vollkommener zu werden (66). Das mithin weniger Vollkommene am Menschen ist das, was weniger ›wiegt‹ und ihn im ›Halben‹ steckenbleiben lässt. Die unterstellte »geistige Inferiorität« (120) der Frau wird ›histologisch‹ begründen; und dank der Gleichzeitigkeit des Ungleichzeitigen (vgl. 122) lässt sich das ›frühere Stadium‹ der Menschheit leicht im gegenwärtigen Äthiopien beschauen:

> »Die äthiopische Menschenrasse verbindet ihn [den Menschen] durch eine Menge der schlagendsten Aehnlichkeiten mit der Thierwelt auf eine ganz unverkennbare Weise. Die langen Arme, die Bildung des Fußes, die fleischlose Wade, die langen schmalen Hände, die allgemeine Hagerkeit, die wenig vortretende Nase, das vorragende Gebiß, die niedrige zurückfliegende Stirn, der schmale und nach hinten verlängerte Kopf, der kurze Hals, das enge Becken, der aufgetriebene, hängende Bauch, die Bartlosigkeit, die Hautfarbe, der abscheuliche Geruch, die Unreinlichkeit, das Grimassenschneiden beim Reden, die hellen, kreischenden Töne der Stimme, das Aeffische des ganzen Wesens sind ebenso viele Kennzeichen, welche in allen körperlichen Formen und Verhältnissen des *Negers* die entschiedenste Annäherung an den *Affen* unmöglich verkennen lassen.« (80)

Das sind für die Zeit durchaus praxisrelevante ›Studien‹, hängen sie doch mit fatalen, zukunftsweisenden Entwicklungstendenzen zusammen: »Die amerikanischen *Indianer*, mit *kleinem*, eigenthümlich geformtem Schädel und von einer wilden, grausamen Natur, sind nach allen darüber laut gewordenen Berichten ganz uncivilisirbar; sie werden durch das Voranschreiten der kaukasischen Rasse nicht der Cultur gewonnen, sondern *ausgerottet*« (124).

Das ist die eine Seite der **Entwicklungsgeschichte** als »**ununterbrochene Stufenleiter geistiger Qualitäten**« (141) vom »Thier bis zum höchstgebildeten Menschen«. Die andere Seite bleibt das oszillierende Prinzip der Ewigkeit, des ewigen Wandels, der schon im 19. Jh. zu dem führt, was H.G. Wells' Zeitreisender in ferner Zukunft erleben kann:

> »Weder kennt die Natur einen übernatürlichen Anfang, noch eine übernatürliche Fortsetzung, sie, die Alles gebärende und Alles verschlingende, ist sich selbst Anfang

und Ende, Zeugung und Tod. Aus eigener Kraft brachte sie den Menschen hervor, aus eigener Kraft wird sie ihn wieder zu sich nehmen. Kann nicht auch diese Menschenart zu Grunde gehen und eine vollkommenere an ihre Stelle treten? Oder wird die Erde wieder einen Rückweg antreten und die Resultate so langjähriger Arbeit von ihrem Boden vertilgen? Niemand weiß es, Niemand hat es gewußt, Niemand wird es wissen, als die Ueberlebenden!« (95 f.)

Wer wird dank welcher Ausstattung und auf welcher mehr oder minder wohnlichen Erde zu solchen Überlebenden gehören können? »Alles, was lebt, hat das gleiche Recht der Existenz, und es ist nur das Recht des Stärkeren, welches dem Menschen erlaubt, sich andere Wesen dienstbar zu machen oder zu tödten« (113). Auch das kann diese ›Wissenschaft‹ erklären: »Entartungen der Eierstöcke verursachen Satyriasis und Nymphomanie; Leiden der Sexualorgane oft einen unbezähmbaren Trieb zum Morden oder zu sonstigen Verbrechen« (126).

Welche Antworten geben die Realisten auf solche Wirklichkeitsbefunde? Wie verhält sich ihr Gebrauch von Symptomen als Charakterisierungsmittel zu solchen ›wissenschaftlichen‹ Vorgaben? Das betrifft Figuren wie Veitel Itzig (aus Freytags *Soll und Haben*), Moses Freudenstein (Raabes *Der Hungerpastor*), David (Reuters *Ut mine Stromtid*) und Baruch Hirschfeld (Fontanes *Der Stechlin*) in besonderem Maße, aber auch Myrrha (Kellers *Martin Salander*) und viele ›andere Ausländer‹ (vgl. Raabes *Akten des Vogelsangs*). Theodor Fontane erwähnt im Zusammenhang seiner Kriegsgefangenschaft den »Peter Parley«-Standpunkt und meint damit die durch Angst bedingte affektive Neigung, Menschen aufgrund weniger Merkmale – »im Lapidarstil« – national und ethnisch zu rubrizieren und zu charakterisieren (III/4, 550). Ist etwa Wilhelm Busch mit seinen karikaturistischen Vertierungen des Menschen der beste Realist, wenn ›Realismus‹ meint, die ›objektive Wirklichkeit‹ in ›populärwissenschaftlicher‹ Perspektive widerzuspiegeln? In Karl Mays Roman *Das Vermächtnis des Inka* (1895) wird beiläufig eine Verbindung zu Ludwig Büchners Burmeister-Motto hergestellt (»Der menschliche Körper ist eine modificirte Thiergestalt; seine Seele eine potenzirte Thierseele«, 235). Mays Held könnte mit seinem dinglich-instrumentellen Namen »Hammer« und seinem tierischen Übernamen »Vater Jaguar« jene »ununterbrochene Stufenleiter« (236) abbilden, die Büchner meint. Und wie steht schließlich Effi Briests Fall zu jener Geschichte von der »als Ehebrecherin erkannte[n] Störchin«, die – wie zuverlässige Beobachter berichteten – »durch ihren Mann und die übrigen Störche *nach einer vorgängigen ernsten Berathung* mit Schnabelhieben getödtet und aus dem Neste geworfen wurde« (243)? So absonderlich Büchners Ausführungen wirken, sie dürfen als populärwissenschaftliche Wirklichkeitsfolie für den Realismus nicht unterschätzt werden.

Die antispekulative, empirische Tendenz des Realismus führt wissenschaftsgeschichtlich zu einem **naturwissenschaftlich geprägten Weltbild**, das der Realismus in seiner Anfangsphase so wohl nicht vor Augen hatte. Er sieht sich in einen nahezu philosophischen Monismus von Kraft und Stoff (Haeckel 1903) hineingerissen, dessen gelöste Welträtsel nicht mehr jene Durchdringung und Verklärung meinen, um die es eigentlich ging und deren tatsächliches Profil der Fortschritt zeigt.

> »Die alte Weltanschauung des *Ideal-Dualismus* mit ihren mystischen und anthropistischen Dogmen versinkt in Trümmer; aber über diesem gewaltigen Trümmerfelde steigt hehr und herrlich die neue Sonne unseres *Real-Monismus* auf, welche uns den wundervollen Tempel der Natur voll erschließt. In dem reinen Kultus des ›Wahren, Guten und Schönen‹, welcher den Kern unserer neuen *monistischen Religion* bildet, finden

wir reichen Ersatz für die verlorenen anthropistischen Ideale von ›Gott, Freiheit und Unsterblichkeit‹« (Haeckel 1903, 151 f.)

Unter der Hand hat sich das realistische Plädoyer für das »volle Menschenleben« (Fontane, III/2, 241) zu einem »anthropistischen Dogma« verkehrt und muss vor einem neuen »wundervollen Tempel der Natur« zurückweichen.

4.3 Relativierung der positivistischen Gewissheit

Das späte 19. Jh. zeigt nicht nur den Höhenflug der empirisch-positivistischen Wissenschaften, sondern offenbart auch deutliche Anzeichen dafür, dass sie an einen Scheitelpunkt gelangt sind, nach dem sich ihr Niedergang oder gar ihr Ende abzeichnen. Um die Jahrhundertwende hat das physikalische Wissen nicht etwa – wie es schien – seine Vollendungsstufe erreicht, sondern es gerät in einen Umschwung (Relativitätstheorie, Quantenphysik), durch den und nach dem alles wieder ›anders‹ aussieht und das Fragen ›von neuem‹ beginnt. Für das Konzept von Realismus ist diese Umwandlung von fundamentaler Bedeutung.

Die »realistische Hypothese« im Umkreis des naturwissenschaftlichen Denkens (Helmholtz 1879; zit. in BR 36) betraf die **universale Geltung des Kausalgesetzes**. Dieses Prinzip vor allem stützte »das Vertrauen auf die *vollkommene Begreifbarkeit* der Welt« (38). Konform dazu wurde auch die Leistung der Literatur bestimmt: »Die Kenntniß der Menschen, der Natur und des Weltgesetzes zu erweitern ist die erste Aufgabe des echten Dichters« (Schmidt 1873, 183). Doch gerade die Naturwissenschaft konnte – je näher sie an die Jahrhundertschwelle heranrückte – diese Zuversicht des Literarhistorikers, der nur die Fortschritte der Naturwissenschaft ins Auge fasste, immer weniger teilen. »Für die Anwendbarkeit des Kausalgesetzes haben wir aber keine weitere Bürgschaft, als seinen Erfolg. Wir könnten in einer Welt leben, in der jedes Atom von jedem anderen verschieden wäre und wo es nichts Ruhendes gäbe. Da würde keinerlei Regelmäßigkeit zu finden sein, und unsere Denktätigkeit müßte ruhen« (38).

Diese **prinzipiell mögliche Unregelmäßigkeit** steht dem realistischen Prinzip in der Literatur diametral entgegen; ernst genommen, muss sie zu ihrem Ende beitragen, sofern Realismus die Darstellbarkeit bzw. die Begreifbarkeit des Menschen und seiner Welt voraussetzt. Freilich gibt es daneben auch eine ›andere‹ realistische Literatur, die gerade die zunehmende Nicht-Darstellbarkeit und Unbegreiflichkeit des Menschen in seiner Umwelt registriert und thematisiert (zum Konzept des ›anderen‹ historischen Romans vgl. Geppert 1976); sie setzt bei solchen skeptischen naturwissenschaftlichen Erkenntnissen erst an (z. B. Raabes *Akten des Vogelsangs*, Kellers *Sinngedicht*, Storms *Schweigen*).

4.4 Realismus und Erziehung: politische und literarische Bildung

Die realistische Literatur ist – wie eigentlich jede, wenn sie rezeptionsgeschichtlich betrachtet wird – immer nur so gut wie ihr jeweiliges Publikum. Das gilt jedoch nicht nur im Sinn einer ›Gebrauchstheorie‹ des Literaturverständnisses, sondern betrifft ganz konkret die **lesesozialisationsgeschichtlichen Voraussetzungen des**

Publikums zum Zeitpunkt der erstmaligen Rezeption realistischer Werke. Es mag sein, dass die Realisten ›ihre‹ Leserschaft erst im Akt der Lektüre zu einem speziell realistischen Lesevermögen heranbilden mussten bzw. wollten; bevor sie jedoch zum Zuge kamen, haben Schulen und andere Bildungsinstitutionen schon längst die Weichen gestellt.

Lässt man sich bei der Erkundung des Verhältnisses zwischen Realismus und Schule von der Wort-Spur leiten, so fällt als erstes die Institution der Realschule in den Blick. Grundsätze der ›Realpolitik‹ und des selbstkritischen Liberalismus (vgl. Kap. 2.2 u. 2.3) finden sich hier bereits vorgeprägt und konkretisieren sich im Prinzip eines »**praktischen Realismus**« (Brockhaus [13]1886), der bereits im 18. Jh. schulisch institutionalisiert wurde. Ziel dieser Real- oder ›Bürgerschulen‹ war die praxisorientierte Vorbereitung auf einen Beruf. Klassische Bildungsziele (Lateinkenntnisse, musische Bildung) traten zurück, Naturwissenschaft und moderne Sprachen gewannen zunehmend an Bedeutung. So signalisiert dieser bildungsgeschichtliche ›Realismus‹ eine der schöngeistigen Literatur wenig zugewandte Seite. Ob und wann das Realschul-Prinzip Riehls Empfehlung, ›soziale Romane‹ zum Zweck einer soziologischen Bildung zu studieren (vgl. Kap. 2.4), aufgegriffen hat, wäre noch zu erfragen. Berufsvorbereitende Studiengänge tun sich von Natur aus schwer mit literarischer Bildung.

Der Deutschunterricht als Schulfach (umfassend Grammatik, Aufsatzlehre, Lektüre, Interpretation, Poetik und Literaturgeschichte) hat sich erst im Laufe des 19. Jh.s etabliert; früher verteilten sich seine Aufgaben auf Grammatik (elementare Stufe) und Poetik bzw. Rhetorik (fortgeschrittene Stufe; vgl. Jäger 1987). Der Abbau der rhetorischen Tradition, der den Realismus stilgeschichtlich charakterisiert, erwirkte auch unterrichtsgeschichtlich eine Lösung von den universalistischen Lehrplänen für den Sprach- und Literaturunterricht. Damit setzten sich Schlüsselkonzepte der Moderne, Historismus und Nationalismus, durch: Die sprachliche und literarische Bildung orientierte sich nunmehr am nationalen Epochentrend. Erlernt wurden zunehmend Eigentümlichkeiten der ›Deutschen Nationalliteratur‹ mit dem Ziel der Förderung von »**Phantasie-, Gefühls- und Gesinnungsbildung**« (Jäger 1987, 196). Innerhalb dieser allgemeinen Zielsetzung wird auch eine Tendenz zur »Verfachlichung« (ebd.) erkennbar.

Der sich herausbildende **Literaturkanon** basierte zunächst auf Werken des 18. Jh.s, griff danach erst die ›Klassiker‹, insbesondere Schiller auf, der ins nationale Konzept besser passte als Goethe, und betonte schließlich die romantische Traditon. Die Auswahl stand weitgehend im Zeichen der Lyrik und Versepik, während die Pflege der Prosa eher in den Bereich der Aufsatzerziehung fiel.

Unter ›Leselehre‹ verstand man die »**Rekonstruktion der Komposition von Musterstücken**« (Albisetti/Lundgreen 1991, 257). Da die Deutschlehrer oft klassische Philologen waren, erhielt sich der ›klassizistische‹ Anteil des Literaturunterrichts (Bevorzugung der Literatur mit antiken Stoffen) und verzögerte den Eingang der literarischen Moderne (nationaler Prägung), geschweige denn der realistischen Gegenwartsliteratur in den Schulunterricht.

Die Aktualisierung des Literaturunterrichts stand im Zeichen der nationalen Bildung und betonte »die **Kenntnis der vaterländischen Literaturen**« (Wiese/Kübler 1886, zit. n. Albisetti/Lundgreen 1991, 258). An die Stelle antiker Stoffe rückten somit zunehmend national-historische. Die Gegenwartsliteratur mit ihren aktuellen Themen der Verstädterung, Industrialisierung und sozialen Umbrüche bzw. Konflikten war damit nicht gemeint. Um so beliebter wurde aus schulpädagogischer Sicht der historische Roman (vgl. Hirsch in: RuG II, 491 f.). Lehr- und lernmethodisch gesehen rückten Übungen zur Steigerung der Gedächtniskultur in den Vordergrund.

Dies alles zählte zu den **modernisierenden, reformerischen Bestrebungen** der zweiten Jahrhunderthälfte und führte zur Etablierung der ›Deutschkunde‹; breitenwirksamen Ausdruck fand sie in der neu gegründeten *Zeitschrift für den Deutschunterricht* (1887) und in der Eröffnungsrede Kaiser Wilhelms II. auf der Schulkonferenz von 1890: »Wir müssen als Grundlage für das Gymnasium das Deutsche nehmen; wir sollen nationale junge Deutsche erziehen und nicht junge Griechen und Römer« (zit. n. Albisetti/Lundgreen 1991, ebd.).

Mit den »jungen Deutschen« waren immer nur Knaben gemeint. Für Mädchen galt anderes. Das hing mit ihrer vermeintlich naturgegebenen Aufgabe zusammen, Mutter zu werden, die Familie zusammenzuhalten und den Wohnbezirk im Innern zu pflegen (Kraul 1991). Die **Idealisierung des weiblichen Wesens** rückte das Konzept ›Mädchen‹ bzw. ›Frau‹ in die Nähe eines gleichfalls idealisierten und idealisierenden Literaturprogramms, das jede Berührung mit der aktuellen Wirklichkeit ausschloss. Der Wirklichkeitsbezug der realistischen Literatur kann weitgehend als Provokation der künstlich-hermetisch zugerichteten natürlichen, familiären und häuslichen Realität der Frauen angesehen und die Verklärungstendenz als Auseinandersetzung mit dieser notorischen Überhöhung verstanden werden.

Die Lernziele der höheren Mädchenschulen betrafen **»ethische Bildung und Herzensbildung«** (ebd., 291). Sie blieben auf den häuslichen Kreis beschränkt. Studium und Beruf konnten und sollten so nicht vorbereitet werden. Die für patriarchalische Verhältnisse kennzeichnende Asymmetrie der Geschlechter auf dem Hintergrund zunehmender Forderung nach einer Gleichheit der Bildungschancen führte auf literarischem Sektor zu einer **paradox anmutenden Doppelrolle:** Gerade Frauen konnten sich in allen literarischen Geschmacksfragen qualifizieren, wurden aber in dieser ›Spezialistenrolle‹ zur Erhaltung und Förderung eines trivialen Idealismus instrumentalisiert. Sie waren Experten im »einfühlsame[n] Verstehen« (ebd., 291) und sollten diese Fähigkeit dazu benutzen, die zu verstehende realistische Gegenwartsliteratur in Bausch und Bogen abzuweisen. Sie wurden von der formalen (analytischen) Bildung der Knabenschulen ferngehalten und lernten, frei vom normativen Denken, den individuellen, psychologischen und künstlerischen Facetten der Literatur sensibel zu entsprechen, und sie sollten doch diese ihre spezifische ›Freiheit‹ zur Einschnürung der literarischen Bildung einsetzen. »Die Frau wird zur Trägerin einer Kultur« (ebd., 292), der Kultur des Ideal-Trivialen.

Wann und unter welchen Bedingungen es auch im Verhältnis zwischen weiblichem Lesepublikum und realistischer Literatur zur »Grenzüberschreitung« kam (Wilkending 2003), wäre noch zu untersuchen.

5. Der Buchmarkt

5.1 Bücherproduktion, Buchausstattung, Zugang zum Buch

Im gesamten 19. Jh. nimmt die Produktion von Druckmedien (Büchern, Zeitschriften) mit wenigen Unterbrechungen (Napoleonische Kriege, Revolutionszeit) ständig zu. **Technische Innovationen**, insbesondere maschinelle Verbesserungen (Schnellpresse, Setz- und Rotationsmaschinen) bewirken nicht nur eine effektivere Produktion, sondern auch eine **spürbare Verbilligung** in der Buch- bzw. Zeitschriftenherstellung und lassen das ehemals elitäre Kulturgut zur **Massenware** werden (vgl. Schön 1999, 38 ff.). Hinzu kommen verlags- bzw. urheberrechtliche Veränderungen. Ab 1867, dem ›Klassiker-Jahr‹, werden die Werke aller Autoren, die vor dem 9.11.1837 gestorben sind, frei, d. h. sie können beliebig nachgedruckt werden. Ab nun beginnt ein ›Boom‹ von Klassikerausgaben, teils in Form von kostbaren Prachtbänden, deren Besitz den hohen Bildungsstandard signalisierte, teils in billigen Reihen (Reclams Universalbibliothek), die den Gebrauch von Literatur für Studium und Unterhaltung erheblich erleichterten.

Im Gegensatz zur heutigen Praxis sehen Bücher des 19. Jh.s nicht nach dem aus, was sie enthalten. Sie sind **keine Medien nach ›realistischem‹ Prinzip**, die schon von Weitem zeigen, was in ihnen steckt und somit ihr Äußeres als ›motiviertes‹ Zeichen und Abbild des Inneren exponieren. Realistisch in diesem Sinne wirken wahrscheinlich nur die Lyrikbändchen, weil ihre zierliche Gestalt, mit Goldschnitt versehen und lieblich bzw. preziös geprägtem Buchdeckel, in etwa den zu erwartenden Inhalt anzeigt und den Gebrauchsstil vorgibt. Die ursprüngliche Ausstattung der heute hochgeschätzten realistischen Werke ist nichtssagend, im besten Fall bietet sich ein schönes oder reizendes Buch wie die Erstausgabe von *Stine* mit ihrem gefälligen Schmetterlingsmotiv (vgl. Wolpert 2003 u. 2005). Zwar gab es illustrierte Ausgaben, aber nach außen, auf den Umschlag, drangen solche Bilder selten. Das blieb lange Zeit Sache der Kinder- und Jugendliteratur sowie des Unterhaltungsgenres, insbesondere der Familienzeitschriften (vgl. von Graevenitz 1993).

Die Klassiker des Realismus sind mediengeschichtlich gesehen keine unverwechselbaren ›Individuen‹, d. h. individuell gestaltete Bücher. Zwar hatten für Fontane »Bücher Physiognomieen wie die Menschen« (1898; IV/4, 694), doch scheint sich das an der Ausstattung seines eigenen Werkes nicht zu bewahrheiten: Wie der Buchumschlag von *Stine* sieht später auch der von *L'Adultera* (⁴1902) aus; *Frau Jenny Treibel* (⁵1899) trägt das gleiche Gewand wie *Der Stechlin*. Mit buntem Bild werben und locken nur Werke wie Theodor Mügges *Afraja*. Der Kult der ›Prachtexemplare‹ betraf hingen nicht die Gegenwartsliteratur (es sei denn es handelte sich um ›offizielle‹ Projekte wie die ersten beiden Kriegsbücher Theodor Fontanes), sondern nur die Klassiker. Eine gewiss wirkungsvolle, aber auf England begrenzte Sonderrolle spielte in dieser Hinsicht die dort eingeführte Praxis, lange Romane in Monatsheften auszuliefern. Das geschah zum ersten Mal im Fall der Romane von Charles Dickens. Diese Hefte enthielten schon auf dem Umschlag Zeichnungen, die auf den Inhalt des Werkes Bezug nahmen und somit neugierig machten (vgl. Wolpers 1980, 131 f.).

Den **Zugang zum Buch**, zur Belletristik zumal, vermittelten seit dem 18. Jh. insbesondere die **Leihbibliotheken**. Um die Mitte des 19. Jh.s erreichten diese kommerziell arbeitenden Einrichtungen den Höhepunkt ihrer Wirkung; danach verloren sie an allgemeiner Bedeutung bzw. gerieten in den Ruf einer sozial diskriminierenden

Buchvermittlung (vgl. Schön 1999, 42). In bürgerlichen Kreisen setzte sich statt dessen zunehmend der Bücherkauf durch. Wie es um die Jahrhundertmitte in einer gewerblich geführten, großstädtischen Leihbibliothek zuging, veranschaulicht Johann Nestroys späte Posse *Mein Freund* (1851). Die Leihbibliothek bildet hier einen ›flexiblen‹ Spielraum für unterschiedliche Handlungen; sie veranschaulicht

- die soziale Konkretisierung des Geschäfts mit Büchern,
- die politischen Voraussetzungen für die erfolgreiche Führung dieses Geschäfts,
- das Zusammenspiel von Angebot und Nachfrage,
- die Orientierung am internationalen Novitäten-Markt,
- die Praxis der Bücher-Ausleihe,
- die Büchernachfrage im Spannungsfeld der polizeilichen Bücherzensur,
- die Räumlichkeit als Tarn-Kulisse für ›verdeckte Aktionen‹ (Rendezvous).

Im letzten Drittel des 19. Jh.s gewinnen dann die öffentlichen, also nicht kommerziellen Bibliotheken an Bedeutung. Unterstützt werden sie durch Volksbildungsbestrebungen bzw. Initiativen von Seiten der Kirchen, Gewerkschaften und der Arbeiterbewegung (vgl. Schön 1999, 43).

5.2 Lebensmodell: Familienzeitschrift

Das 19. Jh., insbesondere seine zweite Hälfte, steht, produktions- wie lesegeschichtlich gesehen, im Zeichen der Familienzeitschrift (vgl. von Graevenitz 1993). Ihr Name ist Programm, insofern sie nicht nur Informationen aller Art bietet, sondern das Fundament der Gesellschaft, die **Familie**, durch ihr regelmäßiges und langjähriges Erscheinen recht eigentlich stiftet. Dass Lesen und Leben zusammenhängen, dass es ein ›literarisches Leben‹ gibt, erweist sich angesichts dieses Mediums besonders deutlich (vgl. Berbig 2000). Schon die Namen dieser Zeitschriften formulieren ein Programm: *Die Gartenlaube, Daheim, Ueber Land und Meer* usw. Sie alle lenken nicht nur den Lesergeschmack, sondern prägen auch durch ihre textlichen wie bildlichen Angebote das Leben (Helmstetter 1997).

An der Spitze dieser Literaturlenkung und beispielgebend stand *Die Gartenlaube*, 1853 von Ernst Keil gegründet, mit einer Startauflage von fünf- bis sechstausend Exemplaren, alsbald rasch expandierend, so dass schon 1861 die magische Hunderttausend-Grenze überschritten wurde, um im Jahr 1875 mit 382000 Exemplaren sogar »die höchste Zeitschriftenauflage der Welt« zu erreichen (Becker in BRuG, 119). Als »Hauptpublikum« lässt sich »das kleine und mittlere Bürgertum« (ebd., 120) erschließen. Die Mentalität dieser Leserschicht ist gekennzeichnet von **Gehorsam und Treue** gegenüber irdischen wie himmlischen Instanzen. Man verhält sich aus Erfahrung skeptisch gegenüber dem sozial Höheren wie Niederen, wahrt eine ›Mitte‹, die sich als ›Familie‹ auffasst, ihre Bande pflegte und jede Zerreißprobe so gut wie möglich vermeidet. Konflikte müssen lösbar sein; unlösbare Konflikte werden vertuscht. Wörtlich, in der Selbstdarstellung des *Daheim*, wo auch Fontanes *Vor dem Sturm* erschien, klingt das Programm so:

> »Unser Blatt klopft an alle deutschen Thüren und bittet um Einlaß. Es hofft ein Freund des Hauses zu werden und des Ehrenrechts eines Familiengastes, dem *jedes* Haus seine Thür vertrauend öffnen darf, werth zu bleiben.

In die Familie gehört *nicht* der Kampf der Parteien; das ›Daheim‹ wird ihre Streitrufe über keine Schwelle tragen. Die deutsche Familie beruht auf dem Fundament der Religion und Sitte, unser »Daheim« wird daher alles entfernt halten, was dieses Fundament direct oder versteckt untergraben könnte. In das Gebiet von Staat und Kirche einzugreifen, ist *nicht* unseres Blattes Beruf, aber ein edles deutsches Familienleben zu fördern, mit heiterm und ernstem Wort, das ist seine Aufgabe. *Im Uebrigen sei der Inhalt des Blatts sein Programm!*« (Zit. nach Estermann 1989)

Wie in jeder Gesellschaft, die sich korrekt um Identität bemüht, entstehen auch hier **Tabus**. Die Zukunft sieht sie rückblickend leichter als die jeweilige Gegenwart. Als Tabus, die in Familienzeitschriften nicht berührt werden dürfen, gelten: Alkoholismus, Ausbeutung (und zwar die ›innerfamiliäre‹; die Ausbeutung durch ›Außenstehende‹ gehört zur Abgrenzungstopik), Bordellbesuch, Geschlechtskrankheiten, Hygiene, Inzest, Lust (voreheliche und nicht-prokreative), Vergewaltigung und alle Verirrungen, die geeignet waren, gewohnte Grenzen zu verwischen oder in Frage zu stellen (Jackson 1996 u. 2000).

Geboten und bevorzugt wird demnach alles, was ablenkt, beruhigt, tröstet, ersetzt und verschönt. Eine Art **symptomatischer Realismus** breitet sich aus, der gerade im negativen Reflex zu verstehen geben kann, wie es sich tatsächlich verhält; ›gezeigt‹ wird nichts, weil alles glänzt und somit blendet. Das gilt insbesondere von der Lyrik, betrifft aber auch die Erzählkunst.

Trotz der vielfältigen Reglementierungen (vgl. Schrader 2001) bemühten sich alle Realisten um den Vorabdruck ihrer Werke in Familienzeitschriften. Selbst die berüchtigte *Gartenlaube* blieb davon nicht ausgenommen (in ihr erschienen Fontanes *Unterm Birnbaum* und *Quitt*). **Ein Vorabdruck barg mehrere Vorteile:**

- Das Honorar für einen Vorabdruck war bedeutend höher als für den Buchdruck.
- Die Zahl der Zeitschriftenleser überstieg die der Buchkäufer um ein Vielfaches.
- Werke werden schon im Planungszustand einer Zeitschrift ›zugedacht‹.
- Der Vorabdruck bot den Autoren die Gelegenheit, erste Reaktionen im Publikum kennenzulernen und darauf in der Buchpublikation mit letzten Änderungen noch zu reagieren.

Hinzu kommt, dass vorabgedruckte Werke auf dem Forum der Zeitschriften einen besonderen Kontext erhalten. Sie rücken als fiktionale Erzählungen dicht an authentische Nachrichten aus aller Welt. Dadurch entsteht eine neue »Berührungs- und Beziehungsvielfalt« (von Graevenitz 1993, 286), die separat in Buchform veröffentlichte Werke nicht aufweisen. So bildet sich eine eigentümliche »Literatur im Pressekontext« (ebd., 298) aus.

Die ›kritischen‹ Realisten klagten zwar oft über die einschränkenden oder heuchlerischen Rahmenbedingungen der Zeitschriften (vgl. z.B. Raabes Wut über die Zurichtung seines *Odfeld*-Romans im Vorabdruck bzw. Fontanes Empörung über die scheinheilige Doppelmoral, vgl. H IV/3, 609), verzichteten aber selten auf die sich bietenden Vorteile. Wie die großen Autoren des Volkstheaters (vgl. Nestroy) unter dem Diktat der Zensur zu höchster sprachlicher Differenzierungskunst gelangten, so vermochten auch die Realisten im ›Schraubstock der Vorabdrucke‹ ihrem Material ungeahnte Facetten abzuringen (vgl. Meyers Inzest-Phantasien in *Die Richterin*). Die von den Realisten durchaus beibehaltenen Begriffe wie ›Verklärung‹ oder ›Behagen‹ bezeugen die problematischen Arbeitsbedingungen und ›diplomatischen‹ Bemühungen.

Auf solchem Hintergrund erweist sich, dass die Realisten weder als repräsentativ gelten können, noch eine respektierte Minderheit darstellen, sondern eigentlich schon zur ›Avantgarde‹ gehören, freilich mit jenem Unterschied, dass sie trotz subversiver Techniken auf den eklatant antibürgerlichen Schock noch weitgehend verzichten (vgl. Storms ›gewagte‹ Novellen *Ein Bekenntnis* oder *Ein Doppelgänger*).

5.3 Lesepublikum

Die zweite Jahrhunderthälfte steht – publikumssoziologisch gesehen – im Zeichen der »**Klassenkulturen**« (Schön 1999, 43). Die sich abzeichnenden Gegensätze äußern sich allerdings weniger in Lektürepräferenzen als in stilisierten Selbstbildern: Für die ›Kunstliteratur‹ sah sich das **Bildungsbürgertum** zuständig, weil es sich aufgrund seiner gymnasialen Ausbildung zur »höhere[n] Leselehre« qualifiziert wusste (ebd.). Unter den Lesefähigen des Deutschen Reiches (Analphabeten-Quote 12 %) stellte dieses Lesepublikum eine Minderheit. Seine zur Schau getragene Lesekompetenz setzte sich nicht etwa von allen Nicht-Lesern ab, sondern insbesondere von jenen, die durchaus lasen oder sogar viel lasen, aber eben nicht den als nötig erachteten »hohen Grad von Empfänglichkeit« erreichten (ebd.).

Es ist bezeichnend, dass der **Zusammenhang zwischen sozialem Stand, Lektüregewohnheit und ästhetischem Bewusstsein** vornehmlich auf der Basis der klassischen, aber nicht modernen Literatur hergestellt wurde. Sich als gebildet zu qualifizieren bzw. auf der sozialen Stufenleiter aufzusteigen und sich den kulturellen Standards anzupassen, konnte immer nur heißen, die ›Klassiker‹, also Shakespeare, Lessing, Goethe oder Schiller zu lesen (vgl. z. B. K.E. Franzos' Entwicklungsroman *Der Pojaz*). Dass auch die Gegenwartsliteratur bildungsgeschichtlich relevant sein könnte, ist erst eine Entdeckung des frühen 20. Jh.s, hinter der allerdings nationale Interessen stehen (vgl. Herold 1908; Sprengel 1909 u. 1911).

Zu den bildungsbürgerlichen Rahmenbedingungen des Lesepublikums im 19. Jh. gehört wesentlich der **Aspekt der Judenemanzipation**. Dabei spielt die hochgradig ausgebildete Lesekultur als unmittelbarer Bestandteil der jüdischen Kulturgeschichte eine entscheidende Rolle (vgl. Schön 1999, 48). Was nach älterer Auffassung als Assimilation erschien, erweist sich, genauer besehen, als Realisation, als geradezu prototypische Verwirklichung der bildungsbürgerlichen Ideale der Aufklärung (vgl. Lässig 2004).

Das Lesepublikum der zweiten Jahrhunderthälfte ist noch kein ›Massenpublikum‹. Dieser Effekt tritt erst um die Jahrhundertwende in Erscheinung (vgl. Schön 1999, 50 f.). Selbst die Kolportageliteratur der realistischen Ära spricht keine ›Massen‹, schon gar nicht hauptsächlich die Unterschicht an, sondern wendet sich lieber »allen Kreisen der Leserwelt vom Palast bis zur Dachstube« zu (so eine Verlagswerbung für die Romane des ominösen Sir John Retcliffe; zit. nach Neuhaus 1980, 183).

Das literarische Publikum war auch in der zweiten Jahrhunderthälfte vorwiegend ein weibliches (vgl. Schön 1999, 46). Zwar stammen die Literaturkritiken der Feuilletons meistens aus männlicher Hand (Ludovica Hesekiel, die einige Romane Fontanes rezensierte, ist eher eine Ausnahme), doch wurden ›der Regel nach‹ **Romane von Frauen und Mädchen gelesen**, während Männer mit dem Eintritt ins Erwachsenenalter diese Lektürevorliebe abzulegen vorgaben. Wenn der seinerzeit bedeutende Kulturhistoriker W.H. Riehl 1851 erklärt, dass die Zeit da sei, »wo Staatsmänner zu ihrer Instruktion auch Romane lesen müssen« (Riehl [5]1858, 22), so handelt es sich eindeutig um eine noch uneingelöste Forderung an die Zukunft. Wer die tatsächlichen Leser/innen waren, wussten schon die Realisten und reagierten darauf, indem sie den Roman durch sachlichere Themen (politischer oder wirtschaftlicher Art) ›vermännlichten‹ (vgl. Freytags Kaufmannsroman *Soll und Haben*) oder durch camouflierte Darstellung dem Konzept geschlechtsdifferenter Lektüren anpassten (vgl. die Darstellung der ›wilden Mädchen‹ bei Stifter, Keller, Storm, Raabe und Ebner-Eschenbach).

II. Ästhetik und Poetik

1. Aspekte der Ästhetik, Poetik und Literaturkritik im Realismus

1.1 Literarische Programmatik im Kontext von Veränderungen

Die Literatur der Jahrhundertmitte entsteht im Kontext einer literaturkritischen Initiative, die nicht erst nachträglich in Literaturgeschichten als realistische identifiziert wird, sondern die sich selbst ein realistisches Profil zuschreibt. Ob und inwiefern diese ›Bewegung‹ die zeitgleich entstehenden Werke tatsächlich beeinflusst, ist durch diese Situierung noch nicht entschieden. Rückblickend fällt eher ein Nebeneinander, Aneinander-Vorbei oder gar Gegeneinander auf:

- sei es, dass die programmatischen Verlautbarungen jene Werke außer Acht lassen oder gar missbilligen, die später als realistische kanonisiert werden,
- sei es dass die deklarierten Musterwerke der neuen Richtung nicht das erfüllen, was sich im Konzept einer realistischen Literatur europaweit durchsetzen wird,
- sei es dass unter revidiertem Blick ›Realismus‹ als historisch bedingte Kategorie der literarischen Theorie und Praxis an Geltung einbüßt und durch andere, besser passende Kategorien ersetzt wird.

Zunächst aber tritt um die Jahrhundertmitte ›Realismus‹ als Schlüsselwort einer neuen Literatur markant in Erscheinung. Philosophen, Literaturkritiker und Schriftsteller wirken mit an einem so genannten **realistischen Programm**, das die gewünschte Literatur hervorbringen, rechtfertigen und durchsetzen möchte. Die Art, wie diese Realisten ihre Vorlieben artikulieren, verrät bereits etwas von dem, was sie wollen. Sie verstehen sich nicht als Theoretiker, die ein System des Realismus zu entwerfen beabsichtigen, sondern melden sich als **Kritiker und Praktiker** zu Wort, die in programmatischen Artikeln die neue Linie zeichnen bzw. das unerschlossene Feld des realistischen Schreibens abstecken. Das tun sie vor allem in essayistischen und rezensierenden Beiträgen für Literaturzeitschriften, also gerade in jenen Medien, die sich zugleich als entscheidende Träger der propagierten Literatur erweisen sollen.

Die Eigenart des realistischen Programms liegt darin, dass es unter die literarische Vergangenheit einen Schlussstrich zieht (›Kahlschlag‹-Attitüde), statt dessen **etwas Neues proklamiert** und dennoch der ästhetischen Tradition in vielerlei Hinsicht verpflichtet bleibt. **Das realistische Programm** ist gekennzeichnet durch

- die Abwehr spekulativer, transzendenter, theologischer, metaphysischer, revolutionärer und rhetorischer Ansätze;
- die Fortführung mimetischer und ›bürgerlicher‹ Tendenzen der Literaturpoetik im 18. Jh.;
- die Modifikation des idealistisch-klassizistischen Konzepts nach Maßgabe einer neuerdings befürworteten immanenten und zuversichtlichen Weltsicht;
- die ›Erfindung‹ einer im Kern sinnvollen Alltagswirklichkeit als ernstzunehmenden Gegenstand und zentrales Thema der künstlerischen Arbeit.

Das Zusammenkommen abwehrender, fortführender, modifizierender und innovativer Bestrebungen ergibt ein in sich widersprüchliches Konzept, das sich in unterschiedliche Richtungen entwickeln kann; es enthält ebenso einen regressiven wie progressiven, traditionellen wie modernen Zug.

Der **programmatische Realismus** als neue, moderne Bewegung hat es mit **unterschiedlichen Veränderungen** zu tun.

- Verändert hat sich die **Wirklichkeit**, mit der es die Literatur schon längst, aber immer anders zu tun hatte (veränderter Wirklichkeitsbegriff, gewandelte Wahrnehmungskonzepte, adäquatere Darstellungsverfahren).
- Verändert aber hat sich auch die **Literatur**, die – sobald sich der Blick auf alles Wirkliche richtet – nicht mehr nur nach herkömmlicher, d.h. ›klassizistischer‹, ›akademischer‹ Weise verfahren kann.
- Verändert haben sich insbesondere auch die **Nutzungs- und Verwertungsstile** dieser literarischen Arbeit, die ebenso zum Lebensunterhalt der Autoren wie zur Freizeitunterhaltung des Publikums dienen soll.
- Verändert hat sich schließlich der **Konsens**, wonach schwierige bzw. schmerzliche Erkenntnisse trotz alledem zumutbar bleiben sollen.
- Nicht abwegig wäre es, sogar von einer **Veränderung des Veränderungsbegriffs** zu sprechen, insofern nämlich, als er jetzt nicht nur eine Wandlung des Lebens und der Umwelt, sondern das Verändern selbst, also den Eingriff, jenes konstitutive Handeln meint, das Wirklichkeit erst herstellt, einrichtet, gestaltet – sei es mit Feder und Tinte, sei es mit »Eisen und Blut«, nur nicht mit ›Hammer und Sichel‹, d.h. durch soziale Revolutionen von unten.

Die **veränderte Wirklichkeit**, die nicht erst den Realisten ins Auge fiel, meint – mit den Worten Hegels – eine Gegenwart, in der »**prosaische Zustände**« vorherrschen (*Ästhetik* I, 253). Das bedeutet Vielerlei:

- rigide Begrenzung des Handlungsspielraums,
- ›Verflachung‹ der fundamentalen Handlungsziele zu Idealen politischer, amtlicher, moralischer und häuslich-familiärer Korrektheit,
- Abbau individueller Verantwortung zugunsten pflichtgemäßer Soll-Erfüllung,
- Beschränkung im vorgegebenen Rahmen statt konstitutiver Teilnahme am Ganzen,
- Fragmentierung ehemaliger (mythisch-heroischer) Ganzheiten,
- Entfremdung zwischen individuellen und gesellschaftlichen Kräften,
- Spaltung des Lebens in öffentliche und private Bereiche,
- Beschränkung der Handlungskompetenz,
- Behinderung der Wahrnehmung durch die Zunahme bloßer Details,
- Schwinden von Zusammenhängen,
- Beeinträchtigung von Orientierungshilfen und Erklärungen durch wachsende Komplexität und Abstraktheit,
- verquere Kompensation von Kontingenzerfahrungen (z.B. Sinngebung des Zufälligen),
- Arbeitsteilung, Mechanisierung,
- Abkühlung bzw. Verwilderung sozialer Beziehungen im Rahmen eines Modells, das Leben als Konvention (statt z.B. als Natur) normiert und Dasein zunehmend als Kampf profiliert.

Solche Veränderungen mussten den realistischen Programmatikern auffallen, weil sie aufgrund ihrer ›Wahrnehmungsvorlieben‹ diesen Wandlungen besonderen Wert beimaßen: Sie interessierten sich für alltägliche, tätige, durchschnittlich kompetente, ›gemischte‹, aber sympathische Figuren, denen symptomatische Krisen Gelegenheit boten, sich mustergültig zu bewähren oder vielsagend zu scheitern. Das heißt, sie versuchten, die **typischen Störungen in den ›gegenwärtigen prosaischen Zuständen‹** ernst zu nehmen; sie beklagten nicht etwa das Ende des poetischen Weltzustands, sondern propagierten die Möglichkeit, die Welt der Prosa erneut poetisch zu veredeln. Sie teilten Hegels Unbehagen oder Ironie gegenüber »Hausväterlichkeit und Rechenschaft« keineswegs bzw. wiesen die Vorbehalte als typisch spekulative Verdrängung einer Wirklichkeit zurück, mit der es sich vielmehr auseinanderzusetzen galt.

Drei Strategien des Umgangs mit dem wahrgenommenen prosaischen Zustand lassen sich unterscheiden:

■ An erster Stelle ist der Einstellungswechsel zu nennen. Hier zeichnet sich eine Umwertung ab: Der verherrlichte poetische Zustand wird als ›Wolkenkuckucksheim‹ entlarvt, und der zuvor verachtete oder doch belächelte prosaische Zustand nunmehr als akzeptabel hingestellt.

■ Sodann fallen die Verbesserungsinitiativen ins Auge. Allenthalben werden die ›prosaischen Zustände‹ nach Maßgabe ihrer Reformierbarkeit bzw. revolutionären Veränderbarkeit beurteilt; deutlich treten hier die politischen Motive des realistischen Wirklichkeitskonzepts in den Vordergrund.

■ Schließlich wird ein neues, spezifisches Wahrnehmungsgeschick entwickelt, eine Fähigkeit, sich vom bloß Prosaischen nicht abschrecken zu lassen, sondern in bzw. hinter ihm das Poetische mit ›klugem Auge‹ zu entdecken.

Das propagierte Interesse an der **entpoetisierten Wirklichkeit** als neuem, aufgewertetem Experimentier- und Bewährungsfeld mutete der weiterhin als autonom konzipierten Literatur eine heikle Aufgabe zu. Die vorbehaltlose Hinwendung zur veränderten Wirklichkeit hätte eigentlich auch einen veränderten Literaturbegriff zur Folge haben müssen. Solange Kunst in der Nachfolge Hegels als ›sinnliche Anschauung‹ einer ideellen Wahrheit konzipiert wird (vgl. *Ästhetik* I, 140), bleibt sie auf die Qualität ihres Stoffes angewiesen. Verliert dieser Stoff seine ›idealen‹ Momente und nimmt ›reale‹, prosaische Züge (weit über Hegels Konzept des ›prosaischen Zustands‹) an, schwindet fast automatisch das poetische Potential des sinnlich Angeschauten. Die Literatur, die bei der Berührung mit einer Wirklichkeit, die noch poetisch durchdrungen war, ihrerseits autonom bleiben konnte, verliert nun ihre ›Selbstbestimmung‹, sie wird ›gemein‹ wie ihre Welt und vermischt sich mit anderen Formen pragmatischen Schreibens.

Beides aber wollten die realistischen Programmatiker angesichts der literarischen Entwicklung im Vormärz und alternativer Reproduktionstechniken der Gegenwart (Photographie; s. Kap. II.1.4) unbedingt vermeiden. Zwar erklärten sie den Modus der empirischen Erfahrung gegenwärtiger Wirklichkeit, den die spekulativ-idealistische Erkenntnis eher abgewertet hatte, zu ihrem literarischen Spezialgebiet, doch richteten sie ein **dichtes Netz der Überwachung und Regulierung** ein, in dem sie mit gesteigerter Aufmerksamkeit auf alle künstlerischen Konsequenzen Einfluss nahmen, die sich aus der neuen Konkurrenz der beibehaltenen autonomen Literatur mit wissenschaftlichen, publizistischen und photographischen Verfahren ergaben. Die Wirklichkeit in ihren bedeutungsvollen, wesentlichen Zügen, in ihrem – nach Hegel – »höheren, tieferen

Sinn« (*Ästhetik* I, 140) darzustellen, das alles blieb im Realismus für die Dauer seiner Geltung eine Herausforderung, der seine Vertreter unter verschiedenen ›Seitenhieben‹ standhielten, bis sie in der avantgardistischen Moderne entweder zu Fall kamen oder neue Muster der literarischen Wirklichkeitsgestaltung erprobten.

Ohne **Rücksicht auf Wirkung, Nutzen und Ertrag** haben die Realisten auf die Dauer keine autonomen Kunstwerke produzieren können. Angewiesen auf die effektiven Strategien zur Erreichung eines größtmöglichen und unablässig interessiert bleibenden Publikums erfuhren sie von Werk zu Werk die Schwierigkeiten, die Wirklichkeit gerade in ihren ›wesentlichen Zügen‹ so zu verarbeiten und zu ›verpacken‹, dass sie, die Kunstwerke, in der Fülle des Sichtbaren und in der Beliebtheit des Vertrauten dennoch als selbständige und eigenwertige Gebilde wahrgenommen wurden. Der ästhetischen Rahmenbedingung zufolge **autonom**, der literatur-, erkenntnis- und lebenspädagogischen Ausrichtung nach **kritisch**, also doch **tendenziell**, hatte die realistische Literatur trotz allem ›**gefällig**‹ zu bleiben. Das kann nicht verwundern, denn ihr liegt als konstitutives Prinzip die Absicht zugrunde, **Erkenntnis im Medium des Wiedererkennbaren** zu vermitteln bzw. auszulösen. Realisten wollen nicht mit Verfremdungen schockieren, sondern mit dem Effekt des Wiedererkennens aufrütteln.

Realistisches Schreiben ist zu Beginn der ›Bewegung‹ ein in mehrfacher Hinsicht **zuversichtliches Projekt:**

- ▧ Es wertet die ›rücksichtslos‹ wahrgenommene neue Wirklichkeit als Gewinn für die künstlerische Tätigkeit überhaupt.

- ▧ Es funktionalisiert vieles Widerstrebende, alle jene Schocks, die den unbefangenen Sinn verletzen, im Konzept einer dereinst dynamisch zu sich selbst kommenden Wirklichkeit.

- ▧ Es anerkennt im ›Mehrwert‹ der betont künstlerischen Bearbeitung kruder Wirklichkeitsmaterialien eine kompensatorische Leistung, deren ›schönes‹, poetisches Ergebnis weder nur trügt, noch bloß vertröstet, sondern anschaulich zeigt, wie es sich eigentlich verhält, obwohl wenig davon mit Gewissheit sichtbar ist und manches sogar auf das Gegenteil verweist.

Noch in seinen Selbstwidersprüchen, den tabustiftenden Widerrufen des Erkannten oder den unterschwelligen Bezichtigungen und Diskriminierungen innerhalb der gestifteten Zusammenhänge, verliert das realistische Schreiben nicht automatisch seinen Vorzug, **erkannte Wirklichkeit in ihrem Wesen anschaulich zu machen.** Realismus hat etwas von einem Erfolgskonzept an sich. Das rückt ihn in die Nähe ›akzeptierter Mehrheitsliteratur‹, die gelegentlich auch trivial genannt wird. Das heißt aber nicht, dass ihr ästhetischer Wert auf der historischen Skala des 19. Jh.s allein am antirealistischen Effekt bzw. im nachrealistischen Bereich der Moderne abgelesen werden sollte.

1.2 Mimesis, Nachahmung und Widerspiegelung

Obwohl sich die realistischen Programmatiker absichtlich um kein System der realistischen Ästhetik bemühen, gelangen sie zu Positionen, die sich trotz individueller Unterschiede im Wesentlichen decken, ja sogar »ein hohes Maß an geradezu monotoner Einstimmigkeit« aufweisen (Plumpe 1985, 23). Die kürzeste Form dieses gemeinsamen Nenners liegt im Vorhaben, **eine prosaische, aus den Fugen geratene**

Welt in ihrer eigentlichen Gestalt sichtbar zu machen. Wichtig und bezeichnend ist hierbei, dass es um eine Anschaulichkeit jener Dinge und Sachverhalte geht, die sich – trotz weit geöffneter Augen – nicht von allein dem Blick darbieten, sondern mit den Mitteln der Kunst erarbeitet sein wollen. Damit rückt die Leistungskraft des mimetischen Prinzips in den Mittelpunkt der Aufmerksamkeit.

Unter dem Schlagwort ›Realismus‹ wird im 19. Jh. eine kunsttheoretische Diskussion fortgeführt, die mit der neuzeitlichen Debatte über die Nachahmung der Natur zusammenhängt und darüber hinaus bis auf das antike Mimesis-Konzept zurückweist. Mehr noch als der Nachahmungsbegriff kann der zeitlich fernere Terminus ›Mimesis‹ die komplexe Sache des Realismus vor einem abendländisch begrenzten Horizont klarmachen (vgl. Petersen 2000).

Nach der Aristotelischen *Poetik* meint **Mimesis** die Darstellung möglicher menschlicher Handlungen zu kathartischen Zwecken. Diese eher ungebräuchliche Paraphrase hat vor der beliebteren Form ›**Nachahmung der Natur**‹ mehrere Vorteile:

■ Es geht nicht im engeren Sinn um Widerspiegelung (schon gar nicht um Imitation kanonisierter Vorbilder), sondern um Gestaltung (so heißt *mimesthai* wörtlich ›zum Ausdruck‹ bzw. ›zur Darstellung bringen‹); und ›Nachahmung der Natur‹ heißt somit eigentlich, es der Natur in ihrer Art des Hervorbringens nachzutun (Fontius 1981).

■ Die Gegenstände der Mimesis sind begrenzt auf Handlungen; d. h. Dinge, Stimmungen, Dispositionen und Sachverhalte sind mimetisch relevant nur unter den Bedingungen menschlichen Handelns.

■ Sodann wird die mimetische Tätigkeit nicht etwa auf Vorhandenes, Begegnendes und Geschehenes begrenzt, sondern ausdrücklich auf Mögliches hin ausgeweitet, um – das ist entscheidend – **Allgemeines zum Ausdruck zu bringen.** Denn nur so legitimiert sich Mimesis vor dem naheliegenden Vorwurf, zwecklose oder heuchlerische Verdoppelungen (Hegel) anzustreben. Indem es um eine Mimesis des Allgemeinen geht, wird nämlich der implizierte Erkenntniszweck der mimetischen Tätigkeit hervorgehoben.

■ Mimesis gilt somit als **epistemologisches Prinzip** und korrespondiert zudem mit einem anthropologischen und sogar lerntheoretischen Argument, demzufolge das Nachahmen dem Menschen angeboren, d. h. zumindest von Anfang an präsent sei, seine Art des Lernens charakterisiere und als spielerische Aktion (im Sinn der Entlastung von Wirklichkeitszwängen) sogar Vergnügen bereite. Wer an die Entwicklungspsychologie Jean Piagets denkt, der gleichfalls den Nachahmungsbegriff im Zusammenhang mit den realitätsverarbeitenden, akkomodativen Vorgängen benutzt, wird einschätzen können, auf welche fundamentalen Prozesse schon der antike Mimesis-Begriff abzielt.

So hat Aristoteles mit dem Mimesis-Konzept in der Tat »einen Imperativ formuliert, den man das Realitätsprinzip der Dichtung nennen könnte u. der bis heute, trotz aller Versuche, sich seiner zu entledigen, in Kraft geblieben ist« (Riedel 1993, 92). Zu ergänzen bleibt, dass dieses »Realitätsprinzip der Dichtung« im Sinne des Aristoteles das Poiesis-Prinzip umgreift und ihm nicht etwa, wie die spätere Begriffsdichotomie unterstellt, gegenübersteht.

Ansatzweise schon im Barock, aber spätestens seit dem 18. Jh. werden Fragen, für die sich dann auch der Realismus interessieren wird, unter dem Stichwort **Nachahmung der Natur** (bei Opitz heißt es noch »nachäffen der Natur«; 1624, 11) konzentriert verhandelt. Das Nachahmen nimmt dabei immer deutlicher malerische Züge im Sinne des *ut pictura poiesis*-Prinzips an. Damit tritt das ehemals rhetorische Kriterium der **Anschaulichkeit und Ähnlichkeit** (*evidentia*) entschiedener in den Vordergrund als unter mimetischem Prinzip, das stärker auf Notwendigkeit, Wahrscheinlichkeit und Glaubwürdigkeit gerichtet ist. Seitdem wächst das theoretische Interesse an abbildenden und widerspiegelnden Techniken bzw. Leistungen und was sie für das ›innere Sehen‹ bewirken (vgl. Willems 1989).

Hinzu kommt eine **neue Dimensionierung des Naturbegriffs**. Zwar gilt die sinnlich (insbesondere mit den Augen) wahrnehmbare Natur als typischer Gegenstand für Zeichnungen nach Vorlagen; gerade als ›Natur‹ garantiert diese Vorlage zugleich die Wahrscheinlichkeit der Fabel (Gottsched 1730/1972, 34) und die Schönheit dessen, was die Kunst nachahmend hervorbringen möchte (ebd., 70). Bald aber wird der rational eng gefasste Kreis der nachzuahmenden Natur ausgeweitet auf alle Dinge und Sachverhalte, die von der Einbildungs- und Vorstellungskraft – immer noch vernünftigerweise – erzeugt werden können. So bleiben auch im Zeichen der reproduktiven Tätigkeit viele unsichtbaren Gegenstände zugelassen, sofern sie als ›Natur‹ nicht doch die Schöpfung Gottes meinen und somit heilsgeschichtliche Züge tragen oder sofern sie als vorgestellte Wunderdinge nicht den Regeln der Vernunft widersprechen.

Im Zeitalter der Aufklärung ist die nachahmenswerte Natur, die sichtbare wie die unsichtbare, durch Prinzipien der Vernunft bestimmt. Nachahmung erfolgt deshalb nicht nur in jenen Formen, die eine sinnliche Wahrnehmung stellvertretend und verinnerlicht (›inneres Sehen‹) ermöglichen, sondern die auch das Denken und Reflektieren anregen, um strukturelle und funktionale Zusammenhänge aufzuweisen, die insbesondere unter der wahrnehmbaren Oberfläche, ihrem bloßen Schein, liegen. So bleibt auch hier das Nachahmen nicht auf das Kopieren beschränkt, sondern bewahrt eine **erkenntnisstiftende Funktion** und entwirft Natur als vernünftig organisierte Welt, die überall mehr oder minder gut ist bzw. früher oder später das Ziel ihrer Perfektibilität erreichen wird. Eine Differenzierung und Skalierung der Nachahmenstechnik in Formen des Beschreibens, Dialogisierens und der Fabelherstellung, wie sie bei dem ›Literaturpapst der Aufklärung‹, Johann Christoph Gottsched, begegnet, macht deutlich, dass alle **Nachahmungen**

■ anschaulich-lebhaft,
■ wirklichkeitsnah und
■ allegorisch bedeutsam sein müssen,

damit sie moralisch wirken und somit dem Gebot der Vernunft entsprechen können. Es ist dieses **didaktische Rahmenkonzept**, das den Nachahmungsbegriff nicht nur prägt, sondern mit Beginn der Genieästhetik ganz entschieden in Verruf bringt.

Das sich durchsetzende **Autonomiekonzept** muss solche pädagogisch-strategischen, zweckrationalen Maßnahmen bei der Herstellung von lebensrelevanter Literatur zurückweisen. Auch steht dem neuen Begriff der schöpferischen Authentizität, des **Verlebendigens und Beseelens von innen** heraus, sowie dem abgewandelten Begriff des *movere*, der Seelen-Bewegung, alles betont ›Reproduktive‹ im Weg. Selbst wo Nachahmung als approximativer Vorgang gedacht wird oder sich gar unheimlich bis zur Verselbständigung des Replikats als lebendes Wesen steigert, bewahrt sie im Vergleich mit originären, schöpferischen Akten das Stigma des Uneigentlichen, Mechanischen und somit auch Wirkungslosen: Der in seiner Rolle weinende Schauspieler ahmt nicht das Weinen nach, wenn er das Publikum zu Tränen rührt, sondern ist selbst betrübt – so lautet der neue Gestaltungsgrundsatz (vgl. Klopstock 1759/1962, 993). An die Stelle der Nachahmung tritt die **lebhafte, hinreißende Täuschung** (vgl. Klopstock 1774/1962, 917 und 1779/1962, 1033). Das ist die Geburtsstunde der **realistischen Illusion**; sie meint keinen Betrug, sondern das wirkungsvollste Verfahren des sinnlichen Zeigens (ebd., 1034). An die Stelle der Rekonstruktion tritt die Konstruktion als Schlüssel zur Wirklichkeit, wie sie eigentlich ist – dieser Widerspruch zieht seine Bahn bis in die Gegenwart.

1.3 Kunst und Realismus

Wo immer der Realismus das Konzept der Nachahmung berührt, gerät er in den Bann der malenden und plastischen Künste. Was er auf literarischem Feld meint und will, wird und wurde auf dem künstlerischen vorentschieden. Zentrale Begriffe wie Abbild, Widerspiegelung, Portrait und Kopie, aber auch Anschaulichkeit, Perspektive, Beleuchtung, Kostüm und Genre stammen aus der kunstästhetischen Diskussion und werden konkret oder im übertragenen Sinne bei poetologischen Rechtfertigungen verwendet. Nicht selten steht der Name einer Kunstrichtung – die niederländische Schule, Teniers oder die Düsseldorfer Kleinmalerei – für das, was auch in der literarischen Debatte ›Realismus‹ will oder vermeiden soll. Das lässt sich auf der Ebene der Stoffwahl, der Darstellungsmethode und der Wirkungsabsicht zeigen:

- Was die **Stoffwahl** betrifft, so gilt, dass das »Feld des modernen Künstlers« nicht mehr der »Olymp des Mittelalters« ist, sondern die »Geschichte«, die »**ganze wirkliche Welt**« (Vischer 1841 in: RuG II, 2).   *Stoff*
- Als neue und leistungsfähige **Darstellungsmethoden** bieten sich das Registrieren, Aufnehmen und Erfassen der Welt mit dem jeweils feinsten bzw. spezifischen Werkzeug an; nur diese Verfahren können dem gerecht werden, was eben nicht durch Tradition und Normierung als bedeutend und wichtig immer schon vorausgesetzt wird, sondern **durch genaues Hinschauen erst entdeckt** und gegen eine mutwillige oder verordnete Blindheit als augenfällige Wahrheit durchgesetzt werden muss.   *Darstell. methoden*
- Die **Wirkung** solcher ›Aufnahmen‹ erschöpft sich keineswegs im Erregen von Staunen über die erzielte Ähnlichkeit oder die schockierende ›Tatsache‹, sondern bewahrt sogar Momente der traditionellen **Verherrlichungsfunktion**; nur kommt sie jetzt nicht den akademisch kanonisierten Gütern, sondern dem auf der Straße begegnenden, alltäglichen und verachteten Leben zugute.   *Wirkung*

Die Öffnung des Stoffbezirks für die künstlerische Darstellung, die **Wendung des Blicks auf profane Sachverhalte,** hat weitreichende Folgen. Die »nächste, unmittelbare Wirklichkeit« (Vischer 1842 in: RuG II, 19) ist nicht nur jenes ›gemeine‹ Leben, das mit ›schrecklicher Genauigkeit‹ registriert wird und in Frankreich die »Realismusschlacht« des ›programmatischen Realismus‹ eröffnet (Dethloff 2001, 219), sondern – das gilt von der deutschsprachigen Diskussion – insbesondere auch die Entdeckung der Verwurzelung des Kunstlebens »im Bewußtsein der Nation« (Vischer 1842 in: RuG II, 20). Diese **nationale Richtung** in der Verständigung über die moderne Wirklichkeitskunst ruft bei Friedrich Theodor Vischer, dem führenden Ästhetiker der Jahrhundertmitte, eine radikale Gegenwartskritik hervor. Infolge der Abwendung vom ubiquitären Stoffprinzip und der Hinwendung zur eigenen, regionalspezifischen Wirklichkeit werden Mangel und Leere der Gegenwart erst recht bewusst: »[...]

unsre Zeit hat keine Gegenwart, sondern nur eine Vergangenheit und eine Zukunft« (ebd.). Die Gegenwart, wie sie Vischer erlebt, gilt als ›kritische Zwischenzeit‹ ohne eigene tragfähige Substanz; was an ihr auffällt, sind eigentlich nur die vielen Polizeidiener, ein Zeichen für Unterdrückung und Gängelung des öffentlichen Lebens. So eine ›Gegenwart‹ ist für Vischer nicht darstellbar bzw. nicht darstellenswert. Wenn trotzdem ›eigene‹, das eigene politische Leben betreffende Stoffe gefunden werden sollen, so müssen es Stoffe der Vergangenheit sein: »Wir wollen wieder Geschichte haben« (ebd., 21).

So entsteht der **Historismus** in der Malerei als kritische Reaktion auf die Miseren der Gegenwart. Ursprünglich meint er nämlich keine feierlich-bombastische Selbstbestätigung und Selbstbespiegelung, sondern mühevolle Lernerfahrungen am einzig verfügbaren Modell und notwendige »Nahrung« zur Zeit einer öden Gegenwart. Er meint auch Entsubjektivierung und Verwissenschaftlichung der künstlerischen Arbeit, insofern der historische Stoff zum Denken zwingt und das »Faktum die einzige Leuchte« des Künstlers ist (Springer 1854 in: RuG II, 24).

Nicht immer spitzt sich die Realismus-Diskussion dergestalt politisch und geschichtsphilosophisch zu. Stets aber ist für die deutsche Diskussion kennzeichnend, dass sie in allen beobachteten neuen Gegenständen etwas ›**Gehaltvolles**‹ voraussetzt. Alles Banale und Hässliche verwandelt sich unter dieser Vorgabe in etwas Bedeutungsvolles, in den äußeren, objektiven Ausdruck einer inneren, zugrunde liegenden Idee, z. B. der Idee der »Menschlichkeit mit ihrem nimmer rastenden Streben nach Verwirklichung ihres Wesens« (Springer 1846 in: RuG II, 23). Hierin liegt das Format einer ›beseelten Natur‹, deren treue Wiedergabe sich vom allegorischen Verfahren ebenso fern weiß wie vom bloßen ›Abkonterfeien‹ (Teichlein 1853 in: RuG II, 30 f.).

Die Methoden realistischer Malerei und Skulptur sind – jedenfalls nach Auskunft der französischen Programmatik – keine deutenden, sondern **zeigenden Darstellungstechniken**. Das heißt, der exponierte Gegenstand soll auf keinen allegorischen Sinn verweisen, sondern rückt als er selbst ins Licht; und gerade das gilt als gänzlich unkonventionelles Verfahren. Dass auch er künstlich angefertigt ist, verbirgt und betont er zugleich, insofern er als Gegenstand, der ›wie aus dem Leben gegriffen‹ wirkt, die Kopistenhand verleugnet und doch angesichts der gebotenen Alltäglichkeit, Banalität oder gar Gemeinheit den staunenswerten Aufwand an Kunst und Technik einem schockierten Publikum ›unter die Nase reibt‹.

Die ›**lebendige Kunst**‹, wie sie der Maler Gustave Courbet (1819–1877) vertritt, entsteht nach dem **Prinzip der Momentaufnahme**. Sie zeigt ihre Motive als spontane, zufällige und missachtete Objekte, die, allein insofern sie einen Erwartungshorizont verletzten, schon zu ›sinnvollen‹ Gebilden umfunktioniert werden, wodurch die demonstrative Gebärde nun doch eine interpretierende Absicht erhält. Die Momentaufnahme als Metapher für das kunstvolle Registrieren führt zudem ein besonderes Verständnis von künstlerischer Technik ein, erweitert das kreative Vermögen um ›mechanische‹ Fertigkeiten, die (scheinbar) schneller arbeiten, ›schneller‹ aber nicht etwa im Sinne des Flüchtigen, sondern des dem beweglichen, flüchtigen Leben Angemessenen. Wenn man nicht mehr in der ›Akademie‹, sondern in ›freier Luft‹ arbeiten will, braucht man eben auch praktischere Instrumente.

Auch die deutsche Realismus-Diskussion wendet sich gegen eine deutende Darstellungstechnik, insofern diese allegorisierend verfährt; ihr Ideal liegt in der **individuellen Realisierung eines ideellen Moments**. Das bedeutet eine Abwendung bzw. eigenwillige Funktionalisierung aller registrierenden Verfahren und in der Tat eine Stärkung des mimetischen Vermögens, d. h. der Fähigkeit, konkrete (aber gehaltvolle) Gegenstände so hervorzubringen, wie es die Natur selber macht. Richtige Darstellung (die sich jetzt als realistisch versteht) meint hier ein **naturanaloges Hervorbringen individueller Gegenstände**, an denen ein Ideelles zum Ausdruck kommt. ›Realisierung‹ heißt nicht einfach, irgendetwas – womöglich schockartig – vor die Augen zu stellen, sondern – selbst in der malenden Kunst – seine lebensgeschichtliche ›Motiviertheit‹ ansichtig zu machen. Banale Details sind keine registrierten Einzelheiten, sondern Glieder in der Kette einer Geschichte, Indizes für Gründe und Zwecke. Die ›Erfahrung‹ als Elementarkategorie des Realismus vermittelt nicht etwa den darzustellenden Gegenstand, sondern schult die Fähigkeit, Ideen anschaulich, individuell und fassbar zu realisieren.

Der programmatische Realismus in Frankreich sucht den »Widerspruch« (Herding 1978), will schockieren. Seine Nachahmungen des alltäglichen Lebens sind Widerstand und Herausforderung: Sie wollen die geltenden Normen brechen, sichere Wertungen umkehren, alles ›gemein machen‹ (›encanailler‹) und die Wandelbarkeit des vermeintlich Festgesetzten rücksichtslos demonstrieren (Dethloff 1997, 53; ders. 2001, 219). Das sind die typischen Züge eines **Realismus im »schlimmen Sinn«** (Rietschel 1863 in: RuG II, 43). So wollen die deutschen Realisten keinesfalls sein. Sie bemühen sich im Gegenteil um ›Akzeptanz‹ und ›Konsens‹. Sie meiden bei aller Überwindung vergangener Richtungen den Bruch und propagieren das Prinzip der Vermittlung. Aus idealistischer Zeit retten sie die fromme Gesinnung und lassen sie dem neuentdeckten Leben zu Gute kommen. Weder der Himmel über der Erde, noch die Idee fern von ihr, sondern eine Erde, die noch viele unbekannte Ideen birgt, soll verherrlicht werden. Daran lassen sich politische Ziele knüpfen, ja sogar demokratische »in der ganzen kecken Bedeutung des Wortes« (Kugler 1843 in: RuG II, 29). Aber die nachrevolutionäre Zeit sucht die herbeizuführenden Versöhnungseffekte eher nationalpolitisch auszurichten.

Dass Courbets realistisches Programm wechselnde Wirkungen haben kann, zeigt sich am Entwicklungsgang **Wilhelm Leibls** (1844–1900). Leibl gilt als ›deutscher Courbet‹, obwohl er in seiner Münchner Zeit auch andere Einflüsse verarbeitet hat (die niederländische und flämische Schule sowie die Wirkung des Historienmalers und Direktors der Münchner Akademie Karl von Piloty). Der Verzicht auf jegliches Idealisieren trug Leibl anfänglich den Vorwurf ein, das Hässliche zu kultivieren, die Ebenbilder Gottes zu verunstalten, Courbet zu imitieren (was nicht nur ästhetisch, sondern auch politisch gemeint war) und ein »Sansculotte des Realismus« zu sein (Czymmek/Lenz 1994, 129). Doch zeichnete sich ab den späten 1870er Jahren eine Wende in der Einschätzung seiner Kunst ab. Unterstützt wurde diese Umwertung von der Kritik am gründerzeitlichen Prunk; auch der kulturkampfbedingte Vorbehalt gegen hohle kirchliche Formen und die dringlicher werdende Auseinandersetzung mit den neuen naturalistischen Tendenzen kamen einer positiveren Aufnahme Leibs entgegen (ebd., 131) und ermöglichten es schließlich, ihn als urdeutschen »Liebling der Nation« zu feiern. Gerade seine Alltagsbilder aus dem ländlichen Leben verloren in dieser Aufwertung ihre oppositionelle Stoßkraft und verwandelten sich in eine fast gemütvolle Verherrlichung des natürlichen Lebens.

So zeichnet sich ein **Wandel in der Nutzung realistischer Kunst** ab, der sich auch in der Literatur beobachten lässt, wenn Autoren, die anfänglich die »Rolle eines Katalysators für den Realismus der fünfziger Jahre« spielten (Hebbel, Gotthelf, Auerbach), später zu Klassikern einer regionalen Dorfliteratur umgetauft wurden (Jäger 1976, 7), in der die modern-realistischen Effekte notwendigerweise verblassen mussten.

Für die kaum zu ermessende Spanne einer welthaltigen Kunst – ›Welthaltigkeit‹ gilt nach wie vor als zuverlässiges Signum von Realismus überhaupt – steht der Name **Adolf Menzels** (1815–1905). In den Blick rückt, was »alles« (Fontane I/VI, 263) unter der Hand eines ›großen Realisten‹ an historischen, politischen, mythologischen, alltäglichen, persönlichen und banalen Motiven nebeneinander liegen kann: die Krönung König Wilhelms I. in Königsberg – das Eisenwalzwerk – die schmutzigen Schuhe und Haarbüschel im Kamm – die verrottende Leiche des Feldmarschalls Keith und die gefallenen Soldaten in der Scheune (vgl. Keisch u. a. 1998, 200 ff.; Fried 2002).

1.4 Die Apparate des Realismus: Photographie

Zu den großen Herausforderungen des Realismus gehört die Erfindung der Photographie. Sie eröffnet die Geschichte eines besonderen Einflusses, dessen wesentliche Wirkung darin liegt, dass er Widerstand oder Rückzugsgefechte veranlasst. Der Sieg der Photographie als autonomes ästhetisches Gebilde markiert sonderbarerweise das Ende des Realismus, wie er sich selbst verstand, obwohl die Kunst der Photographie seine glücklichste Bestätigung wäre (vgl. Plumpe 1990; Krauss 2000).

Mit der nach ihm benannten **Daguerreotypie**, einer Vorform der Photographie, erfand der Maler und Spezialist für Licht- und Beleuchtungseffekte Louis Jacques Mandé Daguerre (1789–1851) nicht nur ein neues, praktisches Verfahren, mit Hilfe des Lichts dauerhafte Bilder herzustellen (1839 wurde das Verfahren mit Erfolg der Pariser Akademie öffentlich vorgestellt, im selben Jahr veröffentlichte Daguerre seinen Bericht), sondern er trug mit einer eigentlich physikalischen Erfindung zu einer erheblichen ›Belebung‹ der ästhetischen Nachahmungsdiskussion bei und legte den Grund für ein neues Kunstmedium.

Seitdem erhalten die darstellungstechnischen Begriffe der **Detailgenauigkeit**, Schärfe, Fülle und Perfektion sowie die ›ethischen‹ Begriffe der **Echtheit**, Treue und Wahrheit einen neuen Maßstab. Es wird dies lange ein negativer Maßstab sein, der jene Grade der Genauigkeit und Wahrheit anzeigt, die der deutsche Realismus nicht will, obwohl ihn seine eigenen Instrumente immer darauf stoßen.

Die **Unzulänglichkeiten des** frühen daguerreotypischen **Apparates** kommen dem konkurrierenden Realismus-Programm insofern gelegen, als sie sowohl die Relativierung des Wahrheitsprinzips erleichtern als auch die Bedeutung des Beseelungsprinzips stärken. Die (vorläufige) Erfahrung, dass sich Daguerres Apparat gegenüber ›toten‹ Gegenständen wie »Gebäude, Monumenten, Statuen etc.« bewährt, aber gegenüber allem, was sich schnell bewegt, versagt (TbR 1839, 163), bestätigt den Realisten in seiner brüsken Verurteilung der lebensverneinenden und entseelenden Technik (in der Tat wurden wegen der langen Einstellungszeiten tote Tiere photographiert, um ein ›lebendiges‹ Bild von ihnen zu erhalten). An ihr kann er über längere Zeit hinweg augenfällig demonstrieren, worauf die Unterscheidung zwischen äußerer und innerer Wahrheit abzielt, selbst wenn er die ›lebendigere‹ Technik der Porträtkunst berücksichtigt. Nicht (bzw. noch nicht) vermeidbare physikalische Effekte wie Verzerrungen, die von einer Linse bewirkt werden, halten dazu her, die ›nahe Beobachtung‹ im Namen der Echtheit emphatisch zurückweisen zu können (TbR 1850, 166): »so genaue und doch so unähnliche Bilder« (TbR 167).

Die ›Lichtzeichnung‹ führt exemplarisch das Schreckbild einer unmenschlichen, nicht vom Menschen ausgehenden, wahrhaft ›handlosen‹ (TbR 1864, 173) Konservierung des Äußeren, Momentanen und Nicht-Idealisierten vor Augen. Sie dient als **Warnung im Anschauungsunterricht** über Fragen des differenzierten Umgangs mit dem wirklichen Leben zu einem Zeitpunkt, da Publizistik, Wissenschaft und Kunst sich gleichermaßen um dasselbe Thema bemühen. Als emanzipiertes Kunstwerk wird die Photographie auch manches realistische Bild der vor- bzw. gegenphotographischen Richtung beschämen oder gar entlarven (TbR 1856, 170 f.); doch dauerte es eine Weile, bis sie als Erweiterung der künstlerischen Möglichkeiten anerkannt wurde. Beliebter war die Unterstellung, dass die neue Technik die alte Kunst ersetzen, erübrigen wolle; sie galt so als massive Bedrohung, die abgewehrt werden musste.

Auch wo spezifisch literarische Fragen des Realismus diskutiert werden, spielt **das photographische Prinzip** eine negative Rolle. Selten wird es als Fortschritt in der Technik des literarischen Beobachtens begrüßt; immer jedoch wird **das Kunstlose der Aufnahmen-Apparatur** hervorgehoben. Dass auch der Photograph tätig ist, seine Objekte nicht nur registriert, sondern inszeniert, ja vielleicht sogar ›überlistet‹, fällt nur wenigen auf (Schmidt 1873, 297). Vereinzelt steht C.F. Meyers Überlegung, dass ein photographisch arbeitender Realismus die erlösungsbedürftige Gebrechlichkeit des Menschen viel deutlicher zur Anschauung bringt als eine idealisierende Kunst (TbR 1858, 181).

2. Zwischen Idealismus und Empirismus: Ästhetik auf dem Weg zum Realismus

2.1 Das System des »echten idealen Realismus«: Friedrich Theodor Vischers Ästhetik

Es ist vor allem das Verdienst des Philosophen, Literaturkritikers und Schriftstellers Friedrich Theodor Vischer (1807–1889), den Realismus als tragenden Baustein in die idealistische, und doch schon immanent argumentierende Theorie bzw. »**Wissenschaft des Schönen**« eingeführt zu haben. Seine *Aesthetik* (1846–57; ²1922–23), eine der letzten in der Tradition der großen Systeme in der Nachfolge Hegels, und die vielen theoretischen und kritischen Schriften, gesammelt in den *Kritischen Gängen* (1846, 1860–73) bzw. in *Altes und Neues* (1881), trugen wesentlich zum ästhetischen Sachverständnis, Urteilsvermögen (auch Problembewusstsein) und poetologischen Erwartungshorizont der realistischen Kritiker und Schriftsteller bei. Vischers Arbeiten wurden tatsächlich gelesen, viele haben ›nach ihm‹ gelernt, ihn als Autorität zitiert und ihn als »Meister« (so C.F. Meyers briefliche Anrede) anerkannt. Bei Vischer »treffen wir den poetischen Realismus, dem das 19. Jh. gehören sollte, in seinen Anfangsstadien« (Schlawe 1959, 122). Zur Sprache kommt dabei nicht nur ein partielles literaturgeschichtliches Phänomen, sondern eine markante »Verschränkung von Ästhetik konventioneller Provenienz mit vormärzlicher Geschichtskonzeption und bürgerlich-liberaler Politik« (Kinder 1973, 72).

Vischers System des »echten idealen Realismus« (*Kritische Gänge* II, 146) beginnt bei einer »Metaphysik des Schönen« und gelangt doch zum ›Realismus‹ seiner Zeit. Am Anfang steht der »Begriff des Schönen in seiner reinen Allgemeinheit, abgezogen von seiner Verwirklichung« (*Aesthetik* I, 43). Dieses ›Abgezogen-sein‹

bedeutet aber nicht, dass der Schönheitsbegriff etwas subjektiv Abstraktes meint; vielmehr setzt Vischer voraus, »daß der Begriff selbst als allgemein hervorbringende und bewegende Seele in seiner Realität wirklich ist« (44). Von dieser »Realität« ist allerdings seine »Verwirklichung« zu unterscheiden, nicht aber so, als ob zwischen Begriff und seiner Verwirklichung ein »Wesensunterschied« bestünde; vielmehr tritt dem Begriff, wo er »in seine Wirklichkeit übergeht« (43), etwas ›Anderes‹, »eine Bedingung der Realität« (44) entgegen, die sich »in seinen Dienst« stellt. Der Inhalt des Schönen ist die – abermals metaphysisch vorausgesetzte – »Einheit aller Gegensätze« als »absolute Idee« (45). Diese als »höchste« apostrophierte Einheit kann sich eigentlich nur vermittelt zeigen und damit »wirklich« werden, entweder im »allgemeinen, ewigen Weltlaufe« oder »im zusammenfassenden Geiste des Denkenden« (48). Da aber – wie Vischer glaubt – jedem Vermittelten ein Unmittelbares vorausgeht, so muss auch der Schönheitsbegriff »in der Form der Unmittelbarkeit oder der Anschauung vor dem Geist« (48) auftreten. Zwar entsteht so nur »der Schein, daß ein Einzelnes, in der Begrenzung von Zeit und Raum Daseiendes seinem Begriffe schlechthin entspreche« (51), doch handle es sich hierbei um einen »inhaltsvolle[n] Schein« (52). So gelangt Vischer zu der Bestimmung: »Diese Erscheinung ist das Schöne« (52). Das Schöne zeigt also unmittelbar die **allseitige Harmonie zwischen absoluter Idee und empirischer Wirklichkeit** in sowohl vollendeter als auch individueller Erscheinung. Für das realistische Prinzip, das auf dieser Ebene des Argumentierens noch nicht zur Geltung kommt, sind die Begriffe ›Wirklichkeit‹, ›individuell‹ und ›Erscheinung‹ unmittelbar relevant; ihre funktionale Koppelung an das ›Schöne‹, ›Harmonische‹, ›Ideelle‹ und ›Vollendete‹ steckt Rahmenbedingungen ab.

Das verwirklichte Schöne tritt nach Vischer in zwei aufeinander folgenden, für sich gleichermaßen einseitigen Formen auf, zuerst in der unmittelbaren Form des Naturschönen, dann in der vermittelten der Phantasie. Die notwendig werdende Aufhebung dieses Gegensatzes leistet die Kunst. Das Naturschöne ist die objektive Form des Schönen, die Phantasie hingegen die subjektive. Dem dialektischen Dreischritt entsprechend zielt dieser Gegensatz auf eine **Synthese, die in der Kunst als subjektiv-objektive Wirklichkeit** eintritt.

Überträgt man diesen Zusammenhang auf die Hervorbringung eines Kunstwerkes, so ergibt sich folgender Prozess: Die Phantasie empfängt vom Naturschönen, also von der »Welt als Fundgrube der Schönheit« (II, 11), einen Impuls und stellt infolge dessen ein inneres Bild des Naturschönen her. Um dieses vorläufige, noch vage Bild zu präzisieren, schaut sie erneut auf das Naturschöne zurück. Diese »erneute(n) Anschauung« (III, 97) ist der Akt der Nachahmung in einem besonderen Sinne. Der Phantasie als Produktivkraft fällt die Aufgabe zu, das Naturschöne so darzustellen, dass es im Kunstschönen ›einsinkt‹ und ›verschwindet‹; immer aber erweist sich dabei das Naturschöne als »Korrektiv« (ebd.). Das meint »Naturnachahmung«. **Nachahmung aber bleibt ein ambivalenter, wenn nicht gar irreführender Begriff** und muss reguliert werden. Das betrifft sowohl seine Vollzugsform, die als »wahre Nachbildung« (III, 98) von einer bloß ›gemeinen‹, ›empirisch richtigen‹ abgehoben wird, als auch seine besonderen Gegenstände, unter die nach idealistischer Vorstellung nur »ewige(n) Grundformen« bzw. »wahre(n) Formen« (ebd.) fallen. Das auf dem Wege der Nachahmung entstehende Kunstschöne ist demnach ein **durch »idealbildende(n) Akte«** hervorgebrachter »**Gegenstand in seiner realen Strenge**« (ebd.). Nachahmung der Natur bedeutet also,

»daß diese eben die Erscheinung, welche die Natur geschaffen, aber im Gedränge des
störenden Zufalls Trübungen jeder Art ausgesetzt hat, auf ihre Reinheit zurückführt und
so gereinigt in einem idealen vom Geistesleben erfüllten Scheinbilde wiederholt, in der
Ausführung des inneren Bildes aber das Vorbild mit der Bestimmtheit seiner Formen und
der Wärme seiner Lebendigkeit nacheifernd fest im Auge behalten muß.« (III, 97)

Vischer nimmt den für den Realismus **basalen Begriff der Wirklichkeit** ernst, d. h.
er lässt sie nicht am Rande liegen, um in ›gerader‹ Bewegung dem Idealisierungsziel
näher zu kommen, sondern beharrt darauf, dass nur auf diesem ›irdischen‹ Weg, der
sogar ein Umweg sein kann, das Ziel erreicht werden darf. Deshalb prägt er – in
polarer Entgegensetzung zum primären Begriff der ›direkten Idealisierung‹ – den für
das realistische Prinzip bedeutend fruchtbareren Begriff der »**indirekten Idealisierung**«
(VI, 39; vgl. Kinder 1973, 108). Sie, und zwar nur sie, öffnet ein Handlungsfeld für
Rücksichten aller Art, die nach klassizistischem Denken strikt unterbleiben mussten.
Damit werden **Kunst und Wirklichkeit kommensurabel**, ohne je austauschbar, ge-
schweige denn identisch werden zu wollen: Dank des hier systematisch eingeführten
Realismus-Faktors gewinnt die Kunst an

- **Charakteristik** (Gegenwartsbezug, Partikularität der modernen Welt) und
- **Objektivität** (im Sinn von sich entäußernder, also sich nicht verbergender Innerlichkeit).

Infolge solcher Kunstauffassung erhält die Wirklichkeit den Auftrag, so zu werden,
wie sie ihrer theoretischen, d. h. ästhetischen wie politischen Bestimmung gemäß
sein soll.

Hier zeichnet sich die gedankliche **Grundlage für eine spannungsvoll oder schon
widersprüchlich konzipierte realistische Literatur** ab. Sie impliziert in ihrem empha-
tischen Wirklichkeitsbezug den sicheren Blick auf eine teleologisch konzipierte ideale
Wirklichkeit, die aber schon irgendwie gegenwärtig existieren muss, um genau jene
Literatur zu ermöglichen, die in der realistischen Wirklichkeitsschilderung das Ideale
zur Anschauung bringt. Der späte Vischer wird angesichts der langsamen, widerbors-
tigen und eigenwilligen Wirklichkeit diese gedankliche Koppelung aufgeben und der
Kunst eher antizipatorische oder gar nur tröstende Funktionen zusprechen.

2.2 Ästhetik auf realistischer Grundlage: Julius Hermann von Kirchmann

Nach Auskunft der *Aesthetik auf realistischer Grundlage* (1868), die der Politiker
und Philosoph Julius Hermann von Kirchmann (1802–1884) verfasst hat, meint ›Realismus‹ jene philosophische Richtung, die den Inhalt alles Seienden nicht apriorisch
setzt, sondern auf dem Weg der Wahrnehmung in das Wissen überführt; dennoch
muss damit nicht automatisch das Sein mit dem Wahrgenommenen zusammenfallen.
Vermieden wird diese Folgerung, die Kirchmann für einen identitätsphilosophischen
Kurzschluss hält, aufgrund einer ziselierten Unterscheidung zwischen Form und
Inhalt des Seins bzw. Wissens: Demnach sind Sein und Bewusstsein zwar inhaltlich
identisch, bleiben aber formal geschieden. Im Gegensatz zur idealistischen Position
fällt dem Denken hier nur eine den Wahrnehmungsinhalt korrigierende Funktion zu
(I, 10). Dadurch aber gewinne das Wissen über Inhalte des Seins eine neue Qualität:
»Insofern der Inhalt durch das Erkennen aus der starren und verworrenen Form des

Seins gelöset und in die feine, fliessende und durchsichtige Form des Wissens über-geführt wird, erhält das Weltall (Makrokosmos) erst in der erkennenden Seele oder im Geiste (Mikrokosmos) seine Verklärung« (I, 25). So mündet schon das philoso-phische Realismus-Konzept in die zentrale **Verklärungs-Kategorie** der realistischen Poetik. Kirchmanns Ästhetik »auf realistischer Grundlage« behauptet die Möglichkeit, selbst auf diesem Gebiet durch Beobachtung und Induktion zu allgemeinen, genauer wahrscheinlichen Erkenntnissen bzw. Gesetzen zu gelangen.

Kirchmann definiert **das Schöne** so: »Das Schöne ist das idealisirte, sinnlich angenehme Bild eines seelenvollen Realen« (I, 72). Dieses Schöne ist demnach durch Viererlei bestimmt: durch Seelenfülle, Bildlichkeit, Idealisierung und angenehme Sinnlichkeit.

- Das **Seelenvolle** meint jene Qualität des Realen, »das von den Gefühlen« (I, 75) durchdrungen ist. Somit erfolgt bereits auf der Ebene des Stoffes eine Einengung des Realen, d. h. der Gesamtheit des Gewussten und Geglaubten, nach Maßgabe einer Bewertung, dem ›Bedeutenden‹.
- Das Moment der **Bildlichkeit** – Kirchmanns Begriff für das mimetische, d. h. hier bloß nachahmende, kopierende Prinzip – trennt das Schöne vom Realen und identifiziert es als Eigenschaft von Abbildern.
- Ihm entgegen tritt das Prinzip der **Idealisierung**. Erst dieses führt zur Vollen-dung.
- Das »Sinnlich-Angenehme« versteht Kirchmann als Ergänzung der Hegelschen Bestimmung des Schönen.

Kirchmann unterscheidet »**drei Richtungen des Idealisierens**« (I, 270): das reinigende Ausscheiden alles Zufälligen, Störenden und Nichtssagenden, das steigernde Beto-nen alles Hauptsächlichen und Bedeutenden sowie weitere Hinzufügungen, die der Kontrastierung dienen. Die Fähigkeit des Idealisierens spricht er nur dem Genie zu, das ›frei‹ zu arbeiten versteht. Doch schließt diese Souveränität nicht aus, dass selbst das Genie die Regeln seines Idealisierens »aus der Hand der Natur empfängt« (I, 271). Freilich sind damit keine Vorgaben auf ihrer »Oberfläche« gemeint, vielmehr handelt es sich um Regeln, die »in dem Realen selbst zu lesen« sind; »aber nur das Genie versteht ihre Schrift« (I, 271). Damit dient die Lese- und Schriftmetapher zur Absetzung vom Nachahmungsprinzip unter Wahrung des realistischen Konzepts und seines fundamentalen Grundsatzes, schon durch bloßes (aber kluges) Sehen zum We-sentlichen zu gelangen. Produktions- wie rezeptionsästhetisch gesehen bleibt deshalb ›Sinnlichkeit‹ die rahmengebende Kategorie.

Der nominell realistische Ansatz von Kirchmanns Ästhetik offenbart in seiner Ausführung mehrere **idealistische Züge**: Die Stoffwahl wird auf ›Seelenvolles‹ be-schränkt, die Verarbeitungstechnik auf idealisierende Verfahren festgelegt und der Wirkungsspielraum auf ideale Gefühle eingegrenzt; und dennoch beharrt sie auf einem ›sensuellen‹ Empirismus, der die sinnliche Erfahrung mobilisiert.

2.3 Der Idealrealismus: Moriz Carriere

Die **idealistischen Spekulationen** der Ästhetik in der zweiten Hälfte des 19. Jh.s (Jäger 1976 in RuG I, 115) stehen dem Realismus nicht so fern, wie dessen antiidealistische Wendung vermuten lässt. In der Ablehnung dessen, was sie als hässliche Wirklichkeit aus dem Bezirk der Kunst ausklammern, bleiben sich beide Richtungen über längere Zeit hinweg ähnlich. Nicht dass Igel, Kröte und Fledermaus wegen ihres Changierens zwischen den Gattungen hässlich, wohl aber dass »eine Literatur aus Koth und Blut« (Carriere ³1885, I, 155) verwerflich sei, bildet den stilübergreifenden Konsens.

Zwar wagt zum Beispiel Fontane beiläufig die Schilderung einer individuellen Vorliebe (einer »Vorliebe für jungfräuliche Tote«, die noch nach modernem Bewusstsein als »Perversion« gilt (vgl. *Der Stechlin*, Kommentar zu H I/5, 133); doch eine Darstellung von »verdorbenen Lüstlinge[n]«, die es sich nicht versagen können, »weibliche Leichen auszugraben, zu schänden und zu zerfleischen« (Carriere I, 155), begegnet nur im Warnbild des erregten Idealisten und vielleicht bei dem berüchtigten Verfasser trivialer historisch-politischer Romane, Sir John Retcliffe.

Moriz Carriere (1817–1895), der in München lehrende Professor für Ästhetik und Kunstgeschichte, gilt als prominenter Kritiker der *Grenzboten*-Realisten (vgl. Kap. 3) und »maßgebliche[r] Vertreter des Spätidealismus«, der »die Hauptlast des Kampfes gegen den Pessimismus und Materialismus in der Ästhetikdebatte der Gründerzeit getragen hat (Jäger 1976 in RuG I, 116f.). Er gehört zur Schule der Panentheisten, die im Gegensatz zur theistischen Position und ihrer antizipationsästhetischen Auswirkung bei Vischer lieber von Baaders »All-in-Einslehre« (Bucher 1976 in RuG I, 40) ausgeht und die »Anerkennung des lebendigen Gottes« fordert, »ohne den das Schöne nicht wirklich wäre« (Carriere 1859, zit. in Bucher RuG I, 40).

Wie oft, spielt auch in der Ästhetik Carrieres der Realismus eine doppelte Rolle. Er bildet den Gegensatz zum Idealismus und er bezeichnet eine ästhetische Gefahr oder gar ein Versagen. Im Sinn eines Gegenprinzips versteht er sich entweder als akzeptable Alternative zum Idealismus oder als sein negativer Gegenpol; Realismus als Alternative meint die **Orientierung am Gegebenen**, einen Wissenserwerb durch Erfahrung und induktives Denken sowie eine Begrenzung der Aufmerksamkeit auf das Irdische. Der Wert einer Sache ermisst sich nach ihrem Nutzen; als nützlich gilt, was schließlich und auf die Dauer alle beglückt (Carriere ³1885, I, 479). Angewandt auf die spezifisch realistische Phantasie, meint Realismus jene künstlerische Arbeit, die »mit der Erfahrung, mit den Thatsachen der gegebenen Welt beginnen und sie so ordnen, läutern und zum Ganzen gestalten [wird] daß aus diesem die Idee hervorleuchtet« (480). Die Fülle des Individuellen sowie schroffe »Wechsel der Töne« bilden eine notwendige Voraussetzung für idealisierende Tendenzen, deren Ziel in der Auflösung von Widersprüchen, »Vollendung in reicher vollstimmiger Harmonie« und in der schöpferischen und also nicht nachahmenden Hervorbringung von Organischem liegt (I, 95, 247).

Indem diese realistische Phantasie ausdrücklich »das Häßliche oder Prosaische« einbezieht, verdrängt sie nicht eigentlich das Widerstrebende, sondern sublimiert es. Welche **Tabuisierungen** hier trotzdem vorfallen, lässt sich im Nachhinein selbstverständlich leicht aufrechnen (vgl. Korte 1989), sollte aber lieber umsichtig im Rahmen eines auch nützlichen Tabubegriffs historisch erkundet werden.

Realismus als Gegenpol zum Idealismus bedarf einer »**Versöhnung**«, die als Synthese wirkt. Sie hat einen normativen kanonischen Wert und sogar einen teleologischen Sinn. Als klassischer Höhepunkt begegnet diese Versöhnung »im Bunde Schiller's und Goethes's«. Im finalen Sinn ist sie »das Ziel der Menschheit«. Carriere nennt dies »**Idealrealismus**«. Ihn trägt, poetologisch gesehen, wesentlich das Prinzip des Humors (I, 226, 228f.). Eigentlich müsste es überraschen, in diesem Zusammenhang ›Realismus‹ noch als Grundwort vorzufinden, wurde es doch in zweifacher

Hinsicht idealistisch relativiert: zum einen durch das **Harmoniekonzept** im Realismus als Alternative zum Idealismus, zum anderen durch die idealistische Austarierung eines ohnehin schon idealistisch modifizierten Konzepts. Offenbar hat Realismus als Schlüsselwort an Reiz gewonnen und fügt sich leichter in das herrschende Kulturkonzept des neuen Kaiserreiches. Umso dringlicher wird natürlich seine Abgrenzung vom konkurrierenden Realismusbegriff der Moderne.

Realismus als abgewertetes »Negativmuster« (Jäger 1976 in RuG I, 119) begegnet im Umfeld der Auseinandersetzung mit gegenwärtigen Tendenzen: »Dieses Knechtische und Gemeine [...], diese bloße Copie der äußern Realität und die Verleugnung der idealbildenden Phantasie ist es was uns heutzutage vielfältig als Realismus angepriesen wird« (482). Zweifelsohne liegt hier ein idealistisches Stereotyp vor, das aber auch in realistischen Programmen leitmotivisch wiederkehrt. Abermals zeigen sich Berührungen zwischen entgegengesetzten Stömungen in Fällen gemeinsamer Ablehnung. Das verursacht nicht nur den klassizistischen Grundton der realistischen Programmatik (Widhammer 1972), sondern ermöglicht auch die **Abstützung des Spätidealismus auf der Basis realistischer Überzeugung.** Deshalb kann sich Carriere ohne Weiteres auf Friedrich Spielhagen berufen, ohne die eigene Position aufgeben zu müssen:

> »Der Dichter ist nach Spielhagen's glücklichem Ausdruck, **Finder und Erfinder in einer Person**; alles scheint gegeben, nach Modellen gearbeitet, und doch ist nichts gegeben, denn nichts kann so verwandt werden wie es gegeben ist, und ob dies Phantasiebild das Erste war und sich aus der Wirklichkeit mit Realität sättigte, oder ob der reale Eindruck die Phantasie zur Verwendung reizte, beides wird Zettel und Einschlag des Gewebes sein.« (483)

So geht der markante Realismus – wie es das Textil-Bild von »Zettel und Einschlag des Gewebes« suggeriert – im ›Kreuz und Quer‹ des Kunst-Gewebes auf und dient vor allem dem ideal-schönen Muster.

3. Der Realismus der *Grenzboten* und anderer Programmatiker

3.1 Die realistische Programmatik und ihre politische Bedeutung

Unter **programmatischem Realismus** versteht man jenes Literaturkonzept, das Literaturkritiker und Schriftsteller wie Julian Schmidt, Gustav Freytag, Robert Prutz, Arnold Ruge, Theodor Fontane, Otto Ludwig, Hermann Hettner u. a. in literarischen Zeitschriften wie *Die Grenzboten, Deutsches Museum, Blätter für literarische Unterhaltung* u. a. theoretisch, essayistisch und rezensierend propagiert haben (vgl. die Quellensammlungen RuG 1975, RuR 1977 und TbR 1985; zusammenfassend Widhammer 1977; im einzelnen Reinhardt 1939; Widhammer 1972; Kinder 1973; Eisele 1976; C. Richter 1978) Obwohl dieses Programm in sich widersprüchlich ist und keineswegs die Eigenart aller Realisten erklären kann, ja mit den später kanonisierten Werken kaum verbunden ist, wird es in der Realismusforschung als Rahmenbedingung bzw. poetologischer Hintergrund ernst genommen und auch geschätzt: »Auffallend ist das hohe poetologische Niveau des deutschen Realismus« (K.D. Müller 1981, 11).

Der Realismus zur Zeit seiner programmatischen Phase (1848–1860) zeichnet sich durch seine **schroffe Abwendung von allen idealistischen, spekulativen und rhetorischen Traditionen** aus. Er sieht in ihnen unnatürliche, lebensfremde Extreme, an deren Stelle er ein ›normales‹, ›gesundes‹ Mittelmaß setzen möchte (vgl. Anz 2002). Sein deklariert antiidealistischer Zug bewahrt ihn jedoch nicht vor einer mehr oder minder beabsichtigten Übernahme idealistischer Versatzstücke. Das liegt daran, dass sich im Realismus Momente eines Konzepts erhalten, die trotz der realistischen Anverwandlung ihre idealistische Herkunft bewahren. Hierzu gehören die Begriffe des Schönen, der Natur und sogar der Nachahmung, auch die des Wahren, Echten und Reinen.

Das realistische Programm weist diese eigentlich spekulativen Vorgaben nicht einfach zurück, sondern ›**säkularisiert**‹ sie in wesentlichen Momenten. Das heißt,

- die Tätigkeit der Phantasie (vgl. Vischer, Kap. 2.2) wird als **Geschick des Findens** versachlicht,
- **der Kanon des Kunstschönen wird lebens- und alltagsgeschichtlich umgeschrieben,** und
- die gemeine, bloß empirisch richtige Nachahmung als durchdringende Widerspiegelung, als **besonderes Sehvermögen** veredelt.

Wenn die Realisten eine ›Schule des Sehens‹ eingerichtet haben, dann gehört zu ihrem Lehrplan auf jeden Fall die Förderung des Vermögens, Wesentliches, und das heißt eigentlich Unsichtbares, mit dem richtigen Auge sehen zu lernen.

Die realistische Programmatik ist eine **Reaktion auf die revolutionären Ereignisse des Jahres 1848** und auf den Einfluss der realistischen Bewegung in Frankreich. Sie verstand sich als ›vernünftige‹ Abrechnung mit den Auswüchsen eines politischen Idealismus, der die Wirklichkeit unter den Füßen verloren bzw. in das Chaos getrieben habe. ›Idealismus‹ verwandelte sich zum Inbegriff eines politischen ›Utopismus‹, der radikal abgelehnt wurde; unter der Hand aber und im Lauf der sich ändernden politischen Bedingungen (Restauration, ›Neue Ära‹, Schiller-Gedenkfeier 1859, nationale Einigung) wurden Versatzstücke der idealistischen Kunsttheorie weiterhin verwendet.

Dem programmatischen Realismus geht es scheinbar nur um kunst- und literaturästhetische Fragen; tatsächlich aber will er ein »nationaldidaktisches Programm« durchsetzen (Kreuzer 1975, 64). Unter diesem Blickwinkel erhalten seine zentralen Begriffe – Realismus und Idealismus – sogar prägnant politische Bedeutung: Sie dienen als »**Parteibegriffe**« zur »**Signalisierung liberaler bzw. zur Abgrenzung von vermeintlich demokratischen Positionen**« in Politik und Kunst während des Reaktionsjahrzehnts« (Thormann 1993, 46).

Im weiteren Verlauf einer verschärft nationalen Kulturdebatte verliert der Gegensatz zwischen Realismus und Idealismus seine ehemalige ›parteipolitische‹ Funktion. Die allenthalben sichtbaren Vermittlungsanstrengungen – ›Realidealismus‹ bzw. ›Idealrealismus – konvergieren im neuen, von beiden Seiten akzeptierten Begriff der ›**nationalen Kunst**‹ (vgl. ebd., 59). Demnach erwiese sich die frühe Realismus-Diskussion als bloßes »Intermezzo«, das zeigt, wie »der programmatische Realismus nur eine zeitlich begrenzte Option im Rahmen einer politisch motivierten Grundsatzdebatte in der Ära Manteuffel war und unter veränderten politischen Voraussetzungen durch subtilere Formen der Auseinandersetzung ersetzt wurde« (Thormann 1996, 564). Wo der Gegensatz zwischen Idealismus und Realismus aufrecht erhalten wird, meint

›idealistisch‹ nationalpolitisch gesehen die von den Realisten abgelehnte ›großdeutsche‹ Lösung (die Nationenbildung unter Einschluss Österreichs) und kunstästhetisch gesehen den Manierismus; zur negativen Auswirkung des ›Realistischen‹ gehört der ›Naturalismus‹, während seine positive politische Bedeutung in der de facto erzielten kleindeutschen Lösung liegt (Gründung des zweiten Deutschen Kaiserreichs unter Ausschluss Österreichs; vgl. Thormann 1996, 568).

3.2 Realismus als Kritik und Lehre: Julian Schmidt

Als herausragende Vertreter des **programmatischen Realismus** gelten insbesondere Julian Schmidt (1818–1886) und Gustav Freytag (1816–1895), die als Redakteure der Wochenzeitschrift *Die Grenzboten. Zeitschrift für Politik und Literatur* (Leipzig) in der Zeit von 1847/48 bis 1861 bzw. 1870 und auch darüber hinaus das neue realistische ›Ideal‹ in zahlreichen Artikeln propagiert haben. Die Zeitschrift, ursprünglich – wie der Titel zum Ausdruck bringt – insbesondere zur Pflege grenzüberschreitender Beziehungen begründet, vertrat in der Nachmärz-Zeit einen »Liberalismus der mittleren Linie« und bekannte sich nach anfänglichem Vorbehalt zur nationalen Einigungspolitik Bismarcks; gerade in der Reaktionsphase aber gewann der literarische Teil an Bedeutung (vgl. Obenaus 1987, 39 f.).

Obwohl die beiden Redakteure weder hinsichtlich ihres Persönlichkeitsprofils noch ihrer Auffassungen gleichzusetzen sind – Gustav Freytag ist im Unterschied zu seinem ausschließlich literaturkritisch und literarhistorisch tätigen Redaktionskollegen auch ein bedeutender Romancier, Dramatiker und Historiograph –, kann bezüglich ihres literaturprogrammatischen Engagements von einer »**Einmütigkeit der Grenzbotenredakteure**« ausgegangen werden (vgl. Köster 1933, 52; Kinder 1973, 141; dagegen Bernd 1995, 134–137). Quantitativ gesehen, aber auch was den Umfang des kritischen Interesses betrifft, erweisen sich die Zeitschriften-Beiträge Julian Schmidts und seine erfolgreichen Literaturgeschichten, die er auf ihrer Grundlage verfasst hat, als wichtige Quelle. Gewiss war Julian Schmidt schon zu Lebzeiten umstritten bzw. sogar verrufen (Hebbel beschimpfte ihn als »ästhetischen Kannegießer«). Das hinderte andere nicht, ihn als kundigen und einflussreichen Kritiker und Literarhistoriker zu schätzen (so Fontane). Erst spät hat die Literaturwissenschaft den Quellenwert seiner Besprechungen inländischer wie ausländischer Literatur für ein historisch präziser zu fassendes Realismuskonzept entdeckt (Sengle 1971–80; Kinder 1973; Schirmeyer-Klein 1974/76; Beaton 1976; Bernd 1981).

Fluchtpunkt des Schmidtschen Literaturprogramms ist die **nationale Idee** im Kontext der Erfahrungen eines liberalen Autors mit der Revolution des Jahres 1848. Sie motiviert die literarisch-politischen Stellungnahmen gegen Klassik, Romantik und Junges Deutschland und trägt zu einem Konzept bei, das **heimische, patriotische Aspekte** aufweist, konsensuelle, einheitsstiftende, bürgerliche Tendenzen verfolgt, vernünftige, versöhnliche und immer wieder politisch korrekte Momente einzubringen sucht. Im Grunde geht es um ein **politisches, preußisches Programm**, bei dem die Literatur je nach Lage der öffentlichen Dinge (Revolution, Einheitskriege) eine wechselnd gewichtige Rolle spielt. Das ist der Modus ihrer stets eingeklagten Praxisrelevanz, ihrer gewünschten Konkretheit und beschworenen Geltung für immer. ›Gesund‹, ›normal‹, ›lebendig‹ heißen die ästhetischen Kategorien des realistischen Programms, die politisch motiviert sind und moralische Appelle enthalten. Es ist jene Tendenz, die im Rücken dessen steht, der glaubt, gegen jede Form von Tendenz einzuschreiten.

Schmidt charakterisiert und empfiehlt das »neue(s) Princip« als Lehre aus den »Illusionen« der Märzrevolution (RuG II, 1850, 83, 78) sowie als »Reaction« auf »subjectiven Idealismus« und »Sentimentalität«, aus der wiederum »falsche Unendlichkeit«, »Skepsis und Blasirtheit« resultieren. Nach Schmidt vollzieht sich nunmehr eine »Rückkehr zum Schönen«, die als »neue Kunst« (RuG II, 1850, 78) bzw. »Wiedergeburt der Poesie« begrüßt wird (RuG II, 1851, 83 ff.). Er sieht in dieser Wendung eine längst fällige Genesung, bei der sich die Literatur von ihren vorausgehenden sowohl supranaturalistischen als auch materialistischen Tendenzen allmählich erholt. Denn es gilt nicht nur, sich von den romantischen Exzessen der Wirklichkeitsflucht abzuwenden, sondern auch von jenem modernen »Abklatsch des Wirklichen« (RuG 1851, II, 88), dem Georg Büchner das Wort geredet hat.

Es ist gerade diese verfehlte »Nachahmung der Natur«, die bei Julian Schmidt zuerst den Begriff des Realismus, und zwar im negativen Sinn, assoziiert. Nur dank einer »richtige[n] Wendung« (RuG 1856, II, 71) kann er im weiteren Verlauf zum positiven Losungswort der neuen Literaturlinie aufsteigen. Erst dann, wenn sich der Realismus von allem Ekelhaften und Zufälligen abwendet, tauge er als Schlüsselwort für ein Prinzip, das sich gegen »ästhetische Convenienz«, »moralische[n] Dogmatismus« und »romantische Illusion« richtet (RuG 1856, II, 91).

Mit Realismus in diesem Sinn ist immer ein ›wahrer‹, ›echter‹, ›eigentlicher‹ Realismus gemeint, dessen Wirklichkeits- und Menschenbilder beseelt sein müssen: Die ins Auge fallenden Diskrepanzen zwischen mangelhafter Wirklichkeit und gewünschtem Ideal sollen nicht etwa satirisch, sondern betont humoristisch behandelt werden. Im Mittelpunkt des Interesses stehen menschliche (individuelle, soziale, geschichtliche und landschaftliche) Eigentümlichkeiten; individuelle Eigenschaften darzustellen, heißt aber nicht, sie nach vertrauter Art zu typisieren, sondern sie als individuelle Kennzeichen von Originalen und Sonderlingen auszuweisen. Realismus im gewünschten Sinn meint die Fähigkeit, »bei jeder Individuation in der Natur, der Geschichte und im wirklichen Leben schnell die charakteristischen Züge« herauszufinden und mit geeigneten Mitteln, d. h. nicht etwa reflektierend, sondern anschaulich darzustellen (RuG 1858, II, 95).

Der Realist gewinnt seine Modelle immer aus der »unmittelbaren Anschauung« der Wirklichkeit, des ›wirklichen‹ Lebens, d. h. einer heimischen, bürgerlichen, von bürgerlicher Arbeit und familiärem Lebensstilen geprägten Welt der Gegenwart oder der eigenen Vergangenheit. Er muss diesen Modellen »das Gepräge des Typischen« im Sinn des Charakteristischen und Originalen geben, wodurch sie erst »in den Kreis der bleibenden Ideale eingeführt« werden (Schmidt 1870, I, 207). Detailgenauigkeit und psychologische Schärfe bei der Charakterisierung der Figuren stehen im Dienst der Anschaulichkeit, die gerade deshalb lebendig wirken soll, damit das Gemeinte als normal, selbstverständlich und allseits gewünscht in den Blick gerät. Das »Gesetz der Perspektive« gilt uneingeschränkt, doch ist ein ›schielender‹ Blick ebenso zu vermeiden wie ein zu nahes Herantreten des ›Photographen‹ (ebd., 268, 291, 297). Am zuverlässigsten wird laut Schmidt die richtige Einstellung vom Humor geregelt.

Daraus entsteht ein Konzept, das sich schließlich kaum noch von »Idealismus«, jedenfalls von seiner ›wahren‹ Form unterscheidet, insofern es grundsätzlich darum geht, in glaubwürdiger und das meint hier ausdrücklich national spezifischer Weise (Schmidt 1856 in RuG, II, 69) »Ideale aufzustellen, d. h. Gestalten und Geschichten, deren Realität man wünschen muß, weil sie uns erheben, begeistern, ergötzen, belustigen usw.« (Schmidt 1860 in RuG, II, 96). Der Realist, der im Sinne Julian Schmidts zur ›getreuen‹ Darstellung des Zeitgeistes berufen ist, muss folglich entweder ein »Dichter von tiefem Gemüth [sein], der an der Beobachtung der kleinen unscheinbaren Züge des Herzens seine Freude hat, oder ein idealer Dichter, der auch in den Verirrungen des Menschen das Allgemeine, Positive und Nothwendige herauserkennt« (Schmidt ²1855, III, 318). Realistisch zu schreiben heißt unter solchen Vorgaben, erkennen zu lassen, »daß das wahrhaft Ideale auch das Wirkliche ist« (ebd., III, 516).

Die Realismusforschung hat aus diesem Befund unterschiedliche Konsequenzen gezogen; denn gleichgültig konnte sie gegenüber diesem Programm jedenfalls nicht mehr bleiben. Zu auffallend ist der **eklatante Unterschied zu einem bislang bevorzugten Realismusbegriff**, dessen Kern in der kritischen Darstellung der nachrevolutionären und gründerzeitlichen Gesellschaft liegt. Der programmatische Realismus gilt entweder als

- begrenzt wirkendes Programm, das die gelesene Mehrheitsliteratur prägte, oder als
- literaturpolitische Ideologie, mit der sich die von der Realismusforschung kanonisierten Realisten in unterschiedlicher Weise auseinandergesetzt haben, oder als
- historisch präzisiertes Realismuskonzept, mit dem die bislang so genannten Realisten überhaupt nichts gemeinsam haben, so dass sie eigentlich nicht mehr realistische, sondern moderne Autoren genannt werden müssen.

Insbesondere gilt Gustav Freytags Roman *Soll und Haben* nach wie vor als Einlösung des Schmidtschen Programms, auch wenn Schmidt selber allmählich sein anfängliches Lob dämpfte. Daneben und nicht minder eklatant sind die realistischen Spuren in Otto Ludwigs Erzählung *Zwischen Himmel und Erde* (vgl. Bernd 1995) oder Fritz Reuters niederdeutschem Landroman *Ut mine Stromtid*.

3.3 Gustav Freytags Literatur der ›guten Laune‹ und des Behagens

Für jemanden, der wie Gustav Freytag als Besitzer und Redakteur der *Grenzboten* (s. Kap. 3.2) den so genannten **Grenzboten-Realismus** mitgetragen hat, kommt der Begriff des Realismus in seinen eigenen Beiträgen auffallend selten vor. Von einer »realistischen und breiten Anlage [der] Charaktere« (Freytag 1854 in: *Aufsätze* o.J., 615) ist beiläufig die Rede, desgleichen von einer »Schule der Realisten« (Freytag 1856, in RuR, 199), dies aber nicht, um den Begriff zu definieren, sondern um einen bestimmten Autor (hier Otto Ludwig) zu rubrizieren. Formulierungen, in denen ›Realismus‹ in der Art eines Schlagwortes ein Programm kennzeichnet, finden sich bei Freytag kaum. Die Sache selbst, d.h. die eigentümliche **Verknüpfung der modernen Literatur mit dem gegenwärtigen Leben**, begegnet jedoch auf Schritt und Tritt; was dabei zur Sprache kommt, steht der Argumentation Julian Schmidts nahe, ohne allerdings in ihr aufzugehen. So fehlt z.B. dessen geschichtsphilosophische Ausrichtung (Kinder 1973, 172, 181), so dass, was bei Schmidt manchmal und später zunehmend stärker erst Aufgabe der Zukunft, bei Freytag bereits eingetretene Gegenwart ist (vgl. Beaton 1976).

Weder ›Realismus‹ noch ›Nachahmung der Natur‹ sind also Zentralbegriffe der Freytag'schen (Roman-)Poetik. Vielmehr gilt die Aufmerksamkeit dem »**Leben um uns** herum« und – noch mehr – der besonderen Beschaffenheit jener »Dichterkraft«, die diesem Leben gerecht werden kann. Die eigene Gegenwart, um die es bei der Umschau nach literarischen Stoffen maßgeblich geht, ist Freytag zufolge wesentlich national geprägt und damit reich an poetischen Gegenständen. Aus dieser Voraussetzung erwachsen der neuen Schriftstellergeneration spezifisch nationale Aufgaben. Nach Freytag liegt das Versäumnis jener Literatur, die für sich beansprucht, »Leben und Zustände moderner Menschen darzustellen«, in einem schon notorisch zu nennenden Hang, »das Poetische immer noch im Gegensatz zu der Wirklichkeit« zu suchen (Freytag 1853, in TbR, 212, 214). Dagegen setzt Freytag Reichtum und Schönheit des gegenwärtigen Lebens, das er über seine nationale Definition hinaus insbesondere nach arbeitsweltlichem Gesichtspunkt in landwirtschaftliche, handwerkliche und industrielle Bereiche aufgliedert. Die Wirklichkeit eines solchen Lebens erschließe sich nur jenem Dichter, der verständig ist und die richtigen, d. h. ›behaglichen‹ Voraussetzungen mitbringt: »Augen, welche das Leben anzusehen wissen, Bildung, welche dasselbe versteht und Schönheitssinn, der dasselbe zu idealisieren weiß« (ebd., 213).

Anders als Schmidt personalisiert Freytag die **Aufgabe einer an der heimischen Gegenwart orientierten Literatur.** Einem »warme[n], mit Liebe und Fleiß schaffende[n] Dichtergemüth« wird aufgetragen, »genau zu idealisiren« (Freytag 1853, in RuG II, 73). Dass dieser Auftrag im Widerspruch zur soeben noch behaupteten ›gesunden‹ Arbeitswelt steht, muss nicht auffallen, denn das gemeinte Idealisieren betrifft im Wesentlichen kompositorische Maßnahmen. So geht es um »zweckvolle und planmäßige Charakteristik«, die den »schöne[n] Schein innerer Wahrheit« erwirkt (Freytag 1854, in TbR, 226), sowie um das Herbeiführen von Zusammenhängen, die vernünftig sind und dadurch beim Leser »das behagliche Gefühl der Sicherheit und Freiheit« hervorrufen (ebd., 224) und somit sowohl erfreuen als auch erheben (*Aufsätze* o.J. [1872], 397). Freytag setzt Idealisierung mit jener künstlerischen Zubereitung gleich, die alles, was »wie aus der Wirklichkeit abgeschrieben« wirkt (ebd., 627), zu »Idealgebilde[n]« umformt.

Auch der wirklichkeitsbezogene Roman bleibt für Freytag eine »freie epische Erfindung« (Freytag 1854, in RuG II, 286). Selbst wo der Roman politische bzw. historische Verhältnisse in den Mittelpunkt der Darstellung rückt, d. h. sie sowohl genau erfassen als auch konkret veranschaulichen möchte und somit eigentlich eine didaktische Tendenz verfolgt, die sonst verworfen, im Fall der preußisch-patriotischen Richtung jedoch gebilligt wird, hängt sein Kunstwert von der »poetische[n] Verkleidung« ab (ebd., 285). Sie meint im Grunde »alte« und »ewige« Kompositionsgesetze wie »geschlossene Einheit«, »einheitliche Färbung in Stil, Schilderungen und Charakteristik« sowie die Einhaltung einer Entwicklungslogik (psychologische Motivation, deterministische Herleitung). Sie alle tragen zu jenem immer wieder hervorgehobenen **Behagen** bei, das sich gerade dann entfalten kann, wenn **durch Kunst eine »kleine, freie Welt«** entsteht, wo Zusammenhänge in den Blick rücken und das »Gefühl für Recht und Ordnung nicht verletzt« wird. Angesichts solcher Einschränkungen erhält die propagierte ›freie‹ Welt eher den Charakter einer geschlossenen Anstalt, die im Gegensatz zur Wirklichkeit, und eben nicht im Einklang mit ihr, die ungelösten Gegensätze und die Spiele des Zufalls ausschließt.

Die **künstlerische Komposition** scheint im Dienst einer Wahrnehmung zu stehen, die im freien, also entautomatisierten Raum die sonst unzugänglichen Zusammenhänge zu erkennen vermag; doch zeigt das Arrangement, dass es nicht um Entlastung, sondern um Täuschung, ja sogar Lähmung geht. Gegenbilder werden erzeugt, die vom Handeln abhalten, weil sie als behagliche Schilderungen des bereits ›Gegenwärtigen‹ gute Laune herbeiführen wollen. Spielte für Julian Schmidt die geschichtsteleologische Perspektive eine wichtige Rolle, die angesichts der Gründerjahre sogar noch an Bedeutung gewann, so besiegelt Freytag – eigentlich mit *Soll und Haben* ein Adept des Handlungsethos – das Nichtstun im Zeichen des gutgelaunten Behagens. Die verordnete »poetische Verklärung« (*Aufsätze* o.J. [1874], 622) – alle in ihrem Namen herbeigeführten, ja erfundenen Zusammenhänge (ebd. [1872], 639) und ›inneren‹ Notwendigkeiten, alle der Verständlichkeit dienenden Anrichtungen – das alles soll verhindern, dass die widersprüchlichen, unwahrscheinlichen und zufälligen Seiten des Lebens das Verstehen in der ›freien Welt‹ der Poesie kritisch herausfordern. **Poetisches Verstehen vollzieht sich als Bestätigungsritual**, das nicht gestört werden darf und selbst nicht stört.

So verwundert es eigentlich nicht, dass Freytag eine »große Aufgabe« wie die umfassende Darstellung des ›preußischen Sinns‹ nicht eigentlich dem Dichter, sondern dem Historiker überantwortet und somit die »**historische Wahrheit**« in Fällen, auf die es ernsthaft ankommt, über die »künstlerische Wahrheit« erhebt (Freytag 1854, in: RuG II, 287), die er an anderer Stelle doch wieder als die »höchste« deklarieren möchte (*Aufsätze* o.J. [1870], 659).

Das alles kann ›Realismus‹ nur in einem historischen Sinne heißen. Ob daraus je gute realistische oder immer nur – in strikter, harter Reibung an der Theorie – nachrealistisch moderne Literatur entstehen kann, ist seit Bekanntwerden der Programmatik umstritten. Doch sollte nicht ganz vergessen werden, dass auch die kanonisierten Realisten, wenn sie über ihre Kunst Rechenschaft ablegen, manchmal Begriffe gebrauchen (Behagen, Verklärung), die dem realistischen Programm entstammen. Sollten Reden und Tun auch in dieser Angelegenheit zwei unterschiedliche Dinge bleiben?

3.4 Otto Ludwigs poetischer Realismus

Otto Ludwigs wenig origineller Begriff des poetischen Realismus hat in der Realismusforschung tiefe Spuren hinterlassen (Preisendanz ³1985; Cowen 1985; Bernd 1981, 1995), während er in der zeitgenössischen Diskussion kaum eine Rolle spielte, weil Ludwigs diesbezügliche Aufzeichnungen – nach Bernd eigentlich ein Phantomgespräch mit Julian Schmidt – erst posthum (1874) und eher schon am Epochenende veröffentlicht wurden. Otto Ludwig (1813–1865) zählte seinerzeit zu den bedeutenden Dramatikern und Erzählern. Seine für das Realismusthema relevanten Reflexionen setzen oft bei der dramatischen Dichtung, besonders den Dramen Shakespeares, an, lassen sich aber auf epische Verhältnisse übertragen. Eigentlich geht es nicht im engeren Sinn um eine spezielle Realismustheorie, sondern um **Vergewisserungen über allgemeinere dichtungstheoretische Fragen**; Ludwigs Notizen sind weit von einem System des Realismus entfernt. Was den besonderen Begriff des poetischen Realismus betrifft, so scheint ihn Ludwig aus der skandinavischen Realismusdiskussion übernommen zu haben (Bernd 1995), doch zeigt sich an der fraglichen Begriffsbildung eine bei Ludwig auch sonst zu beobachtende Vorliebe für das Attribut des Poetischen, das er vielen Begriffen (Gehalt, Wahrheit, Behagen, Stellen) voranzustellen pflegt.

Wie Julian Schmidt, dem er näher zu stehen scheint als Gustav Freytag (vgl. Bernd 1995, 134–137), richtet auch Ludwig seine Aufmerksamkeit auf neue »realistische Ideale« (Ludwig 1874, in RuG II, 101), bei deren Konkretisierung und Realisierung das modifizierte Prinzip des Realismus eine führende Rolle spielt. Das heißt, auch Ludwig gewinnt den Schlüsselbegriff nicht nur aus dem Gegensatz zur vergangenen Epoche, sondern zugleich durch Differenzierung zwischen falscher und wahrer, naturalistischer und künstlerischer Anwendung des denselben Namen tragenden Prinzips. Insbesondere erweist sich ›Realismus‹ nicht als Ziel, sondern **Mittel für die Erreichung zeitgemäßer Ideale**. So gesehen kann realistisches Schreiben nicht in der Tradition der Nachahmungslehre stehen, denn zur Darstellung soll ja etwas kommen, was es bislang noch nicht gibt, sondern was nur als Sehnsucht in den Köpfen der Einzelnen wirkt. Folgerichtig wird sich ein Realist nur dank jener »schaffenden Phantasie« (ebd., 102) bewähren, die eigentlich ein romantisches Konstrukt (im Gefolge der Ästhetik Solgers) ist. Seine vermeintlich reproduktive Tätigkeit – ein »erhöhtes Spiegelbild« (ebd., 103) – erweist sich als spezifisch kreativer Akt. Was er erzeugt, ist aber weder phantastisch noch bloß kopiert, sondern nach anerkannten Normen strukturiert: komplex und doch zusammenhängend, mannigfaltig und ganzheitlich zugleich, geschlossen und in allen Einzelheiten motiviert. Was er bietet, ist sowohl anschaulich als auch durchsichtig. Was er leistet, ist eine Vermittlung zwischen »der objektiven Wahrheit in den Dingen und dem Gesetz, das unser Geist hineinzulegen gedrungen ist« (ebd., 102). Die künstlerisch zu schaffenden **realistischen Ideale** meinen eine »wesentliche Natur«, die in »individuellen Gestalten« gekleidet ist (W VI, 249).

Auch für Ludwig wirkt im richtig verstandenen Realismus eine synthesebildende Kraft, welche die entgegengesetzten Einseitigkeiten des Naturalismus (Wahrnehmung des verwirrend Mannigfaltigen) und Idealismus (Durchsetzung des monoton Einheitlichen) austariert und eine »Mitte« wahrt (Ludwig 1874, in RuG II, 103), die axiomatischen Wert erhält, gelegentlich sogar als »himmlische[s] Jenseits der künstlerischen Behandlung« apostrophiert wird (W VI, 156). Zu diesem metaphorischen Ton passt dann auch das **Postulat der Verklärung** als säkularisierte Transfiguration alles Stofflichen ins Poetische.

Wie Julian Schmidt konturiert Ludwig den Realisten aus dem **Gegensatz zum Naturalisten und Idealisten**: Der Realist nennt wahr, »was immer geschieht«, hält sich an den »Typus« und die »typische Geschichte solcher Menschenart, wie sie es treibt, wie es ihr ergeht und ergehen muß« (W VI, 326), während der Naturalist das Historische und der Idealist das nie Geschehene, aber Geschehen-Sollende für wahr hält. Der Realist darf nach Ludwig kein Rhetoriker sein, sondern muss stets als »Poet« handeln (W VI, 159): Er lässt seine Figuren nicht aussprechen, was er als Autor mitzuteilen wünscht, sondern er stellt sie so dar, als ob sie ganz von sich aus sprächen. Das meint die oft beschworene Objektivität, die eingestandenermaßen »Täuschung« ist, freilich keine »gemeine, wirkliche«, sondern »künstlerische« (W VI, 161).

Die somit immer nur verdeckt wirkende »[t]iefste Absichtlichkeit« des realistischen Dichters (W VI, 283, 287) darf ihn nach Ludwigs Dafürhalten keinesfalls isolieren; vielmehr muss er auf sein Publikum Rücksicht nehmen. Was die Realisten in ihrer Angewiesenheit auf die Vorabdrucke in den Familienblättern hautnah erfahren müssen, wird hier nicht nur theoretisch erfasst, sondern als Ideal festgeschrieben: »Zum **Behagen des Publikums** gehört es, daß es sich immer mit dem Dichter eines Sinnes und Urteilens zu sein fühle« (W VI, 282). Hart reibt sich hier der kritische Impuls am gesellschaftlichen Auftrag, behaglich zu bleiben. Auch andere Realisten, Storm z. B., werden die Wahrung dieses **poetischen Behagens** (vgl. W VI, 317) als einen kritischen Balanceakt betreiben müssen.

In diesem Zusammenhang empfiehlt Ludwig als bestes »Mittel der Poesie [...]
das Indirekte« (W VI, 287). Gemeint ist eine bestimmte Stimmenführung in Ge-
sprächsszenen, ein **szenisches Erzählen** (RuG II, 1891, 379), das einen symphonischen
Effekt hat, das heißt, Gegensätze verknüpft und so eine »harmonische Verwirrung«,
ein »klares Durcheinander, ein einheitliches Mannigfaltigstes« ergibt (W VI, 327).
»Diese Polyphonie ist das Mittel, das Subjektivste objektiv zu machen, indem die
eine Subjektivität immer der andern als Objekt dasteht, und indem der Zuschauer
gehindert ist, seine eigne Subjektivität in die Schale einer der sich vor ihm auslebenden
Subjektivitäten zu werfen« (ebd., 328). So entsteht der **Perspektivismus im Zeichen
eines realistischen Objektivitätsideals.** Er macht aus subjektiven Momenten (Gedanken, Gefühlen, Eigenarten) Objekte des Blicks und der Beobachtung, und zwar so,
dass auch der ›Zuschauer‹ dieser wechselseitigen Objektivierungen des Subjektiven
– seinerseits voll Subjektivität – in den Genuss der objektivierenden Sicht gelangt.
Diese etwas verwirrenden Verschränkung von Subjektivität und Objektivität hat die
Realismus-Forschung eingehend beschäftigt (vgl. Brinkmann 1957); sie gilt als Symptom für ein über die selbstgesetzten Grenzen hinaustreibendes Realismus-Konzept.

3.5 »Objektivierung« als »Aufgabe aller Künste«: Friedrich Spielhagen

Dass die künstlerische Darstellung ein Akt der »Objektivierung« sei, bildet den Kern der
Erzähltheorie Friedrich Spielhagens (Spielhagen 1883, 41; vgl. grundlegend Hellmann
1957). Der Begriff des Objektiven dient dazu, alles Subjektive, d. h. alle Reflexionen,
Schilderungen und Beschreibungen des auktorialen Erzählers auszuschließen. Stattdessen
fordert Spielhagen, jedes Werkdetail an die Bewusstseins- und Erlebnisperspektive einer
prominenten Figur, des ›Helden‹, zu binden. ›Darstellung‹ meint mithin eine **Vernetzung
aller Momente** im Binnenraum einer empirischen Wirklichkeit, die auf diesem Weg zum
»Kosmos« wird (Spielhagen 1883, 73). Nichts geschieht demnach ›von außen‹ angeregt,
vielmehr steuert sich alles intern »gleichsam von selbst« (ebd., 172).
  Dieses ›kybernetische Modell‹ bildet die Grundlage für einen Realismus, dem
es darum geht, »nur **handelnde Menschen** [...] **in ihrer Bedingtheit** durch ihre gesellschaftliche und physische Umgebung« (ebd.) vorzuführen. Spielhagen meint dies nicht
in einem naturalistisch-deterministischen Sinn, vielmehr hält er Helden für möglich,
die selbst bei aller Bedingtheit durch die Umwelt Erfahrungen und Wahrnehmungen
machen sowie Urteile fällen, die nicht nur Ausdruck der Bedingtheit sind, sondern
diese überschreiten und die bedingende Umwelt bewältigen. Der Spielhagen'sche Held
ist keine Marionette seiner Bedingungen, sondern »Centrum, welchem innerhalb
der Peripherie alles zustrebt« (Spielhagen 1898, 213). Er erfüllt eine doppelte, wenn
nicht gar dreifache Rolle:

■ Er dient als »Auge, durch welches der Autor die Welt sieht«;
■ er repräsentiert den »Maßstab, welchen der Zeichner auf seiner Karte notiert; die
    Staffage, die der Maler in seiner Landschaft anbringt, damit man an ihr die Bäume
    im Vordergrunde und an den Bäumen im Vordergrunde die Hügel im Mittelgrunde
    und an diesen wieder die Berge messe, welche den Horizont abschließen«;
■ und er bildet eine »Schranke gegen das Hereinbrechen des Unorganischen, des
    Grenzenlosen d. h. er ist die Bedingung und Gewähr des Kunstwerks« (Spielhagen
    1883, 72 f.).

Spielhagens Helden-Konzept entlarvt sein Objektivitätsideal als mutwillige Manipulation von ›Bewegungen‹ in der Wirklichkeit. Der ›Theorie‹ nach haben diese Bewegungen eine eigene Dynamik; praktisch jedoch werden sie vom ›Helden‹ äußerlich gesteuert. Nicht also »die strikteste Observanz des Gesetzes der Objektivität« (ebd., 62) führt zum »weitesten *Ueberblick* über die menschlichen Verhältnisse«, zum »tiefsten *Einblick* in die Gesetze, welche das Menschenleben regiere, welche das Menschentreiben zu einem Kosmos machen« (ebd., 67), sondern ein Arrangement, das der Autor mit Hilfe seines Helden vorführt.

3.6 Realismus im Licht der ›Popular-Poetik‹

Im Lauf des 19. Jh.s wächst das Interesse an ›Poetiken‹, an Lehrbüchern über das Wesen, die Formen und Techniken der Dichtkunst. Poetiken werden populär (vgl. Enders 1971). Das zeigt sich an den relativ hohen Auflagen, die solche Handbücher in der zweiten Jahrhunderthälfte erreichen. Sie formulieren selten originelle Ideen, vertreten meistens einen **traditionellen, klassizistischen Standpunkt**, tragen aber zur Verbreitung ästhetischer Positionen viel bei; sie erreichen nicht nur die Schulen, sondern prägen auch das literarische Leben allgemein.

Die erfolgreichste Poetik in der zweiten Jahrhunderthälfte stammt von dem überaus produktiven Schriftsteller, einflussreichen Literaturkritiker und seinerzeit viel gelesenen Literarhistoriker Rudolf (von) Gottschall (1823–1909). Seine *Poetik* erschien 1858 und erreichte 1893 die sechste Auflage. Gottschall versteht seine Poetik als wissenschaftlichen Ausdruck dessen, was »in den Dichtungen der neueren Poeten schlummert« (Gottschall [6]1893, I, v). Im Gegensatz zu Vischers *Aesthetik* will Gottschall einen prägnant **modernen**, d. h. zeitgemäßen und nationalen, praxisnahen, »lebensvollen und nutzenbringenden Kanon der Dichtkunst entwerfen« (ebd., vi). Von Moriz Carriere beeinflusst, vertritt er das klassizistische Konzept des ›**Realidealismus**‹ (vgl. Widhammer 1972, 127ff.). Das bedeutet, dass er – wie Vischer – eine Synthese (vgl. Kinder 1973) zwischen den gegensätzlichen Stilen des Idealismus und Realismus verficht: »Der *Realismus* geht von der Nachahmung der *Natur* und der *Wirklichkeit* aus, der *Idealismus* von der Welt der Ideen, vom Reiche des *Geistes*« (Gottschall [6]1893, I, 146). Beide Stile drohen in einseitiger Verabsolutierung das Wesen der Dichtkunst zu verfehlen. »Nur der Bund von beiden kann das Schöne, die erscheinende Idee, in ein wahres Kunstwerk bannen« (ebd.). Und: »Nur die echte Durchdringung von Natur und Geist, **Idealismus und Realismus im Bunde** schaffen das wahrhaft schöne Werk!« (ebd., 158). Trotz dieses Vermittlungsvorschlags gibt Gottschall dem Idealismus den Vorzug; Realismus neige ohnehin zum bloßen Wiederholen und Abschreiben.

Anders als sein literarhistorischer Konkurrent Julian Schmidt verurteilt er die Verherrlichung, ja sogar ›Heiligung‹ (vgl. ebd., 147) der bürgerlichen Arbeit – jenes Kernstück des realistischen Programms – in ähnlicher Weise, wie Hegel den Abstieg der hohen Tragödie ins bürgerliche Familienschauspiel tadelte. ›Natürlichkeit‹ – das fundamentale Konzept der Aufklärungspoetik – rückt angesichts des aufsteigenden Naturalismus (Zola) auf die negative Seite des realistischen Stilprinzips und übt nur noch eine untergeordnete Rolle aus: »Der Realismus als durchgreifendes Stilprinzip kann in der Dichtkunst nur zu Verirrungen führen. Dagegen ist er vollkommen berechtigt, wo er sich in den Dienst der Idee begiebt und die von ihr durchleuchtete Welt in ihrer ganzen Wahrheit darstellt. In dieser Weise waren Homer und Shakespeare, Goethe und Jean Paul Realisten!« (ebd., 150). Im Grunde aber plädiert Gottschall für »die Rechte des Idealismus und einer Poesie des Geistes« (ebd., 156), weil dieser »nicht nur dem deutschen Volke näher steht [...] als der Realismus, sondern er befindet sich auch mehr in der Sonnennähe der Kunst!« (ebd.). Gottschall war Herausgeber der *Blätter für literarische Unterhaltung*, einer der führenden Literaturzeitschriften der Zeit; auch die Werke der deutschen Realisten wurden hier besprochen. Das war ihr kritischer Rahmen.

Die dreibändige *Deutsche Poetik* (1881, ³1900) des Literarhistorikers und Schulmanns Conrad Beyer beabsichtigt »dem heranwachsenden Jahrhundert auch in der Poesie eine *deutschnationale Signatur* aufdrücken und eine neue klassische Blüteperiode einleiten zu helfen« (Vorwort zur 3. Aufl.). Gottschall lobte das gewaltige Lehr-Handbuch »für Schule und Selbstunterricht« (Beyer ³1900, I, ii), und sein Autor dankte es dem »Altmeister unserer poetischen Litteratur«. Wie Gottschall lehnt auch Beyer die ›Kopien‹ des ›traurigen‹, ›ärmlichen‹ Realismus ab, spricht sich für eine »Vereinigung von Idealismus und Realismus« aus, meint aber die Dominanz des Idealismus:

> »Der echte Idealismus ist das Vorrecht des deutschen Sinnes. Es ist dies nicht jener Idealismus, welcher die sog. ›reinen Begriffe‹ eines Kant zum Ausgangspunkte nimmt, sondern vielmehr *der* Idealismus, der das Reale zum Substrat hat, es jedoch nicht in phantastischer Weise beleuchtet, vielmehr seine Aufgabe darin erblickt, die Welt der Erscheinungen in ihren Reizen und in ihrer geistigen Bedeutung zu verklären. Es ist jener Idealismus, der in anmutigem Schwung **das objektiv Reale mit dem subjektiv Idealen zu vermählen** weiß, und geeignet ist, Kunstwerke von ewiger Bedeutung zu schaffen.« (ebd., 141)

Was bei den Realisten noch als ›Verklärungs-Realismus‹ galt, hat sich auf diesem breitenwirksamen Forum endgültig in einen **echten Idealismus** verwandelt.

In Gottschalls Gefolge steht schließlich auch die *Deutsche Poetik* von Heinze und Goette (1891). Sie wendet sich ausdrücklich gegen metaphysische Ansätze in der Ästhetik und möchte ihrerseits spezifisch empirisch argumentieren. Eine erste, wesentliche Voraussetzung der Kunst bildet jene »**Naturtreue**«, die sich mit keinem bloß Wirklichen begnügt, sondern das Wahre sucht. Als ›wahr‹ gilt, was kennzeichnend wirkt: die innere Notwendigkeit des geschilderten Details, sein Bezug auf ein ewig gültiges Gleichmaß und seine Typik (Heinze/Goette 1891, 5 ff.). Als ›Kunst‹ in diesem vorläufigen Sinne zählen die Stillleben der holländischen Malerschule, die Landschaftsschilderungen Adalbert Stifters und die Stadtbilder des Berliner Unterhaltungsschriftstellers Julius Stindes. Die zweite, entscheidende Voraussetzung für eine Kunst »im höchsten Sinne« liegt jedoch darin, dass der Künstler »das Rohstoffliche durch die Verbindung mit einem Geistigen belebt«, das heißt, die **Wirklichkeit idealisiert** (ebd., 7). Die beiden Voraussetzungen widersprechen sich nur in ihrer einseitigen Verabsolutierung als ›Realismus‹ und ›Idealismus‹. Im richtigen Maß aufeinander bezogen, ergeben sie den gemeinten Kunstbegriff: »*die Kunst ist die naturgetreue Wiedergabe von Erscheinungen des Lebens in einheitlicher Begrenzung, dergestalt, daß sich die Gesetze des Seins an ihnen widerspiegeln*« (ebd., 11).

3.7 Dimensionen der Verklärung und des Humors

Die deutsche Realismus-Diskussion kommt seit ihren programmatischen Anfängen nicht ohne einen Begriff aus, der auf den ersten Blick dem Realismus-Konzept widerspricht; gemeint ist der Begriff der Verklärung. Ihm steht der Begriff des Humors nahe. Die in Deutschland vertraute Begriffsbildung ›poetischer Realismus‹ versucht dieser ›**Mischung‹ von begrifflich Entgegengesetztem**, die ja schon im Begriff des Idealrealismus begegnete, gerecht zu werden. Doch zeigt sich näher besehen, dass vieles, was unter dem Verklärungs- und Humor-Begriff verhandelt wird, unmittelbar zum Umfang des Realismusbegriffs gehört, so dass eine attributive Erweiterung bzw. Modifikation von ›Realismus‹ fast schon pleonastisch klingt. Anders gesagt: Ein Realismus-Konzept ohne Einschluss dessen, was ›Verklärung‹ besagen kann, verliert sowohl seine ästhetische als auch erkenntniskritische Bedeutung und meint dann nur noch etwas Banales oder gar Unmögliches, nämlich die (kunstlose) Darstellung der Wirklichkeit, wie sie ist. Der im Realismusbegriff präsent gehaltene Begriff der Verklärung hingegen erinnert daran, wieviel an ›Konstruktion‹ in dem liegt, was ›Realismus‹ heißt.

Alle Realisten stehen im Bann des Verklärungsgebots. Das zeigt sich an ihren Reflexionen am deutlichsten, spiegelt sich aber auch in den Werken. Freilich akzeptieren sie das Gebot nicht als Dogma, sondern als **problematische Aufgabe, die sich immer schwerer erfüllen lässt.** Je mehr sie sehen – die systematische Aufspaltung der Welt in Glanz und Elend, die sozialen Brennpunkte, die fortschreitende Marginalisierung des Nicht-Gleichgeschalteten – , desto ›härter‹ müssen sie arbeiten, um das Gesehene künstlerisch zu verarbeiten. Je mehr sie Künstler sind, desto ›widerlicher‹ wird ihnen, was sie sehen müssen, aber nicht wahr haben wollen und deshalb übersehen. Dass sie als ›geborene‹ Beobachter auch wegblicken müssen, entgeht ihnen nicht. All dies ist angesprochen, wenn es um die Verklärung geht, die natürlich auch andere Namen tragen kann (vgl. Aust 1974 und 2000a; Widhammer 1977; Rhöse 1978): ›Verklärung‹ (Fontane, Stifter), ›grüne Stellen‹ (Vischer) ›Idealismus‹ (Stifter), ›ideelle Durchdringung‹ (Ludwig), ›Reichsunmittelbarkeit der Poesie‹ (Keller), ›Humor‹ (Raabe), ›Versöhnung‹ (Fontane).

›**Verklärung‹**, eigentlich ein religiöser bzw. biblischer Begriff (vgl. Kühlmann 1986), worauf auch der verwandte Begriff der Läuterung hinweist, hält bewusst, wie sehr das realistische Konzept in der zweiten Jahrhunderthälfte klassizistisch geprägt bleibt. **Mehrere Bedeutungen lassen sich unterscheiden:**

- Grundlegend ist die Verwendung des Begriffs als Argument für die **Unterscheidung zwischen Kunst und Wirklichkeit** unter der Voraussetzung ihrer wechselseitigen Bezogenheit. ›Verklärung‹ steht für die Autonomie der Literatur im verschärften Konkurrenzverhältnis mit modernen Welterklärungen (Wissenschaft) und technisch ausgefeilten Darstellungsmethoden (Essay, Statistik, Photographie).
- Dazu gehört, dass der Verklärungsbegriff eine Reihe von Maßnahmen nahelegt, die alle dazu beitragen, den fundamentalen Unterschied zwischen Kunst und Wirklichkeit einzurichten oder zu erhalten; das soll aber so geschehen, dass man diesen Unterschied nicht auf Anhieb merkt; denn das würde den Anspruch auf Ähnlichkeit und Wiedererkennbarkeit stören. So entsteht Realismus als ›Illusionskunst‹. Ihre Mittel sind, folgt man Fontane, »Intensität, Klarheit, Übersichtlichkeit und Abrundung«, die insgesamt jene »Gefühlsintensität« erzeugen, durch die das Erdichtete vom Erlebten ununterscheidbar wird (Fontane III/1, 569). ›Intensität‹

bedeutet Verdichtung und Steigerung, ›Klarheit‹ meint Motivation und symbolische Transparenz, ›Übersichtlichkeit‹ zielt auf Abstand und Ganzheit und ›Abrundung‹ betrifft Maß und Einheit des Kunstwerks.

■ Relevant ist der Begriff der Verklärung aber auch für den **Gehalt des Kunstwerks.** Er kann dabei Verschiedenes zum Ausdruck bringen: einen unerschütterlichen Optimismus, der den glücklichen Ausgang aller Konflikte sicher stellt, einen Trost, angesichts unüberwindlicher Schwierigkeiten in Resignation weiterleben zu können, eine Zukunftsperspektive bei gegenwärtig ungelösten Konflikten, eine Hoffnung, den Weg zur wahren Wirklichkeit auf die Dauer nicht grundsätzlich zu verfehlen.

›Verklärung‹ **wird zum Komplementärbegriff** einer Dichtung, die sich einer nüchternen Wirklichkeit, und das heißt auch ihrer ›Hässlichkeit‹ verschrieben hat (Rosenkranz 1836 in: Kühlmann 1986, 426) und sie doch in ihrem Kreis, das heißt im Kreis des ›Schönen‹ zu bewältigen hofft.

Mit der Verklärung hängt vor allem der **Begriff des Humors** zusammen, der für den Realismus eine »konstitutive Bedeutung« gewinnt (Preisendanz ³1985, 7). Fontane hat diesen Zusammenhang in einem Brief (vom 10. Oktober 1889) an seinen Schriftsteller-Kollegen Friedrich Spielhagen als eine Zweck-Mittel-Relation beschrieben; und schon hier wird klar, dass es dabei nicht nur um das Lachen geht:

> »Der Realismus wird ganz falsch aufgefaßt, wenn man von ihm annimmt, er sei mit der Häßlichkeit ein für allemal vermählt; er wird erst ganz echt sein, wenn er sich umgekehrt mit der Schönheit vermählt und das nebenherlaufende Häßliche, das nun mal zum Leben gehört, verklärt. Wie und wodurch? Das ist seine Sache zu finden; **der beste Weg ist der des Humors.**« (Fontane IV/3, 729)

Die Realismus-Forschung hat unter Berufung auf diese und ähnliche Stellen den Humor als »Darstellungsprinzip« identifiziert und darin die »Gewähr einer eigenständigen poetischen, d. h. einer erst durch Imagination und Sprache der Dichtung wahren Wirklichkeit« erkannt (Preisendanz ³1985, 219). ›Humor‹ meint hier also nicht die weltanschauliche Haltung eines Autors, nicht seine ›lächelnde Überlegenheit‹ angesichts der Gebrechlichkeit der Welt, sondern die Autonomie einer Literatur, die nicht durch Abbildung, sondern »Imagination und Sprache der Dichtung« zur »wahren Wirklichkeit« wird. Damit wird der Humor zum tragenden Prinzip des Realismus und nimmt in der ästhetischen Reflexion der Zeit einen prominenten Platz ein.

Humor als »ästhetische Kraft« spielt in der Ästhetik Vischers (selbst Verfasser eines humoristischen Romans, *Auch Einer*) eine wichtige Rolle (*Aesthetik* I, 513). Für Vischer, der auch hierin dem Vorbild Hegels folgt, ist der Humor ein (keineswegs empirisch gemeintes) Prinzip der »Selbstverlachung« (ebd., 488). Der »Witz« als Form der Reflexion des Ich über Andere richtet sich immer nur auf das »verlachte fremde Ich Anderer« (ebd., 483); indem der ›Witz‹ aber seine eigene »Tätigkeit« reflektiert, das heißt, sich selbst ›verlacht‹, verwandelt sich das »fremde Ich Anderer« zum »eigene[n] andere[n] Ich des Lachenden« (ebd.). Das ist die Stufe des Humors, auf der die reflexionsbedingte Scheidung in Subjekt und Objekt wieder aufgehoben ist. ›Humor‹ wird in dieser dialektischen Argumentation zu einem Einheits- bzw. Synthesebegriff; Vischer spricht ihm sogar den Status einer »einzelne[n] ungeteilte[n] Persönlichkeit« zu, »in welcher die trennende Reflexion des Witzes erloschen, welche das Komische, das sie erzeugt, auch ist: ein Sein, worin die sinnliche Wirklichkeit des objektiv Komischen wieder gewonnen ist« (ebd., 484). Das ist die für den Realismus und sein Humor-Verständnis fruchtbare Stelle. Sie verspricht den **Gewinn einer Wirklichkeit auf dem Wege des Humors**. Der Inhalt dieser humoristisch gewonnenen Wirklichkeit liegt in einem »unendlichen Kontrast zwischen den Ideen und der ganzen Endlichkeit« (ebd., 490). Humor als Darstellungsprinzip hat es mit diesem Kontrast zwischen Schein und Sein zu tun. Es kennzeichnet Vischers geschichtsphilosophisch ausgerichtete Ästhetik, dass sie den vollkommen ausgebildeten Humor nicht als etwas Gegebenes bzw. Verfügbares auffasst, sondern an eine politische Voraussetzung knüpft: »Nur in der Freiheit ist der ganze und totale Humor möglich« (ebd., 514).

Einige Formulierungen Vischers erwecken den Eindruck, als ob unter dem »Humoristen« eine souveräne, individuelle Person – literarische Figur oder Autor – zu verstehen sei. Der Humorist – so heißt es beispielsweise – »denkt [...] weiter und sieht das allgemeine Elend und Übel, daß in Wahrheit nichts rein ist« (ebd., 491); Humor zu haben, heißt demnach »die Fehler des Menschen als liebenswürdig« anzuerkennen (ebd., 488). Diese **Personalisierung des Humors** war in der älteren Realismus-Forschung beliebt und führte zur Profilierung der Realisten als überlegene, verständnisvolle Humoristen im Sinne eines ›heiteren Darüberstehens‹. Schon Julian Schmidt unterstreicht diesen persönlichen Aspekt:

> »Zum echten Humor gehört dreierlei, ein offnes Auge für die kleinsten Züge der Natur verbunden mit der Schnelligkeit im Combiniren verschiedenartiger sinnlicher Vorstellungen, die es dem Dichter möglich macht, auch dem Stilleben den Schein autonomer Bewegung zu verleihn; energische Plastik in den Linien und die Disposition über einen sehr großen Farbenreichthum, der da, wo die Stimmung es erfordert, augenblicklich in überzeugender Fülle zur Hand sein muß: ein Reichthum, dessen der ideale Dichter viel weniger bedarf, weil in dem harmonischen Ebenmaß seiner Schöpfungen eine zu stark aufgetragene Farbe eher stören würde; endlich und das ist die Hauptsache, inneres Behagen an der Welt seiner eigenen Phantasie. Nur die innere Lust regt auf die Dauer entsprechende Saiten in dem Herzen der Leser an [...].« (Schmidt 1857, 411)

Auch bei Fontane finden sich Formulierungen, die in diese Richtung weisen: »Der Humor hat das Darüberstehn, das heiter souveräne Spiel mit den Erscheinungen dieses Lebens, auf die er *herab*blickt, zur Voraussetzung« (Fontane 1872, III/1, 461). Für Vischer hingegen war dies ein subjektives Humor-Verständnis, das er – wie vor ihm Hegel (*Ästhetik* II, 229 ff.) – kritisierte. Für ihn war ›Humor‹ durch »Objektivität« gekennzeichnet (*Aesthetik*, II, 614). Nicht darum geht es, dass eine »schöne Seele« die Missstände der Welt »schroff und still« vor sich liegen sieht, sondern dass eine »Versöhnung« eintritt zwischen der Humor-Perspektive und dem »großen Wahnsinn des öffentlichen Lebens, der Geschichte, des Staats« (ebd.).

Der **Versöhnungsbegriff** fällt in diesem Zusammenhang auf und offenbart noch einmal Vischers Orientierung an Hegel. ›Versöhnung‹ bezieht sich auf das entfaltete Konzept der reflektierten Reflexion, d. h. des Witzes, der sich selbst zum Stoff seines Lachens macht und so die »sinnliche Wirklichkeit des objektiv Komischen« gewinnt. Demnach geht es Vischer nicht um ein »humoristische[s] Subjekt«, das sich mehr oder minder aufdringlich in den Vordergrund schiebt (vgl. ebd., II, 615), sondern – und das steht bei Hegel deutlicher – um nichts geringeres als die Aufhebung des Zerfallens der ›romantischen‹, d. h. modernen Kunst überhaupt. Sie nämlich betreibt einerseits die »Nachbildung des äußerlich Objektiven in der Zufälligkeit seiner Gestalt« und ermöglicht andererseits »im Humor das Freiwerden der Subjektivität ihrer inneren Zufälligkeit nach« (Hegel II, 239). Hegels Begriff des »gleichsam *ob-*

jektiven Humor[s]« (ebd., 240) bezeichnet eine ›Versöhnung‹ der beiden Extreme, der »zufällige[n] Äußerlichkeit« und der nicht minder »zufällige[n] Subjektivität«; er meint eine »Verinnigung in dem Gegenstande« (ebd.). Die Realismus-Forschung hat in diesem Humor-Verständnis die Quelle für das realismustypische Bestreben erkannt, »die **Entfremdung zwischen Subjektivität und positiver Weltwirklichkeit aufzuheben**« (Preisendanz 1963, 476). So erweist sich der Humor – fern von Lachen, Komik und Beschönigung – als Schlüssel zu jener verklärten Wirklichkeit, um die es den Realisten ging.

4. Europäische Leitbilder des Realismus

4.1 Frankreich

Der deutsche Realismus lässt sich – in Theorie und Praxis – weitgehend als Reaktion auf den französischen verstehen. Es ist eine Reaktion, in der sich selten Bewunderung, dafür um so mehr skeptischer Vorbehalt, ja am liebsten Entrüstung und Abwehr aussprechen. Die Voraussetzungen für eine **rigide Abgrenzung** liegen auf der Hand: Das Stichwort ›Frankreich‹ steht für **Revolution, Katholizismus und die Sensationsliteratur des Feuilletons**. Für norddeutsch protestantische Verhältnisse in der Zeit des Nachmärz sind das hinreichend wirkungsvolle Schreckbilder, die drastisch vor Augen führen, welche Richtung eine Literatur einschlagen kann, die sich demokratisch emanzipiert, idealistisch, und das heißt hier sozialistisch engagiert, möglicherweise auch ›jesuitisch‹ beeinflusst ist und populär nach Effekten hascht. Für einen Realisten aus der Schule der *Grenzboten* liegt auf der Hand, dass solche Rahmenbedingungen den Blick auf das ›wirkliche Leben‹ und seine ›geistigen Momente‹ verhindern bzw. verzerren (J. Schmidt 1850 in: TbR 186, 189).

Die Auseinandersetzung mit dem französischen Realismus (vgl. Dethloff 1997) entzündet sich zunächst nicht etwa am Werk kanonisierter Realisten wie Balzac oder Stendhal, sondern anlässlich der Erfolgsromane von Eugène Scribe, Paul de Kock und Eugène Sue. Ihre Namen vor allem prägen das Profil eines abgelehnten Realismus, der Zustände darstellt, »*wie sie sind*« (anonym 1858 in: TbR 191), und alles in gleicher Weise nebeneinander stellt. Dagegen richtet sich der deutsche Vorbehalt, der in solchen Darstellungen nur **das Zufällige, Nivellierende, Kranke, Trostlose und Widerliche** sieht. Statt dessen fordert man ›gesunde‹ Darstellungen, in denen verschönte Bilder mit erhebender Wirkung den ebenso gegliederten wie notwendigen Gang der Dinge vor Augen führen. Leitmotivisch kehren die Schlüsselwörter der Ablehnung in der anschließenden Auseinandersetzung mit den Romanen Flauberts und Zolas wieder und besiegeln im antinaturalistischen Affekt den Willen, sich den Herausforderungen des realistischen Prinzips zu entziehen.

Keiner der französischen Realisten ist für den deutschen Realismus zum ›Leitbild‹ geworden. Die Namen Balzacs, Stendhals, Flauberts tauchen gelegentlich bei Storm, Keller, Raabe, Meyer (vgl. Laumont 2001) und Fontane (Aust 2000a, 367–372) auf, hinterlassen aber keine deutliche Spur. Die berühmte Werktrias *Emma Bovary – Anna Karenina – Effi Briest* (vgl. Stern 1957) kam durch keinen Kontakt zustande, sondern ist eine Art Parallelereignis.

4.2 England

Bedeutend besser als der französische schneidet der englische Realismus in deutscher Sicht ab. Es gibt mehrere Gründe dafür, dass der Realismus der englischen Romane von der deutschen Kritik **als mustergültig anerkannt** wurde:

- Politisch gesehen, bot die **parlamentarische Verfassung** Englands mit ihrer freiheitlichen Demokratie eine günstige Voraussetzung für die Entwicklung eines realistischen Gesellschaftsromans (Steinecke 1975, 212). Ihn zu loben bedeutete nicht automatisch, den Einfluss der Revolution in Erwägung zu ziehen oder gar gutzuheißen.

- Mentalitätsgeschichtlich gesehen, entsprachen Ideale des englischen Lebens wie »Gemüthlichkeit« dem deutschen Geschmack (J. Schmidt 1851, in: RuR 159). Was die bevorzugten ›Originale‹ (charakteristische Figuren) betrifft, so schien das **englische ›Volksleben‹** bedeutend reicheren Stoff zu bieten als das deutsche. So konnte sich auch die konservative Kritik mit den ›Sozialbildern‹, die zumindest eine sozialreformerische Potenz enthalten, durchaus befreunden. Die in England beliebte ›Erfolgsgeschichte‹, die den Lebensweg einer Figur als gesellschaftlichen und wirtschaftlichen Aufstieg erzählt und in der ›Selbsthilfe‹ den entscheidenden Faktor dieser Karriere erkennt (vgl. Wolpers 1980, 97), kam dem programmatischen Realismus mit seinem Arbeits- und Tüchtigkeitsideal entgegen (vgl. Freytags Kaufmannsroman *Soll und Haben*). Auch der englische Realismus tabuisierte Lebensbereiche, die dem realistischen Blick ins Auge fallen mussten (Pubertät, Sexualität, Ehescheidung, krankhafte psychische Zustände, radikale politische Auffassungen; vgl. Wolpers 1980, 104).

- Literaturgeschichtlich gesehen, präsentierte sich der englische Realismus als Folge einer bereits seit hundert Jahren **bewährten realistischen Schule** (J. Schmidt 1875, IV, 279). Realistisch zu schreiben bezeichnete in dieser Hinsicht keine Neuerung, sondern eine bereits bewährte Tradition (vgl. Greiner/Kemmler ²1997).

- Mediengeschichtlich gesehen, setzt sich mit Dickens' Erzählwerk die verlegerische Strategie durch, Romane in Monatsfolgen zu billigem Hefte-Preis zu veröffentlichen. Diese Praxis wirkt sich nicht nur auf Arbeitsweise (schrittweises Fortschreiben ohne übergeordneten Plan) und Werkstruktur aus (pointierte Erzählabschnitte, die zum Weiterlesen bzw. -kaufen locken), sondern begründet auch ein neuartiges, enges Verhältnis zwischen Autor und Publikum: Der Autor reagiert noch während des Schreibens auf die Reaktionen des Publikums, und das Publikum ›versinkt‹ über Monate hinweg in eine fiktive Welt, lernt ein normales Leben in Parallelwelten zu führen (vgl. Wolpers 1980, 133).

›Realismus‹ – in England eigentlich kein Epochenbegriff, sondern seit dem 18. Jh. ein dominantes Stilprinzip und das gattungsgeschichtliche Profil der ›novel‹ im Gegensatz zur phantastischen ›romance‹ – meint im Umkreis der viktorianischen Literatur einen **›moralischen Realismus‹**, der viel mit dem ›poetischen Realismus‹ gemeinsam hat: Wie dieser sucht auch jener die zeitgenössische Wirklichkeit darzustellen und zu analysieren; und beide richten ihre Aufmerksamkeit schließlich doch auf eine zugrunde liegende, ›eigentliche‹ Wirklichkeit, die sie für die wahre halten und ›enthüllen‹ wollen (vgl. Wolpers 1980, 106). Doch gibt es auch – zumindest graduelle – Unterschiede: Die Darstellung der englischen Realisten gilt – literaturgeschichtlich gesehen – als vielseitig und wirklichkeitsgetreu, strikt gesellschaftlich bezogen, moralisch akzentuiert und sozialkritisch engagiert (vgl. ebd. 108).

Charles Dickens (z. B. *David Copperfield*, 1849/50) und William M. Thackeray (z. B. *Vanity Fair*, 1848) galten als Vorbild. Von den englischen Realisten übten sie den größten Einfluss auf den deutschen Realismus aus. Beide Namen stehen für scharfe Beobachtung, getreue Schilderung des Alltags, anschauliche Präsentierung ganzer Gesellschaftsklassen und des großstädtischen Lebens, volkstümliche, humoristische Menschenzeichnung, mitleidweckende Bilder des Unglücks und Elends, maßvolle Kritik an sozialen Missständen und versöhnliche Perspektive. Dickens erschloss nicht nur einen in der Literatur bis dahin tabuisierten Alltag (insbesondere die großstädtischen Gassenszenen), sondern brachte auch die unbedeutenden Dinge des Alltags zum Sprechen (»Rhetorik der Dinge«, Wolpers 1980, 129) und lenkte die Aufmerksamkeit auf die »romantic side of familiar things« (*Bleak House*, 1853, Preface). Dickens gilt als Pionier einer Darstellungskunst, die aus bloßen Buchstaben eine anschauliche Welt entwirft. Parallel dazu wirkt die Beigabe von Illustrationen. So ergibt sich rundum ein »visueller Charakter« (Wolpers 1980, 139 f.). Die darin enthaltenen Darstellungsprobleme und ›Widersprüche‹ erschließen sich erst unter zeichentheoretischer Perspektive (Geppert 1994, 231 ff.).

4.3 Russland

Der russische Realismus spielt für den deutschen eine besondere Rolle. Zwar steht auch die realistische Bewegung Russlands im Bann der französischen (Stendhal, Balzac) und englischen (Dickens) Realisten, so dass seine Variante keinen absolut neuen Faktor in die realistische Wirkungsgeschichte einführt. Und dennoch entsteht eine Beziehung besonderer Art dadurch, dass es nunmehr zu einem **persönlichen Kontakt zwischen russischen und deutschen Realisten** kommt. Das liegt insbesondere an Iwan Turgenjew (1818–1883). Turgenjew lebte fast anderthalb Jahrzehnte in Deutschland und repräsentierte für viele Zeitgenossen die gegenwärtige russische Literatur. Er unterhielt einen regen Briefwechsel mit Ludwig Pietsch, dem einflussreichen Journalisten, Kunst- und Reiseschriftsteller (vgl. Pietsch 1893/94; Turgenjew 1923 u. 1968); hinzu kam die Begegnung mit Theodor Storm (vgl. Laage 1989) und Kontakte mit Berthold Auerbach, Paul Heyse, Moritz Hartmann, Marie von Ebner-Eschenbach, Paul und Rudolf Lindau, Julius Rodenberg u. a. Fontane (Aust 2000a, 364–367) setzte sich eingehend mit Turgenjews Werk auseinander. Turgenjew nahm im kommunikativen Netz der zweiten Jahrhunderthälfte eine zentrale Stellung ein; bei ihm liefen Fäden zusammen, die viele Namen verknüpften: Tolstoi, Dostojewski, Gontscharow, Carlyle, George Eliot, W.D. Howells, H. James, G. Sand, Flaubert, E. de Goncourt, Zola, Maupassant. Schon die bloße Namensfolge zeigt an, dass Turgenjew als Realist nicht nur Repräsentant seiner Zeit war, sondern auch in enge Berührung mit der jungen Moderne geriet.

Dem Modernitätspotential des russischen Realismus (vgl. Lauer 1980) scheint entgegenzustehen, dass seine soziale Wirklichkeit weder dominant bürgerlich noch städtisch geprägt war. Vielmehr begegnet eine **feudale Gesellschaft**, deren Leben sich noch immer auf dem Land abspielt oder zumindest gleichmäßig auf Stadt und Land verteilt. Die erst 1861 aufgehobene Leibeigenschaft der Bauern macht bewusst, wie schroff die sozialen Gegensätze im Russland des 19. Jh.s waren. Sie bildeten den allgegenwärtigen Hintergrund für das politisch-literarische Engagement der russischen Realisten. Die Tendenz, die Natürlichkeit des bäuerlichen Lebens dem Niedergang der aristokratischen Welt entgegenzusetzen, musste der in Deutschland florierenden Dorfgeschichten-Literatur willkommen sein, auch wenn sie hier nur zur Rechtfertigung der verklärten Bilder von Ländlichkeit ausgewertet wurde. Aber selbst Storm sah in Turgenjews Bevorzugung des bäuerlichen Lebens eine Bestätigung seiner Entscheidung für stadtferne Schauplätze (vgl. Jackson 2001, 242).

Wie im europäischen Realismus überhaupt, so steht auch in Russland ›Realismus‹ für eine **auf die Wirklichkeit bezogene Kunst,** insbesondere dann, wenn sie

■ sich vom Vers abkehrt und zur Prosa hinwendet,

■ an die Stelle der ›schönen Rede‹ die Alltagssprache setzt,

■ statt der geblümten Formulierung die direkte Benennung bevorzugt,

■ die Figuren umweltbedingt sprechen läßt (›skaz‹),

■ nur solche literarischen Strukturen verwendet, die sich flexibel der Wirklichkeit anpassen,

■ Charaktere in Abhängigkeit vom jeweiligen Milieu entwickelt,

■ ihr Verhalten und Handeln ökonomisch, politisch, sozial und historisch motiviert,

■ strikt beobachtet, beschreibt und rubriziert (›physiologische Methode‹)

■ und doch auch ›indirekt‹ darstellt, d. h. gerade das scheinbar Nebensächliche berücksichtigt (vgl. Lauer 1980).

Als wichtige Verfechter des realistischen Programms gelten W.G. Belinski, N.G. Tschernyschewski und N.A. Dobroljubow. Tschernyschewski z. B. hat in seiner Abhandlung *Die ästhetischen Beziehungen der Kunst zur Wirklichkeit* (1855) das Profil einer Ästhetik auf realistischer Grundlage entwickelt. Hier begegnet der Schlüsselsatz: »**das Schöne ist das Leben**« (Tschernyschewski 1953, 369). Diese Definition wendet sich gegen die idealistische Ästhetik Hegels und Vischers und begründet – in Anlehnung an den Aristotelischen Mimesis-Begriff – das neue, realistische Kunstprinzip. Demnach definiert sich Kunst als »Nachbildung der den Menschen interessierenden Erscheinungen des wirklichen Lebens« (ebd., 482). Diese Nachbildung, die Tschernyschewski scharf von den klassizistischen Nachahmungstheorien absetzt, dienen einer allgemeinen »Erklärung des Lebens«. Darin unterscheiden sich Dichtungen nicht von wissenschaftlichen Berichten. Wenn es doch einen Unterschied gibt, so liegt er darin, dass die Kunst ihr Ziel »sicherer« erreicht und »mit Notwendigkeit stets scharf und klar auf die wesentlichen Züge des Gegenstandes« (ebd.) hinweist. Nach Tschernyschewski ist es nicht Aufgabe der Dichtung, die Wirklichkeit vollständiger bzw. schöner darzustellen, als sie ist, sondern im Gegenteil **auf die reichere, vielfältigere Wirklichkeit hinzuweisen.** Wie der Klavierauszug einer Oper die Oper selber nicht ›besser‹ darstellt als die vollständige Opernpartitur, so bietet auch das Kunstwerk keine schönere oder vollkommenere Wirklichkeit als das Leben selbst. Die Veränderung des Lebens in der Kunst wird nur deshalb notwendig, weil es gilt, »eine Begebenheit aus der Sprache des Lebens in die dürftige, farblose und tote Sprache der Dichtung zu übersetzen« (ebd., 489). Nach Tschernyschewski entschädigt die Kunst »für den Fall, daß es keinen von der Wirklichkeit gelieferten vollendeten ästhetischen Genuß gibt«; die Kunst ist ein »Lehrbuch des Lebens« (ebd., 490).

Dieses Konzept deckt sich nicht mit den Vorstellungen von Realismus in der deutschsprachigen Literatur. Obwohl der deutsche Realismus durchaus einen positiven Begriff von Wirklichkeit hat, beharrt er doch auf der Überlegenheit des künstlerisch literarischen Weltentwurfs. Das zeigt sich besonders deutlich an Theodor Fontanes

Reaktion auf Turgenjews Werk (vgl. Fontane III/1, 518 ff.), während Julian Schmidts Turgenjew-Besprechung (1870) gelinder urteilt. Schmidt nämlich entdeckt neben den typisch realistischen Merkmalen (naturgetreue Kopie, sinnliche Anschaulichkeit, wenig Behagen, das Anstößige der aus dem Leben gegriffenen Momente) auch eine poetische Kraft, die gelegentlich sogar idealisierend wirkt und Züge des Humors annimmt. Das beobachtete soziale Engagement wird in Bezug gesetzt zu den despotischen Verhältnissen Russlands und als >Nachricht aus der Fremde< relativiert bzw. toleriert. Fontane hingegen schätzt zwar die Beobachtungsschärfe und Darstellungskunst als meisterhaft ein, vermisst aber die spezifisch poetische Leistung, die er mit Begriffen wie Verklärung oder Versöhnung umschreibt. Er erkennt die von Tschernyschewski postulierte Wirklichkeitsbezogenheit des Kunstwerks, doch negiert er die Unterordnung der Kunst unter das Leben. Ihm geht es um keine Demonstration des Lebens, sondern um die – zwar verhüllte, aber doch erkennbare – Demonstration der Kunst; er zielt auf keine »Apologie der Wirklichkeit«, sondern auf die Bewährung der Kunst angesichts einer komplexen Wirklichkeit und konkurrierender wissenschaftlicher Darstellungstechniken.

Anders als Turgenjew rückt Tolstoi nur entfernt ins Blickfeld der deutschsprachigen Realisten, während Dostojewski überhaupt nicht bemerkt wird. Das hängt zum Teil mit den verzögerten Übersetzungen zusammen. Turgenjews viel gelesene *Aufzeichnungen eines Jägers* erscheinen schon 1854, also zwei Jahre nach der Erstausgabe, in deutscher Übersetzung; Tolstois *Anna Karenina*, 1875/77 zuerst veröffentlicht, kann erst 1885 in deutscher Sprache gelesen werden. Dostojewskis Werke (z.B: *Verbrechen und Strafe*, 1866), selbst die frühen aus den vierziger Jahren (*Arme Leute*, 1846), werden gleichfalls erst in den 1880er Jahren in deutscher Übersetzung zugänglich.

5. Stationen der Realismus-Forschung

Nach dem **Muster einer triadische Beziehung** (vgl. das Bühlersche Organonmodell oder das semiotische Dreieck von Ogden und Richards), das veranschaulicht, wie ein und dieselbe Sache auf drei Säulen ruht und demnach von drei verschiedenen Seiten erfasst werden kann und zwar so, dass jede Seite eine unverzichtbare Besonderheit nennt und doch mit den beiden anderen wesentlich zusammenhängt – sie bedingend und von ihnen bedingt –, lässt sich auch das Realismus-Konzept und die Schwerpunkte seiner Diskussion dreifach facettieren: Demnach ist >**Realismus**< **gekennzeichnet durch Besonderheiten**

- des Gegenstands,
- seiner Wahrnehmung und
- seiner Darstellung (vgl. Aust 1998, 12 ff.).

Nach verbreitetem Verständnis meint >Realismus< einen bestimmten Gegenstand, der in spezifischer Weise wahrgenommen und mit entsprechenden Mitteln dargestellt wird. Für gewöhnlich heißt der Gegenstand dieses Realismus-Konzepts >Wirklichkeit<, sein Wahrnehmungsmodus gilt als >empirisch<, und seine Darstellungsmittel zeichnen sich durch >Objektivität< aus.

- Als **Wirklichkeit** gilt insbesondere der Alltag und das ›gesellschaftliche Leben‹; es ist ›detailreich‹, ›individuell‹, ›psychologisch differenziert‹ und ›charakteristisch‹, das heißt die Menschen werden von ihrer Umwelt und zeitlichen Lage geprägt; zugleich verraten die Dinge die ›ordnende‹ Hand des Menschen.
- Zur **empirischen Wahrnehmung** gehören alle sinnlichen Leistungen, insbesondere das ›Sehen‹, sodann die Aufmerksamkeit für alle kausalen Vorgänge und der Einblick in motivationale Zusammenhänge.
- Als **objektive Darstellungsmittel** gelten: beschreiben, berichten, personale oder neutrale Erzählhaltung, szenisches Erzählen und motivierte Perspektive.

Die konkretere Formulierung dieser drei Seiten des Realismus-Komplexes deckt ihre **fließenden Übergänge und die wechselseitige Bezogenheit** auf; denn:
- Was als ›Wirklichkeit‹ gilt, ergibt sich nach Maßgabe der empirischen Rezeptionsverfahren und der objektiven Darstellungstechnik;
- was ›objektiv‹ heißt, hängt von Entwicklungen der Wirklichkeit und Erkenntnistheorie ab,
- und was eine ›empirische‹ Wahrnehmung erfassen kann, wird durch den Stand der Wirklichkeit und den Fortschritt der Darstellungstechnik beeinflusst.

Denkbar ist ein Gleichgewicht zwischen den drei Seiten (Villanueva 1997, fordert ein Äquilibrium zwischen dem autonomen und mimetischen Aspekt der Literatur); das kommt aber selten zustande, und die ›Turbulenzen‹ in der Realismus-Forschung belegen dies auch. Im Extremfall schwindet eine Seite zugunsten der anderen: So kann die ›Wirklichkeit‹ zugunsten der Übergriffe abnehmen, die entweder von der Rezeptions- oder Produktionsseite ausgehen, so dass im Realismusbegriff konstruktivistische, illusionistische oder paradoxe Konstellationen die Oberhand gewinnen.

Die Geschichte der Erforschung des Realismusbegriffs und der Literaturen, die in seinem Zeichen entstanden sind oder gelesen werden, bewegt sich im Spielraum eines Bedingungsgefüges, das von diesem triadischen Modell umrissen wird. So unterscheiden sich die einzelnen Realismus-Definitionen je nachdem, ob sie die Bedingungen der Wirklichkeit, ihrer Erfahrung oder Darstellung in den Mittelpunkt rücken. Die Möglichkeit, Realität nicht nur isoliert, sondern als Funktion von Erfahrungs- und Darstellungsmomenten aufzufassen, wie auch umgekehrt Erfahrung und Darstellung als Funktionen von vorgegebener Wirklichkeit und verfügbarer Repräsentationsmittel bzw. Wahrnehmungsmodi zu konkretisieren, lässt ein breites Spektrum verschiedener und miteinander konkurrierender Realismus-Auffassungen erwarten.

Das sogenannte **mimetische Realismus-Verständnis** – der Ausdruck ist gebräuchlich, aber irreführend, weil er den Aristotelischen Begriff der Mimesis falsch verwendet (vgl. Fontius 1981) – reduziert die triadische Relation auf isolierbare Komponenten und geht von einer Welt der Gegenstände, Sachverhalte und Vorgänge aus, die richtig oder falsch erkannt und ähnlich oder verzerrt bzw. verfremdet dargestellt werden. Genauer besehen, hängt es selbst hierbei von der zugrunde liegenden Erkenntnis- und Darstellungstheorie ab, ob die vorgegebene Welt im Akt des Erkennens und Darstellens ihre Identität wahrt, verändert oder erst gewinnt. So setzt schon der Begriff einer anschaulich-darstellbaren Wirklichkeit die Interdependenz der drei Seiten des Realismus-Komplexes in Kraft. Andererseits gelang es z. B. der marxistischen Realismus-Theorie jahrzehntelang, die Objektivität ihrer Wirklichkeitsauffassung trotz ihrer erkenntnistheoretisch bedingten Umformungen – mit dialektischer Argumentation – zu behaupten (vgl. Weimann 1979).

Die wiederholt dokumentierten ›Wege der akademischen Realismus-Forschung‹ beginnen mit gutem Grund 1946, dem Jahr des Erscheinens von Erich Auerbachs grandioser *Mimesis*-Studie (vgl. Brinkmann 1969; Furst 1992; s.a. die Forschungsberichte von Kohl 1977; Cowen 1985; Herman 1996; Aust ³2000; Kontje 2002b; Becker 2003; Balzer 2006). Das Buch ist weit über sein spezielles Thema hinaus mustergültig für Umfang, Form und Wirkung einer literaturwissenschaftlichen Arbeit. Der Horizont reicht von der antiken Literatur (Homer) bis in die Frühmoderne (V. Woolf); so entsteht am roten Faden der Mimesis als »dargestellter Wirklichkeit« eine Geschichte der »abendländischen Literatur«, die dank ihres induktiven Verfahrens bis heute nichts an Anziehungs- und Anregungskraft verloren hat. Vor Auerbach haben Simmel, Jakobson und Lukács dem Realismusbegriff bestimmtere Kontur verliehen (vgl. auch Cysarz 1928).

Nach Georg Simmel gehören zum Gegenstand der realistischen Kunst (von ihr und nicht von der Literatur ist die Rede) »die subjektiven Gefühlsfolgen ihres [der realistischen Künstler] wirklichen Seins« (Simmel 1908, 318). So verwandelt sich der Aspekt der gegenständlichen Wirklichkeit in eine erkenntnisbedingte Bündelung von Gefühlsfolgen, deren Darstellung dann auch keine Ähnlichkeit mit dem wirklichen Sein, sondern eine Entsprechung mit den Gefühlsreaktionen anstrebt. Kunstwerke sind demnach dann realistisch, wenn »die subjektiven Eindrücke und Reaktionen überhaupt, die sie auslösen, jenen gleichen, mit denen wir auf die Wirklichkeit der Dinge antworten« (313).

Mit Simmels **impressionistischer Variante des Realismusbegriffs** kann nicht nur verständlich werden, warum Realisten angesichts ihrer eklatanten Veränderungen der Wirklichkeit trotzdem überzeugt bleiben, die Wirklichkeit wiedergegeben zu haben, nachvollziehen lässt sich auch, warum viele im Realismus tabuisierte Bereiche – die Zone der »schrecklichen Wahrheit« wie z.B. Sexualität (317) – de facto doch zur Darstellung gelangen, insofern nämlich die Praxis der Verschleierung oder Aussparung dennoch eine »Gleichheit der psychologischen Wirkung« (313) erzielen kann. Simmels Realismus-Verständnis aktiviert die Interdependenz der drei Faktoren im Realismusbegriff: »In dem Verhältnis des Künstlers zu den Dingen sind Rezeptivität und Aktivität, die bei den anderen Menschen getrennt verlaufen, eines und dasselbe, sein Sehen ist unmittelbar produktiv« (319). Nach Simmel besteht die Attraktivität der Wirklichkeit für Realisten nicht etwa in den unerschlossenen Ressourcen (Alltag, gesellschaftlicher Konflikt), sondern in den »weitere[n] und tiefere[n] Möglichkeiten für die Realisierung *rein malerischer* Werte« (322).

Lange vor der rezeptionstheoretischen Wende in der Literaturwissenschaft gab Roman Jakobson (1921) zu bedenken, dass ›Realismus‹ nicht nur die Absicht des Künstlers meint, wirklichkeitsähnliche Kunst zu produzieren, sondern auch eine Verhaltensweise des Publikums betrifft, die Neigung, Kunstwerke nach Maßgabe der eigenen Erfahrung als realistisch zu beurteilen (vgl. Peckham 1970; Levin 1972; Eibl 1983). In beiden Fällen spielt – nach Jakobson – die Frage eine entscheidende Rolle, ob die Darstellungsmittel so gewählt wurden, dass sie den exponierten Gegenstand vertraut oder befremdlich erscheinen lassen. Im Sinne des russischen Formalismus, dem Jakobson nahestand, ergibt sich eine **realistische Wirkung** nur dann, wenn der Gegenstand der Wirklichkeit verfremdet dargestellt wird; denn zeigen und sehen könne man nur das Hervorgehobene, also Verfremdete. Ohne diese Voraussetzung tritt jedoch eher der gegenteilige Effekt ein; dann wirkt gerade die denaturalisierte Wirklichkeitsdarstellung als unrealistisch, während die konventionelle und somit unauffällige Repräsentation die realistische Erwartung erfüllt. So wird Realismus für Jakobson zu einem relativen Begriff. Angewandt auf die triadische Differenzierung des Realismusbegriffs ergibt sich eine Dominanz der Erfahrungsseite, die nicht nur den Gegenstand der Wirklichkeit, vielmehr insbesondere die Entwicklung der Darstellungstechnik betrifft. Realismus wird zum Effekt einer fortschreitenden Darstellungstechnik, deren Innovationspotential sich an den Erfahrungsreaktionen misst. Besonderheiten der Wirklichkeit spielen bei Jakobson nur insofern eine Rolle, als von der Nennung nebensächlicher und überflüssiger Details die Wirkung eines spontanen, ungemachten Lebens ausgeht (vgl. Brecht 1940/1971; Barthes 1956 u. 1968). Freilich dürfen diese Details nicht willkürlich, sondern nur motiviert als bezeichnende, charakteristische Momente der jeweiligen Lebensform in Erscheinung treten, so dass auch hier wiederum Wirklichkeitspartikel mit Darstellungstechniken interagieren.

Einen großen Einfluss auf die soziologische und marxistisch-materialistische Literaturwissenschaft der 1950er und 1960er Jahre im allgemeinen und die Realismus-Forschung im besonderen übten Georg Lukács‹ Beiträge zum europäischen Realismus des 19. Jh.s aus (Lukács 1948; 1951, 1952, 1955a,b; vgl. Klein/Boden 1990; Schlobach 2001). Gegenstand der realistischen Literatur ist **eine nach marxistischen Grundsätzen definierte Wirklichkeit** als Prozess der Klassenkämpfe, der erst am Ziel einer sozialistisch definierten klassenlosen Gesellschaft zur Ruhe gelangt. Als Darstellungsverfahren werden Techniken der Widerspiegelung angeführt (später modifiziert als Verfahren der ästhetischen Aneignung; vgl. Weimann 1979). Diese Widerspiegelung hängt aber von der marxistischen Erkenntnislehre ab und impliziert den Anspruch, etwas Typisches zum Ausdruck zu bringen. Das Typische – als Typisierungsverfahren eigentlich ein vorrealistisches Darstellungsmittel – gilt in dieser Auffassung als **objektiv und umfassend (total) gestalteter Zusammenhang der Wirklichkeit**; unter ›Zusammenhang‹ ist getreu der marxistischen Lehre die Einwirkung der ökonomischen Basis auf alle gesellschaftlichen und kulturellen Momente des Überbaus zu verstehen. Widerspiegelung als realistisches Verfahren der Literatur heißt demnach, Mensch und Gesellschaft »in ihrer bewegten, objektiven Totalität« zu gestalten (Lukács 1952, 8 f.).

Anders als Jakobson oder Simmel akzeptiert Lukács nur ›ähnliche‹ Darstellungsmittel und verbannt alle verfremdenden bzw. montageartigen Techniken. Sein Realismus-Konzept tritt somit den Entwicklungen in der Moderne entgegen, vertieft den Graben zwischen realistischer und moderner Darstellungsweise. Dass diese Entscheidung nicht notwendigerweise aus dem marxistischen Konzept hervorgeht, zeigt das Realismus-Verständnis Bertolt Brechts (vgl. Brecht 1971), der anders als Lukács viele modernen Verfahren (Verfremdung, Montage) im Konzept eines kämpferischen Realismus zulässt. Die gegenwärtige Praxis, im Werk der kanonischen Realisten (Keller, Raabe, Fontane, denen auch Lukács‹ Aufmerksamkeit galt) moderne Züge zu entdecken (Verfremdung, Selbstreflexivität), kann als Reaktion auf einen Realismusbegriff verstanden werden, der die literarische Arbeit auf die Reproduktion von ideologisch geprägten Wirklichkeitsbildern festschreibt.

Die am weitesten verbreitete, zwar heftig umstrittene und doch äußerst fruchtbare Realismus-Definition stammt von Erich Auerbach. Unter ›modernem Realismus‹ – im Unterschied zu einem christlich ›figuralen‹ – versteht Auerbach »die

Hauptmerkmale des französischen, das heißt des sich bildenden europäischen Realismus: nämlich **ernste Darstellung der zeitgenössischen alltäglichen gesellschaftlichen Wirklichkeit** auf dem Grunde der ständigen geschichtlichen Bewegung« (Auerbach 1946, 480). Triadisch aufgefächert, ergibt sich eine differenzierte Ansicht dessen, was als Gegenstand des Realismus gilt – die »zeitgenössische alltägliche gesellschaftliche Wirklichkeit« – und als Darstellungsmethode – »ernst« im besonderen, »Mimesis« im Allgemeinen – gefordert wird, während die Erkenntnisseite unbenannt bleibt, es sei denn, dass die Spezifizierung der »Wirklichkeit« – »auf dem Grunde der ständigen geschichtlichen Bewegung« – als Resultat einer erkenntnistheoretischen Entscheidung gemeint sein sollte. Eine »ernste« Darstellung der alltäglichen Wirklichkeit wird für Auerbach erst im Gefolge der aufgehobenen Stiltrennungslehre (also ab der Wendung zum ›bürgerlichen Schauspiel‹ im 18. Jh.) möglich. Demnach entfallen im Realismus alle darstellungskonventionellen Restriktionen (die Koppelung des ernsten, pathetischen Stils mit den hohen, heroischen und des niederen, komischen mit den alltäglichen Gegenständen), und die ganze Welt in ihren Höhen und Tiefen steht einem unvoreingenommenen Darstellungsstil offen. Alle Beanstandungen und Nachbesserungen an Auerbachs Konzept lassen sich als das Einklagen der vernachlässigten Seiten bzw. ihrer angemessenen Spezifizierung und ihrer Interdependenz verstehen. Wenn der deutsche Realismus bei Auerbach schlecht abschneidet, so liegt das an Auerbachs Konzept von ›Wirklichkeit‹ und ›ernster Darstellung‹, die beispielsweise eine ›humoristische‹ ausschließt.

›Nach Lukács und Auerbach‹ (vgl. Herman 1996, 177) tritt in der wissenschaftlichen Realismus-Debatte das Interesse an der Wirklichkeit als solcher rapide zurück. Zwar begegnen auch weiterhin Ansätze, die den Wirklichkeitsfaktor im Konzept einer zeitgenössischen sozialen Realität isolieren (vgl. Wellek 1961, 431) oder auf Mentalität und Gemütsverfassung ausweiten (Swales 1997, 53,141). Vor allem wird das Selbstverständnis der nunmehr ernstgenommenen realistischen Programmatiker (Julian Schmidt u. a.) umfassend dokumentiert und analysiert, so dass eine bislang unbekannte Wirklichkeit und ihre mannigfachen Bilder in den Blick rücken (RuG 1975/76; TbR 1985; Widhammer 1972, 1977; Kinder 1973; Eisele 1976). Gerade diese Historisierung befördert die Skepsis der Realismus-Forschung gegenüber einem objektivierbaren Wirklichkeitsbegriff, und immer nachdrücklicher wird die individuelle Erfahrungsbedingtheit jeder Realität hervorgehoben, immer deutlicher erweisen sich alle **wirklichkeitsabbildenden Akte als Darstellungen von wirklichkeitskonstituierenden Prozessen** (vgl. von Graevenitz 1993, 299; Plumpe 1995, 107). Beteiligt sind dabei **unterschiedliche Faktoren:**

- Das initiale Streben nach Objektivität – heraus aus den reglementierenden Fesseln der Konvention oder einer willkürlichen Beliebigkeit und hin zu einer authentischen Darstellung – führt paradoxerweise, aber zwingend zur **Verschärfung der Subjektivierung** des Wirklichkeitskonzepts und der Darstellung von Wirklichkeit (Brinkmann 1957); die authentische, richtige Perspektive unterstreicht das Perspektivische des Authentischen und Richtigen (Ohl 1968).

- Die Verfeinerung der Darstellungsinstrumente macht die nicht hintergehbare **Sprachabhängigkeit** aller literarischen Repräsentationsverfahren deutlich (Preisendanz 1969; Grant 1970; Stern 1973). Nach der Entdeckung der Unschärfenrelation in der Physik verwandelt sich die Welt in eine Doppelbühne, deren zusammenhängende Objekte nicht gleichzeitig mess- bzw. darstellbar sind und deren Wert von der Messung bzw. Darstellung abhängt.

▪ Die Erhöhung der Beschreibungsgenauigkeit führt das Fraktale der vermeintlich konsistenten Wirklichkeit vor Augen; zugleich rückt das Gemachte dieser vermeintlich objektiv begegnenden, konsistenten Gegenständlichkeit, **das spezifisch rhetorische, literarische oder gar dramatische bzw. narrative Arrangement** solcher Wirklichkeitssplitter in den Blick (J.H. Miller 1971; H. White 1980 u. 1987).

Die Verabsolutierung des Darstellungsfaktors führt zur gänzlichen **Eliminierung der Wirklichkeitsseite im Realismus-Komplex,** zum Verlust der Umweltreferenz im Zeichensystem (vgl. Plumpe 1985, 251). Erfahren wird sie dann nicht mehr subjektiv oder gefiltert bzw. perspektivisch gebrochen, sondern ausschließlich als Reaktion auf die eigentümliche Vermittlung und Wirkung von sprachlichen Inszenierungen bzw. sprachlichen Zeichen. Was scheinbar greifbar wird – sei's im Moment des Wahrnehmens, sei's als Vorlage für Darstellungen – erweist sich als vorbildlose Zeichnung, hinter der kein Original, sondern wiederum bloß andere Zeichnungen stehen. Die Widerspiegelung oder Abbildung der Wirklichkeit ist keine Relation zwischen Text und Welt, sondern ein raffinierter oder unwillkürlicher, jedenfalls illusorischer Effekt der arrangierten sprachlichen Zeichen (J.H. Miller 1971). Das ist die Position einer um ihren Referenten gebrachten Zeichenlehre, die sich der Dekonstruktivismus zu eigen gemacht hat.

Realismus nach diesem Konzept setzt an die Stelle des Wirklichkeitsfaktors den Darstellungsprozess. Demnach bildet realistische Literatur nie ab, sondern stellt Darstellungen dar, **interpretiert Interpretationen,** und der Leser, der ein Werk für realistisch hält, interpretiert Interpretationen von Interpretationen (vgl. J.H. Miller 1971, 309). So können Darstellungen, z.B. Superman-Comics als realistisch charakterisiert werden, obwohl sie nichts mit der Wirklichkeit, wie sie ist, und ausschließlich mit Bildern, wie sie das Fernsehen als Film-Serie übermittelt, zu tun haben (vgl. Platthaus 2005).

Damit gewinnt der Realismusbegriff eine **Selbstbezüglichkeit,** die als modernes Reflexionspotential begrüßt oder als narzisstische Selbstbespiegelung bzw. (sozialethisch) fragwürdige Gleichgültigkeit gegenüber den Missständen der Welt bedauert werden kann. Bezogen auf das triadische Muster ergibt sich, dass der Extremwert einer darstellungsabhängigen Gegenständlichkeit den Wirklichkeitsaspekt nur nominell beseitigt und an seine Stelle die Zeichen, das Sprachspiel, die Medien(-bilder) setzt. Ob auch sie dazu beitragen können, im Einweckglas des Konstruktivismus so etwas wie einen kybernetisch-mechanischen Rückkopplungseffekt einzurichten (das wäre die traditionelle Funktion des Wirklichkeitsfaktors im Realismus-Komplex), muss fraglich bleiben (das Dilemma im Realismus-Konzept hebt Zimmerli 1984, hervor). Der Erfinder des Dekonstruktivismus scheint später solche ›Öffnungen‹ ertastet zu haben, wenn er die Wirkungen seiner Dekonstruktion als ein Sich-Zeigen von etwas charakterisiert, das sich für gewöhnlich in einem »Loch« verbirgt und erst dann hervorkommt, wenn es infolge der dekonstruktivistischen Arbeit »die Vibrationen von rissigen Mauern hört oder auf sich zukommen spürt« (Derrida 1980, 295; vgl. Helmhold 2005). Dass ›Realismus‹ eine Täuschungskunst ist, wussten schon die Realisten; dennoch verschrieben sie sich nicht der sterilen Verspiegelung, und ihre myse-en-abyme-Einlagen drehten sich nicht selbstverliebt um das ›Eigene‹ (vgl. von Graevenitz 1993, 302).

Einen **zeichentheoretischen Zugang zum Realismus-Problem** (vgl. R. Zeller 1980; Brinkmann 1986; Ort 1998), der die semiotische Triade unverkürzt ausmisst, wählt Hans Vilmar Geppert (1994). ›Realismus‹ meint ein Gedankenexperiment, bei dem unter fortwährend revidiertem Zeichengebrauch eine ›wahre Wirklichkeit‹ aus zuverlässigen Zeichen am Ende eines »realistischen Weges« sichtbar werden kann. Realistische Literatur erprobt demnach in Krisensituationen die Tauglichkeit von Zeichen für die Einrichtung einer längst noch nicht vorhandenen, aber als Zielvorstellung ›indizierbaren‹ Wirklichkeit. In diesem Realismus-Verständnis dominieren nicht die abbildenden, sondern hinweisenden Zeichen; verwiesen wird auf eine Wirklichkeit im Entstehen, deren Material die verbesserten Zeichen selbst sein können. Geppert legt im Realismus einen Suchprozess frei, der im Sinne der Ch.S. Peirce'schen Zeichentheorie Wirklichkeits-, Erkenntnis- und Darstellungsaspekte in eine dynamische Beziehung setzt. Diese zeichenphilosophische Ausrichtung macht es möglich und erforderlich, geradezu detektivisch den Spuren des ›flüchtigen Referenten‹ nachzugehen. Die ›realistische‹ Aufmerksamkeit richtet sich auf alles Induktive, Hypothetische, Heuristische, Metonymische und Indexikalische. Wirklichkeit wird in den Darstellungen nie verfügbar, sondern kündigt sich bestenfalls antizipatorisch in Zeichen an, kann sich aber auch in ›konventionellen‹ Zeichen verflüchtigen. Die **Hoffnungsperspektive** oder gar der Verklärungsbeitrag liegt in der Zuversicht, dass eine Annäherung zwischen erkennenden, darstellenden und objektiven Momenten im Prozess der Verbesserung, Umformung und ›Re-Vision‹ bzw. ›Re-Signation‹ der Zeichen erfolgen kann. Gepperts ›pragmatischer‹ Ansatz gehört zu den fruchtbarsten Beiträgen der jüngeren Realismus-Forschung.

III. Erzählliteratur

1. Narrative Wirklichkeitsbilder und Deutungsverfahren

1.1 Die Episierung der Realität

Wer etwas erzählt, vergegenwärtigt nicht nur ein vergangenes Geschehen, er verwandelt es auch. Im und durchs Erzählen erhalten die berichteten Vorfälle eine übersichtliche und zusammenhängende Gestalt. Aus einzelnen Ereignissen entsteht eine Wirklichkeit mit zielgerichtetem Verlauf; das zunehmend Ferne und Diffuse des Vergangenen erhält ein griffiges Format und das bloß Faktische einen beziehungsreichen Sinn. Das gilt für das Erzählen in vielen, auch außerliterarischen Situationen und in unterschiedlichen Zeiten, und es bestätigt sich in der zweiten Hälfte des 19. Jh.s in besonderem Maße, bevor die Moderne dieses Verfahren der Ordnungsstiftung aufkündigt. Wer erzählt, ›spiegelt‹ nicht nur wider, was er ›vorher‹ erlebt hat, sondern **macht aus Erfahrungen Geschichten**, die eine geordnete und nach erzählerischen Prinzipien ›justierte‹ Welt in Erinnerung bringen, während vieles, was unerzählt vor Augen liegt, auseinanderfällt. Das hängt mit der **sinnstiftenden Kraft des Erzählens** zusammen, die sich solange bewähren konnte, bis sie von der Erzählkrise in der Moderne empfindlich gestört wurde. Aber auch dieser Abbau der epischen Ordnung, ihres festen Zusammenhalts bzw. ihrer verlässlichen Zentrierung, und die Ersetzung des überblickenden Erzählens durch inszenierende Techniken des Bewusstseinsstroms haben das Erzählen auf die Dauer nicht einfach verdrängen können, sondern angesichts moderner Erfahrungen wie etwa dem Holocaust auch wieder notwendig gemacht.

Wer eine Geschichte erzählt, setzt die **Subjektivierbarkeit von Geschehnissen** voraus, d. h. kennt die Subjekte des Geschehens, ihre Zwecke und Ziele, er versteht es, die geeigneten Mittel zur Erreichung des Beabsichtigten einzusetzen und ihre Verwendung mit Blick auf das Resultat zu beurteilen. Erzählen heißt, für ein Ereignis einen zentralen Punkt zu suchen, dem Ereignis eine bestimmte, geschlossene Gestalt (Anfang, Mitte und Ende) zu geben, im Ereignisverlauf die wichtigen Wendungen bzw. Umschwünge markieren zu können, kausale und finale Zusammenhänge zu bilden und das Ganze so wirken zu lassen, als ob eine markante Stimme den Ereignisbericht hervorbrächte (White 1980, 11). Unabhängig davon, ob die erzählte Begebenheit im Resultat tatsächlich als ›episch gegliedert‹ und somit bewältigt erscheint, bietet die Erzählsituation als Rahmenbedingung des Erzählten eine verlässliche Orientierung, liefert eine Art Bezugssystem für ›beruhigendes‹ Verständnis oder – im negativen Fall – verstörendes Nicht-Verstehen. So wird durch ›Erzählung‹ begreiflich, warum und weshalb das eine vorfiel und das andere unterblieb, unter welchen Bedingungen erfahrungsbedingte Erkenntnisse durchkreuzt werden und weshalb ein und derselben Person so vielerlei widerfahren kann, dass sie es in ihrem Bewusstsein kaum noch ›zusammenbringt‹ und im Wirbel der Erfahrung an den Rand ihrer Identität gerät.

So stiftet das Erzählen, mehr als das Drama oder die Lyrik, jenen ›**Zusammenhang der Menschen und Dinge‹**, auf den es im Realismus immer wieder und unter wechselnden Vorzeichen ankommt. Keine ›Lebensechtheit‹, keine ›Gesellschaftskritik‹ und keine ›Wirklichkeitskonstruktion‹ kämen ohne die sich exponierende **Bindekraft**

des Erzählens zustande. Sie ist die elementare Voraussetzung der Erzählwerke, aber selbst auch Gegenstand einer fortschreitenden Selbstthematisierung und Infragestellung. Das heißt, sie gerät bei der Ausübung ihres ›Ordnungsamtes‹ unter ›Leistungsdruck‹, indem sie sich in immer weniger Fällen als ›Zusammenhang‹ stiftende Kraft bewähren kann. Auch und schon die Erzählkunst des 19. Jh.s vertraut nicht mehr auf die naive Sinnstiftung des ›süffigen Erzählens‹; überall machen sich die Widerstände und Brüche geltend, die aber eben nur dank der Erinnerung an das, was Erzählen ›eigentlich‹ leisten sollte, ins Auge fallen.

So vollzieht sich realistisches Erzählen im Spannungsfeld zwischen Sinn stiftenden und Sinn verweigernden, **illusionsbefördernden und desillusionierenden Darstellungsakten.** Im Glücksfall entstehen gleichsam paradoxe Werke, z. B. Romane über die Vergeblichkeit der Suche nach Sinn in einer Welt, wie sie ist, also der Desillusionsroman, der verständlich macht, was nicht zu verstehen ist (Balzacs *Verlorene Illusionen*, Kellers *Der grüne Heinrich*, Raabes *Der Hungerpastor*, Fontanes *Effi Briest*). Das setzt das realistische Prinzip nicht automatisch außer Kraft. Dass der Realismus nicht Wirklichkeit widerspiegelt, sondern Illusionen herstellt, die aber wie Wirklichkeit wirken, ist in der Realismus-Forschung seit langem bekannt (vgl. Brinkmann 1957, ³1977) und war schon den Realisten bewusst, so dass sie von der »Täuschung der Wirklichkeit« sprachen (Stifter zit. nach Begemann 1996, 5).

Ihrem erklärten Willen nach wollen die meisten Realisten (am wenigsten Raabe) ›objektiv‹ erzählen. Was meinen sie damit? In einer ersten Annäherung lässt sich feststellen, dass sie alles ›Subjektive‹ ausschalten bzw. soweit wie möglich reduzieren möchten. Als subjektiv gelten ihnen im weitesten Sinne alle willkürlich vermittelnden Akte bei der narrativen Einrichtung von Welten, also insbesondere die Einmischung des auktorialen Erzählers. Nun ist aber das Epische geradezu ein Inbegriff der Vermittlung. Anders als dem Dramatischen ist ihm die Subjektposition, also die Entstehung der erzählten Welt aus der Perspektive des sprechenden Ich als Erzählerinstanz unlöschbar eingeschrieben, so dass, wenn sich das **Objektivitätsideal der Realisten** narrativ verwirklichen soll, immer mit Spannungen und Reibungen zu rechnen ist, die sich mehr oder weniger lindern, aber eben nicht beseitigen lassen. So kann das Willkürliche in der unvermeidbaren Subjektzentrierung aller Erzählakte dadurch abgeschwächt werden, dass dieses Subjekt sich eben nicht verbirgt oder aus der erzählten Welt ausklammert, sondern ins Zentrum des Berichteten rückt, sich als Erlebnissubjekt ausweist, wodurch das Ganze eine Ich-Erzählung wird (vgl. Spielhagen: *Beiträge*). **Objektivität heißt hier motivierte Subjektivität**; eingebüßt wird dadurch jenes Maß an Glaubwürdigkeit, die dem Objektivitätsideal innewohnt, doch kann die ›Authentizität‹ dadurch zunehmen. Es ist klar, dass solche Erzähler nicht nur etwas darstellen bzw. von sich bekennen, sondern dass sie auch einiges verheimlichen, immer aber so, dass sie sich aus der Sicht der aufmerksamen Lektüre in Widersprüche verwickeln, die mehr preisgeben, als es das Erzähler-Ich für möglich halten könnte (Stifters Ich-Erzähler Heinrich Drendorf im *Nachsommer*, Storms Chronisten-Ich in der *Chronik von Grieshuus*, Raabes Jurist in den *Akten des Vogelsangs*, ja sogar die auktorialen Erzähler in Meyers *Gustav Adolfs Page* oder Fontanes *Ellernklipp*).

Statt dieser durch die erzählte Geschichte motivierten Subjektivierung des Berichterstatters lässt sich Objektivität auch durch die Zurücknahme aller genuin episch vermittelnden Akte erzielen. An ihre Stelle rücken inszenatorische Techniken, die zu **personalen, neutralen oder szenischen Erzählweisen** führen. Hier scheint es so, als ob noch nicht einmal ein »Geist der Erzählung« (Th. Mann: *Der Erwählte*) eingriffe. Den Realisten, die eine gegenwärtige Welt darstellen wollen, kommt diese anti-epische Tendenz, die Aufhebung jener Funktion, die vom »raunenden Beschwörer des Imperfekts« (Th. Mann: *Der Zauberberg*) ausgeht, sehr gelegen, erzielen sie doch damit ihre brisanten, aktuellen Wirklichkeitsbilder. Wenn sie nicht endgültig auf die epische Funktion der Herstellung von Distanz, Vergangenheit und Vergänglichkeit verzichten, so liegt das an ihren kritischen Absichten, an ihrer Sensibilität gegenüber ›antizipierten Ruinen‹ (vgl. Benjamin 1982, V/1, 59). Sie sehen schon in den neuen Gebäuden der Gründerzeit die Risse, die auf ihren baldigen Einsturz vorausdeuten. So unterliegen selbst ihre ›Inszenierungen‹ dem epischen Prinzip, Vergangenheits- und Vergänglichkeitsbewusstsein zu stiften.

Es ist die sinnstiftende Form des Erzählens, die gerade den Realisten zu einem verantwortungsvollen Umgang mit jener Realität verpflichtet, die er mit offenen und klugen Augen erkunden will (vgl. Kellers *Martin Salander*). Seine Hinwendung zur Wirklichkeit macht ihm aber auch die eigene Sichtweise bewusst, ja problematisch. Mithin hängen **Realismus und Erzählperspektive** eng zusammen. Keineswegs genügt es, dafür zu sorgen, dass die gewählte Perspektive nichts einfärbt oder gar ›bricht‹. Mehr denn je erweist sich die Perspektivenwahl als entscheidender Schlüssel zu jener aktuellen Wirklichkeit, auf die es die Realisten abgesehen haben. Für gewöhnlich sehen sie selbst oder lassen ihre Figuren nach ›normalen Regeln‹ sehen: das Nahe groß, das Ferne klein, das Nebeneinanderliegende und gleichzeitig Passierende hängt zusammen, und das Disparate driftet zwar auseinander, kann aber unterschwellig zusammenwirken. Doch nicht jede glatte Schale umhüllt einen glatten Kern, nicht jedes Indiz weist automatisch auf seine Ursache, weil Vieles gerade auch unter der Oberfläche und gegen den Schein wirkt. Dennoch entspricht die realistische Perspektive zunächst dem, was als selbstverständlich gilt. Erst die begegnenden Konflikte weisen darauf hin, dass hier nicht alles stimmt. Denn gerade gegenüber den Verordnungen des programmatischen Realismus, die Dinge nur so zu sehen, wie sie zu sein haben, beginnen die umsichtigen Realisten zunehmend zu protestieren.

Der realistische Blick ist eben nicht nur gläubig, sondern eher skeptisch: Der Schein trügt, und zwar je schöner, desto gefährlicher, und die Perspektive zeigt nichts, blendet aus oder rückt nur unzuverlässig wechselnde Zielbilder in den Fokus. Ob der Realist in jedem Fall bei seinem ›normalen‹ Standort und Bezugssystem verharrt oder ab welchem Punkt er beides verlässt, ist nicht leicht festzustellen. Die Realität der pathologisch beeinträchtigten Wahnperspektive, wie sie in der modernen Literatur begegnet (vgl. Maupassant: *Der Horla*), scheint ihm fremd zu sein; aber schon der grüne Heinrich kann sie erfahren, wenn er seine Bilder ›sieht‹. Die Welt unter jener besonderen Perspektive zu sehen, die es ermöglicht, zu erkennen, wie die Wirklichkeit eigentlich ist, gilt als Signatur des Realismus. Beim Einlösen dieses nach wie vor fundamentalen Anspruchs ergibt sich immer wieder, dass die gewählten Perspektiven nicht das zeigen, was man von ihnen erwartet hat. Solange der Erzähler nur ›von oben‹ blickt, bleiben ihm Enttäuschungen erspart; erst wenn er sich ›mitten drin‹ umschaut, erlebt er, was alles passieren kann, wenn er seine ›Augenblicke‹ nicht idealistisch überwacht, sondern ihnen freien, eben ›realistischen‹ Spielraum lässt.

Wenn der Erzähler schweigt, ist die Erzählung für gewöhnlich zu Ende. Nicht so bei allen Realisten, schon gar nicht bei Theodor Storm oder Conrad Ferdinand Meyer, deren Novellen oft von einer **Rahmenerzählung** eingefasst werden, die dem Erzähler Gelegenheit gibt, über die Geschichte hinaus weiterzusprechen, oder die doch zumindest zeigt, wie das Erzählte ausläuft bzw. nachklingt. Wenn hier wirklich noch etwas geschehen sollte, so ist für diesen Bericht selbstverständlich wieder ein Erzähler zuständig, manchmal derselbe, oft aber ein anderer. Und wenn endlich dieser zweite Erzähler schweigt, dann ist die Erzählung wirklich zu Ende, aber doch wohl anders als beim ersten oder einzigen Mal. Denn es hat sich ja gezeigt, dass ein Erzählende auch nur ein vorläufiges sein mag und ›Revisionen‹ stets erfolgen können. Man muss Meyers *Amulett* zu Ende gelesen haben, um dem Erzähler Schadau bei der notwendig gewordenen zweiten Lektüre mit veränderter Einstellung ›zuhören‹ zu können.

Nun geht es nicht nur um die Frage, ob und wie die vermeintlich zu Ende erzählte Geschichte weiterverlaufen könnte oder nochmals zu lesen sei, sondern ob der Sinn, den das Ende der Geschichte erreicht und besiegelt hat, wirklich der definitive und endgültige ist oder ob er sich nur als Kulisse erweist, hinter dem etwas anderes verborgen liegt. Wenn das Erzählen etwas mit Sinnstiftung zu tun hat, so verwalten die Rahmen(erzählungen) die ›**Vor- und Nachzeichen**‹ der **Binnengeschichten** und ihrer Perspektiven; als erzählte Gebilde drohen diese ›Wertgeber‹ sich freilich selbst zu relativieren oder gar als ›herrschende‹ Perspektive zu entlarven. Realisten sind keine Romantiker, die zur Spekulation bereit, der progressiven Universalpoesie das Wort reden, aber sie können trotz ihrer Affekte gegen die Reflexionspoesie nicht davon absehen, dass ihre eigenen Erzählungen das bewirken, was die erzählten Schicksale in Abrede stellen; wo die Perspektive als menschlich fehlbare versagt, kann sich die ihres Zieles gewisse Perspektive nicht als menschliche profilieren. Deshalb wohnt dem realistischen Erzählen eine metakritische Komponente inne, die das Einzelne reflektiert, die (sogenannte objektive) Perspektive vervielfältigt und die singuläre Geschichte mit ähnlichen Texten (Subtexten) unterlegt.

1.2 Anschauliches Erzählen

Anschaulich erzählt, wer sein Publikum sehen lässt, worüber er schreibt, ohne es abzubilden (vgl. grundsätzlich Willems 1989). Anschauliches Erzählen setzt eine Gemeinsamkeit zwischen Erzähler und Publikum in der Art des Blicks voraus oder erwirkt sie. Ihrem typischen Ansatz entsprechend, schreiben Realisten mit geöffneten Augen. Sie beschreiben, was sie sehen im Wissen darum, dass alle, die ihre Schrift gerade lesen, das Beschriebene zwar jetzt nicht sehen, aber sehen könnten, wenn sie sich, angeregt durch die Macht des Wortes, in die entsprechende Lage versetzten; anschauliches Erzählen ermöglicht und bezweckt dieses **Hineinversetzen**. So entsteht die Wirklichkeit als sicht- und beschreibbare Welt; gleichzeitig offenbaren sich **Schreiben und Lesen als welthaltige Wahrnehmungsformen**. In solcher Anschaulichkeit liegt das Muster für eine begreifbare Ordnung der Dinge. Und dennoch kommen die Realisten nicht umhin, mehr zu bemerken, als sie eigentlich sehen können. Da sie alles und insbesondere das ›Wesentliche‹ sehen möchten und dennoch wissen, dass sie nur Teile, Ränder oder Ausschnitte erblicken, geraten sie schon beim bloßen Sehen und dem Einrichten der Blickperspektive ins Denken, Schlussfolgern, Spurenlesen und Werten. Und das geschieht oft schon am Beginn einer Erzählung.

»Ostrau ist eine kleine Kreisstadt unweit der Oder [...].« Wenn dies ein typisch realistischer Auftakt ist – der Ruf und die Wirkung von Gustav Freytags Roman *Soll und Haben* bekräftigen dies unbedingt – so bedeutet, einen Roman realistisch zu beginnen: **die Leser in einer vorausgesetzten, aber nicht in allen Winkeln bekannten Welt zu orientieren**. Dazu gehört eine bestimmte Art des Wissens (Orts- und Zeitkenntnis,

Hintergrundinformation), das einen Rahmen absteckt, in dem man nicht nur ein ›neues‹ Bild erwartet, sondern in den man beim Nähertreten sogar hineinschlüpfen kann. Der anonym bleibende Erzähler empfiehlt sich als Führer, der strenggenommen vorausgehen müsste; da er aber weiß, dass er in dieser vorverlegten Position seinem ›Gefolge‹ den Rücken zukehren müsste, hält er sich lieber seitab, führt nicht eigentlich, sondern begleitet unauffällig. Dass er selbst ein Ich ist, und zwar ein eigenartig mächtiges, das nicht nur alles sieht und weiß und sicher, aber durchaus parteiisch zu beurteilen versteht, wird sich erst im Laufe der Erzählung zeigen, wenn alle, die ihm bis dahin gefolgt sind, längst unerschütterliches Vertrauen zu seiner Leitung gefasst haben. Der Anfang eines realistischen Erzählwerkes bleibt eine empfindliche, heikle Stelle, denn er muss glaubwürdig kompensieren können, was der eigentliche Anfang, die Gattungszuordnung im Untertitel, ja auch Motto und andere Paratexte, als bloße Erfindung eingestehen, ja sogar eingestehen müssen. So sichert »Ostrau« als Name, den man auf der Landkarte finden kann, den Boden für jenen kurzen Weg, der binnen eines einzigen Abschnitts ins Reich einer »Erzählung« führt, wo ein »Held« – noch immer in »Ostrau« – nunmehr aber nach dem Willen der Erzählung »[h]inter einer weißen Gardine« fiktional geboren wurde.

Das erste Kapitel von *Soll und Haben* ist kaum zu seinem Abschluss gelangt, da macht sich der orts- und personenkundige Erzähler noch in anderer Hinsicht bemerkbar; er lässt nicht nur sehen und teilnehmen, er gibt sogar zu bedenken, was wohl nur er sicher weiß. Eigentlich heißt anschaulich zu erzählen soviel wie, auf Reflexion zu verzichten. Aber es mag auch vom Inhalt abhängen, vom Ton der Stimme, dem erworbenen Vertrauen und abermals vom **anschaulich bleibenden Stil des Reflektierens**, ob ein eingeschalteter Erzählerkommentar die Wanderung durch die imaginäre Welt stört oder befördert. In dem Moment, wo der Held der Erzählung das »Leitseil« für sein zukünftiges Leben entdeckt, meldet sich der Erzähler zu Wort, sorgt für eine distanzierte Betrachtung, die freilich nicht ›aus dem Bilde fällt‹, vielmehr gerade seine Wahrheit zur Geltung bringt und vor skeptischem Zweifel in Schutz nimmt:

> »Man sage nicht, daß unser Leben arm ist an poetischen Stimmungen, noch beherrscht die Zauberin Poesie überall das Treiben der Erdgeborenen. Aber ein jeder achte wohl darauf, welche Träume er im heimlichsten Winkel seiner Seele hegt, denn wenn sie erst groß gewachsen sind, werden sie leicht seine Herren, strenge Herren!« (14)

Die Marotte eines philiströsen Beamten – der Vater des Romanhelden neigt dazu, durchaus erklärbare Ereignisse trotzdem für Zufall zu halten – hat im Lichte der zitierten Ermahnung weitreichende Folgen, und zwar nicht nur im »bunten Gewebe« (239) des Erzählgespinstes, sondern in »unser[em] Leben« überhaupt, berührt eine kritische Schaltstelle, die über Herrschaft und Knechtschaft jenseits des Erzählten entscheidet. So **verwandelt sich der ortskundige Führer in einen providentiellen Weltrichter**, der wie eine Autorität des barocken Zeitalters sprechen kann:

> »Lege deinen Brautschmuck ab, schöne Rosalie, wirf das goldene Armband mit Türkisen in die finstere Ecke des Hauses, wo der Moder an den Wänden sitzt und nie ein Lichtstrahl auf Gold und Edelsteine blitzt. [...] Sieh ihnen nach, wie sie im Lichtscheine des Fensters flattern und in dem Dunkel verschwinden; sie fallen hinab in den Schmutz der Straßen, und der Fuß der Vorübergehenden bedeckt sie mit Schlamm.« (817)

Das ist der Ton jener Anschaulichkeit, den der Programmatische Realismus meinte und empfahl.

Anschaulichkeit wächst mit zunehmender Kontrastbildung. Nicht Differenzierung, sondern **Polarisierung** trägt zu ihrer Steigerung bei. So mündet das anschauliche Erzählen im ›eindimensionalen‹ Ordnungsgefüge des Märchens und seiner allegorischen Verteilung von Gut und Böse. Da der Roman aber weiterhin realistisch ›dreidimensional‹ bleibt, entstehen aus märchenhaften Schwarzweißzeichnungen und allegorischen Gegensätzen reale, zukunftsweisende Feindbilder, entstehen antisemitische Affekte, rassistische Vorurteile und nationale Propaganda (830). Das ist der Preis, den der vor Augen geführte Romanschluss kostet, von dem der Erzähler nicht eigentlich berichtet, sondern den er als Fest seinen Figuren zu feiern gebietet:

> »Schmücke dich, du altes Patrizierhaus, freue dich, du sorgliche Tante, tanzet, ihr fleißigen Hausgeister im dämmerigen Flur, schlage Purzelbäume auf deinem Schreibtisch, du lustiger Gips! Die poetischen Träume, welche der Knabe Anton in seinem Vaterhause unter den Segenswünschen guter Eltern gehegt hat, sind ehrliche Träume gewesen. [...] Das alte Buch seines Lebens ist zu Ende, und in eurem Geheimbuch, ihr guten Geister des Hauses, wird von jetzt ab ›mit Gott‹ verzeichnet: sein neues Soll und Haben.« (836)

Selbstverständlich muss nicht jede Geschichte, die mit »Ostrau ist eine kleine Kreisstadt unweit der Oder« beginnt, so enden. Nach einer anschaulich exponierten Welt kann sich bis zum Ende noch vieles ändern. Sogar das Verlaufsmuster von zwischenzeitlicher Störung und endlicher Beruhigung vermag unterschiedliche Formen anzunehmen, wie Gottfried Kellers Roman *Der grüne Heinrich* in seiner Erstfassung zeigt.

> »Zu den schönsten von allen in der Schweiz gehören diejenigen Städte, welche an einem See und an einem Flusse zugleich liegen, so, daß sie wie ein weites Tor am Ende des Sees unmittelbar den Fluß aufnehmen, welcher mitten durch sie hin in das Land hinauszieht.« (SW II, 11)

Das ist keine minder glaubwürdige **Einladung zum Betreten der Region und zur Mitfahrt**, das ist sogar ein unverhohlenes Städtelob, das die Eröffnung der Geschichte und die Einführung ihres Helden merklich hinauszögert. Abermals fällt der Blick auf eine Region, die sich auch auf der Landkarte wiederfinden lässt; doch schon der erste Relativsatz erzielt eine merkwürdige Oszillation der Stadt, die nicht bloß unweit eines Flusses, sondern »an einem See und an einem Flusse zugleich« liegt. So entsteht nicht nur eine anschauliche Beschreibung, sondern das sichtbare Bild eines Tores, das Ein- und Ausgang als abstraktere Momente zur Anschauung bringt; und es zeichnet sich ab, dass der Blick, der zunächst im ruhenden Zustand von oben fällt, sich angesichts des Erblickten mitziehen lässt, ein wahrgenommenes Schiff besteigt und damit in Bewegung gerät. Das unpersönlich gebrauchte »man« ersetzt hier nicht nur das auktoriale Ich (erst später begegnet ein »unser«), sondern impliziert auch den Leser, der nicht nur prompt ins Bild versetzt wird, sondern, vom Strom getragen und bewegt, das ihn umgebende Einzelne und Begrenzte sozusagen mustergültig »in *einem* zusammenhängenden Kranze« (ebd.) wahrzunehmen lernt. Die topographische Genauigkeit bereitet eben nicht nur auf ein festgefügtes Ordnungssystem vor, sondern führt **im Bild des bewegten Blickpunktes die ›Relativität‹ des Wahrnehmens** vor Augen: Vermeintlich selbständige Einheiten (die Dörfer) verschlingen sich zur Kette, offensichtlich Feststehendes, am Wasser Liegendes (die Stadt) steigt »aus den blauen Wassern« (wie später Judith), und der ortskundige Blick bringt »unvermerkt« Bilder einer Traumvision hervor. Solche Blickwechsel trüben nicht etwa die klare Sicht, befördern nicht nur eine gebrochene oder wahnhaft verzerrende Perspektive, vielmehr wahren sie **das rechte Augenmaß für die Dinge**, das den Wert einer »geistig bedeutsamen und schönen Stadt« nicht verkennen kann. Besiegelt wird diese Einrichtung des Wahrnehmens durch ein allegorisches Bild (»kristallener Gürtel«, 13), das nicht eigentlich gezeichnet, sondern als Denkmöglichkeit vorgeschlagen wird, um einen wertvollen Zusammenhang zu versinnbildlichen.

Das alles sind **auktoriale Voraussetzungen für Anschaulichkeit.** Sie steuern gleichermaßen sicher die Sympathie mit und die Antipathie gegen die Erscheinungen der Welt, so dass sich klar zwischen denjenigen unterscheiden lässt, die »mit einfachem Sinn das Rechte zu treffen« (11) verstehen, und jenen anderen, die »in wunderlichem Aufputze« (12) nebenher rasseln. So wird ein anschaulicher Rahmen abgesteckt, in den die folgende Geschichte eingesenkt wird und von dem sie ihren Wert erhält. Denn es kann nach allem Gesehenen nicht gleichgültig bleiben, wie man sich sein Leben angesichts eines so beschriebenen Ortes weiterhin einrichtet.

Der Weg, auf dem der Erzähler den Leser ›anschaulich‹ zu seinem Helden führt, ist in Kellers Künstlerroman länger als in Freytags Kaufmannsroman. Er führt von der wiedererkennbaren Wirklichkeit erst über die denkbare Allegorie zu jener »eingebildete[n]« Stadt, die eine günstige Pflanzstätte für das »grüne Reis der Dichtung« bietet. So dient die **Wirklichkeit als »Beispiel«,** an dem sich das »Gefühl der Wirklichkeit« ausbilden kann; und der Zweck dieses Gefühls liegt merkwürdigerweise darin, »dem Bedürfnis der Phantasie größere[n] Spielraum« zu gewähren und »alles Mißdeuten« zu verhüten. Das Prinzip der Anschaulichkeit ist demnach mit grundlegenden Momenten der künstlerischen Wirkung verbunden. Es ist sowohl Zweck als auch Mittel und gilt im konkreten wie übertragenen Sinn.

Anschaulichkeit scheint mit klarer und weiter Sicht verbunden zu sein. Von daher könnte sich ein Zusammenhang mit dem auktorialen Erzählen ergeben. Aber auch hier entfaltet sich eine Dynamik, die im Namen der klaren Sicht zu einer die unmittelbare Sicht beeinträchtigenden Differenzierung führt. Zunehmend werden sich die **auktorialen Instanzen** ihrer besonderen, zeitgemäßen Schwierigkeit, ja ihrer Not bewusst, Wie George Eliots Erzählerin verabschieden sie sich dann definitiv vom gemütlichen Plaudern (»chat«) im Lehnsessel, das anschauliche Bilder über Gott und die Welt entwirft, und bekennen, dass sie alle Hände voll zu tun hätten, das gewaltige Knäuel der menschlichen Schicksalsfäden nur einigermaßen übersichtlich zu entwirren (*Middlemarch*, Kap. 15). Auch Raabe beginnt, seine zunächst souveränen Erzähler (vgl. *Der Hungerpastor*) im Laufe seiner schriftstellerischen Entwicklung zunehmend in ihre Erzählungen zu verstricken: »Wir haben unsern Lesern immer gern die Tageszeit geboten, aber so schwer wie diesmal ist uns das noch nie gemacht worden« (*Höxter und Corvey*). **An die Stelle der Anschaulichkeit tritt Reflexion,** die das Sehen immer problematischer macht und den Effekt der Anschaulichkeit ›anschaulich‹ beeinträchtigt.

1.3 Wirklichkeiten nach dramaturgischem Zuschnitt

Was sich in der Form der schriftlichen Erzählung als zwar zu lesende, aber eigentlich anzuschauende Wirklichkeit bietet, kommt nicht allein dank erzählerischer Formkräfte zustande. Im Gegenteil, wer richtig erzählt, berichtet ja von Umständen, Themen, Sachverhalten und Konflikten, die bereits weit zurückliegen und somit längst ›erledigt‹ bzw. ›gelöst‹ sind. Doch gerade die Erzählungen des Realismus rücken eine gegenwärtige Welt voller aktueller Konflikte in den Vordergrund, und keiner dieser Konflikte liegt als endgültig gelöster so weit zurück, dass sich von ihm im eigentlichen Wortsinn erzählen ließe. **Wenn Realisten erzählen, dramatisieren sie ihre Geschichten.** Sie tun das nicht um der unterhaltsamen Spannung willen, sondern um der Konflikte, deren Funken die Leuchtkraft der Erzählung ausmachen, obwohl es eigentlich nie (in der Trivialliteratur aber schon) einen ›dramatischen‹ bzw. ›tragischen Helden‹ gibt, der je eine Chance zum ›Handeln‹ gehabt hätte. Doch nur die Profilierung der Wirklichkeit als konfliktträchtiges Feld führt zu jener kritischen Gesellschaftskunst, für die der Realismus des 19. Jh.s berühmt ist.

Hierbei geschehen eigenartige Verschiebungen. Das dramatische Muster der Kollision setzt Handlung und Gegenhandlung voraus. Im realistischen Roman treffen aber nicht Subjekte, und schon gar nicht autonome, aufeinander, vielmehr geraten einerseits Personen und andererseits ›Verhältnisse‹ bzw. ›Institutionen‹ gegeneinander. Natürlich stehen hinter den Verhältnissen und Institutionen auch Subjekte; doch vermögen sich die ›Einrichtungen‹ der Menschen dergestalt zu verselbständigen, dass sie von ihrem personalen Bezug nichts mehr ›wissen‹ und ›automatisch‹ handeln. So kommt es im realistischen Roman zu den tragischen oder komischen **Konflikten zwischen Individuum und Gesellschaft**, so verschränken sich Phasen des Wollens mit Phasen des Müssens und profilieren nach dem Verlaufsmuster der pyramidalen Dramenform (zu Gustav Freytags Dramentheorie vgl. Kap. IV.1.2) Geschichten mit halsbrecherischen Wendungen.

Zu den »für den Roman passendsten Kollisionen« zählte **Hegel** in seiner *Ästhetik* den »**Konflikt zwischen der Poesie des Herzens und der entgegenstehenden Prosa der Verhältnisse** sowie dem Zufalle äußerer Umstände« (III, 393). Diese »Poesie des Herzens« meint – laut Hegels Auskunft über das »Romanhafte« – die beliebig reproduzierbare und doch geschlossene Reihe der »Individuen mit ihren subjektiven Zwecken der Liebe, Ehre, Ehrsucht oder mit ihren Idealen der Weltverbesserung« (II, 219). Als »Prosa der Verhältnisse« gilt die »feste, sichere Ordnung der bürgerlichen Gesellschaft und des Staates« mit ihren polizeilichen, gerichtlichen, militärischen und politischen Regelungen. Zum Konflikt bzw. zur Kollision kommt es nicht wie in der Tragödie infolge einer notwendigen Verkettung – dagegen spricht die Präsenz des Zufalls –, sondern durch Versteifung und Verhärtung in Fällen, wo Besinnung, Nachgeben, Verhandlung oder Reform grundsätzlich zur Schlichtung oder Milderung beitragen könnten.

> »Da schrauben sich nun die subjektiven Wünsche und Forderungen in diesem Gegensatze ins Unermeßliche in die Höhe; denn jeder findet vor sich eine bezauberte, für ihn ganz ungehörige Welt, die er bekämpfen muß, weil sie sich gegen ihn sperrt und in ihrer spröden Festigkeit seinen Leidenschaften nicht nachgibt, sondern den Willen eines Vaters, einer Tante, bürgerliche Verhältnisse usf. als ein Hindernis vorschiebt.« (II, 219)

Wer die Helden und Heldinnen des europäischen Realismus – von Balzacs *Verlorenen Illusionen* über Flauberts *Madame Bovary*, Tolstojs *Anna Karenina* und Fontanes *Effi Briest* bis Claríns *Die Präsidentin* – unter diesem Blickwinkel sieht, kann ahnen, was Hegel richtig gesehen und doch falsch oder zumindest leichtfertig eingeschätzt hat: die **Tragik der Kollisionen im Alltag quer zur Ständeklausel** und die Erhaltung oder gar Steigerung der Fallhöhe nach Abschaffung dieser klassizistischen Regel.

Die Erzählungen des Realismus erinnern an Erfahrungen, an »Lehrjahre« im Hegel'schen Sinn, in denen es tatsächlich um Konflikte »zwischen der Poesie des Herzens und der entgegenstehenden Prosa der Verhältnisse« geht. Aber schon die

Darstellung der Kollision und vor allem ihre Lösung, wählen andere Wege. Nach Hegel boten sich drei Lösungen, die aber eigentlichen keine ›Lösungen‹ eines tragischen Knotens, sondern Auswege aus einem »Zwiespalt« darstellen:

> »[…] ein Zwiespalt, der sich entweder tragisch oder komisch löst oder seine Erledigung darin findet, daß einerseits die der gewöhnlichen Weltordnung zunächst widerstrebenden Charaktere das Echte und Substantielle in ihr anerkennen lernen, mit ihren Verhältnissen sich aussöhnen und wirksam in dieselben eintreten, andererseits aber von dem, was sie wirken und vollbringen, die prosaische Gestalt abstreifen und dadurch eine der Schönheit und Kunst verwandte und befreundete Wirklichkeit an die Stelle der vorgefundenen Prosa setzen.« (III, 393)

Es ist kein müßiges Unterfangen, diese vorrealistische Theorie auf Werke des Realismus anzuwenden, dies aber nicht, um Deckungsgleichheit zu ermitteln, sondern um Differenzen nachzuweisen, die auf die veränderte Lage der Erzählkunst im späten 19. Jh. aufmerksam machen. Was Hegel unter einem **tragischen Lösungsweg** versteht, ließe sich mit Blick auf Kellers *Grünen Heinrich* (1. Fassung) modifiziert weiterdenken. Die komische Lösung wäre an Fontanes *Frau Jenny Treibel* zu verifizieren; und Kellers zweiter Roman *Martin Salander* wäre wohl mit dem Lösungsweg des ›Schauspiels‹, bei Hegel die ›dritte dramatische Gattung‹ abzugleichen. Jene Lösung, die dadurch zustande kommt, dass der zunächst widerstrebende Held sowohl das ›Recht der Wirklichkeit‹ erkennt als auch das bloß Nüchterne ihres Rechthabens beseitigt, könnte an Freytags *Soll und Haben* ausgemessen werden.

Hegel charakterisiert an anderer Stelle seines poetischen Systems noch eine weitere Schluss-Variante, die nicht unbedingt in den genannten **Lösungsmöglichkeiten** aufgeht:

> »Denn das Ende solcher Lehrjahre besteht darin, daß sich das Subjekt die Hörner abläuft, mit seinem Wünschen und Meinen sich in die bestehenden Verhältnisse und die Vernünftigkeit derselben hineinbildet, in die Verkettung der Welt eintritt und in ihr sich einen angemessenen Standpunkt erwirbt. Mag einer auch noch soviel sich mit der Welt herumgezankt haben, umhergeschoben worden sein, zuletzt bekommt er meistens doch sein Mädchen und irgendeine Stellung, heiratet und wird ein Philister so gut wie die anderen auch; die Frau steht der Haushaltung vor, Kinder bleiben nicht aus, das angebetete Weib, das erst die einzige, ein Engel war, nimmt sich ungefähr ebenso aus wie alle anderen, das Amt gibt Arbeit und Verdrießlichkeiten, die Ehe Hauskreuz, und so ist der ganze Katzenjammer der übrigen da.« (II, 220)

Auch dieses Schluss-Muster bietet einen guten Standort für die Einschätzung der Konfliktgestaltung in realistischen Werken. Ahnen lässt sich, unter welchen Bedingungen der Protagonist »solcher Lehrjahre« überlebt (vgl. den grünen Heinrich der überarbeiteten Fassung), wieviel Lebensenergie, Vitalität in den ›abgestoßenen Hörnern‹ steckt (vgl. Effis kurzen Lebenslauf), in welchem Ausmaß die »bestehenden Verhältnisse« mit der »Vernünftigkeit derselben« kompatibel sind, auf dass man sich in sie nach Hegel ›hineinbilden‹ kann (vgl. Raabes *Akten des Vogelsangs*), was einen »angemessenen Standpunkt« in einer ›verketteten Welt‹ ausmacht (Anton Wohlfarts besiegeltes Glück in *Soll und Haben*) und welchen Wandlungen ein »Mädchen« unterworfen ist, das ›man‹ zu seinem Glück »bekommt« (Emma Bovary). Es mag wenige realistische Romane geben, die Hegels »Katzenjammer« in seinem vollen Ausmaß vergegenwärtigen. Fast aber ließe sich sagen, dass alle Possen des Theaterdichter Johann Nestroy, gerade auch mit Blick auf ihre gebrochenen glücklichen Ausgänge (vgl. Yates 1988), diesen Hergang anschaulich schildern.

1.4 Formen und Tendenzen des Romans: Friedrich Theodor Vischer

Realistische Erzählungen unterschiedlicher Länge handeln von Menschen in relativ konkreten, wiedererkennbaren, gesellschaftsgeschichtlich verorteten Verhältnissen (Ehe, Familie, Nachbarschaft, Schule, Beruf und Freizeit). So gesehen, sind sie alle **Gesellschaftserzählungen**, ganz gleich ob sie ein Individuum oder eine Gruppe in den Vordergrund rücken, ob sie in Roman- oder Novellenform begegnen und ob sie in der Gegenwart (Zeitroman) oder Vergangenheit (historischer Roman bzw. Novelle) spielen; auch die Dorfgeschichte, die bei der Konsolidierung des Realismus eine Vorreiterrolle spielt, handelt von gesellschaftlichen Prozessen. Als Erzählungen profilieren alle diese Geschichten individuell unterscheidbare Subjekte, deren Lebensweg oder Lebensausschnitt für sich interessiert. Aber weil sie Gesellschaftsbilder sind, knüpfen sie Netze, in denen diese Individuen auch wieder aufgehen, sich verlaufen oder mit anderen kreuzen; so entstehen weitverzweigte Beziehungsgeflechte und Strukturen, die – je nachdem, was ›Netz‹ bedeutet – sicher tragen oder jäh gefangen nehmen, stützen oder würgend umschlingen. Individualität und Typik, eminente Eigenart und repräsentative Symptomatik sind die Eckpunkte der sozialen Erzählordnung im Realismus.

Laut **Friedrich Theodor Vischers Ästhetik**, die sich auf Hegel beruft, basiert die Romanform »auf dem Geiste der Erfahrung [...] und ihr Schauplatz ist die prosaische Weltordnung, in welcher sie aber die Stellen aufsucht, die der idealen Bewegung noch freieren Spielraum geben« (VI, 174). Die Anbindung der Romanform an die »erfahrungsmäßig erkannte Wirklichkeit« (VI, 176) bewirkt, dass »die ganze Dichtart [...] ihrem innersten Wesen« nach als »realistisch« (VI, 186) gelten muss. Unter »**prosaischer Einrichtung der Dinge**« versteht Vischer

- die Loslösung der öffentlichen Tätigkeit von individuellen Initiativen,
- die Auffassung von Dienst als Pflicht,
- die Teilung und Vervielfältigung der Arbeit,
- die »Erkältung der Umgangsformen«,
- die Mechanisierung der technischen Produkte« und
- die »Raffinierung der Genüsse« (VI, 176).

Angesichts dieses modernen Weltzustandes ist es dem Roman aufgetragen, »der Poesie auf diesem Boden der Prosa ihr verlorenes Recht« wieder zu erringen (VI, 177). Das kann auf verschiedenen Wegen geschehen und führt zu unterschiedlichen **Fundstellen des Poetischen** in der prosaischen Wirklichkeit:

- Der Roman wendet sich der Vergangenheit zu, um dort noch dominant poetische Epochen aufzusuchen. Das ist Sache des ›**historischen Romans**‹, der nostalgisch auf eine ›gute Zeit‹ zurückblickt.
- Er folgt seiner »natürlichen Richtung« und sucht in der Gegenwart jene »grünen Stellen« (VI, 177), wo sich das Poetische noch vereinzelt erhalten hat. Das ist Sache des moderat **idyllischen Gegenwartsromans**.
- Er richtet gezielt »offene Stellen« (ebd.) ein, die einen Durchblick auf das Ungewöhnliche ermöglichen (z. B. die Figur der Mignon in Goethes Roman). Das geschieht im **romantischen Roman**.
- Er erfindet auffallende bzw. überraschende Begebenheiten (auch »Zufälle«, ebd.) und bleibt damit seiner Herkunft aus dem **Ritter- und Abenteuerroman** treu.
- Er konzentriert sich darauf, das Ideale aus der Prosa herauszuarbeiten; das heißt, »er sucht die poetische Lebendigkeit da, wohin sie sich bei wachsender

Vertrocknung des öffentlichen geflüchtet hat: im engeren Kreise, der Familie, dem Privatleben, in der Individualität, im Innern« (VI, 178). Das ergibt den **Individualroman.**

Die letzte Möglichkeit ist nach Vischer die umfassendste. Sie erlaubt es, jedes **Romangeschehen als einen »Bildungsgang«** aufzufassen, der sich »auf dem Schauplatz der Erfahrung« vollzieht, das Motiv der Liebe ins Zentrum rückt, den Helden nicht eigentlich handeln, sondern ›wirken‹ lässt und ihn zum »verarbeitende[n] Mittelpunkt« umfunktioniert, »in welchem die Bedingungen des Weltlebens, die leitenden Mächte der Kultursumme einer Zeit, die Maximen der Gesellschaft, die Wirkungen der Verhältnisse zusammenlaufen« (VI, 180). Durch die »**Schule der Erfahrung**« zu gehen und ›**vom Leben erzogen**‹ zu werden, kennzeichnet das realistische Format des modernen Romans, auch wenn an seinem Ende die **Desillusionierung** oder zumindest die **Resignation** überwiegen sollte.

Wie Hegel geht auch Vischer von einem dramatischen Verlauf solcher Bildungsgänge aus; doch nimmt bei ihm das erzählte Drama noch dezidierter verinnerlichte Züge an. Die »Schlachten des Romans« meinen »Kämpfe des Geistes«, »Krisen der Überzeugung« und Konflikte des »Gefühlslebens« (VI, 181). Daraus ergeben sich – nach Stoffgebieten gesichtet – verschiedene **Möglichkeiten, Tendenzen und Formen des Romans:**

- Der **aristokratische Roman** entdeckt das »Poetische« dort, wo es sich noch ›vornehm konserviert‹ hat (vgl. VI, 185) und entfernt sich somit am stärksten von dem realistischen Wesen des Romans. Danach richtet sich zuweilen auch der Künstlerroman.
- Der **Volksroman** (und seine Varianten Dorfroman und Dorfgeschichte) setzt dagegen auf das ›Poetische‹, das schelmengleich und subversiv von unten kommt und den »Geist der Enttäuschung und Erfahrung, der Erkenntnis der Argheit und ›Hypokrisie‹ der Welt« (VI, 187) in nahezu naturalistischer Manier vertritt.
- Der **bürgerliche Roman** hält die Mitte zwischen aristokratischem und Volksroman, indem er den »Herd der Familie« zum »wahre[n] Mittelpunkt des Weltbildes« (VI, 187) wählt.
- Im **historischen Roman** wird das »Hinübergreifen des klassischen, monumentalen Stils in den charakteristischen« (VI, 188) deutlich, doch bleibt er trotz seiner Verarbeitung ›großer Stoffe‹ an das »genreartig Namenlose des Privatlebens, das rein Menschliche der Persönlichkeit« gebunden; trotzdem liegt hier sein »innerer Widerspruch«, weil es ihm selten gelingt, die gegensätzlichen Interessen am öffentlichen und privaten Verlauf aufeinander abzustimmen.
- Der **soziale Roman** thematisiert die »brennende Frage über die Einrichtung der Gesellschaft, Unterschied und Kampf der Stände, Verhältnis zwischen Arbeit und Erwerb, Vergehungen und Strafen« (VI, 189).

Vischers Auskünfte über das Wesen und die Formen des Romans können nicht die bunte Fülle der realistischen Erzählkunst systematisch erfassen; immerhin aber bieten sie einen prägnant realistisch definierten Ausgangspunkt, von dem aus die weiteren Wege des Romans im Zeitalter des Realismus zu verfolgen sind. Noch konzentriert sich die ästhetische Theorie auf das Individuum und seinen Weg zur stabilen Identität; noch scheint das Prinzip der »epische[n] Objektivität« (VI, 179) den Auftrag, einen ›ganzen Weltzustand‹ darzustellen, bewältigen zu können. Doch wird die Praxis der

Realisten zeigen, an welchen Stellen die »stillschweigende Konvention« des Erzählers, sich zu stellen, »als tue er nichts dazu« – Vischer sieht darin einen besonderen »Zug von Ironie« – immer fadenscheiniger wird; auch wird sich erweisen, auf welchen Wegesabschnitten das Individuum nicht nur sein Ziel verfehlt, sondern überhaupt den Glauben an ein vernünftiges Ziel verliert und dadurch als Person zerfällt, ›depersonalisiert‹. Erreicht wäre dann jener eigentlich aussichtslose Standort, von dem aus der Blick sich nicht mehr für das Ganze weitet, sondern angesichts der zersplitterten Verhältnisse in die Irre geht.

2. Der Gesellschaftsroman

2.1 Der moderne »Roman des *Nebeneinanders*« und der Vielheit

Der soziale Roman im Sinne Friedrich Theodor Vischers könnte als **Muster für den Gesellschaftsroman der Realisten** dienen, wenn er sich nicht einem organisch geschlossenen Modell verschrieben hätte, um sich vor seiner Instrumentalisierung für politisch tendenziöse Zwecke zu bewahren. Vischers Beharren auf dem spezifisch ästhetischen Selbstzweck der Romandichtung bringt ihn dazu, den sozialen Roman ganz auf das Prinzip der Einheit, auf »Gestalt und Handlung« (VI, 189), festzulegen. Das beeinträchtigt seine ursprünglich ›offene‹ Form, die sich gerade gegenüber komplexen Verhältnissen bewähren könnte, wo ein wirres ›Nebeneinander‹ einen einheitstiftenden Zugriff ausschließt. Vischer aber argumentiert vom ›Individualroman‹ aus, selbst wo er noch soziale Konflikte ins Auge fasst.

Anders verhält es sich mit dem »Roman des *Nebeneinanders*« (Gutzkow 1850 in: Steinecke 1976, 227), ein Konzept, das Karl Gutzkow im Vorwort zu seinem Roman *Die Ritter vom Geiste* entwickelt hat und das auch als ›Vielheitsroman‹ bei Fontane in Erscheinung tritt (vgl. Fontanes Brief an Paul Heyse v. 9.12.1878; IV/2, 639). Zugrunde liegt ein alternatives Geschichtsverständnis, demzufolge Geschichte nicht als ›Handlung‹ im dramatischen Sinn abläuft, sondern bildlich, ›szenisch‹ organisiert ist. Es gibt keine ›Akte‹, das heißt Handlungsglieder, die einem funktionierenden Ganzen unterworfen sind, sondern **gleichzeitig nebeneinander wirkende Kraftzentren**, also gleichwertige Knoten und Verstrebungen eines ›Netzes‹ fast schon im modernen Sinn. Vischers gegliederte ›Totalität‹ erscheint im Zusammenhang des »Nebeneinanders« als unermessliche Fülle, die sich weder dramatisch noch systematisch organisieren lässt, sondern – fast schon wie bei Alfred Döblin – episch entbunden, »aufgerollt« wird (Gutzkow in: Steinecke 1976, 228). An die Stelle des gliedernden Vorhers und Nachhers treten synchrone Effekte, tabellarische Konfigurationen und synoptische Zugriffsweisen. Das bewirkt hier allerdings noch keine Atomisierung der Welt, vielmehr rücken bislang unerkannte, weitreichende Zusammenhänge in den Blick.

> »Der neue Roman ist der Roman des *Nebeneinanders*. Da liegt die ganze Welt! Da ist die Zeit wie ein ausgespanntes Tuch! Da begegnen sich Könige und Bettler! Die Menschen, die zu der erzählten Geschichte gehören, und die, die ihr *nur eine widerstrahlte Beleuchtung geben.* Der Stumme redet nun auch, der Abwesende spielt nun auch mit. Das, was der Dichter sagen, schildern will, ist oft nur Das, was zwischen zween seiner Schilderungen als ein Drittes, dem Hörer Fühlbares, *in Gott Ruhendes,*

in der Mitte liegt. Nun fällt die Willkür der Erfindung fort. Kein Abschnitt des Lebens mehr, der ganze runde, volle Kreis liegt vor uns; der Dichter baut eine Welt und stellt seine Beleuchtung der der Wirklichkeit gegenüber. Er sieht aus der Perspective des in den Lüften schwebenden Adlers herab. Da ist ein endloser Teppich ausgebreitet, eine *Weltanschauung*, neu, eigenthümlich, leider polemisch. Thron und Hütte, Markt und Wald sind zusammengerückt.« (ebd., 227)

Die hier mitgeteilte tragende Idee lässt sich als ›**demokratisches**‹ **Prinzip einer neuen Romanform** (Steinecke 1975, 223) identifizieren; es hat seinen Ursprung in der vorrealistischen Zeit (vgl. Sealsfield), setzt sich aber im realistischen Gesellschaftsroman verstärkt fort. Als ›demokratische‹ Bauform des Romans könnte es im Umfeld einer feudal organisierten Gesellschaft die kritische Wirkung des Zeitromans unterstützen; doch zeigt sich schon früh, dass auch demokratische Prinzipien brüchig sind, ›Nebenwirkungen‹ haben (vgl. *Martin Salander*) und keine unanfechtbare Grundlage für jene Gesellschaftskritik darstellt, für die der Realismus bekannt ist. Trotz seiner egalitären Ausrichtung funktioniert auch die demokratische Romanform noch nach dem Prinzip der Supervision (Adler-Perspektive), bevor sie sich dem Labyrinth der Perspektiven-Vielfalt verschreibt; doch kommt es anfänglich zunächst auf den konstellativen Effekt an, der Nachbarschaften zwischen ehemals ›unverträglichen‹ Welten stiftet und daraus ein enormes kritisches Potential gewinnt. Auf diesem Weg entstehen dezentrale Kräfte, die zur Erweiterung des ›Zeitromans‹ beitragen: Pluralisierung der Figuren, Äquivalenz der Kräfte, Multikausalität, panoramische Perspektive (Hasubek 1968, 223 f.).

Gutzkows eigener Roman, *Die Ritter vom Geiste*, konnte nicht einlösen, was das Vorwort verkündigte. Die »**Demokratisierung des Erzählens**« erschöpft sich in einer oberflächlich eingehaltenen »Gleichordnung der Erzählstränge« (Böschenstein-Schäfer 1982, 111), die dann aber doch nach Art des Sueschen Feuilleton-Romans, nur bedeutend zähflüssiger, verknüpft werden (Jagd nach verlorenen Dingen, Aufdeckung geheimer Verbindungen und Verwandtschaften), und mittels solcher Ver- und Entwicklungen einen Geheimbund-Roman mit idealistischer Botschaft ergeben (Familie, Orden, Recht; vgl. Plumpe 1996, 661). Das programmatische Nebeneinander schließt den eigentlich gemeinten engen Zusammenhang nicht aus. Die vielen Gespräche fallen auf und scheinen auf die entwickelte Gesprächstechnik Fontanes vorauszudeuten; doch unterscheiden sie sich in Ton und Inhalt erheblich: »Man spricht, um zu sprechen« (*Die Ritter vom Geiste* I/10, 197) und produziert »bloßes Gerede« (Swales 1997, 89). Selbst die modern anmutende »Simultaneität« (Plumpe 1996, 661) der Gespräche unterschiedlicher Gesprächsgruppen (vgl. Gutzkow, VI. Buch, 9. Kap.) vollzieht sich, näher besehen, als ein bloßes Aneinanderreihen der verschiedenen Stimmen nach Art der Komödie; das ist noch keine ›Inszenierung‹ von Gleichzeitigkeit, Bewusstseinsmischung und indirekte Profilierung der Aussage durch das Wechselspiel der Gesprächsoberflächen (vgl. VI/9, 466). Dennoch bleibt Hasubeks positives Urteil bedenkenswert: »Im Rahmen seines Zeitromans realisierte Gutzkow auch das Konzept eines Gesellschaftsromans, das seinen Intentionen nach in Deutschland um 1850 höchst bemerkenswert war und im Hinblick auf den europäischen Gesellschaftsroman der gleichen Zeit Originalität beanspruchen durfte« (Hasubek 1980, 26). Das ist nicht wenig, wenn man bedenkt, dass bei einem solchen Vergleich europäische Realisten wie Stendhal, Balzac und Thackeray in den Blick fallen müssen. Da auch Fontane in diesem Zusammenhang gehört, kommt man nicht umhin, in Gutzkows voluminösem Roman ein **Schwellenwerk der Epoche** zu sehen und ihn als »Vorboten kommender Tendenzen innerhalb des modernen Romans« aufzuwerten (Swales 1997, 89).

Mit dem ›Zeitroman‹ (vgl. Hasubek 1968; Worthmann 1974; kritisch Laufhütte 1990) entsteht ein neuer Typus des Romans, der insofern dem vertrauten entgegengesetzt ist, als ihm alles ›Romanhafte‹ fehlt: das Charakteristische des Individuums, die Eigentümlichkeit seiner Geschichte und ihr Zusammenhang mit dem allgemeinen Lauf der Dinge. Wer ›Zeitromane‹ schreibt, wird sich bald bewusst, dass er eigentlich ›keine Romane‹ schreibt. Im Zeitroman rückt das Individuelle an den Rand, weil ›die Zeit‹ immer deutlicher das Nivellierte und beliebig Vervielfältigbare in den Vordergrund schiebt. Das hat viel mit der Industrialisierung und der industriellen Produktionsweise zu tun, die alles nach mechanischem und wirtschaftlichem Prinzip beurteilt und somit gleichmacht, sei es nach dem Grundsatz des Warencharakters, sei es nach dem der Konsumfunktion. Das Ergebnis ist zunehmende Entfremdung, sowohl zwischen den Menschen und ihren Tätigkeiten als auch zwischen den Menschen selbst. Diese Vorgänge fallen dem realistischen Blick um so mehr auf, als er ›von Natur aus‹ das ›Charakteristische‹ sucht und darauf vorbereitet ist, es im Individuellen zu entdecken. So registriert gerade sein scharfer Blick, spezialisiert für das Besondere, den Schwund des charakteristisch Individuellen und bedeutungsvoll Zusammenhängenden um so genauer. Der realistische Roman hat die schwierige Aufgabe, die Konflikte der anbrechenden Moderne mit Verfahren zu gestalten, die der Moderne gerecht werden (z. B. Abbau der Ordnungen des Erzählens), ohne sich den modernen Prinzipien (z. B. Zerfall der Persönlichkeit angesichts anonymer Prozesse) zu verschreiben. Wenn Realisten darüber Auskunft geben, hören sie sich schon zu Lebzeiten heillos veraltet an:

> »Aufgabe des modernen Romans scheint mir die zu sein, ein Leben, eine Gesellschaft, einen Kreis von Menschen zu schildern, der ein unverzerrtes Wiederspiel *des* Lebens ist, das wir führen. Das wird der beste Roman sein, dessen Gestalten sich in die Gestalten des wirklichen Lebens einreihen, so daß wir in Erinnerung an eine bestimmte Lebensepoche nicht mehr genau wissen, ob es gelebte oder gelesene Figuren waren, ähnlich wie manche Träume sich unserer mit gleicher Gewalt bemächtigen, wie die Wirklichkeit.« (Fontane III/1, 568)

Wenig stimmt an dieser Auskunft; Fontane selbst widerlegt sie als Erzähler in vielerlei Hinsicht. So kommt es zu einer symptomatischen **Diskrepanz zwischen Theorie und Praxis:**

■ Warum ist so allgemein von »Leben«, »Gesellschaft« und ›Menschenkreis‹ die Rede, wo es doch meistens viel konkreter um Liebesbeziehungen, Ehe, Familie oder – in bedeutungsvoller Abwandlung des Kreis-Begriffs – um das »Berliner Leben gewisser Kreise« (Fontane GBA X, 230) geht?

■ Nicht das »Leben« wird ›geschildert‹, sondern Begebenheiten werden entdeckt oder entworfen, die zu Konflikten führen, für die nicht Handlungen nach Art der Tragödie oder Komödie verantwortlich sind, sondern ›Systeme‹, hinter denen anonyme, d. h. schwer zu ermittelnde und doch zu benennende Taten wirken.

■ Was das ›unverzerrte Wiederspiel‹ betrifft, so ist dieser Ausdruck wenig geeignet, das zu charakterisieren, was Fontane in seinen Romanen an poetischer Gestaltung leistet. Authentischer klänge: »Es bleibt [...] bei den Andeutungen der Dinge« (Fontane I/2, 919).

■ In der Spezifikation des Lebens als solches, »das wir führen«, fehlt die entscheidende Bestimmung, ob »wir« bzw. die literarischen Figuren es so überhaupt führen wollten.

■ Wie zurückhaltend Fontane auf Leserinnen reagierte, die seine Figuren für »Gestalten des wirklichen Lebens« hielten, ist im Fall jener Frau, die sich für Lene hielt – »eine furchtbare Szene« – überliefert (IV/3, 566).

■ Ob *Effi Briest* etwa dann zum »beste[n] Roman« wird, wenn »wir [...] nicht mehr genau wissen, ob es gelebte oder gelesenen Figuren waren«, bleibt ein merkwürdiges Bewertungsverfahren.

■ Nur das Eingeständnis, dass Traum und Wirklichkeit in der Erinnerung zusammenfallen können, lässt etwas von dem ahnen, was der realistische Zeitroman tatsächlich zustande bringt, wenn er mit dem ihm eigenen Rüstzeug den Weg zur Wirklichkeit einschlägt.

2.2 Zeit, Gesellschaft und Ehe als problematische ›Zentralfiguren‹

Realistische Romane handeln von Menschen, die zu einer bestimmten Zeit in einer spezifisch formierten Gesellschaft leben. Die Bedingungen des Lebens treten dabei so in den Vordergrund, dass der Eindruck entsteht, als ob nicht die Menschen, und schon gar nicht individuelle Personen, sondern ›die Zeit‹ bzw. ›die Gesellschaft‹ handelten. Da der Realismus eine Neigung zum Konkret-Anschaulichen und Charakteristisch-Psychologischen hat, müsste er eigentlich diese ›Subjekte‹ in den Vordergrund stellen. Das ließe sich leicht durch typisierende und allegorisierende Verfahren bewerkstelligen. Die aber haben es im Realismus schwer, weil sie sich nicht mit dem Anspruch auf psychologische Differenzierung vertragen. Auch sind die ›Handlungen‹, die von der Zeit und Gesellschaft als Subjekte begangen werden, bei weitem nicht so ›verständlich‹ wie das Tun einer individuell charakterisierten Figur. ›**Zeit‹ und ›Gesellschaft‹ sind ja oft nur Namen für das, was anonym geschieht** und den Menschen als individuelle Persönlichkeit zunichte macht.

Der realistische Zeit- und Gesellschaftsroman verdankt seinen guten Ruf einem Konsens in der **Kritik an der kapitalistischen Welt.** Sie ist die ›eigentliche‹ Wirklichkeit, die ›Hauptfigur‹, die alle übrigen Figuren unterwirft, wörtlich zu ›Subjekten‹ einer Grammatik des Geld-Systems degradiert. Realismus galt in den 1960er und 1970er Jahren als eine Binnengeschichte in jener ›großen Erzählung‹, die davon Zeugnis ablegt, wie kapitalistisch die Welt in ihrem Innersten geworden ist (und weiterhin so zu bleiben droht). Getragen wurde die Hochschätzung dieser literarischen Kritik von christlichen, humanistischen, demokratischen, sozialistischen und anderen fortschrittlichen Weltdeutungen. Deshalb konnte der **realistische Erzähler als** »**Anwalt der sozialen Realität**« erscheinen (Apel in FAZ vom 5.6.2004). Wo immer solche Konzepte ihrerseits brüchig werden, ändert sich auch das Verständnis von der Leistungskraft der realistischen Romanform. Im Banne des Konstruktivismus zum Beispiel, der lehrt, dass nichts von sich aus da ist bzw. entsteht und wirkt, sondern alles erst im ›Hinsehen‹ erschaffen, eben konstruiert wird (vgl. den Slogan: »Die Wirklichkeit ist nicht mehr zu retten«; FAZ vom 8.6.2002, 42), verschiebt sich die Aufmerksamkeit von der kritischen Aufklärungsleistung der realistischen Werke, die nur ›richtig‹ widerzuspiegeln brauchten, um den wahren Agenten für die falsche Wirklichkeit ausfindig zu machen, auf ihre synthetischen Installationen. Nicht die Wirklichkeit, schon gar nicht die wahre, wird anschaulich ›repräsentiert‹, sondern Zeichen spielen die Hauptrolle, Zeichen, die sowohl verschiedene Lebensräume hervorbringen, als auch Menschen erschaffen. **Aus der epischen Erzählung wird eine dramatische Kunst** der Inszenierung, die nicht leibhaftige Menschen, sondern zitierte Zeichen, Rollen, Kulissen und Vor-Texte (Prätexte nach dem Prinzip der Intertextualität) ›auf die Bühne stellt‹. Dem Realismus bleibt die Erfahrung nicht erspart, dass sich im fragilen Bau seiner Wirklichkeit nicht Sachen und Menschen, sondern ›Schemen‹ bewegen und dass seine Kunst hermetisch bleibt, obwohl sie gerade diesen Bann durchbrechen wollte.

Das sind postmoderne, wohl auch dekonstruktivistische Perspektiven, die sich schwertun mit der referentiellen Rolle von Zeichen. Ob sie das Realismus-Thema bereichern oder beiseite schieben, ist noch nicht ausgemacht. Auch unter gewandeltem Blickwinkel bleibt der Zeit- und Gesellschaftsroman seinem Ruf nach eine **Erzählung über einzelne, wenige Menschen, die Schwierigkeiten haben, ihr individuelles Leben mit dem Leben anderer in Einklang zu bringen.** Dabei spielen Liebe und Ehe eine herausragende Rolle. Selbst wo der Beruf im Vordergrund steht, fehlen Liebe oder Ehe selten. So bleibt auch der Zeitroman seinem Grundmuster treu, demzufolge jeder Roman es mit »LiebesGeschichten« zu tun hat (Huet: *Traité*, 31). Seltener, als es Hegel für normal hielt, bekommen die Helden und Heldinnen der realistischen Gesellschaftsromane am Ende ihrer ›Zänkereien‹ mit der Welt ihre »Mädchen« oder Burschen (vgl. *Ästhetik* II, 220). Das liegt wohl nicht nur an der gewandelten Einschätzung des möglichen Glücksumschwungs, sondern auch an einem eigenartigen epischen Interesse: »Alle glücklichen Familien gleichen einander, jede unglückliche Familie ist auf ihre eigene Weise unglücklich« (*Anna Karenina* I, 7). Nicht alle Romane des Realismus lassen sich auf diesen Satz zurückführen; doch bewährt er sich durchaus als Maßstab für die unterschiedliche Brisanz der erzählten Geschichten mit glücklichem oder unglücklichem Ausgang.

2.3 Gebrochene Zeit-Sichten: Wilhelm Raabes *Chronik der Sperlingsgasse*

Unter den kanonisierten Realisten ist Wilhelm Raabe (1831–1910) derjenige, der am längsten und am häufigsten als Erzähler an die Öffentlichkeit tritt. Zwar geht ihm Storm zeitlich voraus (*Immensee*, 1850), doch ist Raabe auch in den 1890er Jahren als zeitkritischer Erzähler gegenwärtig; zwar hat Fontane schon 1839 eine Novelle (*Geschwisterliebe*) veröffentlicht, aber als ›Realist‹ macht er sich erst in den letzten beiden Jahrzehnten des Jahrhunderts einen Namen. Allenfalls wäre an Friedrich Spielhagen und Paul Heyse zu denken, wenn es darum ginge, Arbeitsspannen und kontinuierliche Präsenz der Realisten auszumessen (*Problematische Naturen*, 1861; *Freigeboren*, 1900; *Novellen*, 1855; *Letzte Novellen*, 1914).

Alle Werke Raabes sind **Zeitromane**, handeln von der ›Zeit‹, wie sie zurückliegt, sich augenblicklich bietet und was sie in Zukunft bringen wird. Von der *Chronik der Sperlingsgasse* bis zum Fragment *Altershausen* bildet sie den roten Faden für Erlebnisse, die sich als **chronisches Leiden** festsetzen. ›Zeit‹ wird als Veränderung erfahren, die mehr Verlust als Gewinn bringt. ›Betreiber‹ dieser Veränderungen sind unterschiedliche Mächte, anhaltende wie fortschreitende: einerseits Einsamkeit, Krankheit und Tod, andererseits sowohl Restauration der unterdrückenden Systeme als auch Modernisierung nach utilitaristischem Maß, also Urbanisierung, Industrialisierung und Kapitalisierung. Sie wirken übermächtig, obwohl sie durchaus irdische Kräfte sind; unter ihrem Griff wird die Nichtigkeit der Welt ebenso ansichtig wie unter den Drehungen der barocken Glücksgöttin.

Raabes erster Roman *Die Chronik der Sperlingsgasse* (1857) ist ein ›Vielheits-roman‹, zusammengehalten und nicht nur erschrieben, sondern auch erlesen aus dem Blickwinkel eines Schriftstücke (›Blätter‹) anlegenden Zeitgenossen. Er ist Teilnehmer und zugleich Zuschauer einer hauptstädtischen Straßenbühne, deren wechselnde Auftritte er wachend und träumend jahrzehntelang verfolgt. Daraus entstehen Bilder-Blätter des vergänglichen Glücks auf öffentlichem wie privatem Grund, Netz und Stationen sich kreuzender Lebenswege voll Hoffnung und Enttäuschung, Reichtum und Elend. Die *Chronik* gilt als einer der ersten Stadtromane, die nicht eigentlich panoramisch, sondern **bewusstseinsgeschichtlich** angelegt sind. Das ist nicht unbedingt eine Eigenart des deutschen Realismus, sondern gehört eher schon zu den modernen Folgen einer in bestimmter Weise wahrgenommenen Wirklichkeit.

»Es ist eigentlich eine böse Zeit!« (SW I, 11). Gleich viermal beschwört ein Ich, die Stimme des Chronisten, diese »böse Zeit« am »15. November«. So pflegen Werke in der Aufbruchsphase des Realismus nicht zu beginnen, selbst wenn sie, wie Storms *Immensee* gleichfalls »[a]n einem Spätherbstnachmittage« einsetzen. Raabes Romane und Erzählungen rücken von Anfang an die **subjektive, ja leidende Perspektive** in den Vordergrund. Kein souveräner Überblick identifiziert einen sicheren, objektiven Standort oder suggeriert aus der Vogelperspektive »das Gefühl der Wirklichkeit« (*Der grüne Heinrich* SW II, 13). Mit der erhobenen Stimme ist man schon mitten drin. Noch bevor klar ist, wer spricht, deuten sich die Bedingungen an, unter denen der Sprechende wahrnimmt und beschreibt. Wirklichkeit wird – trotz der nüchternen Chronikform – bereits nach pointierenden Prinzipien arrangiert: antithetisch (das teure Lachen und das wohlfeile Seufzen), dualistisch (Ferne und Nähe) und metaphorisch (Gewitter). Keineswegs liegt alles direkt vor Augen, sondern vieles unter einem »unheimlichen Schleier« (11). Diese Weltsicht ist von Anfang an »melancholisch« getönt und wirkt wie eine Zwickmühle, aus der es keinen Ausweg gibt, weil die Nachrichten aus der Welt draußen nicht nur das Gemüt drinnen belasten, sondern den Wahrnehmungsakt als Verknüpfung zwischen innen und außen beeinträchtigen. Raabes Roman beginnt mit der Abwendung des Blicks von der Außenwelt.

Die das Gemüt verfinsternde »böse Zeit« ist – wie sich sogleich erweisen wird – nicht nur eine mit eigenen Augen gesehene und persönlich erfahrene, sondern aus der »Zeitung« erlesene »Zeit«. So verknüpft sich mit dem subjektiven, melancho-lischen Blick der Umstand einer betont medial zugeführten und damit beträchtlich erweiterten Wirklichkeit. Einem Realismus, der glaubt, durch bloßes Augenöffnen, also unmittelbar sehen zu können, wie sich die Welt im engeren und weiteren Bezirk verhält, müsste diese Art der Informationsgewinnung verdächtig sein. Doch gehört die Zeitungslektüre durchaus zur Wahrnehmungskultur der Epoche. Fraglich bleibt, welche Wirkung eine solche Nachrichtenkumulation haben kann bzw. soll. Fontane – wenn man ihn mit dem Verhalten einer fiktiven Figur vergleichen darf – wird später ganz anders in die Zeitung hineinschauen, so dass ihm angesichts der journalisti-schen Nachrichten »das Herz höher schlagen« kann (vgl. Fontanes Brief an Heyse v. 5.12.1890; IV/4, 74 f.); Raabes stubenhockender Melancholiker hingegen wirft die **Zeitung als verdrusserregenden Weltkontakt** missmutig weg. Er löst sich aus solchen aktuellen Vernetzungen und sucht seine Zuflucht in einem »einfache[n] alte[n] Buch«, das zwar wie die Zeitung Buchstaben und Bilder enthält, aber als »prächtige[r] Wandsbecker Bote« den Blick eben nicht auf die Gegenwart lenkt, vielmehr »die Welt draußen ganz vergessen« macht und eine Versenkung »in die Welt von Herz und Gemüt auf den Blättern« befördert.

Für den jungen Realismus ist das eine merkwürdige Blickwendung. Seine Freude am Sehen der Dinge in der Außenwelt, sein Objektivitätsideal, hat das wahrscheinlich nicht gewollt; und doch zeichnet sich schon früh ein **Moment des Reflexiven** in der realistischen Welterfassung ab, und die Frage nach der Eigenart des Blickes, nach seinen Motiven, Interessen und vor allem nach seinen Beeinträchtigungen durch erfahrene Schädigungen wird immer dringlicher. Wer so wie Raabes Subjekt blickt, hat manches erlebt und nicht verkraftet. Darauf weist insbesondere die ›**Sprache**‹ **des melancholischen Zugs** hin, die zu verstehen gibt, dass ehemals wichtige Handlungen unterlassen bzw. unterdrückt wurden und dass deshalb eine Kränkung herbeigeführt wurde, die fortan als Melancholie weiterschwärt.

Raabes Erzählungen werfen immer wieder die Frage auf, was nach solchen Versäumnissen jetzt noch zu tun bleibt. Seine wichtigste Auskunft, jene ›Handlung‹, die er immer wieder seine Figuren ausüben lässt, ist die **Erinnerung**, eine Arbeit, die nicht kommende Entscheidungen vorbereitet, sondern unwiderruflich Geschehenes verarbeitet und daraus etwas Neues schafft. Das mag Trauer-Arbeit sein, Resignation, die aber nicht passiv bleibt, sondern zur ›Revision‹ führt, zur ›Re-Signation‹ (im Sinne Gepperts 1994, 591), die selbst dort Wege öffnet, wo die Welt mit Brettern vernagelt ist. So entstehen Akten, Blätter und Chroniken, aber auch »Phantasien« (142) und Märchen, ja sogar ein »Traumbuch« (127). Die Chronik der Sperlingsgasse ist freilich eine eigentümliche Erinnerungsarbeit.

Für eine »hinbrütende Traurigkeit« (22) gibt es verschiedenen Gründe, politische und private: die Sinnlosigkeit der Befreiungskriege, die Menschenverfolgung der Märzzeit, Vertreibung, Verlust der ›glücklichen Kindheit‹ (vgl. 115), der »Mutterbrust« (150), des »Mutterauge[s]« und der jungen Liebe (151), Vereinsamung und immer wieder Tod und »Vorbei« (139). Oft hängen die öffentlichen Ereignisse mit den privaten zusammen: So muss die Tänzerin tanzen, damit König und Königin ihren Spaß haben, während das Kind der Tänzerin im Sterben liegt (vgl. 124–126). So entsteht Depression und in ihrer Folge Bilder, die den Zusammenhang zwar nicht erklären, aber ins »Transzendente« verrücken. Das kann im Realismus kein Jenseits sein. Vielmehr rückt eine andere Kraft in den Vordergrund, eine »Hand«, die hier noch nicht als ›öffentliche Hand‹, wohl aber als »unsichtbare« (124) identifiziert wird. Die »unsichtbare Hand« handelt insofern, als sie die »gewaltigen Blätter des Buches *Welt und Leben* eins nach dem andern umwendet, mit ihren zertretenen Generationen, gemordeten Völkern und gestorbenen Individuen« (124). Das Bild vom Welt- und Lebensbuch ist freilich ein Topos; doch fällt an der erneuten Verwendung auf, dass die Metapher zwar anzeigt, wer die »Blätter« wendet und wer das Umblättern »anders« will (»der kleine nachzeichnende Mensch«), nicht aber, wem die umblätternde »Hand« gehört; und schon gar nicht wird ausgesprochen, wer die Völker gemordet hat, es sei denn, als Täter sollte im tautologischen Sinn »der Tod« gelten oder im historisch-politischen Sinn der Staat oder eben jene »unsichtbare Hand«, von der Adam Smith freilich meinte, sie könne die egoistischen Einzelinteressen zugunsten des Gemeinwohl bündeln und richten. Das aber funktioniert hier offenbar nicht.

Der dies alles erlebt und erlitten hat, ist keine anonyme, kollektive Stimme, sondern heißt Johannes Wacholder, eine der berühmtesten Figurenschöpfung Raabes. Sie steht dem Autor nahe, ist aber ein der Wirklichkeit entgegengesetztes Phantasiegeschöpf mit allegorischer Bedeutung. Der Vorname lässt an einen Evangelisten denken, unterstreicht aber damit zugleich die Verkehrung der ›frohen Botschaft‹ bzw.

die Ankündigung der Apokalypse und daneben freilich auch die Umfunktionierung des Offenbarungs- zum Liebesglauben (127).

Raabes Erzählen, genauer seine Inszenierung von Erzählerfiguren, Erzählvorgängen und Schreibakten entspricht wohl nicht dem, was, die Theoretiker des Realismus sich vorstellten. Es ist kein ›ruhiges‹ Erzählen, wie es noch Spielhagen gutheißen wird. Dennoch steht seine an Lawrence Sterne und Jean Paul anknüpfende Art nicht beziehungslos zu dem, worauf der Realismus abzielt. Wenn es darum geht, Wirklichkeit so gut wie möglich zu ›ent-decken‹, dann gehört Raabes ›**offene‹, dezentrale, reflexive Erzählart** unbedingt in den Kreis der realistischen Literatur. Angesichts einer hochkomplexen, widersprüchlichen und verletzenden Wirklichkeit lässt sich der Anspruch auf Totalität, Repräsentanz und Sinnstiftung gerade auch so einlösen.

Wenn sich Raabe dafür entscheidet, eine komplexe, entfremdete Welt aus der individuellen, miterlebenden Perspektive des Johannes Wacholder zu erzählen, dann führt das zu eigentümlichen Figurenkonzepten und -konstellationen. Gewiss steht Wacholder als wahrnehmendes und erinnerndes Individuum im Vordergrund; aber seine Rolle wird im Laufe des Geschehens wiederholt, sozusagen verdoppelt. Das ist die Funktion des Karikaturenzeichners Ulrich Strobel. Er gleicht ihm solchermaßen, dass beide als ›Spaltung‹ derselben Figur gelten können (vgl. Roebling 1988). Das heißt, die Welt ist so komplex geworden, dass sie, wahrgenommen und erlebt, ihren Betrachter und erlebenden Zeitgenossen aufspalten muss, ihn auseinanderreißt, ihn angesichts der Welt, wie sie ist, nicht zu sich kommen lässt. Es wäre demnach höchst unrealistisch, auf der Einheit der zentralen Figur zu beharren.

Die Kosten für eine solche Entscheidung sind hoch, weil sie die ganze Welt einem unzuverlässigen, verletzbaren, jedenfalls nicht einheitlichen Blick ausliefert. Dennoch entstehen daraus nicht Vexierbilder oder Wahngeschichten; vielmehr erhält sich noch in der Negation alles Sinnhaften am Rande der Appell zum Gegenteil. Die ›Chronik‹ situiert bzw. relativiert ihre **Hoffnungsperspektive** im gebrochenen Gemüt Wacholders und im Medium der Kunst. Das ›Credo des Verklärungs-Realismus‹ löst Raabe am fiktiven Endpunkt des Greisenalters mit einer ›um–zu‹-Formulierung ein: »Wie so viele Herzen fast brechen wollten, um ein neues Glück aufsprießen zu lassen! Das ist die große, ewige Melodie, welche der Weltgeist greift auf der Harfe des Lebens und welche die Mutter im Lächeln ihres Kindes, der Denker in den Blättern der Natur und Geschichte wahrnimmt« (169). Das wird im Abseits der Sperlingsgasse ersonnen oder gar nur erträumt und bleibt punktuell, bedeutungslos, kaum wichtiger als jener andere Punkt, den die Fliege auf dem Knie des Karikaturenzeichners Strobel hinterlässt (143). Und doch kann sich gerade »im Geist […] das Universum in einem Punkt« (17 f.) konzentrieren. Wie bei Keller breitet sich auch in Raabes erstem Roman ein Labyrinth an Fäden aus, die sich aber ausgerechnet in einer Gasse »zu einem neuen Bunde« (169) zusammenschürzen lassen.

2.4 Der humoristische Roman: Fritz Reuters *Ut mine Stromtid*

Wenn Realismus etwas mit **Wahrheit, Natürlichkeit, Sinnlichkeit und Lebensechtheit** zu tun hat, mit der Not der kleinen Leute und der Kunst, diese Not in jener humoristischen Anschauung zu überwinden, die den sozialkritischen Blick (vgl. Martini [4]1981, 472) eben nicht trübt, sondern schärft, dann ist Fritz Reuter (1810–74) ein Klassiker dieses Realismus. Die reale Schule des Lebens führte den aus Mecklenburg stammenden Erzähler und Lyriker durch Höhen und Tiefen der Revolutions- und Nachrevolutionszeit mit ihren demokratischen und nationalen Idealen; sieben Jahre politischer Inhaftierung lehrten ihn die **Härten der Wirklichkeit** und motivierten ihn doch dazu, alle erniedrigenden Erfahrungen gerade auf literarischem Feld zu bewältigen. An Walter Scott hat er sich orientiert; mit Charles Dickens wurde er verglichen. Dennoch bleibt er, literaturgeschichtlich gesehen, ein Realist zweiter Ordnung, besitzt nicht die überregionale Bedeutung eines Jeremias Gotthelf, mit dem er sich vergleichen ließe.

Reuter gehörte zu den meistgelesenen, ja »unzweifelhaft zu den gefeiertsten deutschen Dichtern« seiner Zeit (Schmidt 1873, 151). Trotz seiner Bindung an die niederdeutsche Mundartdichtung erreichte sein Werk ein überregionales und wohl auch internationales Publikum (vgl. Turgenjews Brief an Ludwig Pietsch v. 19. Sept. 1864 u. Anm. dazu). Das gilt insbesondere von seinem dreibändigen Roman *Ut mine Stromtid* (1863/64), dem zentralen Bestandteil der *Olle Kamellen* genannten Werkreihe; der Roman gelangte zu »ungeheure[r] Popularität« (Schmidt 1873, 177) und wurde noch in jüngerer Vergangenheit als »Meisterwerk« eingestuft (Batt [2]1974, 302). Wenn der Name Reuters in einer neueren Literaturgeschichte (McInnes/Plumpe 1996) nicht erwähnt wird, so spricht sich darin wohl eher ein Versehen als eine fundierte Neubewertung aus. Neben Gustav Freytags Kaufmannsroman *Soll und Haben*, vielleicht sogar über ihn hinaus kann *Ut mine Stromtid* als **Prototyp des realistischen Romans** gelten. In dieser Rolle profiliert er realistisches Erzählen als

- auktoriale Erzählhaltung,
- sachkundige (agrarökonomisch fundierte) Darstellung der regionalspezifischen Lebens- und Arbeitsbedingungen,
- humorvolle Präsentation von Figuren und Situationen,
- moralisches Polarisieren,
- typisierende Figurenzeichnung,
- Leserlenkung durch die Darstellung sympathischer Originale (also nicht von Idealfiguren, sondern ›gemischten Charakteren‹),
- Entfaltung eines Intrigenkonflikts vor wirtschaftsgeschichtlichem Hintergrund,
- Lösung des Konflikts nach den Regeln der ›poetischen Gerechtigkeit‹ (Belohnung der Tüchtigen und Großmütigen, Bestrafung der Bösen),
- Verteidigung eines allgemeinen Humanitätsideals und bürgerlichen Arbeitsethos,
- Sprachspiel (insbesondere Einführung des hypertrophischen Sprechens, hier ›Missingsch‹ genannt und die Verformung der Fremdwörter betreffend),
- Mischung von verlachender und rührender Komik,
- Vermittlung satirischer, sentimentale und melodramatischer Wirkungsmomente.

›Realismus‹ meint weitgehend eine werkinterne Organisation; doch hängt diese – wie es **das realistische Credo** verlangt – nicht zuletzt von einer außertextlichen, persönlichen Voraussetzung ab, von einem adäquaten »Dichterauge«: »Zum humoristischen Roman reicht es nicht aus, daß komische Originale vorhanden sind, es gehört dazu, daß ein Dichterauge sich findet, das sie erkennt, sie versteht, den Kern ihres Charakters trifft, und über die Farben verfügt, sie in ihrer vollen Kraft auf die Leinwand zu bringen« (Schmidt 1873, 153).

Was die **auktoriale Erzählhaltung** betrifft, so begegnet in Reuters Roman eine signifikante Abwandlung, die das Auktoriale mit einer Variante der Ich-Erzählung vermittelt. Der wissende Erzähler, der die zurückliegende Zeit »dunntaumalen« (VI, 5) genauso gut kennt wie das »Nu« und demnach souverän beurteilen kann, ob und inwiefern es in der Welt »beter worden« (VI, 6) ist, exponiert sich nicht als gottähnlicher Schöpfer, der über seiner Welt steht, sondern als aufmerksamer Zeitgenosse, der sich anschickt, aus der eigenen »Stromtid«, d.h. aus seiner Zeit als Landmann zu berichten. Demnach hat er auch nichts ›erfunden‹, sondern ist wie Thackerays berühmter auktorialer ›Puppenspieler‹ (*Vanity Fair*) seinen Figuren begegnet und hat aus ihrem Munde die Geschichte erfahren. Am Romanende führt der Erzähler sich – wider alle ›Logik der Dichtung‹ – namentlich als realer »Fritz Reutern« ein (VIII, 320) und bleibt doch fiktive Figur in Dörfern, die man »up de Landkort [...] vergews säuken« (VIII, 320 f.) würde. Diese **Mischung der Erzählhaltungen** ist charakteristisch für einen Realismus, der die Subjektivität der Erfindung mit der Objektivität des Berichts verschmilzt.

Ut mine Stromtid erzählt vom ›Leben auf dem Lande‹ am Beispiel einer Reihe von Figuren der oberen, mittleren und unteren Schicht, die verwandtschaftlich oder nachbarschaftlich zusammengehören. Trotz genremalerischer und idyllischer Züge wird von Anfang an eine **Welt im Umbruch** ansichtig: »Ja, ja! So was't nich ümmer« (VI, 5). Erzählt wird insbesondere von einer **mittelständischen Gesellschaft**, die den Wandel vom feudal-patriarchalischen zum bürgerlich-kapitalistischen System hautnah erfährt (Machatzke 1980, 204). Der Auftakt des im Weiteren auch behäbig und detailversessen erzählten Romans ist dramatisch und zeigt die Zentralfigur am katastrophalen Ende ihrer Laufbahn: Karl Hawermann hat soeben seine Frau verloren, ist ohne eigene Schuld bankrott geworden und muss mit seiner kleinen Tochter das Haus verlassen. ›Schuld‹ daran hat der Emporkömmling Zamel Pomuchelskopp, der **das neue Prinzip der Geld- und Kapitalwirtschaft** rücksichtslos vertritt. Wie Hawermann in dienender Funktion als Inspektor eines Ritterguts wieder Fuß fassen kann, dann unter erneut gewandelten Bedingungen abermals schmählich entlassen und schließlich doch rehabilitiert wird – davon erzählt der Roman über Jahrzehnte hinweg (1829/39–1848 und darüber hinaus) ausführlich und zugleich spannend wie ein Kriminalroman. Ins Licht rücken dabei – wie in einem ›Vielheitsroman‹ – weitere Lebenskreise: die eigenen Verwandten, Freunde, das Pastoren-Ehepaar und insbesondere die Familie des adligen Rittergutsbesitzers, dessen Verfall- und Regenerationsgeschichte den anderen dramatischen Handlungsfaden legt.

Ideeller Mittelpunkt und eigentliche »Hauptperson in de ganzen Geschicht« (VIII, 320) ist aber Inspektor Bräsig, Junggeselle und ›Original‹ (in der Art von Dickens‹ Mr. Pickwick), der wie Nestroys ›komische Volksfigur‹ eine wichtige Kommentierungsrolle und Komikfunktion ausübt und darüber hinaus sogar als »deus ex machina« fungiert (Batt ²1974, 327). An Bräsig wird deutlich, was der **humoristische Darstellungsstil** vermag. Sozialpsychologisch gesehen, müsste eine durch die Härte der Umstände gebrochene Figur in Erscheinung treten. Denn diesem Inspektor wird durch seinen Vorgesetzten eine unmenschliche Lebensform aufgezwungen: entweder bei lebenslänglicher Ehelosigkeit eine Pension zu erhalten oder im Fall einer Ehe, die dem Inspektor allem Anschein nach durchaus zusagte, auf die Pension zu verzichten. Diese sozial bedingte Zwickmühle deformiert nicht die Figur, sondern qualifiziert sie nach realistischem Maß zum **Protagonisten einer humanen Gesinnung** in unwirtlicher Zeit:

> »Die Bräsig-Figur ist bei allem vordergründig Komischen [...] eine durchweg moderne, bürgerliche Gestalt, in der sich mehr noch als die Krise der ständischen Ordnung schon die Krise des bürgerlichen Lebensgefühls, die Selbstentfremdung, wenigstens andeu-

tungsweise ausdrückt. Und ihr Humor, in dem, wenn nicht Verzweiflung und Tragik, so doch Züge von Verzicht und Resignation spürbar werden, löst diese Widersprüche, indem er sie verinnerlicht und nach außen durch komische Attitüden abdeckt.« (Batt ²1974, 323)

Ut mine Stromtid spielt im geographisch eng bemessenem Raum dreier mecklenburgischer Dörfer – Pümpelhagen, Gürlitz, Rexow – und sucht doch wie Kellers Seldwyla die allgemeine Bedeutung:

>»Un nu mag woll noch männigein mit de Frag' kamen: Wo liggt denn Pümpelhagen un Gürlitz un Rexow? – Je, up de Landkort ward ji sei verwegs säuken, un doch liggen sei in unsern dütschen Vaterlan'n, un ick will hoffen, sei sünd mihr as einmal tau finnen. – Allentwegent, wo en Eddelmann wahnt, de sick nich mihr dücht as sine Mitminschen un in den nidrigsten von sine Arbeitslüd' sinen Mitbrauder erkennt un sülwst mit arbeiten deiht – dort liggt Pümpelhagen. – Allentwegnt, wo en Preister predigt, de nich in sinen Äwermaud verlangt, dat alle Minschen dat glöwen sälen, wat *hei* glöwt, de keinen Unnerscheid makt tüschen arm un rik, de nich blot predigt – ne! ok mit Rat un Dat in de Bucht springt, wenn't gellt – dor liggt Gürlitz. – Allentwegent, wo de Börger wirkt un schafft, de den Drang in sick fäuhlt, in Weiten un in Känen wider tau kamen, un den dat Ganze mihr gellt as sin eigene Geldgewinn – dor liggt Rexow. – Un allentwegent, wo dese drei dörch de Leiw' von säute Frugens und de Hoffnung up frische, fröhliche Kinner tausamen verbunnen sünd, dor liggen ok de drei Dörper tausamen.« (VIII, 320 f.)

Das ist ein ›**moralischer Realismus**‹, der das Leben auf dem Lande so schildert, dass sich das Publikum daran orientieren könnte. Der Erzähler weiß, wie sehr die ›Autonomie des Individuums‹ durch die Zwänge der wirtschaftlichen Veränderungen, der »Tiden« (VI, 67) untergraben wird; er findet dafür das Bild der langen Fäden, an denen jeder von weither gegängelt wird. Dennoch oder gerade deshalb wird er nicht müde, die Wirkung der moralischen Kraft, die von den Individuen ausgeht, hervorzuheben.

In diesem Licht erscheint auch die **Schilderung der Revolutionsereignisse**. Reuters Roman gehört zu den wenigen Werken des Realismus, die sich ausführlicher dem Revolutionsjahr 1848 zuwenden. Es ist bezeichnend, dass von den drei Idealen der Französischen Revolution nur das Ideal der Brüderlichkeit, eine Solidarität der Tüchtigen und Bemitleidenswerten, Bestand hat. Der Aufstand der Tagelöhner steht im Dienst der ›poetischen Gerechtigkeit‹, die den verlachenswerten Widersacher Pomuchelskopp vertreibt und dadurch eine automatische Verbesserung der allgemeinen Verhältnisse bewirkt.

So ist *Ut mine Stromtid* ein **Musterbeispiel für die fundamentale Ambivalenz des (programmatischen) Realismus**, der im Zuge der Wirklichkeitsdarstellung ihre Idealisierung mitbetreibt. Schon Julian Schmidt wies darauf hin, dass die präsentierte »Fülle kräftiger und unterhaltender Figuren« – die wirkungsgeschichtlich gesehen einflussreichste Seite des Romans – nicht nur »den Glauben an ihre Wirklichkeit ein[flößt], sondern auch den Wunsch nach ihrer Wirklichkeit« (Schmidt 1873, 181). Realismus in diesem Sinne entwirft in appellativer Absicht eine **wünschenswerte Wirklichkeit** angesichts ihres sozialen und ökonomischen Zerfalls.

2.5 Krisen der fortschreitenden Demokratie:
Kellers *Martin Salander*

Mit *Martin Salander* (1886), Kellers zweitem Roman (vgl. Kap. 4.2), wendet sich der Autor bewusst und gezielt der modernen Zeit zu. Dieser **Tribut an die Aktualität** schien ihm insofern geboten, als er mit seinem Novellen-Roman *Das Sinngedicht* (vgl. Kap. III.5.6) einen ziemlich kühnen Ausflug in die Zonen der »Reichsunmittelbarkeit der Poesie« (DD 382) unternommen hatte. Jetzt kehrt er zur Wirklichkeit zurück. Aber die hat sich im Zuge der Kapitalisierung aller Lebensverhältnisse von Grund auf geändert. Sie ist, auch als Schweizer Republik mit demokratischen Strukturen, moderner geworden und das heißt jetzt, keineswegs heimischer, sondern fremder, größer, weiter, aber deshalb nicht freier, flexibler; im Gegenteil droht ihr die Erstarrung im Monotonen, Massenhaften und Seriellen. Erzählt wird ein ›normales‹ Familienschicksal aus einer Welt voller Umschwünge. Menschen tauchen auf und verschwinden; unter ihren Händen kann ein Nichts im Nu zum Alles werden und im Handumdrehen auch wieder zum Nichts. Das liegt an jener Turbulenz, die vom Geldverkehr verursacht wird. Es ist eine **modern-barocke Welt voller Unsicherheit.** Zwar zerrüttet kein Krieg die Gesellschaft, vielmehr herrscht Friede unter demokratischen Bedingungen, aber es tobt ›unter seinem Schutz‹ um so lebhafter der »Kampf ums Dasein« (SW VI, 654 u.ö.), zunächst vermeintlich ausschließlich in »den Urwäldern des Westens, wo nur Kampf und Ausrottung herrsche«, dann aber zunehmend sichtbar daheim und vor der Haustür. Spekulationen, Wirtschaftsdelikte und Betrugsskandale sind die Kennzeichen dieser fortgeschrittenen und in permanenter Krise schwebenden Wirklichkeit (vgl. Passavant 1978).

    Das Romangeschehen erstreckt sich über zwei Jahrzehnte und spielt in einer fiktiven Stadt, Münsterburg genannt, die aber leicht als Zürich wiederzuerkennen ist. Im Mittelpunkt stehen die Erlebnisse des Titelhelden Martin Salander. Der ehemalige Lehrer, der bald ins kaufmännische Gewerbe überwechselte, erfährt die »Unsicherheit der menschlichen Dinge« (565) im Rahmen einer fortschrittlichen Demokratie. Tüchtig im Beruf und politisch engagiert, täuscht er sich doch ständig über die wahre Lage der Dinge und fällt mehrmals auf die Betrügereien seines Jugendfreundes herein. Wäre Salander nicht von klugen Helfern (seiner Frau und seinem Sohn) umgeben, so müsste er hoffnungslos scheitern wie die vielen ihm begegnenden Parallelfiguren: sei es, dass er im ähnlichen Lichte erschiene wie sein Widersacher Louis Wohlwend (auch Martin verdient sein Geld ›unkontrolliert‹ im fernen Brasilien), sei es, dass er wie Kleinpeter, sein Vorgänger im städtischen Rat, bankrott machte.

    Der Roman ist ein Klassiker des späten Realismus, der nicht mehr den grauen Alltag verklärt, sondern die verklärte, zur Schau gestellte prosperierende Demokratie dank kluger Augen und guten Hinsehens entlarvt. Abermals bewährt sich der **Realismus als ›Schule des Sehens‹,** die dazu anhält, die Praktiken der offiziellen Verklärung und des ›idyllischen Friedens‹ mit »glückliche[m] Auge und rasche[r] Hand« (588) zu durchschauen. Der Roman handelt von der Verödung des blühenden Lebens (vgl. 587) in Öffentlichkeit und Familie (vgl. das Schicksal der beiden Töchter).

    Der Romantitel suggeriert noch die Existenz und Relevanz von Individuen; doch zeigt sich bald, dass die herkömmliche Persönlichkeit nicht nur dem modernen System unterliegt, sondern geradezu zerfällt: Individualität erweist sich als kopierbar (Motiv der Zwillinge), ja sogar als spaltbar, dergestalt nämlich, dass der vermeintliche Gegen-Charakter (Wohlwend) doch auch nur eine extreme Möglichkeit ein und desselben Menschen darstellt. Mit derselben Genauigkeit, mit der zuvor das Lokalspezifische der Heimat erfasst wurde, wird jetzt die Auswechselbarkeit der groß gewordenen Orte, ihr globales Gleichmaß vor Augen geführt. Kellers Zeitroman ist insofern einmalig unter den Werken der Realisten, als nur er das Geschehen im politischen Rahmen einer Demokratie ansiedelt und aus diesen Voraussetzungen die »Zeitkrankheiten« (677) entwickelt.

Wer wie Theodor Storm lieber in Kellers »Seldwyler oder Altzüricher Gärten oder gar im Jugendparadies des ›grünen Heinrich‹ [...] wandeln« möchte (SW VI, 1093), wird sich schwer tun in der Welt des *Martin Salander*, die so unverkennbar von den Dingen, »welche in der Wirklichkeit außer dem Buche sind« (ebd.), berührt ist und in der es deshalb so »grausam realistisch (Verzeihung für das Wort) hergeht« (ebd., 1094). Diese bedenkenswerte Abneigung eines seinerseits doch schon an die ›Grenzen des Realismus‹ stoßenden Novellisten steht in seltsamem Kontrast zu der öffentlichen Anerkennung, die Keller bei der Literaturkritik fand. Hervorgehoben wurden fast alle realistischen ›Tugenden‹ wie »große Einfachheit, klassisch schöne Sprache, Lebensnähe, Anschaulichkeit, psychologisches Gespür« (1099). Um so drastischer sticht Storms Vorwurf des ›grausamen Realismus‹ ab. Aber sein Vorbehalt scheint eine typische Seite dieser Realisten zum Ausdruck zu bringen: Der Realismus, zu dem die Realisten sich ausdrücklich bekennen, grenzt hart am Kitsch (Gemütlichkeit, Behagen, Lichtseiten des Lebens) und fixiert den Blick auf eine verschönte Wirklichkeit. Wenn dieselben Realisten dann aber ›praktisch‹ weiterarbeiten, d. h. das in die Praxis umzusetzen meinen, was sie ›theoretisch‹ für gut halten, befinden sie sich nicht nur auf der Höhe realistischer Kunst, sondern riskieren noch darüber hinaus einen kühnen Schritt in die frühe Moderne. Nur würden sie dieses Wagnis nie bei ihren Kollegen anerkennen wollen oder können. Selbst Fontane hatte ja Schwierigkeiten mit Kellers Roman, wobei ihm allerdings nicht der ›grausame Realismus‹, sondern die ›romantische Willkür‹ missfiel (vgl. Tagebuch v. 6. Januar 1881).

Begann der *Grüne Heinrich* mit einer panoramischen Umsicht aus der Vogelperspektive, deren Zweck darin lag, ein sicheres »Gefühl der Wirklichkeit« zu vermitteln (SW II, 13), um erst dann den Blick auf den aufbrechenden jungen Mann zu richten, so lenkt das Spätwerk *Martin Salander* die Aufmerksamkeit sogleich auf einen Heimkehrer, mit dessen ortskundigen, aber zeitlich ›zurückgebliebenen‹ Augen die wiedergesehene Wirklichkeit wahrgenommen wird. Auch hierbei könnte ein der Orientierung dienendes »Gefühl der Wirklichkeit« gewonnen werden, doch unterscheidet es sich von dem des Jugendromans durch ein wesentliches Attribut, nämlich das der verwirrenden Veränderung:

> »Ein noch nicht bejahrter Mann, wohl gekleidet und eine Reisetasche von englischer Lederarbeit umgehängt, ging von einem Bahnhofe der helvetischen Stadt Münsterburg weg, auf neuen Straßen, nicht in die Stadt hinein, sondern sofort in einer bestimmten Richtung nach einem Punkte der Umgegend, gleich Einem, der am Orte bekannt und seiner Sache sicher ist. Dennoch mußte er bald anhalten, sich besser umsehen, da diese Straßenanlagen schon nicht mehr die früheren neuen Straßen waren, die er einst gegangen; und als er jetzt rückwärts schaute, bemerkte er, daß er auch nicht aus dem Bahnhofe herausgekommen, von welchem er vor Jahren abgefahren, vielmehr am alten Ort ein weit größeres Gebäude stand.« (385)

Realistisch ist die Exposition insofern, als sie Welt und Wirklichkeit als rundum benennbar hinstellt, fixiert und charakterisiert: Die Stadt, der Bahnhof, die Straßen und

Personen erweisen sich als **beschreibbar**; ebenso die Symptome der Zeit: Eisenbahn, urbane Expansion und lebhafte Bautätigkeit. Freilich sind die Mittel der Beschreibung nicht alle von gleicher Art; zwar mag es eine »helvetische(n) Stadt« geben, nicht aber die »Stadt Münsterburg«. Nun zielt eine solche detailgetreue und doch mit Momenten der Erfindung durchsetzte Registrierung der reinen Außenwelt auf Unterschiedliches ab: Aus personaler Erzählperspektive entsteht eine Art ›**realistischer Effekt**‹ im Sinne Roland Barthes‹ (1956). Hinzu kommt aber, dass die prompte Koppelung der Sinnesdaten mit dem Zeiterlebnis des ›Heimkehrers‹ den eigentlich nicht beschreibbaren, sondern schon vorausgesetzten Prozess des Wandels von Wirklichkeit fokussiert. Die Straßen sind nicht mehr die von früher, und der Bahnhof ist jetzt »ein weit größeres Gebäude«. Das gewohnte Sehen ermöglicht keine sichere Orientierung mehr, so dass ein ›besseres Umsehen‹ notwendig wird. Zwar zeigen sich nach wie vor die Dinge, auch leuchten sie »so still prächtig in der Nachmittagssonne« (385), wie es der Realismus vorzuschreiben scheint, doch sorgt im selben ›Augenblick‹ der »Verkehrstrubel« dafür, dass der »verzückt« Blickende »unsanft gestört« und vertrieben wird. So erweist sich die sichtbare ›Verklärung der Wirklichkeit‹ als erste Spur, die auf ihre nicht so leicht sichtbare und doch schon fortgeschrittene Zerstörung hindeutet. Die wirtschaftliche Poetisierung der Wirklichkeit hat unter demokratischen Verhältnissen die poetische Verklärung eingelöst. Damit widerfährt dem Realismus nichts anderes als dem Liberalismus. Beide verwirklichen sich und zeigen auch dadurch, was in ihnen sonst noch an Nebenwirkungen steckt. Klar wird aber, dass hier ein Heimkehrer auftritt, der glaubt, sich auszukennen und der sich doch ständig vertut, d. h. die Wirklichkeit verkennt (Laufhütte 1990).

Bloße Beschreibungen können das Augenfällige nicht verständlich machen, obwohl Beschreibbares oft ins Auge fällt. Erst ›analytische‹ Gespräche und Erzählungen vermitteln einen authentischen Einblick. So verhält es sich mit dem Gelächter der Kinder – »aus der Tiefe ihrer arglosen Kinderherzchen herauf« (387) – über die »Mutter«, d. h. über das fremde Wort ›Mutter‹ angesichts des vertrauten modernen, aber entfremdeten »Mama«. Wieder geht es nicht um eine bloße Erfassung des Ist-Zustands, also um die Registrierung einer lokal gebundenen Sprechweise, sondern um die Entdeckung von zerstörenden Modernisierungsprozessen, um die Aufklärung über Entscheidungen, die ein Wort einführen, das nun zur Wirklichkeit gehört und natürlich auch beschrieben werden könnte und doch nicht Gegenstand des Realismus sein sollte, der doch das Charakteristische und Individuelle erfassen wollte. Was könnte ein Realismus auch ›lebendig‹ beschreiben an Bäumen, die wegen neuer Straßen nicht mehr dastehen oder an Straßen, die »keine Verkaufsläden«, sondern »nur blanke Metallplatten« (403) dem Beobachter vorweisen. Was diesem Realismus begegnet und was er verarbeiten muss, sind **Kulissen des Kapitalismus**, die jetzt und immer mehr die Welt bedeuten: Räuberromane statt Wirtschaftsbücher, Wechsel statt Währung und faszinierende Schönheit (die exotische Myrrha) statt Klugheit fallen ins Auge. Wie es sich augenblicklich verhält bzw. was zu tun wäre, spricht der Sohn des Titelhelden aus; ihm und seinem Typus soll die Zukunft gehören:

> »Rings um uns hat sich in den großen geeinten Nationen die Welt wie mit vier eisernen Wänden geschlossen; zugleich aber hat sich mit dem moralischen Schritt, den wir getan, eine tiefste Quelle neuen Freiheitsmutes und Lebensernstes geöffnet, welche das Äußerste ertragen und das Härteste überdauern läßt und am Ende die Welt überwindet, wäre es auch im Untergang! Ein solches Gefühl der Selbstbestimmung, der Furchtlosigkeit und der Pflichtliebe schützt stärker, als Repetiergewehre und Felswände [...].« (447)

Der Verlauf der Geschichte und insbesondere der Weg des Sohnes werden ihm in etwa Recht geben (zum Verklärungsaspekt vgl. Graef 1992). Seine Erfahrung freilich müsste ihn eines Besseren belehrt haben, denn die Welt mit ihren Banken hat sich jetzt schon bis Rio de Janeiro geöffnet, gerade ihr »Weltverkehr kümmert sich nicht um die Staatsformen der Länder und Weltteile, die er durchbraust« (463). Was ›draußen‹ geschieht, ist nicht das schlechte Andere, denn »Es ist bei uns, wie überall!« (685). Das Profil einer demokratischen Persönlichkeit zerfällt angesichts des missverstandenen Gleichheitsprinzips. Das zeigt sich am nivellierten Erscheinungsbild der Weidelich-Zwillinge. Ihrer physiognomischen Gleichheit entspricht ihr gleichgültiges Wahlverhalten; sie würfeln um die Entscheidung, wer welcher Partei beitritt, und überlassen so ihre parteipolitische Überzeugung dem reinen Zufall.

»Dies, was ich sehe, ist die Wahrheit, und nicht das, was ich weiß!« (420). So lautet eine Erkenntnis, die man in das Stammbuch des ›Augen‹-Realismus als Warnung schreiben könnte; denn sichtbar sind für den in die Stube eintretenden Heimkehrer im Wesentlichen nur die Wirkungen des Essens und besonders des Trinkens, während das Wissen den zugrunde liegenden Zusammenhang betrifft und den auch nur fragmentarisch (vgl. die Situation, in der der Vater den eigenen Sohn nicht erkennt). Das illusionäre Gefühl, »im Paradiese zu sitzen«, gründet auf demselben ›Realismus‹, der auch den »blanken Metallplatten« oder der geldlichen »Anweisung« ihre Wahrheit zuspricht, ohne damit zu rechnen, wie wenig dahinter steht. So geht es um den Bedeutungsverlust der Wörter und Scheine (Zertifikate) aus dem Grundwortschatz des öffentlichen und republikanischen Lebens. Echt klingen die ›Töne‹ nur noch selten, und nicht der Mann, sondern seine Frau durchschaut den betrügerischen Jugendfreund:

> »Unsere letzte Jugendzeit hat er vernichtet, der Hund! Wo ist er hin damit, der Blutegel? Kann man ihm kein Salz auf den Rücken streuen? Kann man ihn nicht zusammenpressen, den Schwamm, der Alles aufsaugt? Dieser verfluchte Landschaden! Wart', Mann! Wenn du ihn nicht bändigen kannst, so will ich den Sohn für ihn erziehen, daß er ihm einst den Lohn gibt!« (432)

Für einen ›Zeitroman‹ sind das fast schon unzulässige Worte, indem sie eine Schuld personalisieren, die eigentlich von keinem Individuum getragen wird, sondern vom ganzen System. Man kann sich damit trösten, dass dieses System ein ›kapitalistisches‹ ist, das genau solche »Hunde« hervorbringt. Freilich blüht dieser Kapitalismus auf demokratischem Boden; und kapitalismusfreie Alternativen sind kaum in Sicht.

Kellers Zeitroman setzt auf der Ebene der Figurenkonstellation eine **Polarisierung** fort, die zwischen guten und bösen Charakteren unterscheidet und somit ein moralisches Kriterium bewahrt, das der moderne, ›demokratische‹ Roman eher in Frage stellt. Ob eine Systemkritik eine tragende Alternative darstellt, hängt von der eingenommenen ideologischen Position ab. Im Extremfall erscheint dann Kellers Arrangement im Licht eines latenten Rassismus: Negativfiguren wie der geldgierige Wohlwend oder seine exotische Schwägerin Myrrha werden im Licht einer Stereotypenbildung wahrgenommen, deren Funktion darin liegt, die Sündenbock-Rolle ›anschaulich‹ einzuführen (Holub 1991). Der Rassismus-Vorwurf, der bei der Kritik an ethnisch gekennzeichneten Sündenbock-Figuren ansetzt (Wohlwends späteres Aussehen und Verhalten entspreche antisemitischen Stereotypen), verfehlt zwar den Text, macht aber deutlich, dass eine bloße Abschiebung des Störenfrieds – Wohlwend verlässt die Stadt mit der Eisenbahn auf demselben Weg, den Martin Salander kam

– nicht funktionieren kann. Denn der extrapolierte Gegenspieler verkörpert doch nur eine extreme Facette des ›Helden‹. In ›Systemen‹ des Zeitromans hängt eben alles zusammen, sogar Täter und Opfer. Welche Rolle hier der Rassismus-Vorwurf spielen kann, gilt es zu prüfen. Wenn Realisten systemisch anonyme Zusammenhänge entdecken, versuchen sie dennoch, diese abstrakten Verhältnisse zu ›personalisieren‹, um Verantwortung zu identifizieren. Dies Rassismus zu nennen, heißt die Rolle individueller Verantwortung gerade in demokratischen Systemen zu verwischen.

Es gibt in Kellers Zeitroman eine Figur, in der sich das Problem des ›poetischen Realismus‹ zu verdichten scheint, Myrrha, die junge, schöne, aber blödsinnige Schwägerin Wohlwends, die zuerst Martin Salander, dann seinen Sohn verführen soll. Ihr Name weist auf einen Mythos zurück (inzestuöse Zeugung des Adonis) und hat aufgrund seiner Nähe zur ›Myrrhe‹ eine ambivalente Bedeutung (Aphrodisiakum und Marienattribut; vgl. Kaiser 1987, 587 f.). Wer sich von ihr faszinieren lässt, disqualifiziert sich selber. Nach Gerhard Kaiser ist sie »**die irre Muse eines poetischen Realismus,** der sein Poetisches nicht thematisch machen kann« (ebd., 588). Ob Myrrha wirklich eine Verkörperung des ›poetischen Realismus‹ oder doch nur jener Trivialromantik ist, die schon in *Kleider machen Leute* kritisiert wurde, und zwar nach realistischem Maßstab, ist nicht so leicht zu entscheiden. Dass Myrrha als stumme und dumme Schönheit ein bereits ausgehöhltes Prinzip in einer rauen Wirklichkeit verkörpert (Holub 1991, 200), dessen wahres Wesen aber der kluge Sohn durchschaut, macht sie nicht unbedingt zum Exponenten eines gescheiterten Realismus. Mit gleichem Recht ließe sich behaupten, dass sich erneut zeige, wie wenig den Augen in Zeiten der allgemeinen Verschönerung des Körpers zu trauen und wie sehr das Sehen ein Akt der Klugheit ist. Das gendertheoretisch Bedenkliche dieser Exempelwahl wäre damit freilich noch nicht ausdiskutiert.

2.6 Der ›multikulturelle‹ Gesellschaftsroman in der österreichischen k.u.k. Monarchie

Der realistische Gesellschaftsroman ist so einheitlich bzw. vielfältig wie die Wirklichkeit, die er ›spiegelt‹ oder ›inszeniert‹. Er umfasst die dörfliche, provinzielle und urbane Welt unter teils noch monarchischen, teils schon republikanischen Bedingungen, er schildert noch feudale, insbesondere aber bürgerliche und doch auch schon proletarische Lebensverhältnisse und rückt seinen großen wie kleinen Kosmos in den allgemeinen Prozess der ›Modernisierung‹. Wenn sich der deutschsprachige Realismus trilateral differenzieren lässt (vgl. Kap. I.1.4), so liegt das am genuin realistischen Prinzip, das verlangt, regionale Besonderheiten zu verarbeiten und sie zugleich dem überregionalen Literaturkonzept des Realismus einzufügen. Die österreichische k.u.k. Monarchie blieb auch in der zweiten Jahrhunderthälfte, die eine Zeit der nationalen Konsolidierung war, ein ausgedehnter Vielvölkerstaat, der Galizien, Ungarn, Böhmen und Mähren umfasste. Bunt, vielfältig und gespannt fielen demnach auch die Geschichten aus, die im Zeichen des europäischen Realismus diesen Besonderheiten gerecht werden wollten. Einige Namen mögen die Spannbreite dieses Realismus andeuten: Marie von Ebner-Eschenbach, Ludwig Anzengruber, Leopold von Sacher-Masoch und Karl Emil Franzos.

2.6.1 Marie von Ebner-Eschenbach

Wie viele Realisten begann auch die aus Mähren stammende Gräfin Marie von Ebner-Eschenbach (1830–1916) als Dramatikerin. Erst der ausbleibende Erfolg bzw.
die entschiedene Zurückweisung ihrer Werke durch die Theaterkritik veranlasste sie,
sich der Erzählprosa zuzuwenden, ohne freilich ihre Vorliebe für dramatische Strukturen, d. h. für eine um Konflikte zentrierte **Dramaturgie des Erzählens** aufzugeben.
Als Erzählerin war sie fast von Anfang an erfolgreich. Die renommierte *Deutsche
Rundschau*, in der auch Keller, Fontane und Meyer präsent waren, brachte ihre Werke
im Vorabdruck, Paul Heyse nahm eine ihrer ersten Erzählungen (*Die Freiherren von
Gemperlein*) in seinem *Neuen deutschen Novellenschatz* auf. Ebner-Eschenbach gehört
am Jahrhundertende zu den ausgezeichneten Persönlichkeiten (Ehrenkreuz für Kunst
und Literatur, erste Ehrendoktorin der Wiener Universität; vgl. Pfeiffer 2001). Die
Vermeidung der Gattungsbezeichnung ›Roman‹ hat sie mit Stifter gemeinsam. Ob
sie damit gleichfalls das markant Epische ihrer Erzählkunst hervorheben oder nur
eingestehen wollte, dass es sich um ›kleine Romane‹ handelt (*Ein kleiner Roman* heißt
eine Erzählung aus dem Jahr 1887) und im Grunde »Schloß- und Dorfgeschichten«
gemeint sind, mag unentschieden bleiben. Zweifelsohne aber hat sie Romane geschrieben: Das gilt schon von *Božena* (1876, ²1895), weiterhin von *Das Gemeindekind*
(1887) und auch von *Unsühnbar* (1890, ⁹1911). Die ersten beiden Romane sind
›Lebensgeschichten‹, dargeboten in sozialer Perspektive ›von unten‹, der dritte, nicht
minder lebensgeschichtlich angelegt, rückt an die Seite der großen Eheromane in
europäischer Tradition. Zum ›Markenzeichen‹ von Ebner-Eschenbachs Erzählkunst
wurden freilich die »**Dorf- und Schloßgeschichten**«, die in der mährischen oder
galizischen Welt spielen und hier die ebenso politischen wie sozialen und mentalen
Spannungen zwischen Schloss und Dorf in den Mittelpunkt rücken. Ebner-Eschenbach
gehört zu den engagierten Realisten, die Geschichten erzählen, um auf soziale Missstände im Umfeld einer auf Expansion bedachten Umwelt aufmerksam zu machen;
sie erzählt von ›Fällen‹ und – darin spiegelt sich das realistische Verklärungskonzept
– legt Perspektiven aus, die zu erkennen geben, durch welche Reformmaßnahmen
die jeweiligen Konflikte zu vermeiden oder zu lösen wären.

Božena, »der erste Dienstmädchenroman dt. Sprache« (Sagarra 1989, 161),
kann mit guten Gründen »als Beispiel für literarischen Avantgardismus innerhalb
des Bürgerlichen Realismus« gelten (H. Beutin 1980, 247). Das zeigt sich in Figuren-
wahl, Handlungsführung und Konfliktlösung, weniger aber in der Erzähltechnik.
Die Magd Božena steht in der Tradition der starken ›Volksfiguren‹. Zeitgeschicht-
lich bedeutsam wird sie im Kontext des aufbrechenden Nationalitätenkonflikts
und der sich konsolidierenden Klassengesellschaft unter dem Diktat des Geldes.
Als realistisch konzipierte Figur birgt sie einen idealen Kern und realisiert somit
die Forderung nach Verklärung in einer unwirtlichen, aber reformierbaren Welt.
Sie verkörpert die Hoffnung, dass sich trotz des herrschenden patriarchalischen
Gesellschaftszustands wieder **matriarchalische Verhältnisse** einführen lassen; ausdrücklich wird sie mit der Städtegründerin Libussa assoziiert, deren dramatische
Gestaltung durch Grillparzer der Autorin wahrscheinlich vertraut war (H. Beutin
1980, 252). In seiner didaktischen, vorbildstiftenden Wirkungsabsicht steht der
Roman dem frühen Realismus noch nahe; doch deutet sich in der Entscheidung
für eine Figur, die im bürgerlichen Gefüge sozial unten und national am Rande
steht, ein Akzentwechsel an, der den älteren nationalpädagogischen Rahmen des

Realismus sprengt und seine subversive Darstellungskraft, die in der Hinwendung zum Alltag liegt, erst recht freisetzt.

Das heißt aber nicht, dass Božena schon zum faszinierend resoluten Frauentypus der Jahrhundertwende gehört (vgl. etwa die Helene in Anzengrubers *Sternsteinhof*). Zwar ist sie klug und tüchtig, auch heißt sie von Anfang an »die schöne Božena« (6); wenn aber ihre Schönheit nicht nur in den roten Wangen und weißen Zähnen, sondern auch in »Größe und Stärke« zum Ausdruck kommt – wiederholt ist von einer »Riesin« die Rede –, dann zeichnet sich doch ein eigentümliches Schönheitskonzept ab, das selbst im »mutigste[n] Mann« ein »leises Grauen« hervorruft. Im Grunde geht es nicht um den modernen Karriereweg einer durch ihr traditionelles Schönheitskapital aufsteigenden Häuslerin (so im Fall der Anzengruberschen Helene), sondern um eine **alternative Biographie über die Bewährung und Beständigkeit** der altruistischen ›guten‹ Božena.

Die Konzentration auf eine ideale Mittelpunktsfigur steht der erzählerischen Ausweitung zum Gesellschaftsroman nicht im Wege. Als »Fürstin Libussa« (108) bildet die Magd die wahrhaft **souveräne Spitze einer neuen Kommunität** im Nachfeld der Märzrevolution von 1848. Es ist insbesondere das **Geld**, das die alten (feudalen) und neuen (bürgerlichen) Verhältnisse bestimmt, zerrüttet oder zerstört. Die davon betroffenen Lebenswege kreuzen sich in der Nähe einer fast schon naturalistisch gedachten Figur, die zwar befremdlich bleibt (national, sozial, phänotypisch, ästhetisch) und dennoch – in mythischer Analogie zur Städtegründerin – die Fäden des eigenen und fremden Geschicks in den Händen hält.

Ebner-Eschenbach beginnt ihre Erzählung fast so wie später Fontane seine *L'Adultera*-Novelle. Sätze wie »O schöne Stunde! unvergeßlicher Anblick! Alle Anwesenden umschlangen Fräulein Nannette in *einer* Umarmung und küßten sie auf ihren Mausmund« (9) zeigen, dass nicht nur betulich, sondern auch **ironisch** erzählt wird, selbst wenn das Erzählen schließlich im Märchenton mündet.

Die Heldin von *Unsühnbar* gilt als »österreichische Effi Briest« (Majut 1960, Sp. 1497). Abgesehen davon, dass solche Vergleiche immer hinken, können sie doch dazu dienen, die Spannweite des realistischen Erzählens sichtbar zu machen. Überall im europäischen Realismus spielen Ehe, Ehebruch sowie die gesellschaftlichen Ursachen und Folgen der scheiternden Ehen eine zentrale Rolle; und immer werden sie anders erzählt. Gerade an den nicht zu übersehenden Unterschieden gegenüber *Effi Briest* oder auch *Unwiederbringlich* (z.B. Bedingungen für eine glückliche Ehe, Erklärung des Ehebruchs, Rolle der Selbstverantwortung, Stellenwert der Gesellschaftskritik) wird deutlich, was andere, z.B. eine Gräfin aus der Provinz und zugleich urbane Intellektuelle, ›woanders‹ zur selben Zeit auf ihre eigene Weise (als mährische Autorin in der Weltmetropole Wien) vollbringen, wenn sie realistisch schreiben wollen. *Unsühnbar* stand freilich nicht immer im ›Abseits‹ der unbekannten kleineren Romane, in das er heute gerückt ist; denn als Vorabdruck ist er auf dem Forum der modernen deutsche Literatur erschienen, in Rodenbergs renommierter *Deutscher Rundschau* (1889). So leicht wie heute ließ sich Ebner-Eschenbachs Roman damals also nicht übersehen.

Wie der Titel schon ankündigt, handelt es sich um einen **moralischen Roman**, und zwar ›moralisch‹ in einem besonderen Sinn, geht es doch nicht nur um Schuld und Buße für ein ›Unrecht‹ (Ehebruch), sondern ausdrücklich um seine Sühne; das heißt nach dem hier zugrunde gelegten Maßstab, dass, wer bereits ›gebüßt‹, trotzdem nicht automatisch auch ›gesühnt‹ hat (vgl. 140). Es bedarf wohl keiner besonderen Versicherung, dass weder Flaubert noch Fontane an solchen Differenzierungen weiterarbeiten wollten; das könnte schon eher auf George Eliot zutreffen. Gewiss aber deutet sich in solchen Interessen der Einfluss des russischen Realismus an (*Anna Karenina* hat Ebner-Eschenbach nachweislich gelesen).

Es geht um moralische Nuancierungen, die im realpolitischen Kontext ebenso nivelliert werden könnten wie im liberal emanzipatorischen. Die Gräfin Maria Wolfsberg wird von ihrem Vater zu einer Ehe überredet, die zwar durchaus vorteilhaft ist, nicht aber ihren geheimen Wünschen entspricht, liebt sie doch einen anderen, gleichfalls standesgemäßen, aber leicht in Verruf stehenden Mann. Sie wird mit diesem später die Ehe brechen, gerade dadurch aber zu einer innigeren Liebe für ihren Mann, der sich schon längst als idealer Partner bewährt hat, heranreifen. Den Ehebruch, aus dem ein Kind hervorgeht, das der Ehemann für sein eigenes hält, wird die Gräfin erst nach dem Unfalltod ihres Mannes öffentlich bekennen, während sie sich zu dessen Lebzeiten aus Rücksicht vor seiner Liebe zum Schweigen durchringt. Obwohl sie nach dem öffentlichen Geständnis **nicht das typische Schicksal der gebrandmarkten Ehebrecherin** erfährt (das schlimmste Erlebnis ist die Zurückweisung durch den Vater, der sich schließlich auch eines besseren besinnt) und in der Erziehung ihres einzigen Sohnes eine zukünftige Aufgabe erkennt, siecht sie trotzdem dahin und stirbt an ›gebrochenem Herzen‹ (vgl. 140). »O, hätte ich nie ein Unrecht getan!« (142) sind ihre letzten Worte.

In der Reihe der gesellschaftskritischen Romane des Realismus formuliert dieser Ausruf eine enttäuschende ›Erkenntnis‹ oder gar ›Lehre‹, bei der etwas personalisiert wird und somit individuell zu verantworten ist, was – nach den ›Spielregeln‹ des europäischen Eheromans – eben nicht im Subjekt, sondern in der Struktur der herrschenden Verhältnisse liegt. Freilich muss das Bewusstsein der Figur nicht mit dem übereinstimmen, was die Erzählung zu verstehen geben möchte; aber Ebner-Eschenbachs auktoriale Erzählinstanz tut wenig, ihre Zentralfigur bei der Einschätzung des Seitensprungs oder der Bewertung seiner Folgen zu widerlegen.

Ebner-Eschenbachs Ehebrecherin Maria wird – auch in ihrer Rolle als büßende Magdalena – zur schmerzensreichen Mutter eines ›natürlichen Christen-Sohnes‹ verklärt, dessen säkulares ›Evangelium‹ das Gute ist: »Gut sein ist Glück, einfach, selbstlos und gut« (141). Dabei fehlt es nicht an psychologisch kritischer Durchdringung, die das Pathologische in dieser ›Nachfolge Mariens‹ wenn nicht offenlegt, so doch andeutet. Bezeichnend dafür ist folgende Kranken-Vision:

> »Auf dem Tische stand eine verdeckte Lampe; der schwache Lichtkreis, den sie an die Decke warf, fesselte den Blick Marias. In dem bleichen Schimmer bildeten sich flutende Wellen, und ein weißer Schwan zog über sie hin, und in den Lüften erklang eine liebliche Musik. Die verstummte plötzlich; ein Stern war vom Himmel gefallen, und der Stern war ein Weib und entsetzliche Ungeheuer zerfleischten es... Hunderte von Fratzen, Köpfe ohne Leiber schwebten heran, Augen ohne Köpfe, die vielen Augen, die sich in die ihren bohrten. Sie fürchtete sich nicht, sie fand das alles natürlich. Natürlich auch, daß sie auf ihrem Bette lag und zugleich dort oben stand, in dem wehenden Schein, an der Seite Hermanns. Er deutete auf sie und sagte: ›Ich seh dein Herz, es blutet, und es hat einen schwarzen Fleck, einen kleinen, kleinen Fleck, der verfinstert die Welt.‹« (138)

Erzähltechnisch gesehen, erinnert diese Stelle an C.F. Meyers Art, in der Traumerzählung das zum Ausdruck zu bringen, was das Bewusstsein zensiert (vgl. *Die Richterin*). Erfasst wird hier, woran die Figur von Anfang an ›leidet‹, ein »eigentümliches Doppelleben« (94), die Unvereinbarkeit ihrer körperlichen Wünsche mit ihren moralischen Vorstellungen, das Verspielen von Glück im Verkennen von Glück; und als Rest bleibt dann nur »Ekel« (136).

Die banale Lösung dieses Konflikts läge natürlich in einer Umwertung oder Liberalisierung. Aber darum geht es der Autorin offenbar nicht. Anders als in *Effi Briest* steht die »öffentliche Meinung« (127) hier nämlich aufseiten der Ehebrecherin. Nicht diese geht ins Wasser bzw. wird zum Wassertod verurteilt, sondern umgekehrt, sie schickt – wenn diese strukturalistisch pointierte Umformulierung hier am Platze ist – die patriarchalische Welt – d. h. Hermann, den Ehegatten, und Hermann, den legitimen Sohn – ins Wasser. Das schwächt den erwarteten gesellschaftskritischen Impuls ab, der durch die Haltung der Schwiegermutter nebenher doch unterstützt wird; das deutet aber wohl auch an, wie oberflächlich liberale Reformen der Ehepraxis in dieser Hinsicht ausfallen. Wichtiger scheint der Erzählung das zu sein, was den Betroffenen jenseits belastender oder entlastender Gesellschaftsregeln bewusst werden kann. Die **Erinnerungsfähigkeit** spielt dabei eine große Rolle. Jedenfalls äußert sich eine Nebenfigur in diesem Sinne: »Aber die abgewiesenen Erinnerungen und Gefühle, das ist bei Leuten eures Schlages wie zurückgeschobener Sand oder Schnee; es häuft, es häuft sich, es wird ein Berg und stürzt euch bei der ersten Gelegenheit über dem Kopf zusammen« (128). Erkenntnis ist entscheidend angesichts des Elends und der Greuel in der Welt, die sich wohl bei mehr Umsicht vermeiden ließen (vgl. 125). Auch das ist nicht zuletzt ein utilitaristisches Prinzip. Wie Anzengrubers Helene begreift auch Maria das Leben als Gelegenheit zum nützlichen Handeln; nur scheint Anzengruber ›liberaler‹ erzählen zu wollen als Ebner-Eschenbach, die stellenweise so düster und radikal wird, dass sie eine ihrer Figuren nur noch den Teufel im Himmel walten sehen lässt (vgl. 40).

Wie geht die Erzählung mit ihren moralischen Nuancierungen um? Es gibt hochpathetische, geradezu schwülstige Partien; so die Schilderung des Ehebruchs (vgl. 64), die aber auch nicht anders klingt als Fontanes Treibhaus-Szene in *L'Adultera*. Es gibt aber auch einen anderen Ton, und der bricht mitten in eine moderne Gesellschaftsszene ein:

> »Maria blickte sinnend mit immer unbeweglicher werdenden Augen in das Gewühl fröhlicher, geputzter Menschen, und was sie sah, war seltsam. – Das glänzende Bild goldbetreßter Herren, von Juwelen strotzender Damen, des altertümlichen Prunkgemachs, worin sie sich bewegten, wurde durchscheinend und verschwand schemenhaft von [lt. Vorabdruck und EA: vor] einem tiefdunkeln Hintergrunde. In dem war ein Brausen und Grollen, wie es dräut im sturmgepeitschten Meer. Die Wellen türmten sich bis zum Himmel, stürzten in unermeßliche Tiefen, stiegen wieder empor, um wieder zu sinken, ein ewiges Auf und Nieder.
> Und ein Wehgeheul entrang sich diesem grausen Getümmel gejagter, jagender, verschlingender, verschlungener Wellen: denn sie bestanden aus Tier- und Menschenleibern; sie waren das gequälte Geschlecht der Lebendigen, und der Ozean, der diese Fluten rollte, war ein Ozean des Leidens...
> Manchmal erglänzte hoch am Horizont ein blinkender Stern, und Millionen von Menschenherzen erhoben sich, sehnsüchtige Augen tranken lechzend sein zitterndes Licht. Aber nicht lange, und sie wußten: der ihnen dort erglommen, der verheißende Schein, war nur ein Widerschein des Trostverlangens, der Hoffnung – in ihrer eigenen Brust. Und weiter rollt der Ozean des Leidens seine stöhnenden Fluten.
> Aber sieh! – was kommt auf ihnen dahergeschwommen?... In bewimpeltem Schifflein eine lustige Schar übermütiger Männer und Frauen. Sie scherzen, sie spielen, sie liebeln und fahren sorgenlos hin – dem selben Ende zu, das der Gepeinigten wartet...« (92 f.)

Solche Stellen verraten den **Einfluss Schopenhauers** (verhängnisvoller Lebenstrieb, Philosophie des Leidens). Nicht nur einzelne Personen führen ein »Doppelleben«, sondern die ganze Wirklichkeit wird brüchig, verrät eine Unterhöhlung. Der Blick, eigentlich Medium der empirischen Vergewisserung, versagt, indem er umkippt und das Gegenteil des Glänzenden, das Dunkle hinter dem Licht wahrnimmt. Der frühe Realismus wollte auf die Dinge blicken, um ihr inneres Wesen zu erkennen. In seiner ›Reifephase‹ zeigt sich, welche subversiven Erkenntnisinstrumente er in die literarische Welt eingeführt hat.

2.6.2 Ludwig Anzengrubers ›Bauernroman‹

Ludwig Anzengruber (1839–1889) ist bis heute bekannt geblieben für seine kritischen Volksstücke (z.B. *Das vierte Gebot*) im Vorfeld der Moderne; wenn es Vorläufer des ›modernen Volksstücks‹ geben sollte, wie es durch Fleißer und Horváth geschaffen wurde, dann gehört Anzengruber unbedingt zu ihnen (vgl. Aust/Haida/Hein 1989). Der herkömmliche Begriff des Volksstücks scheint notwendigerweise eine vormoderne Welt vorauszusetzen. Der Verlauf des ›kritischen Volksstücks‹ im 20. Jh. hat jedoch gezeigt, dass der bäuerliche oder ›altfränkische Winkel‹ und die moderne Großstadt nicht ganz so weit auseinander liegen, wie es die komparatistische Realismus-Forschung früher annahm (Auerbach 1946), wenn es darum geht, ›Geburt‹ und ›Kult‹ von Gewalt, Aggression und Hass (Gay 1996) in der Gesellschaft auf der Bühne zu inszenieren oder als Geschichten zu erzählen. Das Werk Ludwig Anzengrubers, das dramatische wie das erzählende, kann diesen Zusammenhang bezeugen.

Auch ein typischer Bauernroman im Vorfeld der **Heimatliteratur** (vgl. Sprengel 1998, 192 ff.) kann ein realistischer Gesellschaftsroman sein, wenn er nicht nur das bäuerliche Leben anschaulich beschreibt und so widerspiegelt, wie es eigentlich ist bzw. sein soll, sondern es als Material und Modell für jene Entwürfe gebraucht, die holzschnittartig zeigen, wie eine unübersichtliche moderne Gesellschaft funktioniert und welche ›Betriebsschäden‹ dabei auftreten müssen. So gesehen ist gerade Anzengrubers zweiter Roman *Der Sternsteinhof* (1885) – schon der erste, *Der Schandfleck* (1877) rückt das Thema der gesellschaftlichen Ächtung in den Mittelpunkt – ein zwar regional spezifischer, aber vollwertiger realistischer Gesellschaftsroman, der die **Krise des Liberalismus** in Österreich begreifbar und seine Spuren (Maschinen, verschmutzte Umwelt) bemerkbar macht (vgl. Rossbacher 1992, 303). Das sind durchaus neue Erzählungen, obwohl es sich – wie schon in Kellers *Romeo und Julia auf dem Dorfe* – um alte Geschichten handelt:

> »[...] solche alte Geschichten von erprobter Wirkung in ein neues Gewand zu stecken, ist nur ein künstlerischer Behelf, und ein anderer ist es, das letztere für die handelnden Personen aus Loden zuzuschneiden; es geschieht dies nicht in dem einfältigen Glauben, daß dadurch Bauern als Leser zu gewinnen wären, noch in der spekulativen Absicht, einer mehr und mehr in die Mode kommenden Richtung zu huldigen, sondern lediglich aus dem Grunde, weil der eingeschränkte Wirkungskreis des ländlichen Lebens die Charaktere weniger in ihrer Natürlichkeit und Ursprünglichkeit beeinflußt, die Leidenschaften, rückhaltlos sich äußernd oder in nur linkischer Verstellung, verständlicher bleiben und der Aufweis: wie Charaktere unter dem Einflusse der Geschicke werden oder verderben oder sich gegen diesen und sich und andern das Fatum setzen – klarer zu erbringen ist an einem Mechanismus, der gleichsam am Tage liegt, als an einem, den ein doppeltes Gehäuse umschließt und Verschnörkelungen und ein krauses Zifferblatt umgeben; wie denn auch in den ältesten, einfachen, wirksamsten Geschichten die Helden und Fürsten

Herdenzüchter und Großgrundbesitzer waren und Sauhirten ihre Hausminister und Kanzler.« (SW X, 369 f.)

Anzengrubers Realismus steht nominell den Forderungen des ›programmatischen Realismus‹ nahe. Er weist das »Prinzip des grassen Realismus« zurück (*Briefe* I, 291) und fordert – wie Otto Ludwig – eine ideelle Durchdringung; gelegentlich spricht er sogar von ›Konstruktion‹ (vgl. ebd.). Dennoch lehnt er eine konventionelle Verschönerung ab:

> »Der Realismus, wie ich ihn meine, hat entgegen der Schönfärberei des Lebens die dunklen Punkte, wo sie ihm aufstoßen, nicht zu umgehen.
> Nicht die Ideale sollen aus dem Leben hinausgeworfen, sondern hineingetragen werden, das hat der Mensch allzeit getan und wird es immer tun. Wenn etwas Ideales hinter dem Realen der Welt steckt, so wird es sich auch erst herausarbeiten müssen aus dem Realen (vorderhand ist [es] nicht dominierend oder sonst merkbar).« (SW VIII, Nr. 792)

Die Handlung des *Sternsteinhof*-Romans spielt in jener Welt, wo Hütte und Hof in Sichtweite spannungsvoll ›nebeneinander‹ liegen und wo zu »ebener Erde und erstem Stock« (so der Titel einer Nestroyschen Posse), mithin ›aufeinander‹ gewohnt wird; es ist eine enge Welt, die von rigiden sozialen Scheidungen geprägt wird. Im Mittelpunkt steht die **Aufstiegsgeschichte** der armen Helene Zinshofer (eine schon im Namen sich andeutende Allegorie der Existenz unter dem ›Zins‹) zur unabhängigen Besitzerin des Sternsteinhofes. Es ist dasselbe Motiv, das zu Beginn des Realismus in Gustav Freytags *Soll und Haben* und an seinem Ende in Fontanes *Frau Jenny Treibel* oder *Mathilde Möhring*, ja sogar in *Effi Briest* Gestalt gewinnt (auch Parallelen zu Thomas Hardys *Far from the madding crowd* sind denkbar). Anzengrubers Motiv-Variante steht der Fontane'schen näher als der Freytag'schen. Das liegt an dem kritischen Akzent dieser Karrierebiographie, der die schädlichen Nebenwirkungen des liberalen Aufstieg-Ideals betont. Auf der Hand liegt auch die Parallele zu Wagners *Ring des Nibelungen* (Rossbacher 1992, 306), geht es doch auch hier, sehr konkret, um Gründungen, Investitionen und Kalkulationen, um die ganze »Macht und Herrlichkeit des Reichtums« (SW X, 52) und was daraus folgt.

Anzengrubers ›Ring‹ ist der alle Begierden absorbierende hochgelegene Sternsteinhof (»als reiche der Sternsteinhof bis an den Himmel«; SW X, 3). Dieser ›Schatz‹ verdankt seinen Wert einem märchenhaft mythisch wirkenden »feurigen Stein« (3), der früher einmal plötzlich auf die Erde »herniederschoß« und seitdem den Grundstein des neuen prosperierenden Wirtschaftsbaus mit solider »eiserne[r] Kasse« (247) darstellt. Die wiederholt sich abzeichnende Aura des Märchens verklärt nicht den kruden Aufstiegswillen und die »neidische Bewunderung« (48) des Höheren, sondern macht im Gegenteil den aggressiven, hasserfüllten Grundton dieses Willens deutlich, verschränkt sich doch im Traum das Glück der jungen armen Schönen mit einem Enthauptungsritual, vollzogen an der alten Hofbesitzerin (vgl. 10). Insofern fällt der **Märchenton** mit seiner ›abkneipenden‹ Gewaltsamkeit und der ungeschminkten Anbetung des Reichtums (vgl. 51 f.) realistischer aus als die wirklichkeitskritische Erzählung, die es sich versagt, um der Karriere willen über Leichen zu gehen (vgl. die Gestaltung von Muckerls Tod und die Diskussion bei Rossbacher 1992, 312). Es sind manchmal nur Blicke, die verraten, wie weit Anzengrubers Figuren bei der Durchsetzung ihrer Interessen zu gehen bereit wären (vgl. 76).

Das sind vage bleibende Andeutungen innerhalb einer Darstellungspoetik, die sich meistens der personalen Erzählsituation verschreibt. Die dennoch nicht verstummende auktoriale Stimme klingt gelegentlich auch direkter, fast schon bissiger, wie die Kirchweih-Szene zeigt:

> »Schon begann eine friedliche Auslese der schwächeren, aber trotzdem und vielleicht eben darum nicht ungefährlichen Elemente der Gesellschaft; manch einer, der »mühselig und überladen« war, taumelte durch den Flur nach dem Garten, stöhnte zu den Sternen auf und wies dem Monde ein gleich fahles Gesicht oder schlug nach wenigen Schritten zu Boden, blieb auf der mütterlichen Erde liegen und deckte sich mit dem ewigen Himmel zu.« (112)

Solche Beobachtungen entsprechen dem **satirischen Augenmaß** von Nestroys vormärzlichen Possen und gelten einer Gesellschaft in Loden vor einem nachgründerzeitlichen Horizont. Hinzu kommt eine Allegorisierungskunst, die eigentlich dem traditionellen Bild vom realistischen Erzählen widerstrebt, im Grund aber seine Modernisierungsfähigkeit unter Beweis stellt:

> »Wie hätte es den Wirt von Zwischenbühel, der heute paar Arme zu wenig hatte, gaudiert, wenn er den von Schwenkdorf hätte sehen können, der viere zu viel hatte; zwei, die ihm am Leibe angewachsen waren, und die er, um kein Aufsehen zu machen, in anscheinender Gleichmütigkeit in den Hosentaschen vergrub, und zwei geistige, die er in heller Verzweiflung über dem Haupte rang, so daß ihm vorkam, als ob ihn darüber wirklich die Schulterblätter schmerzten.« (112 f.)

Nicht gemütlich, sondern hart geht es in dieser Welt der handgreiflichen »Entzweiung« (112) zu. **Schlägereien** sind in der Literatur nichts Besonderes, poetologisch nicht zuletzt durch den historischen Roman von hohem Wert und im Unterhaltungswesen allgemein akzeptiert. Auch im Realismus kommen Schlägereien vor, ›zünftigerweise‹ natürlich meistens zwischen Männern, seltener zwischen Frauen (vgl. die ›realistische‹ Ablehnung solcher Szenen bei Gotthelf und Zola) und schon gar nicht zwischen Männern und Frauen (doch vgl. Ebner-Eschenbachs *Gemeindekind*), dafür öfter wieder zwischen Erwachsenen und Kindern. Was zeichnet eine realistische Schlägerei-Szene aus? Kann es überhaupt Gemeinsamkeiten geben in der Schilderung der Schlägerei zwischen Manz und Marti (in Kellers *Romeo und Julia auf dem Dorfe*) und der des Duells zwischen Innstetten und Crampas? Immerhin sind das ›individuelle‹ Schlägereien von eminent symptomatischem Wert. Kollektive Schlägereien, Kriege, Schlachten und andere ›Katzbalgereien‹ (Raabe), gibt es darüber hinaus. Anzengrubers Dorfschenken-Schlägerei (vgl. 121–127) ist eine Massenprügelei und könnte ins Fach der naturalistisch derben Volksstück-Belustigung gehören. Doch dagegen spricht ihre **parodistische** Vermengung mit Momenten des Trojanischen Krieges, des darwinistischen Kampfes um den ›Sternstein‹ und des biblischen Berichts von der apokalyptischen Endzeit. Hier begegnet ein Kabinettstück des realistischen Verfahrens, auf engstem Raum weitreichende Zusammenhänge zu stiften, wobei geradezu ›vor laufender Kamera‹ zu beobachten ist, wie Gewalt und Sexualität zusammenspielen, ab wann sich die Unruhestifter in Sicherheit bringen und den Aufgebrachten den Rest überlassen und wie die einfachen Waffen in der schlichten Faust immer länger und weitreichender werden, so dass auch in dieser Hinsicht der ›technologische Fortschritt‹ selbst in der ›Loden-Welt‹ bemerkbar wird.

Mit der Figur des Herrgottlmachers Muckerl, Helenes erstem Mann, den sie ohne Liebe und nur aus Verlegenheit heiratet, gelangt die **Kunst- und Künstlerthematik** beiläufig in den Blick; es ist ein Nebenthema des Romans, und doch betrifft es ein wichtiges Moment der Realismus-Debatte. Eigentlich geht es um sakrale Gebrauchskunst, die aber in Mode kommt und so auf dem Markt eine Rolle spielt. Muckerl, kein unbedingt genialer, aber handwerklich solide arbeitender Holzschnitzer, passt sich diesem Trend an und produziert »geleckte Figuren, angestrichene Puppen, aber seine Besteller waren es zufrieden« (217); sie garantieren ihm ein relativ gutes Auskommen; zuerst sind es sakrale Figuren, dann – nach einer Trendwende – muss er sich auf eher »heidnische Figuren« (268) umstellen. In beiden Fällen, bei Madonnen- wie Venus-Figuren, greift er auf ein reales Vorbild, Helene, zurück. Das bleibt nicht unbeobachtet und führt zum Vorwurf der »lästernde[n] Ähnlichkeit« (167). Denn das Beanstandete betrifft ja nicht nur das äußere Aussehen, sondern ›säkularisiert‹ zugleich das biblische Verkündigungsgeschehen, insofern die noch unverheiratete Helene zum Zeitpunkt der Abbildung schon schwanger ist. Gerade durch die Wahl eines solchen Modells entsteht ausgesprochen ›schöne‹ und auf dem Markt gefragte Kunst. Kurz vor seinem Tod wird aber das Inadäquate dieser Kunstware im Gespräch zwischen Sepherl und Helene deutlich. Sepherl nämlich hat auf eigenen Wunsch hin eine ›hässliche‹ Schmerzhafte-Madonnen-Figur erhalten und verteidigt diese Darstellung vor Helene, die dem Schnitzwerk mangelnde Schönheit vorwirft: »besser er [Muckerl] wär gleich von Anfang an dadrauf verfalln, eh 's Schön ihm selber kein Gut getan hat« (305). So berührt der Roman eher beiläufig ein **Grundproblem der Verklärungspoetik**, das sich dort einstellt, wo es gilt, Leid abzubilden.

Helene ist eine der merkwürdigsten Figuren in der Literatur des Realismus. Sie personifiziert den **Geist des Liberalismus und der Realpolitik** in vielen Facetten. Ihre bewunderte Schönheit konkretisiert Ludwig Feuerbachs Naturverklärung, ihre wirtschaftliche Tüchtigkeit exemplifiziert den neuen Pragmatismus. Dass Leben ein Wettkampf ist und der Griff nach den Sternen keine Utopie, erweist sich an ihr mustergültig. Als nahezu charismatisches Individuum (»christlich wie vernünftig«, 330) vermag sie gezieltes Handeln einzuüben und auszuüben. Bezeichnend hierfür ist die oberflächlich gesehen funktionslose, aber dann doch leitmotivisch wiederkehrende (vgl. 254) Szene, in der Helene mit nacktem Fuß Kieselsteine ins Nachbarrevier schleudert (vgl. 160). An einem kritischen Moment – sie hat soeben den sich drückenden Toni, von dem sie schwanger ist, ins Gesicht gespuckt – erprobt sie fast schlafwandlerisch ihre Geschicklichkeit im Schleudern. Ihre besondere Art, sich den wechselnden Verhältnissen anzupassen und dadurch souverän mit den Gegebenheiten umzugehen, erinnert vielleicht an Nietzsches Bild der situationsmächtigen Frauen (*Die fröhliche Wissenschaft*); weder Misserfolg, noch Einschüchterung in der Beichte können sie von ihrem Weg abbringen. Weder unterwirft sie sich der konventionellen Mutterrolle, noch lässt sie sich als verlockende Frau erotisch überwältigen. Zwar kommt auch sie wie Effi Briest in die Situation, »die Zärtlichkeiten des Mannes über sich ergehen« (216) lassen zu müssen, doch bewahrt sie sich den sicher taxierenden Blick einer Mathilde Möhring (Fontane). Scharfsichtiger als ihre modernen Interpreten (Rossbacher 1992, 312; Sprengel 1998, 194) lässt der Erzähler das kriminelle Potential dieser neuen vitalen Frau ahnen (s. die Erwähnung eines Schreis, der auf ein gewaltsames Ende hindeuten könnte; vgl. 305 f.).

Der Romanschluss jedoch lässt seinen skeptisch pessimistischen Unterton vergessen. Zwar heißt es gelegentlich: »Mit der Qual eines anderen Wesens beginnt eines jeden Dasein, und dann geht es so weiter mit dem Quälen oder Gequältwerden, wie sich's eben trifft. Wer mehr Qualen bereitet als erleidet, den nennt man glücklich, und wem es seine Mittel erlauben, das erstere in großem Maßstabe zu tun, der heißt wohl auch groß« (306). Schließlich aber wird die **versöhnliche Perspektive** fast erzwungen, wenn der gütige Pfarrer anscheinend glaubwürdig gerade das versichert, was eigentlich fraglich bleiben sollte: »den zwein hat er [der Gekreuzigte] wohl in seiner Erbarmnis a Verbrechen erspart!« (320). Helenes erster Blick von oben, der die Kindheits- und Jugendträume von unten endlich erfüllt sieht, fällt auf »die ganze schöne prangende Welt« (334). Das löst den durch Ludwig Feuerbach inspirierten Blick auf den »goldenen Überfluß der Welt« (vgl. Kellers Gedicht »Abendlied«) ein und stellt ihn angesichts des zurückgelegten Weges zugleich in Frage.

Der Roman endet mit einer ebenso überraschend kühnen wie für den Liberalismus konsequenten und somit das Versöhnungspostulat des Realismus einlösenden Wendung. Nach kurzer Ehe mit dem endlich wieder freien Sternsteinhof-Bauern wird Helene erneut Witwe und entfaltet erst jetzt ihre volle Selbständigkeit und Tatkraft. Der Erzähler verschweigt nicht, dass hinter ihrem weiteren, durchaus gemeinnützigen Handeln eigentlich egoistische Motive (»pure Eitelkeit«, 318) stehen. Dennoch bzw. gerade deshalb hebt er, wie zur Bestätigung der Mandeville'schen Maxime (›private vices public virtues‹) das pragmatisch Förderliche dieses Zusammenhangs hervor.

2.7 Fontane: Allerlei Glück und vielerlei Leid

Der gute Ruf, den Theodor Fontane als Realist selbst in jenem älteren Beitrag zur Realismus-Forschung genießt, der dem deutschen Realismus eine europäische Geltung absprach – »seine kluge und liebenswürdige Kunst gibt uns doch das beste Bild der Gesellschaft seiner Zeit« (Auerbach 1946, 480) – dieser gute Ruf hat sich mit wechselnden Argumenten bis in die Gegenwart erhalten, obwohl es ein international gesehen ›stiller‹ Ruf geblieben ist (Chambers 1997, 97). Doch nicht bestreiten lässt sich, dass gerade Fontane den Anschluss an die europäische Literatur, an ihr realistisches Profil, vollzogen hat. Das liegt nicht nur an der Anschaulichkeit, Lebendigkeit und Echtheit seiner Bilder aus dem modernen, urbanen wie provinziellen Leben, auch nicht nur an der Treffsicherheit, Weitsicht und Generalisierbarkeit seiner politischen, sozialen und kulturellen Diagnostik, sondern insbesondere an der **Kraft der literarischen Transfiguration** (ebd., 104), die jede Einzelheit der Wirklichkeit zu einem Knotenpunkt im literarischen Netz der Bezüge verwandelt, wo sie vielfältige Bedeutungsmöglichkeiten aufnimmt und von wo sie ihren Bedeutungsreichtum in unabsehbare Richtungen ausstrahlt.

»Fontanes Realismus« (Reuter 1972) steht für eine **Gesellschaftskritik**, die sich gegen den »überlebten Standeskanon und Herrschaftsanspruch« einer »dem Untergang geweihten Gesellschaft« (ebd., 55) richtet; es ist eine **Kritik auf der Basis fortschrittlicher, demokratischer und humanistischer Überzeugungen.** Allerdings zeigt die literaturwissenschaftliche Konkretisierung solcher Darstellungsabsichten, wie das »Maß kritischer Erkenntnis« (ebd.), das man dem Realisten zugesteht, oft vom Grad einer ideologischen Position abhängt, die eigentlich dem realistischen Prinzip widerspricht. Denn zwischen Fontanes »visionäre[r] ›Idee‹« (ebd., 64) der gesellschaftlichen Erneuerung, die eine literarische Verwandlungsleistung ist, und dem Anspruch der realen Nachwelt, für die solche Ideen »zur politisch-sozialen Realität geworden« (ebd.) sind, gibt es keine lineare Vermittlung. Fontanes Realismus, der dem normierten Leben im Öffentlichen und Privaten nachspürt und seine Schädigungen notiert, hat mit dem generellen Konflikt zwischen sozialen und mentalen Parallelwelten zu tun.

Parallel verlaufen in Fontanes Romanen die individuellen und gesellschaftlichen Spuren des Lebens, seiner Planung, seines Vollzugs und seines Bewusstwerdens. Aus dieser ›Zweispurigkeit‹ gehen Konflikte hervor:

> »Im Zentrum von Fontanes Romanwerk stehen Konflikte zwischen dem Individuum mit seinen geistigen, seelischen und triebhaften Bedürfnissen und dem gesellschaftlichen Rollenzwang, der ihnen im Namen des Funktionierens der Sozietät und der religiösen und moralischen Gebote auferlegt wird.« (Grawe 2000a, 475)

Dieser Antagonismus von Individuum und Gesellschaft betrifft nicht nur eine Diskrepanz zwischen authentischen persönlichen Wünschen und entfremdeten gesellschaftlichen Erwartungen, sondern durchdringt die Figuren bereits in ihrem individuellen Bewusstsein, so dass sie kaum noch wissen, wovor sie sich bewahren oder was sie sich eigentlich wünschen sollen.

Fontanes ›**Wirklichkeitsdarstellung**‹ ist nicht so beschaffen, dass man auf das, was ›Individuum‹ bzw. ›Gesellschaft‹ heißt, eindeutig zeigen könnte. Gewiss steht Jenny Treibel für das, was in der Konfliktbeschreibung »gesellschaftlicher Rollenzwang« genannt wird. Damit ist aber nicht automatisch die Gegenspielerin Corinna ein »Individuum« mit ihren »geistigen, seelischen und triebhaften Bedürfnissen«. Welche Bedürfnisse Corinna hat, ist eine Frage, auf die bis heute die Werkinterpretation keine endgültige Antwort gegeben hat; und ob Jenny solche Bedürfnisse überhaupt nicht empfindet und statt dessen »im Namen des Funktionierens der Sozietät und der religiösen und moralischen Gebote« einen »gesellschaftlichen Rollenzwang« ihrer Kontrahentin auferlegt, mag gleichfalls unentschieden bleiben. Die Frage wiederholt sich natürlich bei einer viel problematischeren ›Gesellschaftsfigur‹, nämlich Innstetten. Für gewöhnlich wird der Konflikt zwischen Individuum und Gesellschaft auf Frau und Mann (*Cécile*) bzw. Eltern und Kind (Vater und Sohn/Tochter in *Ellernklipp*, Mutter und Sohn etwa in *Irrungen, Wirrungen*) oder Vorgesetzter und Untergebener (*Schach von Wuthenow, Quitt*) verlegt. Doch erscheinen beide Seiten meistens sowohl im Lichte ihrer gesellschaftlichen als auch individuellen Bedingung; anders gesagt: auch die Position des bedürftigen Individuums rückt in das Licht des wenn nicht Rollenzwangs, so doch des gesellschaftlich vermittelten Rollenangebots.

Hier kommt den literarisch oder gar mythisch eingefärbten **Bildern des Elementaren** und Gesellschaftsfernen bzw. Gesellschaftskonträren eine besondere Rolle zu. »Grüne Stellen« in der Prosa der Verhältnisse hatte schon F.Th. Vischer zu suchen empfohlen (vgl. Kap. 1.4). Hier aber geschieht doch noch etwas Anderes: Auch diese elementaren, teils sogar mythischen Alternativbilder (Melusine, das Languissante) wirken aus einem Spannungsverhältnis zur symbolisch vermittelten Ordnung gesellschaftlicher Rollenzwänge. In diesem Zusammenhang gehören nicht zuletzt die vielen Kunstgegenstände und Bilder, deren Präsenz im Werk auch ein Zeichen für die expandierende Museumskultur in der Berliner Metropole ist; diese **öffentlichen Bilder** (z. B. Mantegnas ›Pietà‹, Tintorettos ›Ehebrecherin‹, Böcklins ›Insel der Seligen‹) bereiten den Boden für eine eigentümliche Verständigung über konformes und abweichendes Verhalten, über seine ästhetische Hochschätzung und moralische Verwerfung, über fiktionale Freiheit und reale Begrenzung der Verwirklichung des Möglichen, Begehrten oder gar Schönen. Ob ›Hans die Grete bekommt‹, war Fontane gleichgültig. Das Verhalten einer Nora konnte er nicht billigen, obwohl er einen Roman geschrieben hat, der Ibsens Schauspiel fast ins Epische umsetzt (*L'Adultera*). Er mag Ibsen und andere missverstanden haben, er mag sogar sich selbst verkannt haben, wenn er immer wieder für sich und gegenüber den Besten seiner Zeit (Turgenjew etwa) darauf bestand, dass das Wichtigste bei der Poesie die **Verklärung** sei; was er schuf, bewährt sich als durch Erzählung geknüpftes reißfestes Netz sozialer Lebensbedingungen, das tragend und zugleich gefangennehmend die Verstrickungen einzelner Lebensläufe in dauernder wie lebhafter Erinnerung hält.

›Geschlossenheit‹ wird an Fontanes Erzählwerk mehr denn je beobachtet und bewundert (Grawe 2000a, 480). Dabei verhält es sich eigentümlich mit diesem Vorzug. ›Geschlossenheit‹ meint nicht die Sinnerfülltheit seiner Texte. Im Gegenteil erweisen sich seine Romane offen gegenüber vielfältigen Sinnzuschreibungen und anderen Anschlusshandlungen eines aufmerksamen Lesepublikums. Auch eine Geschlossenheit im Sinn der Aristotelischen Einheit der Handlung begegnet nicht immer; dafür kann der Roman *Die Poggenpuhls* stehen, der sich ausdrücklich ein »Ende« setzt, damit man nicht meint, es ginge noch weiter. ›Geschlossen‹ sind die Werke aber hinsichtlich ihrer Komposition. Im Anfang muss das Ganze stecken, wiederholte Fontane gern (IV/3, 161). Unzählig sind die Finessen seiner Verweise kreuz und quer, hinein und hinaus, als ob der Wortlaut in der Fülle seiner Energie sprühen müsste (vgl. Böschenstein 1985). Wer sich den Detailreichtum des ›Angesprochenen‹ und ›Angespielten‹ vergegenwärtigt, wird eine straffe Bezüglichkeit des weiträumig Verstreuten für unmöglich halten, und doch gelingt es Stichproben immer wieder, die unwahrscheinliche Verknüpfung plausibel zu machen. Hinzu kommt, dass Fontanes besondere Form der geschlossenen Komposition die ›Präsenz‹ widersprüchlicher oder gebrochener Verhältnisse nicht ausschließt. Geschlossenheit fällt also nicht zusammen mit Harmonisierung. Gewiss rundet sich im Schlussbild von *Effi Briest* eine ›Komposition‹, die ihren Auftakt im anfänglichen Geborgenheitsbild des Gartens hatte. Dennoch lässt sich der Eindruck nicht abweisen, dass die Geborgenheit des Endes unter dem Grabstein eben kein ›rundes‹, sondern eher absurdes Bild ergibt, gerade in seiner künstlichen (widernatürlichen?) Glättung voller schmerzender Brüche.

Fontane gehört zu jener Gruppe der realistischen Romanciers, die ›objektiv‹ erzählen, die Einmischung eines auktorialen Erzählers vermeiden und alle übrigen Eingriffe verbergen. Welche Formen der **Leserlenkung** er dennoch bemüht, ist nicht leicht abzuschätzen. Gewiss begegnet im reichen Ensemble der Nebenfiguren (eine Hierarchie von Haupt- und Nebenfiguren ist nicht eigentlich Fontanes Sache) manche Person, die zur Orientierung beiträgt. Entscheidender aber ist, dass selbst bekannte Sympathieträger und also auch Identifikationsfiguren wie Dubslav von Stechlin, Melusine von Ghiberti oder Pastor Lorenzen im Laufe ihrer Ausdeutungsgeschichte wechselnde Einschätzung erfahren haben. Das mag nicht nur auf Verfahren einer dekonstruktivistisch vorgehenden Literaturwissenschaft zurück zu führen sein, die dem hermeneutischen ›Zwang‹ zur Sinnsuche widersteht, sondern hängt wohl auch mit Fontanes Form der Präsentation gemischter Charaktere zusammen. Innstetten – um nur eine vermeintlich vertraute ›Gegenfigur‹ zu nennen – kommt als Sympathieträger genauso in Frage wie die ihm natürlich als Titelfigur von Anfang an überlegene Effi. Dass sie schließlich doch infolge einer überraschenden Einmischung des Erzählers – »Arme Effi« – ›besser‹ dasteht als ihr ›strenger‹ Gatte, wirkt zwar nicht ungerecht gegenüber Innstetten, aber enorm lenkend. Meistens aber inszeniert der Erzähler (das ist eigentlich ein Widerspruch, denn Erzähler sind keine Regisseure) einen **Perspektivismus**, der die Figuren wahrnehmen und reden lässt. Nur in der Verschränkung ihrer Perspektiven, die teils parallel, teils entgegengesetzt gerichtet sind, zeichnet sich so etwas wie eine ›Totale‹ ab (im Sinn von Nietzsches Konzept des Perspektivismus; vgl. Kap. I.3.3). Das ist Fontanes Art zu sagen bzw. zu gestalten, wie es sich verhält.

Fontane bleibt bei all den konfigurierenden, arrangierenden, bauenden und schichtenden Verfahren, die ihn als Autor der Früh-Moderne erscheinen lassen, doch Realist, der trotz einer bereits gespürten Unerzählbarkeit der komplexen Welt eine Geschichte erzählt, und sei sie noch so dünn, der trotz einer sich ankündigenden Sprachkrisis (Mittenzwei 1970) Figuren ›kunstvoll natürlich‹ reden lässt, selbst wenn ihnen ihr Leid schon die Sprache verschlägt, und der umsichtig und weitblickend die Zeichen setzt, ohne ständig zu klagen, dass ihm das Signifikat unter der endlosen Signifikantenkette abhanden gekommen sei, wie es im Jargon der ›Dekonstruktion‹ heißt. Er klagt noch nicht einmal so wie die Erzählerin in *Middlemarch*, der ab einem bestimmten Zeitpunkt die Schicksalsfäden ihrer Figuren aus der Hand zu gleiten drohen: Fontane ist ein **souveräner Realist**, er registriert nicht nur die reine Oberfläche – das wäre nach seinem Verständnis gar nicht realistisch –, sondern geht ›in die Tiefe‹, wo er – paradox gesprochen – ›**viele Oberflächen**‹ entdeckt. Der Blick, der Symptome entdeckt, bewährt sich auch dort, wo kein auktorialer Erzähler das Wort führt, sondern die Figuren sich im Labyrinth der Verhältnisse umsehen und nach Hinweisen für Auswege Ausschau halten (Geppert 1994). Bei aller Verfremdung von Lebensweg und öffentlicher Erfahrung vermeidet Fontane es doch, die Grundlagen der Wahrnehmung, Orientierung und des Handels sei es zu mechanisieren, sei es zu atomisieren. Er sieht und gestaltet die katastrophalen Auswirkungen erwirkter und erlittener, verantworteter und unbegriffener Schädigungen; er verfolgt die Verkettung der Geschehnisse auf unterschiedlichen Ebenen, unterlässt es aber, diese Kette als wissenschaftliche Determination zu materialisieren; dennoch verliert er ihre Zugkraft nicht aus den Augen.

2.7.1 Gegenwärtige Geschichte: *Unwiederbringlich*

Zum »weitaus bedeutendste[n] der epischen« Haupt- und nicht nur »Nebenwerke Fontanes«, wie einst Conrad Wandrey meinte (1919, 325), gehört seit Peter Demetz' Plädoyer – »das makelloseste *Kunstwerk*« (1964/73, 146) – der Roman *Unwiederbringlich* (1891/92). Er bündelt sehr viele thematische und formale Eigenarten Fontanes in besonders dichter Form. Lange stand seiner Wirkung das längst überholte Realismus-Konzept im Wege, demzufolge ein Realist dort gelebt haben muss, wo er seinen Roman anzusiedeln gedenkt; das schien durch die entlegene schleswig-holsteinische und dänische Schauplatzwahl gegeben zu sein und durch keine Recherche kompensiert werden zu können. Doch Fontane gehört zu den Realisten, die selbst auf fernem Terrain gut recherchieren, auch wenn sie schließlich das ganze Material bis zur Unkenntlichkeit verändern. Was an *Unwiederbringlich* fasziniert, ist die **Verknüpfung historischer und gegenwärtiger Zeiträume**, privater, ehelicher und öffentlicher, politischer, ›viktorianischer‹, ja auch nationaler Belange, die welthaltige Spannung zwischen provinziellem und urbanem Leben, familiärer und höfischer Lebensform, die Parallelisierung von Ereignissen auf realer, sagenhafter, mythischer und biblischer Ebene. All das gibt dem Roman ein schier unerschöpfliches Volumen.

Im Vordergrund der Handlung stehen ein banaler Ehebruch des Ehemanns und der gescheiterte Versuch, sich nach der Abweisung durch die Geliebte wieder mit der Ehefrau in Frieden zu arrangieren. Nicht banal sind die psychologischen

Hintergründe, die ein solches Verhalten herbeiführen, und die Parallelen mit Formen des öffentlichen, politischen Verhaltens (Preußen – Dänemark), das auch **Vereinigung und Trennung**, Begehren und Verabscheuen, Gewähren und Unterdrücken betrifft. Die große wie die kleine, die archaische wie die zivile Welt spiegelt sich im Verhältnis zweier Figuren, die sich weniger durch die psychologische Differenziertheit ihres Charakters als durch die Starre ihres Typus auszeichnen und sich doch in mancher Hinsicht verallgemeinern lassen.

Einer der ersten Begutachter des Romans, Paul Schlenther, erkannte sogleich Fontanes eigentümliche Kunstleistung und wandte auf sie den Begriff der »verschmitzten Dichtermethode« an (A VI, 488); sie bewirke das »ästhetische Vergnügen an jenen Schleichwegen und kleinen feinen Winkelzügen«, die aus einer banalen Ehebruchs- und Wiederverheiratungsgeschichte ein hochkomplexes und verweisungsdichtes Kunstwerk mache. Damit hat bereits Fontanes Zeitgenosse jenes Schlüsselwort der Textauslegung gefunden, das in der jüngeren Fontane-Forschung als »disguised symbolism« (Schuster 1978) erkenntnisleitend wirkt.

Zunächst fallen eher grobe Kunstgriffe wie **Typisierung und Polarisierung** ins Auge (vgl. Aust 1998, 144 ff.): Beide Ehepartner ›bauen‹ gern, er ein tempelartiges Schloss, sie eine zünftige Gruft. Das erinnert fast schon an die Regeln der Typenkomödie, und das erste Gespräch vollzieht sich geradezu nach der Mechanik des Springteufels: Sie reagiert prompt auf das Reizwort »Taufbecken« (I/2, 17), er auf ihr »erheitert« (25), weil sie gleichermaßen davon überzeugt sind, für die jeweils assoziierte Lebensform dieser Stichwörter zuständig zu sein. Gemäß dieser Verteilung vertritt der Graf die Freude am Genuss und die Gräfin den Ernst der Pflicht; er sehnt sich nach den Vergnügungen im ›dänischen Paris‹, sie sucht Rückhalt in den Verantwortungen des Alltags; er schwärmt vom ›alten‹ Dänemark, sie bewundert das neue Preußen. Solche Unterschiede hängen mit dem grundlegenden Gegensatz zwischen sanguinischem und melancholischem Temperament zusammen (Jolles 1996); und doch vermögen sie den weiteren Verlauf nicht zu erklären, weil sie schematisch fixieren, was menschlich und geschichtlich eher im Fluss bleibt.

Weder Graf noch Gräfin sind die ›Typen‹, als die sie sich wechselseitig hinstellen. Wer sie von außen sieht, beobachtet eher Gemeinsamkeiten. Ihre Polarisierung geht auf Reaktionen zurück, die sich verselbständigt haben und durch keine Metakommunikation geregelt werden können. Holk sucht auch im »Techtelmechtel« (IV/4, 157) immer nur die feste Ehe, und Christine verrät in ihrem Ruhebedürfnis den ungestillten Lebenshunger. Der Schematismus der Temperamente verkehrt sich ins Gegenteil bzw. erweist sich als negativer Wert der zugrunde liegenden Befindlichkeit: Die Erlebnislust gleicht einer hektischen Flucht, und die strenge Frömmigkeit und überlegene Klugheit bezeichnen die Wundstellen versagter Liebe. Denn dass die Gräfin genau so liebt, wie es der Graf fälschlicherweise von Ebba Rosenberg erwartet, bleibt nicht lange verborgen (66) und wird zudem von einem sexualpsychologisch deutbaren Traum, in dem sich Trauerzüge in Hochzeitszüge verwandeln (64; dazu Eilert 1982) unterstrichen. Eine Figur wie Christine wirkt menschlich ergreifend durch das, was an ihrem Frömmigkeitspanzer zum Ausdruck kommt.

Der **Konflikt des Romans** besteht darin, dass es den Figuren versagt ist, ihre gleichen Neigungen, das, was sie wirklich in Liebe verbindet, zur Sprache zu bringen. Das, was sie meinen, können sie nicht sagen, und das, was sie zueinander sagen, treibt sie auseinander (Honnefelder 1973; Liebrand 1990). Ihre Taten verraten am meisten von ihren Wünschen, doch schlagen sie keine Brücken, sondern besiegeln den Abbruch.

Das gilt vom Seitensprung ebenso wie vom Freitod, die beide von Liebe handeln und dennoch das Begehrte verfehlen und das Vorhandene zerstören.

Historisch gesehen hat es der Graf leichter als die Gräfin; weder muss er seine **versagten Liebeswünsche** in pietistischen Eifer umwandeln bzw. unter der Strenge angenommener Tugenden vergraben (obwohl seine »Passionen« vielleicht auch schon etwas Verlorenes zu kompensieren suchen), noch braucht er nach der Krise einen Ehebruch seiner Frau zu verkraften. Ihm bleibt die »Tugendkomödie« (170) nicht zuletzt deshalb erspart, weil er die Don-Quijote-Rolle spielt. Anders Gräfin Christine, die erfahren muss, dass der ›fromme‹ Zweck ihrer Erziehung auf die Dauer nicht nur die Entfremdung in der Ehe verantwortet, sondern auch im Widerstreit mit ihrer eigenen Natur liegt. Wie Holk auf das klischeehafte Liebesabenteuer mit Ebba hereinfällt, so zerbricht die Gräfin am Verdacht, dass ihre staatskonforme Tugend nur jenen ›guten‹ Menschen kennzeichnet, »der ohne rechte Liebe ist«, wie Effi sagen würde (I/4, 294). Es versteht sich, dass in beiden Fällen die ermittelte Lieblosigkeit kein naturgegebener Zustand ist, sondern durch äußere Umstände aufgezwungen wurde und zu der durchaus verkehrten Haltung führt, gerade den Liebenden zu bemitleiden.

Glanzvolle Wiederverheiratung, Zusammenleben im sterilen Paradies der Rücksichten und abrupte Trennung geben Antwort auf die Frage nach dem Spielraum zukünftiger Handlungen. Auch hier bleiben die Lasten ungleich verteilt, insofern der Gräfin »die faute de mieux-Rolle« (233) zufällt, während Holk sich nach wie vor nur mit dem Idealbild der heiligen Elisabeth (237) auseinandersetzen muss, das er für eine Bedrohung hält. Nichts Entscheidendes ist passiert, was zu einer grundlegenden Veränderung der vergangenen Lebensführung Anlass geben könnte; der erneute Versöhnungsversuch verarbeitet nicht den ›Fehltritt‹ auf beiden Seiten, sondern kehrt zum alten Ausgangspunkt zurück: Die »Pflicht« (238) ist es wiederum, die zur erneuten Vereinigung drängt, und die ungestillte Liebe bleibt erneut unterdrückt. Die »rechten Hände« (238), die den dringend nötigen Wendepunkt hätten herbeiführen können, wären wohl die Holks gewesen. »Könnte sie, was sie bewegt, mitteilen, brauchte sie sich vielleicht nicht zu ermorden, gelänge es ihr möglicherweise, ihre psychischen Verletzungen und narzistischen Kränkungen zu heilen. [...] Der Suizid wird zum letzten Kommunikationssignal, zur letzten Möglichkeit authentischen Selbstausdrucks« (Liebrand 1990, 152).

Fontanes **Realismus, der seine Auskünfte »auf Schleichwegen« erteilt** (Schlenther), setzt viele ›Indizes‹ (vgl. Geppert 1994): Ein »zerknittertes und dann wieder sorgsam glattgestrichenes Blatt«, mit der Strophe des Waiblinger-Gedichts, dessen letzter Vers noch »leis und kaum sichtbar unterstrichen« war (251 f.), zeugt als archaische ›Gegenstandsschrift‹ vom eigenen Liebesbedürfnis, von seiner bitteren Umwertung und vom Hin und Her der Nöte, sich kundzutun. Erst der Tod setzt diesem Zwiespalt ein Ende, erfüllt eine Sehnsucht, die eigentlich ins Leben gehört. Von der Toten weiß die Freundin Julie von Dobschütz zu berichten: »Der Ausdruck stillen Leidens, den ihr Gesicht so lange getragen hatte, war dem einer beinahe heiteren Verklärung gewichen, so sehr bedürftig war ihr Herz der Ruhe gewesen« (250). Offensichtlich dient hier die Freundin als Dolmetscherin, die den letzten Willen der Verstorbenen über das Grab hinweg mitteilt. Wie zuverlässig und verbindlich sie dabei verfährt, mag fraglich bleiben.

Die »Winkelzüge« der »verschmitzten Dichtermethode« (Schlenther) werden noch raffinierter, sobald man das private Schicksal der Figuren auf das historisch-politische Schachfeld versetzt. *Unwiederbringlich* folgt einem weitgehend exakten Zeitplan und passt mit seinem um eine ganze Generation zurückliegenden Erzählgeschehen in den Rahmen der durch Walter Scott inspirierten **Konzeption des historischen als eines »modernen Romans«** (III/1, 319).

Die **nationalen und kirchenpolitischen Strömungen** der Regierungszeit Friedrich Wilhelms IV. (konservative pietistische Erweckungsbewegung) spielen im Roman eine zentrale Rolle, indem sie das Bewusstsein der Figuren prägen, das Geschehen beeinflussen und die Konflikte verstärken (Blessin 1974). Die politische Lage Schleswig-Holsteins zwischen Dänemark, Preußen und dem Deutschen Bund gibt dem privaten Geschehen nicht nur einen kulturgeschichtlichen Hintergrund, sondern konkretisiert und verschärft die ehelichen Spannungen durch politische Gegensätze in der Zeit vor dem deutsch-dänischen Krieg. Politisch gesehen vertritt die Gräfin einen ›deutschen‹ Standpunkt, der sich gegen Dänemark ausspricht, von Preußen abgrenzt, aber im Augenblick der deutsch-dänischen Alternative eher zu Preußen neigt. Der Graf zeigt sich betont antipreußisch und versucht, sein Deutschtum im multikulturellen Geflecht des »alten Dänemark« (112) aufzulösen; in Dänemark fällt er jedoch prompt als typischer Deutscher auf. Die **Situierung der Figuren im historischen Spannungsgebiet** dient dazu, eine Wendezeit zu erfassen, die als Vorgeschichte wie als Parabel den gegenwärtigen Zustand zu Beginn der 1890er Jahre interpretiert (Masanetz 1991/93).

Nach dem politischen Kalender gerechnet, beginnt der Roman mit Nachrichten über die »Wehrhaftmachung« (23) und endet mit Nachrichten über die »Heeresverdoppelung« (236); sein **Gegenwartsbezug** liegt wie bei Raabes *Odfeld* in den Ereignissen um die Septennatswahlen von 1887 (Diskussion der Friedenspräsenzstärke und Annahme der Militärvorlage im neugewählten Reichstag). *Unwiederbringlich* kann so als **Bilanz der Bismarck-Ära** verstanden werden; ob der Roman deshalb eine ähnliche Wirkung beabsichtigt wie *Schach von Wuthenow*, mag allerdings fraglich bleiben. Denn weder Dänemark noch das Preußen der Bismarck-Zeit lassen sich mit der Epoche Friedrich Wilhelms III. vergleichen. Düppel und Alsen entsprechen nicht Jena und Auerstädt; und trotzdem deutet die individuelle Untergangsstimmung des Romans auf eine ähnliche **Warnfunktion** hin. Die »Defiliercour« der Hirsche (105), die »Sündflut« (35), der Eindruck, »als warte alles nur darauf, daß es zusammenstürze« (52), der Übermut, »am Rande des Todes [...] des Lebens höchste[n] Reiz« (195) genießen zu dürfen, das Bewusstsein, »wir treiben einer Katastrophe zu« (245) – all das sind ›Leerstellen‹, die sich durch zahllose geschichtliche Daten Preußen-Deutschlands wie Europas und der ganzen Welt prall füllen lassen.

Besonders schwierig aber ist es, die Gründe der Ehekrise mit den Ursachen der **politischen Dekadenz** in Verbindung zu bringen. Wenn Gräfin Christine den pietistischen Konservatismus aus der Zeit Friedrich Wilhelms IV. vertreten sollte, dieses »Herrschergelüst« hinter der Maske der »Kirchlichkeit« (176), so spiegelt ihr Schicksal zwar die Krankengeschichte des »unglückliche[n] König[s]« (23), erklärt aber nicht die ›Erstarkung‹ der kommenden »Blut-und-Eisen«-Ära, um deren zukünftige Krise es eigentlich geht; Christines ›Sicherheit‹ (139) hat nur sehr entfernt mit der militärischen Aufrüstung zu tun, sie ist ein Zeichen wechselseitiger Entfremdung und Verletzung, nicht aber einseitig betriebener Annexionspolitik, die es gilt, Preußen anzulasten. Als Opfer der viktorianischen Sexualmoral oder gar als schleswigsche Emma Bovary (Demetz 1964/73, 156) entlarven Tugend-›Rüstung‹ und Wassertod keinen spezifisch preußischen, sondern gemein-europäischen Missstand; Christines ›Melancholie‹ und ›Frömmigkeit‹ sind international – man denke nur an Marthe Mouret in Zolas *Die Eroberung von Plassans*, Ana Ozores in Claríns *Die*

Präsidentin oder Renata in Brjussows *Der feurige Engel* –, auch wenn die Gräfin nicht so handelt wie die Kaufmannsfrau Katerina Lwowna, die *Lady Macbeth aus dem Landkreis Mzensk*. Will man sogar die »Blutfrage« (197) ins politische Spiel bringen und das inzestuöse Begehren der Gräfin (Masanetz 1993, 97) zum Syndrom dynastischer Dekadenz erklären, so wird die Vergleichbarkeit zwischen individuellem und allgemeinem Konflikt noch komplizierter: Denn schließlich führt ja nach dieser Lesart gerade Christines Unterdrückung ihrer Triebe zur Katastrophe, während umgekehrt die ›Staatsaktion‹ nur deshalb ihrem Debakel entgegentreibt, weil sie ihre Triebe seit eh und je auslebt.

Zur »verschmitzten Dichtermethode« gehört nicht zuletzt das überaus feingesponnene **Netz der Bezüge und Anspielungen,** die den einen erzählten Vorfall im Spiegel anderer Rollen und Motive zum Geschichtenraum potenziert. Immer mehr »Finessen« fallen hier ins Auge: die Motive des verlorenen Paradieses, der Sintflut, des Vergrabens und Ausgrabens und der verhängnisvollen Belagerung, natürlich in ironischer Brechung (198). Dazu tritt ein reiches Rollenangebot: Holk als König von Thule (98), »beau Tristan« (235), »Don Quixote« (228) und Odysseus (Liebrand 1990; Jolles 1996); Christine als »Schmerzensmutter mit dem Schwert im Herzen« (220), »heilige Elisabeth« (vgl. dazu Hehle 2002), »Oceane« (I/7, 427 ff.) und vielleicht sogar Ophelia; Ebba als »Sprühteufel« (127), Eva, Venus und Aphrodite, Julie von Dobschütz als »Unterweltschatten« (212), Brigitte als »merkwürdige Mischung von Froufrou und Lady Macbeth« (78), Estrid – schon der Name für einen Jungen ist merkwürdig – als »Adam«. Hinter vielen Rollen stecken Geschichten, die mit der Geschichte von *Unwiederbringlich* interferieren. Es ist fast unabsehbar, wie weitreichend solche Prä- und Postfigurationen wirken (Voss 1985).

Bei *Unwiederbringlich* liegt viel im Titel:
- das Motiv des verlorenen Paradieses,
- die Sehnsucht nach dem ›Wieder-Holen‹ bzw. ›Wieder-Bringen‹,
- der nicht umkehrbare Verlauf eines Geschehens,
- die subjektive Ohnmacht,
- der analytische Zug, der im gegenwärtigen Geschehen das längst Entschiedene sichtbar macht.

2.7.2 Moderner Realismus: *Effi Briest*

Zum »Kronschatz neuerer deutscher Erzählkunst« gehört eigentlich von Anfang an *Effi Briest* (1894), Fontanes beliebtester Roman (Downes 2000, 633), in dem »eine ganze dichterische Epoche, die realistische, sich erfüllt« (Wandrey 1919, 266). Wenn ein »realistisches Gipfelwerk« (ebd., 270) deutscher Sprache im Pantheon des europäischen Realismus einen festen Platz hat, dann ist es *Effi Briest*; kein anderer Titel wird so prompt und regelmäßig genannt, wenn es gilt, eine deutsche Entsprechung für *Madame Bovary* oder *Anna Karenina* zu finden (Stern 1957; Glaser 1980; Miething 1994; Dethloff 2000). ›Realistisch‹ meint in diesem Fall, dass Fontane am Beispiel einer Ehe- bzw. Ehebruchsgeschichte »die gesellschaftliche Wirklichkeit seiner Zeit in einer Form gestaltet hatte, die als gültig und repräsentativ akzeptiert wurde« (Hehle in Fontane GBA XV, 387). Das kann uneingeschränkt gelten, selbst wenn der realistische Zug des Romans in Frage gestellt wird. Bereits Paul Schlenther hob in seiner Besprechung der Erstausgabe das »Symbolistische« der Fontane'schen Erzählkunst hervor (GBA XV, 382), und die neuere Werkinterpretation sieht im selben, vermeintlich realistischen Klassiker eher die Grenzen, das Ende oder gar das Scheitern des Realismus und demzufolge den Aufbruch in die Moderne (vgl. Berman 2002).

Worum geht es? Fraglich oder gar strittig ist der **Umfang des Realismusbegriffs**. Kann er gegenläufige Tendenzen umfassen oder meint er ein strikt einheitliches Konzept? Zum Bild eines einheitlichen Realismusverständnisses gehören **Objektivität, Anschaulichkeit und Stimmigkeit**, wobei der Stimmigkeitsbegriff sowohl eine formale, integrierende als auch inhaltliche, also wahrheits-, sinn- und harmoniebildende Komponente enthält. Ein komplexes Realismusverständnis umgreift darüber hinaus auch reflexive, ›transzendentale‹ Momente; das heißt, es geht nicht nur um den eingelösten Realismus, sondern um die **Bedingungen für Objektivitäts-, Anschaulichkeits- und Stimmigkeitseffekte**, um ihre Möglichkeiten und Grenzen. Realismus im letzteren Sinne lässt das ›Betriebssystem‹ ahnen, das für die Sicht- und Deutbarkeit der Welt verantwortlich ist. Nach Maßgabe dieses Konzepts bietet ein realistischer Roman nicht nur eine wiedererkennbare, anschauliche und zusammenhängende Wirklichkeit, sondern verrät zugleich, wie dieser Eindruck zustande kommt und vor allem welche Anstrengungen er erfordert.

Dazu ein Beispiel: Der Anfang des Romans enthält die Beschreibung eines Herrenhauses mit seinem Garten. Da es sich um ein Gebäude handelt, das mindestens »seit Kurfürst Georg Wilhelm« steht und dieser Name historisch ist, entsteht ein »Gefühl der Wirklichkeit« (Keller: *Der grüne Heinrich*, SW II, 13); das heißt, man könnte dieses Haus auf einer ›Literaturreise‹ aufsuchen. Nun folgen aber dem historischen Namen, der auf eine einzige Figur in der Wirklichkeit verweist, zwei weitere Namen, die zwar auch als märkischer Adelsname bzw. als Name der osthavelländischen Stadt Kremmen ›in der Wirklichkeit vorkommen‹, aber eigentlich weder eine bestimmte Person noch ein bestimmtes Herrenhaus der Wirklichkeit bezeichnen. Man würde also ins Leere reisen, obwohl die ›Koordinaten‹ stimmen. Das sind übliche Verfahren eines Realismus, der tut, als ob er Wirklichkeit darstelle, obwohl er sie doch **konstruiert**. Dass in Fontanes wirklichkeitsnaher Erfindung die Sonne, wenn sie im Sommer scheint, einen »helle[n] Sonnenschein« wirft, ergibt einen ähnlichen Wirklichkeitseffekt wie der historische Name des Kurfürsten; zur Wirklichkeit des Sonnenscheins gehört natürlich, dass sich Schatten bildet, wo dem Sonnenschein etwas im Wege steht. Dass freilich ein »Seitenflügel« bei mittäglichem Sonnenstand im Sommer einen breiten Schatten wirft, wie es der Erzähler ausdrücklich vermerkt, wirkt doch schon sonderbar. Will man dem Autor keine Unaufmerksamkeit vorwerfen, so ergibt sich, dass hier entgegen der Wirklichkeit ein Raum, ein Lichtfeld, geschaffen wird, das sich unter mittäglicher Sommersonne und unbedacht in Licht und Schatten teilt. Ja, mehr noch, da der »breite(n) Schatten« auf die Sonnenuhr fällt, wird eine Wohnpraxis ›sichtbar‹, die Sonnenuhren in den Schatten stellt. Hier also ›stimmt‹ die Wirklichkeit nicht. Nach gängigem Realismusverständnis liegt ein Verstoß gegen die Wahrscheinlichkeit vor, nach komplexerem Realismusverständnis gewinnen banale Verhältnisse des Alltags **durch unauffällige ›Abweichungen‹ oder ›Störungen‹ eine weitreichende Bedeutung**, die besagen mag: Dies ist kein Raum der Wirklichkeit, sondern der Kunst mit ihren eigenen Verweisungszusammenhängen. Nun könnte der Erzähler auch direkt sagen, dass er im Begriffe ist, eine Kunstwirklichkeit hervorzubringen; aber gerade dieser Satz widerspräche seiner Absicht, Kunstwirklichkeit zu schaffen. So bleibt ihm nichts anderes übrig, als gezielt die ›Dinge‹ so zu arrangieren, dass ihre Unstimmigkeit sichtbar wird, ohne auf Anhieb den Leser, der zur Wiedererkennung bereit ist, vor den Kopf zu stoßen. Hinzu kommt, dass der Blick auf die Dinge, also auf das Herrenhaus und seinen schattigen Garten, nicht nur ein bestimmtes Bild ergibt, sondern sich selbst dank des ›falsch Gesehenen‹ als ›blinder‹ Blick exponiert. Wie der naive Blick in den Himmel eine sich bewegende Sonne feststellt, so zeigt der Blick auf den Garten einen wohldefinierten (»Hufeisen«) idyllischen Raum. Und es ist alles nicht wahr; das ist die eigentliche Wahrheit.

Das lässt sich ins Grundsätzliche wenden und charakterisiert den Realismus im späten 19. Jh. Fontane war sich dessen bewusst:

> »In einem Romane stimmt nichts, die Blumen blühen falsch, die Vögel singen, wenn sie schon fort sind, und Schauspieler Fleck (in meinem Roman »Vor dem Sturm«) tritt als Lear auf, als er schon 7 Jahre todt war. Alle Kunst ist ein schöner Schein, und es kommt nur darauf an, daß man ihn für Wahrheit nimmt. Gute Menschen thun einem diesen Gefallen, – Pußler untersuchen die Korinthen aber nach dem bekannten Koriander.« (Zit. nach GBA XV, 389)

Das ist nicht nur eine **Absage an das analytische Genauigkeitsideal des Naturalismus**, sondern auch ein Erfahrungswert im Umgang mit ihm; denn gerade der ›genaue Blick‹ lässt ja die ›Brüche‹ viel deutlicher erkennen als der vage. Die Welt, von der *Effi Briest* handelt, ist keine konsistente Wirklichkeit, sondern eine »vieldimensionale(n) Realität« (Downes 2000, 647) und überall porös. Erzählt wird von Erfahrungen, die das Erfahren von Welt stören, von Taten, die Un-Taten zur Folge haben, von solidem Boden, der sich als »Schloon« (158) erweist, in den man schutzlos versinkt. Diesem Realismus sind seine eigenen Instrumente (sehen, beschreiben, motivieren, erklären) problematisch geworden: Lebende wie Effi sterben ab, Abgestorbene wie Innstetten kehren wieder. Dass es hier sogar zu ›spuken‹ beginnt, wird immer wahrscheinlicher (vgl. Berman 2002, 344). Das ist kein Scheitern des Realismus, sondern sein Höhepunkt, sein größter Gestaltungstriumph.

Die gesellschaftliche Wirklichkeit, die Fontane in *Effi Briest* gestaltet, ist die Praxis der Eheschließung, Familienbildung und der teils individuellen, teils sozialen Glückssuche unter Adligen in nicht mehr ständisch feudalen, sondern bürgerlich leistungsbezogenen, modernen Lebensverhältnissen. Am Beispiel einer Ehebrecherin werden **Gründe und Folgen eines Normenverstoßes** ermittelt, wobei allerdings der Normenverstoß kein krimineller und der Ermittlungsvorgang kein detektivischer ist. Zwar wird die verborgene Wahrheit durch Indizien aufgedeckt und der Ehebruch wie ein Verbrechen bestraft, aber der analytische Vorgang restauriert nicht mehr die zu Unrecht verletzte Ordnung; was seine Agenten offenbaren, passt nicht ins Muster der Aufklärung, sondern deckt die eigentliche Un-Ordnung auf, das »uns tyrannisierende Gesellschafts-Etwas« (I/4, 236), dessen Komplize und Opfer der Ehemann als Detektiv in einer Person ist. Weil der junge Innstetten vergeblich um Luise von Belling warb, die lieber den etablierten Ritterschaftsrat Briest heiratete, wirbt der nunmehr seinerseits etablierte Landrat um Effi von Briest, die sich nicht anders verhält als die Mutter.

Vielleicht ist denkbar, dass Effi und Geert anders hätten handeln können. Sie sind keine naturalistischen Konstrukte, deren Verhalten längst programmiert wurde. Aber weder können sie idealistisch die Bedingungen der Wirklichkeit überspringen oder gar romantisch davonfliegen, noch haben sie die Kraft oder die Chance, ›liberal‹ zu handeln. Sie versteigen sich vielmehr in einen gefährlichen Bezirk, der durch keine Schwelle kenntlich gemacht wurde und geraten in eine Falle, die sie schon im

»kleinen Ziergarten« nicht sehen konnten. Es ist die Eigenart des Bodens, dass er sie nicht trägt, sondern, porös, wie er ist, untergehen lässt.

Welche **Gestaltungsform** also hat Fontane gewählt, die »als gültig und repräsentativ akzeptiert wurde« (Hehle in GBA XV, 387) und weiterhin akzeptiert wird? »Alles vollzieht sich, wie draußen in der wirklichen Welt« (Poppenberg 1895; zit. nach Schafarschik 1972, 114). Wovon kann das jetzt gelten?

■ **Politisch** gesehen verwandelt Fontane einen banalen Skandal in eine Geschichte, die den »Gesellschaftszustand, das Sittenbildliche, das versteckt und gefährlich Politische« (IV/4, 370) einer ganzen Epoche anzeigt. Für den realistischen Blick ist dies keine beliebige bzw. austauschbare Epoche, sondern der typische Zustand eines durch Kriege begründeten, nunmehr gestärkten Wilhelminischen Nationalstaates und seiner ›modernen‹ selbstbewussten Gesellschaft. Siege, Machtsicherungen, Gewinnmaximierung und Karrieredenken ergeben ein System der Überwachung und Unterdrückung, das alle Lebensbereiche betrifft und Effis ›Schritt vom Wege‹ sowohl herbeiführt als auch verurteilt. So wird der Einzelfall zum Glied in einer endlosen Verkettung von ›Fällen‹. Nach realistischem Maßstab handelt es sich um einen **umfassenden** ›Zusammenhang der Dinge‹, dessen obligatorisch optimistische Perspektive nur in der Historisierbarkeit einer solchen Wilhelminischen Matrix liegt.

■ **Psychologisch** gesehen erfasst Fontane verschiedene Formen des ›Nachholens‹: das Nachholen des Glücks, der Liebe, der Zärtlichkeit, der Jugend und des Lebens unter den Bedingungen früher Störung bzw. Verwehrung. Nach realistischem Maßstab ist dies ein ›tiefer‹ **Zusammenhang der Dinge**, der über Gesundheit und Krankheit, Schönheit und Verkrüppelung im weiteren Leben entscheidet.

■ **Mythopoetisch** gesehen identifiziert Fontane konventionelle Regelungen wie die Ehe als ›Initiationsritus‹ (vgl. Eliade 1961), der fortwährend schiefläuft. Eigentlich geht es um ein neues Leben, aber die Ehe als abenteuerliche ›Wiedergeburt‹ führt in den sterilen Tod, der kein Tor in eine neue Welt ist, und bekräftigt damit den Zustand des Abgestorbenen, der durch die Initiation eigentlich überwunden werden sollte. So zeichnet sich ein **tödlich bleibender** ›Zusammenhang der Dinge‹ ab.

■ **Autopoetisch** gesehen spiegelt Fontane in der Begegnung zwischen dem Naturprinzip im Bildfeld der »Tochter der Luft« oder der »Seejungfrau« und dem »Prinzipien«-Prinzip im Figurenprofil Innstettens als des ›korrekten‹ Mannes »von Charakter« und »Prinzipien« (vgl. IV/4, 494 u. I/4, 35) bzw. dem »Träger aller männlichen Tugenden« (I/4, 39) die Wirkungsweise eines Realismus, der alles Nicht-Realistische verbannt und gerade dadurch in Bedrängnis gerät. Innstetten als »Kunstfex« und der Realismus als Tatsachenwelt sind ebensowenig nur durch das Vernunftprinzip gekennzeichnet wie Effi als »Naturkind« (37) und die Romantik als Phantasiewelt nur durch das Natürlichkeitsprinzip (vgl. einerseits Berman 2002, 339, andererseits Wende 2000); sie gehören als »Musterpaar« wahrscheinlich zusammen und vertragen sich doch nicht. Eine **aufreibende Komplementarität im** ›Zusammenhang der Dinge‹ gewinnt Gestalt.

Am Ende des Romans erfüllt sich, worauf die kleine Unstimmigkeit am Anfang bereits hingedeutet hat; die ›nutzlose‹ Sonnenuhr ist »fort«, und der beschattete Ort, damals unter mittäglicher Sommersonne ein unrealistisches Konstrukt, dient jetzt, Ende September, im Einklang mit der Wirklichkeit als **Ort des Schattens**, das heißt des Todes. So funktioniert Fontanes »reifste künstlerische Ökonomie« (Pniower 1896; zit. nach Schafarschik 1972, 123). Am Anfang stimmte das Bild nicht mit dem natürlichen Sonnenlauf überein. Jetzt stimmt das Bild, und zwar in seiner unnatürlichen Stimmigkeit: Die Eltern sitzen am Grabe der Tochter, denken ans »über Land fahren« und unterhalten sich »ruhig« über ihr mögliches Fehlverhalten; der Diener, »dessen Gamaschen immer weiter wurden«, kommt unentwegt, obwohl er körperlich schwindet; und der Hund schüttelt auf eine entscheidende Frage »den Kopf langsam hin und her«. Das ist die Form von Fontanes Realismus, »die als gültig und repräsentativ« noch heute akzeptiert werden kann.

2.7.3 Der Roman der Zeit: Fontanes *Der Stechlin*

Fontanes letzter, zu Lebzeiten veröffentlichter Roman *Der Stechlin* (1898) trägt wohl am deutlichsten die **Kennzeichen des realistischen Zeitromans**. Wenn die Thematisierung der Zeit bzw. ihrer Veränderungen und der Verzicht auf dramatische Spannung wesentliche Merkmale dieser Romanform sind, dann lassen sie sich hier besonders leicht nachweisen (vgl. Aust 1998, 178 ff.).

»Zum Schluß stirbt ein Alter, und zwei Junge heiraten sich; – das ist so ziemlich alles, was auf 500 Seiten geschieht. [...] Einerseits auf einem altmodischen märkischen Gut, andrerseits in einem neumodischen gräflichen Hause (Berlin) treffen sich verschiedene Personen und sprechen da Gott und die Welt durch« (I/5, 420). Im gleichen Sinne heißt es weiter: »Von Verwicklungen und Lösungen, von Herzenskonflikten oder Konflikten überhaupt, von Spannungen und Überraschungen findet sich nichts« (I/5, 420). Auf dieser minimalen Grundlage entsteht ein maximales Gebilde, ein »**portrait of an age**« (Sagarra 1986, 9).

Angesichts der epochalen Krisen, die das Gesamtwerk Fontanes ästhetisch ausfindig macht, verschärft und lesend erfahren lässt, muss der **Verzicht auf die dramatische Gestaltung von Konflikten**, der sich bereits in dem kleinen Roman *Die Poggenpuhls* bemerkbar machte, besonders auffallen. Unwahrscheinlich ist, dass es keine Konflikte mehr gibt. Selbst wenn die Welt um den Stechlin und in Berlin ein künstlich utopisches ›Belriguardo‹ (vgl. den Schauplatz von Goethes *Torquato Tasso*) wäre, so enthielte sie noch immer genug Anlässe für Konflikte zwischen Poesie und Politik. Auf das Paradies wird zwar wiederholt angespielt (18, 68); dennoch entfaltet sich nicht jenes friedliche Zusammenleben von »Löwe« und »Lamm«, dessen Abbild im Übrigen keineswegs nur zufriedenstellt, sondern auch »bedrückt« (s. *Unwiederbringlich*, I/2, 804). Genauer besehen episiert auch der *Stechlin* durchaus Konflikte; nur stehen sie nicht im Mittelpunkt des Romans, sondern liegen an dessen Rändern, die freilich nach dem **Prinzip des dezentralen Zeitromans** nicht minder wichtig sind. Als ›Wiederaufnahme‹ individueller Konflikte können gelten:

- die Bewältigung des Mesalliance-Motivs in der Nebenhandlung der Ehegeschichte zwischen Prinzessin Ermyntrud von Ippe-Büchsenstein und Feldjäger Wladimir Katzler,
- die gescheiterte Ehe der Melusine und
- der Druck auf Woldemar, die Heirat unter finanziellen Rücksichten zu planen.

Hinzu kommen Konflikte anderer Natur: insbesondere das **Schicksal von zeitbedingten** ›**Systemen**‹, mithin von gesellschaftlichen Typen, Beziehungen und historischen Typologien, die für gewöhnlich im komischen Genre als Formen der ›Versteifung‹ in den Mittelpunkt rücken. Auf dem ›dramatischen‹ Spiel stehen nun

- die Kollisionen zwischen »Alt« und »Neu«,
- die Risiken einer »Generalweltanbrennung« und
- die Konsequenzen der »Neulandtheorie« (69), weiterhin
- die Krisen der Technik und überhaupt der Moderne,
- das Zusammenleben der Stände, Klassen und Parteien,
- ihre Streitkultur in Form von Wahlkampf, Streik, Autoritätsdemonstration und ziviler Selbstverantwortung,
- das Nebeneinander von strafendem »Krückstock« und freundlicher »Belohnungen« (58).

Es beginnt das Drama einer neuen Normendiskussion, zum Beispiel über Heldentum, demonstriert an der waghalsigen Greeley-Episode (Feilchenfeld 2002); fortgesetzt wird aber auch das ›Urthema‹ des Realismus, »das Volk bei der Arbeit« zu beobachten (vgl. 58 und zugleich Freytags Motto für *Soll und Haben*), jetzt allerdings auf eigentümliche Weise abgewandelt und mit dem Staatlichen, ja mit dem »Industriestaat« (63), verbunden. Themen und Konflikte dieser Art »werden erkannt, benannt und diskutiert« (Reuter 1968, 844).

Dem Erzähler gelingt im *Stechlin* etwas Unerhörtes, was wohl gerade deshalb so auffällt, weil keine spannende Handlung davon ablenkt:

- die **Ästhetisierung** des Wilhelminischen Alltags,
- die **Poetisierung** seiner Machtstrukturen und
- die **Imagination** des historischen Wandels.

Damit ist keine erkenntnistrübende Verschönerung bzw. billigende Verherrlichung des Bestehenden gemeint, sondern die **Transformation gesellschaftlicher Systeme und geschichtlicher Prozesse in werkästhetische Strukturen.** Die Gestaltungskraft des Romans beruht auf einer Ordnung, die durch das Beisammensein von etwa hundert Figuren evoziert wird, und zwar dergestalt, dass ihre ständisch-hierarchischen Bindungen, das »Bild richtiger Gliederung« (68) in der Gesellschaft, sowohl ansichtig werden als auch in Bewegung geraten. Das kann schon an einer einzigen Figur sichtbar werden, wenn sie sich ›im Bewusstsein‹ ihrer »Ebenbürtigkeit« einen sozialen »Platz« errechnet: »Fürst Dolgorucki, Herzog von Devonshire, Schickedanz« (122). Miteinander lebend, einander begegnend, aneinander vorübergehend (Wunberg 1981) und sich auch abstoßend, manifestiert sich so eine Ordnung des Ganzen, die zugleich auch ihre ›Umstürzbarkeit‹ ansichtig macht (vgl. Fries/Jaap 1989, 196). Eda Sagarra (1986) hat dieses Funktionieren gesellschaftlich-geschichtlicher Rollen in die Strukturgeschichte des zweiten Deutschen Kaiserreichs eingebettet; dieselben Funktionen gehören aber auch in die Geschichtsstruktur des modernen Romans, wie er sich mit dem *Stechlin* ankündigt (vgl. Müller 1984; Horch 1989, 291). So entsteht das Vexierbild eines Wirklichkeitsspiegels, der eine imaginäre Welt konstituiert (Beckmann 1989).

Politische, wirtschaftliche und soziale Systeme und Prozesse werden also umfunktioniert zu »Kunstreizen« – wie geht das? Die Frage zu beantworten heißt, das Notwendige, Zusammenhangstiftende in den scheinbar überflüssigen, auseinanderstrebenden und sich selbst verschüttenden Details zu entdecken. Es hat die neuere *Stechlin*-Interpretation immer wieder gereizt, diese **untergründige ästhetische Ökonomie** im scheinbar bedenkenlos Verschwenderischen sowohl an den Figuren als auch im Umkreis ihrer Gesprächsthemen nachzuweisen. Die Bündnis-, ja Paktform (Ende 15. oder 29. Kapitel) fällt natürlich als erste thematisierte Konfiguration ins Auge, sodann auch die ehelichen Wahlverwandtschaften, sogenannte »Kompliziertheiten« (290), die nach dem Verständnis einer psychoanalytisch sensiblen, die genealogischen Verhältnisse berücksichtigenden Literaturwissenschaft sogar inzestuöse Züge annehmen, sobald die Erwähnung des »Rolf Krake« als Zeichen für tabuisierte Verhältnisse ins Auge fällt (Rolf Krake heißt sowohl ein dänisches Kriegsschiff als auch eine Figur aus der nordischen Mythologie, die in einen Inzest verwickelt ist; dazu Masanetz 1993, 86). Allenthalben manifestiert sich eine »Reizbarkeit« (128) in den Begegnungen: »einer frißt den andern auf« (276); die Wahl-Episode mit ihren politisch-regionalen Konstellationen vergegenwärtigt den politischen Hintergrund, die notorische Verschuldung des Landadels inszeniert wechselnde Auftritte zwischen Geldgebern (Adelheid, Hirschfeld) und Geldnehmern (Dubslav, Woldemar) auf dem sicheren Boden des märkischen Grundes und mit der Hoffnungsperspektive auf eine »gute« bzw. »reiche Partie« (12, 316). Besuche, Diners und Landpartien stiften nicht nur den Rahmen für kultivierte, welterschließende Konversation und Tabugrenzen meidendes »Gerede«, so Prinz Heinrichs Nekrophilie (vgl. Meuthen 1994, 164 f.), sondern zeigen auch die Legion der Helfer, die – mehr oder weniger prächtig livriert – das ›Betriebssystem‹ für alle Causerie selbstverständlich, zuverlässig, uneigennützig, aber auch schon mit erwachendem rebellischen Bewusstsein – »und immer Silber putzen« (115; vgl. Müller 1984, 29) – besorgen. Mit grausamen Fangmethoden bedient man sich der Natur, wenn es gilt, die Gäste zu beköstigen: »überall hingen noch viele Krammetsvögel in den Schleifen« (66). Kinderspiele (67) zeugen von einem »Nachahmungstrieb«, den später Erich Kästner thematisieren wird (vgl. seine »Ballade vom Nachahmungstrieb«).

Von Anfang an übt der See eine **integrierende und polarisierende Funktion** aus: Er ist der Mittelpunkt, um den sich alles dreht, und er ist gleichzeitig die Peripherie, die an allem Zentralen teilnimmt. Seine ›Sensation‹, seine Empfindsamkeit im eigentlichen Wortsinn, dient als ›natürliches‹ Medium für fernste Nachrichten. Sein unruhiges, manchmal sogar ›revoltierendes‹ Wasser reagiert physikalisch und ›sympathisiert‹ zugleich ›verständig‹ mit dem Weltgang; so kommt es zu teils symbolischen, teils mythischen Aktionen wie dem aufsteigenden roten Hahn; dennoch macht er nicht alles mit – die wendige Wetterfühligkeit bleibt den Wetterfahnen überlassen. Im Wechsel der Aggregatzustände (Eis, Wasser, Strahl, Hahn) kommt eine natürliche Dynamik zum Ausdruck, die, übertragen auf das Gesellschafts- und Geschichtsbild, die evolutionären bzw. revolutionären Kräfte im scheinbar Feststehenden, Zuständlichen, ›Vereisten‹ bloßlegt (sprachliche Beispiele für diesen gesellschaftlichen Fluss vermeintlich fixer Bezeichnungen sind die wechselnden Ausdrücke für denselben Gegenstand: »Schloß« – »Haus« – »Kasten« – »Kate«; »Frau« – »Gemahlin« – »Durchlaucht«). Der Stechlin, von dem es heißt, dass er sogar mit dem Vulkan auf Java »telephonieren« könne, erweist sich als ambivalentes Modell für weltweite Verknüpfungen aller Art. Nicht zu vergessen ist dabei allerdings, dass solche idealen kommunikativen Zusammenhänge durch Katastrophen zustande kommen und von Katastrophen künden: Die Nachricht vom Erdbeben in Lissabon, die auch der Stechlin verkündet hatte, bestätigte ja nicht den Glauben an die rational fassbare Welt, sondern warf den Optimismus der jungen Aufklärung jäh zurück. Dazu passt auch, dass die Orientierungsfigur Lorenzen mit seinem Greeley-Beispiel (eine Geschichte über den legitimierten Mord an einem ›Störenfried‹) ein eher kostspieliges Heldentum propagiert und sich eigentlich schon

»mehr der abstrakten Laborethik der Brechtschen ›Maßnahme‹ annähert« (Mecklenburg 1989, 158).

Laut Fontanes eigener Auskunft liegt dem sogenannten »**politischen Roman**« die »Gegenüberstellung von Adel, wie er bei uns sein *sollte* und wie er *ist*« (I/5, 418) zugrunde. Eine Rechtfertigung dieser Selbstcharakteristik muss nicht unbedingt dazu verpflichten, in Dubslav, Barby, Melusine und Berchtesgaden das Ideal des Adels, in Adelheid, dem Edlen Herrn von Alten-Friesack oder gar in Gundermann sein Realbild wiederzuerkennen. Bei einer solchen sozial-ethischen Rubrizierung kämen andere ›Ideal‹-Figuren wie Lorenzen und ›Real‹-Gestalten wie Koseleger zu kurz, ganz zu schweigen von ›Mischformen‹ wie Ermyntrud Katzler, geb. von Ippe-Büchsenstein, und ›Neuschöpfungen‹ wie Agnes, die ›von unten‹ kommt – zumindest mütterlich gesehen, denn ihren Vater kennt man nicht oder glaubt ihn in Dubslav zu ahnen. Das Politische des Romans inszeniert keine Antagonismen, sondern exponiert Ambivalenzen, die ständige Umwertungen erlauben. So melden sich sogar Zweifel daran, ob gerade der Titelheld wirklich die »liebenswürdigste(n) Männergestalt seines [Fontanes] Romanwerkes« darstellt (Reuter 1968, 845); selbst wenn man den Verdacht auf seine »selbstzerstörerische Tendenz« (Anderson 1991, 261) nicht teilt, wächst der Argwohn gegenüber einer pauschal verklärenden Figurenauffassung, die z. B. eine fast »böse« zu nennende Schadenfreude ihres Idols, Dubslavs Verhalten gegenüber dem betrunkenen Tuxen, unterschlägt (vgl. Müller 1984, 14). Selbst das ›authentische‹ Sprechen, jene von Herzen kommenden guten Worte, zu denen sich Dubslav bekennt, gerät nach postmodern geschärftem Urteil unter den Verdacht, nichts anderes zu bewirken, als die tatsächliche Substanzlosigkeit des eigentlich Gesagten zu kaschieren (Meuthen 1994, 168), das ›Fraktale‹ aller Gesinnungsprofile zu glätten. Gerade die Verdoppelung der singulären, vermeintlich sicheren Orientierungsfigur (Dubslav, Barby) erwirke hinterrücks eine Entwertung des Anspruchs auf Originalität (ebd., 161). Auch das Bild der Gräfin Melusine bleibt von solcher ›Umwertung‹ nicht verschont; sie wirke »letztlich domestiziert und blaß« (Ziegler/Erler 1996, 238).

Am Ende des Jahrhunderts erschienen, könnte *Der Stechlin* entschieden den Abschied vom Realismus vollziehen. Verabschiedet wären

- dramatische Handlung,
- Konzentration auf die Struktur des Individualromans,
- ›runde‹ Figurenpsychologie,
- narrativer Bogen.

Am Ende könnte dieser Roman aber auch einen Höhepunkt des Realismus anzeigen. In den Blick rücken dann

- symbolische Vernetzung der Welt
- diskursive Einrichtung von Lebensräumen und Themenfeldern,
- Facetten des Zeitenwechsels,
- Auflösung des Starren und Kompakten im Ambivalenten.

2.8 Spielhagens Katastrophen-Realismus: *Sturmflut*

Bei einer Erkundung der realistischen Literatur darf Friedrich Spielhagen nicht fehlen. Seine Romantheorie thematisiert typische Aspekte des realistischen Erzählens in Europa (Rebing 1972, 1). Sein umfangreiches Erzählwerk verarbeitet die aktuellen politischen, gesellschaftlichen und wirtschaftlichen Konflikte der zweiten Jahrhunderthälfte in Deutschland und gehört somit zu den wichtigen poetischen Dokumenten der Zeit. In Spielhagen begegnet ein politisch aufmerksamer Autor, der auf dem Boden des Liberalismus eine zeitkritische Kunst im Dienste des bürgerlichen Fortschritts vertritt. Spielhagen gehört zu den gelesenen, bereits zu Lebzeiten einflussreichen Autoren. Er bemüht sich darum, relevante Themen in spannender Form zu erzählen. Dass ihm die ›Spannung‹ gelungen ist, bezeugt sein Erfolg beim Publikum. Die Spannung ist dabei kein Selbstzweck, sondern steht im Dienst der Darstellung, die lebendig und anschaulich das vor Augen führen will, was als ›**Signatur der Zeit**‹ erkannt werden soll. Literaturgeschichtlich gesehen, zählt er nur zu den ›poetae minores‹; ob dies allein am mangelnden »Utopie- und Protestpotential« liegt (Neumann 1980, 263), wäre noch zu klären. Aus der Fülle seiner Werktitel ragen dank neuerer Untersuchungen besonders drei Romane heraus: *Problematische Naturen, Hammer und Amboß* und vor allem *Sturmflut*. An Spielhagens Schaffen werden **Möglichkeiten und Grenzen des zeitnahen realistischen Romans** deutlich.

Sturmflut (1877) handelt von Katastrophen, die auch in anderen Werken des Realismus den Boden der Wirklichkeit erschüttern: Die Sturmflut im wörtlichen Sinn lässt an Storms *Schimmelreiter* denken, der metaphorische Sinn betrifft einerseits die wirtschaftlichen und finanziellen Unternehmungen der Gründerzeit mitsamt ihren sozialen und kulturellen Folgen, wie sie auch in Kellers *Martin Salander* oder Fontanes *Frau Jenny Treibel* beleuchtet werden, andererseits die erotischen ›Abenteuer‹, die den Stoff des realistischen Eheromans ausmachen. Wie stets im Realismus, geht es nicht nur um die Beschreibung von Zuständen und Vorgängen, sondern um die Erfassung jener **Kräfte, die in Zeiten des Umbruchs** ›ambivalent‹ **wirken** und Wirklichkeit als alte oder neue, beständige oder brüchige, fesselnde oder befreiende Ordnung profilieren (vgl. Jauslin 2001).

Spielhagens Romanhandlung setzt im Jahr 1872 (genau am 26. August) ein und führt binnen kürzester Zeit zur Krise und Katastrophe. Als Zeitroman verarbeitet er das politische Resultat des letzten Einigungskrieges, entfaltet es zu einem Panorama des modernen Lebens und setzt ihm spiegelbildlich die historische Flutkatastrophe des Jahres 1872 entgegen. Nicht um eine Revision des militärisch, wirtschaftlich oder technisch Geleisteten geht es, sondern um die Verhütung eines Missbrauchs, zu dem das Erreichte verlockt. Zwar sind die alten sozialen Konflikte der 48-Revolution nicht vergessen, aber die Nachkriegszeit verlangt deren Schlichtung, weil in der Gegenwart und nahen Zukunft andere Krisen drohen, insbesondere die **Risiken der neuen unternehmerischen Mobilität** und ihre sozialen wie moralischen Entsprechungen (vgl. Roper 2000).

In Bewegung geraten ist diese Welt durch den Krieg, genauer durch ein neues militärisches Qualifizierungsverfahren: Obwohl der deutsch-französische Krieg schon nach dem modernen Prinzip der Materialschlacht ablief, bei der individuelle Leistungen kaum ins Gewicht fallen konnten, soll er doch ein Bewährungsfeld eröffnet haben, auf dem sich ›jeder‹ persönlich qualifizieren konnte. Spielhagens bürgerlicher Held, ein Schifffahrtskapitän, der schließlich zum Lotsenkommandanten avanciert, verkörpert die **modernen ›Kompetenzen‹** der Prognose und Steuerung von komplexen Kräften und Strömungen, wie es eine Sturmflut im konkreten, aber auch metaphorischen Sinne darstellt (vgl. Drews/Gerhard in BRuG 1996). Er hat nichts mit Raabes resignierten Kämpfern aus der Zeit der Befreiungskriege oder Fontanes Invaliden zu tun. Weder wird er desillusioniert wie der Heimkehrer Hagebucher (*Abu Telfan*), noch geht er tragisch unter wie Dahns letzter Held Teja (*Ein Kampf um Rom*), obwohl auch ihm ein Feind entgegentritt, dessen Drahtzüge er nicht gleich durchschaut. Aber schließlich behauptet er sich mit seinen ›kybernetischen‹ Fähigkeiten.

Spielhagen erspart seinem **positiven Helden** (vgl. Plett 2002) die Duelle von Mann zu Mann, obwohl er ihn dazu bereit zeigt (vgl. die Begegnung mit Graf Golm). Er bewahrt ihn vor allen möglichen Schicksalsschlägen, indem er das, was ein solcher Mann in der Nachkriegszeit erleben kann, auf andere Figuren verteilt. Dadurch entstehen **tragische, melodramatische und komische Varianten** einer zusammenhängenden Geschichte, die das Profil dieses **Zeit- und Vielheitsromans** prägen.

- Tragisch verläuft das Geschehen zwischen Ottomar von Werben und seiner bürgerlichen Geliebten, der Künstlerin Ferdinande Schmidt.
- In melodramatischer Tönung erscheint die Geschichte des Zentralpaars, die Liebe zwischen dem bürgerlichen Helden Reinhold Schmidt und seiner hocharistokratischen Braut Else von Werben.
- Komödienhaft angelegt ist die Beziehung zwischen dem Künstler Justus Anders, einem modernen, ökonomisch bewusst arbeitenden Bildhauer, und einer zwar verarmten, aber heiteren Adligen.

So verschränken sich die sozial getrennten Lebensläufe im modernen Kräftefeld des **Leistungs- und Geldprinzips.**

Denn im Mittelpunkt der Romanhandlung steht ein komplexes wirtschaftliches Ereignis, die Gründung einer Eisenbahngesellschaft, der Bau eines Hafens an der Ostsee und der kumulative Effekt solcher spekulativer Unternehmen. Veranschaulicht wird dieser Handlungsstrang nach den Regeln des **Sensationsromans**, der die Verantwortung für das Geschehene nicht in einem System sucht, sondern personalisiert. Das leistet die eingeführte Intrigantenrolle (vgl. Battafarano/Eilert 2000). Gregorio Giraldi repräsentiert in der Phase des beginnenden **Kulturkampfs** die finstere, jesuitische Gegenseite jener historischen Orientierungsfigur (Bismarck), die im Roman zwar nie leibhaftig erscheint und doch im Bewusstsein der Figuren präsent ist. Giraldi spielt eine Rolle, die früher einem Veitel Itzig (in Freytags *Soll und Haben*) oder Moses Freudenstein (in Raabes *Hungerpastor*) zufiel. Er ist der geheime Drahtzieher, der sogar glückbringende ›Mesalliancen‹ plant, um freilich aus ihnen Kapital zu schlagen. So führt er drastisch vor Augen, welche Gefahren eine mobil gewordene Gesellschaft und eine ›im Fluss‹ befindliche Ordnung birgt. Auch er ist in eine Beziehungsgeschichte verwickelt, die das Ausmaß eines dämonisch düsteren Ehebruchdramas anzunehmen scheint und doch nur auf eine banale Geldraubaffäre hinausläuft.

Spielhagens Roman greift viele Seiten der Epoche auf (vgl. Colonge 1990). Er rückt mehr Stände, Klassen, Stadtansichten (vgl. Neumann 1992) und Wirklichkeitsbereiche in den Blick als andere Realisten. »Strike« spielt bei ihm schon eine Rolle, auch wenn der Arbeitskampf wie eine Meuterei behandelt wird. Elend rückt ebenso in den Blick (die Geschichte des Pächters Pölitz) wie Prunkbauten der Gründerzeit (Philipp Schmidts Villa) und der noch immer präsente herrschaftliche Feudalbesitz (Graf Golm). Das ›**bürgerliche Drama**‹ des Begehrens und Erliegens bricht immer wieder sturmflutartig aus und muss behutsam reguliert werden.

Spielhagen ist ein moderner Erzähler (vgl. Ohl 2001), dessen Können keineswegs dadurch relativiert wird, dass er selbst nicht einlöst, was er von anderen verlangt (vgl. Kap. II.3.5; Hellmann 1957; Klatt/Klatt 1989). Er kann ›objektiv‹ erzählen, er versteht es, die Technik der erlebten Rede gezielt anzuwenden und verzichtet dennoch nicht auf Sympathielenkung, die bei aller Turbulenz **Orientierungssicherheit** gewährt. Die Namen seiner Figuren führt er nie auktorial ein, und doch stiftet er selbst im szenischen Erzählen Vertrautheit zwischen Figur und Lesepublikum (»Onkel Ernst«). Spielhagens ›moderne‹ Erzähltechnik leitet keinen Prozess der Desorientierung ein, sondern wirkt ihr mit zeitgemäß technischen Mitteln entgegen. Die angewandte ›Objektivität‹ erweist sich als Durchsetzung der auktorialen Erzählabsichten mit anderen, moderneren Mitteln. Als Autor von Fortsetzungsromanen versteht Spielhagen das Handwerk der Spannungsbildung. Er zieht die Register des grellen Darstellungsstils, vermag aber auch indirekt zu gestalten. Elses Weg zu Reinhold ist ein Paradebeispiel für seine suggestive Darstellungskunst.

Insbesondere erweist sich der Titel als Schlüsselbegriff für die Deutung einer modernen, alle Lebensbereiche umfassenden Wirklichkeit, in der sich eine ›natürliche‹ Dynamik entfaltet. Sie kann verderblich wirken und bleibt doch bei besonnener Beherrschung der modernen Kulturtechniken regulierbar und lässt sich sogar vielfältig nutzen. Dass eine von der ›Dialektik der Aufklärung‹ inspirierte Sicht dagegen Einspruch erhebt, liegt auf der Hand (vgl. Neumann 1992).

3. Der historische Roman

3.1 Zwischen Denkmal und Mahnmal: Erinnerung im Realismus

Das Interesse des Realismus am historischen Erzählen steht nicht im Widerspruch zu seiner Aufmerksamkeit für alltägliche Dinge der unmittelbaren Gegenwart. Im Gegenteil befördert der historische Roman durch seine Art, Zeit und Zeitfluss zu konkretisieren, Zeitbedingungen zu problematisieren und Zeitunterschiede zu dramatisieren, weitgehend die ›Technik‹ des realistischen Erzählens. Ort- und Zeitangaben bekommen zusätzliche Bedeutung, indem sie nicht nur über den Text hinaus-, sondern auch in der Zeit zurückweisen und somit neben der Wiedererkennungs- auch die Erinnerungsfunktion erfüllen, die beide ihrerseits weitere Wirkungen für das Gegenwarts- und Zukunftsverständnis haben. Das Punktuelle des Jetzt und das Flächenhafte des Gegenwärtigen rücken dank der historischen Sicht in umfassendere Zusammenhänge. Dass sich ein erzählbares Geschehen aus Handlungen, die aktiv begangen, und Begebenheiten, die passiv erfahren werden, zusammensetzt, dass dieser Zusammenhang gerade die Opfer und Täter erneut miteinander konfrontiert, sie im gemeinsamen Geschehen verschränkt, und dass infolge der Teilnahme der Individuen an kollektiven Prozessen Fragen nach Grund und Zweck, nach dem Sinn des Geschehens für alle und jeden einzelnen beantwortet werden müssen – all das verdankt der Realismus dem Darstellungsprinzip des historischen Romans. Konkreter und doch auch grundsätzlicher formuliert: die Form des Romans im 19. Jh. überhaupt verdankt dem Erzählwerk Walter Scotts sehr viel, weil das, was Scott geleistet hat, nicht nur einer epischen Sonderform, jener berühmt-berüchtigten **Zwittergattung zwischen Poesie und Historiographie**, den Weg in die Zukunft bahnt, sondern – historisch gesehen – den modernen Roman überhaupt begründet. So ist der historische Roman geradezu der Prototyp des Zeitromans und hat sich erst in seiner Folgegeschichte vom Gegenwartsroman distanziert. Der Realismus der zweiten Jahrhunderthälfte wird angesichts wechselnder politischer Bedürfnisse ganz unterschiedlichen Gebrauch von dieser vorrealistischen Vorgabe machen (vgl. Aust 1994).

Zweifellos lenkt das historische Erzählen die Aufmerksamkeit auf etwas Vergangenes, Zurückliegendes, auf etwas mehr oder weniger Festgeschriebenes, das aber dennoch als ›revidierbar‹ erscheint. Damit gliedert die Geschichtserzählung den kontinuierlichen Zeitfluss in eine relativ feste Folge von Gestern, Heute und Morgen. So entsteht ein temporales Koordinatenfeld, in dem alle Formen des realistischen, also zeitbezogenen Erzählens – der Zeit- und Geschichtsroman ebenso wie die noch junge Science-fiction-Dichtung (vgl. Kurd Laßwitz: *Bilder aus der Zukunft*, 1878) – seinen genauer bestimmten Ort erhält. Geschichten zu erzählen, in denen historische Momente eine Rolle spielen, heißt grundsätzlich, **im Lichte der Gegenwart eine Vergangenheit zu entwerfen,** die zugleich etwas mit der Zukunft ihrer ›Betrachter‹ zu tun hat.

Nun steht aber dieses Zeitgerüst insofern nicht auf festem Fuß, als sich die Scheidungen zwischen Heute und Gestern bzw. Morgen von Tag zu Tag ändern. Dieselbe **Vergangenheit** kann je nach politischer Lage und Perspektive **etwas ganz Verschiedenes** sein:

- etwas längst Erledigtes,
- die notwendige Station auf einer Reise in die Zukunft,
- die vergangene Ursache für eine gegenwärtige Lage,
- das fremde Kostüm für eine immerwährende Befindlichkeit,
- das stete Bild im Karussell der Zeit,
- die nicht zu leugnende Tatsache u.v.m.

Demnach erfüllt dieses Erzählen auch unterschiedliche Zwecke, den Zweck der Information, Propaganda oder Erinnerung, den der Warnung oder Feier.

Genese, Gestalt und Wirkung des Geschichtsromans hängen mit den Konjunkturen des Historismus zusammen. Das 20. Jh. wird zeigen, dass dieser für das 19. Jh. wesentliche Zusammenhang notwendigerweise verloren geht und dass dabei trotzdem für beide, die Geschichtsschreibung wie den historischen Roman, neue, fruchtbare Möglichkeiten entstehen. Schon für den traditionellen Geschichtsroman gilt, dass er im Zeichen der Erinnerungskultur steht, gerade auch da, wo er über versunkene Welten bzw. Völker berichtet (zum Teil schon bei Sealsfield, dann besonders in Mügges *Afraja*). Seine realistische Prägung, Vergangenheit zu verlebendigen, bringt ihn in Verdacht, unlauter zu arbeiten, bloße Kulissen zu erzeugen, um mit solchen Illusionsbildern von der Gegenwart abzulenken. In der Tat zeichnet sich ein Widerspruch in der historisierenden Art des Geschichtsromans ab, der zeigen will, wie es im Gegensatz zur Gegenwart damals eigentlich gewesen ist und dies doch nur mit Hilfe gegenwärtiger ›Instrumente‹ bewerkstelligt und somit das gegenwärtig Selbstverständliche reproduziert, statt historische Einsicht zu vermitteln: »Alle Gäste hatten das Haus verlassen«, heißt es in einem bekannten ›Professorenroman‹ (Ebers: *Eine ägyptische Königstochter*, 38), der an solchen Sätzen seine unhistorische Arbeitsweise zu erkennen gibt und trotzdem auf seiner historischen Kompetenz beharrt (Fußnoten-Belege). Fontane wies zu Recht darauf hin, wie schwer es ist, einen ›echten‹, d.h. weit in die Vergangenheit zurückgreifenden Roman zu schreiben. Ein Roman im Bann des konsequenten Historismus müsste eigentlich mit grotesken und absurden Mitteln arbeiten, um jene **historische Alterität** zu inszenieren, die eben nicht verdeckt, wie es eigentlich gewesen ist.

Scotts ursprüngliches Verfahren, nicht tiefer als sechzig Jahre in die Geschichte zurückzugehen und die erzählte Historie um »liebenswürdige Nullen« (Alexis 1823, 29; zit. n. Steinecke 1976, 32), das heißt um einen erfundenen »Durchschnittshelden« (Ludwig VI, 375) oder »mittelmäßigen« bzw. »mittleren Helden« (Lukács 1955a, 30f.) zu zentrieren, vermied diese Fallen des Historismus. Geschichte profilierte sich als ›familiär‹ begrenzte Vorgeschichte und interessanter Bericht über spannende, aber nicht mehr heroische Begegnungen. Sie ließ sich in die abenteuerliche Reisebewegung einer den Leser repräsentierenden und orientierenden Figur einbetten (Alexis 1823, 32; Steinecke 1976, 34) und schuf so ein neues nachromantisches Romanmodell. In ihm wurde die dargestellte Welt und Gesellschaft als Erfahrungsraum historisiert, das heißt in ihrem engeren oder weiteren Zusammenhang mit der Gegenwart bestimmt. In der zweiten Jahrhunderthälfte hatte sich der Scottsche Prototyp in mehrfacher Weise modifiziert bzw. differenziert (vgl. Sottong 1992; Lampart 2002): Er wertete die Rolle des fiktiven Helden auf, veränderte das Verhältnis zwischen fiktiven und historischen Momenten, verstärkte das Interesse am biographischen und ethnographischen Erzählen und entdeckte auch die parabolischen Möglichkeiten. Die auffallende **Konjunktur des historischen Romans** im Realismus lässt sich auf mehrere Faktoren zurückführen:

- Leitend ist das Interesse an national relevanten Geschichtsprozessen.
- Hinzu kommt die Vorliebe für sinnstiftende bzw. erklärende Entwicklungsmodelle (Verlaufsprofile, Genealogien).
- So entstehen verschiedene Formen der Geschichtsreflexion (vgl. Sohns 2004).
- Prägend wirken die Vorgaben einer narrativen Historiographie (Ranke).
- Die Faszinationskraft weltgeschichtlicher Größen (Burckhardt) nimmt zu.
- Die drei Kriege machen einen Rigorismus der Tat populär (Treitschke).
- Der gegenwärtige Kulturkampf mobilisiert das parteiische Interesse an Vor- und Parallelgeschichten.
- Die Akzeptanz der Unterhaltungsliteratur unterstützt eine wachsende Empathie-Bereitschaft gegenüber erfundenen ›mittleren Helden‹ mit politisch korrekter Färbung.
- Obwohl der historische Roman als mehrbändiges Werk weniger dem Distributionsmechanismus des Zeitschriften-Vorabdrucks unterworfen ist als die Novelle, nimmt er an den Erfolgen der »Fließbandproduktion« teil (Müller 1996, 697).

Die »**Compositionsgesetze des historischen Romans**«, wie sie sich nach Scott immer stärker durchsetzten, hat Gustav Freytag, selbst Verfasser eines gewaltigen und berühmten historischen Erzählwerkes (*Die Ahnen*), anlässlich seiner Besprechung eines anderen wichtigen Romans (Alexis' *Isegrimm*) schon 1854 bündig zusammengefasst:

> »Wir fordern vom Roman, daß er eine Begebenheit erzählt, welche, in allen ihren Theilen verständlich, durch den innern Zusammenhang ihrer Theile als eine geschlossene Einheit erscheint, und deshalb eine bestimmte einheitliche Färbung in Stil, Schilderung und in Charakteristik der darin auftretenden Personen möglich macht. Diese innere Einheit, der Zusammenhang der Begebenheit in dem Roman muß sich entwickeln aus den dargestellten Persönlichkeiten und dem logischen Zwange der ihm zu Grunde liegenden Verhältnisse.
> Dadurch entsteht dem Leser das behagliche Gefühl der Sicherheit und Freiheit, er wird in eine kleine freie Welt versetzt, in welcher er den vernünftigen Zusammenhang der Ereig-

nisse vollständig übersieht, in welchem sein Gefühl für Recht und Unrecht nicht verletzt, er zum Vertrauten starker, idealer Empfindungen gemacht wird.« (RuG II, 285 f.)

Diese Skizzierung des gattungsgeschichtlichen Profils besteht im Grunde aus einer Wiederholung der **fundamentalen Überzeugungen des frühen Realismus:**

- ›Verständlichkeit‹ steht für eine umsichtige Durchdringung der dargestellten Sache und eine angemessene Vermittlung ihrer Komplexität. In beiden Fällen erweist sich der realistische Autor als kompetente Instanz und Autorität, die das aufgeworfene Problem lösen, die Schwierigkeit bewältigen kann. Das gilt von zeitgenössischen und sozialen Fällen; und das gilt in besonderem Maße von historisch-politischen Aufgaben bzw. Konflikten.

- Die Einforderung einer ›geschlossenen Form‹ korrespondiert mit dem realistischen Axiom der ›epischen Integration‹. Sie bezeichnet die Kardinaltugend der Literatur in der Phase ihrer Hinwendung zur weiten, diffusen Wirklichkeit. Im Geschichtsroman verschmilzt die kompositorische Herstellung eines ›inneren Zusammenhangs‹ mit zugrunde liegenden Vorstellungen über Sinn, Richtung und Ziel geschichtlicher Ereignisse bzw. Verläufe.

- Der Grundsatz, Zusammenhänge sich ›entwickeln‹ zu lassen, und zwar durch figurenpsychologische und sozialgeschichtliche Motivation, reflektiert die fundamentale Überzeugung der Realisten bezüglich einer ›prägnanten‹ Welt. Demnach geht alles Geschehen organisch aus einem ›Kern‹ hervor; und alle Personen, Handlungen und Sachverhalte lassen sich deshalb vernünftig erklären. Der historische Roman hat demzufolge das moderne Prinzip der vollständigen Erklärbarkeit auf beliebig gewählte Zeitabschnitte in der Vergangenheit anzuwenden.

- Die Wirkungspoetik des Behagens kompensiert nicht nur die Zumutungen der realistischen Schreibweise (nach dem Muster von Erregung und Beruhigung), sondern rückt das ganze Unternehmen der abenteuerlichen bzw. aufrüttelnden Wirklichkeitserkundung in den Erlebnisbereich der ›Angstlust‹ (Balint [2]1988), das heißt in ein risikoloses Freizeitunternehmen. Im Licht der Behagenspoetik lassen sich die Zeitreisen des historischen Romans mit Geisterbahnfahrten vergleichen. Im Zeitalter der nationalen Gründungen werden die Risikofaktoren und Sicherheitsgarantien solcher Geschichtsausflüge ihre spezifischen Formen annehmen.

Was solche »Compositionsgesetze« tatsächlich taugen, ist schwer zu ermessen. Der Verdacht liegt nahe, dass sie doch nur triviale Werke hervorbringen, weil sie zu sehr um **Glättung und Harmonie** bemüht sind und zuwenig das Gebrochene, Unfertige und Unlösbare betonen. Doch muss nicht jede ›geschlossene Form‹ diesen Effekt haben. Verständliche Bilder und vernünftige Zusammenhänge geraten erst unter bestimmten Bedingungen in Misskredit. Wohl aber scheint sich abzuzeichnen, dass Freytags »Compositionsgesetze« ein handliches Instrumentarium für die Kritik an jenen Werken enthält, die einen unbequemen Lektüreweg weisen und allen ›Spaß‹ zunächst einmal verderben.

3.2 Der epische Gang des Rechts: Stifters *Witiko*

Adalbert Stifters (1805–1868) Hinwendung zum historischen Roman bewirkt eine eigentümliche, ja vielleicht einzigartige Modifikation der realistischen Geschichtserzählung. Als Zeitgenosse zweier Epochen lässt er sich ohnehin nicht auf nachträglich eingerichtete Rubriken der Literaturgeschichte festlegen. Das facettierte Bild seiner Persönlichkeit und die Vielschichtigkeit seiner Werke prägen sowohl das Profil der Biedermeierzeit als auch das des Realismus. Vom poetologischen Ansatz her lässt sich der *Witiko*-Roman (1865–67) durchaus mit dem realistischen Programm des Stoffe-Findens verbinden, obwohl Begründung und Konsequenz dieses Findens anders ausfallen (vgl. Begemann 1996).

Grundlegend und richtungweisend bleibt bei Stifter das **naturwissenschaftliche Interesse**, das im realistischen Kontext insofern problematisch ist, als es den Realisten eher zur Abgrenzung des eigenen empirischen, aber eben nicht auf Naturgesetze fixierten Blickes dient. Abgeschwächt wird aber das rein Naturwissenschaftliche durch die Hinwendung zu einem historischen Stoff, der es erlaubt, andere Dinge zu sehen als nur »bunte Steine« und auch solche Gesetze zu finden, die man im Ensemble der »sanften Gesetze« (Vorwort zu *Bunte Steine*) nicht unbedingt erwartet hätte (vgl. Kap. 5.4). Stifters **Ethos des Zusehens**, des unverwandt auf die Dinge Sehens, um in ihnen etwas zu erkennen, verträgt sich mit dem realistischen Vorhaben, aus der Wirklichkeit den Sinn der Wirklichkeit zu entnehmen, auch wenn er es anders meint. Sein Sammeln und Forschen lassen sich nicht mit Fontanes Zeitungslektüre vergleichen, wohl aber mit dem Umstand, dass beide in ihren Objekten vieles erkennen und dass beider Erkenntnisformen mehr dem ›Lesen‹ als dem ›Herauspräparieren‹ gleichen.

> »In allen meinen früheren Sachen habe ich den Stoff mehr oder minder aus mir selbst geboren, er floß daher samt seiner Form aus mir in die Feder. Hier aber ist der Stoff ein gegebener, die Personen und ihre Handlungen haben außer mir eine Berechtigung, sie sind wirklich gewesen, sind in einer ganz bestimmten Form gewesen, und war jene Form die der Wirklichkeit, so muß die, in welcher ich sie bringe, die der Kunst sein, welche als Wirklichkeit erscheint, ohne es sein zu dürfen; denn die wirklichste Wirklichkeit jener Personen wäre in der Kunst ungenießbar. [...] Gebe ich also meinem Stoffe die Form, so ist sie doch von mir ganz unabhängig, und hängt nur von dem Stoffe ab, ich muß sie finden, nicht erfinden. Das Finden macht mir aber oft große Freude, wie dem Naturforscher, wenn er unbekannte aber längst vorhandene Erscheinungen entdekt.« (Brief an Gustav Heckenast vom Januar 1861; zit. nach Ehlbeck 1996, 472 f.)

Diese Selbsteinschätzung ist aufschlussreich. Sie zeugt von einem Wandel des Interesses bei gleichbleibendem Prinzip, das fordert, **die Form aus dem Stoff zu gewinnen**. Das Sammeln eines vorgegebenen Stoffes und das Auffinden seiner ihm eigenen Form im Umkreis der von Stifter geschätzten ›Dinge‹, die nunmehr ›historische Quellen‹ sind, verschärft die Problematik des vertrauten Arbeitsprinzips, indem es jetzt zu einer bewussten Unterscheidung zwischen der Form der Wirklichkeit und der Kunst zwingt, so dass gerade die »wirklichste Wirklichkeit« – in der Poetik des Realismus und auch für Stifter sonst ein wesentlicher Begriff – hier für die Kunst als »ungenießbar« deklariert wird. Indem Stifter den Formaspekt objektiviert, stellt er zugleich die ›Genießbarkeit‹ der objektiven Wirklichkeit in Frage. Es scheint, als ob ihm erst sein historisches Projekt klarmachte, was es bedeutet, die Dinge der Wirklichkeit zum Sprechen zu bringen, die menschlichen »Naturdinge« als »ganz wahr« und ihre Geschichte künstlerisch so zu behandeln, dass auch von ihr gilt: »Um was man sie [eigentlich die Naturdinge, jetzt aber auch die Geschichte und die Menschen] vernünftig fragt, das beantworten sie vernünftig« (*Kuß von Sentze*, XIII, 378).

Stifters *Witiko* repräsentiert nicht den beliebten historischen Roman im Realismus. Ähnliches gilt indessen auch von Raabes und Fontanes historischen Romanen. Nun liegt das Besondere im Falle Stifters noch darin, dass er sich ausdrücklich am **Formmodell des Epos** (*Nibelungenlied*; vgl. Wiesmüller 1995) orientierte. Hinzu kommt, dass die Rückwendung auf das böhmische Mittelalter dazu dient, eine Utopie zu entwerfen, die den legitimen Gang des Rechts, der Ordnung und Herrschaft mustergültig für die Gegenwart modelliert.

Gattungsgeschichtlich vertraut, aber nur indirekt durch Scott motiviert, ist die **Orientierung an einer historischen Leitfigur**, dem Ahnherrn der Rosenberger, einem böhmischen Adelsgeschlecht aus dem 12. Jh. (Wiesmüller 1995, 61). *Witiko* setzt also die biographische Seitenlinie des historischen Romans fort, steht aber auch hier allein, insofern der Roman eben nicht das Interesse an individualpsychologischer Entwicklung verfolgt, sondern kollektive, allgemeine, interesselos sich vollziehende Vorgänge profiliert. Insofern richtet er sich nach den Prinzipien des Zeitromans, dessen historisch konkretes Gesellschaftsbild natürlich auf Scotts sozialhistorischen »Lebens«-Realismus zurückweist (vgl. Alexis 1823, 7, zit. n. Steinecke 1976, 24); doch realisiert er ihn weder mit einen durchschnittlichen, noch mit einem re-heroisierten Helden.

Auch in einer anderen Hinsicht unterscheidet sich Stifters Werk von der populären Romanform. Während die deutsche Variante um diese Zeit eine zunehmend nationale Tendenz aufweist, meidet der österreichische Geschichtsroman eine nationale Festschreibung, weil die k.u.k. Monarchie als Vielvölkerstaat im erstarkenden Nationalismus die entscheidende Schwächung des habsburgischen Imperiums befürchten musste.

> »Ich bin durch die Natur der Sache von der gebräuchlichen Art des historischen Romans abgelenkt worden. Man erzählt gewöhnlich bei geschichtlichen Hintergrunde Gefahren Abenteuer und Liebesweh eines Menschen oder einiger Menschen. Mir ist das nie recht zu Sinne gegangen. Mir haben unter Walter Scotts Romanen die am besten gefallen, in denen das Völkerleben in breiteren Massen auftrit wie z. B. in den ›Presbyterianern‹. Es erscheinen da bei dieser Art die Völker als großartige Naturprodukte aus der Hand des Schöpfers hervorgegangen, in ihren Schiksalen zeigt sich die Abwiklung eines riesigen Gesezes auf, das wir in Bezug auf uns das Sittengesez nennen, und die Umwälzungen des Völkerlebens sind Verklärungen dieses Gesezes. Es hat das etwas geheimnißvoll Außerordentliches. Es erscheint mir daher in historischen Romanen die Geschichte die Hauptsache und die einzelnen Menschen die Nebensache, sie werden von dem großen Strome getragen, und helfen den Strom bilden. Darum steht mir das Epos viel höher als das Drama, und der sogenannte historische Roman erscheint mir als das Epos in ungebundener Rede.« (Brief an G. Heckenast v. 8. Juni 1861; *Briefwechsel*, III, 282)

Stifter interessiert sich für literarische Verfahren, die das »Völkerleben in breiteren Massen« darstellen und die es ermöglichen, eben diese »Völker« als »Naturprodukte aus der Hand des Schöpfers« aufzufassen. Nur so meint er an ihnen die »Abwiklung eines riesigen Gesezes« erkennen zu können. Um dieses »Sittengesez« geht es im Roman auf dem Hintergrund einer Geschichtskonzeption, die von einer unaufhaltsamen, unauflösbaren **Verkettung des Bösen** geprägt ist. Das ihr emphatisch entgegengestellte »Sittengesez« soll sich selbst zeigen, also nichts Gemachtes bzw. Gewolltes sein, sondern sich von allein und ohne individuelles Zutun selbst offenbaren und durchsetzen.

Zu diesem Zweck nimmt Stifter alle individuellen Handlungsinitiativen zurück und entwirft in monumentaler Monomanie und litaneiartigem Wiederholungsstil den Wunschtraum vom unaufhaltsamen Gang des Rechts und vom Erfolg einer »Politik der Einfachheit« (Christians/Kohns 2005).

Eine solche **Sinngewissheit** müsste eigentlich zur Bevorzugung der auktorialen Erzählhaltung führen. Aber auch diesen ›Subjektivismus‹ versagt sich Stifter, indem er eine penetrant personale Erzählhaltung wahrt. Das befördert einen Perspektivismus, der – wieder in der Art des Zeitromans – Vieles ›nebeneinander‹ stehen lässt; doch geschieht dies nicht, weil alles gleichwertig ist, sondern weil hinter allem die Hoffnung steht, dass sich das Eigentliche, das ›Gesetz‹, von selbst durchsetzt. »Nach Stifter sollte sich zeigen lassen, dass die Abfolge von Ordnung und Chaos, von Recht und Unrecht, von Einheit und Zerfall, von Aufstieg und Abstieg der Geschlechter aus der Beachtung oder Mißachtung des Sittengesetzes resultiert« (Wiesmüller 1995, 66).

Witiko ist eine **Allegorie jenes Gesetzes vom Recht**, das sich im Laufe des Erzählens absichtslos selbst verwirklichen kann, die menschliche Entsprechung des Naturdings, das bei vernünftiger Befragung vernünftig antwortet und denkt, »wie der Wald« (W V/1, 57). In diesem Wald-Vergleich werden romantische Reminiszenzen von naturwissenschaftlichen Interessen überlagert, um ein drittes, vernünftiges und wahres Prinzip der Repräsentanz zu imaginieren: Der Wald als Gemeinschaft der Bäume, die ohne hierarchische Bindung nebeneinander stehen, als Objekt, das von außen wie von innen sichtbar ist und trotz »Gleichförmigkeit« (Ehlbeck 1996, 467) wechselnde Aussichten gewährt, als Subjekt des Denkens, das sich dem behavioristischen Blick genauso entzieht wie der lebende Baum, den der junge Maler Heinrich Lee abzeichnen möchte.

Stifters *Witiko* gibt dem Realismus im historischen Roman eine eigentümliche Prägung; ohne ihn sähe die realistische Literatur anders aus. Ein **demokratischer Zug** durchweht diesen Roman, der so konsequent, vielleicht sogar stur, angelegt ist, dass er gerade auch die Brüche und Widersprüche, die im Konzept selbst liegen, nicht etwa vertuscht, sondern ästhetisch ausstellt und somit erfahrbar macht. Dass es sich um eine äußerst befremdliche Zumutung handelt, bezeugt das Werk Satz für Satz. Als demokratischer Roman rückt er in die Nähe von Fontanes *Vor dem Sturm*. Beide Romane ziehen Konsequenzen aus dem, was Revolutionen bewirkt haben; beide wissen, dass ihre merkwürdigen ›unorthodoxen‹ Themen formale Auswirkungen haben; beide werden von einer utopischen Energie getragen, wenn auch der habsburger Untertan radikaler, ›unversöhnlicher‹ arbeitet als der preußisch-deutsche.

Die demokratische Seite des Romans hervorzuheben, stößt natürlich auf Schwierigkeiten. Eindeutig steht die feudale Welt des Mittelalters im Vordergrund, und das ganze episches Unternehmen arbeitet mit Materialien, die nicht unbedingt das zu errichtende Rechtsgebäude tragen. Aber es geht ja nicht um Widerspiegelung, sondern um eine **utopische Phantasie**, die auf Biegen und Brechen durchgesetzt werden soll.

Witiko sollte mehr als bislang geschehen mit den Helden des Realismus verglichen werden. Seine ›Dinge‹ liegen nicht beziehungslos neben den ›Geschäften‹ eines Anton Wohlfart (in Freytags *Soll und Haben*). Ein »Zusammentreffen mit der übrigen Welt«, das dem grünen Heinrich fortwährend misslingt, gewinnt eine merkwürdige Kontur, wenn es nur nach dem Lebensstil des gleichfalls vaterlosen Ledermanns, wie Witiko genannt wird, gelingen sollte. Auch Witiko leidet wie Raabes Hans Unwirrsch an Hunger, und die Strategie des langen Wartens, wie sie Heinrich Schaumanns (aus Raabes *Stopfkuchen*) praktiziert, müsste ihm eigentlich vertraut sein.

Dem Titel nach liegt ein **Individualroman** vor, der eine Entwicklung in den Mittelpunkt rückt. Der Intention nach geht es um einen **Volksroman**, der eine politische Tendenz verfolgt. Das muss sich nicht widersprechen, bedarf aber einer eigenen Vermittlung, zumal dann, wenn ein allegorisches Verfahren nach realistischer Überzeugung unerwünscht ist. Das bloße Handlungsgerüst weist auf eine »Initiation des Abenteuerhelden« hin (Steinbrink 1983): Am Anfang stehen Auszug und Reise eines merkwürdig Gekleideten, es folgen Begegnungen, die sich nach einer Wiederbegegnung als zukunftsweisend herausstellen. Dann beginnt die ›Skala‹ der rühmlichen Taten; mit ihnen wächst das Maß der Belohnung, aber auch das Risiko des Scheiterns. Am Ende wird das Ziel der »Lebenslaufbahn« (V/1, 33) erreicht; es gleicht einer Heimkehr und manifestiert sich als Gründung des Neuen. Das ist kein absoluter Abschluss, denn danach folgen noch Nachträge, die aber das Erreichte nicht in Frage stellen, sondern nochmals, d. h. weiträumiger besiegeln.

Stifters Ledermann unterscheidet sich gewiss von **Coopers Lederstrumpf**, obwohl der zwanzigjährige Held beiden Autoren erst im fortgeschrittenen Alter als Verwirklichung eines Wunschtraums interessant wird. Aber Witiko wird wohl mit gleicher Notwendigkeit heiraten wie Natty Bumppo ledig bleiben muss, da sie ihr ›Gesetz‹, ihre Ordnung, ihr Schicksal und ihr ›Ganzes‹ geschichtsphilosophisch an entgegengesetzten Polen suchen: Natty Bumppo in der vorgeschichtlichen Natur, dem Garten Eden, und Witiko im historischen Recht.

3.3 Felix Dahns Erfolgsroman *Ein Kampf um Rom*

Zu den meistgelesenen historischen Romanen des Realismus (und weit darüber hinaus) gehört Felix Dahns (1834–1912) *Ein Kampf um Rom* (1876). Als »Professorenroman« führt er in der akademischen Literaturgeschichte zu Unrecht ein Nischendasein, weil Dahns historisches Fachwissen – er war Professor für Rechtsgeschichte mit besonderem Interesse für germanische Altertumskunde (vgl. Frech 1996) – weder die Romanlektüre behindert noch das einzige Fundament seines Erzählens darstellt. Vielmehr begegnet eine **Mischung von spezifischer Sachkenntnis, raffinierter Phantasie und sicherer Technik des neuen Feuilleton-Romans**, die auf ein »Vertragsmodell« hinausläuft, bei dem »der Autor die Wörter liefert, an denen sich der Leser ein angenehmes Erlebnis schafft« (Franzen 2002, 1). In der Tat »traf der Autor in besonderer Weise Befindlichkeiten und Bedürfnisse des deutschen Bürgertums« (Schwab 2001, 211). Doch bediente er es nicht nur; vielmehr schuf er ein komplexes Werk, das dank seiner »Vielschichtigkeit« (ebd., 212), die keinen »Bruch« (Limlei 1988, 209) meint, sondern Geschichtsreflexion leistet, längst nicht in dem aufgeht, worauf national-pädagogische Programmschriften den Titel reduzieren wollten (vgl. Esch 2001; Wahl 2002; Sohns 2004).

Laut »Vorwort« hat Dahn seinen Roman 1859 in München begonnen, in Italien (Ravenna) weitergeführt, und 1876 in Königsberg beendet. Die Daten sind nicht unwichtig, weil sie die Frage nahelegen, ob die politischen Ereignisse, insbesondere die Reichsgründung, die während der langen, zumal auch **unterbrochenen Entstehungszeit** das Werkkonzept beeinflusst, ja sogar verändert haben. So ließe sich ein frühes Romankonzept, getragen vom zuversichtlichen **Blick auf eine großdeutsche Einigung im Geist des Liberalismus,** von einem gründerzeitlichen unterscheiden, das den heroisch-tragischen Grundzug entfaltet (Sprengel 1998, 179). Doch passt das nicht zur gesicherten Erkenntnis, dass gerade Dahns **heroisch-tragische Weltanschauung** von Anfang an den Leitgedanken des Werkes bildete (Schwab 2001, 223); auch leuchtet nicht ein, weshalb die Verdüsterung gerade im Nachfeld der Reichsgründung bei einem Autor erfolgt sein sollte, dem man nur Nationalismus und Rassenwahn vorwerfen will.

Das »Vorwort« skizziert zugleich eine **aktualisierte Poetik des historischen Romans**. Die »wissenschaftlichen Grundlagen« werden vorausgesetzt, ja mehr noch, sie werden als die eigenen qualifiziert, aber eben dadurch auch vom Roman abgesetzt. Das so präsentierte Erzählwerk versteht sich nicht etwa als narrativ umgesetzte Wissenschaft; vielmehr gewinnt der Autor aus seinen »Grundlagen« zunächst nur jene »Bilder aus dem sechsten Jahrhundert«, die er dann »in Gestalt eines Romans kleidet«. Damit richtet er über der Wissenschaft und unter dem Romangewand eine zentrale Ebene bildlicher (vielleicht sogar visionärer) Wahrnehmung ein. So werden Momente der wissenschaftlichen Arbeit nach einer Bildregie sichtbar und dann erst nach den Kompositionsgesetzten des Romans lesbar gemacht. Hinzu kommt die Lizenz des Romans zur poetischen Erfindung einer Reihe von »Ergänzungen und Veränderungen«. So sind dann mehrere Zeichen auf ›Dichtung‹ gestellt. Mit »reiner« Dichtung beginnt auch das gewaltige Prosa-Epos, nämlich mit einem Motto von Emanuel Geibel: »Wenn etwas ist, gewalt'ger als das Schicksal / So ist's der Mut, der's unerschüttert trägt.« Es betont die Macht des Schicksals und entwickelt aus seiner Unabwendbarkeit den Vorzug, ja sogar die Überlegenheit der stoischen Haltung. Die Ausdrücke »gewaltiger« und »Mut« geben wohl zu verstehen, dass nicht etwa Resignation und Passivität, sondern insbesondere auch trotziges, ›männliches‹ Handeln gemeint sind (vgl. Titzmann 1991). In der Wunsch-Phantasie, das Schicksal »tragen« zu können, liegt das Erleiden ebenso beschlossen, wie das Aufbegehren, ja auch das freiwillige Abwickeln dessen, was das Schicksal an Furchtbarem verfügt.

Auf Dahns Roman lässt sich Fontanes Erfahrung anwenden, dass bei »richtigem Aufbau« schon im Anfang, ja **auf der ersten Seite »der Keim des Ganzen** stecken« müsse (Fontane IV/3, 101). Bereits die ersten beiden Absätze (kaum eine halbe Seite lang) lösen das Prinzip ein: Exponiert wird eine Situation, die nach dem Willen eines realistischen Bauplans das Kommende vorbereitet bzw. vorwegnimmt. Das Wetter (»schwüle Sommernacht«, »dichtes Gewölk«, »ferne Blitze«) erfüllt eine dramatische Funktion und verweist auf die nahe Krise. Die Örtlichkeit – die dunkle »Fläche der Adria, deren Küsten und Gewässer zusammenflossen in unterscheidungslosem Dunkel« – veranschaulicht das zentrale Problem, die kritische Phase des gotischen Siedlungsprojekts in Norditalien (Akkulturation vs. Polarisation); und der »Tempel des Neptun« zeigt, wie das Krönende von »einst« »schon damals«, d. h. in der erzählten Vergangenheit, halb zerfiel, um »heute« in der Erzählgegenwart »bis auf dürftige Spuren« ganz zu verschwinden.

Unter diesem Zeichensystem findet **das Treffen der fünf gotischen Protagonisten** statt. Bei der Schilderung ihres Auftrittes wechselt der Erzähler von der auktorialen zur szenischen Form und exponiert dabei nicht nur die unterschiedlichen »Charaktere«, sondern erfasst auch in beabsichtigter Typisierung die verschiedenen Muster der anstehenden Konfliktbewältigung bzw. Katastrophenabwicklung (das spricht Teja aus; Dahn I, 13): der bärtige alte Mann (Hildebrand), der sich um nichts schert, was ihn nicht angeht, die apollinische Lichtgestalt mit weichen, freundlichen Zügen in römischem Gewand (Totila), die gestaltgewordene bärenhafte Stärke (Hildebad), die Verkörperung der Besonnenheit (Witichis) und die geisterhaft bleiche, schwarzhaarige

Todesfigur (Teja). Das ›Schauspielhafte‹ dieser Darstellung ist geradezu ›choreographiert‹ und verleiht der Art des Auftritts wie der Konfiguration prägnante Bedeutung; so betritt Teja allein den Schauplatz und stellt sich hinter Hildebrand.

Die Anfangsszene lässt das **»Grauen«** (11) bewusst werden, das Sieger befällt, wenn sie befürchten, im friedlichen Zusammenleben mit ihrem ehemaligen Gegner ihre Identität zu verlieren. Viel Reaktionsspielraum haben sie dann nicht mehr. Das macht es einem Agitator und Funktionär der »Volksliebe« (15) so leicht, für totalen Krieg und Völkermord zu werben, obwohl er »nur« zum »Schutz« von »Sprache und Sitte« des eigenen Volkes (17) aufruft. Assimilation wird als tödliche Entfremdung und Wahrung der Gruppenidentität als Verteidigungsmaßnahme propagiert. So entsteht ein Bund, dessen Voraussetzungen, Bedingungen und Ziele zugleich die dramaturgischen Linien für das komplexe Geschehen vom Tod des Gotenkönigs Theoderich (im Jahr 526) bis zur Vernichtungsschlacht am Vesuv (im Jahr 552) legen: Es gilt, die »Müdigkeit« eines großen Königs zu kompensieren, Vorsorge zu treffen für den Fall, dass eine Frau, Amalaswintha, die Nachfolge übernimmt, die »griechisch schreibt« und »römisch spricht«, aber nicht ›gotisch denkt‹ (vgl. 8). Es gilt zu mobilisieren gegen ein »lauernd[es]« (12) Imperium im Osten und ein »Natterngezücht« (11) vor der Haustür. Mit den Mitteln der Sensationsliteratur entsteht die sphärische Geschlossenheit eines monumentalen Romans, der sich als dramatisches Schauspiel inszeniert. Dem Motto nach geht es um überpersönliche, schicksalhafte Kräfte. Aber die schon hier vollzogene Güterabwägung, die dem »Mut« den höchsten Wert zuspricht, erlaubt für die Dauer des erzählten Geschehens eine Personalisierung (Schwab 2001, 214) aller entscheidenden Impulse. Das führt zur Erfindung des großen Gegenspielers Cethegus, der gleichfalls im Kontext einer Bündnisbildung eingeführt wird und nach dramatischem Verteilerprinzip von heroisch-tragischer Aktion und intrigantem Widerspiel bis zum Ende präsent bleibt.

Dahns Roman hat einen **allegorischen Zug** und bedient parabolische Interessen. Er veranschaulicht die geschehenen Taten als Ausdruck von Tugenden und Laster. Dennoch herrscht nicht nur eine Schwarz-Weiß-Malerei vor, vielmehr macht sich gelegentlich ein »Gespür für ambivalente psychische Gemengelagen« geltend (ebd., 214). Der Roman nutzt das Interesse an einem Segment aus der ›nationalen‹ Vorgeschichte für eine Verständigung über die politischen Prozesse in jüngster Vergangenheit, Gegenwart und Zukunft. Die **Personalisierung geschichtlicher Ereignisse** dient nicht nur dazu, repräsentative Individuen idealisieren zu können und sie dem Muster des Abenteuer- und Schauerromans anzupassen, sondern liefert Leitbilder, die mit gegenwärtigen Deutungsmustern bzw. Stereotypen kompatibel sind:

> »Da sah ich ja deutlich, nur aus dem VI. in das XIX. Jahrhundert versetzt, die großen philosophischen, nationalen, weltgeschichtlichen Fragen eines ›Kampfes um Rom‹. Der heilige Vater, vor Allem auf eigne weltliche Macht bedacht, die Italiener, in sittlich berechtigter [...] ausbrechender geschichtlich-nationaler Erhebung, die Oesterreicher, freilich in manchem Bedacht keine Gothen, aber formal in vollem Recht, lange Jahre vergeblich beflissen, durch Verhätschelung das knirschende Mailand, das gährende Venedig zu gewinnen, und jedenfalls bärenhaft tapfer, endlich Justinian in Byzanz vergleichbar, der listige Imperator an der Seine [Napoleon III.], der, schöne Worte von Freiheit im Munde führend, selbstische Ränke spann [...] Das war ein ›Kampf um Rom‹, all over again.« (Dahn: *Erinnerungen*, III, 368; zit. nach Schwab, 232)

Damit ist noch nicht entschieden, wie unrealistisch dieser Roman angelegt ist. Als **beliebte Unterhaltungsliteratur** wirkt ein solches Werk fast wie von selbst ›realistisch‹, weil es – gleich der gegenwärtigen Unterhaltungsindustrie – Wunschwelten aufzunehmen und ernstzunehmen bereit ist. So gewinnen selbst die phantastischsten Bilder einen anerkannten Realitätswert. Mit Widerspiegelungstheorien ist ihnen nicht beizukommen. Das Pathetische der Rede stört den realistischen Effekt ebensowenig wie das ›merkwürdige‹ Schreiten eines Cowboyhelden im alten Westernfilm; lächerlich wird das erst, wenn das Publikum andere Stereotype der Wahrnehmung für natürlich hält.

Wenn ›Realismus‹ etwas mit ›Historismus‹ zu tun hat, dann löst Dahns Roman den historischen Auftrag nicht etwa mit der Erzählung, ›wie es eigentlich gewesen‹ ist, ein, sondern mit der **Erklärung, warum alles so kam** und kommen musste. Da aber diese Erklärung wegen ihres Schicksalskonzepts nicht jene guten Hausgeister aufnehmen kann, die in Freytags *Soll und Haben* aussprechen, wozu eigentlich auch die Protagonisten aus eigener Kraft fähig wären, gerät der Roman mit Grundsätzen des Realismus in Konflikt. Die bloße Idealisierung heroisch-tragischer Individuen passt wohl nicht ganz ins Verklärungskonzept.

So wundert es nicht, dass gerade dieser Roman nach neuerem Verständnis moderne, d. h. **nachrealistische Züge** aufweisen soll. Dazu gehören Nietzsche-Parallelen, das neuromantische Motiv der Lust am Tod, die Re-Inszenierung heidnischer Riten, das Bild eines dekadenten Byzantinismus und das Ethos eines absurden ›Dennoch‹ (Schwab 2001). In den Blick gerät insbesondere der hohe Grad der historischen und poetologischen Selbstreflexion (vgl. Sohns 2004).

Ein Kampf um Rom ist kein originaler Unterhaltungsroman. Die Übernahmen aus *Ivanhoe, Salammbô, Ekkehard, Lichtenstein* und die Verwendung beliebter Versatzstücke des Zeitungsromans wurden wiederholt vermerkt, von »Plagiat« (Limlei 1988, 208) war sogar die Rede. Ob auch dies noch irgendwie ins Paradigma der Intertextualität passen könnte, wurde bislang nicht ernsthaft geprüft.

3.4 Poetisch gebrochene Realpolitik: Meyers *Jürg Jenatsch*

In der Geschichte des historischen Romans zur Zeit des Realismus nimmt Conrad Ferdinand Meyers (1825–1898) »alte Bündnergeschichte« *Jürg Jenatsch* – so der Untertitel der Erstausgabe von 1876 – eine eigentümliche Stellung ein. Der Titel exponiert eine historische Größe, nicht gerade von weltgeschichtlichem Rang, aber doch von regional beachtlichem Maß und mit durchaus allgemeiner, ja vielleicht sogar nationaler Signifikanz. Das Realistische dieser Stoffwahl liegt in der plakativen Konzentration auf eine Person, die es tatsächlich gab, auf Handlungen, die sie persönlich verrichtete, und auf ›problematische‹ Muster von politischen Tätern (Plett 2002), die gerade für die Gegenwart der Bismarck-Zeit verbindlich werden. Stoffgeschichtlich gesehen rückt eine Parzelle (Graubünden) der europäischen Geschichte (Dreißigjähriger Krieg; vgl. Lützeler 2000) in den Vordergrund, die in der thematischen und motivischen Transformation einen eminent symptomatischen und repräsentativen Wert erhält. Es geht um **politische Freiheit, Selbständigkeit und um den bürgerlichen Frieden** einer vermeintlich schwachen Region im Schnittpunkt imperialer Interessen der Großmächte. Der überregionale Verkaufserfolg des Buches zeigt an, dass solche regionalen Erzählungen allgemeinen Bedürfnissen entgegenkommen (vgl. Eggert 1971). Hinter solchen Leseinteressen können Triumphgefühle angesichts der mit Blut und Eisen vollbrachten Reichsgründung stehen; dahinter mag sich aber auch eine

Verunsicherung abzeichnen, die Angst und Ekel angesichts des soeben Erlebten am fiktionalen Modell abzuarbeiten versucht.

Es fällt nicht schwer, die Abweichungen des Romans von der historischen Wirklichkeit aufzuzählen (Jäger 1998, 125 ff.); nur folgt daraus nicht automatisch, dass *Jürg Jenatsch* »kein historischer Roman« sei (Wysling 1998, 233). Auch Dahns *Ein Kampf um Rom* will nicht nur »vergangene Zeiten [...] anschaulich [...] machen«, und gerade *Jürg Jenatsch* will vor allem »anschaulich« machen, zur Schau stellen und »bloß zeigen« (ebd. 232). Zu prüfen bleibt noch, wieviel vom modernen **Agentenroman und Polit-Thriller** bereits in dieser kleinen Bündnergeschichte steckt, die nicht mehr Novelle ist und sich doch nicht Roman nennt. Befreit man den Begriff des Agentenromans von seinem pejorativen Klang, so fallen die vergleichbaren Momente ohne Weiteres ins Auge: die Idee der Mission, die Dramaturgie des riskanten Spiels, die verbürgerlichte Form der Haupt- und Staatsaktion, der Rollenwechsel und die Register der grellen Showdown-Effekte.

Nun ist *Jürg Jenatsch* nach den eigentümlichen Regeln der »alten Bündnergeschichte« keine Widerspiegelung der historischen Figur, keine vorübergehende Verlebendigung eines längst zu »Staub und Asche« zerfallenden Körpers (Scheffel: *Ekkehard* II, 209), sondern so etwas wie die **facettierte Fläche für die Projektionen** derer, die ihn umgeben, die mit ihm zu tun haben und selbst etwas ›im Schilde‹ führen. Zwar meldet sich Jenatsch auch selbst zu Wort und offenbart Facetten seines eigenen Bewusstseins, doch scheinen diese Äußerungen nach einem vergleichbaren Projektionsmechanismus zu funktionieren und setzen den fremden Zuschreibungen nichts Eigenes entgegen. Wer Jenatsch tatsächlich ist, scheint durch den historischen Namen – zumindest im Grundmuster – verbürgt zu sein. In der Fiktionalisierung des Erzählens aber geschieht etwas Merkwürdiges: Nicht die im Namen gespeicherte Figur wird verlebendigt, revitalisiert, sondern der Name erweist sich als freies (leeres) Blatt für verschiedene, gegensätzliche und selbstverräterische Beschriftungen. Daraus kann mancherlei entstehen: ein »Rätsel« bzw. historischer »Proteus« (Wysling 1998, 231) oder – was dem antimimetischen Zug noch näher kommt – ein historisches Subjekt nach Hegel'schem Format, das bei der Ausübung seiner typisch individuellen Taten die »Zerstörung seiner Identität« erfährt (Jäger 1998,132 u. 134 f.). Was heißt das?

Meyers Bündnergeschichte präsentiert in freskoartiger Manier ausgewählte Szenen aus dem Leben des historischen Georg Jenatsch von seinem 15. Lebensjahr bis zur Ermordung des nahezu Vierzigjährigen. Gezeigt wird die **Geschichte eines ambivalenten und problematischen Helden** (Plett 2002) und zugleich die Geschichte des nicht minder ambivalenten Emanzipationsprozesses einer ganzen Region. Von der problematischen Lösung zeugt insbesondere der letzte Abschnitt, der nicht nur ein Denkmal für »Bündens größten Mann, seinen Befreier und Wiederhersteller« errichtet, sondern mit diesem Weiheakt zugleich das ganze Unternehmen entlarvt:

> »Sie verzichteten darauf, die Urheber seines Todes, die ihnen als die Werkzeuge eines notwendigen Schicksals erschienen, vor Gericht zu ziehen. Keine neue Parteiung und Rache sollte aus seinem Blute entstehen – er hätte es selbst nicht gewollt. Aber sie beschlossen, ihn mit ungewöhnlichen, seinen Verdiensten um das Land angemessenen Ehren zu bestatten.«

Geschickt und zum eigenen Vorteil wird deeskaliert und die Legende vom ›notwendigen Schicksal‹ in Umlauf gebracht, um saubere Hände vorweisen zu können. Im Übrigen werden Jenatschs Taten so instrumentalisiert, dass eine ›demokratische

Öffentlichkeit‹ von ihnen profitieren kann, ohne sich durch Billigung rechtswidriger Handlungen in Widerspruch zur eigenen Rechtsgrundlage zu bringen. Wieder arbeitet sich ein Werk des Realismus daran ab, die Grundlagen einer neu eingerichteten Wirklichkeit in Frage zu stellen.

Was Jenatsch plant, ausübt und erreicht, offenbart sich nach den **Regeln einer schauspielerischen Dramaturgie**. Vieles geschieht in Rede und Gegenrede; und wenn der Erzähler die Innenperspektive wählt, so entspricht auch sie mehr einem Bühnenmonolog als einem auktorial autorisierten Bekenntnis. Die dramatisierte Erzählung in Form von Handlung und Gespräch lässt sich weniger als psychologisch-moralische Problemstellung auffassen, die an Fragen nach der Verschuldung oder »Hybris« interessiert ist (Taraba 2000, 566); vielmehr richtet sie einen Spielraum ein, der es ermöglicht, einen »verwegenen Charakter« gezielt in solche Situationen zu stellen, in denen »der Parteien Gunst und Haß« das Bild »verwirrt« und »in der Geschichte«, die hier den Roman meint, zum Schwanken bringt. Anders also, als es der Prolog zu Schillers *Wallenstein*-Trilogie will, geht es nicht darum, ein in der Historie schwankendes »Charakterbild« mit Hilfe der »Kunst« dem »Herzen« näher zu bringen, sondern die »Kunst« tut jetzt alles, um ein gewisses kanonisiertes Verhaltensmuster zu facettieren und aufzulösen. Andrea Jäger weist zu Recht darauf hin, wie genau Jenatsch jenem **Bild des welthistorischen Individuums** entspricht, das Hegel in seiner geschichtsphilosophischen Deutung entwarf (Jäger 1998, 134 f.). Der allenthalben zu beobachtende Multiperspektivismus der Bündnergeschichte versetzt Jenatsch als Subjekt des politischen Handelns in eine Art Spießrutenlauf der Vielstimmigkeit, aus dem er entsprechend lädiert herausfällt (vgl. Lützeler 2001).

Waser ist ein ›Freund‹, der wie Raabes Freunde, voll liebender Bewunderung auf die Entwicklung des Anderen, Gefährdeten blickt und am Ende doch selber Karriere macht. Wertmüller gleicht dem ehrgeizigen Sohn, der sich dem Bann des faszinierenden Über-Vaters nur durch verstärkte Skepsis entziehen kann. Herzog Rohan, vermeintliche Gegenfigur und moralisches Orientierungszentrum, wirkt wie ein Doppelgänger Jenatschs (beider Tod rückt sie zusammen), der das Ineffektive, ja gar Sinnlose eines alternativen Handelns exemplifiziert (Jäger 1998, 167 f.). Lucretia, die fiktive Figur, fungiert als ›Kronzeugin‹ für Jenatsch in der Rolle eines patriotischen Helden und für den historischen Roman in der Funktion einer poetische Matrix für narrative Sinngebungen, die der Geschichtsverlauf verweigert. »Indem sie ihn [Jenatsch] umbringt, würdigt sie Jenatsch als den Bündner Helden, der er für sie immer war, und rettet die Ehre seiner Mission gegen das partikulare Interesse, das sich nun, nach erfolgreichem Ende, der Ergebnisse dieser Mission bemächtigt« (Jäger 1998, 186). Auch das sind **Auswirkungen der Verklärungspolitik**, doch gefielen sie den Realisten (Storm, Keller) nicht.

Wenn es einen archimedischen Punkt im **System der Relativität stiftenden Perspektiven** und Projektionen geben sollte, so liegt er am Ende des Romans. Sicher ist das erreichte Ziel, die Unabhängigkeit Bündens, das ›Heil des Vaterlandes‹. Kaum zu bestreiten ist auch, dass Jenatsch Entscheidendes dazu beigetragen hat (dagegen Jackson 1975, 80 f.). Fraglich jedoch ist, weshalb er das tat, ob er das genau so gewollt hat und inwieweit er noch weitere Zwecke verfolgt hätte. Hierzu gibt es eine Fülle von Stimmen. Sie verändern nichts am Ergebnis, dem befreiten Staat, exemplifizieren aber Wort für Wort auch seine Verhandelbarkeit. Der historische Roman des Realismus, der seiner Form nach antrat, anschaulich zu erzählen, wie es eigentlich gewesen ist, zeigt nun, dass es keineswegs auf diese Rekonstruktion ankommt, vielmehr auf die

Art, wie man mit Geschehenem umgeht und wozu es sich nutzen lässt. Die Frage, ob ein Held oder Komödiant, Erlöser oder Verderber, Volksheld oder Verbrecher, Diplomat oder Kraftmensch, Demokrat oder Führer, Engel oder Dämon am Werk war, lässt sich keineswegs vor Ort, das heißt angesichts des Geschehens entscheiden, sondern wird im zeitversetzten Kommentar erst später verhandelt.

Wie in der späteren Novelle *Gustav Adolfs Page* schließt schon *Jürg Jenatsch* mit einer grandiosen Lüge, mit **Vertuschung bzw. Rechtsbruch**, insofern seine Ermordung kein gerichtliches Nachspiel hat, mit ideologischer Propaganda, insofern ein klarer Fall unter der lähmenden Kategorie des »notwendigen Schicksals« verdunkelt wird, und mit öffentlicher Ehrung, die alles begräbt, damit vom weithin sichtbaren Ehren- und Denkmal die Erinnerung abgelenkt oder abgestumpft wird.

»Nach der Theorie des historischen Romans, wie sie seit W. Scott besteht, ist das Buch nicht zu messen« (Alfred Meißner, zit. nach Jäger 1998, 189). Gemeint ist damit, dass es zu »sprunghaft« und »unvermittelt« ausfällt. Insbesondere aber entspricht es nicht der im Namen Scotts kodifizierten Regel, derzufolge für den Titelhelden eine »tiefere Teilnahme« zu wecken sei. Ob die Scottschen Helden wirklich diese Erwartung einlösten, ist eine andere Frage. Sieht man von Arnims Antihelden Berthold ab (*Die Kronenwächter*), so befriedigen viele Helden seit Hauffs Georg Sturmfelder (*Lichtenstein*) solche Bedürfnisse. Auch Herzog Rohan könnte zum Erwartungsbild passen, nicht aber Jürg Jenatsch, weil sein politisches Handeln nicht jenen Zusammenhang zwischen Individuum und allgemeinem Geschichtsprozess herstellt, den der sogenannte Scottsche Held garantiert. »Die offensichtlich irritierende Konsequenz, mit der Meyer jegliche sinnhafte Auflösung verweigert und die ästhetische Stilisierung zum Zeichen der Diskrepanz zwischen der geschichtlichen Wirklichkeit und dem Bedürfnis nach historischen Sinnbezügen macht, bricht mit der deutschen Tradition des historischen Romans, aber seine Geschichtsdarstellung ist dennoch nicht traditionslos« (Jäger 1998, 202). Für Gerhard P. Knapp besteht kein Zweifel, dass Meyers Geschichte »vom heutigen Standpunkt aus gesehen, einen zu seiner Zeit vollkommen neuen Typus des historischen Romans [repräsentiert], der Kritik an der Form und ästhetische Innovation auf eigentümliche Weise verschmilzt« (Knapp 1984, 226). Im Unterschied zu späteren, modernen Geschichtsromanen zeigt Meyers Werk eigentlich nicht die Sinnlosigkeit des Geschichtsprozesses, den Zerfall eines positiven Zusammenhangs zwischen individuellem Tun und allgemeiner Ordnung, sondern die **Machbarkeit von Geschichtssinn** auf der Basis bürokratischer Verordnung, öffentlicher Normierung und jenes allgemeinen Konsenses, wie sie der Romanschluss ins Bild rückt.

3.5 Fontanes ›Verlebendigung‹ der Geschichte: *Vor dem Sturm*

Zeitlebens hat sich Fontane für alles Geschichtliche interessiert. Unverkennbar sind die Berührungen seines literarischen Werkes mit den **Traditionen der historischen Dichtung**, sei es auf epischem, lyrischem oder dramatischem Feld. Wesentliche Anregungen für die eigene Konzeption des modernen Zeitromans erhielt er vom Schöpfer des historischen Romans Walter Scott. Manche seiner Gesellschaftsromane dürfen in dem Sinn historisch genannt werden, in dem sie wie Balzacs Werk mit den Distanzeffekten zwischen ›damals‹ und ›heute‹ spielen, selbst wenn es sich hierbei nur um wenige Jahre handelt (vgl. *Irrungen, Wirrungen*), und alle seine Erzählwerke sind Geschichtsromane, insofern sie ›Geschichte‹ als Kräftefeld für Veränderungen bzw. Erstarrungen umreißen. Seine berühmteste historische Dichtung ist wohl *Schach von Wuthenow*, zwar eine sogenannte »Erzählung«, jedoch von durchaus romanhaftem Zuschnitt. *Unwiederbringlich* wird wahrscheinlich auf die Dauer gesehen sein wichtigster Beitrag zur Geschichte des historischen Romans sein, weil hier das Verfahren der erzählerischen Vielstimmigkeit ein Höchstmaß an Kunst erreicht und die Variationen über das historische Thema nationaler, ehelicher und psychischer ›Einheit‹ dem Zustand der Gegenwart am bedrohlichsten auf den Nacken rücken. Die Aufmerksamkeit, die *Grete Minde* und *Ellernklipp* seit den 1990er Jahren geweckt haben, beweist, dass auch diese chronikhaften Erzählungen keineswegs auf jenen Historismus eingeschworen sind, der sie als scheinbare Nebenwerke und Erzeugnisse des 19. Jh.s relativiert; sie faszinieren als archaisch patinierte Modelle für öffentliche und private Bedrohungen, die aus dem Druck zur Gleichschaltung erwachsen.

Was nun den ›eigentlichen‹ historischen Roman, *Vor dem Sturm* (1878), betrifft, so gilt schon seit längerer Zeit, dass dieser »Roman aus dem Winter 1812 auf 13«, wie der Untertitel lautet, »um seiner Liberalität und seiner Lesbarkeit willen« zum »[S]chönsten« seiner Art gehört (Demetz 1973, 66). Das ist eigentlich keine heikle These, denn die Konkurrenz ist im deutschsprachigen Raum nicht allzu groß: *Die Kronenwächter, Witiko, Jürg Jenatsch, Das Odfeld* – mehr wäre bei dieser Evaluation wohl nicht zu berücksichtigen, es sei denn, man wagt den tollkühnen Sprung und bekennt sich zur Lust des Lesens von Schmökern wie *Ekkehard* oder *Ein Kampf um Rom* – aber was davon ließe sich überhaupt mit den *Verlobten*, mit *Krieg und Frieden* oder *Salammbô* vergleichen (vgl. Grawe 2000b; Aust 2003, 133, 135 f.)?

Fontane hat sich von Jugend auf und bis ins späte Alter mit dem Phänomen des historischen Romans beschäftigt, als Leser Scottscher Romane und als Kritiker seiner Nachfolger; ›Theoretiker‹ war er auch auf diesem Felde nicht und dennoch äußerte er sich zur Sache, so in seinen beiden Essays über Alexis und Scott oder in der Rezension des Freytag'schen *Ahnen*-Zyklus. Noch in den neunziger Jahren reflektierte er über Möglichkeiten und Grenzen des Geschichtsromans. Anlass gab der zweibändige Roman *Caracosa* des noch heute bekannten Historikers Alfred Dove. Dieser »Historische(r) Roman aus dem dreizehnten Jahrhundert«, wie er im Untertitel heißt, erschien im Jahr 1894, weckte einige Aufmerksamkeit (Freytag und Heyse lobten ihn in Briefen an den Autor) und verlockte Fontane zu einer – wenn auch nur privaten – grundsätzlichen Stellungnahme.

Wer einen Roman über die Vergangenheit schreiben will – so Fontanes Argumentation –, müsse ein großer Dichter sein, dichterisches Genie haben und über Phantasie verfügen, weil es gilt, etwas **Totes zu verlebendigen**. Fontane rechnet also nicht mit dem Entgegenkommen jener Erinnerungskraft, die im Fall des *Waverley*-Modells dank eines ›familiären‹ Zusammenhalts wirksam wird. Wo die Zeiten so stark differieren, kann nur die schöpferische Kraft jene Belebung erwirken, die Fontane vom ›Roman‹ überhaupt verlangt.

Ist das der berüchtigte Historismus, der alle Romane, die in seinem Banne stehen, unwiederbringlich an das 19. Jh. kettet und somit im Boden der vormodernen Vergangenheit vergräbt? Die Frage scheint wichtig zu sein, weil sie für gewöhnlich dazu dient, Romane als »**Professorenromane**« abzufertigen. Aber wie alle Klischees, so stimmt auch dieses nur bis zum ersten guten Roman eines Professors, und wer möchte Ecos *Die Insel des vorigen Tages* nur wegen der offenbaren Genealogie verurteilen? Wichtiger ist die Frage nach dem Modernitätspotential solcher Werke, die sich auf das Verlebendigen der Vergangenheit spezialisieren. Geppert (1976) hat in seiner typologischen Differenzierung nach traditionellem und ›anderem‹ Geschichtsroman gerade dem Verlebendigungsmerkmal eine negative Rolle zugesprochen: Demnach zeichnet sich das traditionelle Erzählen dadurch aus, dass es Vergangenes verlebendigt, während modernes Erzählen mit Nachdruck betont, dass hier nur ein Akt der Illusionsbildung vorliegt, dessen Künstlichkeit durch Einrichtung eines »Hiatus« zwischen evozierter Welt und ihrer Darstellung hervorgehoben wird. Wenn Geppert Fontanes historischen Roman *Vor dem Sturm* gleichfalls dem ›anderen‹ Erzähltypus zurechnet, so geschieht das mit Blick auf die multiperspektivische Darstellungsweise, die gleichfalls den ›anderen‹ Romantyp vom monoperspektivisch verfahrenden traditionellen Typus unterscheidet. Unbeachtet bleibt hierbei allerdings, dass Verlebendigung und Perspektivismus keine Gegensätze darstellen müssen.

Auch zeichnet sich die Moderne nicht nur durch antiillusionistische Darstellungsverfahren aus, vielmehr tragen gerade auch die Techniken der Moderne (Film, Cyberspace, Konstruktionen aus Fraktalen) zur **Perfektionierung des Illusionsrealismus** und anderer Projekte des vormodernen Historismus bei. Nicht also das Prinzip der Verlebendigung legt den Modernitätsgrad eines Erzählwerkes fest, sondern die Mittel, die den Geschichtsillusionismus hervorbringen. Hier gilt es zu scheiden zwischen Mitteln, die abbilden wollen, was Geschichte ist und wie sie verläuft, und Mitteln, die zeigen, wie das entsteht, was Geschichte heißt, und was man anrichten muss, damit der Eindruck entsteht, Geschichte nähme ihren Lauf. Fontanes Verlebendigungspoetik besagt wohl nicht mehr, als dass es einen Zusammenhang gibt zwischen einer glaubwürdigen Figurenschöpfung und jenen authentischen Wahrnehmungs- bzw. Erlebnisformen, die ›Geschichte‹ entstehen oder vergehen lassen, sichtbar machen oder dem Wahn ausliefern, verbrämen oder entlarven können, erinnerbar halten oder dem Vergessen überlassen.

Ohne Zweifel verlebendigt *Vor dem Sturm* eine nach Scottschem Maß um zwei Generationen zurückliegende und nach preußischer Geschichtsschreibung wichtige Vergangenheit. Daraus entsteht ein ›**vaterländischer Roman**‹, der sich aber von anderen ähnlichen in Form und Inhalt unterscheidet.

Von Anfang an spielt der Erzähler mit verschiedenen Zeiten, vermischt unterschiedliche Epochen, interpretiert Gegenwart an vergangenen Modellen und belebt Vergangenheit mit dem Lebensstoff gegenwärtiger Krisen. Wenn es richtig ist, dass die Entstehung des Romans vor allem im **Kontext des preußischen Verfassungskonflikts** der frühen 1860er Jahre zu situieren ist – die erste Niederschrift sei unter dem Dröhnen der nach Schleswig-Holstein vorüberrasselnden österreichischen Batterien erfolgt (IV/4, 678) –, dann ergibt sich fast zwangsläufig die von Otfried Keiler formulierte Bilanz: »Fontane bettet die konservative Kritik seines Helden an den bürgerlichen Reformern nach 1806 in die Vorgänge zwischen König und bürgerlicher Opposition Mitte der sechziger Jahre ein« (Keiler 1991, 18). Doch auch dies muss nicht die erste Grundschicht für jene Konflikte darstellen, um die es in *Vor dem Sturm* geht. Das Interesse am brisanten Konflikt zwischen König, Adel, Bürgertum und Volk reicht eigentlich noch weiter zurück. Schon der ›frühe‹ Fontane kennt dieses Thema als poetische Aufgabe seines dramatischen Versuchs *Karl Stuart*, so dass sein zukünftiger Roman als Produkt der ›mittleren‹ Phase und Umschlagstelle für die ›späte‹ den besonderen Charakter der Kontinuität in Fontanes Schaffen kennzeichnen kann.

Der Roman entfaltet ein buntes Vielerlei (wahrscheinlich nach Gutzkows Vorbild, vgl. Kap. 2.1); doch am Ende zeichnet sich nur ein glückliches Einerlei ab:

Liebesgeschichte und politische Aktion, Märchen und Historie, Traum und Wirklichkeit, Dorf- und Schlossgeschichte einerseits, Berliner Alltag und intellektuelle Szene andererseits, Causerie und Streitgespräch bilden das weite Lebensfeld, bis es sich zur Ehe auf dem märkischen Gut verengt. Überall, auf jeder Seite fast, bekundet ›der Mensch‹ seine Liebenswürdigkeit, und die wiegt so schwer, dass erst die äußersten Ränder dieser Kreise den Schatten eines Nicht-Menschlichen erkennen lassen (Forstacker, Hanne Bogun). Es gehört aber zur ethischen Form dieser **pluralen Romanpoetik**, dass sie die Lebensbedingungen dieser Randexistenzen nicht nur konkret erfasst, sondern auch ihr Scheitern in den Glücksplan der Begünstigten einfügt.

Im Mittelpunkt des Romans steht der **Krieg gegen Napoleon**. Dieser Krieg steht all dem im Weg, wovon Fontane in seinen folgenden Romanen erzählen wird: von den brüchigen, modernen Lebenswegen im Schatten dreier Siege, die aber in die Katastrophe führen, weil die Wegweiser der triumphalen Nachkriegszeit nicht stimmen. In *Vor dem Sturm* stimmt der Orientierungswert des Krieges als solcher; konkreter gefasst, näher betrachtet, stellt diese Kriegsdarstellung auch wieder in Frage, weshalb er überhaupt geführt wird: Die »innerliche Befreiung« (I/3, 592) wurzelt in einer Menschlichkeit, die der Feind zu erkennen gibt, sobald er unterliegt; den Grundsatz der Erneuerung, die der Krieg vollenden wird, hat gerade der Gegner mit seinem »Westwind« (706) importiert; und das Mitspracherecht einer »französische[n] Kugel« (703) überantwortet den Befreiungskrieg vollends dem Willen einer durch »Sterne« garantierten Heilsgeschichte für ein adliges Ehepaar in der Mark. Dieser Krieg ist kein Ereignis der Geschichte, sondern eine archaische oder biblische Pforte, die aus der »Gefangenschaft« in einen »*neue[n] Tag*« (593) führt, er ist kein Mittel der Politik, kein Ausdruck der Volkserhebung, sondern der Abschluss einer politischen Epoche, nach der es nur noch das private Eheleben gibt. Als solcher lässt er sich zwar bereden, vielleicht auch verehren, aber darstellbar wird er dadurch nicht. Seine Spuren bleiben milde: Eine Narbe schmerzt nicht etwa, sondern kleidet ganz im Gegenteil ziemlich gut (709).

Fontane hat sich zwar ziemlich eindeutig über **Sinn und Zweck seines Romans** geäußert; einen klaren Weg zum Verständnis hat er deshalb nicht gewiesen (vgl. Aust 1998, 45 ff.). Das liegt daran, dass die Äußerungen aus verschiedenen Arbeitsphasen stammen und oft den berechnenden Adressatenbezug zu erkennen geben. Vielleicht hat er tatsächlich einmal beabsichtigt, einen Roman ohne »Conflikte« (IV/2,163) zu schreiben; das fertige Werk jedoch steckt voller Konflikte und Widersprüche; ihre Lösungen passen in kein noch so weit gespanntes Gesinnungsmuster, sobald es sich wieder auf »Religion, Sitte, Vaterland« (I/3, 755) verengt oder auf »Verherrlichung der Vaterlandsliebe über die bloße, mehr oder weniger geschraubte ›Loyalität‹ hinaus und Verherrlichung christlichen Sinnes und Lebens auf Kosten christlicher Bekenntnisformeln« (I/3, 759). Das sind mehr oder minder bewusste Bagatellisierungen der Spannungen, von denen der Roman bis ins letzte Wort hinein handelt.

Vor dem Sturm fesselt durch seine brisante Gegenstimmigkeit, die selbst dort spürbar bleibt, wo das Ganze in der Harmonie der utopischen Lösung ausklingt. Allenthalben macht sich eine Spannung geltend, die **das Diskursive des Romans**, die Grundform seiner Widerreden, hervorhebt:

- Die preußische Erhebung begreift sich als deutsche, obwohl sie sich – deutsch-wendisch zusammengesetzt – gegen ein Heer richtet, das aus Deutschen (Württembergern) besteht.

■   Sie soll eine Volksbewegung sein, die selbst dann für den König eintritt, wenn dieser eine solche Beteiligung ablehnt; noch im Akt der Emanzipation wird das Ethos des Dienens beteuert.

■   Sie versteht sich als kollektive Bewegung und erlebt doch auch die wachsende Differenzierung, nicht gerade zwischen Adel und Volk, wohl aber zwischen Bürgern und Forstackerbewohnern.

■   Sie beruft sich auf ein Mandat der ›Heimaterde‹, kennt aber schon die mobilen Wohnungswechsel und weiß daraus sogar Nutzen zu ziehen (siehe Schulze Kniehase).

■   Als Bewegung entsteht sie spontan im Sinn eines allgemeinen »Fühlens«; in Wirklichkeit aber agiert in jedem Winkel ein fast fanatisierter Propagandist wie Berndt von Vitzewitz, der Stimmung schürt und vielleicht sogar ›der Erste‹ sein möchte.

■   Als Aufstand nimmt sie die öffentliche Angelegenheit in die Hand und überantwortet sie gleichzeitig im Mund ihrer herausragenden Prediger der Gnade eines den Preußen wohlgefälligen Gottes.

Politisches Bewusstsein soll den Menschen dieser Zeit ›heben‹; nicht zu verkennen ist aber, dass die politische Tat auch Mittel sein kann, andere, private Ziele zu verfolgen bzw. persönliche Entbehrungen zu kompensieren. Die Bürger Othegraven und Hansen-Grell sind nach dem Willen des Erzählers keine Marionetten der heroischen Legende, schon gar nicht in der preußischen Version, wohl aber auch nicht nach französischer Variante.

Als oberstes Prinzip der Welt ›vor dem Sturm‹ gilt die **Treue.** Sie stellt eine abstrakte Kardinaltugend dar, an der die historischen Formen der Treue und ihrer Verletzung gemessen werden. In ihrem Namen kann der tatsächlich begangene Treuebruch als höchster Treuebeweis gefeiert und der Treueerweis als Folge von Treulosigkeit identifiziert werden; das eine lehrt Othegraven, das andere zeigt Tubal. Beide sind fiktive Figuren. Unter den historischen Figuren ist es General Yorck, der mit der Tauroggener Konvention den Treue-Konflikt auf die Spitze treibt, ihn in bemerkenswerte Nähe zum Widerstandsthema rückt. Aber auch Yorck bleibt – wie der Krieg – eine unsichtbare Größe, tritt nur im Gespräch bzw. im Traum auf und wird mit Bedeutungen überblendet, die das politische Thema verdrängen und die erotischen Interessen in den Vordergrund rücken. Fast liegt in dieser Verschiebung ein Grundgesetz der Romanwelt überhaupt, die den politischen Konflikt mit einem Familienfluch, der aber seinerseits auch wieder politische Ursachen hat, verknüpft und die fanatische Erbitterung des politisierten Protagonisten vom Tod der Ehefrau herleitet. Doch Berndt von Vitzewitz ist noch ein anderer Vater als später Baltzer Bocholt in *Ellernklipp.* Weit entfernt, dem Sohn ein »Teufel« und der ins Haus aufgenommenen Pflegetochter des Dorfschulzen ein furchterregender Bräutigam zu werden, sucht er am Rande der politischen wie ständischen Loyalität das Bild der eigenen Ordnung zu verwirklichen und gelangt mit Hilfe des ›Maschinengottes‹, des rechtzeitigen Aufrufs, und der Opfer anderer an ein Ziel, das nicht nur den gestörten Familienfrieden restauriert, sondern die »Profile« und die »Gesinnung« (703) erhält.

Der kurze Schluss des langen Romans hat mehr Gewicht, als Umfang und Inhalt auf den ersten Blick zu erkennen geben. Ein Perspektivenwechsel erfolgt, der anzeigt, dass der weite Weg zum endlichen Ziel ein separierter Vorgang bleibt, eine Lösung für die wenigen, die in einen **märkischen Elfenbeinturm der Nachkriegszeit**

einkehren. Berichtenswert aus dieser Endzeit ist nur das Typische: Hochzeit, Kinder, Todesfälle, Haus-Einrichtung, Erbschaft, Rückzug. Das ist Schilderung und Ausdruck jener Figur (Renate), die das Nachspiel als ›Unbeteiligte‹ aus nächster Nähe beobachten kann. Hinzu kommen aber unauffällig gesetzte Akzente, die je nach Aussprache den Ausklang doch modifizieren: Welche Rolle spielt in der abgeklärten Zeit die »junge Frau«, die, »noch hübscher geworden«, weiterhin »an Kathinka erinnert« (710) und somit deren tatsächliche Entfernung ein wenig hintertreibt? Wahrscheinlich wird erst der Blick auf Botho (*Irrungen, Wirrungen*) diese Frage beantworten können. Merkwürdig klingt auch einer der letzten Sätze in Renates Tagebuch: »Meine teure Marie. Sie hat die schwerste Probe bestanden, und das Glück hat sie gelassen, wie sie war: demütig, wahr und schlicht« (711). Welche Rolle spielt diese späte Drama-tisierung eines schon längst nicht mehr in Frage gestellten Glücksweges? An welche weitere Probe ist in dieser kinderreichen Familie überhaupt zu denken, und inwiefern hätte sie Demut, Wahrheit und Schlichtheit in Frage stellen können? Wo liegen die Voraussetzungen für die Wahrnehmung einer letzten Krise? Grundlos bleiben wohl alle Vermutungen, die sich auf das zurückgezogene Leben derjenigen beziehen, die mittelbar durch Schwägerin und Bruder verloren hat, was zum eigenen Glück gehörte, den geliebten, aber untreuen Tubal.

Wenn in den letzten Zeilen unvermutet ein Wanderer erscheint, der vorgibt, zu lesen, was er soeben erst erfunden hat, so vollzieht sich mit diesem Epilog nicht einfach ein ›Ausstieg‹ aus der Fiktion, keine raffinierte Einschmuggelung der beliebten Verfasserangabe ›vom Autor der *Wanderungen*‹; eher macht sich ein Vorzeichen, nunmehr aber ans Ende gesetzt, geltend, das, noch immer im Bann der Fiktion, allem Vorausliegenden den eigentlichen Wert gibt. Das reale Stift Lindow verschmilzt kraft der eigentümlichen Beschreibung des wandernden Ichs mit dem alten Klostergebäude, das seinerseits gänzlich »in Trümmern« liegt. Obwohl die Zeit, von der soeben erzählt wurde, gar nicht weit zurückliegt, erweckt das Schlussbild – Ruine, Park und Begräbnisstätte – den **Eindruck einer längst vergangenen Welt**, die der ›Zauberer‹ des historischen Genres zwar für kurze Augenblicke zum Leben erweckt hat, nun aber, wenn nicht in »Staub und Asche« zerfallen (vgl. Scheffels *Ekkehard*), so doch unter den Grabstein versinken lässt, auf dem er zudem – welch vielsagender Standort – versehentlich steht, um die »niedersteigende Sonne« zu genießen.

3.6 Moderne Nachrichten »von den alten Sachen«: Wilhelm Raabes *Das Odfeld*

Die Besonderheit von Raabes bedeutendstem historischen Roman – er selber nannte *Das Odfeld* (1888) »Eine Erzählung« – fällt bereits im ersten Absatz auf: Zwar beginnt der Erzähler mit einer Ortsbeschreibung, wie sie sich in jedem Geschichtsroman finden könnte, doch schon die Verknüpfung zweier entgegengesetzter Eindrücke auf engstem Raum – »in der angenehmsten Mitte« und »heute freilich arg durch Steinbrecherfäuste verwüsteten Hooptal« – lenkt die Aufmerksamkeit in eine besondere, abweichende Richtung. Nicht, dass der Erzähler über Jahrhunderte springt – das tut auch der Erzähler des *Ekkehard* (J.V. Scheffel) – macht die Merkwürdigkeit aus, sondern die Zurschaustellung eines Gegensatzes, der auf das **Leitmotiv der Verwüstung** hindeutet. Auch Scheffels Erzähler vergaß nicht, dass sich sein ehemaliges »schönes Stück deutscher Erde« (*Ekkehard* I, 105) längst in eine »eisenbahndurchsauste(n) Gegenwart« (ebd. II, 209) verwandelt hat; doch bewahrte er sich und seinem Publikum in einer noch heute betörenden Weise die gute Laune angesichts solcher ›Modernisierung‹. Anders Raabes griesgrämiger und zugleich verletzter Erzähler:

> »Will man die Geschichten, die ich hiervon [von Kloster Amelungsborn] erzählen kann, anhören, so ist es mir recht. Wenn nicht, muß ich mir das auch gefallen lassen und rede von den alten Sachen, wie schon recht häufig, zu mir selber allein.« (Raabe XVII, 7)

An der Gleichgültigkeit des ›großen‹ Publikums gegenüber solchen Erzählungen hat sich bis heute kaum etwas geändert. Das liegt wohl nicht am Thema, denn die ›bunte‹ Beschreibung von Schlachten hat nach wie vor hohe ›Einschaltquoten‹. Es liegt vielmehr an der teils ›langweiligen‹, teils ›abschreckenden‹ Ausführung. Raabes **unbequemes Verfahren** ließe sich in einem Gedankenexperiment erneut anwenden, um es auch heute erfahrbar zu machen: Man nehme einen beliebigen, aber doch gegenwartsrelevanten Krieg in einer nach manichäischen ›Achsen des Guten und Bösen‹ kartographierten Welt und erzähle über ihn in der Art Raabes, identifiziere seine Schlachtfelder als »Tummelplatz vieler menschlicher Begehrlichkeit und als Walstätte weltgeschichtlicher Katzbalgereien« (8). Auch das könnte die globalisierte Welt als »Odfeld« qualifizieren, auf dem sich seit eh und je alle treffen, die »etwas mit dem Prügel in der Faust zu sagen« haben. Zugleich wäre an die Konkurrenz der Medien für solche handgreiflichen ›Talkshows‹ zu denken und wie gut, das heißt eigentlich schlecht Raabes Erzähl-Bilder im Vergleich zu jenen Monitoren abschnitten, die Freytags »Compositionsgesetze« (vgl. Kap. 3.1) der medialen Berichterstattung getreuer umsetzen und somit weniger »Unlust« (9) bereiten. Gewiss trifft zu, was Ulrich Dittmann für eine angemessene Raabe-Lektüre voraussetzt: »Erst ein durch die neueren Erzählformen geschulter Leser, der gelernt hatte, komplexe Erzählverfahren und weitläufige Assoziationen in einem Text nachzuvollziehen, vermochte die Qualitäten des *Odfeld* zu erkennen« (Dittmann 1977, 287). Aber jener ›geschulte Leser‹ scheint wohl immer ein Leser der Zukunft zu sein.

Das Unbequeme in Raabes ›Berichterstattung‹ liegt in ihrem **grundsätzlich nicht systemkonformen Erzählen**. Es ist ein Erzählen von verdrießlichen Sachen, obwohl dieses Verfahren durchaus auch eine kleine »Heimathgegend« anschaulich »mit lebendigen Menschenwesen bevölkert« (*Briefe*, 261). Aber diese ›Anschaulichkeit‹ hat nichts mehr mit jener ›gemütlichen‹ Sinnlichkeit zu tun, die von der älteren Realismus-Forschung für wichtig gehalten wurde (vgl. Fairley 1961, 105; Killy 1967b, 151), weil sie widerwärtige Bilder, wie aus dem Boden ragende Leichenteile, vor Augen führt. Darüber hinaus fällt sich dieses Erzählen immer wieder selbst in die Rede und unterbindet jenes ›süffige‹ Erzählen, das den historischen Roman noch heute so beliebt macht. Raabes Roman verletzt viele Regeln der neuen Geschichtswissenschaft, der geltenden sozialen wie politischen Ordnung sowie der kunstvoll erzählten Geschichte: Er erfindet die historische Hauptsache (das kriegerische Geschehen am 5. November), er täuscht Wirklichkeit vor (Einzelheiten in der Geschichte des Klosters Amelungsborn), er ignoriert soziale, politische und historische Bewertungen, indem er weltgeschichtliche Ereignisse banalisiert (»Katzbalgereien«) oder ›Sternstunden der Menschheit‹ pauschal denunziert (»Tummelplatz vieler menschlicher Begehrlichkeiten«), berühmte Persönlichkeiten (Herzog Ferdinand) mit ›abgestellten‹ Sozialfällen (Noah Buchius) gleichstellt, ›Würdenträger‹ mit Tieren in Gleichklang bringt (»Koax« – »Rex« – »Dux«; 145) oder Tier- und Menschenschlachten auf ›einen‹ Blick sieht

(»in *einen* Knäuel verbissen«, 28) und überhaupt den elementaren Konsens über die Unvergleichbarkeit des offiziell Heroischen mit dem kreatürlich Niedrigen verletzt. Im »Doppelmotiv« des vertierten Menschen, seiner Kreatürlichkeit und Bestialität in einem, zerbricht das Humanismus-Ideal. Sozial- und lesergeschichtlich falsch, aber nach Maßgabe der mitschwingenden Bedeutungsnuance richtig eingeschätzt, steht Raabes Werk quer zum »heutigen Kammerjungfer- und Ladenschwengel-Geschmack unserer Nation« (*Briefe*, 261). Diese Abkehr oder gar Verweigerungshaltung wird erst aus der Sicht eines anderen, ›besseren‹ Systems akzeptabel. Von Raabe aus gesehen aber gibt es keinen solchen Fortschritt zu besseren Systemen; dazu hätte die Geschichte mehr als tausend Jahre Zeit gehabt. Er stellt »die Geschichte nicht dar, um zu zeigen, wie es eigentlich war, sondern wie es immer gewesen ist« (Killy 1967b, 163) und sich wohl nicht so bald ändern wird. Wenn ›Realismus‹ allein durch die Wahrung geschichtlicher Tatsachen und ihre anschauliche Vermittlung gekennzeichnet wäre, so zeigte sich im Falle Raabes die »ganze Fragwürdigkeit« seiner realistischen Ausrichtung, erwiese er sich als »entschiedener Antirealist« (ebd., 150, 153). Aber ›Realismus‹ ist längst nicht mehr durch »bloßes Tatsachenwissen« definiert (Fairley 1961, 107), sondern hat viel mit jener »Zeichensprache« zu tun, die das »noch Unerkannte« auszusprechen sucht (Geppert 1981, 268; Vormweg 1993).

›Held‹ des Romans ist das Odfeld (*Briefe*, 260). Alle anderen – Magister Buchius, ein fast sechzigjähriger Greis, »der tolle Thedel«, ein heißsporniger Jüngling, der »gute« Herzog Ferdinand, ja selbst der verwundete Vogel der Rabenschlacht – sind keine Helden bzw. ›Helden‹ in einem anderen, abgewandelten Sinn (dazu grundsätzlich Plett 2002). Eigentlicher Held aber ist nur dieser Ort mit sprechendem Namen, der zahllose Leichen und Kadaver als ›Werk‹ und ›Humus‹ der Geschichte birgt, und doch zum »Hoffnungsträger« werden kann, sobald er als ›Zeichen‹ wahrgenommen wird (dazu grundlegend Geppert 1981, 277). Auch der Siebenjährige Krieg, dessen 4. und 5. November 1761 die knappe Handlungszeit der Erzählung bildet, hat nichts an dieser realgeschichtlich negativen Bilanz ändern können. Und die ›Aufrüstungen‹ der Gegenwart (Diskussion über »Friedenspräsenzstärke«; XVII, 402), in der Raabe seine Erzählung verfasst, versprechen in dieser Hinsicht auch keine Veränderung. Das Odfeld ist ein engumrissener »Boden«, aber er bedeutet mehr, nach Auskunft des Mottos auf jeden Fall ›Deutschland‹ und infolge seiner ›tapferen‹ »Bewohner« sogar die ganze Welt, dergestalt nämlich, dass, »wenn über die Grenzen am Oronoco Zwist entstand, er in Deutschland mußte ausgemacht, Canada auf unserm Boden erobert werden« (6). Das könnte den Horizont für einen ›**vaterländischen Roman**‹ über »das Schicksal Deutschlands« abgeben, der die eigene Friedensidylle gegen die fremde Kriegswelt verteidigt, wäre dem erwähnten »Gefühl [der] Tapferkeit« blind zu trauen. Nach allem, was der Erzähler an gegenwärtigen wie vergangenen, historischen, mythologischen, biblischen und literarischen ›Tapferkeitsmustern‹ ins Bewusstsein hebt, bringt auch das Tapferkeitsgefühl nur Leichen auf dem »Schauplatz blutiger Auftritte« hervor. »Es wird wie damals im dreißigjährigen Elend; wir treiben uns alle – einer den andern in den Krieg« (51). Diese Stimme kommt ›von unten‹ und ist die des Magister Buchius, doch wird sie ›von oben‹, von Herzog Ferdinand bestätigt: »Quelle guerre! Welch ein Krieg! Welch ein Krieg, welch eine Schlächterei ohne Ende!« (175).

Überleben lässt sich diese »Schlächterei« wie alle anderen ähnlichen nicht, schon gar nicht im heroischen Handeln (s. Thedels Geschick), aber ebensowenig in der eigentlich sicheren Kloster-Zelle, in der dann ausgerechnet der gerettete Rabe sein Verwüstungswerk anrichtet, und auch nicht »bei den Unterirdischen« (128) in der Höhle, aus der man unversehens wieder zur ›lebendigen‹ Misshandlung gezerrt wird. Dennoch münden die Erfahrungen zweier Tage, die im Bewusstsein nicht weniger zählen als ›hunderttausend Jahre‹, nicht in blanker Verzweiflung. Vielmehr ist, zumindest im Namen des Magisters Noah Buchius »Trost« (12) angesagt, trotz der »Zeugen der Sündflut« (129) und in der »Angst der Welt« (220). ›Persönlich‹ kann das nicht gemeint sein; denn der Greis steht am Ende seiner Laufbahn. Also wäre sein Name allegorisch zu verstehen und deutete auf die Hör- und Lesebereitschaft hin, auf die Fähigkeit, »im Lärm der Gegenwart« aus den Schrift-Medien aller Zeiten »das Sausen und Brausen, das Getöne von Wodans Felde, vom Odfelde« (12) herauszuhören bzw. »im Himmel und auf Erden« das zu sehen, »was andere Leute nicht sehen« (24).

Raabes historischer Roman exponiert einen **eigentümlichen Erzähler**: Er ist auktorial, indem er die ganze Kultur- und Kriegsgeschichte der »Schlächterei« überblickt. Dennoch bekennt er sich zu einem ›subjektiven‹, geradezu parteiischen Standort: »Wir haben dann und wann eine Vorliebe für das, was Abziehende als gänzlich unbrauchbar und im Handel der Erde nimmermehr verwendbar hinter sich zurückzulassen pflegen« (17). In den ›Überbleibseln am Wegesrand‹ der Geschichte zu stöbern, ergibt eine Sammlung, die sich nicht nach den »Compositionsprinzipien« G. Freytags ordnen lässt. Und doch ist der von Freytag geforderte »Zusammenhang« radikaler denn je eingelöst; denn der Erzähler rückt ja alles Verdrängte zusammen, missachtet die Scheidungen der »Abziehenden« und stellt im Gegenteil einen **unerhörten Zusammenhang** her (vgl. schon Killy 1967b, 160). Was der ›Fortschritt‹ längst hinter sich zurückgelassen zu haben wähnt, setzt ihm Raabes Erzähler immer wieder auf eigentümlichen Zeitschleifen (Wiederholungen, Umkehrungen, Überblendungen) zum ›Stolpern‹ direkt vor die Nase.

4. Der Individualroman

4.1 »Die Schule der Erfahrung«: Bildung, Entwicklung und Sozialisation

Der Unterschied zwischen Gesellschaftsroman und Bildungs- bzw. Individualroman macht sich zur Zeit des Realismus eher im Umkreis der theoretischen Reflexion bzw. an den Prototypen dieser Romanformen als in den einzelnen Werken geltend. Das liegt am realistischen Zuschnitt des Romans, der gerade den **Zusammenhang zwischen Individuum und Gesellschaft** betont, auch wenn er die Konflikte, die bei einer solchen Verknüpfung auftreten, unterschiedlich löst. Sozialisation und Individuation sind demnach – wie Ein- und Ausatmen – zwei entgegengesetzte, aber zusammengehörende Impulse desselben Vorgangs. Was die beiden Romanformen unterscheidet, ist der Grad der Isolierbarkeit bzw. Vernetzbarkeit der dargestellten einzelnen Lebensläufe. Der Einzelne erscheint im Gesellschafts- und Zeitroman zunehmend als ›gemachte‹, d.h. ›verursachte‹ Figur; ihre vermeintliche Einheit erweist sich sowohl als synthetisierbar wie auch als teilbar, womit ihr ›individueller‹, d.h. ›unteilbarer‹ Status immer fraglicher wird. Im Bildungsroman sollen alle determinierenden, von außen wirkenden Kräfte in Wechselwirkung zum subjektiven Lebensplan stehen, dessen Fundament eine ›Anlage‹ bildet, die ›sich entwickelt‹, das heißt, unter wechselnden Bedingungen sich mehr oder minder ›entfalten‹ kann. Das ›Besondere‹ dieser Lebensführung bleibt selbst in Momenten der Grenzüberschreitung eingebunden in einem allgemeinen Wertesystem. Alle zentrifugalen oder gar atomisierenden Kräfte ›depersonalisieren‹ nicht etwa, sondern ergeben das lebendige Bild einer komplexen, reichen Persönlichkeit.

Das sind literarische Hoffnungen oder gar Utopien, auf die sich der Realismus nur modifiziert beziehen kann. Er relativiert oder konkretisiert das Profil der Besonderung, gewichtet die Extremwerte oder gar Grenzüberschreitungen deutlich als Ernstfall und rückt die ›Nähte‹ der Persönlichkeitsbildung schärfer in den Blick. Beliebt waren im Realismus die Berichte über keineswegs glänzende, aber rundum zufriedenstellende **Karrieren in Beruf und Familie**. Berühmt hingegen wurden die Erzählungen über die **scheiternden Lebensläufe**; und ›scheitern‹ konnten solche Lebenswege sowohl durch eine erfüllte als auch abgebrochene ›Karriere‹. Der realistische Desillusionsroman ist das bleibende Dokument dieser ›Fragmentierung‹ des Individuums und seiner Bildung.

Nach F. Th. Vischer ist der »Romanheld« längst kein handelndes Subjekt mehr, »sondern wesentlich der mehr unselbständige, nur verarbeitende Mittelpunkt [...], in welchen die Bedingungen des Weltlebens, die leitenden Mächte der Kultursumme einer Zeit, die Maximen der Gesellschaft, die Wirkungen der Verhältnisse zusammenlaufen« (Vischer: *Aesthetik* VI, 180). Markant konturiert diese Bestimmung die gesellschaftliche und zeitgeschichtliche Dimension, in der sich der moderne Individualroman bewegen muss. Wenn diese Romanform trotz ihrer Umsicht den individuellen »Bildungsgang« in den Vordergrund rückt, so registriert sie die **Initiativen, die ›von Innen‹** kommen und als Momente der Entwicklung gelten, immer deutlicher als ›Ideale‹, die im Gegensatz zur Wirklichkeit stehen und mit ihr ›ausgehandelt‹ werden müssen. Der Bildungs- und Individualroman des Realismus exponiert vor allem »die Schule der Erfahrung« (ebd.).

»Schule der Erfahrung« ist ein komplexes Bild für die Bedingungen des Entwicklungsweges männlicher und weiblicher Protagonisten in solchen Zeit- und Gesellschaftsromanen, die am Schicksal von Individuen interessiert bleiben. »**Erfahrung« steht für den neuen Modus der Weltbegegnung**. Vorbereitet wurde er durch den pikarischen Roman, der dieser Begegnung bereits das negative Zeichen der initialen Verletzung einprägte; das aktuellere Fundament solcher Erfahrung liegt im Empirismus des 19. Jh.s und in der Verwissenschaftlichung des Wissens über Lebensplanung und Weltbegegnung. Wenn die Romane nach wie vor die »Grundthematik der Identitätssuche« (Mayer 1992, 128) aufgreifen, so bleibt doch der Identitätsbegriff nicht unberührt von der empirischen Wende im Realismus. ›Identität‹ ist jetzt kein Resultat einer organischen Entwicklung, die eine »Uebereinstimmung des Menschen mit sich selbst« meint (Schmidt 1855; RuG II, 22), sondern entsteht aus der **Angleichung der subjektiven Vorstellungen an die objektive Wirklichkeit**, der Verarbeitung von Erfahrungsdaten oder – so im Abenteuerroman, der das Individual- und Bildungskonzept am beharrlichsten aufbewahrt – infolge einer Initiation (Steinbrink 1983). Erfahrungsbedingte Entwicklungen bleiben grundsätzlich unabsehbar, sofern sie sich nicht dem deterministischen Modell verschreiben. Darin liegt sogar ein Hoffnungsprinzip, die zuversichtliche Einschätzung des ›realistischen Weges‹, der auf lange Dauer gesehen trotz allem zum Ziel führen kann (Geppert 1994). Freilich ist ›Erfahrung‹ selbst ein empfindliches ›Instrument‹ der Weltbegegnung und kann ›im Lauf der

Dinge‹ vielerlei Schaden erleiden. Schlechte Erfahrungen lassen dann nicht unbedingt nur lernen, sondern beeinträchtigen die Lernfähigkeit und führen zum Wahn, dessen Erfahrungsmodus ein Signum der nachrealistischen Moderne ist.

Die institutionalisierte Form der Erfahrung ist die »**Schule**«, also ein Ort neben der Familie und vor dem Leben und doch schon selbst entscheidende Station der Erfahrung. ›Schule‹ ist Ausdruck der Verhältnisse, auf die sie zugleich vorbereiten soll, um mit ihnen ›fertig‹ zu werden. Daraus entstehen enorme Spannungen. Die Schule, zumal wo sie als ›Realschule‹ ernst genommen wird, folgt einem Pragmatismus, der sie in die Nähe realistischer Prinzipien rückt (vgl. Kap. I.4.4). Sie beginnt, ›Funktionen‹ im Leben auszuüben, was sie zutiefst ambivalent macht. Denn ihre Vorbereitungen für das Leben richten sich nach dem utilitaristischen Denken. Kein Realist hatte etwas gegen Nützlichkeit; das heißt, die Stimmen gegen einen Bildungsbegriff, der eine zweckfreie Entwicklung propagiert, mehren sich. Mit der Krise des Bildungsbegriffs und dem zunehmenden Gewicht des gesellschaftlichen Relevanzkriteriums schwinden die Chancen für eine freie Selbstbestimmung. Die meisten ›Schüler der Erfahrung‹ werden unter diesem Dilemma leiden. Sie kommen nicht umhin, die realistische Lebensplanung zu bejahen, die familiären Voraussetzungen und beruflichen Rahmenbedingungen zu erhalten, sich sozial zu vernetzen und in bestimmtem Bereich wirkungsvoll tätig zu sein. Der Preis dieser ›Identität‹ ist eine merkwürdige ›Alterität‹, ein Angewiesensein auf das Mitwirken anderer, die aber anderes wollen, das heißt konkret, ein Bejahen des sittlichen, bürgerlichen und nationalen Lebens (Schmidt 1855; RuG II, 229). »Die wahre Bildung erfüllt sich im Markt des wirklichen Lebens« (ebd.). Obwohl das ein Satz ist, der wegen seiner klaren Orientierung am »Markt« auch im Zeitalter der Dienstleistungsmentalität Beifall finden kann, gehen die meisten Protagonisten der realistischen Romane an dieser ›ur-liberalen‹ Erwartung zugrunde.

Das herausragende Muster für einen den realistischen Bedürfnissen angepassten Bildungsroman ist Charles Dickens' *David Copperfield* (1849/50). Schon der volle Titel – *The Personal History and Experience of David Copperfield the Younger* – enthält ein wegweisendes Programm: Es geht um eine Lebensgeschichte (»personal history«), deren Verlauf einer Reise gleicht, auf der das Subjekt eine Reihe von Abenteuern durchlebt, Erfahrungen macht und Beobachtungen anstellt. Deutlich tritt **der empirisch-pragmatische Zug** in den Vordergrund; nicht ›Reflexionen‹, sondern Erfahrungen und Beobachtungen sind die Hauptsache. Das bezieht sich auf die Wahrnehmungen des Protagonisten, kann aber auch den Leser betreffen, der sich in der Rolle eines Beobachters sieht, der einen anderen Beobachter verfolgt und somit lernen kann, dass sich ›Wirklichkeit‹ nicht nur in direkter Beobachtung, sondern in der Beobachtung von beobachteter Wirklichkeit konturiert. Mit *David Copperfield* rücken folgende Kennzeichen des realistischen Bildungsromans in den Vordergrund und ergeben ein **Rahmenkonzept**, dem im deutschsprachigen Bildungsroman oft entsprochen, das aber auch vielfältig modifiziert wird:

- autobiographischer Zug;
- sich selbst problematisierendes Subjekt als ›Held‹ im abgewandelten Sinne;
- Leserlenkung durch die Perspektive dessen, der den ganzen Lebensweg erfahren hat;
- Polarität zwischen idealen und realen Lebensbedingungen bzw. Konfigurationen (dadurch Parallel- und Nebenhandlungen);
- früher Tod des Vaters;
- Zwangslage der (alleinstehenden oder wiederverheirateten) Mutter;

- negative Schulerfahrung;
- Arbeit als Ausbeutung;
- erotische Versuchung;
- Entwicklung als persönliche Bewährung, berufliche Qualifikation, verbesserte Einsicht in die tatsächlichen Lebensverhältnisse;
- Zielvorstellung: Integration in die erträgliche Region einer Welt, wie sie nun einmal ist;
- Gründung eines Ehe- und Familienglücks;
- Zukunftsperspektive nach dem erreichten Bildungsziel: Distanzhaltung gegenüber den philiströs Arrivierten und – in zeitlicher Verkürzung der verbleibenden Lebensspanne – Gedanken an einen milden Tod.

Eine Besonderheit des Bildungsziels im *David Copperfield*-Roman liegt in der Selbstbezüglichkeit dieser Romanform: Das Ziel ist hier nämlich nicht irgendein bürgerlicher Beruf, sondern das Schreiben selbst. Auch hier ist kein beliebiges Schreiben gemeint, sondern das Schreiben über die eigene Entwicklung, die als erschriebener und gedeuteter Zusammenhang erst die gesuchte ›wahre Wirklichkeit‹ konstituieren kann bzw. wird (dazu grundlegend Geppert 1994, 231–262).

4.2 Schulden-Bildung: Kellers *Der grüne Heinrich*

Gottfried Kellers Pläne für seinen ersten Roman *Der grüne Heinrich* reichen bis auf die Jahre 1842/43 zurück. Mit der Ausführung beginnt der Siebenundzwanzigjährige 1846; der fertige Roman erscheint 1854/55. Zwanzig Jahre später bereitet der Autor – schon längst unzufrieden mit dem vorgelegten Werk – eine überarbeitete Fassung vor, die 1879/80 erscheinen wird. Kein einzelnes Werk des Realismus trägt und repräsentiert die zweite Hälfte des 19. Jh.s so authentisch wie dieser Roman in zwei Gestalten. **Anfang, Höhepunkt und Endes des Realismus** sind in ihm aufgehoben. Er ist ein Werk des Realismus, ein Werk über den Realismus und zugleich – aber durchaus im Namen des Realismus – ein Werk wenn nicht gegen, so doch über den Realismus hinaus. Er vereinigt Vielerlei: autobiographische Ereignisse, Variationen über das Thema der Einbildungskraft und der verfehlten Wirklichkeit, narrative und diskursive Darstellungstechniken sowie Spuren auf dem Weg zum Schreiben.

Der grüne Heinrich steht mit seinen beiden Fassungen in der Tradition des Bildungs-, Entwicklungs- und Künstlerromans; in einem weiteren Traditionsverständnis schließt er an den Abenteuerroman in der Nachfolge der *Odyssee* an. Er erzählt aus der Ich-Perspektive – in der frühen Fassung gilt das nur von einem Teil, der »Jugendgeschichte«, die späte Fassung dehnt die Ich-Perspektive auf den ganzen Roman aus – vom **Heranwachsen eines vaterlosen Knaben** und jungen Mannes, der den Widerständen der Wirklichkeit mit der überschwänglichen Kraft seiner Phantasie begegnet, aus unterschiedlichen Gründen Fehler begeht, sich gegenüber seiner Umwelt – der Mutter zumal, aber auch gegenüber Lehrern und Freunden – verschuldet und an der Unmöglichkeit, alle aufgehäuften Schulden abzutragen, zugrunde geht (so in der ersten Fassung) bzw. trotz der verfahrenen Lage doch noch zur ›Besinnung‹ kommt, die Verantwortung für die Verfehlungen teilweise auf sich nimmt, den Beruf wechselt und ›nützlich‹ lebend die Erfahrungen verarbeitet (so in der zweiten Fassung). Heinrich Lee begegnet auf seinem Lebensweg als scheiternder

Künstler (Maler) bzw. werdender ›Schreiber‹ unterschiedlichen Bezugspersonen und Institutionen (Familie, Schule, Lehre, Universität, Gesellschaft); in der Berührung mit ihnen wächst und schrumpft er je nach Ausgang solcher Kontakt-›Experimente‹. Als bewegliche, veränderliche und doch auch wieder sich gleich bleibende Figur sucht er den Anschluss an eine Gemeinschaftsform (Liebe, Ehe, Freundschaft, Geselligkeit, Beruf), die als ›Wirklichkeit‹ außerhalb seines Einflussbereichs feststeht und sich dennoch als Prinzip des Lebendigen wandelt. So interagieren im Roman fortwährend individuelle und soziale Systeme.

Heinrichs **Begegnungen mit der Wirklichkeit** folgen einem einfachen ›Schema‹, das zu komplexen Interaktionen führt: Grundlegend bzw. am Anfang steht das Gegenteil einer Begegnung, die Nicht-Begegnung mit dem Vater, die einen vaterlosen Lebenslauf bedingt und zu keinem guten Ende führt. Genauer besehen, ergibt der frühzeitige Tod des Vaters, eines tüchtigen, agilen Baumeisters, den paradoxen Effekt seiner ständigen Präsenz als Idealfigur, die wegen ihrer Unanfechtbarkeit zum Lebensdruck wird. Die Gegenwart des idealisierten Vaters bewirkt in der Folge eine bewusstseinsrelevante Polarisierung der Welt in einen männlichen und weiblichen Teil. Alle weiteren Begegnungen mit Personen und Institutionen lassen sich auf diesen starren Gegensatz beziehen und fallen so unter das Gesetz des Gegensätzlichen: Heimat vs. Fremde, Künstler vs. Bürger, Einbildungskraft vs. Natur, Traum vs. Wachsein, Lüge vs. Wahrheit, Kindheit vs. Erwachsenenalter, die vergeistigte Anne vs. sinnliche Judith und eben leitmotivisch das »Ringen mit einem streng bedächtigen Vater« im Gegensatz zum Leben im Bann der »unbewehrte[n] Mutterliebe« (SW III, 621).

Nach dem rigorosen Maßstab des ›programmatischen Realismus‹ gehört der *Grüne Heinrich* definitiv in die vorrealistische Periode, bleibt er **der romantischen bzw. jungdeutschen Literatur verpflichtet**, in der Willkür, Subjektivität und die »Poesie des Contrastes« vorherrschten. So lautet jedenfalls das Urteil, zu dem Julian Schmidt in seiner *Grenzboten*-Rezension gelangt, deren Wortlaut er dann auch kaum verändert in seine Literaturgeschichte aufnimmt:

> »Es ist ein ganz sonderbares Schauspiel, ein edles, kräftiges Gemüth und eine feine Bildung, ein ganz ungewöhnliches Talent für Beschreibung und Charakteristik und dabei doch diese verwaschene launenhafte Form, diese vollständige Abwesenheit des Gefühls, das allein eine Dichtung von größerm Umfang berechtigt, des Gefühls der Nothwendigkeit. Diesen beständigen Wechsel von Hitze und Abspannung, von Traum und Wirklichkeit, von Schmerz und Humor erträgt auf die Länge kein gesundes Gemüth.« (Schmidt ²1855, III, 332)

Der **Vorwurf des Launenhaften** umfasst den Katalog all jener ›Sünden‹, die der *Grenzboten*-Realismus unermüdlich an den Pranger stellt:

- sich verselbständigende Reflexion und ausufernde, exzentrische Phantasie,
- Dominanz des Ausdruckhaft-Lyrischen und Verwischung der Grenzen zwischen Wirklichkeit und Traum bzw. Einbildung,
- Mangel an Komposition (einerseits Sprunghaftigkeit im Wesentlichen, andererseits Breite bei Nebensächlichem) und dadurch Verlust der behaglichen Ruhe der Erzählung,
- Verletzung der Gesetze der inneren Kausalität, die allein einen Charakter im Kern konstituieren und sein Verhältnis zu den Begebenheiten und einzelnen Erscheinungen definieren,
- Beeinträchtigung des ›gesunden‹ Empfindens.

Ohne Rücksicht auf diese realistische Gesetzmäßigkeit, die Schmidt als »Macht des Gewissens« (vgl. Schmidt 1896, V, 576) begreift, löse sich jede Wirklichkeit in ein »Traumreich« (ebd.) auf, dessen Normverstöße schockieren müssen.

Grenzen und Widersprüche dieses Realismus-Verständnisses werden an den Beispielen greifbar, die Schmidt hervorhebt, um das Versagen des jungen Autors plausibel zu machen. Für Schmidt entsteht Heinrichs erste Lüge, die falsche Beschuldigung von Mitschülern, konsequent aus der im Kindesalter typischen »Verwirrung« des »Phantasielebens mit dem wirklichen« (Schmidt ²1855, III, 330) und wäre somit ein berechtigter ›Gegenstand‹ der realistischen Schilderung, wenn sich diese Verwirrung zu guter Letzt angesichts der Folgen, also der ungerechten Bestrafung, auflöste. Eine solche Besinnung zum Wahren und Gerechten gilt dem Realisten als natürlich und notwendig, weil er in ihr die »Macht des Gewissens« erkennt, dessen Existenz er als selbstverständlich voraussetzt. Wenn Heinrich aber seine ›Gewissenlosigkeit‹ mit dem Hinweis auf die Sondergesetze einer »poetischen Gerechtigkeit« (III, 118) rechtfertigt und die Wirkung seines »schöpferischen Wortes« mit der Unausweichlichkeit des antiken Fatums vergleicht, so ›spielt‹ er mit einem Wirklichkeitsmodell, das den Realisten Schmidt gleich in doppelter Hinsicht reizen muss: Er löst eine fundamentale Erwartung nicht ein (anders gesagt: Heinrich müsste sich unter den Gewissensbissen krümmen wie der Mörder Veitel Itzig in *Soll und Haben*), und er begründet sein abweichendes Wirklichkeitsbild – damit entspricht er eigentlich J. Schmidt – mit spezifisch poetischen Sonderregeln. Das Verletzende in der Darstellung des »Kinderverbrechens« (so die Kapitelüberschrift in der überarbeiteten Fassung) liegt nämlich weniger in einer frivolen Willkür als in der Behauptung der Konsequenz und somit gleichfalls einer »innern Causalität«, die in der Poesie »noch in viel höherm Grade« gelten soll »als in der sogenannten Wirklichkeit« (III, 331). Keller, so lautet der Vorwurf, tritt seiner Lügen-Beobachtung »nicht mit moralischem Urtheil [entgegen], sondern mit der Spinozistischen Ueberzeugung, daß alles Erscheinende nothwendig bedingt sei«. So verstößt die »schaffende(n) Gewalt« (II, 135) des Knaben nicht gegen die Grundsätze des programmatischen Realismus, sondern löst sie eigentlich ein. Das betont insbesondere Gerhard Kaiser (1987, 157): »Heinrichs Allmachtsspiele sind weithin Namengebungsspiele, und was sind die Spiele des Poeten anderes?«

Auch die Begegnung mit Römer, dem Lehrer einer auf realistischen Prinzipien basierten Malerschule, die an Heinrich »einen Zug so raffinirter schändlicher Undankbarkeit« (Schmidt ²1855, III, 331) aufdeckt, zeugt eigentlich nicht von einem Mangel des »Interesse[s] an der Wirklichkeit« (ebd., 332) – Schmidt übersieht völlig, dass die Römer-Figur in der Ökonomie epischer Spiegelungen ein verschärftes Selbstbildnis Heinrichs darstellt –, diese Episode zeugt vielmehr von der Verletzung jener »Grenze« (ebd.), die das moralische Urteil zieht. Die »Freude an den Gegenständen« (ebd.), die der Realist verlangt, meint somit eher die Scheuklappen, die verhindern sollen, dass »empörende« (ebd., 331) Gegenstände ins Blickfeld geraten. Wenn der Verfasser des Vorwortes zur 1. Fassung bekennt, nichts mit Absicht verschweigen zu wollen, »was in den notwendigen Kreis seines Stoffes gehört« (II, 10), so unterwirft er sich einer **Wahrheit, die prompt das Gegenteil der ›Wahrheit‹ im Sinn der realistischen Programmatik darstellt.** Nach Gerhard Kaiser liegt darin ein grundlegendes Prinzip:

> »Das Anzeigen einer Abwesenheit der Realität, die doch mit dem Text ihr Wesen treibt, ist exakt der Realitätsbezug dieses Erzählens. Das Anzeigen seiner Subjektivität ist exakt die Objektivität, die es erreicht. Da ihn Welthunger zum Träumen bringt, hat selten ein Lebensdichter so wirklichkeitsgesättigt, mit so viel ›Phantasie für die Wahrheit des

Realen‹ geträumt wie der erzählende grüne Heinrich und der dessen Erzählen erzählende Autor.« (Kaiser 1987, 22)

Selbstverständlich hängen Art und Grad des Realismus im *Grünen Heinrich* nicht vom zeitgenössischen Urteil ab. Ebensowenig aber befriedigt eine pauschale Schelte des berüchtigten ästhetischen Kannegießers, als der Julian Schmidt Friedrich Hebbel galt; Schmidt hat ja in manchen Punkten Recht, wenn er auch gerade die Kraft des moralischen Urteils zu Unrecht vermisst, da der Erzähler im weiteren Verlauf seiner Geschichte keinen Zweifel über das lässt, was im kindlichen Vermengen von Traum und Wirklichkeit tatsächlich geschieht (vgl. Heinrichs Gefühl, »als ob ich aus einem schönen Garten hinausgestoßen würde«, II, 452, und seine Selbstbezichtigung: »Teufelei«, 508); in keinem Moment gerät diese »gefährliche Innerlichkeit« (Geppert 1994, 325) aus dem Blick. Auch weiß der rückblickende Erzähler, dass nur »die falschen Poeten das wirkliche Leben für prosaisch halten im Gegensatze zu dem erfundenen und fabelhaften« (II, 134). Doch bis in die Gegenwart ist **das romantische Erbe des Romans** unbestritten. Keller selbst bekannte die Herkunft seines »öde[n] und ungeschickte[n] Machwerk[es]« aus »der subjektiven und unwissenden Lümmelzeit« (Brief an F. Freiligrath, Ende 1854; in: DD, 132). Einige Nachbesserungen der überarbeiteten Fassung lassen sich durchaus als Entgegenkommen des in diesem Sinne **realistischer gewordenen Dichters** verstehen (klare Gliederung, Motivation, Glättung, Dämpfung des Lyrischen, Objektivität durch Eliminierung der auktorialen Erzählperspektive; zusammenfassend Boeschenstein ²1977, 29 f.).

Gewiss fällt es heute nicht schwer, die ›**Mittel des realistischen Romans**‹, wie sie Thomas Mann verstand (vgl. Kristiansen ²1995, 827 f.), im *Grünen Heinrich* wiederzufinden: Die Erstfassung des Romans endet am 400. Jahrestag der Schlacht bei St. Jakob 1844 mit dem Tod des 27jährigen Heinrich; das erlaubt eine übergreifende Rekonstruktion des Zeitgerüsts, das durch weitere Anspielungen (Straßburger Attentat 1836, Künstlerfest 1840, Einzug der Kronprinzen-Braut 1842) gestützt wird. Es zeichnet freilich die Genauigkeit solcher Daten aus, dass sie im fiktionalen Kontext zugleich eine Ungenauigkeit hervorrufen können und z.B. Heinrichs Geburtstag je nach Rechnung auf 1817 oder 1819 fallen lassen. Zürich und Glattfelden bleiben genau so kenntlich wie München, auch wenn die Namen nicht genannt werden (dafür aber Basel). Als autobiographischer Roman besiegelt dieses Werk den Realismus seiner Figuren mit ihren außerliterarischen Vorbildern. Die Reflexionen über politische (Mediations-Verfassung, Restauration, Jesuitismus), anthropologische (freier Wille) und religionsgeschichtliche Themen spiegeln die dominanten Kräfte und geistigen Strömungen der Zeit wider. Die Lebenskurve des Landschaftsmalers reflektiert bis ins Detail die Aufgaben und Probleme einer Gestaltungskunst, die im Zeichen des Realismus steht. Und doch geht es dem Erzähler nicht um protokollarische Treue, sondern um »**das Gefühl der Wirklichkeit**«. Auch ihm dient der Realismus als Leiter, auf der sich die Darstellung »symbolisch steigert« (Th. Mann) und eine Wirklichkeit gewinnt, die »transparent« wird (z.B. zur »Raumbelebung«, vgl. Boeschenstein ²1977, 41). Dass diese Überschreitung jedoch nicht aus dem Rahmen der realistischen Literatur fällt, sondern ihr Bild mitbegründet, ist der Realismus-Forschung seit längerem bewusst.

Der Leitfaden des Romans liegt im »**immerwährenden Mißlingen meines [Heinrichs] Zusammentreffens mit der übrigen Welt**« und der darauf folgenden »ungebührliche[n] Selbstbeschauung und Eigenliebe« (II, 210). Wie schon Julian Schmidt zutreffend bemerkte, richtet sich somit der Blick dieses Realismus nicht auf

»die Gegenstände selbst, sondern nur [auf] ihre Beziehungen« (Schmidt ²1855, III, 332). Im sozial relevanten Mittelpunkt steht die »Subjekt-Objekt-Dialektik«, jener »eigentümliche Verknüpfungsmodus von Individuum und Gesellschaft«, die sich als »ästhetische Grundstruktur des Romans« erweist (Sautermeister 1980, 81):

> »Dem *bürgerlichen* Realismus als einem umfassenden Erzählprinzip verschreibt sich der Roman im Fortgang der Handlung bis zur äußersten Konsequenz. Er verfolgt die desillusionierende Gewalt der privatwirtschaftlichen Ordnung bis in das Landleben hinein [...] Desillusioniert im Geiste des *bürgerlich-kritischen* Realismus wird eine Illusion, die der *poetische* Realismus aufgebaut hat – so unmittelbar verschränkt Keller die beiden Schreibweisen, welche der Literaturwissenschaft zur alternativen Charakterisierung der Epoche zwischen Vormärz und Naturalismus dienen.« (ebd., 105)

Heinrichs **negativ verlaufender Bewährungsweg** zeigt, dass sowohl die Ideale (Vaterbild) als auch die Konflikte und Widersprüche (Geld-, Konkurrenz-, Verwertungswirtschaft) der bürgerlichen Gesellschaft in der Epoche zwischen Restauration und Sonderbundskrieg ein Individuum ›zu Tode‹ prägen können. Doch liegt hier nicht nur eine einseitig wirkende Determination vor. Denn zugleich baut sich eine Dialektik zwischen Subjekt und Umwelt auf, in der das Ich sowohl zum Opfer als auch Protagonisten bzw. Anwalt jener Kräfte heranwächst, die zur Vernichtung führen. Heinrichs Verschuldungen – Lüge, Prahlerei, Verrat, Hass, Tötung (die 2. Fassung mildert den Sündenkatalog) – messen die soziale Dimension aus, in der am Anderen das eigene Geschick sichtbar und die öffentliche Wohlfahrt bewertbar wird. Heinrich ist ein Gequälter, der sich und andere martert. Sein elender Untergang verweist somit nicht nur auf die Zwänge seiner geschichtlichen und gesellschaftlichen Umwelt, sondern zeigt auch die Macht der Auskunft über Zwänge an, die es ermöglicht, ungeprüft Lüge für Wahrheit zu halten. Das nennt G. Kaiser die »Wahrheit von der schulischen Einfleischung der Diskurssysteme« (1987, 74). Insofern ist das Werk kein ›sozialistisches Tendenzbuch‹, sondern ein ›ethischer Roman‹ (Brief an Vieweg v. 3. Mai 1850; DD, 83 f.). Dieses Ethos stellt am Individuellen das Weltgültige dar, am Einmaligen den Wiederholungsprozess, am Scheiternden den Wert dessen, was eigentlich sein soll (dazu Geppert 1994).

Was ›Realismus‹ bedeutet, zeigt sich für gewöhnlich an der **Wahl der Wirklichkeitsausschnitte**, am Modus ihrer Wahrnehmung und schließlich an den Verfahren der Wirklichkeitsdarstellung.

- Im *Grünen Heinrich* besteht **die neu entdeckte Wirklichkeit** aus dem 27jährigen Lebensweg eines gewöhnlichen Menschen im geographisch-politischen Spannungsfeld zwischen schweizerischer Republik und süddeutscher Monarchie sowie quer dazu zwischen pulsierender Stadt und idyllischem Land zur Zeit der Restauration bzw. der schweizerischen Demokratiebewegung.
- Die **Erfahrungen** konkretisieren sich im kindlichen Spracherwerb, der familiären und schulischen Sozialisation sowie der Berufsausbildung; sie verdichten sich in der **Schule des Sehens** als der fundamentalen und professionellen Wahrnehmung des Künstlers.
- Das **Verfahren der Wirklichkeitsdarstellung** wird im Roman vornehmlich als Malen thematisiert.

Das ist aber nicht die grundlegende Repräsentationstechnik; produktiv wirken vielmehr Einbilden, Phantasieren, Spielen, Träumen und Schreiben. Spiel und Traum zumal gewähren die Einheit von Erfahrung und Darstellung, insofern sie selbstgemachte Erlebnisse sind, in die fremdes, vorgefundenes Material Eingang findet. Drei Beispiele mögen diesen ›Realismus‹ verdeutlichen: Heinrichs Menagerie, seine Buchen-Studie und der Heimkehrtraum.

Die Menagerie ist nicht die einzige Spielepisode. **Spielen und Regieführen** wird Heinrich noch oft in seinem kurzen Leben (Tell-Spiel, Festzug, Stimme des Ritters). Der zurückblickende junge Erzähler erklärt diese handlungs- und produktionsorientierte Leidenschaft aus seinem »Privatverkehr mit Gott« (II, 133), der das »lebendige Gefühl der Liebe« unter einer »Eisdecke« vergraben habe; seitdem hat Heinrich Schwierigkeiten, sich selbst zu verstehen und sich anderen in seiner »vollen Natur« zu offenbaren, und die Umwelt ihrerseits, die »weisen Erzieher« zumal, vermögen nicht, den in sich Verschlossenen zu begreifen. Dergestalt auf sich selbst zurückgeworfen und durch die Sparsamkeit der Mutter in der Mittelwahl eingeschränkt, gehört die Menagerie zum selbstgeschaffenen Spielzeug dieses Lebensalters. Die Spiele laufen nach wiederkehrendem Muster ab: Heinrich ahmt nach, was er bei anderen sieht; er sammelt, ordnet, stößt dabei an seine Grenzen, verzagt und vernichtet schließlich alles, will sagen, das Wenige, das er besitzt; zurück bleiben Trauer und Schuldgefühle. Die Gegenstände der wechselnden Sammlungen verlebendigen und vergrößern sich. In der Menagerie erfüllen die Tiere über ihren Realwert hinaus noch eine symbolische Bedeutung für Heinrich, indem sich Spinnen in Tiger, ein Weih in einen Königsadler und Eidechsen in Krokodile verwandeln. So gleicht die Menagerie einem bestialischen Theater, das beim Betrachter ein schauerliches Behagen auslöst. Unterhalb des symbolischen Spiels führt die reale Tierwelt ihr Eigenleben fort, d. h. sie verkümmert unter dieser kindlich auktorialen ›Inszenierung‹. Die Krise der beobachteten Welt löst bei ihrem ›Heger‹ abermals Melancholie aus und führt zur Vernichtung (»greuliches Blutbad« und Verscharren der Leichen; II, 138).

Der Modellwert dieser Episode für das Realismus-Konzept liegt in der Bewegung vom Bedürfnis über die scheinbare Erfüllung hin zur endlichen Vernichtung. Wahrnehmungen führen zur Nachahmung; in ihr entfaltet sich die symbolische Repräsentanz, die jedoch die eigentliche Wahrnehmung (das Bedürfnis der Tiere) trübt, genauer, das spontane Eigenleben des Erfassten verkennt und in einer Kurzschlusshandlung mündet. Die künstliche Einzäunung des entdeckten Lebens ist

- Abbild der allgemein kindlichen Praxis,
- Symbol für die individuelle Gemüts- und Soziallage,
- Parabel für die erfahrene Fremdbestimmung und
- Andeutung des eigenen Endes.

Denn so vermeidbar der Tod der Tiere, so unnötig ist Heinrichs eigener Tod. Die Wirklichkeit, die hier zur Darstellung kommt, erscheint als ein Bogen, der im Grab (des Endes der 1. Fassung) seinen Abschluss findet, obwohl eigentlich die Möglichkeit bestanden hätte, alle »ins Freie« zu entlassen, wo manche »vielleicht [...] wieder gesund geworden« (II, 138) wären. So zeigt die Menagerie als realistisches Exempel eine **Wirklichkeit in der Krise**, die Bedingungen und Faktoren für ihre Katastrophe sowie den möglichen Spielraum ihrer Vermeidung.

Die »Morgendämmerung der reifern Jugend« (229) beginnt für Heinrich in dem Augenblick, da sich »der bisherige Spieltrieb in eine ganz ernsthafte und gravitätische Lust zu Schaffen und Arbeit, zu bewußtem Gestalten und Hervorbringen« (II, 229) umwandelt. Die Ursache für diesen Wandel liegt in einer neuen Ansicht der

Natur (vgl. II, 228 f.). Bezeichnenderweise entspringt der Wunsch, Landschaftsmaler zu werden, nicht nur einem neuen Sehen. Eine vermittelnde Rolle spielt insbesondere die Geßner-Lektüre. Sie lenkt die Aufmerksamkeit auf ein Modell, das den ersehnten eigenen Lebenslauf glücklich vorbildet (vgl. II, 237).

So erscheint Heinrichs **Hinwendung zur Kunst** von Anfang an im Licht einer sinnerfüllten Wahrnehmung und einer glückverheißenden Zukunft. Der Umfang der Erkenntnis und die Kraft der Verheißung, die vom neuen Wirklichkeits- bzw. Naturerlebnis ausgehen, nehmen freilich in dem Maße ab, in dem Heinrichs Begierde wächst, seine »angefachte Kunsteinsicht an den Mann oder vielmehr an die Bäume zu bringen« (II, 239). Strukturell gesehen bleibt er auch in der Phase der »reiferen Jugend« nur das **»vom bisherige[n] Spieltrieb« besessene Kind.** Der Bericht über Heinrichs erste Naturstudie enthält eine Art Schöpfungsgeschichte des Realismus, er wendet das adamitische Schicksal der Vertreibung aus dem Paradies auf die Entwicklung eines Realisten an (vgl. II, 239).

Der auf ein lebendiges Objekt (den Baum) gerichtete Blick stößt wider Erwarten auf ein Subjekt, das in seiner Selbständigkeit (»König« und »Recke«) aller ›Objektivierung‹ Hohn spricht. Die gesuchte Natur führt ein Eigenleben, das gerade den Suchenden narrt; und das Suchbild, das dieser Realist schließlich doch seinem ›gegnerischen‹ Fund abringt, bleibt entweder »leben- und bedeutungslos« (II, 240) oder verselbständigt sich abermals zu einem »lächerliche[n] Zerrbild«, das seinen Schöpfer angrinst. Aus diesem **Kampf, als der sich die realistische Darstellungsabsicht erweist,** geht die Natur als Sieger und der ›Student‹ als Unterlegener und Verbannter hervor (vgl. II, 240 f.).

Was auf der Ebene des Malens scheitert, gelingt auf der Ebene des Erzählens. Indem der Erzähler das Darstellungsproblem thematisiert, gelingt es ihm, die lebendige Wirklichkeit gerade als jene Dynamik zu identifizieren, die sich gegenüber der Darstellung erst recht entfaltet, aber sich ihr zugleich entzieht. So profitiert die abstrakte Wortkunst am Missgeschick der Bildermaler und erringt symbolisch, was sich nicht konkret spiegeln lässt.

Zu den Fernwirkungen des Erlebnisses mit dem Baum gehört das Labyrinth-Bild, das Heinrichs Vertreibungsschicksal nochmals verarbeitet (vgl. II, 655 f.). Der Realismus dieses Bildes liegt nicht nur in der sichtbaren Ausweglosigkeit, sondern auch in den Spuren der Selbsthilfe und dem Längenmaß des (krummen) Weges »vom Anfangspunkte [der gezeichneten Linien] bis zum Ende« (II, 656) – gleichsam als Versuch, den Ausweg zu einer zukünftigen Wirklichkeit des Realisten zu skizzieren (vgl. Geppert 1994). Das Labyrinth ist insofern ein Anzeichen für **eine mögliche, umfassende, sinnerfüllte Wirklichkeit,** als es genetisch in all jene Kräfte verwickelt ist, die eine solche Wirklichkeit herbeiführen könnten: »[...] wenn die Summe der Aufmerksamkeit, Zweckmäßigkeit und Beharrlichkeit, welche zu dieser unsinnigen Mosaik erforderlich war, verbunden mit Heinrichs gesammeltem Talente, auf eine wirkliche Arbeit verwendet worden wäre, so hätte er ein Meisterwerk liefern müssen« (II, 656).

Heinrichs »träumende[s] Bewußtsein« (II, 634) arbeitet bis zum Ende (im Doppelsinn des Abschlusses und der Katastrophe). Seine »künstlerische Gewissenhaftigkeit«, die ihm die »einfache Rückkehr« in die Heimat versagt, obwohl ihn ein »heiße[s] Verlangen« danach drängt, löst abermals »eine schöpferische Traumwelt« (II, 759 f.) aus, die Vergangenes und Zukünftiges, Hoffnung und Enttäuschung, Wunsch und Angst vereint. Das charakteristische Darstellungsmittel der geträumten

Heimreise, bei der sich Gegenstände und Figuren dem ›wandernden Blickpunkt‹ bieten, ist der abrupte, wundersame Wechsel. Er steht im Zusammenhang mit der Ausschaltung des Realitätssinns und ermöglicht die Erfahrung des ›proteischen‹ (II, 677) Lebens, den Blick auf das, »was in allen Dingen wirkt und treibt« (II, 839), ohne auf die Stufe des Spiritualismus (II, 558) zurückzufallen; d. h. der Traum ist kein faules Ausruhen, sondern fleißige Arbeit, ein (verzweifelter?) Versuch (im Sinne Gepperts 1994), dem Eigenleben des Lebens auf die Spur zu kommen. Rückbezüglich wird dieser Traum nicht erst im Gespräch mit dem »weisen Gaule« (II, 772), sondern schon angesichts des historischen Freskogemäldes auf der »Prachtbrücke« (II, 770):

> »Das lebendige Volk, welches sich auf der Brücke bewegte, war aber ganz das gleiche, wie das gemalte und mit demselben *eines*, wie es unter sich *eines* war, ja viele der gemalten Figuren traten aus den Bildern heraus und wirkten in dem lebendigen Treiben mit, während aus diesem manche unter die Gemalten gingen und an die Wand versetzt wurden. Diese glänzten dann in um so helleren Farben, als sie in jeder Faser aus dem Wesen des Ganzen hervorgegangen und ein bestimmter Zug im Ausdrucke desselben waren. Überhaupt sah man jeden entstehen und werden und der ganze Verkehr war wie ein Blutumlauf in durchsichtigen Adern.« (II, 771)

Das **Abbildungsverhältnis zwischen Bild und Wirklichkeit** verwandelt sich in ein genetisches Prinzip, unter dem das Bild die Wirklichkeit erzeugt und die Wirklichkeit das Bild farblich steigert; möglich wird diese Intensivierung durch die Wechselwirkung zwischen selbständigem Teil und präsentem Ganzen, die auf Grund der Vermengung der Figuren mit dem lebendigen Volk zustande kommt. So wird im Traum sichtbar, wie sehr sich die Wirklichkeit des lebendigen Volkes nur infolge eines vielschichtigen Austausches mit Bildern erhält bzw. fortwährend vollzieht. Dabei gehört es zur Ökonomie des Blutkreislaufs, dass er nicht alles nur erhält, sondern das Geheimnisvolle und Fremdartige mit einem »großen Besen« in den Fluss hinabkehrt. So stellt sich diese Wirklichkeit als eine gereinigte dar.

Dem **zeichenvermittelten Wirklichkeitsprozess** entspricht gegenständlich die Brücke, und zwar so, dass ihre ›Ambivalenz‹ von Ufer zu Ufer nochmals wiederkehrt in der Doppelansicht und Doppelrolle von Brücke und Palast, mithin von Vermittlung und Aufenthalt, Bewegung und Ruhe:

> »Der Ein- und Ausgang der Brücke aber war offen und unbewacht, und indem der Zug über dieselbe beständig im Gange war, der Austausch zwischen dem gemalten und wirklichen Leben unausgesetzt stattfand und alles sich unmerklich jeden Augenblick erneuerte und doch das Alte blieb, schien auf dieser wunderbar belebten Brücke Vergangenheit, Gegenwart und Zukunft nur ein Ding zu sein.« (II, 771)

Was im fleißigen Traum bildlich ersponnen, will auch begrifflich fixiert sein. So entsteht die Worthypothese von der »**Identität der Nation**« (II, 771); aber der Versuch, sie zu verifizieren, scheitert. Zutage tritt nur ein Widerspruch, der, weiter ausgesponnen, in rekursiver Schleife die Lösung dem Frager wieder aufbürdet; so jedenfalls lautet die ›Erklärung‹ des Goldfuches:

> »Wisse [...], wer diese heikle Frage zu beantworten, den Widerspruch zu lösen versteht, ohne den scheinbaren Gegensatz aufzuheben, der ist ein Meister hierzulande und arbeitet an der Identität selber mit. Wenn ich die richtige Antwort, die mir wohl so im Maule herumläuft, rund und nett zu formulieren verstände, so wäre ich nicht ein Pferd, sondern längst hier an die Wand gemalt.« (II, 772 f.)

Der Traum hat nicht das letzte Wort. Ob er jenem »Ziele« näher kommt, auf das eben nicht das »Trauerspiel«, sondern nur »ein großes heiteres Lustspiel« (II, 695 f.) zusteuert, mag allerdings fraglich bleiben. Die Verwandlungskraft des Traums leitet den Rückweg »auf einer unabsehbaren Landstraße« (II, 781) ein, deren Anblick schockiert, so dass Heinrich erwachend »sein wirkliches Elend« für den glücklichsten Tag hält. Das ist natürlich kein richtiges, solides Erwachen, bei dem ein »gefrorner Christ« (II, 853) ›aufblühen‹ könnte. Heinrich verkriecht sich abermals, reist »in einem Bogen« und fällt auf die Maxime des ›Maschinengottes‹ »Ende gut alles gut« (II, 880) herein. Dabei müsste er doch schon wissen, dass gerade das lebendige Leben kein Ende hat, sondern immer nur seinen »Lauf« nimmt (2. Fass., III, 838). Heinrich verliert (in der 1. Fassung) sein Leben, weil er **die elementaren Aufgaben des Realismus**, Widerspiegelung, Spurenlektüre und Mitwirkung, nicht mehr zu erfüllen glaubt: »So war nun der schöne Spiegel, welcher sein Volk widerspiegeln wollte, zerschlagen und der Einzelne, welcher an der Mehrheit mitwachsen wollte, gebrochen« (SW II, 893). Doch gerade der letzte Satz »und es ist auf seinem Grabe ein recht frisches und grünes Gras gewachsen« setzt keinen individuellen Abschluss, sondern verlagert die Geschichte Heinrichs auf eine brückenähnliche Formulierung, die nun ihrerseits »auf und nieder, hin und her« (II, 764) gelesen werden kann.

4.3 Modernes Karriere-Märchen: Freytags *Soll und Haben*

Die »große, tiefgreifende Geschmackswandlung, die sich in ganz Deutschland« vorbereitete, »**der große Umschwung, der dem *Realismus* zum Siege verhalf**«, äußerte sich für Fontane und viele andere (vgl. Steinecke 1979) im »Erscheinen von Freytags *Soll und Haben*, welcher Roman so recht eigentlich den ›Griff ins volle Menschenleben‹ für uns bedeutete« (Fontane III/1, 705). Diese »erste Blüte des modernen Realismus« (ebd., 294) verstand sich nicht als isolierte regionale Besonderheit, sondern als

> »eine *Verdeutschung* (im vollsten und edelsten Sinne) des neuen englischen Romans. [...] Dickens, Thackeray und Cooper sind unverkennbare Vorbilder gewesen. Die Judenherberge, Hippus und Veitel Itzig, die Familie Sturm [...], insbesondere aber das Personal des Schröterschen Hauses, sie alle könnten in den ›Pickwickiern‹, im ›Oliver Twist‹ und ›Niklaus Nickleby‹ so gut eine Stelle finden, wie in Freytags ›Soll und Haben‹. T.O. Schröter, Sabine, die Tanzstunde und vor allem die Rothsattels würden, gehörig rubriziert, von Thackerayschen Kapiteln schwerlich zu unterscheiden sein, und die Verteidigung des polnischen Gutes gegen die andringenden Rebellen, was ist sie überhaupt anderes als ein von Hudson und Delaware an die Warthe versetztes Stück Kriegsgeschichte, einem Cooperschen Ansiedler-Roman so ähnlich wie ein Ei dem andern!« (ebd.)

Freytags »entscheidende[r] Schritt signalisierte das neue, zukunftsträchtige Literaturprogramm: »Man wollte Gegenwart, nicht Vergangenheit; Wirklichkeit, nicht Schein; Prosa, nicht Vers« (ebd., 705).

Die »Gegenwart« von *Soll und Haben* ist – zeitlich gesehen – eine um viele Jahre zurückliegende Vergangenheit (vgl. Freytag: *Soll und Haben*, Anm. zu 321), die getrennt durch »die Verwirrung der letzten Jahre« (9), d.h. durch die Ereignisse der Revolution, eine wichtige historische Vorgeschichte im Sinne Scotts umfasst. Dieser prägnanten Vergangenheitsperspektive eines ausgewiesenen Gegenwartsromans entspricht der historisierende Kontrast zwischen der »jetzt«- und der »dann«-Zeitstufe (56). Die aus der Vergangenheit gehobene Geschichte soll als Mahnbild für die gefährdete Gegenwart wirken (»ein furchtbarer Krieg«, d.i. der Krim-Krieg). Die im erzählten Geschehen gemeinte »Wirklichkeit« ist das ›vernetzte‹ Handelshaus, das den Namen T.O. Schröter trägt und dessen **Arbeits- und Lebensprinzip** schon in einer Nestroy'schen Posse ›besungen‹ wurde:

> »Es sind gewiß in unsrer Zeit
> Die meisten Menschen Handelsleut,
> Und wer das Ding so observiert,
> Muß sagn der Handelsstand florirt.«
> (Nestroy: *Einen Jux will er sich machen*, 21)

Das galt schon für 1842, das Jahr der Uraufführung von *Einen Jux will er sich machen*, und gilt trotz Krisen für 1855 und darüber hinaus; doch – wirtschaftsgeschichtlich besehen – gehört dieser florierende Handelsstand schon der Vergangenheit an. Die aufgewertete »Prosa«, Kennzeichen des neuen Realismus, kommt in *Soll und Haben* der »Poesie des Geschäfts« (326) zugute und beseelt die nüchterne Wechselbeziehung des Tauschverhältnisses, die ›Kommunikation‹ der Waren, poetisch.

Die Frage, ob und inwiefern *Soll und Haben* **ein realistischer Roman** ist, wurde bereits bündig und historisch fundiert beantwortet:

> »Für die große Mehrzahl der Zeitgenossen und Kritiker des weiteren 19. Jahrhunderts galt das Werk als realistischer Musterroman; in den Begründungen sind formale, stilistische und darstellungstechnische Argumente auf das engste und unlösbar mit weltanschaulich-ethischen und mit politischen Gesichtspunkten verbunden.« (Steinecke 1979, 116)

Demnach erschließt sich das Realistische des Werkes im Licht einer historisch typischen **Reihe von Form- und Gehaltbegriffen** (vgl. ebd.): Ordnung, Disziplin, Maß, getreue Wirklichkeitsschilderung, organische Funktionalität aller Teile, bürgerliche Welt, Arbeitsethos, gesunde und optimistische Weltsicht, Humor als Lösungsprinzip, Objektivität statt subjektiver Willkür und ›unbürgerlicher‹ Tendenz, Pragmatismus statt Idealismus.

> »Realismus in diesem Sinne bedeutet zunächst formal: geschlossener Aufbau, klare Handlungsführung, Bemühen um Motivierung; sprachlich-stilistisch: Verankerung des Romans in einer mittleren Sprachebene, Eindämmung der Rhetorik, des Pathos, der Reflexion; darstellungstechnisch: deteilgetreue Wiedergabe der ›äußeren‹ Wirklichkeit, von Schauplätzen und Interieurs, sowie von Personen, ›wie sie im täglichen Leben stehen‹, mit einem an Dickens geschulten Humor; ethisch: ›Optimismus‹ und ›Gesundheit‹, positive Helden, die ihre Umwelt und ihr Schicksal fröhlich bejahen.« (Steinecke 1980, 143 f.)

Soll und Haben handelt vom teils parallel, teils gegensätzlich verlaufenden Lebensweg zweier junger Männer, des Christen Anton Wohlfart und des Juden Veitel Itzig. Während Veitel trotz Begabung die negative Seite des bürgerlichen Arbeits- und Lebensethos vor Augen führt, verwirklichen sich in Anton alle persönlichen und geschäftlichen Tugenden des bürgerlichen Kaufmannsstandes. Der **abenteuerlichen Struktur des Romans** entsprechend, verlassen beide Figuren die engere Sphäre ihrer bürgerlichen Herkunft und geraten in andere soziale Kreise, insbesondere in die adlige und polnische Lebenswelt. In scharfem Kontrast zu aristokratischen und slawischen Verhaltensweisen baut sich eine **deutsch-nationale Lebensform als realistisches Ideal** auf. Nach anfänglichen Umwegen – Antons Verehrung der adligen Lenore – findet der christlich-bürgerliche Held in der Tochter seines Geschäftsherrn schließlich die ideale Ehefrau.

Vergleicht man Freytags Roman mit Kellers *Grünem Heinrich*, so fällt auf dem Boden enger Entsprechungen der polare Gegensatz um so deutlicher auf: Beide Individualromane (Steinecke 1975, 143 ff.) erzählen von Problemen der Berufswahl und interpretieren sie als repräsentative Sozialisation; in beiden Fällen zeichnet sich als gesellschaftsgeschichtliche Grundierung eine ›Verfassung‹ ab, dort die Schweizer Republik, hier das deutsche Kaufhaus. Beide Romane führen nicht nur durch gesellschaftlich charakterisierte Lebensräume, sondern nutzen ihre Figurenvielfalt zur Spiegelung der individuellen Entwicklung. Und hier wie dort geht es um das lebenswichtige Soll und Haben. Aber Heinrich ist nicht Anton. Wollte man nach dem Anton im *Grünen Heinrich* Ausschau halten, so begegnete man ihm allenfalls in dem namenlosen Handwerksburschen aus der Nachbarschaft, der anfänglich hinter dem königlich ausziehenden Heinrich ›hinankeucht‹ (vgl. Keller II, 34) und schließlich doch so gut ›ankommt‹, dass er dem Heimkehrer die tödliche Lehre erteilen kann; wollte man hingegen den Heinrich in *Soll und Haben* suchen, so bliebe als poetische Metamorphose des schuldhaft Scheiternden eigentlich nur Veitel Itzig übrig. Vorgewarnt durch Kellers Werk und gegen den Strich gelesen, ist dieser Jude die wahre Hauptfigur von *Soll und Haben*, indem gerade ihr Lebenslauf am deutlichsten zeigt, durch wessen Soll ein anderer sein Haben erwirbt – getreu der Possen-Poetik: »Nein, was 's Jahr Onkeln und Tanten sterben müssen!, bloß damit alles gut ausgeht –!« (Nestroy: *Einen Jux*, 95). Veitels Höllenfahrt ist der notwendige Schuld-Posten in einer bereinigten Haushaltsrechnung, deren poetisch-tendenzloser Buchführer prinzipiell lieber bei Juden, Polen und Amerikanern als »vor seiner Tür« kehrt (Keller II, 893).

Dem eigentümlichen Realismus von *Soll und Haben* kommt man ein Stück näher, wenn man den **Roman an die Märchentradition heranrückt** (vgl. Eicher 1995), nicht etwa um das Wunderbare zu entdecken, sondern um dem Gang der ›poetischen Gerechtigkeit‹ nachzuspüren, die das ›ausgerechnete Glück‹ besiegelt und in das »Geheimbuch von T.O. Schröter und Kompagnie« (835) einträgt. Ins Auge fällt die zielstrebige Ökonomie der Figurenkonstellation: Im Sinne der Aristotelischen Mesotes-Lehre (vgl. Mayer im Nachwort zu *Soll und Haben*) bildet der bürgerliche, deutsch-arische Kaufmannsstand die wahre, tugendhafte Wirklichkeit. Ihre episch-fiktiven Säulen sind der Witwer Schröter, seine Schwester Sabine und der erwartete »Kompagnon« Anton Wohlfart. Diesem Zukunfts- und Glücksbild der bürgerlichen Dreifältigkeit entsprechen im negativen Kontrast die adlige Familie (Oscar von Rothsattel, seine Gemahlin, Eugen und Lenore) sowie die jüdische Familie (Hirsch und Sidonie Ehrenthal, Bernhard und Rosalie). Bei dieser Zusammenstellung fällt auf, dass der familiäre ›Ausgangsposten‹ bei den Bürgern am knappsten ausfällt (das Geschwisterpaar), während Adlige und Juden zunächst ›vollständig‹ erscheinen (Vater, Mutter, Sohn, Tochter; als ›Verwaiste‹ treten Anton, Veitel und Fritz auf, deren Eltern verstorben oder in der Ferne geblieben sind). **Dem polarisierenden Willen des Märchens gemäß** stechen vom Prinzip der tüchtigen Mitte die negativen Extreme Luxus und Schacher ab, ohne ihre Analogie verbergen zu können. Alle drei Gruppen führen einen Existenzkampf bis aufs Messer, bei dem es um Geld geht (vgl. Holub 1991, 179–185). Diese Gemeinschaft unter dem »kategorischen Imperativ des Geldes« (vgl. Nestroys Posse »*Nur keck!*«) hält die Figuren in ihrem Gegeneinander nicht nur zusammen, sondern führt auch zu merkwürdigen Verschränkungen.

In der **Kette der wechselnden Figurenkonstellationen** steht an erster Stelle die Begegnung zwischen Anton und Lenore; sie spannt einen Entwicklungsbogen im negativen wie positiven Sinne. Nicht minder bedeutend ist die Freundschaft mit Fritz von Fink; er repräsentiert den modernen Adel mit leicht amerikanisch-pragmatischer Prägung. Wie Netty Bumpoo, Coopers ›Lederstrumpf‹, durchkreuzt er alle Kreise, um schließlich als militanter Siedler ›zur Ruhe‹ zu kommen. Fink ist rollengeschichtlich gesehen eine Art Hanswurst. Er übt die Spaßmacher- und Humor-Funktion (im Sinne Fontanes) aus, er spricht im Geist seines amerikanischen Pragmatismus jene Überzeugungen aus, die auf das ›Gemüt‹ des Bürgers schlagen, er demonstriert leibhaftig die Bekehrbarkeit zum gemütlichen Deutschen und bewahrt die Aggressivität des Pritschenschlägers in der nützlichen Rolle des Kolonisten und Eroberers. Lenore wie Fritz variieren die attraktiven Seiten der im übrigen verurteilten aristokratischen Lebensform.

Antons Beziehung zu Veitel bildet den dramaturgischen Spannungsbogen des ›Wirtschaftsthrillers‹; dass Anton in der Vorgeschichte als Veitels Beschützer auftrat, verrät eine ›ursprüngliche‹ Nähe, von der natürlich der beginnende Konkurrenzkampf nichts wissen will. Aristokraten und Juden dienen als Projektionsfiguren für Begierde und Angst innerhalb eines bürgerlichen Initiationsrituals (vgl. Holub 1991, 179–185). Nicht unbedeutend ist schließlich auch die Begegnung mit Bernhard Ehrenthal, weil zum einen seine Vermittlungsabsicht den Konflikt der Rothsattel-Familie beschleunigt und radikalisiert, zum anderen aber sein Interesse an der Poesie die Bildungsperspektive in die bürgerliche Welt rückt, die ohne die Literaturgespräche sonst gänzlich fehlte. Freytags zweiter Roman *Die verlorene Handschrift* gilt als bildungsbürgerliche Ergänzung des Kaufmannsromans und rückt die Welt der Universitätsprofessoren in den Vordergrund.

Dieses **Gruppenbild der Helden, Gegenspieler, Geliebten und Helfer** bliebe ohne weitere Figuren unvollständig. Hinzuweisen ist besonders auf den Christen Hippus. Er weiht den strebsamen Veitel in die bürgerliche Rechtspraxis ein und lässt ihn am Ende wieder in den Abgrund fallen. Selbst Schmeie Tinkeles bleibt keine Episodenfigur, weil er gleichfalls ein – wenn auch unliebsamer – notwendiger Helfer ist und weil er die funktionierende übliche Handelsbrücke zum Schröterschen Kaufhaus darstellt. In der Gestalt der Rebecca kehrt eine weitere Variante der Helferfigur wieder, die seit Scotts Rebecca (*Ivanhoe*) schon topisch ist.

Im **Figurenhaushalt des grenzländischen Bürgertums** dürfen die Polen nicht fehlen, weil sie die Folie für das nationale Selbstverständnis und den Raum für den Drang nach »gesunde[r] Entwicklung unseres Staats« (481) darstellen. Auch hier stehen die Adligen im Dienst der bürgerlich-poetischen Kritik, insofern an der Gestalt des Herrn von Tarow(ski) das Kriminelle der revolutionären Bewegung in der Heimat sichtbar wird. Als positive Kontrastfigur wäre an den Fink-ähnlichen Offizier in Krakau zu denken. Was den polnischen Wirt betrifft, so geht es auch bei dieser Feindbild-Malerei eher um die dem Schröterschen Geschäft innewohnenden Probleme und Konflikte (unsichere Handelspartner, ängstliche Agenten, billige Raststätten).

Wer die Werklektüre nicht ausschließlich als Nachvollzug der »Intentionen des Verfassers« (Fontane III/1, 297) betreiben will (demnach verfolgte Freytag hauptsächlich eine politische, preußische Tendenz; vgl. Geffcken nach Steinecke 1980, 144), stößt auch an Stellen, wo sich »das ›Romanhafte‹ des Romans erfolgreich gegen die Einschnürungen durch den konstruierenden Verstand des Germanisten und Ideologen Freytag« durchsetzt (Steinecke 1980, 148). Hierzu zählt in erster Linie die **Wendbarkeit von Freytags poetischer Integrationskunst.** Sie hält vor Augen, wie elementar notwendig Feindbilder zur Konstituierung nationaler, rassischer und klassenkämpferischer Idealbilder sind, zur »Verherrlichung des *Bürgertums* und insonderheit des *deutschen*

Bürgertums« (Fontane III/1, 302). Als ›Prozess‹ (im Sinne Gepperts 1994) verheimlicht Freytags Kunst keineswegs die Abhängigkeit der geschilderten ›Zivilisation‹ von dem, was doch der Polemik anheimfällt; nur als Resultat wird das Billige und die Billigkeit der individuellen ›Wohlfahrt‹ von Anton Wohlfart festgeschrieben. Der »Mangel an poetischer Gerechtigkeit, ja an Gerechtigkeit überhaupt« (III/1, 306), den Fontane dem Autor vorhielt, gehört so gesehen zum »Spiegel unserer Zeit und ihrer Kämpfe« (ebd., 308), ist sein fundamentaler Inhalt.

Zu Recht hat Fontane darauf hingewiesen, dass der Roman eigentlich drei Dramen miteinander verschmelze: »zwei Tragödien und ein Schauspiel« (ebd., 297). In diesem gattungsästhetisch differenzierten Rahmen ist Veitel genau so ein tragischer Held wie Katerina Ismailowa, die Lady Macbeth aus dem Landkreise Mzensk. Die tragische Schuld des einen ist der »Deus ex machina« (ebd.) im Lösungsdrama für den anderen.

4.4 Späte Ernte: Stifters *Der Nachsommer*

Adalbert Stifters nicht Roman, sondern »Erzählung« genanntes Werk *Der Nachsommer* (1857) ist im doppelten Sinn ein **Grenzfall des Realismus**: Es weist auf die vorrealistische Biedermeierzeit zurück und nimmt zugleich nachrealistische, d. h. moderne Tendenzen vorweg (vgl. Laufhütte 1996). Daraus folgt aber nicht, dass dieser Roman, der im betont epischen Stil den Bildungsweg mindestens zweier Individuen nachzeichnet, innerhalb des Realismus keinen Ort hätte. Im Gegenteil könnte seine **Zwischenstellung zwischen Tradition und Moderne** dem Realismus durchaus ein wichtiges Kennzeichen hinzufügen; sie könnte zu verstehen geben, dass auch der Realismus trotz seiner Abgrenzungspraxis kein isolierbares Phänomen ist, sondern traditionelle und moderne Aspekte ebenso birgt wie vermittelt.

Einige Züge scheinen den Roman aus dem Kreis realistischer Literatur auszuschließen; dazu gehören die idyllisch-empfindsamen und ideal-utopischen Momente sowie die moralisierenden oder gar sakralisierenden Tendenzen und das Fehlen des epochentypischen Humors (vgl. Sengle 1980, III, 989, 991). Selbst Stifters ›Objektivität‹, sein Blick auf die ›Dinge‹, der ihn als Realisten ausweisen könnte, scheint mit anderen, nicht-realistischen, vielmehr metaphysischen und teleologischen Prinzipien zusammenzuhängen. Zudem gilt als selbstverständlich, dass eine realistische Romantheorie dem Stifter'schen Werk nicht gerecht werden kann (vgl. Hohendahl 1985, 333). Dennoch wird gerade Stifter gelegentlich mit Flaubert verglichen (vgl. Sengle 1980, III, 991). Wenn aber Flauberts ›Objektivität‹ ein Maßstab für realistisches Schreiben ist, dann kann auch in **Stifters ›Verdinglichung‹ der Wahrnehmung** und Gestaltung um der ›reinen‹ Kunst willen ein realistisches Kriterium liegen.

Genauer besehen wird sogar der Geltungsanspruch der nicht-realistischen Idylle eingeschränkt; das geschieht nicht nur durch das gewählte Alter einer der Zentralfiguren (von Risach) und den damit naherückenden Tod, sondern auch durch das, was in der zurückliegenden Jugend geschah und unrettbar misslang. Vor allem aber erweist sich die Idyllisierung in vielen Situationen als bloße Hilfskonstruktion, die sichtbar abwehrt, was ›unterirdisch‹ weiter gärt und nach wie vor gefährdet. Diese Schutzfunktion des Idyllischen wird durch das Erzählen nicht verborgen, sondern unterstrichen. Am deutlichsten wird die **Alibifunktion des Idyllischen** in dem Moment, wo der Bruder sieht, wie die Schwester heranwächst, ›aufblüht‹. Aber auch sonst weist jeder genau registrierte Vorgang nicht nur auf die Sache selbst, sondern zugleich auf etwas anderes hin, was nicht registriert wird und doch zum Ausdruck gelangt (Verlust, Angst). Gerade das ›Traumbildartige‹ (Sengle 1980, III, 998) lässt mithin die ›harte Wirklichkeit‹ nicht vergessen, und die sowohl herbeigeführte als auch entdeckte harmonische Ordnung hält die zugrunde liegende Unordnung präsent.

Erzählt wird die Geschichte eines jungen Mannes, der einem im Ruhestand lebenden Gutsbesitzer begegnet, in dessen Gesellschaft er manches lernt, sich als Wissenschaftler und Künstler entfaltet und bei dem er auch jener Person näher tritt, die er schließlich heiraten wird. Da auch der Gutsbesitzer Risach seine Jugendgeschichte hat und darüber hinaus das Glück des Kaufmannshauses eine Rolle spielt, ereignet sich die gleiche glückliche Geschichte sogar dreimal. Ein **Roman mit dreifachem Happy End** ist im europäischen Realismus eher selten (Keller sträubte sich gegen solche Ansprüche des Leihbibliotheken-Publikums) und klingt, wenn nicht trivial, so doch märchenhaft, zumal bei solchen Bündnissen ziemlich viel Geld zusammenkommt. So ›gut‹ geht unter den deutschsprachigen Romanen des Realismus eigentlich nur *Soll und Haben* aus; doch fehlt bei Stifter gerade jene Polarisierungstechnik, die auf Kosten der ›Bösen‹ das Glück der ›Guten‹ durchsetzt. Auch der Verzicht auf eine Schwarz-weiß-Zeichnung entfernt also den Roman vom ›programmatischen Realismus‹. Schon Julian Schmidt wies das Werk, in dem »die irdischen Grundlagen bürgerlicher Geschäfte« (Brief an Heckenast vom 11. Februar 1858) eine Rolle spielen und also viel ›gearbeitet‹ wird, als ›unrealistisch‹ zurück, weil es keinen »Schatten« enthielte und die »Perspektive« deshalb »ungenau« ausfiele (Schmidt 1896, V, 572 f.).

Stifter lässt von Menschen erzählen, wie sie sein sollen – durch eigene Kraft und fremde Hilfe. Individuen rücken in den Vordergrund, und doch sind es keine charakteristischen Gestalten, sondern reduzierte Figuren, die so ›gefasst‹ und ›sanft‹ sind, dass sie schon leblos wirken (A. Schmidt 1958); das ist nicht ihr ästhetischer Mangel, sondern die psychologische Nebenwirkung ihrer Erfahrungen, ihr erfahrungsbedingtes »Fleisch und Blut« (Brief an Heckenast vom 9. Juni 1853). Im Mittelpunkt dieses Entwicklungs- oder Erziehungsprozesses steht die Liebe; deshalb ist *Der Nachsommer* auch ein Liebesroman, der zeigt, wie Liebe entsteht bzw. sich erhält oder inwiefern sie eine Gefahr darstellt und was sie sonst noch für die ›Bildung‹ der beiden Helden bewirkt (Vischer: *Aesthetik* VI, 180 f.).

Es geht um die **Liebe zu Menschen und Dingen**, und es geht um verschiedene Formen der Liebe: einerseits der elterlichen, der geschwisterlichen, der freundschaftlichen und der ehelichen, andererseits der sammelnden, pflegenden, züchtenden, restaurierenden und schöpferischen, aber auch der leidenschaftlichen und zerstörerischen. Insofern muss sich diese Art von Liebesroman durchaus von der »veraltete[n] Liebesgeschichte« (Brief an Heckenast vom 11. Februar 1858) unterscheiden, bei der es nur um eine »Heirathsgeschichte« geht und die Stifter ausdrücklich nicht erzählen wollte. Die fundamentale, beziehungstiftende Rolle der »allgemeinen Liebe« (Rychner 1966, 192) erscheint keineswegs als gegeben, sondern bedarf einer langwierigen Initiation, die zwar nicht im luftleeren Raum, aber ebensowenig in einer »volle[n] Realität der österreichischen Gesellschaft« erfolgen kann (Ketelsen 1980, 194).

Bedingt ist das, was im *Nachsommer* geschieht bzw. ›eingeführt‹ wird, durch die **Konstruktion einer Gegen- oder Alternativwelt**, die Stifter jedoch nicht erträumt hat, sondern aus eigenen Erfahrungen der Revolutionszeit (1848) und den Geschehnissen danach ableitet. Insofern liegt keineswegs vor, was Ernst Bertram als »von der Wirklichkeit nicht befleckte Heimwehträume« qualifizierte (Bertram 1965, 257), sondern historisch genau eine »Gegengründung zur Revolution« (Rychner 1966, 195; Stadler 2005). In ihr dominieren Maß und Ordnung als vermeintlich zeitlose, in Wirklichkeit aber aktuelle Werte, die das private und öffentliche Leben prägen.

Der Romantitel formuliert den Leitgedanken, prägnant und fast ›didaktisch‹ wie *Soll und Haben* oder *Unwiederbringlich*: es geht um einen **Nachsommer des Lebens, Glücks und der** »stimmende[n] Tätigkeit« (Brief an Louise von Eichendorff, 17. Juli 1858). Aber zugleich verschweigt der Titel etwas. Mag er die Aufmerksamkeit darauf lenken, was noch zu guter Letzt ausklingend geschehen kann, so bestätigt er doch nicht die dem Jahreszeitbild innewohnende Naturwüchsigkeit und Zyklik des Lebensweges. Dem Nachsommer ging kein Sommer voraus; zwischen Vor-, Hoch- und Nachsommer ›vermitteln‹ nur Brüche, schmerzhafte Zäsuren, abwehrende Maßnahmen. Das gilt wohl für beide Paare, wenn der Titel kein irreführender ist. Und Dauer, ewige gar, wie sie im Roman angestrebt wird, verheißt ein »Nachsommer« trotz der »Morgenröthe des kommenden Glückes« nie (ebd.).

Der *Nachsommer* ist eine Ich-Erzählung. **Ich-Erzählungen suggerieren Authentizität**, indem sie sowohl das Bildungserlebnis aus nächster Nähe als auch die Reflexion über das Geschehene aus der Distanz individualpsychologisch glaubwürdig vermitteln. Die durch die Monoperspektive erkaufte Beschränkung des Erlebnis- und Wahrnehmungshorizontes wird von der Tiefe der Introspektion und Selbsterkundung aufgewogen. Im Realismus begegnen immer wieder Ich-Erzählungen; doch fallen ihre Begründungen unterschiedlich aus. Stifters Erzähler ist ein Berichterstatter, der sich auf das bloße Sehen festgelegt hat. Damit genügte er schon einer fundamentalen Forderung des Realismus, die Augen zu öffnen, wenn nicht gerade an diesem Sehen deutlich würde, wieviel, ja sogar wie das Wichtigste diesem Blick entgeht und entgehen muss (vgl. Walter-Schneider 1990). Heinrich Drendorf ist nicht eigentlich ein unzuverlässiger Protokollant seiner Erfahrungen, doch die konsequente, ja fast sture Art seiner Wahrnehmung macht die Grenzen dieses registrierenden ›Apparates‹ deutlich. Er verzichtet nicht nur auf das Wissen, das er als Erlebender gewonnen hat und als Erinnernder benutzen könnte, er wendet sich sogar absichtlich von Szenen ab, die sich zwar den Augen bieten, der ›Sitte‹ jedoch widersprechen. Schon die zeitgenössische Kritik tadelte diese »Scheu« vor dem ›Allzumenschlichen‹ (Landesmann 1857, 207).

Emil Staiger glaubte feststellen zu können: »Der ›Nachsommer‹ bietet uns nicht jene Wirklichkeit des Lebens, die wir aus eigener Erfahrung als die ›wahre‹ anerkennen, auch nicht jene Wirklichkeit, wie sie ein Gotthelf, Raabe, Storm, ein Balzac oder Flaubert schildert, die wir als treues, unverfälschtes Gemälde gelten zu lassen bereit sind« (Staiger 1973, 163). Schon der erste Abschnitt in Stifters »Erzählung« widerspricht diesem Eindruck; ähnliches gilt vom letzten Absatz. Überall ist von Familie, Häuslichkeit, Werdegang, Bildung, Kunst, Arbeit, Glückserwartung und Erfüllungshoffnung die Rede. Dass sich daraus ein ›utopischer‹ Roman (Killy 1967a) entwickelt, steht seiner Funktion als »**treues, unverfälschtes Gemälde**« nicht unbedingt im Wege. ›Treu‹ und ›unverfälscht‹ ist seine Art, die historisch entstandene Enge der häuslichen Welt mit ihren erfüllenden Einrichtungen absolut zu setzen und dieses Utopische als Verdrängungsleistung sichtbar zu halten. Wenn es um eine harmonisch-ganzheitliche Bildung geht (Mayer 1992, 134), dann fällt der rigorose Reduktionismus, das ganze **System der Ausklammerungen**, um so stärker in den Blick. Das ist der Modus, die »Dinge [...] in ihrer Wesenheit in Erscheinung [zu] bringen« (Brief an L. von Eichendorff, 17.7.1858).

Als ›**Schule des Sehens**‹ beharrt Stifters Erzählung auf dem Prinzip der geöffneten Augen; sie registriert aber auch die Fälle, wo es notwendig wird, wegzublicken, und wo es unmöglich ist, Wichtiges zu ›sehen‹. Immer wieder wird betont, dass es auf den Standpunkt ankommt, auf die Perspektive, auch auf die Entwicklung des Beobachters, der erst zu sehen lernen muss, obwohl er glaubt, im Sehen schon längst erfahren zu sein. Vor allem aber geht es um die Wahrnehmungserfahrungen gegenüber dem ›Ganzen‹. Hier genügen die Augen dem »Freund der Wirklichkeit der Dinge« überhaupt nicht. Das bloße Sehen führt nur zur Fragmentierung dessen, was erforscht wird. Erst wenn sich vor den Augen die »Gegenstände« zu ›tiefen Bildern‹ verwandeln, tritt das ein, worum es eigentlich geht: nicht um die »Betrachtung«, sondern um die ›**Versenkung**‹. So lehrt die Schule des Sehens einen ganz anderen Blick, und die lange Aussprache dient nur dem Hauptzweck, anzuzeigen, dass Wesentliches zu »verschweigen« ist (Killy 1967a, 101). Das sind Erfahrungen mit der sinnlichen Erfahrung, die sich im Realismus wiederholen und ihn – trotz seiner Verklärungstendenz – nicht zur Ruhe kommen lassen, ihn an seine Grenze drängen oder gar darüber hinaustreiben.

4.5 Hunger, Heimkehr und Tod:
Vom *Hungerpastor* zum *Schüdderump*

In der Reihe der realistischen Bildungs- und Entwicklungsromane steht Wilhelm Raabes *Der Hungerpastor* (1864) zeitlich an später Stelle. Seine wachsende Beliebtheit schon im letzten Drittel des 19. Jh.s und weit darüber hinaus lassen das ›Kinderbuch‹ (SW VI, 493) eines Dreißigjährigen als »das deutsche Volksbuch« (ebd., 491) schlechthin erscheinen. Das muss einen nüchtern bilanzierenden Autor zufriedenstellen und kann ihn doch auch verdrießen, dann nämlich, wenn seine folgenden und ganz anderen Werke auffallend weniger gekauft und gelesen werden als dieser »Jugendquark« (*Briefe*, 444). Für die Charakterisierung der Realismus-Epoche aber ist der Erfolg dieses Romans ebenso wichtig wie die Kritik seines Autors, die ja nicht nur einem ökonomischen Kalkül entspringt, sondern den allgemeinen Hang zur Festschreibung, Reduktion und systematischen Ignorierung der literarischen Entwicklung beklagt. Raabe erfährt, dass, wer ›ankommt‹, zugleich ›stehenbleibt‹ bzw. stehenbleiben soll. Das könnte auch auf seine Rolle als Realist in der Literaturgeschichte zutreffen, das könnte sogar für das Realismuskonzept der gegenwärtigen Literaturwissenschaft gelten, die das entdeckte Modernitätspotential mit Vorliebe einem festgeschriebenen Realismus entgegensetzt, ohne sich um eine Vermittlung zwischen frühem Ansatz und späteren Folgen des realistischen Programms zu kümmern.

Der *Hungerpastor* handelt von den Schicksalen jener Generation, die um 1819 geboren wurde (VI, 48) und deren Lebenslauf spätestens um 1852 entschieden war (461). Seine Gegenwart könnte also fast schon den Stoff für einen historisierenden Gesellschaftsroman Fontanes liefern (vgl. Romane mit zeitlichem Rückgriff wie *Irrungen, Wirrungen* oder *Unwiederbringlich*). Als **Individual- und Bildungsroman** erzählt der *Hungerpastor* von den entscheidenden Lebensepochen eines eigentlich unauffälligen Individuums. Eine allenfalls bemerkenswerte Besonderheit kündigt sich im Namen »Hans Unwirrsch« an. Das ist zunächst der Tradition dieser Romanform geschuldet (»Wilhelm Meister«, »David Copperfield«, »Anton Wohlfart«), gewinnt aber durch eine Ableitung des Vornamens (»Hans« weist auf Hans Sachs zurück) und durch die minimale Hinzufügung eines Buchstabens eine neue Wortform bzw.

schillernde Wortbedeutung: sie lässt an das ›Unwirsche‹ mit seiner Etymologie (›Unwerte‹) ebenso denken wie an die Verneinung des ›Wirren‹. Das Wesentliche teilt jedoch schon der Titel mit, der dem bürgerlichen Namen das Epitheton des Hungerpastors zuschreibt.

Angesichts dieser namentlichen ›Individualisierung‹ fällt die tatsächliche **Verdoppelung des ›Helden‹** auf dem erzählten Entwicklungsweg um so deutlicher auf. Gerade der Individualroman scheint einen Hang zum Parallelroman zu haben, insofern er zur Konturierung des einen Helden die Gegenfigur braucht, einerseits um die Vorteile der Kontrastierung auszunutzen, andererseits um den Helden von dem zu reinigen, was an ihm auf dem Weg zum Ziel haften bleibt und doch nicht sichtbar werden darf. Das ist die Funktion des Moses Freudenstein, dessen Name genauso reich, bedeutungsvoll und schillernd ist wie der des Freundes Hans Unwirrsch und der gleichfalls noch einen weiteren Namen tragen wird (Doktor Theophile Stein), der ihm wiederum besondere Bedeutung verleiht. Dadurch entstehen natürlich keine psychologischen oder sozialhistorischen ›Differenzierungen‹, sondern grobe Polarisierungen und Typisierungen, die eine ideologische ›Engstirnigkeit‹ bewirken und den auktorialen Erzählgestus des Romans in eigentümliches Licht rücken (vgl. Mayer 1992, 141 u. bes. Holub 1991, 185–190).

Die christlich-jüdische Parallel- und Kontrastgeschichte ist durch Freytags *Soll und Haben* am wirkungsvollsten vorgegeben und wird in Raabes Werk erneut erzählt, um den realistischen **Prinzipen der Anschaulichkeit und Verklärung** gerecht zu werden. Das Gebot der Anschaulichkeit verlangt, dass die Charakterisierung und Differenzierung des Gemeinten konkret in Erscheinung tritt; hier liegt der Grund für das Netz der Figurendoppelung, -kontrastierung und -komplettierung. Die Regel der Verklärung soll das empirisch gewonnene Bild der Defizite des Lebens und seiner unheilvollen Zusammenhänge poetisch ausgleichen, so dass die verhängnisvollen Gefahren von den fruchtbaren Möglichkeiten unterscheidbar bleiben. Denn es geht eigentlich immer nur um dasselbe und betrifft jene ›Verhältnisse‹, die – der landläufigen Rede nach – das »Schicksal« »so manchem« beschert: »es gab ihm sein Teil Freude in der Hoffnung und versagte ihm die Erfüllung, welche von der Hoffnung doch stets allzu weit überflogen wird« (VI, 17). Das ist eine Auskunft, die zu unterschiedlichen Handlungen reizt. Von solchen Reaktionen erzählt *Der Hungerpastor*.

Den ›Hunger‹ ins Zentrum eines Bildungsromans zu rücken heißt, an die Stelle des ›Kerns‹, der sich auf dem Bildungsweg ›entfaltet‹, eine **elementare Notlage** zu setzen. Aus Hunger kann sich nichts ›entfalten‹ bzw. ›entwickeln‹; er ist vielmehr Anstoß und Antrieb zu kompensierenden, den Hunger stillenden Handlungen, für die es eigentlich keine zu verletzenden Regeln geben darf oder immer nur mildernde Umstände. Dennoch will der Erzähler gerade solche Regeln einführen bzw. freilegen.

> »Vom Hunger will ich in diesem schönen Buche handeln, von dem, was er bedeutet, was er will und was er vermag. Wie er für die Welt im ganzen Schiwa und Wischnu, Zerstörer und Erhalter in einer Person ist, kann ich freilich nicht auseinandersetzen, denn das ist die Sache der Geschichte; aber schildern kann ich, wie er im einzelnen zerstörend und erhaltend wirkt und wirken wird bis an der Welt Ende.« (5)

Nicht um die Ursachen des Hungers soll es also gehen, sondern um seine Bedeutung, seine Absicht und sein Vermögen. Das klingt so, als ob von einem Menschen die Rede wäre, und in der Tat wirkt diese Stelle allegorisch. Der zweite Satz, der vermerkt, was nicht zur Sprache kommen kann, weil es »Sache der Geschichte« ist, enthält trotzdem einen Schlüsselbegriff für den folgenden Entwicklungsroman: Festgestellt wird, dass die gegensätzlichen Kräfte, die im Hunger als »Zerstörer und Erhalter« wirken, »in einer Person« sind. Das heißt, alles was Hans und Moses erleben, alles Negative und Positive, alles, was sie sich und insbesondere anderen antun, geschieht unter der Macht des Hungers »in einer Person«. Erst wenn der Blick sich ändert und »im einzelnen« registriert, was »zerstörend und erhaltend wirkt«, wird es möglich, die ›eine Person‹ aus den Augen zu verlieren und zwei Figuren statt einer zu sehen.

Hunger ist ein ambivalenter Bildungstrieb. Dem Hungernden ist die Welt ›Nahrung‹, und zwar in jeder Hinsicht, in ihren realen wie idealen ›Nährwerten‹. Dass beide Werte dem Hungernden not tun, ist nach realistischem Abwägungsprinzip selbstverständlich, und führt doch zu ›pathologischen‹ Problemen bei der Gestaltung »in einer Person«. Deshalb liegt ihm die Zweiteilung des Hungers und der ›Hunger-leider‹ nahe. Das Ende einer solchen Erzählung hat es nicht leicht: Natürlich kann gelten: Der Untergang des einen kontrastiert mit dem Weiterleben des anderen. Auch zeichnet sich ab, dass der verbannte Sündenbock die Wohlfahrt des Dagebliebenen ermöglicht, da er ihn von aller Last befreit hat. Doch selbst so formuliert, stimmt der skizzierte Abschluss nicht mit der erzählten Geschichte überein. Vielmehr will diese deutlich machen, dass der Erfolg des einen das Weiterleben des anderen unter jener Bedingung nicht ausschließt, dass der Erfolgreiche trotzdem für tot, für »*bürgerlich tot* im furchtbarsten Sinne des Wortes« (461) erklärt werden kann. Erst diese emphatische Umwertung einer auszeichnenden Ernennung zum »Geheime[n] Hofrat«, die der jüdische Freund erfährt, lässt die Hungerpfarre am Rande der Welt als »grüne Stelle« (Vischer) aufleuchten.

Der **Hunger ist ein Bild für die Sehnsucht nach** »Wissen«, »Welt« und »Liebe« (386), nach den »Idealen« oder sogar »dem Überirdischen«, aber auch »nach dem Wirklichen« (156). Sein Weg führt ihn vom Elternhaus und aus der Kindheit über die Schule und Hochschule sowie durch die städtische Gesellschaft und ihre Beschäf-tigungsangebote, die ihn zum ›Proletarier unter Proletariern‹ (vgl. 177) machen, bis hin zur Landesgrenze am Meer nach Grunzenow, wo ein neues Elternhaus entsteht. In ihm als der Hungerpfarre bleibt der Hunger namentlich präsent. Aber das Be-wusstsein des Hungernden Hans Unwirrsch hat sich geändert. Er ist nicht eigentlich ›satt‹ geworden, weil sein Hunger etwas anderes meinte. Auf die Frage, »was ist aus deinen glänzenden jungen Träumen und Hoffnungen geworden?« erwidert er lebhaft: »Wirklichkeit! Wirklichkeit!« (392). Fast ließe sich sagen, dass er absichtslos seinen Vater zitiert, der sich bei der Geburt seines Sohnes in ähnlicher Weise der **Wirklich-keit des** ›**Erreichten**‹ vergewissert hatte: »O Frau Gevatterin – Gevatterin Tiebus, es ist doch wirklich, wirklich einer? Sagt's noch einmal, daß Ihr Euch nicht irrt – daß dem wirklich, wirklich also ist!« (6). So sättigt die Verwirklichung der Sehnsucht auf engstem oder fernstem Raum, auch wenn »der Tod mit seinem »letzten Sehnen« (387) vor der Haustür steht.

›Gestillt‹ zu sein und schließlich tot, ist ein **merkwürdiger Schluss für einen Bildungsroman**. Doch zeichnete sich ja schon in *David Copperfield* ab, dass nach Abschluss der ›Reise auf dem Lebenswege‹ und nach Niederlegung der »Feder« (463), mit der das »Leben« ›beschrieben‹ wurde, nichts mehr übrig bleibt, als an den Tod zu denken. Das ist auch im *Hungerpastor* so; nur behauptet sich hier noch ein anderer Zug, der dann doch weiterleben lässt im Sinn eines fortgesetzten Kampfes: »Gib *deine* Waffen weiter, Hans Unwirrsch!«

Am Romananfang wie an seinem Ende ist die Schusterkugel präsent. Sie kann als **Requisit des Realismus** gelten, indem an ihr nochmals seine **Darstellungsprinzipien** sichtbar werden:

- Als ehemaliger Besitz des Vaters hält sie in der Hand des Sohnes die Erinnerung an das Zurückliegende und Vergangene wach, ist sie ein Stück der gewesenen Wirklichkeit.

- Als Kugel gleicht sie der Welt; sie wird von einer äußeren Lichtquelle beleuchtet und gibt es aufgrund ihrer Form gleichmäßig verteilt weiter.

- Als Instrument des Schusters fungiert sie im Rahmen des bürgerlichen Handwerks und zeugt von seiner teils philosophischen (Jakob Böhme), teils poetischen (Hans Sachs) Verknüpfung.

- Als bedeutender Gegenstand und Symbol verschönert sie die Dinge durch Brechung des Lichts zu bunten Farben und rückt sie zugleich ›ins rechte Licht‹, so dass ›Verklärung‹ und ›Aufklärung‹ zwei gegensätzliche Wirkungen desselben Gegenstands sind.

Für gewöhnlich beginnt ein Bildungs- bzw. Entwicklungsroman, wenn nicht mit der Geburt seines Helden, so doch mit seinem Aufbruch zur Reise »along the road of life« (*David Copperfield*, Kap. 64). Raabes zweiter Roman der so genannten Stuttgarter Trilogie (eher ein Triptychon) *Abu Telfan* kehrt das Muster um, indem er mit dem knapp vierzigjährigen Leonhard Hagebucher keinen jugendlich Ausziehenden, sondern **in die Jahre gekommenen Heimkehrer** als Protagonisten wählt, der – in erneuter Umkehrung des Musters – am Ort bleibend lernen soll, sich wieder einzufinden und das heißt anzupassen. Notwendig scheint dies, weil er der Heimat fremd geworden ist: Eine zehnjährige Versklavung im afrikanischen »Mondgebirge« hat ihn ›bürgerlich getötet‹ (in der Tat galt er als verstorben), so dass eine Wiedergeburt nach den Regeln des abenteuerlichen Initiationsritus (Steinbrink 1983), jetzt aber zu Hause sinnvoll wäre. Genau das jedoch kann nicht erfolgen, weil die Heimat in doppelter Hinsicht den Grund für das ›Sklavenleben‹ abgibt: Es waren ihre Ordnungen, die im Zeichen der Karlsbader Beschlüsse zur Vertreibung und mittelbar zur Versklavung des religierten Theologiestudenten beitrugen; und die Unterdrückungspraxis am Mondgebirge spiegelt die heimischen Verhältnisse (vgl. Brenner 1989). Also kann der Heimkehrer trotz seiner wiedergewonnenen Freiheit gerade zu Hause nicht das Gesuchte finden. Vielmehr bleibt er »der wilde Mann aus Afrika« (VII, 111), auf den man alle Schuld laden kann.

Leonhard Hagebucher ist aber nicht nur ein Heimkehrer, der vergeblich an einem Nullpunkt anfängt, er ist auch der ›Erfahrene‹, der seine Lebensreise schon hinter sich hat und somit wie der Held des Entwicklungsromans ›angekommen‹ ist, nur in einem anderen Sinn:

> »Zeige ihnen, mein Sohn, daß du doch nicht so ganz umsonst so lange in die Schule der Troglodyten gingst und mit einigem Nutzen am Mondgebirge den Eselskopf trugst, auf Erbsen knietest und die Rute bekamst. Weshalb solltest du es nicht wagen, Alter, den Kampf mit dieser närrischen Zivilisation von neuem aufzunehmen – wer weiß, wieviel Honig die Biene in sich hat? Jedenfalls, mein Kind, hast du weder Ruf noch Ruhm zu verlieren; und zu gewinnen –« (93)

So klingt die **optimistische Variante der Lebensbilanzierung;** einen anderen Ton wählt eine jüngere Figur: »nur schlau muß der Mensch sein und so tot wie möglich, dann läßt sich das Leben schon tragen« (113) Die Ideale, die für Hans Unwirrsch »Wirklichkeit« geworden sind, werden hier nur noch »so tief als möglich begraben« (124).

Wieder hält der Erzähler Umschau nach jenen »grünen Stellen« (Vischer), die ein Überleben als Schwundstufe des poetischen Zustands unter prosaischen Verhältnissen ermöglicht. Wieder richtet sich der Blick auf Randzonen, diesmal auf den sozialen Rand der »Katzenmühle«, wo sich eine Solidargemeinschaft der Außenseiter, Sonderlinge, Säufer und Alten bildet. Wer diese exzentrische Position nicht halten kann, gerät unweigerlich in das Schwerefeld des Philiströsen. »Wirklichkeit« und »die Dinge« (Stifter) meinen hier etwas anderes: »Heute war der Zauber gebrochen und der Schleier von den Dingen gefallen, das Märchen war zu Ende, und die Wirklichkeit drängte sich nackt und nüchtern vor und schrie laut zu dem Herzen und dem Verstande« (229).

Mit dem ausdrücklich »nicht verschönert[en]« *Schüdderump* (1870) kommt ein »langer und mühseliger Weg« an sein Ende, der beim durchaus »schönen Buche« über den Hunger anfing. Abermals zeichnet sich eine interessante, aber – was den programmatischen Realismus stören muss – doch ziemlich »unbehaglich[e]« Geschichte (VIII, 8) ab. Der »Schüdderump« ist ein ganz anderer »Angelpunkt« (10) für ein ›philosophisches System‹ als die Schusterkugel, obwohl auch er als typisches Werkzeug – nunmehr eines Totengräbers – die Welt ›ins rechte Licht‹ rückt bzw. rollt; nur scheint dieses Instrument, »ein hoher schwarzer Karren«, auf dem man »bequem für beide Parteien« (9) die Pestleichen ›entsorgen‹ konnte, dem aufgefangenen Licht keine Farben zu entlocken. In der Tat sind schon lange vor dem *Odfeld* die »grünen Stellen« der Raabe'schen Romankunst verödet.

Von **Bildung, Entwicklung und Erziehung** ist auch in diesem dritten Roman der Stuttgarter Zeit die Rede. Doch weder Hennig, noch die eigentliche Heldin, Antonie, kommen an ein Ziel. Das liegt an der Zerstörung der Familie, an der Ohnmacht der Helfer und am Erfolg der Spekulanten. Gerade der von der Dorfgemeinschaft verfemte Dietrich Häußler wird, in der großen Stadt (Wien) und durch Spekulation zu Geld gekommen, das Leben der eigenen Enkelin mutwillig verderben und somit die Hoffnung auf eine ›von unten‹, sich aus dem ›Armen- und Siechenhause‹ herausbildenden Schönheit und Anmut vernichten. Denn in Antonie scheint sich doch noch jenes Erziehungsprojekt zu verwirklichen, das gegenüber Hennig schon früh scheitert.

Antonie, die Tochter der »schönen Marie«, ist wie Leonhard Hagebucher eine »**arme Heimkehrende**« (26). Noch elender als der Sklave aus dem Tumurkieland kehren Mutter und Tochter in ihr Heimatdorf zurück, d. h. sie werden dorthin abgeschoben, was aber »alles in schönster Ordnung« (28) ist. Das bald verwaiste Kind, das schon beim ersten Anblick so wirkt, »als könne es nie genug von dieser Welt bekommen« (26), wäre in eben »dieser Welt« schon jetzt verloren, fiele es nicht in die Hände eines Alten, des Ritters Karl Eustachius von Glaubigern, und seiner gleichfalls alten Freundinnen. Diese guten, greisen Helfer und Erzieher werden ihrer ›Pflegetochter‹ solange beistehen, bis der Großvater wie im Märchen mit der Prunkkutsche vorfährt, um die arme Enkelin, Toni, zum reichen Stadtleben zu erlösen. Hier, »in dem wilden, wimmelnden, vorwärts stürzenden Leben« (362), wird die kaum Zwanzigjährige zugrunde gehen.

Toni gehört zu den ›Trotzigen‹ (vgl. 365) des viktorianischen Jahrhunderts, deren »unschuldige Wildheit« (»wilderness of innocence«, Fowles: *The French Lieutenants Woman*, chap. 31, 215) in der »Wüste des Lebens, der Lebendigkeit« (353) verkümmern muss. Nach bürgerlichem Maßstab gelten diese Frauen als eigensinnig und haben »auch ihre boshaften Launen« (371). Sie – Kellers Meretlein, Stifters Juliana, Fontanes Grete, Hilde und vielleicht sogar Effi – sie alle lassen sich nicht ›sozialisieren‹, weil die bekannten Formen der Sozialisierung bzw. Enkulturation zu einem ›Glück‹ führen, das gegen das Bewusstsein der Entfremdung in diesem Glück immun macht (vgl. den Gedankenmonolog jenes »einzigen Mannes« (378 f.), auf dessen »Denken und Fühlen« der Erzähler scheinbar so großen Wert legt). Bei Toni kommt noch etwas anderes hinzu. Wie Fontanes Lene (*Irrungen, Wirrungen*) liebt sie einen Adligen, doch anders als Botho will dieser sie schließlich sogar heiraten, aber nicht aus Liebe, sondern aus Mitleid. »Da ist der Tod unwiderruflich in mein Herz getreten, als er mir seine Hand aus Mitleid anbot« (361). Toni stirbt an einem Dilemma: Nicht die feindliche Außenwelt, sondern die **brüchige Innerlichkeit** entzieht ihr die Lebenskraft. Dass gerade die Kardinaltugend der Aufklärung, das Mitleid, ihr den Garaus macht, bedeutet die radikalste Abwendung dieses Realismus von seinen historischen Voraussetzungen und zeigt im übrigen auch Raabes Abstand von Schopenhauer an, der ja gerade im Bann des Pessimismus auf die Erlösungskraft des Mitleids setzt. Toni stürbe demnach noch am Liebestrieb, einem Gebrechen, für das es im folgenden Jahrhundert bald genug Heilmittel gibt.

Raabes Bildungsroman im nicht mehr »schönen Stil« (278) gestaltet den **individuellen Lebenslauf nach barockem Format**: Die Welt ist eine »große Tragikomödie« (374), auf der alle eine Rolle spielen und in der sie – »Glück auf – Glück herunter« (377) – umhergeworfen werden. Das gehört zum Bild des Rades, an das der Schüdderump von Anfang an erinnert. Folglich ist der Tod stets präsent und verleiht der dargestellten Welt etwas Gespenstisches (vgl. Simon 1999). Man dürfe sich nicht wundern, »wenn die Toten am hellen Mittag aufstehen, um das Ihrige in Anspruch zu nehmen!« (358) räsoniert der schließlich doch um seine Braut gekommene Bewerber, ein Graf mit dem bezeichnenden Namen Conexionsky. Die Weltbühne nach barockem Zuschnitt passt in das alte Siechenhaus, wo sich die verbleibenden hilflosen Helfer, »drei alte, kümmerliche Gestalten«, zu treffen pflegen:

> »Die drei sitzen in einer Reihe auf der Bank und betrachten die kahlen Wände. Wenn jedoch plötzlich ein Schein über die morsche Wand hinliefe und eine lichte Gestalt leise winkend und freundlich lächelnd vorbeiginge und den Finger auf den Mund legte, so würden sie sich kaum darüber wundern.« (379)

Freilich behauptet sich daneben noch **die Welt der Sieger**; sie erscheint in fast mythischer Perspektive als ewig gleichbleibende Siegerpose. Das zeigt sich am Geschick des ehemaligen Barbiers Dietrich Häußler und nunmehrigen Edlen von Haußenbleib: »[...] er hatte gesiegt und triumphiert; – auch diesmal hatte er seinen Willen gehabt und den Sieg gewonnen, wie er unter allen Gestalten und in allen Verhältnissen, in der Tiefe und in der Höhe seit vielen, vielen tausend Jahren den Sieg gewinnt. – –« (364).

Im **Umfeld einer triumphalen Reichsgründung** muss diese Botschaft das Publikum verstimmt haben. Als guter Realist wandte sich Raabe gegen die »Lüge in unserer Litteratur« (*Briefe*, 112). So schrieb er im Geist der Umwertung einen moralischen Roman gegen die Zeit, der die Niederlage verklärt und den Sieg desavouiert.

Verglichen mit dem Pestkarren scheinen die »Akten«, die der Titel von Raabes vorletztem Werk **Die Akten des Vogelsangs** (1896) ankündigt, ein relativ harmloses Instrument im Umgang mit Menschen und ihrer Lebensführung zu sein. Wenn aber zutreffen sollte, dass gerade dieser ›Roman‹ ein »radikales Buch« ist (Geppert 1994,

637), dann ist wohl auch Vorsicht geboten bei der Einschätzung solcher moderner, bürokratischer Mittel der Menschenbehandlung und ›Entsorgung‹ gescheiterter Lebensläufe.

Raabe hat die gattungsgeschichtliche Zuordnung der *Akten des Vogelsangs* offen gelassen; das mag seine Aversion gegen die ›Roman‹-Mode zum Ausdruck bringen, könnte aber auch anzeigen, dass die vorliegende Erzählung nicht umhinkommt, einen ›**Anti-Roman**‹ hervorzubringen. Dass er ein herkömmliches poetologisches Konzept nicht mehr einlösen kann, geht jedenfalls schon aus dem Motto hervor. »Die wir dem Schatten Wesen sonst verliehen, / sehn Wesen jetzt als Schatten sich verziehen.« Dieses Schlemihl-Zitat knüpft an romantische Vorstellungen an, lässt sich aber darüber hinaus sowohl auf das Prinzip des Bildungsromans (Bildung als Prozess des Wesentlich-Werdens) als auch des Realismus (Verlebendigungsprinzip) anwenden. In jedem Fall wird die aktuelle Lage als Umkehrung der vertrauten, natürlichen gekennzeichnet, als eine **Verflüchtigung und Auflösung**, als Schwund, nach dem nichts Neues mehr kommt.

Zu den Akten gebracht werden drei Lebensläufe, die jeder für sich einen **Bildungs-, Entwicklungs- oder Erziehungsroman** hätten ergeben können. Aktenkundig wird aber zugleich im Fortschritt der Protokollierung, dass diese drei Personen, oder zumindest zwei von ihnen, nur unterschiedliche Seiten desselben ›Falls‹ und Lebenslaufs sind; sie sind jedoch so verschieden, dass sie sich nur in ›gespaltener‹ Form darstellen lassen (Roebling 1988). Im Anleger der Akten, dem Oberregierungsrat Dr. jur. Karl Krumhardt, zeichnet sich ein mustergültiger Aufstieg aus kleinbürgerlichen Verhältnissen ab. Mit der Jugend- und Ehegeschichte der ›wilden‹ Helene Trotzendorff, späteren steinreichen Witwe Mungo, kommt die vorzeitig abgebrochene ›Ehekarriere‹ der Tonie Häußler zur Geltung. Die dritte Seite aber verkörpert das ›reine‹ Scheitern: Velten Andres, der Dritte im Bund der Kindheits- und Jugendfreunde und zugleich Phantom-Held der Geschichte, denn er tritt immer nur vermittelt auf; er ist Protagonist und Symptom einer Entwicklungsgeschichte, die insgesamt »hoffnungslos« scheitert (Geppert 1994, 637).

Im Realismus hat der Bildungsroman die Gelegenheit, für die Dauer der entscheidenden Lebensabschnitte eines Individuums zu erzählen, was geschieht, wenn sich dieses Individuum das Leben anders einrichten möchte, als es die Verhältnisse, wie sie eigentlich sind, erlauben. Der ›**alternative**‹ Lebenslauf wäre nach dem Fontane'schen Prinzip des »Allerlei Glück« – so der Titel eines Fragment gebliebenen Romans – eine natürliche Konsequenz des pluralen Prinzips, wenn es gleichwertige Antwort-Varianten auf die Frage gäbe, wie es denn eigentlich gewesen sei. Da aber das ›eigentlich‹ eine monoperspektivische Antwort einfordert, haben es alle, die ›anders‹ leben oder, wie Velten Andres, so ähnlich heißen, unendlich schwer, sich in der Wirklichkeit zu entwickeln. Im Grunde müssen sie scheitern, und wer ihr Scheitern beobachten kann, muss sie entweder für verrückt halten oder an sich selber irre werden. Denn wer nicht mit der Wirklichkeit kompatibel ist, verstört alle, die in der Wirklichkeit leben und demzufolge wirklich leben.

Die **Stimme der Wirklichkeit** hat in den *Akten* einen Akzent, der nicht auffällt, weil er in der ›Standardsprache‹ der familiären Lebensführung bis heute ›normal‹ klingt:

> »Guter Gott, wie dankbar können wir doch sein, daß du [Karl Krummhardt] nicht so
> warest wie die beiden anderen von euch. So haben wir doch wenigstens unser geregeltes
> Dasein und unsere Kinder um uns. Aber auf deren vernünftige, ordentliche Erziehung

wollen wir auch recht Achtung geben. Es wäre mir zu entsetzlich, wenn eines von ihnen auch so ins Wilde wüchse!« (XIX, 220)

Das könnte als wohltönender Schlusssatz dienen und das erreichte Glück zumindest für ein Menschheits- und Welten-Drittel besiegeln. Doch die Worte Anna Krummhardts schließen nicht ein Entwicklungsgeschehen ab, sondern stehen am Anfang einer ›Revision‹, deren Verlauf auch den Revisor Krummhardt verstören und seine offenbare ›Ankunft‹ im »geregelte[n] Dasein« in Frage stellen wird. Mehr noch, Annas ›Dankgebet‹ ist das des Pharisäers (Lukas 18, 11) und gilt in der biblischen Ausdeutung des Gleichnisses als Symptom für eine sichere ›Erniedrigung‹.

Zu den »anderen« gehören der Schrift nach Räuber, Ungerechte, Ehebrecher und Zöllner. Raabes *Akten* fügen diesen »Leuten« noch alle hinzu, die wie Velten Andres »in dieser auf bürgerlichem Ordnungssinn gegründeten Erdenwelt« (222) überhaupt vorkommen. Das müssen nicht sehr viele Menschen sein, denn sowohl Velten als auch Helene sind eher singuläre Figuren, aber als ›Ausnahmen‹ repräsentieren sie doch **jenen eigentümlich menschlichen Bezirk, der durch den bürgerlichen, d. h. totalitären Ordnungssinn ausgeklammert wird.** Oder sollte überhaupt jedes Leben, sofern es sich nicht bürgerlich ›krümmen‹ lässt, auf dieser »Erdenwelt« unstatthaft sein? Bereits im *Schüdderump* wirkten ja die ›Lebendigsten‹ auf der Welt geisterhaft. Je nachdem, wie man ›bürgerlich‹ fasst – als Klassenbegriff oder als existentielle Kategorie – bleibt mehr oder weniger Welt- bzw. Zukunftsraum für das ›Andere‹.

Auch der **Rückblick auf die »Kinderzeit«**, wie sie wirklich gewesen ist, kann nicht unbedingt bestätigen, was der »Protokollist des Falls« (220) anfänglich noch voraussetzte, das »Gefühl des nachbarschaftlichen Zusammenwohnens und Anteilnehmens« (218), bevor dann die Stadt mit ihrer Industrie zu wuchern begann. Im Gegenteil ist das Scheitern des ›Anderen‹ gerade auch schon in dieser »Ordnung« des Vaters programmiert. Ein seltsam **fehlerhafter Kreis** zeichnet sich ab:

- Je ordentlicher die Welt in Erscheinung tritt, desto krasser stechen ihre lebendigen Geschöpfe als unordentliche Störenfriede von ihrer Ordnung ab;
- je chaotischer sich diese Geschöpfe gebärden, desto größer wird die Faszination derer, die diese Welt als Ordnungshüter verwalten;
- je mehr sich diese ›Beamten‹ faszinieren lassen, desto brüchiger wird ihnen ihre eigene Welt;
- und je brüchiger die Welt wird, desto dringender erklingt der Ruf nach ihrer Ordnung.

Veltens Name charakterisiert ihn als ›**Trotzkopf‹, als den »starken Anderen«** (Roebling 1988, 112); ob er das wirklich ist oder nicht doch das Gegenteil, hängt wohl auch von der Bewertung seines Lebenslaufs ab. Als Charakter ist er eine eigentümliche Figur im Ensemble des Realismus. Wenn die Beschreibungen stimmen, die von ihm vorgelegt werden – er selbst kommt ja nie unmittelbar zu Wort – so befremdet diese Figur dadurch, dass sie reale Möglichkeiten ungenutzt lässt. Pragmatisch gesehen, nach dem Maßstab der »natürlichen Konsequenzen« (Fontane I/4, 917), müsste er sich in der Welt – wie schlecht sie sein mag – behaupten können (ähnlich wie Ewald Sixtus in Raabes *Alte Nester*); vielleicht hätte er diese Welt auch etwas verändert (er rettet jemanden, setzt sich für andere ein, kann Allerlei und erweist sich als tüchtig). Im Unterschied zu Fontanes Botho (*Irrungen, Wirrungen*) oder gar Waldemar von Haldern (*Stine*) ist er vielfältig und praktisch veranlagt; und doch bleibt er auf Helene ›existentiell‹ angewiesen, die sich ihrerseits nicht so verhält, wie die Gräfin Irene bzw.

verwitwete Baronin Rehlen (*Alte Nester*). Tatsächlich ist hier vieles »anders«, und das hängt wiederum mit dem »Unbegreiflichen« (221) dieser anderen Welt zusammen.

Veltens spontanes oder gezieltes, jedenfalls **nach bürgerlichen Maßstäben nicht rationalisierbares Rebellentum** richtet sich sowohl gegen latente Missstände in der vermeintlich heilen Welt der guten Nachbarschaft als auch gegen das, wozu der heimelige Ort Vogelsang in Zukunft taugen wird, gegen Fabrikgelände und Großstadt. Individuell zwar handlungsfähig, vermag er diese allgemeine Entwicklung nicht zu steuern und – darin bleibt er nun doch bürgerlich (vgl. Ohl 1979) – richtet sein gesteigertes Unbehagen gegen sich selbst, zunächst gegen das Eigentum der Mutter (als ob er gegen sie die größte Wut hätte, dies aber nicht eingestehen dürfte) und dann auch gegen sich selbst (vgl. Kindermann 2000). Das kommt dem absurden Theater nahe und muss allen, die gewillt sind, Rücksicht zu nehmen bzw. Verantwortung zu tragen, unheimlich erscheinen (vgl. Annas Reaktion auf Veltens Güterverbrennung, 383 f.). Dass er für Karl nicht in der Rolle eines Veitel Itzig oder Moses Freudenstein erscheint, sondern ein verwunderlicher Freund bleibt oder gar sein, Karls, ›anderes‹ Selbst ist, beweist, dass der Realismus immer besser zu blicken lernt. Sich zu verändern, mithin ›anders‹ zu werden, ist offenbar ein **riskantes Prinzip des Realismus**, das Glückbringendes und Katastrophales birgt. Effi wünscht sich ihren Innstetten »ein bißchen anders« (Fontane I/4, 34). Ob sie deshalb mit einem Velten Andres glücklicher geworden wäre, kann bezweifelt werden.

Dass »der Romanheld im Grund als ein Toter die Bühne betritt« (Geppert 1994, 640), gehört zum **Strukturmodell des Abenteuerromans** als Initiationsgeschehen (Steinbrink 1983). Immerhin ›beleben‹ im Abenteuerroman den üblichen ›Helden‹ noch als Toten schon Ahnungen, Zielvorstellungen oder gar Aufträge, um derentwillen er aufbricht und die riskante Schwelle überschreitet, die ihn zum anderen Leben einlässt oder endgültig in den Tod zurückstößt. Bei Velten handelt es sich um Ideale, deren Fiktionalität (Robinson, Sindbad; vgl. 227) von Anfang an deutlich ist, um ein Unbedingtes, dessen Ableitung aus der Welt, wie sie ist, erkennbar bleibt (vgl. Geppert 1994, 643). Es sind also weder nur berechtigte Ideale, die von der harten Wirklichkeit zunichte gemacht werden, noch lieb gewonnene Illusionen, die in einem rauen Erziehungsprozess aufgegeben werden müssen, sondern ›genetisch‹ bedingte Fehlprogrammierungen. Da davon alle ›Bürger‹ betroffen sind, scheitern nicht nur diejenigen, die als ›anders‹ stigmatisiert werden, sondern alle, die irgendwie mit den ›anderen‹ in Berührung kommen, sei es erlebend, sei es protokollierend bzw. Akten anlegend. Das ist die **nicht-naturalistische Form der realistischen Beobachtung,** dass sie eben nicht wissenschaftlich distanziert den Fall betrachten kann, sondern sich von ihm ›infizieren‹ lässt. Selbst in dieser Negativität also erweist sich Raabes Spätwerk als realistisch.

Karl Krummhardt bleibt ein **Vermittler nach realistischem, d. h. doch vormodernem Maß.** Er hat seine Akten nicht so angelegt, wie es wahrscheinlich Storms Chronist mit seiner *Chronik von Grieshuus* tat, und er verschleiert nicht den Tathergang, wie es in definitiv moderner Zeit der Freiherr von Gosch mit seiner Niederschrift versucht (Leo Perutz: *Der Meister des Jüngsten Tages*). Selbst wenn ihn die »Rückgedanken« (219) fortreißen, bewahrt er seinen Verstand, er lügt nicht; er täuscht sich zwar selbst mit seinen krampfhaft idyllischen Vorstellungen von ›unserer‹ Vergangenheit, verfälscht aber nicht die ›Protokolle‹ (220). Er verzweifelt nicht, er schreibt nicht wie Serenus Zeitblom (Th. Mann: *Doktor Faustus*) und spricht nicht wie Pilenz (G. Grass: *Katz und Maus*). Velten ›erscheint‹ ihm nicht wie die tote Harey dem schuldbewussten Kelvin (St. Lem: *Solaris*); allenfalls verdrängt er (Preisendanz 1981, 223f.). Angesichts solcher modernen Möglichkeiten bleiben die *Akten* ein realistisches Werk. Auch ihr Schlussbild zeigt, wie es sich verhält; und das heißt ›Realismus‹.

4.6 Der Kriminalroman

4.6.1 Die Präsenz des Verbrechens und seiner Aufklärung im Realismus

Im Realismus spielen **Erzählungen über Verbrechen,** wie sie begangen, verfolgt, aufgedeckt und bestraft werden, eine beträchtliche Rolle. Es genügt, an Dostojewskijs *Verbrechen und Strafe* (1866/77) bzw. *Die Brüder Karamasow* (1881) oder Dickens' *The Mystery of Edwin Drood* (1870) zu erinnern, um die Präsenz des Themas, der Motive und der Gattung Kriminalgeschichte bzw. Detektivroman zu belegen. Das Interesse, das der Realismus den straffälligen Taten entgegenbringt, erklärt sich aus seiner ›**analytischen**‹ **Neugier für verdeckte Sachverhalte** und lesbare Zeichen, für ihre Aufklärung, Herleitung und Folgenanalyse (vgl. Eisele 1979). Insbesondere interessiert sich der Realismus für abweichendes Verhalten und dessen Ätiologie, für Verstöße gegen solche Normen, die zur Konstituierung einer die Wirklichkeit definierenden Ordnung beitragen (vgl. Schönert 1991; Stockhorst 2002).

Fast jeder Realist hat Geschichten erzählt, in denen solche Straftaten vorkommen. Zu denken wäre schon an Droste-Hülshoffs *Die Judenbuche*, sollte sie sich tatsächlich als realistisches Werk erweisen (vgl. Laufhütte 2002), und Alexis' historischen Roman *Ruhe ist die erste Bürgerpflicht*, dann an Auerbachs *Die Geschichte des Diethelm von Buchenberg*, Kurz' *Der Sonnenwirt*, Friedrich Halms *Die Marzipanlise*, Meyers *Die Richterin*, Fontanes *Unterm Birnbaum* und Raabes *Stopfkuchen*; hinzukommt die Fülle der heute mehr oder minder vergessenen Detektivgeschichten (in Neudrucken präsent sind allenfalls die ›Untersuchungsrichtergeschichten‹ von J.D.H. Temme oder Kriminalnovellen von Auguste Groner), wie sie eigentlich schon ab 1820 mit L. Kruses *Der krystallene Dolch* in deutscher Sprache präsent sind (vgl. Hügel 1978) und insbesondere durch die Familienzeitschriften der zweiten Jahrhunderthälfte massenhaft verbreitet wurden (vgl. F. Meyer 1987); zu denken ist schließlich an jene realistische Literatur, die moderne Verbrechen wie Wirtschaftskriminalität in den Mittelpunkt rückt (Kellers *Martin Salander*) oder die sich dem Resozialisierungsthema zuwendet (Storms *Ein Doppelgänger*). Ob und wie sie alle am Vollzug des ›Überwachens und Strafens‹ (Foucault 1977) teilnehmen, wäre im Einzelfall zu klären. Wie der Realismus trotz seiner Aversion gegen das ›Didaktische‹ das Leben als Überwachtes und Strafbares abbildet bzw. thematisiert und problematisiert, begegnet fortwährend.

Es war die *Gartenlaube* (vgl. Kap. I.5.2), die zur Verbreitung des Kriminalgeschichten-Genres wesentlich beitrug. Eine Untersuchung der hier veröffentlichten Geschichten kommt zu überraschenden Erkenntnissen (vgl. F. Meyer 1987). Dazu gehört, dass ›**Familie**‹ **und** ›**Kriminalität**‹ ausgerechnet in den Geschichten einer Familienzeitschrift einen engen Zusammenhang bilden. Demnach muss die Beziehung zwischen Eheleuten als besonders riskant und gefährlich eingestuft werden. Das hängt mit dem Entstehen von ehelichen Bindungen (durch elterlichen Zwang oder durch Liebe) zusammen. Verbrechen des Vaters vererben sich nicht automatisch auf die Kinder, sondern können durch deren natürliche Unbescholtenheit leicht gesühnt werden. So erhalten sich individuelle Handlungsspielräume im schwach determinierten Kontext (vgl. ebd., 183). Außerhalb der Familie begangene Straftaten werden öffentlich verfolgt, während innerfamiliäre Verbrechen diskreter behandelt werden; hier wirken ›Schicksal‹ oder ›Bravheit‹ der übrigen Familienmitglieder ausgleichend. Das Gewissen des Täters und das Verantwortungsbewusstsein seiner nächsten Umwelt übernehmen gerade auch dort Sühnefunktionen, wo die juristische Institution teilweise oder ganz versagt. Bei der Aufdeckung des Tathergangs spielen »psychologische Einfühlung und Dechiffrierung von Physiognomien« (ebd., 184) im Vergleich zu bereits moderneren Untersuchungsmethoden eine dominante Rolle. Allenthalben werden Verbrecher und Verbrechen auf der Basis akzeptierter Normen beurteilt (ebd., 185).

4.6.2 Der lange Weg der Aufklärung: Raabes *Stopfkuchen*

Wilhelm Raabes *Stopfkuchen* (1891) ist ein Schlüsselwerk des Realismus, ein **realistischer ›Anti-Bildungsroman‹ im Gewand einer Detektivgeschichte** (Mayer 1992, 165–172; M. Schmidt 2004). Im Vordergrund steht die Aufklärung eines Mordfalls bzw. Totschlags. Doch was sich als Erzählkern zu enthüllen scheint, verliert im Vollzug des vermeintlich enträtselnden Erzählens zunehmend an Konsistenz, so dass die Lösung am Ende nicht etwa den geklärten Fall und mit ihm die wieder hergestellte Ordnung präsentiert, sondern erneut die Verstrickung vieler Personen offenlegt, die am Handeln, Bereden, Mitteilen, Erzählen und Niederschreiben beteiligt waren. Raabes »See- und Mordgeschichte«, so der Untertitel, bilanziert die Sorgen, Hoffnungen und Agonien eines Realismus, der ohne ›fremde‹ Hilfe, d.h. immanent und induktiv die Welt kritisch durchschauen, tatkräftig zurechtrücken und zugleich liebevoll betrachten möchte, damit ein Leben in ihr lohnenswert bleibt. Abermals beweist der realistische Roman, dass er nicht nur Wirklichkeit abbilden, sondern geradezu definieren will, weil er immer wieder beobachten muss, wie schwankend und fließend jener Boden ist, der eine vermeintlich sichere Lebensgrundlage und einen irgendwie verlässlichen Rahmen für Glücksvorstellungen bietet.

Vor vielen Jahren, so die Vorgeschichte, ist ein Mord geschehen. Ein Unschuldiger wurde verdächtigt und, weil man ihm nichts nachweisen konnte, gesellschaftlich geächtet. Zwischen seiner ›verwilderten‹ Tochter und einem gleichfalls ins Abseits gedrängten Außenseiter entwickelte sich dann eine Freundschaft, die schließlich zur Ehe führte. Die Gegenwartshandlung beginnt mit einem nach Jahren aus Südafrika zurückkehrenden Schulfreund, dem nun – am Todestag des eigentlichen Täters – die wahre Geschichte aufgedeckt wird.

Der Protagonist dieser Aufklärung heißt bedeutungsvoll Heinrich Schaumann, genannt Stopfkuchen, weil er gern das isst, was ihm aus wiederverwerteten Resten besonderen Genuss bereitet. Um ihn dreht sich die ganze »Mordgeschichte«, eine gefährliche Mühle der Bezichtigungen, deren weit ausgreifendem Mahlwerk niemand entkommt, auch nicht die scheinbar Unbetroffenen. Denn glaubt man einer neueren Interpretation (Mojem/Sprengel 1992), so gehört selbst der Detektiv in den Kreis der Tatverdächtigen.

Stopfkuchen beginnt mit Eduards, des Schulfreundes Ausruf »Wieder an Bord!« und endet mit einer vorweggenommenen Frage seiner ihn in Südafrika erwartenden

Kinder: »Vader, wat hebt gij uns mitgebracht uit het Vaderland, aus dem Deutschland?« Was also die Wahl der Satzart betrifft, so kehrt die »See- und Mordgeschichte« das **Muster des Detektivromans** um, insofern sie mit einer Frage schließt, die sonst am Anfang eines rätselhaften Geschehens steht. Die zu erwartende Anfangsfrage folgt aber dem initialen Ausruf wenig später doch: »Wie kam er drauf?« und »Wie kommen Menschen dahin, wo sie sich, sich besinnend, zu eigener Verwunderung dann und wann finden?« (XVIII, 7). Das ist endlich die typisch analytische Frage des Krimi-Genres; aber sie gilt weder dem Täter noch dem Tathergang, sondern löst eine verwunderliche Besinnung auf die eigene Situation aus. In den Blick rücken Stationen unterschiedlicher Lebensläufe, verschiedene **Typen der Lebensführung**:

■ der Zu-Hause-Bleibende,
■ der Auswandernde,
■ der Stillstehende,
■ der Bewegliche.

Eduard, der die ganze Geschichte heimkehrend aufschreiben wird, ist bis Südafrika gekommen und repräsentiert den erfolgreichen Großgrundbesitzer; und doch muss er sich nach der ›Aufklärung‹ fragen, welchen Wert seine Karriere eigentlich hat. Störzer, Eduards Idol der Beweglichkeit und Weltfahrt, hat als Briefträger – was die Kilometerzahl betrifft – sogar die ganze Welt umrundet, und trat doch auf der Stelle, konnte nicht hinter sich lassen, was ihn zeitlebens bedrückte. Heinrich dagegen, der als ›Trägster‹ »unter der Hecke« still hielt, gewann sich eine Schanze im wörtlichen wie übertragenen Sinn, die es ihm erlaubte, zu erkennen, »wie es eigentlich gewesen ist« (XVIII, 192).

Realistisch mutet dieser **ruhende Blickpunkt** an, weil er das Ethos des Schauens, der Unterscheidung und des Durchblicks verwirklicht. Schaumann ist ein typischer Detektiv der ersten Stunde, der aus der Ruheposition heraus und vor allem redend seine Handlungen ausführt. Darin freilich erweist er sich auch als problematischer Held (Plett 2004), weshalb er in neueren Interpretationen nicht nur belächelt, bemitleidet oder gar bewundert, sondern zunehmend auch kritisiert, entlarvt, ja demontiert wird (vgl. Graf/Kwisinski 1992; Liebrand 1997). Die ›Lösung des Falls‹ stellt die Ordnung nicht wieder her, sondern führt zu einer neuen Ächtung, diesmal der Familie des Täters. Vermeintlich tragende Lebensideale werden demontiert, so dass ihr Protagonist Eduard aus seinem »Arkadien« der Kindheit vertrieben wird. Was dann noch übrig bleibt, bewegt sich auf schwankendem Boden, wie Eduard, der Erzähler, auf dem Schiff, das den Namen jenes Heimkehrers Hagebucher (*Abu Telfan*) führt, der schon früher erfahren musste, wie schlimm es sich in der Heimat ›eigentlich‹ verhält.

Schaumanns Schanzen-Stellung beschert einen **eigentümlichen Sieg**, der ›anders‹ aussieht als die Siege, die ehemals von diesem »Kriegsmaulwurfshaufen«, der Roten Schanze, erfochten wurden. Zu sehen sind die ›Sieger‹ nur noch aus der vorbeifahrenden Perspektive Eduards, der seiner Heimat »durch die Hinterpforte« (201) entschlüpft: »Es waren nur zwei helle Pünktchen, aber sie waren da in der sonnenhellen, grüngoldnen Heimatslandschaft. [...] Es lagen da jetzt zwei, die man vordem hatte abseits liegenlassen, unter der Hecke und blieben nun ruhig liegen, was auch die Welt, die Welt da draußen, zu ihrer unbegreiflichen Indolenz sagen mochte« (205). Für einen Roman, der mehrere Lebensläufe (die der Täter, Opfer und Zeugen) in den Bann der detektivische Arbeit zieht, ist dies ein merkwürdig ›gleichgültiger‹ Schluss. Sehen so »Weltüberblick«, »Zweck und Ziel im Erdendasein« (67) aus? Ist das die typische Außenansicht einer unsichtbaren, ebenso reichen wie souveränen Innenwelt oder das zum ›Abschiedsbild‹ erstarrte Lebensende, die Schanzen-Idylle als Entropie? Sitzen nicht auch Effis Eltern am Ende so da?

4.7 Unterhaltende und abenteuerliche Wirklichkeitsbilder

4.7.1 Das Modell Marlitt

Als ›modern‹ verstand sich der Realismus von Anfang an, und ›modern‹ blieb er bis an sein Ende, wo die ›neue‹ Moderne des 20. Jh.s ihn als traditionelle Art brüsk verabschiedete oder in seinen schillernden Vertretern als Vorläufer und Wegbereiter der eigenen Geschichte in Anspruch nahm. ›Modern‹ im Sinne avantgardistischer Konzepte war der Realismus – jedenfalls im Bereich der deutschsprachigen Literatur – kaum. Realismus als Prinzip des Verstörens und Schockierens blieb dem französischen Weg vorbehalten. Die Modernisierungen auf dem Boden des ›programmatischen Realismus‹ hielten sich ans Vernünftige, Machbare und Plausible; sie bewahrten oder beschworen von Anfang an einen **Zug des Einvernehmens**, der die Wirkungen des realistischen Schreibens ›mehrheitsfähig‹ macht und erhält. Die Welt so zu sehen, wie sie ist, sie so zu durchschauen, dass ihr inneres Wesen wie der Kern einer Frucht in Erscheinung tritt, und sie unter jener Voraussetzung zu kritisieren, dass eine ›bessere‹ Welt in absehbarer Nähe sichtbar wird oder sich doch erahnen lässt – das sind Prinzipien, die vernünftig klingen, Konsens bewirken und ›Akzeptanz‹ erheischen. So liegt im realistischen Prinzip zunächst kein avantgardistisch schockierender, sondern ein trivial selbstverständlicher Zug.

Alle Realisten der deutschsprachigen Literatur kennen **das Triviale**. Es begegnet ihnen im Thema ihrer Geschichten (Kindheit, Liebe, Selbstverwirklichung, Glück, Heim, Alter), in den Rahmenbedingungen ihrer Existenz als freie Schriftsteller, die auf dem freien Markt von ihren Veröffentlichungen leben (Vorabdruck in Familienzeitschriften), und im Konzept der ›eigentlichen‹, wahren, ›wirklichen‹ Wirklichkeit (das Menschliche, das Soziale, die Freiheit, der Platz an der Sonne), dessentwillen sie überhaupt schreiben. Dabei konkurrieren sie mit unterschiedlichen ›Gegnern‹. Fontane z. B. musste sich immer wieder und im engsten Kreise mit den besseren (›sinnlicheren‹) **Liebesgeschichten** eines Storm vergleichen lassen; doch als ›Liebesgeschichte‹ wäre *Effi Briest* trivial und misslungen zugleich. Eine andere Form des Abrückens vom impliziten Konsens der realistischen Schreibart liegt in den Reibungen der Realisten an den entgegengesetzten realistischen Erwartungen ihres Publikums. Raabe oder Fontane beklagten sich ja nicht deshalb über ihr »widerwilliges Publikum«, den »Lesepöbel« (Raabe: *Werke in Einzelausgaben* X, 176,180), weil es vor- oder nicht-realistische Lesebedürfnisse hätte, sondern weil es nach anderen realistischen Schilderungen verlangte.

Diese Bedürfnisse weckte und erfüllte die **Unterhaltungs- und Trivialliteratur**. Als Alternative zu dieser eher abwertenden Bezeichnung wurde der Begriff der **Erfolgsliteratur** ins Gespräch gebracht (vgl. Kienzle 1975), doch kann auch er nicht verhindern, dass über das Kriterium der Konsumierbarkeit, das im Erfolgsbefund steckt, eine Wertung wieder einfließt. Die Unterhaltungsliteratur gehört zum Bild des Realismus in der zweiten Jahrhunderthälfte, weil sie seine typischen Themen aufgreift, die daraus entwickelten Konflikte programmgemäß löst bzw. Lösungshorizonte entwirft und so mit erzählerischen Mitteln nicht nur Wirklichkeit schafft, sondern Orientierung bietet und Verbindlichkeit stiftet. Sie bildet zugleich die Folie für jene Werke, die als realistische Erzählungen und angesichts trivialer Erwartungen anderes, nämlich nicht so rasch lösbare Konflikte, vor Augen führen. Über den ästhetischen Wert des trivialen Realismus, den »westeuropäischen Realismus zweiter Klasse« (Lukács 1955a, 247) braucht nicht entschieden zu werden, wo es um die Klarheit seiner Widerspiegelungen geht. Es gehört zu den Selbstwidersprüchen des realistischen Prinzips, dass es das Triviale als Alltägliches ernst nehmen muss und will, weil es etwas Menschliches ist, selbst wenn einige Formen dieser ›Menschlichkeit‹ einen Zug zum Unmenschlichen haben (die Stereotypen von Gut und Böse, Glück und Not, Tüchtigkeit und Versagen). Aber auch das ist eine Eigenart des 19. Jh.s, die von der Moderne nicht nur verabschiedet, sondern im Medienzeitalter erst voll entfaltet wird, sobald der Grundsatz eines mit dem Publikum paktierenden Schreibens an Bedeutung (wieder) gewinnt (Franzen 2002).

Als Erfolgsautoren im ersten realistischen Jahrzehnt gelten Friedrich Hackländer, Louise Mühlbach und Marie von Nathusius. Später setzt sich Sir John Retcliffe mit seinen historisch-politischen Romanen auf dem Markt durch (Winterscheid 1970; Neuhaus 1980). Die bedeutendste sogenannte Trivialautorin bzw. Unterhaltungsschriftstellerin des späten 19. Jh.s ist **Eugenie Marlitt** (geb. John, 1825–1887; vgl. Kienzle 1975; Schönberg 1986; Arens 1994; Brauer 1994). Wenn es darum ginge, auf induktivem Wege, also vom gelesenen Werk aus verallgemeinernd, ein Bild der realistischen Erzählliteratur herzustellen, so dürfte diese Erzählerin nicht fehlen und nähme einen ersten Rang im literarischen Epochenprofil ein. Marlitt setzt die **sentimentale Form des Frauenromans** fort, den Marie von Nathusius als Alternative zum politischen Emanzipationsroman eingeführt hatte. Zwei Romane mögen illustrieren, welches Bild des Realismus zustande käme, wenn es auf diesem ›empirischen‹ Wege gewonnen würde.

Mit *Goldelse* (1866) begann die ebenso reale wie ›phantastische‹ Karriere der berühmtesten *Gartenlauben*-Erzählerin (vgl. Kap. I.5.2). Der Name dieses Familienblattes steht für ihren Erfolg, wie ihr Erfolg auch die Auflage dieser Zeitschrift in die Höhe schnellen ließ. Das klingt im Umfeld avantgardistischer Literaturkonzepte wie eine Denunziation, besagt aber nur, dass diese Autorin in den damals modernsten Medien an die Öffentlichkeit trat.

Marlitts erster Roman ist ein abenteuerlicher Liebesroman nach dem Muster des Märchens. Im Mittelpunkt steht eine bürgerliche Heldin, die aus der Enge einer sozialen Notlage aufbricht, daraufhin in konfliktreicher Berührung mit der adeligen Gegenwelt ihre eigene Tüchtigkeit unter Beweis stellt und schließlich – nach den Regeln dieser poetischen Gerechtigkeit – verdientermaßen das große (Ehe-)Glück findet. (Stereo-)**Typisierung, Polarisierung, Schematismus, Happy End und zuverlässige Zentralperspektive** stehen im Dienst einer didaktisch akzentuierten Gesellschaftskritik, die auf dem Boden einer bürgerlich-empfindsamen Moraltradition gegen alle Verfremdungen und Verzerrungen des öffentlichen und privaten Lebens, wie sie insbesondere durch erstarrte höfische Konventionen verschuldet werden, mutig ankämpft. Die Verurteilung jeglicher Formen von Egoismus und parasitärer Lebensweise – Hochmut, Frömmelei, Trägheit, Egoismus, soziale Verantwortungslosigkeit – basiert auf dem unerschütterlichen Glauben an die Reformierbarkeit aller häuslichen, wirtschaftlichen, sozialen und politischen Verhältnisse.

Die ›frohe Botschaft‹ von dem schließlich nie ausbleibenden **Sieg der Tugend**, eine Instanz der poetischen Gerechtigkeit, die durch erzählerische Vorausdeutungen bekräftigt wird, und die Warnung vor der nie ausbleibenden Niederlage des Lasters klingen um so verlockender, als die Emanzipation der Bürgerlichen schließlich doch eine Karrieregeschichte meint, an deren Ende die faktische Nobilitierung steht, auch wenn Goldelse ausdrücklich auf das Adelsprädikat verzichtet.

Als Mädchen- oder gar Trotzkopfgeschichte variiert der Roman ein **Erziehungs- und Initiationsgeschehen**, das unter der Decke der propagierten bieder-korrekten Sozialisation und Enkulturation den tabuisierten Bereich der erotisch-sexuellen Bewusstwerdung andeutet. Das geschieht chiffriert durch die Mittel der Parallelisierung (Elisabeth – von Hollfeld/von Walde), Figurenkontrastierung (Elisabeth – Bertha) und der affektiven Körperzeichen (erröten, zittern) und kann um so leichter verdrängt werden. Nach dem Wirkungsmuster des bürgerlichen Schauspiels im 18. Jh. mischen sich Mitleid mit der zu Unrecht Leidenden, Bewunderung für die heroisch Kämpfende und Hoffnung auf ein ähnliches Glück für sich selbst bei regelrechter Nachahmung.

In *Reichsgräfin Gisela* (1869/70) erweitert Marlitt ihr soziales Interesse um politische und wirtschaftliche Momente. Der Roman überrascht durch seine **deutliche Gesellschaftskritik** im Umkreis einer bereits industriell formierten (aber ländlichen) Lebenswelt (vgl. die Erwähnung der Hochöfen). Im Mittelpunkt steht der exemplarisch gemeinte Entwicklungsweg eines äußerlich bevorzugten, aber innerlich verkümmerten Mädchens, das sich aus den klassenspezifischen Vorurteilen emanzipiert und zur sozial verantwortlichen Tätigkeit findet, auch wenn sie am Ziel nicht ihre Selbständigkeit, sondern ihre Abhängigkeit vom geliebten Mann betont und sich ganz als sein »Eigentum« (428) fühlt: »Ich gehe mit Ihnen auch dahin, wo Sie mit den Tigern kämpfen« (428). Beispielhaft wird vor Augen geführt, wie eine Sozialisation nach ständischem Vorurteil und infolge früher missverstandener Verletzungen (»tatsächlich gemißhandelt«, 235) das Individuum seelisch und körperlich krank macht: »man hat Sie geistig und körperlich zu morden gesucht« (415). Bezeichnenderweise ist es ein älterer Mann, der den Prozess der weiblichen Adoleszenz beeinflusst und der doch seinerseits von der Begegnung mit der Jugend profitiert. Gerade das Schlichte der weiblichen Kleidung gerät zum untrüglichen Zeichen einer aus dem Leben gegriffenen Natürlichkeit. Anders als später Effi gelingt es der sich ihres Einflusses noch unsicheren Gisela, den in Rachegedanken verdüsterten Mann zum Liebesglück zu erlösen. Es sind dies durchaus dramatische Vorgänge, deren Konfliktpotential auf Ersatzhandlungen verschoben werden wie die Tötung des tollwütig gewordenen Lieblingshundes. Am Ende der Adoleszenz steht die ›Aufklärung‹ mit ihrer eigentlich bitteren Ernüchterung: »Denke dir die Sache minder heilig, mein Kind« (340).

›Zum Glück‹ gibt es in Marlitts Welt genügend eklatante ›Verbrecher‹, die das Desillusionierende dieser ›**Einweihung‹ in das Leben, wie es ist**, absorbieren und eine Anwendung der angekündigten Enttäuschung auf den (Ehe-)Alltag verhindern. So personalisiert und kriminalisiert Marlitt die Ursachen für soziale, wirtschaftliche und politische Fehlentwicklungen; auch scheut sie davor zurück, die Pyramide der Macht an ihrer Spitze anzugreifen; lieber liefert sie die ›Minister‹, Gouvernanten und Lakaien ihrer **sozial engagierten Moralkritik** aus, scheint sich darin doch die Erwartung auszudrücken, dass gerade diese Personengruppen eigentlich anders handeln könnten und dass die »Duldsamkeit der Völker« (61) eine Grenze haben sollte.

Marlitts Kritik beharrt auf der **Reformierbarkeit von Missständen**. Die von der Literaturkritik beklagten Rollenklischees, vor allem das stereotype Bild der jungen blonden Frau, deren Tätigkeitsbereiche trotz sozialen Engagements Familie und Haus bleiben, steht im Dienst einer **bürgerlich liberalen Kritik** an feudalen und höfischen Rollenprofilen, deren ›Flexibilität‹ als Unzuverlässigkeit, Willkür, Libertinage, Egoismus, Hochmut und »Eispanzer der Konvenienz« (421) erscheinen. Aus auktorialer Erzählperspektive wird jener »Geist der Erfindung« gebrandmarkt, »der zu allen Zeiten gesonnen hat, wie die Frage über das Unrecht, über das Mein und Dein, über Herrschaft und Recht und Unterwerfung am blutigsten zu schlichten sei, und der in unserem waffengesegneten Jahrhundert im Zündnadelgewehr und Hinterlader gipfelt« (106). Auch das vermeintliche Ideal des klösterlich abgeschiedenen Lebens erfährt eine deutliche Absage: »Es ist Wahnsinn, eine Anzahl Menschen in ein Haus zusammenzustecken, um Gott zu dienen!« (318). Mit solchen institutionellen Verkehrungen kontrastiert als positives Gegenbild die »Häuslichkeit wie ein Tempel, ruhend auf den Säulen wahrer Tugend und durchweht von echt gottseligem Frieden« (432).

Die **poetische Gerechtigkeit**, nach deren Maß in Marlitts Thüringer Eisenindustrie-Märchen das Glück verteilt wird, orientiert sich am Grad der sozialen Nützlichkeit; nur sie, die eine Nützlichkeit der Arbeit für das Gemeinwohl meint, legitimiert den Anspruch auf Herrschaft in einer modernen, fortschrittlichen, dynamischen Gesellschaft, deren privatisierte Unternehmen wesentlich auf die Zusammenarbeit aller angewiesen ist. Vor diesem Hintergrund zögert Marlitt nicht, die offizielle Verfolgung von Demokraten, Sozialisten und »Umsturzpartei« (404) sowie die Unterbindung jeder Denkfreiheit als intriganten Schachzug skrupelloser Feudalinteressen anzuprangern:

> »Wir essen das Brot, das sie bauen, und sehen zu, wie sie selbst hungern; wir machen uns weis, sie seien zum Elend geboren, sie seien ein Etwas, das mit uns nicht verglichen werden könne, sie seien geistig nichtige Geschöpfe, und doch verlangen wir von ihnen dasselbe Verständnis des höchsten Wesens und seiner Gebote, wie wir es haben, und wenn sie sterben, verheißt ihnen der liebe Gott dasselbe Himmelreich wie uns. Wenn *dort* ihre Seelen uns ebenbürtig sind, warum auf Erden nicht? ... Ich weiß, daß wir grausame Egoisten sind, aber ich weiß es erst seit kurzem«. (300 f.)

Marlitts **bürgerlich-integratives Ethos** umfasst alle Willigen, auch »Türken, Heiden und Juden« (273), eine pathetische Geste der Solidarisierung im modernen Märchenland und »Tagtraum« (Kienzle 1980, 217), die angesichts jenes anderen bürgerlichen Märchens, Freytags *Soll und Haben*, nicht unterschätzt werden sollte, auch wenn das Ganze in der Liebesapotheose für zwei Auserwählte im eng umgrenzten Raum mündet:

> »Eine leichte Dämmerung webt bereits um das Waldhaus. ›Der Portugiese‹ hält sein junges Weib umschlungen und tritt mit ihr heraus auf die Terrasse. Noch fließt der Brautschleier von ihrem Haupt, und auf der weißen Stirn liegen die zartgebogenen Myrtenblätter. Mit zurückgeworfenem Kopf sieht sie unverwandt in das schöne Antlitz dessen, der sie hier im tiefen, dämmernden Wald gleichsam einmauern will ... Wie leuchtet dieses Antlitz! ... Der Mann, hinter dem eine düstere Vergangenheit voller Kämpfe und Schmerzen liegt, steht am himmlischen Ziel. Sein höchstes Kleinod hält er in den Armen. Er steht auf einer Art Oase im Weltgetriebe. Draußen lauert das protestantische Papsttum und schlägt mit Ruten auf die Geister, die sich aufwärts bäumen, und hier, in seiner selbstgeschaffenen Kolonie, darf die freie Anschauung von Gott und seinem Wort ungestört die Flügel entfalten ... Draußen herrscht und regiert fort und fort der unbegrenzte Egoismus, und eine Kaste sucht der anderen auf den Nacken zu steigen; hier aber waltet die Liebe und man erhält den unwiderleglichen Beweis, daß sich das Musterbild der Menschheit, wie es die oft verlachte Humanität anstrebt, in der Tat verwirklichen läßt. Der Mann

im Waldhause sieht glückliche, zufriedene Gesichter, wohin sein Blick sich wendet. Das lächerliche Jagen nach Ämtern und Orden dringt nicht herein – dafür kommt das höchste Streben, das die Menschenseele erfüllen soll, das Streben nach innerer Entwicklung und Befreiung um so besser zur Geltung.« (449)

Das ist das realistische Programm mit seinen »grünen Stellen« (F.Th. Vischer) in nuce, umgesetzt zum volltönenden Finale, gegen das gerade jene Realisten anschreiben, die selbst von der **verklärenden Aufgabe der Kunst** zeitlebens überzeugt bleiben.

4.7.2 Sonderwege des Abenteuerromans

Der **Zusammenhang zwischen Realismus und Abenteuerroman** ist wohl nicht auf den ersten Blick ersichtlich; dennoch lassen sich Beziehungen nachweisen. Ohnehin gilt als gesichert, dass ›Abenteuer‹ im Sinn einer erzählbaren Begebenheit, die für den Romanhelden auf seinem Weg zum Lebensziel entscheidend ist, grundsätzlich zum Kernbestand jeder Romantheorie gehört und damit auch in der Epoche des realistischen Romans relevant bleibt; auch hat man ›Abenteuerroman‹ als »Oberbegriff über einer Reihe realistisch-volkstümlicher Romanerscheinungen« definiert (Rehm/Kohlschmidt 1958, 1). Der trivial-romantische bzw. phantastisch-exotische Zug, der dem Abenteuerroman eignet bzw. zugesprochen wird, steht einer Verbindung mit realistischer Literatur keineswegs im Wege. Folgende **Momente verknüpfen den Abenteuerroman mit der realistischen Literatur:**

- Die Erkundung der vor Augen liegenden und doch unbekannten Wirklichkeit, die der Realismus betreibt, ist ein Abenteuer eigener Art.
- Das Abenteuerlich-Exotische macht die aufgesuchte Wirklichkeit attraktiv (realistisches Poetisierungsprinzip) oder gibt ihr durch den Gegensatz markante Profile bzw. feste Grenzen.
- Das Abenteuerliche einer ›anderen‹ Welt kompensiert die Erfahrungen mit einer immer enger werdenden, rigider beschränkten Lebenswelt.
- Wenn die Abenteuerreise etwas mit riskanter Initiation zu tun hat (vgl. Steinbrink 1983), dann enthalten viele Entwicklungsromane, ja selbst Eheromane (*Effi Briest*) Züge der Abenteuerliteratur.
- Die Fähigkeit, andere, ferne bzw. unbekannte Welten (z. B. das Siedlerleben in Nordamerika) überzeugend darzustellen, ist ein genuin realistisches Vermögen (orts- und sachkundige, erfahrungsbedingte, anschauliche, ›lebendige‹ Schilderung).
- Geschichtlich real werden ›Abenteurer‹-Biographien im Nachfeld der gescheiterten Revolution von 1848; gerade der zunächst restaurative, dann auch realistisch pragmatisch bzw. realpolitisch definierte Lebensgrund gibt mannigfaltige Anlässe für abenteuerliche Aufbrüche und ›Ausfahrten‹ im Sinne politisch bzw. wirtschaftlich motivierter Emigration (Stichwort ›Europamüdigkeit‹, von der Not auferlegte Fluchtphantasien).
- Zu den ›Vorläufern‹ realistischer Literatur gehören Autoren, deren Werk abenteuerliche Züge tragen; so Walter Scotts historische Romane, Coopers *Lederstrumpf-Erzählungen* und Sealsfields *Kajütenbuch* oder *Nathan, der Squatter-Regulator.*

So bleiben verschiedene Züge der Abenteuerliteratur auch im Zeitalter des Realismus relevant. Hinzu kommt das wachsende **Bedürfnis nach Unterhaltungslektüre**, das zur weiteren Ausbreitung des Abenteuerromans im 19. Jh. beiträgt bzw. die abenteuerliche Einfärbung aller epischen Gattungen (des historischen Romans zumal) bedingt (vgl. Becker 2000).

Es gehört zur Eigenart der Abenteuerliteratur, dass sie **mannigfaltige und abwechslungsreiche Profile von unterschiedlichen Lebenswegen** exponiert. Sie erzählt stets von den besonderen Reibungen an ›Gegenständen‹ und ›Hindernissen‹, die maßgeblich jenen Bereich abstecken, der jeweils Wirklichkeit heißen soll. ›**Held**‹ **in einem Abenteuerroman** zu sein, heißt:

- als ›Durchschnittsmensch‹ einer ungenügenden Welt den Rücken zu kehren,
- sich auf die Reise nach neuen Zielen zu begeben,
- Schwellen zu übertreten,
- Bewährungsproben zu bestehen und
- als ›Neubelebter‹ und ›Qualifizierter‹ in einer anderen, ›eigentlichen‹ Wirklichkeit zur Ruhe zu kommen (vgl. Klotz 1979; Steinbrink 1983).

Nach den abenteuerlichen Wagnissen sieht alles anders aus; das gilt vom Helden, ganz gleich ob er sich bewährt oder ob er scheitert, das gilt aber auch von dem durchreisten Raum, der im eigentlichen Abenteuer seine ›wirkliche Wirklichkeit‹ erst im Moment der Prüfung offenbart. Der ›realistische Weg‹ (vgl. Geppert 1994) ist ein Abenteuer. **Alle Realisten haben an der Abenteuerliteratur partizipiert** bzw. in irgendeiner Form mitgewirkt. Zu erinnern ist an Kellers *Pankraz, der Schmoller, Kleider machen Leute* oder *Don Correa* (aus *Das Sinngedicht*), an Raabes *Abu Telfan, Unseres Herrgotts Kanzlei* oder *Hastenbeck* und Meyers *Jürg Jenatsch, Das Amulett* oder *Gustav Adolfs Page*; auch der ›urbane‹ Fontane benutzte Traditionen der Abenteuerliteratur in *Grete Minde* oder *Quitt* und beabsichtigte noch zu später Stunde einen großen Piratenroman (*Die Likedeeler*) zu schreiben. Gustav Freytags Kaufmannsroman *Soll und Haben* folgt weitgehend dem Muster des Abenteuerromans. Stifters *Witiko* ist ein Abenteuer eigener Art. Daneben treten ›Reiseschriftsteller‹ in den Vordergrund, die noch heute als Verfasser von bedeutenden Abenteuerromanen geschätzt werden: Friedrich Gerstäcker und Balduin Möllhausen.

Die Geschichte des Abenteuerromans im 19. Jh. hängt eng mit dem verbreiteten Amerikabild zusammen. Das **literarische Interesse an Amerika** hat seine Vorgeschichte: Schon in Goethes *Wilhelm Meisters Wanderjahre* spielt das Motiv der Amerikafahrt eine tragende Rolle. Heinrich Heine hat dann das **Schlagwort der Europamüdigkeit** geprägt, das sich gegen die gesellschaftliche und politische Zwingburg der Vormärz-Zeit im Zeichen der Heiligen Allianz richtete. *Die Europamüden* (1838) hieß auch Ernst Willkomms Briefroman, der dem Motiv aus jungdeutscher Perspektive brennende Aktualität verlieh (Kritik an der tötenden Enge in allen Lebensbereichen, Amerika als Schlüsselbegriff für Freiheit, Selbstbestimmung, Tatendrang, Zivilisationsmüdigkeit und Naturreinheit, als realisierte Utopie eurozentrischer Ideale, als Land der Zukunft). Willkomm blieb bei seiner negativen Schilderung Europas stehen; sein Roman schließt mit dem Satz »Lebt wohl in Europa! Vom Ufer des Missisippi schreib‹ ich Euch wieder.« Doch zu dieser Fortsetzung, in der das positive Gegenbild Amerikas dominiert hätte, kam es nie. Das besorgte eher Charles Sealsfield. **Amerika als Ort des Neuanfangs und der Neuordnung** lernten die Zeitgenossen dann bei Gerstäcker kennen. Selbst in der ›Bibel‹ des Realismus, in Gustav Freytags Kaufmannsroman *Soll und Haben* spielt dieser ›gegeneuropäische‹ Raum eine Rolle. Auf die ›modische‹ Europamüdigkeit reagierte seinerseits Ferdinand Kürnberger mir seinem Lenau-Roman *Der Amerikamüde* (1855); demnach gilt jetzt: »Amerika ist ein Vorurteil«, alles Gute dort verdankt sich dem deutschen Geist, Deutsche aber leben dort im Elend, weil der krude Materialismus der anderen sich durchgesetzt hat.

Friedrich Gerstäckers (1816–1872) Roman *Die Flußpiraten des Mississippi* (1848), eine Fortsetzung der erfolgreichen *Regulatoren in Arkansas* (1846), ist ein **Abenteuerroman mit kriminalistischem Einschlag oder ein abenteuerlicher** ›Gesellschaftsroman‹, der seine Ordnungskonflikte an einem kriminellen Fall vor Augen führt. Er schildert das Leben von Ansiedlern am Mississippi. Ort und Landschaft sind für sich schon schildernswert genug (in der Tradition der Reiseschriftstellerei), doch steht der exotische Ort darüber hinaus für den unsicheren, gefährdeten **Bereich einer zwar fortschreitenden, aber noch jungen Zivilisation,** für einen exponierten Vorposten in der rauen Wildnis, wo sich eine gesellschaftliche Ordnung erst allmählich herausbildet.

An den Raubzügen der Flusspiraten werden nicht nur die äußeren **Gefährdungen der neuen Gesellschaft** deutlich; vielmehr zeigt das Doppelleben des Squire Dayton als Friedensrichter der Uferstadt Helena und als Kapitän der Flusspiraten die unsichtbaren Gefährdungen einer Kommunität von innen. So gesehen, informiert der Abenteuerroman nicht nur über ein Leben in der Ferne, sondern **skizziert am vereinfachten Modell die gegenwärtigen Zustände daheim.**

Gerstäckers Abenteuerroman hat eigentlich keinen typischen Helden. Wenn eine Figur im Mittelpunkt steht, dann ist es der zwielichtige Würdenträger. Im Grunde aber lenkt der Erzähler den Blick auf eine ganze **Reihe von charakteristischen Typen** der Region und ›Lebenskreise‹ (vgl. Kap. 2.1); sie sind mehr oder minder tüchtige Leute, aber keine charismatischen Protagonisten, wie sie das Genre bevorzugt. Gerstäcker mischt Exotisches mit Grausigem und Idyllischem. Gesellschaftsszenen stehen neben dramatischen Erzählungen, wobei die Perspektive ständig wechselt, gerade auch zwischen der guten und der üblen Partei. Das steht im Dienst einer **Kontrastierungstechnik,** die ein klares Werteprofil hervorbringt; und doch deutet sich in der Doppelrolle des Richters bereits die Möglichkeit einer schwer zu kontrollierenden Verschränkung an.

Gerstäcker arbeitet mit der spannungssteigernden Unterbrechungstechnik, auch wenn er nicht ständig ›Cliff Hangers‹ benutzt. Sein Roman informiert über die Lebensweise am Fluss und im Hinterwald, er malt bunte Lebensbilder aus, die trotz ihrer Spannungsmomente als soziale Chronik anerkannt wurden. Das heißt, Gerstäckers Roman nähert sich jenem **Typus des** ›**demokratischen**‹ bzw. ›**Vielheitsromans**‹, der, von Sealsfield ausgehend, über Gutzkows Roman des Nebeneinander bis hin zu Fontanes Zeitroman-Konzept wirksam bleibt.

Balduin Möllhausens (1825–1905) Roman *Die Mandanen-Waise* (1865) spielt – wie auch der Untertitel anzeigt – im »Rheinland« und am »Stromgebiet des Missouri« (vgl. Graf 1993). Er setzt weder Willkomms radikale Europakritik, noch Kürnbergers verbohrte Amerikaschelte fort, sondern greift einzelne Momente aus beiden Richtungen auf. »Amerika liegt nicht außerhalb der Welt« (Möllhausen: *Die Mandanen-Waise,* 159), heißt es gelegentlich, das bedeutet, die fernen Kontinente werden sich ähnlicher.

Zentralfigur ist nicht eigentlich die Titelheldin, die erst im zweiten Teil des Romans auftritt, sondern der Ich-Erzähler Gustav Wandel, ein Jurastudent, der in den **Sog der Freiheitsbewegung** gerät, Opfer einer (jesuitischen) Intrige wird, das Land verlassen muss und in Amerika ein neues Leben als Jäger und Trapper beginnt, das aber auf abenteuerlichem Weg seine in Deutschland abgebrochenen Beziehungen fortsetzt und zu einem glücklichen Ende führt. Die Begegnung mit verschiedenen Indianerstämmen steht nicht nur im Dienst einer spannenden Handlung, sondern reflektiert bereits die **Problematik der europäischen Präsenz in Amerika** (die von den Weißen eingeschleppte Blatternkrankheit, die ein Massensterben unter dem Indianern verursacht).

Möllhausen erzählt seine Geschichte nicht nur linear-zielstrebig, sondern bettet sie in die Fiktion eines Handschriftenfundes ein. Gustavs Bericht aus den 1830er Jahren hat sich als fragmentarische Niederschrift erhalten, die der Ich-Erzähler einer Rahmenhandlung zwanzig Jahre später erst an sich bringt und deren Ende er von Gustav persönlich erfahren wird. So zeichnet sich ein komplexer Erzählvorgang ab, der den abenteuerlichen Weg durch die Wildnis um den nicht minder abenteuerlichen Weg zum Schreiben und Lesen solcher Abenteuer verlängert.

4.8 Versepik und Verserzählung

4.8.1 Aspekte der realistischen Verserzählung

Im Umkreis der Erzähl-›Prosa‹ spielt die Versepik bzw. Verserzählung eine merkwürdige Rolle. Sie fällt aus dem Prosa-Paradigma heraus und gehört doch zur Erzählkunst, sei es idyllischer (Scheffels *Der Trompeter von Säkkingen*), heroischer (Jordans *Die Nibelunge*), historischer (Linggs *Die Völkerwanderung*, Hamerlings *Der König von Sion*), sozialkritischer (Hebbels *Mutter und Kind*, Reuters *Kein Hüsung*) oder komischer Art (Buschs gereimte Bildergeschichten). Als sicher kann gelten, dass die Form der Verserzählung, die für die vorrealistische, biedermeierliche Epoche typisch ist, auch in der zweiten Jahrhunderthälfte tonangebend bleibt und sich weiterhin besonderer Beliebtheit erfreut (vgl. Jäger in RuG I). Ob sie den Realismus dieser Zeit, der doch zu gutem Teil eine literaturgeschichtliche Konstruktion im nachhinein ist, verdrängt, ignoriert, unterstützt, modifiziert oder gar mustergültig einlöst, ist noch nicht entschieden worden. Doch ohne eine Berücksichtigung der Verserzählung sähe die Epoche, die man Realismus nennt, anders aus. Auch die Verserzählung sollte zudem im Licht eines gewandelten Realismus-Verständnisses neu eingeschätzt werden. Ihr eklatant unrealistisches Profil ergab sich nicht zuletzt aus dem Gegensatz zu jenem Realismus, der von Autoren wie Keller, Storm, Raabe und Fontane getragen wurde. Wenn es aber richtig ist, dass deren Werk bereits an die frühe Moderne heranrückt und somit den Realismus eigentlich schon hinter sich lässt, könnten am Realismus-Begriff traditionelle Facetten sichtbar werden, die den Einschluss der Versepik wieder ermöglichten.

Wenn die **Versgattung als Hüterin des Poetischen** gilt, läge in ihr die stärkste Kraft, der Prosa der Verhältnisse im Sinn des Realismus entgegenzutreten. Die Vernachlässigung von Gegenwartsstoffen ist kein eindeutiges Kriterium für mangelnden Realismus. Vielmehr zeigt die Wahl historischer oder mythologischer Stoffe, dass die Versgattung auf zeitgeschichtliche Vorlieben durchaus reagiert (Nationalismus, Reichsgründung, Kulturkampf). Das Monumentale, Orientalische und Idyllische ist gewiss beliebter und literaturgeschichtlich symptomatischer als das Sozialkritische (vgl. Aust 1979; Kühnel 1982; Ahlers 1998). Die Wirkungsgeschichte des realistischen Prinzips zeigt, dass man mit ›Realismus‹ unterschiedliche Ziele verfolgen kann; auch die traditionell idealistische Gattung der Versepik könnte von ihrem Gegenprinzip profitieren.

4.8.2 Idyllische, sozialkritische und historische Verserzählungen

Zu den beliebtesten Lektüren in der zweiten Jahrhunderthälfte gehört Joseph Victor von Scheffels (1826–86) *Der Trompeter von Säkkingen* (1854), eine historisch-komische Verserzählung, die sich formal (vierhebige Trochäen) an Heines *Atta Troll* anschließt, aber nicht satirisch geschärft, sondern idyllisch gestimmt ist. Die Geschichte eines von der Universität verwiesenen trink- und liebeslustigen Studenten, der nach Widerständen schließlich doch die zunächst aus Standesrücksichten versagte Geliebte heimführt, erfüllte das nach der Reichsgründung wachsende **Bedürfnis nach Gemütlichkeit** und zu Herzen gehendem Spaß (Martini ⁴1981, 313). Der die Dichtung tragende **Humor** – Kennzeichen des realistischen Selbstbewusstseins – stellt hier seine harmonisierende, verklärende Kraft unter Beweis. Im historischen Umfeld des Dreißigjährigen Krieges macht er es möglich, dass selbst die Vernichtungs- und Zerstörungslust ihren sinnvollen Platz findet und eine herzergreifende Wirkung ausübt: »Befehlt, so will ich für Euch, für Euch, / Die Welt in Fetzen zerhauen« (V, 32). Was die soziologisch argumentierende Literaturwissenschaft als antirealistischen Zug entlarven muss – das Ethos »der Beschränkung des Kleinen und Privaten, der Verklärung von Natur und Liebe, der rückwärts gewandten Sehnsucht nach einfachen Lebensformen« (Becker in BRuG 134) – das kann zugleich als exemplarische Umsetzung des realistischen Programms gelten, jenes ›Realismus‹, von dem sich die ›eigentlichen‹, immer moderner werdenden Realisten (Raabe, Fontane) zunehmend distanzieren.

Fritz Reuters niederdeutsche Versdichtung *Kein Hüsung* (1858) handelt von Unterdrückung und Ausbeutung des Landarbeiters nach der Aufhebung der Leibeigenschaft. Ein Knecht und seine Braut werden Opfer der gewissenlosen Erwerbsgier einer Gutsbesitzerfamilie. Auf dreizehn Gesänge verteilt (vierhebige Jamben in Paarreim), reihen sich die existentiellen Situationen Not, Schimpf, Hass, Groll, Lust, Fluch, Verzweiflung, Nacht und Klage (so einzelne Überschriften). Zwar schränken »Schwarzweißmalerei«, »melodramatische Effekte« und »mangelnde Psychologie« (Schmidt-Henkel 1982, 228) den literarischen Wert der Dichtung ein, doch besticht sie durch die **Schärfe ihrer Gesellschaftskritik**, die den moderaten Stil des programmatischen Realismus übersteigt und darin Anschluss findet an die europäische Tradition des kritischen Realismus, der – wie im Falle Balzacs oder Dickens' – auch nicht frei ist von melodramatischen Effekten.

Aus einer Novellen-Idee entstand Friedrich Hebbels »Gedicht in sieben Gesängen« *Mutter und Kind* (1859), ein »idyllisches Epos« (*Tagebuch* Nr. 5430) in der Nachfolge von Goethes *Hermann und Dorothea*. Hebbels Titelwahl lenkt die Aufmerksamkeit auf die fundamentale Bedeutung der natürlichen Beziehung zwischen Mutter und Kind in der auf Geld und Besitztum begründeten und deshalb gespaltenen bürgerlichen Welt. An zwei Paaren aus unterschiedlicher sozialer Lage – das eine reich (Kaufmann), das andere arm (Knecht) – vollzieht sich ein läuternder Prozess der Bewusstwerdung, dessen Ergebnis auf dem Hintergrund der Angst vor »roten Gespenstern« (Vers 476) **zum sozialen Frieden beitragen** soll (vgl. Ehrismann 1998, 10). Thema und Handlungsführung rücken das Hebbel'sche Epos in die Nähe zu Johann Nestroys Posse *Zu ebener Erde und erster Stock* (vgl. Scheit 2000). Das reiche, kinderlose Paar hat von einem armen Liebespaar das erste Kind ihrer nur durch diesen Handel gestifteten Ehe gekauft (Motiv der ›Frau ohne Schatten‹), verzichtet aber bei der Einlösung des Kaufvertrages auf sein Recht und entscheidet sich zur ›sozialen Elternschaft‹ gegenüber den Armen. Das notleidende Paar hingegen, zunächst bereit, um des Geldes wegen das Kind herzugeben, besinnt sich angesichts des Neugeborenen auf die ›natürliche‹ Aufgabe. Beider Verhalten erscheint im Lichte christlicher, weihnachtlicher Verklärung, die den zugrundeliegenden Klassenkonflikt überblendet (vgl. Lütkehaus 1982; Pilling 1991), und konturiert ein bürgerliches **Harmonie- und Familienideal** (vgl. Häntzschel 1990), das sich der Tragiker Hebbel sonst versagt (vgl. Fenner 1979, 107 f.).

Hebbels Idealisierung der Kaufmannswelt unterscheidet sich von Gustav Freytags poetischer Verherrlichung des bürgerlichen Geschäftsethos in *Soll und Haben*, insofern Hebbel seine Kaufleute entgegen aller Wahrscheinlichkeit und Standestypik handeln lässt. Das gilt als Ausdruck eines utopischen Konzepts, das sich »wider den Realismus« Freytag'scher Provenienz wendet (Ehrismann 1997, 89). Als Plädoyer für das ›Menschliche‹ und Versöhnliche, als Dokument für die versittlichende Kraft der Arbeit und als Utopie einer bürgerlichen Familie im Sinne Wilhelm Heinrich Riehls (Ehrismann 1997 94 ff.; vgl. Kap. I.2.4), hätte es vielleicht doch noch einen Ort innerhalb des realistischen Konzepts.

Der unter ästhetischem Gesichtspunkt wichtigste Titel im versepischen Genre (fünfhebige Jamben mit männlichem Paarreim) ist Conrad Ferdinand Meyers *Huttens letzte Tage* (1871/91), eine »Dichtung«, die eher einem Gedichtzyklus gleicht (bestehend aus 71 ›Gedichten‹, gebündelt in acht Gruppen) als einer fortlaufenden Erzählung, mithin ›bloße‹ »Stimmungsbilder« (*Briefe* II, 522), aber doch auch ›Versnovelle‹ (Hertling 1973, 19). In einem langen Monolog entwickelt sich das Bild eines »Menschen mit seinem Widerspruch« (SW VIII, Motto und 55). Hutten ist im Augenblick seiner Landung auf der Insel Ufenau nicht mehr der starke, streitbare Held, sondern ein zweifelnder, geschwächter und kranker Asylant, der dem Tod ins Auge sieht und sich nun seiner letzten »Rast«-Stätte als Todesraum bewusst wird. Träumend und erinnernd lenkt er ein letztes Mal den Blick auf seine bewegte Vergangenheit zurück, lässt in der Art eines Bilderbogens seine Lebensstationen, Taten und Begegnungen Revue passieren.

C.F. Meyer hat in einer späteren Erklärung über seinen »Erstling« die »drei Elemente« genannt, aus der die Dichtung geboren sei: »aus einer jahrzehntelang genährten, individuellen Lebensstimmung; dem Eindrucke der heimlichen, mir seelenverwandten Landschaft und der Gewalt großer Zeitereignisse« (*Briefe* II, 518). Demnach würden sich

- autobiographisch persönliche,
- landschaftlich ›objektive‹ und
- historisch-politische Momente

in dieser Dichtung verschränken und einen mehrdimensionalen Bedeutungsraum einrichten, der von der Spannung zwischen Subjektivität und Objektivität, Gegenwart und Vergangenheit, Bekenntnis, Darstellung und Appell lebt. Entstehungs- und wirkungsgeschichtlich gesehen scheint die »Gewalt großer Zeitereignisse« die dominierende Rolle gespielt zu haben; doch bemühte sich der Dichter in den Folgeauflagen seines populärsten Werkes, die vordergründigen Zeitanspielungen zurückzunehmen und statt dessen anderes, insbesondere den »**realistischen Zug** in das Bild des Ritters« zu verstärken, »um ihm«, wie es heißt, »Porträtähnlichkeit zu geben« (*Briefe* II, 523).

Meyers erklärte Absicht, mit den »Gestalten des sechzehnten Jahrhunderts [...] die Geister der Gegenwart« auf der Insel schreiten zu lassen (*Briefe* II, 522), scheint das **Politisch-Parabolische** zu unterstreichen. Demnach ginge es darum, in Hutten den (kultur-)kämpferischen Protagonisten gegen die römische »Priesterlüge« (SW VIII, 18) und für die Wahrheit des Nationalen zu exponieren. ›Wahrheit‹ hieße in diesem Koordinatenfeld, den »Beruf Preußens zur deutschen Vormacht« anzuerkennen (*Briefe* II, 521) und den Weg zur deutschen Einheit und Freiheit teils zu modellieren, teils widerzuspiegeln. Literaturgeschichtlich gesehen käme damit, je nach ideologischer Einfärbung, ein reaktionäres oder progressives, liberales oder nationales Konzept zum Ausdruck. Doch Meyer wollte ausdrücklich nicht (nur?) den »ideale[n] Freiheitskämpfer« (ebd.) in den Mittelpunkt rücken, vielmehr interessierte er sich für den ›Stillen und Sterbenden‹. So entsteht weder eine vermeintlich prophetisch-visionäre, noch triumphale Hymne auf das neue Reich, sondern eher eine **Elegie auf etwas Zu-Ende-Gehendes**. Hinzu kommt, dass dem Dichter in Hutten auch ein Held der »Feder« (VIII, 18) begegnet, ein Schriftsteller, den er – »halb Abbild, halb Wunschbild« (Zäch 1973, 99) – in die Dichtung einführt, um die Rolle der Kunst und die Kunst der »Feder« zu thematisieren. Deshalb entsteht im Kontext einer politischen ›Gebrauchsdichtung‹ ein **autoreflexives Werk**, das im historischen Spiegel das schreibende Ich sucht und dem Geschriebenen einen eigenartigen, oft allegorischen Sinn verleiht.

Hutten ist ein Heimkehrer; darin gleicht er Odysseus; aber als fahrender »Ritter« tritt er nicht allein auf, sondern kommt in Begleitung oder gerät in die Gesellschaft von »Tod und Teufel«. Mag er auch den einen überwinden, dem anderen wird er erliegen. Die Begründung dafür, dass er dem Tod verfallen ist, fällt merkwürdig aus. Es ist nämlich nicht nur die fehlende »Lebenskraft« (VIII, 107), die ihn zum Helden auf verlorenem Posten macht, sondern auch das aufrecht erhaltene Bewusstsein seiner Lage, das ihn aufreibt. Vergessen zu können hieße jetzt nach üblichem Maße, in bescheidenen Verhältnissen weiterleben zu dürfen; sich dagegen an die eigene Identität zu erinnern, bedeutet, das Leben aufs Spiel zu setzen (vgl. 20). So verwandelt sich die politische Dichtung in einen gefährlichen Bewusstwerdungsprozess. Die kulturhistorische Erschließung der Reformationszeit – eine Vorliebe des Realisten im Zeichen des Historismus – löst sich im bewusstseinsgeschichtlichen Prozess auf und unterstreicht den riskanten subjektiven **Akt des Träumens und Erinnerns** in isolierter Lage und im Augenblick des Sterbens.

Wirkungsgeschichtlich gesehen, wurde aus dem verwegenen »frechen Ritter« (*Briefe* I, 161) ein bequemer nationaler Held für die Öffentlichkeit der Wilhelminischen Gründerzeit. Ob Meyer – wie Luther – doch eher heimlich auf »einer grün umwachsnen Burg versteckt« saß und nur solchermaßen geschützt seine »Bibel« und sein »Deutsch« entdecken konnte (vgl. 65), ist mit der Erfolgsgeschichte des *Hutten* noch nicht beantwortet. Der Leitfaden der lyrischen Traumbilder trägt zu einer **Poetisierung und Ästhetisierung der Wirklichkeit** bei (vgl. Hertling 1973, 27), die im nationalpolitischen Kalkül nicht aufgeht (vgl. Kaiser 1991, 2001).

4.8.3 Wilhelm Buschs versifizierte Sittengemälde aus der Provinz

Ein Versepiker und zugleich Bildergeschichtenerzähler (vgl. Riha 1982, 290) von europäischem, wenn nicht weltliterarischem Rang ist Wilhelm Busch (1832–1908). Die **satirische Prägung** seiner »Bilderpossen« (so auch der Titel einer frühen Veröffentlichung aus dem Jahr 1864) scheint ihn ebenso entschieden vom Realismus zu trennen, wie die Theaterpossen des Johann Nestroy den Autor an die vorrealistische Zeit binden. Ohne Zweifel aber ist der Satiriker Busch keine bloße Spätererscheinung, sondern ein Zeitgenosse der zweiten Jahrhunderthälfte und ihres Realismus.

Das bezeugt zum Beispiel die ins Auge fallende Schopenhauer-Rezeption. Buschs Satire gewinnt ihre Stoßrichtung aus der philosophischen Kritik am Willen, den er als unbändigen Zerstörungstrieb karikiert übertrieben, oft auch aufs Animalische reduziert, und doch ebenso anschaulich wie glaubwürdig ins Bild rückt. In Buschs Werk kommt **das 19. Jahrhundert »en miniature«** zum Ausdruck (Ueding 1977). Individuum, Familie und Gemeinschaft, Beruf und Freizeit, öffentliches und privates Leben, Leistung, Würde und Moral, alle Tugenden, Schönheit, Liebe, Mutterschaft und Frömmigkeit werden auf »lachende, grausame Weise« (Gay 1996, 506) perforiert und demontiert. Kinder, Frauen, Alte, Würdenträger, Kulturfunktionäre – sie alle geraten in die Mühle der **Deformation**, der Zerkleinerung und Zermalmung. Im Vordergrund steht das kleinbürgerliche Leben auf dem Land. Aber es meint ›die Welt‹, gerade auch dort, wo die sich anders dünkt, in der Stadt.

Busch zeichnete und dichtete vor allem **bürgerliche Sittengemälde aus der Provinz** (z. B. *Die Fromme Helene, Tobias Knopp*). Hinzu kamen Szenen aus dem Krieg (z. B. *Monsieur Jacques à Paris*) und dem Kulturkampf (z. B. *Pater Filucius*). Und schließlich verfasste er Künstler-›Romane‹ (*Balduin Bählamm, Maler Klecksel*). So reflektiert auch er die Bedingungen der Kunst und inszeniert die Selbstbezüglichkeit eines Mediums, das sich rücksichtslos dem Verlachen verschrieben hat und doch sich selbst nicht aus dem Auge verliert. Als Schadenfreude hatte dieses Lachen seine populistische Konjunktur. Im Grunde aber betreibt es **Demontage**, die schmerzt, weil sie im Geist des Historismus sicht-, hör- und fühlbar macht, wie es eigentlich gewesen ist. Das kann auf die Dauer gesehen nicht nur lustig wirken, sondern verletzt tief – auch heute noch. Die Versuchung, dem Autor anzulasten, was er schildert, ist im Falle Buschs groß: Inszeniert er Grausamkeit, so gilt bald der Zeichner als grausam, zeichnet er die Öffnungen am menschlichen oder tierischen Körper, so hat er prompt den fixierten Blick zu verantworten. Zu Beginn der *Frommen Helene* kommentiert der Erzähler solche beliebten ›Verschiebungen‹ der Verantwortung.

Busch gilt als **Meister des Humors** (Pape 1977). Wenn ›Humor‹ ein Schlüsselbegriff des Realismus ist, dann müsste Busch ein typischer Realist sein. Doch steht die Eigenart seines Humors dieser Zuordnung im Wege. Es ist kein ›gemütlicher‹ Humor, der die notierten Missverhältnisse auffängt, relativiert oder gar beschönigt und ›verklärt‹. Angesichts des Spießrutenlaufs, dem sich alle Lebewesen in Buschs Menschen- und Tierwelt unterziehen müssen, fällt es schwer, an einen »moralische[n] Idealismus« (Martini [4]1981, 362) hinter der satirischen ›Exekution‹ zu glauben, es sei denn, dieser Idealismus verstünde sich als legitimierendes Fundament für terroristische Szenen. Humor ist bei Busch wohl auch keine »dichterische Einbildungskraft«, die sich am »Spannungsverhältnis zwischen der Beschaffenheit des Erzählten und der Art des Erzählens« abarbeitet (Preisendanz [2]1976, 11). Busch entlarvt, betreibt aber keine poetische Vermittlungsarbeit zwischen starrer Objektivität und künstlerischer

Subjektivität. Wenn es um die Vermittlung der künstlerischen Perspektive mit der »starren äußeren Satzung« geht (vgl. Preisendanz 1963/69, 476 mit Bezug auf Hegel), so verschärft Buschs Kunst das ohnehin gespannte Verhältnis zum **Grotesken und Absurden.** Er sucht hinter dem demaskierten Schein keine spezifisch künstlerisch gewonnene Wahrheit, die sich von anderen, wissenschaftlich erworbenen, unterscheidet, sondern illustriert, verschärft und überbietet die Erscheinungen der Wirklichkeit. Wenn er in der langen Wirkungsgeschichte dennoch als ›deutscher Haushumorist‹ überlebt (vgl. Riha 1982, 294), so geschieht das eher aufgrund eines Missverständnisses bzw. einer gewohnheitsmäßigen Blindheit gegenüber der vorherrschenden Gewalt, die das lustig laute Lachen ermöglicht. So gesehen, kann bei Busch nur von einem schwarzen Humor die Rede sein (Nusser 1990), dessen Quellen in Sarkasmus (vgl. Fohrmann in BRuG, 405) und Groteske liegen (vgl. Kayser [2]1961; Theissing 1994).

Trotzdem kann Busch auch als Realist gelten, und zwar in doppelter Hinsicht: Zum einen geben seine aggressiven Karikaturen und satirischen Parodien, deren Unwahrscheinlichkeit zunächst das Surreale unterstreicht, dennoch ein authentisches Bild von den zugrunde liegenden Phantasien des Menschen bzw. des Spießbürgers. So entsteht ein »**tieferer Realismus**« (Gay 1996, 517), der entlarvt, was im vermeintlich lieben Haustier, unschuldigen Kind und honorigen Bürger steckt, sobald die zivilen Fesseln fallen. Psychoanalytisch gesehen, kommen »Zerstörungsphantasien« zur Anschauung, die sich »gegen die (meist familiäre) bürgerliche Ordnung« richten (Roebling 1986, 71). Zum anderen darf Buschs Kunst deshalb als realistisch gelten, weil sie mit scharfen Zügen alles Körperliche und seine Funktionen ins Bild rückt und somit veranschaulicht, welche Bedeutung die **Körperlichkeit** im üblichen bürgerlichen Alltag spielt. Von solchen Darstellungen, die eigentlich verfremden, geht dennoch ein »**Schock des Wiedererkennens**« aus (Gay 1996, 517). So erreichen auch Buschs Zeichnungen wider Erwarten jene ›Glaubwürdigkeit‹, auf die es in realistischen Werken ankommt.

Bei der Einschätzung von Buschs Realismus erhält die oft beobachtete Grausamkeit in den bildlichen Darstellungen eine besondere Bedeutung. Mensch und Tier erfahren, kaum mit und meistens ohne Grund, unsägliche Torturen. ›Realistisch‹ dargestellt, müssten die Bilder Schmerz auslösen. Wer darüber dennoch lacht, beruft sich auf die Aristotelische Gattungslehre, derzufolge die Komödie Leid auf ›unschädliche‹ Weise darstelle (vgl. Aristoteles um 335 v. Chr./1976, 48). Friedrich Theodor Vischer entdeckte in der Heiterkeit über die Unglücksfälle anderer eine Reaktion auf die Unmöglichkeit des Dargestellten – »Es ist zu toll, als daß es denkbar wäre« (Vischer 1882, 122) – und sah darin das Prinzip der Fiktionalität erfüllt (vgl. Ries 1992, 101). Auch Busch suchte das Phänomen des Vergnügens am Leid der anderen zu erklären und führte es auf die Wirkungseigentümlichkeit seiner »Konturwesen« zurück: »So ein Konturwesen macht sich leicht frei von dem Gesetze der Schwere und kann, besonders wenn es nicht schön ist, viel aushalten, eh' es uns weh tut. Man sieht die Sach an und schwebt derweil in behaglichem Selbstgefühl über den Leiden der Welt, ja über dem Künstler, der gar so naiv ist« (zit. nach Martini [4]1981, 362). Demnach hinge der realistische Charakter solcher Darstellungen von der erfahrungsbedingten Wahrnehmungsweise ab: Wie die Science-fiction-Literatur kann auch die Literatur der Grausamkeit von der Wirklichkeit eingeholt werden und verliert dann ihren fiktiven Charakter. Wenn Busch sich allerdings auf das »behagliche Selbstgefühl« beruft, das von der Betrachtung der »Konturwesen« ausgehen könne, so zitiert er eine Wirkungsintention, die gerade im programmatischen Realismus eine wesentliche Rolle spielt. Sollte diese Art des Realismus schon immer »Konturwesen« hervorgebracht haben?

Max und Moritz (1865) greift, wie viele Werke des Realismus, das **Kindheits- und Jugendthema** auf (Pape 1990). Gezeigt wird in diesen ›repräsentativen‹ Figuren ein Profil der bürgerlichen Gesellschaft im vor- bzw. außerindustriellen Bereich. So entsteht kein Bild der modernen Wirklichkeit, wohl aber eine Ansicht der sich in ihr erhaltenden Mentalitäten. Wie in *Romeo und Julia auf dem Dorfe* oder *Grete Minde* rückt der Gegensatz zwischen Kinder- und Erwachsenenwelt in den Vordergrund. Doch anders als bei den Realisten sind bei Busch die Kinder keineswegs Opfer, sondern terroristische Täter. Als Täter spiegeln sie nicht etwa nur die Erwachsenenwelt, reagieren nicht nur auf deren Brutalität (vgl. Hurrelmann 1995), sondern exemplifizieren die entfesselte Macht und unbändige Lust des Störens und Zerstörens von früh auf. Gerade sie eignen sich zur überzeugenden Demonstration jener Philosophie der Lebensverneinung, die Schopenhauer lehrt. Zwar hat man versucht, im kindlichen Verhalten die ›verkleinerten‹ Muster der Erwachsenenwelt zu entdecken, das Handeln der Kinder als Reaktion auf die Gewaltbereitschaft der Erwachsenen zu erklären, doch scheitern solche sozial moralisierenden Rationalisierungen an der inszenierten Mechanik des Geschehens. Dass der Mensch von Natur aus gut sei, ist eine Illusion, die Busch an den Paradebeispielen für diese Überzeugung, der Natur und der Kindheit, entlarvt. Psychoanalytisch gesehen, fallen die vielen sexuellen Symbole auf und scheinen die Interpretation zu stützen, der zufolge die inszenierte Aggression sich gegen »Bilder zwanghafter Mütterlichkeit« richtet (Roebling 1986, 84; vgl. auch Cornioley 1929). Vermehrt um eine sozialkritische Perspektive, formuliert demnach jenes Bild, auf dem die Kinder in der Mühle zermahlen werden, folgende ›Lehre‹: »Väterliches und Mütterliches erscheinen vereint im Bild der alles verschlingenden (mütterlichen) Mühle (mit männlichem Gesicht) als Symbol einer Gesellschaft, in der durch die alles dominierende Maschinenwelt die Individuen entmündigt und verdinglicht und von allen emotionalen, Ich-stärkenden Beziehungen ausgeschlossen werden« (Roebling 1986, 85). So gesehen, kann Busch ohne Weiteres in die Reihe der kritischen Realisten einrücken.

Die Fromme Helene (1872) gehört zu jenen Werken Buschs, die sich der Romanform annähern (vgl. Riha 1982, 292). Reizvoll wäre es deshalb, diese Geschichte mit anderen Frauenromanen oder Erzählungen von ›wilden‹ Mädchen zu vergleichen (s. Kellers Meretlein im *Grünen Heinrich*, Heyses L'Arrabiata, Stifters Juliana im *Waldbrunnen* oder Storms Renate), um der Eigenart dieser Variante des Frauenschicksals gerecht zu werden. Wie in *Effi Briest* beginnt der Auftakt zu Buschs ›Bilderroman‹ mit einem Spiel, d. h. hier mit einem Streich, bevor ›der Mann‹, hier der Vetter Franz, auftritt. Wie in Raabes *Akten des Vogelsangs* steht die Begegnung der Jugendlichen im Zeichen von Spannungen, die sich sowohl entwicklungspsychologisch (Pubertät) als auch gesellschaftsgeschichtlich (›viktorianische‹ Sexualmoral) deuten lassen: der ausgekostete Voyeurismus mit seinen halsbrecherischen Folgen auf der Treppe oder das turbulente Spiel mit dem entfesselten Frosch und seinen ›Seitensprüngen‹. Solche Bilder der Nacktheit (Franz' Toilette) und Direktheit (der aus dem Schoß der Tante ragende Frosch mit zufriedenem Blick) begegnen in der rein verbalen Kunst des Realismus selten.

Buschs **Bilder sprechen oft deutlicher als die subskribierten Worte.** Das zeigt sich schon im vorletzten Bild des zweiten Kapitels, auf dem zu sehen ist, wie der Mann nach heftiger Bewegung mit rutschender Hose und zerrissenem Hemd nicht fern von Helenes Bett steht, während die Frau entsetzt dazukommt. Das »Land«, auf das Helene zur Rettung vor ihren ›gleichgültigen‹ Eltern versetzt wird, wartet mit einem Ersatzvater auf (vgl. Fontanes *Ellernklipp*), vor dessen ›Interesse‹ die Jugendliche nicht minder zu bewahren wäre (vgl. auch das zweite Bild im fünften Kapitel). Dieser globale Provinzialismus dient zur holzschnittartigen Veranschaulichung des ›zurückgebliebenen‹ Menschen in der fortschreitenden Moderne. Buschs Bilder stehen **im Zeichen des Darwinismus** und führen die ›enharmonische‹ Verwechselbarkeit von Mensch und Tier vor Augen. Mehr noch: das **Leitmotiv der Mechanisierung** aller menschlichen Regungen wirft den Menschen auf die Stufe des Maschinellen zurück und zeigt ihm die Nachtseite seines technischen Optimismus.

Nach der Vertreibung aus der gestörten Landidylle scheint im siebenten Kapitel die Handlung stillzustehen. Tatsächlich aber verdichtet sie am Modell des (haus-)tierischen Verhaltens das Leben schlechthin, genauer die »manche[n] Sachen, / Welche große Freude machen« (II, 242). Helene wird ihren Franz ebensowenig bekommen wie Botho seine Lene nach allen »Irrungen, Wirrungen«. Ihre Ehelaufbahn ähnelt eher dem Schicksal der Jenny Bürstenbinder, verheirateten Treibel. Was sie als »Mädchen nicht allein« (ebd.) versteht, wird sie – wie in den großen Ehebruchsromanen des 19. Jh.s – erst außerhalb der Ehe begreifen, und wieder rückt – wie in *Effi Briest* – im entscheidenden Moment eine Kutsche in den Blick (vgl. II, 267). Helene wird auch nach ihrer erfolgreichen Pilgerreise nicht zur Ruhe kommen. Gleich dem Kater Munzel, der nach seiner lustvollen Verspeisung der »Kanari« Niep und Piep mit Feuer in Berührung kommt, gerät sie in die **Kettenreaktion der fatalen Dinge**, muss verbrennen und landet in den Fängen des Bösen.

Natürlich unterscheidet sich des Herrn von Briest Lieblingswort »das ist ein *zu* weites Feld« von Onkel Noltes Resümee: »Das Gute – dieser Satz steht fest – / Ist stets das Böse, was man läßt!« (II, 293). Und dennoch ›entspricht‹ es dem **Schluss des realistischen Gesellschaftsromans**, der öden Leere seiner moralisch lehrreichen Welt.

Auch von Busch kann gelten, dass er **ein Realist an der Grenze zur Moderne** ist. Welche Folgen das sich wandelnde Realismusverständnis für seine zukünftige literaturgeschichtliche Einordnung hat, ist damit noch nicht festgelegt.

■ Seine parodierenden Verkleinerungen und satirischen Erniedrigungen wirken aus zeitlichem Abstand realistischer als die vermeintlich angemesseneren Darstellungen der Repräsentationskultur (vgl. Ueding 1977, 46).

■ Die verfremdende, auf Abstand zielende Darstellungsmethode folgt einem aus der Kinderpsychologie vertrauten Prinzip, wonach Gegenstände der Angst »zum Tanzen« gebracht werden, um sich ihrer zu erwehren. So gesehen, gewinnen die absurden Zeichnungen realistische Qualität (vgl. ebd., 47).

■ Buschs ›tierische Treffsicherheit‹ weist auf die Schule des Sehens im Zoo zurück, jenem inszenierten Ort der historisch am meisten fortgeschrittenen Präsentation von Natürlichkeit (vgl. ebd., 124).

■ Als realistisch können auch die Bilder gelten, die den anatomisch geschulten Blick verraten (vgl. ebd., 294).

■ Realismus als Fortsetzung der Mimesis-Tradition verwandelt sich bei Busch zum »Zauber der Mimikry« (ebd., 127).

■ Dagegen rücken die mannigfaltigen Erfahrungen »des Zerfalls, der Desintegration und Depersonalisation« (ebd., 175) den Autor an die Grenzen des Realismus. Buschs Werk zeugt von einer »Kunst, der die konventionelle, naive Bedeutung der Realität zerfallen ist und die ein neues Bezugssystem zu schaffen sucht« (ebd., 331).

Aber damit ist die Situation der Realisten im 19. Jh. überhaupt erfasst. ›Realismus‹ ist kein festes, sondern dynamisches Prinzip. Die Berührung von Grenzen oder gar deren Überschreitung liegt bereits in ihm beschlossen.

5. Die Novelle

5.1 Die realistische Novellentheorie: Anspruch und Wirklichkeit

Die Novelle gehört zur wichtigsten literarischen Form des Realismus in deutscher Sprache. Sie gibt diesem Realismus vor dem Horizont der europäischen und transatlantischen Realismen ein besonderes Profil (vgl. Aust [4]2006; Freund 1998; Rath 2000; Schlaffer 1993). Während weithin die Welthaltigkeit des Romans, sein Vermögen, gesellschaftliche Totalität zum Ausdruck zu bringen, den Grundzug des realistischen Erzählens ausmacht (berühmte Novellisten außerhalb Deutschlands sind Leskow, Tschechow, Maupassant), zeichnet sich der deutschsprachige Realismus durch die **Bevorzugung eines novellistischen Erzählens** aus. Diese Vorliebe ist so prägnant, dass sie selbst auf die Romankunst abfärbt; so lassen sich unschwer novellistische Merkmale in dem Ehe- und Gesellschaftsroman *Effi Briest* entdecken; vgl. Schlaffer 1993). Das Vordringen der Novellen-Kunst im deutschsprachigen Raum hat unterschiedliche Gründe.

Vor allem bewirken **mediengeschichtliche Rahmenbedingungen** die dominante Präsenz der Novellenliteratur und ihre formengeschichtliche Prägnanz:

- Die Novelle steht schon immer, spätestens seit ihrer Präsenz in der deutschsprachigen Literatur des späten 18. Jh.s mit dem **Medium der Zeitschrift** in enger Verbindung; auch im 19. Jh. wird sie für Taschenbücher, Almanache und Familienzeitschriften geschrieben, durch diese Medien verbreitet und in ihnen gelesen (R. Meyer 1987). Das bleibt ein fruchtbarer Boden in der zweiten Jahrhunderthälfte.
- Sie bewährt sich als ein **Erzähl-Baustein,** der in anderen Zusammenhängen wiederverwertet werden kann (Anthologien, Einzelpublikation, eingebettete Geschichte im Roman).
- Als »**Journalprosa**« (R. Meyer 1987) nimmt sie an allen kulturellen Neuigkeiten teil, so dass, was hier literarisch geschieht, ebenso Ausdruck von Wandlungen wie Signal für Entwicklungen ist. ›Novelle‹ bedeutet also **Botschaft und Medium in einem,** was die Verbreitung literarischer Neuigkeiten betrifft.
- Der Realismus als theoretische, kritische und narrative Praxis vollzieht sich im Medium der Zeitschriften (für den programmatischen Aspekt *Die Grenzboten,* für realistische Unterhaltungsliteratur *Die Gartenlaube,* für die anspruchsvolle Literatur *Deutsche Rundschau*). So kann die ›realistische Novelle‹, noch bevor sie sich konstituiert, von der **Vernetzung der Journalprosa** profitieren.
- Obwohl schon Goethe und Tieck der Novelle ein besonderes Profil, begrifflich wie als Erzählform, gaben, blieb der Novellenbegriff eine **vage, ›dezentrale‹ Bezeichnung** für alle Formen der ›Journalprosa‹, die zwar durchaus »medientypische Strukturen« aufwiesen (typische Erzähleinsätze, beliebte Techniken der Handlungsführung und Personenkonstellation, Stereotypenbildung; vgl. R.

Meyer 1987, 10), aber eben deshalb keinem ›autonomen‹ und ›geschlossenen‹ Formmodell genügen konnten bzw. mussten. Der programmatische Realismus, der sich dem **Einheits- und Vereinheitlichungsideal** verschrieben hatte, erkannte hier ein breites, zwar noch verwildertes, aber fruchtbares Feld.

- Erst im Zeichen des Realismus konstituiert sich ein immer noch medienabhängiges, zugleich aber auch forciert emanzipiertes **Formideal nach streng strukturbezogenem, zum Teil ausgesprochen dramatischem Muster.**

- Die Profilierung und **Aufwertung der Novelle** wird wesentlich dadurch unterstützt, dass maßgebliche Ästhetiken der Zeit wie die von F. Th. Vischer die ehemals diffuse Bezeichnung in den Kanon ihrer Formenlehre aufnehmen.

- Bei dieser Kanonisierung spielen weitere, neuartige Novellensammlungen, besonders **Paul Heyses Novellenschatz-Projekt**, eine wirkungsvolle Rolle.

- Die zunehmende Kanonisierung der Novellenform hat allerdings zur Folge, dass sich die Realisten von den propagierten formalen Ansprüchen auch wieder distanzieren (vgl. Kellers Vorbehalt gegen Heyses Initiative). Sie wollen keine typischen oder reinen Novellen schreiben, sondern **ästhetisch hochwertige Erzählwerke** verfassen.

An der zeitgenössischen Verständigung über die Novellenform nahmen am wirkungsvollsten Friedrich Theodor Vischer und Paul Heyse teil. Storms erst posthum veröffentlichte Vorrede, die das berühmt gewordene Wort über die Novelle als »Schwester des Dramas« (TKN 119) enthält, kursierte zu Lebzeiten nur unter Freunden. Auch Wilhelm Heinrich Riehls und Friedrich Spielhagens Beiträge zur Präzisierung der Novellenform erreichten nicht jene Wirkung, die von der ästhetischen Erklärung Vischers und praxisnahen Sammlung Heyses ausging.

Vischer, wie viele vor ihm, bestimmt die Novelle aus dem **relativen Gegensatz zum Roman**; d. h. Roman und Novelle unterscheiden sich nicht polar, sondern eher graduell. Demnach ist die Novelle »das kleinere Bild einer Situation aus dem größern Ganzen des Weltzustands und der persönlichen Entwicklung« (Vischer: *Aesthetik* VI, 192, § 883). Novellen können also biographisch (»persönliche Entwicklung«) oder panoramisch (»Weltzustand«) angelegt sein. Die Wahl des »Bild«-Begriffs stellt einen **Zusammenhang mit der Idyllen-Tradition** her, die Vischer sogleich anspricht und im Zeichen der volkstümlich charakterisierenden und somit realistischen Kunst mit der Dorfgeschichte in Verbindung bringt. Auch der »Situationsbegriff« signalisiert gattungsübergreifende Bezüge, die sich schließlich bis auf das bürgerliche Drama zurückführen lassen (Wierlacher 1971).

Metaphorisch gesprochen, verhält sich die Novelle zum Roman wie der »Strahl« zur »Lichtmasse«. Daraus lassen sich detailliertere Merkmale ableiten: Die Novelle bietet **Ausschnitte bzw. Einzelstücke** und kompensiert ihre begrenzte Auswahl durch intensivierende, akzentuierende, zuspitzende und dramatisierende (krisenbildende) Darstellungsverfahren, so dass in einer einzigen Situation »das größere Ganze als Perspektive« oder als »Menschenleben überhaupt« in Erscheinung tritt. Unschwer wird sichtbar, dass die Novelle – wie schon bei Friedrich Schlegel – eine Grundform darstellt, die durch häufende Wiederholung den Roman konstituiert. Nach Vischer hat gerade die Novelle ein spezifisches »Erfahrungsbild der Welt« (VI, 193) gewonnen, ja es für den Roman sogar »erobert«; sie gehört deshalb zur ›Moderne‹. So gesehen, stehen die Novellen des Realismus in keinem absoluten Gegensatz zu den realistischen Romanen; sie bilden vielmehr seine Grundlage, eine Art Zelle. Wenn Vischer zudem bemerkt, dass sich die Novelle mehr noch als der Roman »im tragischen Gebiet« bewegen könne, so zeichnet sich deutlich – und zwar vor Storm, aber im Gefolge der Auffassung August Wilhelm Schlegels – die **Strukturähnlichkeit mit dem Drama** und nochmals die Kompatibilität mit dem Roman ab (nach dem Modell der *Wahlverwandtschaften*).

Paul Heyses (1830–1914) Beitrag zur Fixierung eines Novellenkonzepts darf nicht unterschätzt werden, wenn auch seine eigenen Novellen trotz mehrfacher Wiederbelebungsversuche in Vergessenheit geraten sind (Hillenbrand 1998). Die zeitgeschichtliche Vernetztheit, für die Heyses Name steht (er unterhielt mit allen literarischen Größen der Zeit brieflichen bzw. persönlichen Kontakt), verleiht seiner Tätigkeit eine enorme Breitenwirkung. Seine *Novellenschatz*-Sammlung konstituierte und kanonisierte die Form weit über den akademischen Kreis hinaus. Seine ›Falken-Theorie‹ – so genannt nach der als Paradebeispiel gewählten 9. Novelle des 5. Tages aus Boccaccios *Dekameron*, in der ein Falke eine wichtige Rolle spielt – machte im übertragenen und wörtlichen Sinne Schule: Geschichten als Novellen zu identifizieren, heißt seitdem, den ›Falken‹ zu suchen, wobei der Begriff entgegen Heyses eigener vager Bestimmung bald auf das Konzept eines Dingsymbols verengt wurde. Dieses Falken-Kriterium gehört zu den vier am häufigsten genannten Definitionen der Novellenform (Goethe: »sich ereignete unerhörte Begebenheit«, Tieck: »Wendepunkt«, Storm: »Schwester des Dramas«; TKN 54, 76, 119). Zwei Stimmen mögen aber die Problematik dieses Ruhms verdeutlichen. Die ältere stellt fest: »Erst Paul *Heyses* Einleitung zu der fast 50-bändigen Sammlung des ›Deutschen Novellenschatzes‹ griff mit theoretischer Gewalttätigkeit in die opinio communis ein und kanonisierte ein ›Novellen‹-Verständnis, das in seinen Grundzügen bis heute fortgeschrieben wird« (R. Meyer 1987, 41). Die jüngere Stimme gibt demgegenüber zu bedenken: »Heyse hat mit seiner sogenannten ›Falkentheorie‹ zur Novelle einen etwas zweifelhaften, jedenfalls aber ganz unverdienten Ruhm erlangt« (Hillenbrand 2001, 77).

Was Heyses ›theoretische Gewalttätigkeit‹ betrifft, so ist damit sein Versuch gemeint (und unnötigerweise verurteilt), die Novelle aus dem Verwertungszusammenhang des »Journalismus« zu befreien und an die Stelle der »abgerissene[n] Form des Erscheinens«, die dem Leser nur den Konsum von »Unterhaltungswaare« zumutet, jene Bedingungen zu schaffen, die es erlauben, eine Novelle wieder »als ein kleines Kunstwerk, ein abgerundetes Ganzes zu genießen« (TKN, 143 f.). Der Begriff des abgerundeten Ganzen weist nicht etwa auf novellenspezifische Strukturmerkmale hin, sondern bezieht sich auf die Aristotelische Konzeption von der Einheit und Ganzheit der Handlung. **Heyses Falken-Kriterium meint also dieses allgemeine Prinzip der ›geschlossenen‹ Form** (vgl. Hillebrand 2001; Riekenberg 2003). Die Betonung der Komposition wird aus zweierlei Gründen notwendig, erstens weil die Novelle als Prosa-Gattung offen sei für alles, »was eine Menschenbrust bewegt« (TKN, 145), und zweitens, weil sie ›Ausnahmefälle‹ gestalte, Konflikte zwischen Individuen und der Gesellschaft, die durch eine straffe Komposition motiviert, d. h. wahrscheinlich gemacht werden sollten.

All das weicht nicht viel von dem ab, was schon Vischer – und auch er nicht zum ersten Mal – gesagt hat: Beide betonen die **Weltoffenheit der Form und die kompensatorische Rolle der straffen Komposition**, Vischer um das abwesende Ganze als Perspektive präsent zu halten, Heyse, um dem Druck des Faktischen eine künstlerische Form entgegenzusetzen oder der Exzentrik des Absonderlichen eine verbindliche Mitte einzurichten.

5.2 Theorie und Praxis der Dorfgeschichte

Schon im ersten Absatz seiner Ausführungen über die Novelle stellt F. Th. Vischer einen Zusammenhang her zwischen der Novellenform und dem realistischen Prinzip einerseits und der Dorfgeschichte andererseits (*Aesthetik* VI, 192, § 883). Er begründet diesen Zusammenhang mit einem gattungs- und stilgeschichtlichen Argument: Die Novelle habe es mit einem **Ausschnitt aus einem umfassenden Ganzen** zu tun, den sie dank realistischer Prinzipien charakterisieren und somit individualisieren, zugleich aber dank konzentrierender Verfahren wieder verallgemeinern könne. So entstehen ›kleinere Bilder‹, die doch »das größere Ganze als Perspektive« enthalten. An diesem Formmodell hat die Dorfgeschichte Anteil; mehr noch: In den literaturtheoretischen und -kritischen Debatten des ›programmatischen Realismus‹ dient gerade die Dorfgeschichte als Beispiel für die Herausbildung und Verfechtung eines neuen, spezifisch realistischen Literaturprogramms; sie erweist sich, insbesondere in der Ausprägung durch ihren herausragenden Vertreter Berthold Auerbach, »als das wichtigste Exerzierfeld eines ›Protorealismus‹« (Schönert 2002, 331).

Die Dorfgeschichte wählt einen Wirklichkeitsausschnitt, der Parzelle und Ganzheit in einem ist (vgl. Hein 1976; Hahl 1976; Herman 1987; Kim 1991). Als ein **kleineres ›Stück‹ des Lebens** darf das Dorf deshalb gelten, weil es im Zuge der Industrialisierung, Kapitalisierung, Urbanisierung und Mobilisierung aller Lebensverhältnisse zunehmend an den Rand gedrängt wird und hier sein ›Gesicht‹ verändert. Ein Ganzes aber bleibt es im Sinne einer funktionalen (kommunalen, wirtschaftlichen und mentalitätsgeschichtlichen) Einheit. Die **begrenzte Ausdehnung des Dorfes** ermöglicht

- die literarische Registrierung aller Phänomene,
- die Freilegung ihrer Zusammenhänge,
- die Rekonstruktion der Kontinuität stiftenden Organisationsprinzipien,
- die Ermittlung von Störungen,
- die Personalisierung von Kettenreaktionen und
- die Erprobung reformierender Maßnahmen.

Das Dorf funktioniert in der realistischen Theorie und Praxis wie ein Modell für Arbeiten an Projekten, deren Gegenstände man nicht oder nicht ganz übersehen kann. Darüber hinaus aber dient es – konkret oder metaphorisch – als Bezugs- und Orientierungsnorm in Fällen der Unsicherheit, des Verlusts und der Zerstörung. Das Dorf wird zum komplexen Zeichen, das ein verkleinertes Abbild der großen Welt bietet, das aber auch als Symptom und Syndrom den Zustand des Ganzen indiziert und schließlich diesem Ganzen eine symbolische Bedeutung gibt.

Spricht man der Dorfgeschichte, zumal in der Ausprägung Berthold Auerbachs, eine ›protorealistische‹ Rolle zu, so kommt man nicht umhin, die weithin anerkannte Epochenzäsur von 1848 für diesen gattungsgeschichtlichen Sektor vorzuverlegen (vgl. Kap. I.1.3). Denn gerade das dorfgeschichtliche Formenmodell wird bereits vor 1848 voll entfaltet und wandelt sich bis zu seiner Überwindung am Beginn der 60er Jahre kaum (Schönert 2002, 338). Ähnlich verhält es sich mit dem Volksstück (vgl. Kap. IV.7). Auch an dieser Theatergattung entzündet sich eine so zu nennende ›protorealistische‹ Debatte; sie wird im Umkreis der Wiener Vorstadttheater-Kritik ausgetragen, gewinnt programmatisches Ausmaß und reicht weit in die 1840er Jahre zurück.

5.3 Berthold Auerbachs Schwarzwald: die Region als Identität, Modell und Utopie

Berthold Auerbach (1812–82), Verfasser von Romanen, Erzählungen und der einflussreichen literaturpädagogischen Abhandlung *Schrift und Volk* (1846), gilt als typischer und herausragender Vertreter der Dorfgeschichte. Seine *Schwarzwälder Dorfgeschichten* wurden ab ihrem Erscheinen (1842) viel gelesen, literaturkritisch geschätzt, literaturtheoretisch zur Norm erhoben und literaturpädagogisch verwendet; erst die Dominanz ›globaler‹, nationaler Themen relativierte seine Bedeutung und ließ ihn in den Schatten der anderen Realisten treten, die zwar auch regional ansetzten, aber eine andere Form der symptomatischen Darstellung wählten. Doch unabhängig von literarästhetischen Erwägungen gilt Auerbach seit geraumer Zeit (Kinder 1973, 115–139) als **Angelpunkt der Verständigung über den Beginn des Realismus** in Theorie und Praxis.

Auerbach hatte eine konkrete Vorstellung von der Wirkungsleistung der Literatur: »[...] das demokratische Leben der Zeit mit allen seinen inneren und äußeren Mißgebilden muß u. kann in der Literatur zuerst zur Versöhnung und einsichtsvollen Ganzheit gelingen« (Brief an Leopold Schäfer v. 1.11.1840, zit. nach Schönert 2002, 334). Damit wird der Literatur eine **antizipatorische oder gar utopische Funktion** zuerkannt. Ausgangspunkt ist eigentlich kein Ausschnitt, sondern eine Totalität, wie sie der moderne Zeitroman ins Auge fasst, »das demokratische Leben der Zeit«. Der Blick ist nach realistischer Grundhaltung offen, aber nicht perspektivenlos. ›Realismus‹ nach diesem Format schaut nicht tatenlos zu, sondern ›vermittelt‹:

- das Sichtbare mit dem Unsichtbaren,
- das Jetzt mit dem Früher und Später,
- das Nahe mit dem Fernen,
- das Ist mit dem Sollen,
- den Schaden mit seinen Ursachen, Folgen und Regulierungsmöglichkeiten.

Dieser Realismus hebt die Trennungen auf allen Ebenen auf und stiftet Verbindungen, deren Wirkung er nicht anders als wohltuend, heilsam und erhebend einschätzt; das ist sein ›demokratisches‹ Prinzip, und es legitimiert den Drang zu ›Versöhnung‹ und ›Verklärung‹ (vgl. Schönert 2002, 336). Dass die Aufdeckung von Zusammenhängen als unterminierend und zerstörend empfunden wird, gehört eher in die Spätphase des Realismus.

Wer sich mit der Wirklichkeit offenen Auges beschäftigt, entdeckt ihre Konflikte und kommt nicht umhin, die **beobachtete Spannung** zu lösen: durch Verdrängung des Unbewältigten (Tabuisierung der ›von unten‹ kommenden sozialen und mentalen Kräfte), Umwertung des Gleichwertigen (persönliches Verschuldungsprinzip) und visionäre Konstruktionen von Lösungen bzw. Alternativen. Das realistische Ethos der ›zusammenhängenden Erzählung‹ verlangt die **Bergung aller Elemente und Funktionen der Wirklichkeit.** Solange dieser Anspruch nicht aufgegeben wird, erfolgt wie von selbst die Hinwendung auf kleinere Wirklichkeitsausschnitte wie das Dorf. Das muss nicht nur als Zeichen einer verengten Wirklichkeitssicht des Realismus bewertet werden. Das Leben auf dem Land bzw. in der Provinz bleibt für weite Strecken des 19. Jh.s charakteristisch. Wahrscheinlich kommt es gar nicht auf den authentisch erfassten, statistisch repräsentativen Lebensausschnitt an. Auch die Ehe ist ja nur ein kleiner Wirklichkeitsausschnitt. Entscheidend ist, was aus dem Ausschnitt gemacht wird.

Auerbachs *Die Frau Professorin* (1846) ist eine Dorfgeschichte, die in einem zweiphasigen Handlungsgang und mittels gezielter Kontrasttechnik **die Welt des Dorfes als Lebens- und Sinnmodell** profiliert; hinzu kommt ein flexibel angewandtes Erzählverfahren, das trotz wechselnden Blickpunkts eine verlässliche Leserorientierung erwirken soll. Im Mittelpunkt steht die Liebe zwischen dem welterfahrenen Maler Reinhard und der ortsgebunden lebenden Wirtstochter Lorle. Zweiphasig wird die Handlung insofern, als nicht nur die Liebesgeschichte, sondern auch und besonders die folgende Ehegeschichte erzählt wird. So entsteht im kleinsten Raum eine ›Doppelgeschichte‹, vergleichbar Fontanes *Irrungen, Wirrungen*, die nicht nur das Resultat der Liebe, sondern die Folgen solcher Resultate vor Augen führt. Hinzu kommt die Gegenüberstellung zweier Lebenszentren: einerseits die freie Lebensform auf dem Dorf, andererseits die ›gebundene‹ Existenz des Ehepaars in der Residenz. Motiviert wird diese elliptische Ausweitung des Lebenskreises durch den Beruf des Mannes, der einerseits einen Blick für das Echte und Charakteristische des dörflichen Bezirks hat, andererseits zum Leben als Künstler die ›Öffentlichkeit‹ des Hofes bzw. die ›Mobilität des Weltläufigen‹ braucht. So entsteht ein Desillusionsroman, der sich aber insofern von seiner westeuropäischen Variante unterscheidet, als er Rück- und Heimkehr nicht nur für möglich hält, sondern verherrlicht. Das passt vielleicht zu *Anna Karenina*, nicht aber zu *Effi Briest* oder Claríns *Die Präsidentin*.

Die **polare Gegenüberstellung der dörflichen und städtischen Lebensräume** führt zu einer entscheidenden Bilanz der ins Licht gerückten Unterschiede. Dabei erfolgt eine bemerkenswerte Umkehrung: Die Enge des Dorfes erweist sich als natürlich freier Bewegungsraum, und die Größe der Stadt verengt sich zum künstlichen ›Gefängnis‹. ›Groß‹ ist die Stadt allerdings noch nicht im Sinne des industriellen Zeitalters; stattdessen entfaltet sich ein durch die Präsenz des Hofes ›kosmopolitisches‹, jedenfalls nicht regional charakteristisches Residenzleben (vgl. den ›englischen‹ Einfluss); immerhin aber ist in dieser Stadt schon von »Verfassung«, ›Wahl‹ und »Opposition« (Auerbach: *Dorfgeschichten*, 269 f.) die Rede. Abgesehen von diesem liberalen, »freisinnigen« Kontext der Vormärz-Zeit erscheint die städtisch-höfische, also im Grunde noch vormoderne Lebensform als **Sammelbecken für alle durchaus modernen Entfremdungserscheinungen:**

- Zerfall der Gemeinschaft in eine antagonistische Klassengesellschaft,
- Sprengung der Familienstruktur durch Arbeitsteilung,
- Zerstörung der intimen Sphäre durch die Dominanz des Besitzdenkens und
- Deformation der natürlichen Kommunikation durch den öffentlich überwachten Konversationston.

Lorle darf als »Frau Professorin« in der Stadt kein Wort mit ihrem Dorf- und Jugendfreund wechseln, weil der hier nur ein gemeiner Soldat ist, die Ehe bildet keine tätige Gemeinschaft, weil die »Frau dem Mann in seinem Geschäft gar nichts helfen und beispringen kann« (268), und Reinhard zieht sich den Vorwurf zu, den freilich nur der Erzähler auszusprechen wagt, dass er seine Frau »zerbreche, weil sie sein eigen geworden sei« (266).

Auerbach legt sich auf keine Erzählhaltung fest. Einmal wählt er die personale Perspektive, berichtet also nur, was ein außenstehender Beobachter sehen und hören kann; dann aber wechselt er auch abrupt zur auktorialen Erzählhaltung über, in der selbst das zur Sprache kommt, was den Figuren nicht bewusst ist. Schon der Anfang klingt merkwürdig. Wie ein Bänkelsänger verweist der Erzähler auf ein gegenwärtig sichtbares Bild: »Da sitzt der Wadeleswirt am Gartenfenster im Stuhle« (138). Dass dieser Erzähler trotzdem mehr weiß, als er sieht, deutet sich schon im letzten Satz desselben Abschnitts an und zeigt sich vollends am Beginn des Folgeabsatzes: »Freilich sitzt er nicht mehr da, es tut ihm schon lange kein Finger mehr weh«. Nähe und Distanz wechseln wie Ein- und Ausatmen. Auktorial wird etwas Heikles präsentiert: die Gewalttätigkeit des Wirtes, der gern ins Genick schlägt, weil hier weniger Blut spritzt, dabei aber »lammfromm und gutmütig« bleibt, so dass sich der Leser »schon ruhiger beim Wadeleswirt niederlassen« kann. Die beiden Neuankömmlinge werden wieder strikt personal eingeführt, wie es erst Spielhagen verlangen wird. Aber auch hier geht es nur um die Andeutung eines Prinzips, das einmal eingeführt, auch wieder vernachlässigt werden kann; schon den Namen des Sohnes »Stephan« (145) weiß der Erzähler kraft höherer Einsicht. Auktoriales Erzählen begegnet vor allem auch dort, wo beobachtbares Verhalten im gegebenen Zusammenhang verständlich ist und trotzdem zu falschen Schlüssen veranlassen könnte; so bei einer Begegnung zwischen Lorle und dem befreundeten Kollaborator: »Der Kollaborator war überaus zuvorkommend und freundlich gegen den Wadeleswirt; Lorle neckte ihn, weil er sich sonst so wenig sehen ließ; sie konnte nicht ahnen, daß er sich von ihr zurückzog aus Furcht, sein Mitleid und seine Verehrung für sie könne ihm einen bösen Streich spielen« (268).

Hier liegt der **Keim für einen Ehebruchroman**, der aber im Ansatz erstickt wird. Lorle denkt nicht einmal daran, die Ehe zu brechen, geschweige denn wie Fontanes »L'Adultera« erneut zu heiraten. Wenn sie – wie Ibsens Nora, und doch ganz anders – schließlich die Wohnung des Mannes verlässt, jener »Göttererscheinung, zu der sie anbetend aufgeschaut hatte« und die nun betrunken »in den Staub gesunken« (279) war, dann kehrt sie eigentlich nicht in die ›alte Freiheit‹ zurück, sondern nimmt hier eine neue, zwar geachtete, aber doch ›groteske‹ Rolle ein: »Durch das Dorf geht eine Frau in städtischer Kleidung, von jedermann herzlich begrüßt, und fragt ihr, wer sie sei, so wird euch jeder mit dankendem Blicke sagen, daß sie der Schutzengel der Hülfsbedürftigen ist. Und ihr Name? Man nennt sie ›die Frau Professorin‹« (281). Das klingt ›versöhnt‹ und wirkt doch wie aus der Zeit und dem Leben gerissen. Auch Ludwigs Appolonius Nettenmair (*Zwischen Himmel und Erde*) wird solche Achtung entgegengebracht, und doch wirkt diese Figur schon entseelt.

5.4 Adalbert Stifter: Sanfte Bändigung der Wirklichkeit: *Granit* und die »bunten Steine«

Seiner erklärten Absicht nach kümmert sich Adalbert Stifter weder in der vor-, noch nachrevolutionären Zeit um die Belange des Realismus. In der Vorrede zu den *Bunten Steinen* (1852) schreibt er: »Gleichgestimmten Freunden eine vergnügte Stunde zu machen, ihnen allen bekannten wie unbekannten einen Gruß zu schiken, und ein Körnlein Gutes zu dem Baue des Ewigen beizutragen, das war die Absicht bei meinen Schriften, und wird auch die Absicht bleiben« (Stifter: *Werke*, II/2, 9 f.). Noch nicht einmal der nüchterne Ausdruck »Schriften« passt zum pragmatischen Selbstbild des Realismus, denn dieser will anspruchsvolle ›Kunstwerke‹ hervorbringen, während Stifter unter »Kunst« jene selten erreichte, erhabene Dichtung versteht, die ihm »nach der Religion das Höchste auf Erden« ist und der gegenüber er selber eben nur »Schriften« verfassen kann (9). Diese **gespannte Bescheidenheit** bei überschwänglicher Verehrung des Dichterischen ist dem Realismus fremd. Er kennt den

Waren-Wert seiner Arbeit, pflegt die Beziehung zu seinem Lesepublikum, ›grüßt‹ es zwar nicht, aber ›bedient‹ es in vielerlei Hinsicht und ist sich seines Beitrags zum »Baue« der zwar nicht ewigen, aber im Fluss befindlichen Wirklichkeit, Gesellschaft und Geschichte bewusst. Sieht man freilich von all dem ab, so arbeitet Stifter im übrigen auch nicht anders als ein Realist: Er gewinnt aus aufgelesenen Materialien Informationen, die er zum »Baue« einer beständigen Kunstwelt so verwendet, dass sie Einblick in Strukturen und Zusammenhänge gewährt, die über die Kunstwelt hinausweisen (vgl. Begemann 1996).

Die **Ablehnung der konventionellen, akademischen Unterscheidungs- und Ordnungskriterien** hat Stifter mit den Realisten gemeinsam. Den Unterschied zwischen Groß und Klein gibt es in der Wirklichkeit ebensowenig wie den zwischen Kraut und Unkraut in der Natur. Was zählt, sind nicht die Projektionen, sondern die beobachtbaren Verhältnisse zwischen Ursachen und Wirkungen und wie sie gesetzlich geregelt sind. Stifter ist einer der ersten, der den Effekt der ›Nano‹-Größen entdeckt. Sein ›mikroskopischer‹ Blick entfremdet ihn zwar dem realistischen Wahrnehmungshabitus, weil er zu ›rücksichtslos‹ ins Einzelne dringt und den Zusammenhang dann zu kausal formuliert, doch gleicht das Format seiner Sinnbildung dem realistischen Prinzip der epischen Integration und der finalen Orientierung. Stifters Wendung gegen das ›Augenfällige‹ liegt auf der Höhe von Kellers Kritik am wissenschaftlichen Augenmenschen (vgl. *Das Sinngedicht*). Was als **Stifter'sche ›Kleinmalerei‹** schon vonseiten des programmatischen Realismus beanstandet wurde, zeugt einerseits von der Unfähigkeit, die eigentümlichen Formen der Detailverknüpfung wahrzunehmen, andererseits von einer neuen, meist nationalen Kanonisierung der für den Realismus tauglichen Gegenstände. Doch gerade dort, wo sich der Realismus ›vergrößert‹, verliert er an Glaubwürdigkeit und Identität, während Stifters Verfahren bei wiederholtem Hinsehen an Schärfe gewinnt, die Grenzen des Realismus sichtbar macht und den **Modernitätsgehalt im realistischen Prinzip** freilegt.

Stifters **naturwissenschaftliches Interesse** scheint dem Realismus, der sich nicht auf eine deterministische Welterklärung festlegen möchte, entgegenzuarbeiten; doch zeigt sich, dass auch das streng naturwissenschaftliche Denken als Material für eine Metaphorisierung dienen kann, in der weitere anthropomorphisierende Züge zur Verlebendigung der ›Dinge‹ beitragen. So heißt es in der Vorrede, »daß die ganze Erdoberfläche, gleichzeitig, gleichsam ein magnetisches Schauern empfindet«. Auf diese Weise verwandelt sich ein Teil der Erde in die Haut eines Körpers. Stifter teilt die empirische Voraussetzung des Realismus, ist aber nicht nur an der Aktivierung aller Sinne interessiert, sondern sucht über die fünf bekannten Sinne noch weitere ›Sinneswerkzeuge‹ ausfindig zu machen.

Wenn Stifter eine Analogie zwischen ›äußerer‹ und ›innerer‹, d. h. menschlicher Natur herstellt, so bleibt die Ambivalenz erhalten, die zwischen wissenschaftlich konkreter Erklärung und metaphorischer Sinnbildung vermittelt. Ausdruck dieser Vermittlung von kategorial geschiedenen Welten ist das »**sanfte Gesez**« (12); denn als ›Gesetz‹ kann es nicht ›sanft‹ sein, wie umgekehrt die Kategorie des Sanften keinen Ort im Kausalen, sondern nur im Intentionalen hat. Dass »in der Ordnung und Gestalt, womit ganze Gesellschaften und Staaten ihr Dasein umgeben und zum Abschlusse bringen« (13), ein »Gesetz« liegt, nehmen auch die Realisten an. Sie werden es unterschiedlich nennen und bewerten; bei Keller heißt es manchmal »Keim‹«, bei Fontane dagegen »das uns tyrannisierende Gesellschafts-Etwas«; daneben steht aber auch die Rede von den »natürlichen Konsequenzen«. Ein Realismus ohne Richtwert ist nicht denkbar. Auch Stifter kennt die Unwägbarkeiten der ›richtenden‹ Instanz, obgleich er sie in der Vorrede nicht beim Namen nennt und nur Gutes über »das einzige Allgemeine das einzige Erhaltende und nie Endende« (13) zu sagen weiß. Das klingt beschwörend. In den Erzählungen hingegen sind die Unwägbarkeiten durchaus präsent; zwar werden sie selbst hier nicht ausgesprochen, aber sie wirken ›unterirdisch‹ weiter und sind an den Zügen junger wie alter, armer wie reicher Menschen erkennbar.

Gewiss sticht **der hymnische Tonfall** der Vorrede von der Sachlichkeit des Realismus ab, wenn dieser sich nicht gerade nationalen Belangen zuwendet oder, wie Keller, ein Volksfest beschreibt. Stifter gibt sich in der Vorrede nur zuversichtlich und betont emphatisch das »welterhaltende« und »menschenerhaltende« (15) Gesetz. Die Anstrengung, die dahinter steht, lässt sich erst nach der Lektüre der Erzählungen erahnen, die keineswegs ›harmlose Dinge‹ sind. Doch schon die Vorrede verschweigt nicht, dass es trotz der erhaltenden Zentralkraft neben dem »Aufwärtssteigen« auch ein »Abwärtssteigen« (15) der Völker gibt. Dass so etwas vorkommen kann, steht im Widerspruch zur behaupteten Allgemeinheit des Gesetzes und eröffnet eine Parallelwelt, die nicht vom ›karitativen‹ Netz getragen wird. »Untergehenden Völkern verschwindet zuerst das Maß« (15). Das knüpft an eine klassizistisches Kardinaltugend an; ihr Verlust bringt die **Symptome der Moderne** hervor:

- Partikularisierung,
- Entfremdung,
- Kontingenz,
- dogmatische Monoperspektive bei ethischem Relativismus,
- Wertverlust,
- Konsum,
- Konkurrenz u. a. m.

Das mögen schon Stereotype der Modernitätskritik sein; wichtig ist, dass sie nicht mit dem ›sanften Gesetz‹ vermittelt sind und somit aus ihm herausfallen. Rückwirkend gesehen, läge im »Maß« die Kraft, die das Genannte bindet oder zwingt. Das aber sieht nicht mehr so sanft aus, und auch die Figuren, die dieses »Maß« halten, sehen nicht nur ›sanft‹ aus.

Verglichen mit Raabes »Vorliebe« für das, was »Abziehende als gänzlich unbrauchbar [...] hinter sich zurückzulassen pflegen« (*Das Odfeld*, SW XVII, 17) wirkt Stifters »Sammelgeist« ›bieder‹. Doch sind die gesammelten »Steine« keineswegs harmlose Dinge, und was in ihrer Nähe geschieht, zeugt von beunruhigender Doppelbödigkeit. Das zeigt sich schon an *Granit*, der ersten Geschichte der Sammlung. Sie knüpft an die **Tradition der Rahmenkomposition nach Boccaccios Vorbild** an und verläuft doch ganz anders, indem sie das Pestgeschehen in den Mittelpunkt der Binnengeschichte rückt (eigentlich sind es zwei Binnengeschichten). Zugleich verschlüsselt die Pest-Katastrophe den politischen Vorgang der Revolution und interpretiert ihn als apokalyptisches Geschehen, das nur legenden- (in der Vogelsang-Geschichte) bzw. märchenhaft (in der Waldgeschichte) bewältigt werden kann. Im Vordergrund aber steht die **alltagsnahe ›Restauration‹ einer in Unordnung geratenen Welt**. Zwar handelt es sich hierbei um den Mikrokosmos einer Familie mit ihren gewöhnlichen Ordnungs- und Putzritualen, doch wird ihre Störung nach realistischem Geschmack ernst genommen und nicht der satirischen Posse ausgeliefert, wohin der Stoff eigentlich gehört.

Für den Realismus relevant ist, wie Stifter die in Unordnung geratene Welt wieder einrenkt. Hier geschieht etwas Ähnliches wie in Kellers gleichfalls dem *Dekameron* nachgeschriebenen *Sinngedicht*. **Fraglich gewordene, problematische Wirklichkeit** wird durch Reden und Erzählen wiederhergestellt. Das Reden des Großvaters nimmt hierbei eine besondere Form an. Er spricht zu seinem ›aufgeregten‹ Enkel – die Mutter züchtigte ihn wegen einer unabsichtlichen Verschmutzung der gereinigten Stube – wie Gott zu Adam, der ihm die Gegenstände zeigt und ihn auffordert, sie zu benennen. Freilich sind die Gegenstände schon längst benannt; aber die Reaktivierung der Benennungsfunktion auf dem Weg durch die Landschaft hat einen ›beruhigenden‹ Effekt auf den Geschlagenen. »Das ist das Behringer Brünnlein [...] Merke dir den Brunnen recht gut. – Ja, Großvater« (32), so beginnt die ›Litanei‹, die den ›gebrochenen‹ Knaben wieder aufrichten soll und ihn fähig macht, den Geschichten zuzuhören, die trotz ihres unrealistischen, legenden- und märchenhaften Charakters doch anzeigen, was dahinter steckt und eigentlich gemeint ist, wenn Ordnungen verletzt werden.

Im Realismus spielen die **Verletzungen der Ordnung** eine Hauptrolle. Es ist dies freilich eine Doppelrolle, denn die Werke des Realismus zeigen beides: wie Ordnungen verletzt werden und wie Ordnungen verletzen. Zwar lässt sich gelegentlich eine Tendenz zum Entwurf pluraler Welten und ihrer ›lockeren‹ Ordnungen entdecken (Fontanes »Allerlei Glück«, Kellers buntes Fest), doch bleiben solche Versuche, die ›Alternativwelten‹ entwerfen, eher Fragmente. Der übliche Weg des Realismus ist auf Einigung gerichtet. Auch das sieht unterschiedlich aus: Freytags endliches »Haben«, Ludwigs uhrwerkartige Regelmäßigkeit zwischen »Himmel und Erde«, Raabes wahrer »Hunger«, Kellers »grünes Gras«. Bei Stifter sieht die Ordnung wie eine saubere Stube nach sonnabendlichem Putzritual aus und hat Bestand wie ein »Granit«. So sieht sie aber nur nach der Erzählung aus; vor ihr bzw. bei Beginn kann die kleinste, närrische Berührung die schlimmste Aufregung verursachen. Stifters »Maß« ist, wie die Tat des Knaben beweist, sehr empfindlich. Wie es mit dem Boden der ›Wirklichkeit‹ bestellt ist, ergibt sich aus **Begrenzung und Ausweitung**; das zeigt *Granit* und hält auch der *Schimmelreiter* in Erinnerung.

Wohl bleibt Stifter selbst mit seinen späten Novellen der 60er Jahre ein »Fremdkörper inmitten des bürgerlichen Realismus« (Sengle 1980, III, 1016). So fällt es auf, dass »die identifizierbaren Details alltäglichen Lebens« fehlen (Reiningin in: DL 1982, 235). Aber wiegt der Mangel so viel, dass solche Werke nicht mehr in die Spannweite dessen passen, was der Realismus im Laufe der Zeit ausbreitet? Wie steht es etwa mit *Der Waldbrunnen* (1866)? Wenn Realismus etwas mit der **Definition von Realität angesichts ihres Zerfalls** zu tun hat, wenn gerade im Realismus Grenzen gezogen werden, die ein begehbares Land einkreisen wollen und doch gelegentliche Einbrüche nicht verhindern können, dann braucht Stifters nach *Katzensilber* bereits zweite Geschichte über ein ›wildes Mädchen‹ nicht unbedingt aus dem Kreis realistischer Literatur ausgeschlossen zu bleiben. Die Momente, die sie als moralische Erzählung aus vorrealistischer, biedermeierlicher Zeit ausweisen könnten – der stumme Verzicht auf eine späte, zwar Gesundheit und Frohsinn spendende, aber verbotene Liebe –, macht sie auch tauglich für ein Dokument des Realismus, das zeigt, wie unsicher der Boden des üblichen Eheglücks ist und welche Resignation, ja Abtötung notwendig wird, damit die bürgerliche Verehelichung und ›Heimfindung‹ schließlich doch eintritt.

Das **pädagogische Moment** steht gewiss im Vordergrund und bestimmt auf signifikante Weise die Figurenkonstellation: Auf der einen Seite steht der überlegene Großvater als vermeintlich absichtsloser, allwissender Lehrer, auf der anderen Seite befinden sich die lernbegierigen Kinder; dazwischen aber, deutlich geschieden von den lernwilligen Kindern und merkwürdig nahe dem kundigen Mann, steht Juliana, das wilde Mädchen. Dadurch verändert sich die standardisierte Schüler-Lehrer-Beziehung erheblich, wie auch die Vater-Tochter- oder Bruder-Schwester-Beziehung schon in realistischen Werken andere Formen annehmen kann (vgl. Raabes *Schüdderump*, Fontanes *Ellernklipp* oder Storms *Schweigen*). Stifter vermengt das pädagogische Verhältnis mit therapeutischen Effekten und lockert die scheinbar festgelegte Einflussrichtung. Indem sich der überlegene Pädagoge als verletzter und vernachlässigter ›Patient des Lebens‹ zu erkennen gibt, gerät die **starre Rollenverteilung in Bewegung,** führt gar zum Tausch von gebender und nehmender Rolle; das ermöglicht die Erfahrung neuer Lebensziele, die den wissenden »Großvater« fast schon in der Rolle eines »ungeduldigen Liebhabers« zeigen (Hunter-Lougheed 1988, 24). Am trotzigen Mädchen entzündet sich nicht nur eine pädagogische Leidenschaft, sondern die Ahnung des bislang entbehrten Ungebundenen, Schönen, Erotischen und Poetischen (vgl. Sjogren 1986). Die Form des Trotzes, eine rigide Isolation von der gewöhnlichen bzw. mütterlichen Umwelt, schließt eine enge Bindung an die Großmutter nicht aus. Doch gerade diese Bindung bleibt ambivalent, weil sie sowohl die Ursache als auch die Wirkung der Verwilderung ansichtig macht.

So erweisen sich **familiäre Ordnungen,** die im fortgeschrittenen Realismus problematisch werden, auch bei Stifter schon als Zwickmühlen, als ›Bindungen‹, aus denen der Ausweg schwerfällt. Zwar findet die wilde Juliana nach dem Tod ihrer Großmutter den Weg aus der Höhle, in der sie zu wohnen pflegte, in die zivile Welt des Großvaters Stephan von Heilkun, aber sie scheint – wenn der Eindruck des beobachtenden Ichs in der Rahmenerzählung nicht trügt – ihre poetische Gabe in der später eingegangenen ›normalen‹ Ehe mit dem Enkel des Großvaters eingebüßt zu haben. Wenn hier eine »Zähmung« (Hunter-Lougheed 1988, 16) vorliegen sollte, dann zeichnet sich eben nicht nur ein harmonisches und ziviles Happy-End ab, vielmehr wird auch spürbar, was bei einem solchen Glück verloren geht und welches Begehren weggeschoben werden muss. Das sind Kräfte, die sich nicht nach dem ›sanften Gesetz‹ regeln lassen und die auch den Realismus an seine Grenzen treiben (vgl. Plumpe 1994).

5.5 »In der Mitte zwischen beiden«: Otto Ludwigs *Zwischen Himmel und Erde*

Otto Ludwig (1813–65) gilt als **Begründer des ›poetischen Realismus‹.** Wenn er den Begriff auch nicht als erster geprägt hat (vgl. Bernd 1995), so gab er ihm doch in seinen *Romanstudien* (1873) ein markantes und nachhaltig wirkendes Profil. Wo immer die historischen Facetten des Realismus seit der Jahrhundertmitte zur Sprache kommen, taucht Ludwigs Name als **Inbegriff für ein typisch deutsches Realismus-Verständnis** auf. Ludwig selbst ist eigentlich nicht als ›Theoretiker‹ aufgetreten (die Romanstudien wurden erst posthum veröffentlicht), sondern wirkte sowohl als Dramatiker wie auch als Erzähler und war in dieser Doppelrolle ebenso bekannt wie geschätzt. Nach der Drucklegung seiner ›Theorie‹ erweiterte sich das Interesse nahezu automatisch auf das Verhältnis zwischen Gefordertem und Eingelöstem. Dabei rückte schon bald in den Blick, was sich auch innerhalb der ›Theorie‹ geltend machte: Wie widersprüchlich die ›Theorie‹ in sich ausfiel, so widersprüchlich gestaltete sich auch das Verhältnis zur eigenen Praxis (zu den Nichtübereinstimmungen vgl. schon Lohre 1913). Das Merkwürdige liegt freilich darin, dass Ludwig gerade **wegen dieser (doppelten) Widersprüchlichkeit an Interesse gewinnt,** scheint sich doch darin eine eigentümliche

Mittelstellung anzudeuten, die den Autor zwischen Tradition und Moderne versetzt (vgl. Schönert 1980, 155).

Otto Ludwig weiß sich als Erzähler **den Dorfgeschichten Berthold Auerbachs verpflichtet;** ihm widmet er auch die Erstausgabe seiner romanartigen Erzählung aus dem Dachdecker-Milieu *Zwischen Himmel und Erde* (1856). Das Werk fand zu seiner Zeit ein großes Publikum und ist heute noch (in einer Ausgabe des Reclam-Verlags) greifbar. Sowohl in der zeitgenössischen wie in der moderneren Realismus-Diskussion spielte und spielt die Erzählung eine bedeutende Rolle (vgl. die bahnbrechende Analyse von Brinkmann 1957). Doch auch hier dominiert der **Eindruck des Zwiespältigen,** wenn nicht Widersprüchlichen. Genauer besehen, rückt Ludwig deutlich von seinem Vorbild Auerbach ab, wiederholt also nicht die bewährten Gegensätze von Stadt und Land mitsamt ihren anthropologischen, sozialen, psychologischen, moralischen und poetischen Folgen und begnügt sich nicht mit klaren Lösungsmodellen. Zwar mag sein Held im Alter und am Ende der Geschichte ähnlich wirken wie Auerbachs Lorle, die »Frau Professorin«, doch entging den Zeitgenossen der Unterschied nicht. Julian Schmidt, Wortführer des *Grenzboten*-Realismus, schreibt:

> »Freilich ist der Eindruck auch hier ein peinlicher. Abgesehen davon, daß es unerlaubt sein dürfte, den Leser längere Zeit hindurch im strengsten Sinne des Worts zwischen Himmel und Erde d. h. im Zustand des greulichsten Schwindels zu halten, ist die Breite, mit der ein Lump der gemeinsten Sorte sich explicirt, in keinem Verhältniß zu dem Positiven des Romans, und die Entwicklung des Knotens wird nur wenig Leser befriedigen. Mochte auch die Entsagung durch die wilden Scenen, die vorangegangen sind, mit Nothwendigkeit geboten sein, die Form der Entsagung, wie sie der Dichter schildert, verstößt gegen alle Analogien der menschlichen Natur, daß man sie nur bei einem Mann begreift, der neben seiner Tugend und Charakterstärke zugleich ein wunderlicher Heiliger, ein Original ist.« (Schmidt 1857, 407)

Vielerlei fällt in dieser Kritik auf und ist ebenso kennzeichnend für den propagierten Realismusbegriff wie für **Ludwigs Eigenwilligkeit:**

- Obwohl der Realismus der 1850er Jahre das Berufs- und Arbeitsleben ausdrücklich in den Vordergrund rückte (Schmidt gab ja das Motto vom ›Volk bei der Arbeit‹ für Freytags epochemachenden Kaufmannsroman *Soll und Haben*), scheint dem Kritiker hier zuviel vom Beruf des Dachdeckers und seinen arbeitsspezifischen Sorgen die Rede zu sein.
- Möglicherweise nimmt Schmidt auch an der metaphorischen Bedeutung des Titels Anstoß und beklagt die leitmotivische Schwebe- und Zwischenlage einer Erzählung, für die er – nach Auerbachs Vorbild – größere Entschiedenheit verlangt.
- Das kommt dann explizit in der Kritik an einer Figur zum Ausdruck, die nur als »Lump« wahrgenommen wird und – nach dem Maßstab des vertretenen Realismus – zuviel ›Aufmerksamkeit‹ erhält.
- Im Gegenzug wird beanstandet, dass »dem Positiven« zu wenig Raum zuerkannt wird.
- Schließlich vermisst der Kritiker eine den Leser befriedigende Entwicklung des Knotens. Gemeint ist nicht etwa, dass die negative Figur zu gut, sondern die positive zu schlecht, ja eigentlich zu widernatürlich davonkäme. Schmidt kritisiert das merkwürdige Entsagungskonzept, das seinem Realismus und seiner Vorstellung von poetischer Gerechtigkeit nicht entspricht.
- So sehr der Realismus es mit dem Regional-Charakteristischen zu tun hat, so wenig scheint er sich in die Nische von »Originalen« und »wunderlichen Heili-

gen« abdrängen lassen zu wollen. Die unterstellte Normativität des Individuellen unterscheidet ihn von den beobachteten Sonderlingen der Biedermeierliteratur.

So enthält die kurze kritische Beurteilung nicht nur **Maximen des ›geltenden‹ Realismus,** sondern liefert einen Hintergrund, vor dem sich Ludwigs Realismus um so prägnanter abhebt. Offenbar gibt es schon in den 1850er Jahren mehr als nur ›einen‹ Realismus, und seine Facettierung begegnet nicht allein bei Keller oder Raabe, sondern auch bei Ludwig.

Realistische Literatur zeichnet sich, noch vor solcher Differenzierung, dadurch aus, dass sie für ihre kunstvollen Erfindungen einigermaßen verlässliche Zugänge legt, ein »Gefühl der Wirklichkeit« (Keller SW II, 13) zu gewinnen sucht, aus dem heraus sich ihre Figuren einerseits bestimmter bewegen, andererseits aber auch freier entfalten können. Es mögen dies Rahmenbedingungen sein bzw. Eckwerte für Spielräume, die das folgende Geschehen sinnvoll eingrenzen oder – was gleichfalls eintreten kann – die ihrerseits durch den weiteren Verlauf als verlässliche Orientierungspunkte in Frage gestellt werden. **Solide in diesem Sinn sind Orts-, Zeit- und Personenangaben.** Ob sie tatsächlich einen tragfähigen Boden einrichten, wird dann erst die Geschichte erweisen, und nicht jeder Titel, der am Anfang eine sichere Position signalisiert, bleibt unerschüttert von dem, was später passiert (vgl. Raabes *Akten des Vogelsangs*).

Der feste Boden, den Otto Ludwigs Erzählung voraussetzen und darstellen möchte, ist von Anfang an **eine ›schwebende‹ Angelegenheit** »zwischen Himmel und Erde« (vgl. Schönert 1980, 161 f.).

- ›Fest‹ ist an ihm das berufliche Arbeitsfeld des Dachdeckerhandwerks und der Betriebsführung, die freilich in Zeiten des Umbruchs nicht immer die alte bleiben kann und somit an Beständigkeit verlieren muss, was dann wiederum eine andere, neue Standfestigkeit erfordert.

- ›Fest‹ ist zumal eine wesentliche Voraussetzung für die Tätigkeit in der Höhe; wer auf dem Dach rutscht, ist auf diesem (Wirklichkeits-)Boden verloren; die klassische ›Ständeklausel‹ mit ihrer Lehre von der Fallhöhe – das weiß der Dramatiker Ludwig – gilt hier nicht. Dennoch ›kriecht‹ der Dachdecker nicht, sondern steht bzw. arbeitet aufrecht, so dass seine Bodenhaftung den Bezug nach oben nicht ausschließt; das heißt, sein Handwerk ist nicht nur nützlich, sondern hat mit dieser aufrechten Haltung einen ›idealen Zug‹.

- ›Fest‹ heißt schließlich jener Extremwert, an dessen Gegenpol die Auflösung liegt.

So handelt diese Geschichte tatsächlich von der **Ordnung der Wirklichkeit,** von ihrer Herstellung, Erhaltung, Vermehrung, Gefährdung und Wiederherstellung. Es ist **eine Erzählung des Realismus über den Realismus,** exemplifiziert an einem Handwerk aus dem Baugewerbe, nicht aber von unten, vom Fundament her, angelegt, sondern von oben, vom Dach, das ja dem Haus einen schützenden Abschluss gibt. Das kündigt der gleichlautende Titel an und besiegelt der Schluss. Das also steht im Zentrum der erzählerisch ›abzudeckenden‹ Wirklichkeit. An ihrem Anfang aber rückt in den Blick, was sicher unten auf der Erde steht und regelmäßig geschieht: das Wohnhaus, das Gärtchen, der Schiefer-Schuppen. Sie stehen nicht irgendwie im Raum, sondern in einem bestimmten Verhältnis zueinander. Es gibt ein ›links‹ und ein ›rechts‹, so dass Umsicht und Überblick gewahrt bleiben.

Doch selbst hierbei unterläuft schon Eigenartiges: So werden die Fenster des Wohnhauses nicht einfach gezählt, vielmehr heißt es: »Das Wohnhaus öffnet jeden Morgen zweimal sechs grünangestrichene Fensterläden« (SW, 3). An einem anderen ›hohen Haus‹ wird beobachtet, wie es »in vornehmer Abgeschlossenheit das enge [Gäßchen] keines Blickes würdigte«. Und schließlich: »Die äußerste Sauberkeit lächelt dem Beschauer aus dem versteckten Winkel entgegen« (4). Das sind nicht nur **Momente einer anschaulichen Beschreibung**, sondern **Indizien für ein Zusammenspiel zwischen Ding- und Menschenwelt**, so als ob die Dinge von Menschen beseelt und Menschen von Dingen bedingt seien. Der Garten erscheint wie »gebürstet«, wie »mit Lineal und Zirkel auf den Boden hingezeichnet« (4). Diese ›Akkuratesse‹ wird nur noch von einem »blaue[n] Rock« und seinem Besitzer, Apollonius Nettenmair, übertroffen; er ist die Hauptfigur der Erzählung und der Schöpfer dieser peinlichsten Sauberkeit. Das klingt idealisierend, und ist doch schon **mit skeptischem Blick wahrgenommen**, heißt es doch sogleich: »Im Gärtchen ist sie [die Sauberkeit] fast zu ängstlich, um lächeln zu können.« Da stimmt also etwas nicht, und was dahinter steckt, wird die Geschichte, ihr ›Fall‹, ergeben. Dabei kommt dem Gärtchen eine eigene Rolle zu. Auch hier entsteht eine Schwebe-Lage, jetzt nicht nur zwischen oben und unten, auf und ab, sondern auch zwischen hin und her und zeugt von einer **ins Wanken geratenen Ordnung**.

Ludwigs Erzählung enthält schon Vieles, was erst später, besonders in Raabes Erzählungen, zum Ausbruch kommt. Bei Ludwig wird dieser ›Sprengstoff‹ noch durch den »Geist der Ordnung« (6) sichergestellt, wohl aber nicht ein für alle Male ›entschärft‹, weil Spuren seiner vernichtenden Wirkung selbst auf dem befriedeten Feld Jahrzehnte später sichtbar bleiben. Da ist das **Motiv der gegensätzlichen bzw. feindlichen Brüder**, Apollonius, der solide, und Fritz, sein intriganter Gegenspieler, eine Verdoppelung (vgl. Kafitz 1978, 15 f.) und Polarisierung, die sich wahrscheinlich jetzt schon als »Spaltung« (Roebling 1988) des singulären Protagonisten verstehen lässt, jedenfalls als typisiert polarisierte Extremwerte menschlicher Verhaltensweisen. So wollte es ja schon Ludwig verstanden wissen: »Fritz und Apollonius sind zwei Typen der Äußersten [sic!] der Menschheit, zwischen den Millionen Nuancen, der Frivole und der Ängstliche, und der eine immer frivoler, der andere immer ängstlicher; das Ideal liegt in der Mitte zwischen beiden« (SW, xix).

Die Vorbehalte des Kritikers J. Schmidt gaben zu verstehen, dass dieses Menschenbild nicht ins Konzept des propagierten Realismus passt.

- Da ist die **Dominanz des Vaters**, dessen »Wunderlichkeiten« (201) so fatal wirken.
- Da ist weiter **die notorische Gewohnheit des** »**Zurückhalten[s]**« (200), die aus dem innersten Bezirk des Bürgerlichen wie ein Alptraum (vgl. Treitschke in RuG II, 194) zerstörend wirkt, ohne dass sich die Figuren dies eingestehen könnten. Es ist typisch für Ludwigs Figurenkonzeption, dass nur der Intrigant handelt, während seine Opfer sich berechtigte Handlungen, vor allem die gegenseitige Liebeserklärung, versagen. Schmidts Realismus verlangt eine bedeutend größere Handlungskompetenz der positiven Figuren.
- Und da ist schließlich die **Erinnerung**, die später bei Raabe ein ganzes Leben in Frage stellen wird (*Akten des Vogelsangs*), bei Storm dem Selbstbetrug dient (*Chronik von Griesshuus*) oder sich bei Meyer als vergebliche Beichte vollzieht (*Das Amulett*); bei Ludwig kann die Erinnerung – jedenfalls nach dem Willen des auktorialen Erzählers – ein Leben noch in peinlich gewahrter Ordnung trotz allem

erhalten. Aber die Menschen, die in dieser Ordnung weiterleben und alt werden, wirken doch schon »seelisch verkrüppelt« (Schönert 1980, 166).

■ Hinzu kommt **dieser merkwürdige ›Blickwechsel‹** zwischen dem gealterten Apollonius und dem »schiefergedeckten Turmdach von Sankt Georg« (8), der nicht nur kurz und einmalig erfolgt, sondern »eine ganze Stunde lang« (199) dauert und sich wohl jeden Sonntag als ›Kommunikation‹ zwischen dem Menschen und einem Ding wiederholt.

Deutet sich hier nicht eine **tiefere Verstörung** bzw. Erstarrung an, als es der Erzähler wahrhaben möchte, wenn er Gemütlichkeit stiftet und demjenigen, der in pünktlicher Regelmäßigkeit »seine Vergangenheit« vom alten Schieferdach abliest, fürsorglich das ›Blättern‹ abnimmt?

Die vom auktorialen Erzähler so heilsam regulierte Erinnerung des Apollonius gilt einer Zeit,

> »wo bitterer Schmerz über gestohlenes Glück, wilde Wünsche seine Bewohner entzweiten, wo selbst drohender Mord seinen Schatten vor sich her warf in das Haus, wo Verzweiflung über selbstgeschaffenes Elend händeringend in stiller Nacht an der Hintertür die Treppe herauf und über die Emporlaube und wieder hinunter den Gang zwischen Gärtchen und Stallraum bis zum Schuppen und ruhelos wieder vor und wieder hinter schlich.« (7)

Erinnert wird hier an die Geschichte zweier Brüder, die sich um dieselbe Frau bewarben. Was dieses individuelle Liebes- und Ehegeschehen zu einer realistischen, das heißt einerseits regional charakteristischen, andererseits allgemein bedeutsamen Erzählung macht, ist die **Verknüpfung der privaten und familiären Ereignisse mit den gewerblichen Belangen** eines modernisierungsfähigen Dachdeckerhandwerks und allgemeinen ethischen Forderungen. Die durch das Liebesgeschehen geweckten Leidenschaften wirken sich auf die berufsrelevanten Fähigkeiten aus, die zugleich grundlegende Fähigkeiten der Wirklichkeitserfahrung sind: Leidenschaften machen blind, schwindelig oder führen zu Wahnbildern (vgl. Schönert 1980, 158). So steht der ›erhöhte‹ Beruf für die fundamentale Fähigkeit des ›schwindelfreien‹, unbeirrbaren Blicks. Nicht immer bringen die Figuren die Kraft zu solcher Blickfestigkeit auf; ja ihre Anfälligkeit demonstriert eigentlich, auf welch unsicherem Boden bloßes Erfahrungswissen steht. In personaler Erzählperspektive werden die Verzerrungen leicht sichtbar, die dann allein die auktoriale Erzählerstimme entzerren kann (Schönert 1980, 164). Man hat Ludwigs Erzähltechnik schon mit Joyces ›innerem Monologs‹ verglichen (Lillyman 1971); doch bleibt durch die auktoriale Führung das traditionelle ›ptolemäische‹ Erzählsystem gewahrt.

Das Rahmenkonzept der Erzählung funktioniert nach dem **Prinzip der Begegnungsnovelle**, die erklärend nachholt, was als längst ›fertige‹ Merkwürdigkeit vor die Augen tritt. Tatsächlich begegnet in dem gealterten Apollonius eine neugierig machende ›positive‹ und doch ambivalent bleibende Figur. Wer vom Vordenker des ›poetischen Realismus‹, der Ludwig war, eine eindeutige und allgemeinverbindliche Lösung des dargestellten Konflikts erwartet, wer den Idealisierungs- bzw. Verklärungsauftrag des Realismus als befriedigendes Walten der poetischen Gerechtigkeit versteht, wird sich über Ludwigs Verfahren wundern. Denn weder Typisierung noch Polarisierung und schon gar nicht Harmonisierung führen zu einer Schwarz-Weiß-Malerei, wie sie in Freytags *Soll und Haben* begegnet. Vielmehr bemüht sich Ludwig um **gemischte Alltagscharaktere, ›gebrochene‹ Figurenprofile und plurale Lebenswege.** Weder ist Fritz, der ältere Bruder, nur schlecht, noch ist Apollonius nur gut und rein. Der Gegensatz meint vielmehr ein Zuwenig bzw. Zuviel an Gewissen (vgl. SW III, xxii). Wo Apollonius kraft erzählerischer Sympathielenkung als gut erscheinen soll, ist kein allgemein verbindliches Tugendmuster gemeint, sondern seine persönliche Art, die sich wohl hochschätzen, aber nicht verallgemeinern lässt. Deshalb wirkt Apollonius ja so sonderbar, auch wenn er allseits geachtet wird. Ob es Ludwig tatsächlich gelungen ist, diese ethische Toleranz überzeugend zu verwirklichen, mag fraglich bleiben. Immerhin nivelliert er die Figur nicht nach normativen Vorstellungen einer Versöhnungspoetik, sondern lässt ihr die abweichende Eigenart und rückt damit schon in die Nähe dessen, was Fontane später mit dem Schlüsselwort »Allerlei Glück« zur Diskussion stellen möchte.

Laut Ludwigs Absicht sollte das Titel-Leitwort des »Zwischen« nicht unbedingt ein verbindliches Prinzip der Mitte anzeigen, es sollte überhaupt keine »feste Formel, sondern ein Flüssiges« (SW, xxi) bedeuten, ein **Oszillieren zwischen denkbar weitgespannten Polen,** eine ›freie‹ Bewegung, die erst im beruhigten Zustand merkwürdig starr wirkt. Zwar räumte Ludwig ein, dass seine positiv gemeinte Figur oft die »Karikatur« streife (SW, xvii), doch beharrt er zugleich darauf, dass Apollonius eben »*seinen* Himmel« (SW, xxi) gefunden habe. Der ›programmatische Realismus‹ beanstandete Ludwigs »düsteres Grau«, das »nach dem Kampfe dämonischer Leidenschaften [...] über der ausgebrannten Stätte« schwebe (Freytag in: RuR, 202). Wenn Apollonius trotz seiner Bewährung am Ende entsagt und die Witwe, die er liebt und die ihn gleichfalls liebt, nicht heiratet, so zwingt er sich einen Verzicht auf, der »gegen alle Analogien der menschlichen Natur verstößt« (J. Schmidt 1857, 407; später, 1875, 186, positiver).

Apollonius ist nach dem Willen seines Autors **ein Hypochonder.** Ob auf ihn schon anwendbar ist, was für Raabes Kristeller (*Zum wilden Mann*) im Zeichen der Dürerschen ›Melancholia‹ und seiner politischen Deutung gilt (Roebling 1988, 60 ff.), wäre zu prüfen. Politische Ereignisse spielen in Ludwigs Erzählung keine Rolle (vgl. Schönert 1980, 155 f.). Weder wird die Restaurationszeit der 1820er Jahre, in die das dramatische Geschehen fällt, greifbar, noch hinterlässt die 48er Revolutionszeit, die in der Rahmenhandlung ja auch schon zurückliegt, irgendeine Spur. Ludwig wollte eine Geschichte »selbstgeschaffenen Elends« (7) schreiben (vgl. SW, xviii f.). Stets hat in der Hand des Einzelnen zu bleiben, was er aus seiner Situation macht. ›Systemisch Prozesse‹ und den »Liebesmantel des Zwanges der Verhältnisse« (SW, xv) wollte Ludwig bewusst nicht zur Geltung bringen. Und doch passt gerade der Krebsschaden dieser Welt, das »**Zurückhalten« als gemeinsamer »Familienzug«** (200), der die Wirklichkeit verkennen lässt, zu Wahnvorstellungen führt und in verbrecherischen Absichten gipfelt, zu dem, was die ›Melancholie‹ **als Folge aufgezwungener und akzeptierter politischer Ohnmacht** bedeuten kann. So stünde auch *Zwischen Himmel und Erde* nicht jenseits aller politischen und gesellschaftlichen Strukturen der Zeit, sondern signalisierte sie als im Inneren verschwundene psychische bzw. pathologische Dispositionen.

5.6 Paul Heyse als politisch-psychologischer Novellist

Der berühmteste Novellen-Autor zur Zeit des Realismus ist kein typischer Realist (doch vgl. Nelhiebel 2000) und heißt Paul Heyse (1830–1914). 1910 wird dem Achtzigjährigen als erstem deutschen Dichter (vor Gerhart Hauptmann oder Thomas Mann) der Literatur-Nobelpreis zuerkannt. Schon zu Lebzeiten galt der geniale Heyse als legitimer ›Nachfolger‹ Goethes. Weit über hundert Novellen erschienen neben Romanen, Dramen, Editionen und Übersetzungen in der Zeitspanne eines halben Jahrhunderts. Hinzu kamen seine anthologischen Initiativen (zusammen mit H. Kurz und L. Laistner), die wesentlich zur Profilierung und Popularisierung der vergangenen wie gegenwärtigen Novelle im In- und Ausland beitrugen (*Deutscher Novellenschatz*, 24 Bde., 1871–76, *Novellenschatz des Auslandes*, 7 Bd., 1872, *Neuer deutscher Novellenschatz*, 24 Bde., 1884–88). Seine ›Falken‹-Theorie beeinflusste die wissenschaftliche Gattungsdiskussion und ist noch heute in der feuilletonistischen Literaturkritik präsent.

Heyses Novellen sind ›**Fallgeschichten**‹, sie pointieren einen besonderen, meist psychologischen oder ethischen, zuweilen aber auch sozialen und politischen Fall. Wie in einem Experiment setzt Heyse Figuren in eine begrenzte Situation und berichtet, was bei dem Aufeinandertreffen unterschiedlicher ›Elemente‹ und ›Kräfte‹ passiert. Als »Musterbeispiel« (Rath 2000, 246) seiner Novellentechnik gilt nach wie vor die kurze Erzählung *L'Arrabiata* (1855). Diese am Golf von Sorrent spielende Novelle verdichtet auf engem Raum von Boot und Zimmer eine entscheidende Wendung: Die junge Laurella weist alle um sie werbenden Männer zurück, weil sie ein frühkindliches Erlebnis nicht vergessen kann: Der Vater nämlich pflegte die Mutter im unkontrollierten Stimmungswechsel zu schlagen und zu lieben, und beides ließ sich die Mutter gefallen. Erst Laurellas eigene Gewalttätigkeit – sie beißt den vergeblich um sie werbenden und sie dann tätlich bedrohenden Antonino in die Hand – führt zu einer Besinnung, in deren Folge auch sie sich bedingungslos dem geliebten Mann, der reuevoll alle Schuld auf sich nimmt, unterworfen wird. Komplexer als dieses **Lehrstück für junge Spröde**, die sich abreagieren müssen, um weiterhin ›normal‹ zu leben, fällt eine andere Novelle aus.

Andrea Delfin (gedr. 1862) ist eine historisch-politische Novelle und bekundet zugleich das für Heyse kennzeichnende Interesse am spezifisch psychologischen Fall; sie entstand im Jahre 1859 (vgl. Hillenbrand 1998, 151–160) und gilt als Heyses wichtigster Beitrag zum Realismus (Ullmann 1976). Diese Zeit ist außenpolitisch geprägt vom französisch-italienisch-österreichischen Krieg (›italienischer Befreiungskrieg‹, Tätigkeit des Geheimbunds der Carbonari, Felicio Orsinis Attentatsversuch auf Napoleon III.), innenpolitisch von den Tendenzen der ›Neuen Ära‹ (zweite Phase der bürgerlichen Oppositionsbewegung nach der 48er Revolution, Heeresreform, Verfassungskonflikt, Krise des bürgerlichen Liberalismus, Gründung des Nationalvereins). Vor diesem Hintergrund kommt der politischen Thematik der Novelle eine herausragende Bedeutung zu. Im Mittelpunkt steht das **Motiv des politischen Widerstands**, verschärft zum Problem der **Legitimität terroristischer Aktionen**; Schauplatz ist Venedig zur Zeit des 18. Jh.s. Den roten Faden der Handlung bilden drei Attentate, die in spannungsvoll angeordneter Steigerung das zutiefst Problematische einer auf das Individuelle reduzierten politischen Oppositionsbewegung vor Augen führt.

Dabei fallen **mehrere Verschiebungen** auf:

■ Da ist in erster Linie die **zeitliche Verschiebung**, die das aktuelle Problem historisiert (Mullan 1996, 110): Aus einer nachmärzlichen Erzählung wird eine vorrevolutionäre Geschichte, deren Handlung siebenundzwanzig Jahre vor der Französischen Revolution einsetzt. Dreht hier ein Autor die Zeitzeiger zurück, um ein exotisches Kostüm zu benutzen, das gut anzukommen verspricht? Sucht er die Distanz, um klare Sicht zu gewinnen, und wählt er einen griffigen Stoff, an dem er leichter modellieren kann, was sich dem unmittelbaren Zugriff entzieht? Spielt er gezielt mit dem Zukunftswissen derjenigen, die ihre Vergangenheit kennen, um jene Gegenwärtigen zu warnen, die nicht gelernt haben, in die Zukunft zu blicken? Um welche Erfahrungen mit welchen Lösungen geht es dabei überhaupt: um das, was zur Revolution führt, oder das, was aus Revolutionen hervorgehen kann? Solche Fragen lassen sich nicht ohne Rücksicht auf das beantworten, was sonst noch an Verschiebungen zu beobachten ist.

■ Heyses Novelle rückt ihr Geschehen nicht nur in einen zeitlichen Abstand, sondern auch in eine räumliche Ferne, nämlich nach Venedig. In Verbindung mit dem Zeitfaktor wird daraus die **Modellsituation einer niedergehenden Stadt**, mehr noch eines untergehenden Staates, das Ende einer Republik (Mullan 1996, 104).

■ Und hier zeigt sich zugleich eine dritte Verschiebung; denn die erzählte Geschichte betrifft die **Krise einer Staatsform**, die für Heyse um 1859 keine seit langem bestehende politische Wirklichkeit darstellt und schon gar nicht als solche bedroht sein kann. Zur Irritation einer allzu naiven Widerspiegelungsauffassung trägt schließlich bei, dass die problematisierte Oppositionsbewegung in der Welt der Novelle vom Hochadel ausgeht, das heißt, angesichts der republikanischen Staatsverfassung eher konservative Züge trägt, wenn nicht gar ›reaktionär‹ wirkt, und dass erst die tyrannische Zuspitzung einer oligarchischen Herrschaftsform den Anstoß für ein Unternehmen gibt, das sich als nationale, das Vaterland betreffende, und plebejische, das Volk betreffende, Rettungstat ausweist.

Um welches Problem geht es also, dessen Lösung in einer Weise entfaltet wird, die entweder einen bequemen Konsum befördert oder panische Abwehrbewegungen hervorruft?

Wer das Ende der Novelle ins Auge fasst, kommt wohl zu dem Schluss, dass eine politische Befreiungstat, die gewaltsam ist wie Tells heimtückischer Schuss gegen den Reichsvogt, nicht nur ohne Erfolg bleibt, sondern unter unglücklichen Umständen sich selbst den ärgsten Schaden zufügt, vielleicht sogar zufügen muss. Die politische Einsicht in **das Verfehlte dieser terroristischen Selbstjustiz** wird einer Figur in den Mund gelegt, die sowohl Freund als auch Opfer des Attentäters Andrea Delfin ist und darüber hinaus jene politische Macht (Österreich) repräsentiert, die wenig später (1797) die niedergegangene Republik an sich zieht. Diese merkwürdige Verschmelzung entgegengesetzter Rollen wirft ein eigentümliches Licht auf die Lösung des politischen Problems: Rosenberg, der ›fremde‹ Freund im österreichischen Dienst, verabscheut das Attentat, ohne in seinem Freund den Täter zu kennen, und kritisiert die politische Kurzsichtigkeit der Anstifter (Heyse: *Novellen* I, 192). In den tyrannischen Exzessen der venezianischen Republik sieht er die systembedingte Folge einer Politik, die auf aristokratischen Interessen gründet; seiner Meinung nach könne ein »freies Stadtwesen« (193) nur mit Hilfe der »Bürger« bestehen:

> »Denn wo sind die Elemente, aus denen eine echte Republik mit freien Institutionen sich bilden könnte? Ihr habt eine herrschende Kaste und eine beherrschte, Souveräne zu Hunderten und Pöbel zu Tausenden. Wo sind die *Bürger*, ohne die ein freies Stadtwesen ein Unding ist? Eure Nobili haben dafür gesorgt, daß der geringe Mann nie zum Bürger-

sinn, zum Gefühl der Verantwortlichkeit und des wahren bewußten Opfers für große Zwecke herangereift ist. Sie haben den Plebejern nie erlaubt, sich um Staatsinteressen zu bekümmern. Aber weil das Regiment von achthundert Tyrannen zu schwerfällig, zu uneinig und schwatzhaft ist, um eine mächtige Wirkung nach außen oder innen zu üben, knechteten diese Herren sich lieber selbst und beugten sich unter das Joch eines unverantwortlichen Triumvirats, das wenigstens aus ihrer Mitte hervorgegangen war. Sie zogen es vor, ihre eigenen Mitglieder ohne Gesetz und Recht diesem dreiköpfigen Götzen zum Opfer fallen zu sehen, als unter dem Schutz von Gesetz und Rechten zu leben, die sie mit dem Volk gleichstellen würden.« (193)

Was Rosenberg beanstandet, entspricht in etwa der Kritik am Verhalten des Bürgertums während der Märzrevolution bzw. in der Zeit des Verfassungskonflikts (Peschken/Kron 1976). Auch hier spielt das **Argument der Selbstverschuldung** und freiwilligen Unterwerfung angesichts elementarer Ängste vor den sozialen Bewegungen von Unten eine zentrale Rolle. Heyses Novelle lässt die Figuren nicht nur über diese Selbstverschuldung reden, sondern zeigt auch unmittelbar, wie sie erfolgt und sich geradezu wiederholen muss, wenn der Attentäter seinen einzigen Freund versehentlich umbringt und sich damit politisch endgültig lähmt. Es charakterisiert dieses ›didaktische‹ Verfahren außerordentlich, wenn das fatale Versehen ausgerechnet auf jenen Rat zurückgeht, der dem Freund die Maskerade nach eigenem Vorbild empfiehlt und ihn somit der selbstverschuldeten ›Kurzsichtigkeit‹ ausliefert. Zugleich ergibt sich aufgrund der Freundschaftskonstellation, dass gerade derjenige, der zur Einsicht beiträgt und als Freund leibhaftig vor Augen steht, vom Freunde liquidiert wird. So begegnet im Allernächsten der ›Gegner‹, dessen Tod den eigenen Untergang besiegelt.

Eine Erzählung, in deren Exposition Sprichwörter dominieren, scheint hier notwendigerweise auf eine **griffige Lehre** hinauszulaufen. Dennoch muss das naheliegende Sprichwort vom Grubenfall des Grubengräbers nicht das letzte Wort behalten, obwohl eine Familienzeitschrift wie die *Gartenlaube* wohl dazu neigen würde, gerade solche ›Lehren‹ als beruhigende Gewissheit zu vermitteln. Spürbar wird nämlich zugleich eine Provokation, die beunruhigt; nur ohne das Arrangement, in dem der Täter seinen offenbaren Freund und heimlichen Richter umbringt, bliebe *Andrea Delfin* eine leichte konsumierbare Novellenware.

Die ältere Forschung neigte dazu, Heyses gesuchte Konstruktionen als notorische **Tendenz zur Psychologisierung und Pathographie der Ausnahmefälle** abzuwerten. Demnach erschlossen sich die novellistischen Begebenheiten im Absonderlichen bzw. punktuell Normverletzenden eines individuellen Charakters. Andrea Delfin galt als eine ›problematische Natur‹, deren initiale Schuld (»tatenlose Jugend«, 156) und frühe Verletzungen (Verlust der Geschwister durch Giftanschlag und Brandstiftung) jenen ›heroisch-maßlosen‹ Rachegedanken eingeben, der scheinbar ein geradezu zölibatäres Richteramt meint, tatsächlich aber den Prozess der Verletzung durch Fremde mit der eigenen, geradezu doppelten Schädigung ›beantwortet‹ und somit vollendet. Es mag dabei ein wenig mitspielen, dass der versehentlich ermordete Freund die Rolle eines Liebhabers gegenüber jener Gräfin spielt, die Andreas Bruder in politischem Auftrag vergiftet hat und nunmehr auch seinem Rächer in die Augen fällt; selbst die keineswegs beiläufige Mitteilung, dass der Attentäter seinen Freund aus besonderer Verehrung, die er seiner Mutter entgegenbringt, schützen möchte, kann in einem Werk, das individuelle Psychopathologie und politische Dekadenz verknüpft, nicht gänzlich bedeutungslos bleiben. Wohl mag der **Fehler der ›Selbsttäuschung‹** den sowohl individuellen als auch staatlichen Krebsschaden der dargestellten Welt bezeichnen (Mullan 1996, 103); doch hängt seine ›Verträglichkeit‹ wesentlich von der Zahl jener Alternativen ab, die ihn als vermeidbar erscheinen lassen. Bei Heyses Darstellung, die dem geopferten Freund die Wahrheit in den Mund legt, drängt sich der Eindruck auf, als ob gerade die klare Sicht tödliche Folgen haben müsste. Das kann Zufall sein, Wirkung eines dämonischen Schicksals oder unbewusste Tat eines pathologischen Charakters.

Was also ist hieran billige Unterhaltung oder doch beachtenswertes novellistisches Experiment? Darf die Regelung gelten, dass ein Publikum gerade dann wohlfeil bedient und geradezu narkotisiert wird (Hetzner 1993), wenn es versteht, wie leicht »selbsternannte Richter« (Freund 1998, 224) aus Hybris (Mullan 1996, 101) zu unfreiwilligen Mördern werden, während dieselben Leser mit unschätzbaren Werten versorgt würden, sobald sie begriffen, wie prompt das Mandat zum politischen Handeln als pathologischer Fall verfremdet und als Selbstzerstörung denunziert werden muss?

Heyses *Andrea Delfin* nimmt im novellistischen Gesamtwerk eine Sonderstellung ein, insofern gerade hier ein **ungewohnter Pessimismus** vorherrscht und die sonst zu beobachtende Vorliebe für erotische Motive zurücktritt bzw. politisch oder psychologisch instrumentalisiert wird. Keinesfalls kann unbesehen gelten, dass Heyse es »dem Unterhaltungsleser (seiner Zeit) leicht« mache, »seine ›triviale [...] Botschaft‹ [Spies 1982] zu akzeptieren« (Hetzner 1993, 138). Selbst wenn die Lösung des Konflikts im Rahmen eines Tragödienkonzepts erfolgte, das im »tragischen Untergang« des Protagonisten die gestörte Harmonie restaurierte (vgl. das Rahmengespräch in Heyses Novelle *Beatrice*, in: *Novellen* II, 152) und somit selbst für den krassen Ausnahmefall um Anerkennung wirbt, bleiben die Irritationen bestehen, die von der durchgehaltenen ›**tragischen Ironie**‹ (Mullan 1995, 105 f.) ausgehen. Heyses Darstellung verschiebt das politische Problem nicht nur auf den psychopathologischen Einzelfall, sondern interpretiert es zugleich als zutiefst pathologischen Prozess innerhalb eines totalitären Überwachungssystems und erreicht damit fast schon absurde Effekte des infiniten Beobachtersyndroms (vgl. Dürrenmatts Novelle *Der Auftrag*).

Ein weiteres Indiz für die **konstruierte Schwebelage** begegnet in dem Umstand, dass der Untergang des tragischen Helden nicht nur eine moralische Rechnung ideologisch korrekt begleicht, sondern gerade den entscheidenden Posten, die politische Wirkung der terroristischen Aktionen, offen lässt. In der Tat kann der dritte unaufgeklärt bleibende Mord ebenso zur Stabilisierung des tyrannischen Systems wie zu seiner Demontage beitragen, je nachdem ob er als Meuchelmord im Auftrag der ›Staatssicherheit‹ oder als weiteres Beispiel für die Ohnmacht eines scheinbar allgegenwärtigen Überwachungsapparates an die Öffentlichkeit dringt. Als historische Novelle, die das Ende der venezianischen Republik im Jahre 1797 als sicheres Zukunftswissen voraussetzen kann (Venedig fällt im Frieden von Campoformio an Österreich), und als Parabel, die den Zerfall des Habsburger Imperiums als zeitgenössische Wirklichkeit vor sich hat (Österreich verliert nach den Niederlagen von Magenta und Solferino die Lombardei an Frankreich bzw. an das national erwachte Italien) situiert sie ihren Konflikt in einem vieldeutigen, unabgeschlossenen Raum, der mit kryptischen Signalen für die eigene Gegenwart versehen ist. Heyses Novelle mag ein Schreckbild vom »verführerische[n] Strudel Venedigs« (153) entwerfen; man kann ihr aber nicht vorhalten, dass sie die Katastrophe in behaglicher Angstlust vom sicheren Standort zu betrachten empfiehlt. Rückblickend erweist sie sich als ›**Vorkriegsnovelle**‹, die ein merkwürdiges Licht auf den vertrackten Zusammenhang zwischen Planung und Ausführung gewaltsamer Aktionen wirft. Ihren Stellenwert in der Bilanz der genuin realistisch aufgearbeiteten Wirklichkeitsprobleme gewinnt *Andrea Delfin* nicht allein im Blick auf Keller, Meyer, Storm, Raabe oder Fontane, sondern auch unter Berücksichtigung dessen, was ein Kolportage-Autor wie Sir John Retcliffe aus solchen Weltkrisen gemacht hat (vgl. *Magenta und Solferino*, den vierten Teil des historisch-politischen Zeitromans *Villafranca*).

5.7 Kellers Novellen zwischen Märchen und Geschichte

Gottfried Keller kann als der ›Boccaccio der realistischen Novelle‹ gelten. Unter den Realisten präsentierte nur er seine Geschichten in jener zyklischen Form, die durch Boccaccio zum Prototyp der Novellenform aufstieg: *Die Leute von Seldwyla, Züricher Novellen* und *Das Sinngedicht*, das der Autor selbst einen »kleine[n] Dekameron« (DD 353) nannte. Zwar wählte er für seine Rahmenhandlungen keine apokalyptischen Katastrophensituationen (bei Boccaccio die Pest); doch rücken gesellschaftliche und andere Krisen durchaus in den Blickpunkt des Rahmengeschehens.

Für die »einfachen Geschichten« (DD 273) seines Novellen-Zyklus *Die Leute von Seldwyla* (1856/74) wählte Keller unterschiedliche Bezeichnungen: »Charakteristiken [...] novellistischer Natur« (DD 252) oder »Charakter-Erzählungen«, »Schnurren« (DD 273) und »Lebensbilder« (DD 253), deren Form er als »Fortschritt gegen den Roman« (DD 256) wertete, weil sie die Möglichkeit bot, das Autobiographische zu dämpfen. Der **Zusammenhang zwischen ›Charakteristik‹ und Novellenform** findet sich schon in der Gattungsgeschichte (vgl. A.W. Schlegels Hinweis auf den »Charakter der Sitten«, TKN 18, als günstige Voraussetzung für die Novellenform). Hinzu kommt das regionale Interesse des Realismus, das den Blick auf das geographisch, sozial und psychologisch Individuelle lenkt.

Nun ist aber »Seldwyla« eben kein geographischer Ort, sondern eine Fiktion; als solche verkleidet sie nicht nur einen tatsächlichen Ort, vielmehr fixiert sie am Modell die besondere ›Verfassung‹ einer Stadt im sie umgebenden historischen Wandel und gibt dieser Konstellation eine eigene ›Bedeutung‹. Das geschieht in der einleitenden Erzählung, die ein Panorama bietet und zugleich als Rahmen für den Zyklus dient: »Seldwyla bedeutet nach der älteren Sprache einen wonnigen und sonnigen Ort«, liegt »irgendwo in der Schweiz« und ist seit dreihundert Jahren »immer das gleiche Nest« geblieben (SW IV, 11). Das ist ein merkwürdiger Erzähleinsatz, der zwar orientiert, sich aber nicht festlegt und weder eine eindeutig märchenhafte, noch entschieden realistische Richtung einschlägt. Am nächsten kommt der gewählte **Ton einer allegorischen Geschichte**; das zeigt sich schon am Namen der Stadt und bestätigt sich an ihrem ›Verhalten‹, das zwar die Sonne hereinlässt nicht aber die raue Luft. Das klingt idyllisch oder auch utopisch, wird aber durch einen sogleich auffallenden Widerspruch relativiert: Obwohl diese Stadt ein »Vermögen« besitzt und demzufolge »die Gemeinde reich ist«, bleibt doch »die Bürgerschaft arm, und zwar so, daß kein Mensch zu Seldwyla etwas hat und niemand weiß, wovon sie seit Jahrhunderten eigentlich leben«. Dieser Widerspruch bzw. diese schon absurde Situation bildet die ›reale‹ Grundlage für die weithin bekannte Seldwyler »Gemütlichkeit«. Mit dem Begriff der Gemütlichkeit wird ein Schlüsselwort des ›behaglichen‹ Realismus aufgegriffen, aber wider Erwarten anders hergeleitet.

Nicht von Freizeit ist die Rede, sondern von »**Geschäft**«, »**Handwerk**« und »**Vorteil**«; aber auch hier ist nicht die eigene Tätigkeit und Tüchtigkeit gemeint, sondern die Praxis, »fremde Leute für sich arbeiten« zu lassen und sich selber auf die »Betreibung eines trefflichen Schuldenverkehrs« zu verlegen. Das ist die »Grundlage der Macht, Herrlichkeit und Gemütlichkeit der Herren von Seldwyl« (11 f.); das ist zugleich die erzählte Wirklichkeit, die in den folgenden Geschichten nicht eigentlich abgebildet, sondern als Quelle für Informationen verwertet wird. Hinzu kommt eine flexible politische Verfassung von Seldwyla, die ein ständiges Hin- und Her, einen beliebigen Wechsel der Positionen ermöglicht, Flexibilität anzeigt und doch wie ein Uhrwerk nicht von der Stelle kommt. Eine eigentümlich **moderne »Spaß«-Gesellschaft** zeichnet sich ab, die aber nicht realistisch dargestellt, sondern im literarischen Format der alten Lale- oder Schildbürger-Geschichten (1597) ins Lesebewusstsein gerückt wird.

›Seldwyla‹ signalisiert also regionale Nähe und literarische Perspektivierung, **Wiedererkennbarkeit und Abstandnahme** in einem. Die Stadt liegt kenntlich in der nach-achtundvierziger Gegenwart, weist demokratische und kapitalistische Strukturen auf und bleibt doch fiktionaler, possenhafter, vielleicht karnevalesker, gewiss aber närrischer Grund, zwiespältig zwischen erinnertem Glücksort und beobachteter Spaß-Arena. Als Boden der Wirklichkeit bildet er die Norm für Geschichten, die aber nicht in dem Sinn exemplarisch sind, dass sie die Norm illustrierten; vielmehr sollen sie gerade die Ausnahmen von dieser Norm bzw. ihre »Abfällsel« (14) vorführen. So bilden die Seldwyler Geschichten nicht ab, wie es sich in Seldwyla verhält, sondern indizieren bestimmte **regionalspezifische Zusammenhänge** längs und quer der Zeitachse. Das gilt auch für den zweiten Band des Zyklus, in dem sich die Seldwyler Verhältnisse deutlich gewandelt, ja sogar in ihr »Gegenteil« (283) verkehrt haben. Diese verändere Situation bewirkt, »daß die besondern Fähigkeiten und Nücken der wackeren Seldwyler sich herrlicher darin entwickeln können« (ebd.). Und das wieder bedeutet, dass sie ihre regionalspezifische Besonderheit eingebüßt haben und nunmehr genau so aussehen »wie andere Leute«. Das heißt, sie spekulieren nur noch, statt selbst zu handeln, leben vom ›gesellschaftlichen Besprechen‹ aller Werte und ziehen daraus ihren Lebensunterhalt.

So also sieht die gesellschaftliche Verfassung aus, in die der Erzähler seine Ausnahmegeschichten einbettet. Sie handeln alle von der problematischen **Begegnung zwischen Individuum und Gesellschaft.** Darin gleicht die Novelle dem Roman. Das Besondere des Zyklus liegt in seinem vorangestellten negativen Gesellschaftsbild. Wenn die Entwicklungsgeschichte des Individuums trotz aller Umwege und Irritationen am Ziel doch als Sozialisation, als ein Weg zur gesellschaftlichen Wirklichkeit konzipiert ist, so muss es über die bekannten Reibungen zwischen der Subjektivität des Einzelnen und den objektiven Verhältnissen zu weiteren Konflikten kommen, insofern die gesellschaftlichen Verhältnisse, wie sie Seldwyla prägen, zwar eine Voraussetzung für die außerordentlichen Einzelfälle darstellen, nicht aber deren Zielgröße meinen können. Das Individuum auf dem Weg zur sozialen Wirklichkeit muss sein Ziel verfehlen, wenn es bei dieser Gesellschaft ankommt, die im Fortschritt der Zeit immer größer wird, während sich die vom Individuum gesuchte soziale Wirklichkeit weiter verkleinert.

5.7.1 Widerspiegelung im Märchen: *Spiegel, das Kätzchen*

Das Kardinalproblem des Realismus, das **Spiegeln bzw. Widerspiegeln,** taucht bei Keller bereits im Titel jener Erzählung auf, die für gewöhnlich am wenigsten mit Realismus in Verbindung gebracht wird: *Spiegel, das Kätzchen.* Hier, wo die Gattungszuweisung »Ein Märchen« ganz entschieden die Lizenz der »Reichsunmittelbarkeit der Poesie« (DD 382) zu beanspruchen scheint und die erzählte Kater-Welt am deutlichsten die Rückwendung zur Romantik zu erkennen gibt, meldet sich im Namen des Tieres der fundamentale Anspruch der neuen Kunstperiode zu Wort. Dabei handelt es sich nicht um eine unauffällige, beliebige Variation des »Abfällsel«-Themas (14) der *Leute von Seldwyla,* sondern um seine Engführung vor Abschluss des ersten Zyklus-Bandes, gleichsam in naher Entsprechung zur Steigerungsform des *Märchens* in Goethes *Unterhaltungen deutscher Ausgewanderten.*

Die erzählte Geschichte ist schlicht und komplex zugleich. Einfach verläuft das Geschehen nach dem Muster von Verwicklung und Lösung: Der Kater Spiegel gerät aus Hunger in die Gewalt des Hexenmeisters Pineiß, der ihn schlachten will, und weiß sich nach neuerlicher Erholung (er wird vom Hexer gemästet, damit sich der ›Braten‹ lohnt) mit einer List zu retten. Komplex wird die Geschichte dadurch, dass die Anwendung dieser List eine weitere Geschichte ins Spiel bringt. Die dadurch entstehende Rahmenkomposition erwirkt insofern eine verzwickte Verschachtelung, als die List im Vorsetzen einer Lügengeschichte besteht. Gerade von dieser erlogenen Erzählung im Märchen gilt jedoch, dass sie die eigentlich realistische sei, weil sie in der realen Menschenwelt im Umkreis eines historischen Augenblicks (Schlacht bei Pavia) stattfindet. Legt man also die menschliche Binnenerzählung als Bezugspunkt der Realismusfrage zugrunde, so ergibt sich ein **merkwürdiger Befund:**

- Im Rahmen der fiktiven Seldwyla-Welt (Zyklus) beendet ausgerechnet ein »Märchen« die Reihe der wirklichkeitsähnlichen ›Novellen‹ im ersten Band;
- dieses Märchen reproduziert eine »alte Sage« (240);
- Funktion der Sage ist es, ein bekanntes »Sprichwort« zu erklären.

Dieses Sprichwort bezieht sich auf das Ergebnis eines Geschäftsvertrages, der dank einer Lüge (Spiegels List), die ihrerseits wieder von einem lügenhaften Verhalten (die Bräutigamsprobe des Fräuleins) zeugt, eine für Spiegel erfreuliche Wendung nimmt. **Fiktion, Lüge und Faktizität** bilden einen ›erzählerischen Zusammenhang‹, in dem die Bedingungen der Darstellbarkeit von Wirklichkeitserfahrung (und Erfahrung als Wirklichkeit) sichtbar werden.

Objekt, Subjekt und Medium dieses Darstellungsproblems ist der Kater Spiegel.

- Als Objekt ist er das Tier, der Nicht-Mensch, an dem eine andere Wirklichkeit ›klebt‹, von der die Menschen nichts ahnen (allenfalls nur träumen), deren sie sich schämen oder nach der sie sich sehnen.
- Als Subjekt ist er die Quelle, der Schöpfer jener Wahrheit, die den Lebenslauf als verstellte Wirklichkeit offenbart.
- Als Medium ist er reine Reflex-, Widerspiegelungsfunktion.

»Spiegel, so war der Name des Kätzchens wegen seines glatten und glänzenden Pelzes« (241), verkörpert die drei **Formen des Zeichens:**

- Namentlich, als »Spiegel«, verbürgt er das Abbilden von Gegenständen (›Ikon‹),
- natürlich und tatsächlich, als listenreich erzählende Tierfigur, zeigt er Sachverhalte an (›Index‹),

■ und in übertragener Wortbedeutung steht er für die redende, erzählende Verfertigung des Wirklichen, der Geschichte aus der Wirklichkeit (›Symbol‹).

So erschließt sich das ›Realistische‹ immer nur im **Miteinander von darstellungsabhängigen und erfahrungsbedingten Momenten** der Wirklichkeit. Wollte man die ›reine Wirklichkeit‹ aus den darstellungstechnischen und erfahrungspsychologischen Umhüllungen herausschälen, so ergäbe sich nicht automatisch der Erzählkern von Liebesgeschichte und Heiratssache, vielmehr machte sich in ihm abermals Wirklichkeit als Darstellungsaufgabe und Erfahrungsproblem geltend. Das zeigt sich an der erfundenen Geschichte.

In dieser Liebesgeschichte zwischen dem jungen Fräulein und dem Kaufherrn geht es um die Vergewisserung der reinen Liebe angesichts der **Macht des Geldes**. Unter der selbstverständlichen Voraussetzung, dass Geld magnetisch wirkt, inszeniert das Fräulein eine empirische Probe der Trennungskraft, deren positives Resultat jedoch nicht die ersehnte Wirklichkeit der wahren Liebe hervorbringt, sondern ganz im Gegenteil zur Negation des Lebens als der einzig möglichen Wirklichkeit führt: im Fall des Kaufmanns auf dem Schlachtfeld bei Pavia, im Fall des Fräuleins in der (Ersatz-)Umarmung des »umherrollenden Schatz[es]« (266). Der Prozess der Wirklichkeitssuche mündet im Lebens- und Liebesverlust.

Die tierische Lüge von der wirklichen Macht des phantastischen Reichtums bewahrheitet sich im Umkreis der zweiten Ehegeschichte des Märchens zwischen Hexenmeister Pineiß und der Begine. Auch hier steht die **Wirklichkeit im Banne des Geldes** auf dem Spiel. Das Misstrauen des Fräuleins und die Zaghaftigkeit des Kaufherrn steigern sich jetzt zur polarisierten Doppelexistenz zwischen Schein und Wirklichkeit, Bürgerlichkeit und Dämonie. Pineiß, der alles vermögende Funktionär des urbanen wie unterirdischen Lebens, und die Begine, Nonne und Hexe in einem, geraten infolge der erfundenen Geschichte vom tatsächlich vorhandenen Geld zur wahren Wirklichkeit der ihnen gebührenden »Hochzeitkammer, wo sie mit höllischen Künsten ihn auf eine Folter spannte, wie noch kein Sterblicher erlebt« (278). Dieses früh-strindbergsche Bild einer normalen Ehe verdankt seine Wirklichkeit nicht nur einer geschickten Lüge, bei der der Lügner sein betrügerisches Verhalten offenherzig einräumt, sondern darüber hinaus noch einer Unmöglichkeit (den phantastisch-ironischen Bedingungen des Hexenfangs), die ihrerseits unterstreicht, zu welchem Preis dieser Einblick in eine wahre Ehe wohlfeil ist.

Die einzige, wahrhaftige, mit sich identische Figur ist Spiegel, das fabelhafte Wesen. Souveräner Spielmacher und physikalischer ›Thermometer‹ in einem, verkörpert er die tierische Version des Grundsatzes ›der Mensch ist, was er isst‹. Von Anfang an, also schon im Titel, bündelt er in sich alle, auch gegenläufige **Kräfte der Wirklichkeitskonstitution:**

■ Als Spiegel ist das sogenannte Tier nicht es selbst, sondern immer schon das Abbild der ihm Gegenüberstehenden.

■ Als ›Spiegel‹ (im Sinn der Verwendung ›Fürstenspiegel‹) ist er Vorbild für alle anderen, die als Zerrbild oder Doppelbild verkümmern.

■ Als »Kätzchen« betreibt er Verkleinerung und Tarnung zugleich; Tarnung insbesondere deshalb, weil seine Natur die des erwachsenen Katers ist, dessen natürliches Begehren seinen ›Gegenteil‹, den Superlativ der »schneeweiße[n] Kätzin« (250) sucht.

So erschließt sich der Realismus dieser Geschichte nicht im Rest dessen, was das Märchen an der Wirklichkeit unangetastet lässt, sondern ganz im Gegenteil fällt gerade vom irrealen Bezirk des Märchens der Blick auf einen **Spiegel, der die Welt zeigt,** wie sie ist und sein sollte, und der für dieses Darstellungsgeschäft das Amt der Erfindung benützt, um sagenhaft zu erklären, wie solche Spiegelbilder allein Hoheitsrecht der Poesie sind.

Mit Realismus – so könnte man Döblins Wort über die Historie abwandeln – will man etwas; das zeigt Kellers Märchen besonders deutlich. Die wirklichkeitsähnliche Geschichte dient als Finte im Befreiungskampf aus den Zwängen tödlicher Verträge. Dieser **Triumph des ›erlösten Triebs‹** (Kaiser 1987, 332), diese »volle Emanzipation und märchenhafte Verklärung einer Gegenwelt des Tieres« (ebd., 336) entstehen in einer ausschweifenden Phantasie. Die aber blickt nicht über die Dinge hinweg, sondern dringt bis auf deren bestialischen Grund, den des Geldes, Besitzes und Verbrauches. Zugleich gibt sie zu verstehen, wie es anders sein könnte.

5.7.2 Schein und Sein: *Kleider machen Leute*

Kellers Individualgeschichten bieten ein breites **Spektrum der gedeihlichen und tödlichen Begegnungen** mit gesellschaftlichen Verhältnissen. Sie liefern »Lebensbilder« auf unterschiedlichem, heimischem oder exotischem, alltäglichem oder romantischem und märchenhaftem, normalem oder groteskem Grund. Geht man vom Wirklichkeitsprinzip ›Seldwyla‹ aus, so müssten alle Protagonisten die Wirklichkeit, wie sie eigentlich ist, verfehlen bzw. meiden und etwas suchen, was es nicht gibt; hält man sich an die traditionelle Bedeutung von Seldwyla, so wäre das zugleich ein ausgesprochen glückloser Ort. Und in der Tat stehen die **Formen des Glücks** und seiner Quellen immer wieder zur Diskussion. Nur zeichnet sich auch ein Dilemma ab, insofern Seldwylas Individuen, die Ausnahmen und Abfällsel, infolge ihrer Sozialisationsgeschichten Gefahr laufen, gerade ihren Ausnahmecharakter wieder einzubüßen. Solange sie Sonderfälle bleiben, stehen sie der ›Glücksgemeinschaft‹ fern und leiden; integriert, hören sie auf, Sonderfälle zu sein. Und das ist oft schade. Eine bloße ›Heimkehr‹ (vgl. Kaiser 1987, 270) führt ebensowenig zum Ziel wie ein jäher Aufbruch in die entgegengesetzte Richtung.

Das zeigt sich besonders deutlich an *Kleider machen Leute*, der ersten Novelle des zweiten Teils. Ein armer Schneider wird für einen Grafen gehalten, genießt die Vorteile dieses Irrtums, den er zwar weder herbeigeführt hat, noch allerdings zu berichtigen wagt, wird schließlich entlarvt und findet doch jenes Glück, das sich bereits infolge der Verwechslung angebahnt hatte. Das klingt märchenhaft, fast romantisch, eher biedermeierlich, vielleicht sogar trivial und bezieht sich doch auf eine ›hochrealistische‹ Erzählung Gottfried Kellers. Verdient *Kleider machen Leute* den Ruf, ein »**Muster des poetischen Realismus**« zu sein (Selbmann 1985, 7)? Wenn unter ›poetischem Realismus‹ das verstanden wird, was die *Grenzboten* zwei Jahrzehnte lang propagierten, so kommt dieser Ruf einer gravierenden Wertminderung gleich. Erst in der Umkehrung, dass Kellers Novelle ein Muster für das bereithält, was ein weitreichender Begriff von Realismus bedeuten soll, kann sich diese Nachrede bewähren. In der Tat thematisiert Kellers Novelle ein **Grundproblem des Realismus**: die schwieriger werdende Suche nach der Wirklichkeit in den sich mehrenden Ersatzbildern von Wirklichkeit.

Es geht um den kritischen Unterschied zwischen **Schein und Sein,** Äußerem und Innerem, Vorgeblichem und Eigentlichem. Dabei drängt sich immer stärker der Verdacht auf, dass eine scharfe Trennung zwischen solchen Gegensätzen gerade nicht möglich ist. Herkömmliche Vermittlungskonzepte, die sich insbesondere dem Humorbegriff verschrieben haben, scheinen sich auf die Dauer nicht zu bewähren, weil sie, wenn sie wirklich das Ambivalente erhalten, ihre eigenen Voraussetzungen in Frage stellen. Es ist in der Kellerforschung üblich geworden, diese komplexen Verfahren der problematisierten Wirklichkeitsdarstellung nicht mehr dem Realismus, sondern der Moderne zuzuschreiben (Widdig 1994, 122). Doch zeichnen sich schon innerhalb der realistischen Methode differenzierte und selbstreflexive Züge ab.

Allein der Titel von Kellers Erzählung macht die **Komplexität und Vielschichtigkeit** des Realismusproblems deutlich. »Kleider machen Leute« ist zunächst eine zwar sprichwörtlich beglaubigte, aber sachlich betrachtet ungerechtfertigte Verkehrung der Tatsache, dass eben nur Leute Kleider machen. Doch allein durch diese Verkehrung entsteht jener übertragene Sinn, welcher der Umkehrung einen inhaltlichen Mehrwert gibt. Die syntaktische Umstellung verwandelt die Bedeutung der Wörter, ändert den Satzsinn und erzeugt als Sprichwort eine altbewährte Lebenswahrheit. Das sind freilich nicht die einzigen Transformationen. Hinzu kommt eine Art Selbstreflexivität. Wenn nämlich das Sprichwort von der Macht des äußeren Scheins kündet (ihn möglicherweise auch anprangert), so wirkt es doch selber an der Scheinhaftigkeit vieler Dinge, auch der eigenen Gestalt mit, insofern es ein Subjekt, die Kleider, exponiert, das, wenn märchenhafte Bedingungen ausgeschlossen sind, nicht als (persönlich) handelnde Instanz auftreten kann. So verschleiert die sprichwörtliche ›Wahrheit‹ durchaus die wahre ›Tätergruppe‹, die in Kellers Novelle deutlich genug hervortritt. Doch ist selbst hiermit noch nicht der Schlusspunkt in der **Abwägung zwischen illusionsstiftenden und realitätsvergewissernden Kräften** erreicht. Als Produktionsmittel (d. h. den Schein erzeugende Mittel) sind sie ja selbst Produkte, die als ebenso nützliche wie schöne Ware Wohlstand herbeiführen und bürgerlich respektable Wirklichkeit begründen. Schon der Titel also gibt zu verstehen, wie vielschichtig Auskünfte über Wirklichkeit sind (sie betreffen Ökonomisches, Moralisches und Ästhetisches), wie oft sich ihr Wahrheitswert ändern kann und was daraus zu gewinnen ist.

Eine weitere Kernstelle dieser werkinternen Poetik des Realismus ist die Beschreibung der Goldacher Häuser und wie sie Wenzel Strapinski auf seinem Stadtrundgang wahrnimmt. Zu Recht hat man hierin – wie überhaupt bei Keller – eine »**heraldische Redeweise**« erkannt:

> »Nimmt man Kellers Vorliebe fürs Homerische, fürs Symbolische, Allegorische und Emblematische auf der Basis des Mythos, für Märchen, Spruch und feste Ensembles zusammen, so ergibt sich als bezeichnende Eigenart das, was man heraldische Redeweise nennen könnte, sofern damit auch die Bedeutung von Ostension, von zeichenartigem und fast plakativem Vorweisen zum Zweck des Wiedererkennens beim – abgewandelten – Repetieren dieser Ensembles verbunden wird.« (Jeziorkowski 1984, 82)

Den fiktionalen Rahmen (»Goldach«) einmal vorausgesetzt, lässt sich sagen: Da ›gibt‹ es Gegenstände (Häuser), die natürlich auch beschrieben (schön, festgebaut), zugleich aber mit Sinnbildern »geziert« und insbesondere mit ›sprechenden‹ »Namen versehen waren« (303). Diese Namen ›benennen‹ nicht nur, sondern ›spiegeln ab‹, geben auch zu ›lesen‹ bzw. sind so beschaffen, dass sich an den von ihnen benannten Häusern etwas ›verkündet‹. All dies sind für den Realismus zentrale und kritische Momente.

Im Sinn des Bühlerschen Organon-Modells (Bühler 1934/78, 28) sind es mithin nicht nur Namen, die etwas darstellen, sondern auch etwas zum Ausdruck bringen bzw. zu einem Tun aufrufen; vor allem sind es keine konventionellen (arbiträren) Namenszeichen, sondern motivierte, d. h. sie stehen mit dem, was sie bezeichnen, in einem direkten Zusammenhang. Diese ihre Motiviertheit freilich lässt eine gewisse Bandbreite möglicher anderer Motivierungen zu, so dass im Hause ›Zur Verfassung‹ angemessener- (und natürlich ironischer-)weise auch ein Böttcher hausen kann, der »kleine Eimer und Fäßchen mit Reifen einfaßte« (303). Deutlich wird also, dass ›Namen‹ nicht nur ›benennen‹; sie haben auch eine Bedeutung, die mehr oder minder wahr sein kann, und darüber hinaus für denjenigen, der sich in der Wortbildung auskennt, sogar noch anderes, z. B. ›schöne Weibergüter‹ meinen. Auf der Grundlage solcher Beziehungen, die eigentlich schon historisch sind und gegenwärtig nicht mehr gelten und doch irgendwie noch oder in einem anderen Sinn zutreffen, lassen sich weitere Schlussfolgerungen ziehen, die für das Bild des Realismus, wie es in Kellers Novelle in Erscheinung tritt, nicht gleichgültig sind. Immerhin stünde jetzt aber schon soviel fest: dass ›realistisch‹ jene Namensgebungen heißen (sollen), die auf dem Weg der Lektüre erfahren lassen, welche **Zusammenhänge zwischen Namen und Sachen** es damals gab bzw. was heute aus ihnen geworden ist, sodann welche Praxis solche Namen widerspiegeln bzw. was sich an ihnen verändert, wenn Kundige gewisse Namensteile zu entziffern verstehen.

Wenn Wenzel Strapinski derjenige ist, an dem die Wirkung des Zusammenhangs zwischen Namen und Dingen (Kleidern und Menschen, Produzenten und Produkten, Subjekten und Instrumenten) mustergültig in Erscheinung tritt, dann sollen solche Arrangements wohl absichtlich einen »wunderbaren Eindruck« (304) hinterlassen und zu verstehen geben, dass, wer sie wahrnimmt, »sich in einer anderen Welt zu befinden« glaubt. ›Wunderbar‹, jedenfalls nur in einer Parallelwelt denkbar, wäre demnach, was realistische Literatur zu bieten verspricht: wesentliche **Zusammenhänge unter realen Dingen**. Wenzel wird diese Erfahrung sogleich auf seine eigene Situation anwenden, wenn er sich darauf besinnt, wie der Gasthof heißt, in dem sein abenteuerliches Leben als Graf begann. Denn er glaubt jetzt gelernt zu haben, dass ›Wirklichkeit‹ genau das ist, was die Namen (die ›Überschriften‹) bedeuten. »So war er geneigt zu glauben, die wunderliche Aufnahme, welche er gefunden, hänge hiemit im Zusammenhang, so dass z. B. das Sinnbild der Waage, in welcher er wohne, bedeute, dass dort das ungleiche Schicksal abgewogen und ausgeglichen und zuweilen ein reisender Schneider zum Grafen gemacht würde« (304). Nun lässt sich nicht bestreiten, dass er auf diese Weise »in eine Art moralisches Utopien« (ebd.) geraten ist, wo gerade die sinnvollen Zusammenhänge nur als tatsächlich unmögliche Beziehungen bestehen können. Utopien haben eigentlich im Realismus nichts zu suchen, auch wenn er im Bann der Wissenschaftsgläubigkeit dem Zeitraum nicht fern steht, wo ›Science-fiction‹ als technisches Möglichkeitsdenken entsteht (vgl. die »modernen Märchen« von Kurd Lasswitz, 1890). Doch geht es ja nicht um das absolut Unmögliche, sondern um das, was unter Umständen möglich wird bzw. sich als unmöglich herausstellt.

So hat der Realismus – wie man schon lange weiß (vgl. Brinkmann 1957) – viel mit Illusion zu tun. Aber es ist nicht nur die Illusion gemeint, die der realistische Roman berufen ist zu desillusionieren. Es geht auch um die Erhellungs- und vielleicht **Verklärungseffekte** oder sogar um Vergoldungen (Jeziorkowski 1984, 95), die von dieser Schreibweise eben nicht aufgegeben werden trotz ständiger Korrekturen, Einschränkungen, Enttäuschungen oder Widerlegungen, die der Held der realistischen

Erzählungen erfahren muss. Wenzels Abenteuer ist eine Karrieregeschichte, die zeigt, unter welchen Bedingungen – sie mögen oft auch in der Vergangenheit liegen – was als Unternehmung gelingt. All das hat natürlich viel mit dem Gegensatz von Schein und Sein zu tun; doch läuft die Klärung wohl nicht nur darauf hinaus, dass im Sein das Eigentliche liegt, mithin ein Schneider kein Graf ist, denn er kann es werden, sobald die Voraussetzungen dafür günstig sind. Wo die Vereinbarung gilt »Keine Romane mehr!« (327), hört die Erzählung bald auf bzw. nimmt eine auch unerwartete Wendung ins Prosaische, d. h. Poesielose. Beim erreichten Sein hört die abenteuerliche Bewegung auf bzw. überträgt sich auf andere Veränderungen (der Körper wird füllig, die Familie wächst, der Wohlstand nimmt zu).

5.7.3 Fabelhafter Realismus

Auf das fiktive »Seldwyla« folgt mit den *Züricher Novellen* (1878) das reale »Zürich«, das auf der Landkarte leicht zu finden wäre, lägen seine Geschichten nicht eigens in der Vergangenheit. So wiederholt sich das narrative Spiel der **Abstand suchenden Perspektive** bei naher und eingehender Betrachtung. Der Zyklus von fünf Novellen beginnt in einem ›Vorspann‹ mit einer Suchbewegung, die fast eine eigene, titellose Geschichte ergibt. Wieder rückt das Charakteristische, jetzt in Gestalt des Originalgenies, in den Vordergrund. Wieder geht es um das ambivalente Verhältnis zwischen gesellschaftlicher Prägung des Einzelnen und individueller Gestaltung des gesellschaftlichen Lebens. »Seldwyla« exponierte sich als soziales Gefüge, »Zürich« hingegen repräsentiert sich in einem Individuum, Herrn Jacques, einem »Heranwüchsling« (SW V, 22) in der Schwebe zwischen Nicht-Mehr und Noch-Nicht. Sowohl im Seldwyler als auch Zürcher Zyklus geht es nicht nur um Handlungen, die zu einem Glücksziel als gewünschter Wirklichkeit führen, sondern speziell um Sprachhandlungen, Sprechen und Schreiben (Kaiser 1987, 270 ff.), Hinhören und Abschreiben und welchen Einfluss sie auf eine Wirklichkeit nehmen, die nicht ein für allemal fertig ist, sondern fortwährend nach Maßgabe dessen, was getan und gesagt wird, entsteht.

Anlässlich einer brieflichen Verständigung über die vorletzte Novelle des Zürcher Zyklus, *Das Fähnlein der sieben Aufrechten*, hat Keller ausgesprochen, was er für die Aufgabe der Poesie überhaupt hält; der Wortlaut fixiert eine **Grundposition des Keller'schen Realismus:**

> »[...] dagegen halte ich es für Pflicht eines Poeten, nicht nur das Vergangene zu verklären, sondern das Gegenwärtige, die Keime der Zukunft so weit zu verstärken und zu verschönern, daß die Leute noch glauben können, ja, so seien sie und so gehe es zu! Tut man dies mit einiger wohlwollenden Ironie, die dem Zeuge das falsche Pathos nimmt, so glaube ich, daß das Volk das, was es sich gutmütig einbildet zu sein und der innerlichen Anlage nach auch schon ist, zuletzt in der Tat und auch äußerlich wird. Kurz, man muß, wie man schwangeren Frauen etwa schöne Bildwerke vorhält, dem allzeit trächtigen Nationalgrundstock stets etwas Besseres zeigen, als er schon ist; dafür kann man ihn auch um so kecker tadeln, wo er es verdient.« (Brief an B. Auerbach v. 25.6.1860; SW V, 433 f.)

Das klingt pädagogisch, droht die Poesie zu instrumentalisieren und ist doch wohl nicht nur dem Adressaten geschuldet, der sich seinerseits freilich vorbehaltloser der Volkserziehung verschrieb. Es geht um die **Wirklichkeit als Prozess** und Entwicklungsweg. Unterstellt und für möglich gehalten wird eine Bewegung, die nach dem organischen Modell der Entfaltung an ihr Ziel gelangt und doch ›von außen‹ beeinflusst wird. Diese Außenposition vertritt hier bezeichnenderweise die Poesie. Ihr ›Realismus‹ liegt demnach nicht in der Abbildung, sondern in der Freilegung von »Keimen«, Vorführung von entwicklungsfördernden wie –hemmenden Faktoren und Vorwegnahme nicht gegenwärtiger Ziele. Dass gerade der antizipierende Blick nicht frei von »Ironie«, ja sogar voll (männlichem?) Ressentiment sein kann, zeigt in der titellosen Geschichte über Herrn Jacques schon der erzählerische Vorgriff auf das »ihrer [der frischen und lieblichen Mädchenschar] wartende Reich der Unschönheit« (SW V, 19). So kommt alles auf die Zukunft an, deren Keim schon in der Vergangenheit liegt, obwohl noch in der Gegenwart »[n]ichts von alledem [...] zu ahnen« (20) ist.

In diesem Sinne knüpfen und entflechten die *Züricher Novellen* ein Netz kreuz und quer laufender Entwicklungslinien, die unterschiedliche Zeiträume passieren. Die dominierende Vergangenheitsform gibt Gelegenheit, den Stand des ›Werdens‹ oder gar ›Geworden-Seins‹ kritisch einzuschätzen. Die Geschichten über Handschriften (*Hadlaub*), Brautschau (*Der Landvogt von Greifensee*), Redevermögen (*Das Fähnlein der sieben Aufrechten*) und klaren Blick (*Ursula*), über Kräfte und Handlungen, die zusammenführen oder trennen, wirken wie **utopische Erzählungen**, weil sie Zusammenhänge in Erinnerung bringen, die in einer Gegenwart und Wirklichkeit, die »Zürich« heißt, wenn überhaupt, nur als Fragmente bzw. »Steintrümmer« (22) zu sehen sind.

›Nachgeahmt‹ werden kann diese Wirklichkeit in einem werkimmanenten Verständnis von Nachahmung keineswegs. Denn nachahmenswert ist nur »ein gutes Original«, das heißt derjenige, der »das, was er unternimmt, recht betreibt und immer an seinem Orte etwas Tüchtiges leistet, und wenn dieses auch nichts Unerhörtes und Erzursprüngliches ist« (23). So wäre der **Realismus als Nachahmung der Wirklichkeit** an einen pragmatischen Gesichtspunkt gebunden und das Goethesche Novellenkriterium der »sich ereigneten unerhörten Begebenheit« (TKN, 54), das vielleicht noch für die Ausnahmen unter den *Leuten von Seldwyla* zutraf, hier bereits relativiert. Wichtig ist, dass diese Praxis viel mehr mit Schreiben und Abschreiben als mit ›Nachahmen‹ zu tun hat. Das zeigt ja schon die erste Geschichte (*Hadlaub*). Und wenn die durch Abschreiben entstehende Original-Handschrift ihrerseits bewirkt, »daß wiederum andere Originale sich zeigen« (24), so rückt die ›Nachahmung‹ als herkömmlich steriles Prinzip des Realismus in ein neues, kreatives Licht. Das realistische Prinzip erhält eine generative Wucht, die aus ›Literatur‹, der Handschrift, nachahmenswerte Originale und das heißt auch nachahmenswerte Wirklichkeit im Sinne tüchtiger Praxis entstehen lässt. So gerät das realistische Prinzip in den Kreislauf der welterfassenden und weltbildenden Kräfte.

Die Frage, welche Handlung wem gegenüber welche Veränderung hervorbringt, ist das Grundthema von Kellers letztem Novellenzyklus *Das Sinngedicht* (1881/82). Auch hier richtet sich die Neugier, nunmehr eine ausgesprochen wissenschaftliche, auf die **Frage, wie es sich eigentlich verhält**. Neu ist, dass jetzt die Augen bei der Ergründung der Wirklichkeit fast ausgespielt haben. Zwar dominiert das Muster des experimentellen Beobachtens; aber gerade die Augen haben unter dem ›Studieren‹ gelitten, so dass, wer die Welt ›sehen‹ möchte, den Augen Ruhe geben und ›ins Freie‹ treten muss. Damit haben die Sinne keineswegs ausgespielt, dreht sich doch das ganze ›**realistische Experiment**‹ der Rahmenhandlung um eine Kussprobe, bei der freilich auch die Augen wichtig bleiben, müssen sie doch zumindest das Erröten registrieren. Aber ›hervorbringen‹ können sie nichts, das ist Sache des Küssens und vor allem des

Erzählens. Wieder werden Sprech- und Mundhandlungen in den Mittelpunkt jenes Projekts gerückt, dem der Realismus als Weg und Suche (Geppert 1994) gilt. Für die Ausmessung solcher Richtungen darf der Horizont nicht zu eng gewählt werden. Nicht um das Charakteristische der Region, zumal mit ›Lokalfärbung‹, geht es hier, auch nicht um psychologische Motiviertheit und wahrscheinliche Verknüpfung, sondern um Grundlegendes, das zur Entfaltung einen freieren Spielraum benötigt. In diesem Zusammenhang fällt das Wort von der »Reichsunmittelbarkeit der Poesie«, das zur **Schlüsselmetapher des Keller'schen Realismus** wurde:

> »Im stillen nenne ich dergleichen die Reichsunmittelbarkeit der Poesie, d. h. das Recht, zu jeder Zeit, auch im Zeitalter des Fracks und der Eisenbahnen, an das Parabelhafte, das Fabelmäßige ohne weiteres anzuknüpfen, ein Recht, das man sich nach meiner Meinung durch keine Kulturwandlungen nehmen lassen soll.« (Brief an P. Heyse v. 27.07.1881; SW VI, 914)

Das meint wohl nicht nur eine Einschränkung des realistischen Schreibens, ein idealisierendes Ausbalancieren der ungeschminkt gebotenen ›Prosa‹. Vielmehr scheint das Prinzip des Parabelhaften darauf hinzudeuten, dass Akte der Wirklichkeitsfindung und -konstitution nicht immer nur im Raum und mit Werkzeugen dieser Wirklichkeit erfolgen können, sondern außerhalb ihrer einen Halt finden müssen. Hier bewähren sich die Unwahrscheinlichkeiten des Fabelhaften und die herbeigeführten Zusammenhänge des Allegorischen, beides Darstellungsmittel, die das realistische Programm zunächst verbannte, aber nicht auf die Dauer unterdrücken kann, will es seine Suche nach der Realität nicht aufgeben.

5.8 Storms Erinnerungskonflikte:
von *Immensee* zu *Der Schimmelreiter*

Theodor Storms (1817–88) Novellistik hat sich, einer eigenen Auskunft zufolge, aus seiner Lyrik entwickelt (LL I, 1004 f.). Demnach hätte Storm erst allmählich zu jener objektiven, geschlossenen, strengen, dramatischen Form gefunden, von der sein Wort über die Novelle als »Schwester des Dramas« markant Zeugnis ablegt. Die Herkunft aus der Lyrik stünde also der Absicht im Wege, einen dramatischen Konflikt in den Mittelpunkt eines tatsächlichen Geschehens zu rücken, und verhinderte damit die strukturbildende Wirkung des entscheidenden novellistischen Organisationsprinzips, demzufolge alles aus dem Zentralkonflikt abgeleitet werden müsse. Erst in den 1870er Jahren, mit *Draußen im Heidedorf* etwa, habe sich das Profil einer spezifisch realistischen und tragischen Novelle prägnant ausgebildet (vgl. Bollenbeck 1991, 257). Ungeachtet dieser Entwicklung betonte aber Storm gleichermaßen, dass alle seine Novellen, also auch die aus der lyrischen Zeit, »das schärfere Auge des Verfassers für die Punkte des Stoffes [aufweisen], welche den Keim zu Szenen von poetischem Gehalte« bieten (I, 1005). Hält man sich an den »Punkt«- und »Keim«-Begriff, so wäre also von Anfang an das **straffe Organisations- und Entwicklungsprinzip** präsent gewesen, zu dem erst allmählich die dramatisch angelegte Konfliktbildung hinzukommen wird.

Der sich hier abzeichnende poetologische Standort ist gekennzeichnet durch eine **Vermittlung zwischen geometrischen und organologischen Konzepten**, so dass die Novelle als ein Werk erscheint, das aus einem Punkt zu Linie, Fläche oder Raum, eben ›Szene‹ dimensioniert bzw. aus einem Keim zu Blüte und Frucht mit »poetischem Gehalt« entfaltet wird. Dieser genetische Gedanke kann auch dem Bild einer spezifisch realistischen Novelle schärfere Kontur geben. In Analogie zum recht verstandenen Aristotelischen Mimesis-Gedanken besteht die ›Nachahmung der Natur‹ in einer Nachahmung der produktiven natürlichen Tätigkeit, ihrer kreativen Arbeit und prägnanten Impulse (vgl. Fontius 1981). Was in Erscheinung tritt, ist demnach nie das Ganze; erst unter Einschluss der verborgenen Erzeugungskunst (vgl. I, 1005) verwandelt sich das Angedeutete, Gestraffte oder Ausgewählte zum vollen Bild. Hierzu passt, dass Storm sich gegen das Verfahren einer »Motivation vor den Augen des Lesers« (LL I, 1006) ausgesprochen hat. Im Kontext eines Realismus, der charakterisierend verfährt und die Technik der individualpsychologischen Motivation bevorzugt, fällt diese Zurückhaltung um so mehr auf. Da es Storm aber um den ›fruchtbaren Blick‹ geht, um den kreativ-generativen Impuls des Punktuellen, Einzelnen und Erscheinenden, richtet sich die Darstellung nicht nach dem Prinzip der Offenlegung und Klarstellung, sondern der **Verbergung, Auslassung und Andeutung.**

Dieser Transformations- und Kreativitätsgedanke führt unmittelbar zu Storms **Verfahren der Erinnerungsnovelle.** Auch ›Erinnerung‹ fungiert als generatives Moment im psychologischen Sinn. Sie erzeugt, oft nur durch einen geringfügigen Anreiz geweckt, komplexe vergangene, d. h. gegenwärtig unsichtbare Welten, vergegenwärtigt sie aber als bereits verarbeitete, wobei die Art der Verarbeitung zugleich schon eine Wirkung des Erfahrenen sein kann. Dadurch entstehen Brechungen, die nicht nur das Bild der erfahrenen Wirklichkeit betreffen, sondern schon den Modus der Erfahrung festlegen und damit die Zuverlässigkeit des Erinnerungsberichts beeinträchtigen. So zeichnet sich von Anfang an ein **Zug zur Selbstproblematisierung** in Storms realistischer Erinnerungsnovellistik ab, der sich in der Rahmenkomposition noch verschärft und zur grundsätzlichen In-Frage-Stellung der Zuverlässigkeit des Erzählers führt (vgl. Pastor 1995; Gerrekens 1998). Verstärkt wird diese reflexive Tendenz durch die **Wiederkehr der Künstlerthematik.** Sie bietet nicht nur die Gelegenheit, Genese und Verfahren der künstlerischen Wahrnehmung zu thematisieren, sondern ermöglicht auch eine Gegenüberstellung unterschiedlicher, ästhetischer und pragmatischer, künstlerischer und bürgerlicher ›Inszenierungen‹ von Wirklichkeit. Diese erzählte ›Konkurrenz‹ der Wege auf realistischem Terrain bildet wiederum eine wesentliche Grundlage für die sich entfaltende dramatische Konfliktbildung.

Das zeigt sich schon an Storms berühmtestem Frühwerk *Immensee* (1851). Die Novelle gehört zur Werkgruppe der lyrischen Phase und birgt doch eminent dramatische Momente, insofern ein handelndes Eingreifen in den sich abzeichnenden Konflikt nach realistischem Begründungsverfahren naheläge, hier aber auffallenderweise unterbleibt. Reinhardt, der Künstler als Erzähler von Märchen und anderen Geschichten, liebt Elisabeth, die Freundin aus der Kinderzeit, wirbt aber nicht um sie, selbst dann nicht, da sein Jugendfreund Erich sich um die Geliebte bemüht und sie schließlich auch heiratet. Warum er entscheidende Handlungen (z. B. die Aufrechterhaltung des Kontakts während seines Studiums) unterlässt, wird nie offengelegt. Wichtiger ist das **Moment der Hemmung:** Er schreibt nicht, spricht nicht, und wenn er zu einem Ziel aufbricht (die Wasserlilie), so kehrt er vorzeitig um. Die Interpretation eines solchen Verhaltens kann sozialgeschichtliche Faktoren (die Unterlegenheit des freien Künstlers vor der bürgerlich sicheren Lebensform) oder psychoanalytische Gründe (Angst vor Sexualität, Spaltung des begehrten Objekts in Figuren der Sünde und der Reinheit) anführen, verdeckt aber mit dieser nachträglichen Füllung von

›Leerstellen‹ die eigentlich intendierte ›Matrix‹, die keine Rationalisierung des Geschehenen erzeugen will, sondern »Szenen von poetischem Gehalte«. Das unterstreicht den lyrischen Zug, erwirkt aber auch eine besondere **Form szenischer Dramatik**, die zeitlich früh an filmische Darstellungstechnik erinnert.

Es geht um eine **Blick-Regie**, die Techniken der später vertrauten Kamera-Fahrt einsetzt. Kennzeichnend für den Realismus ist der Blick für die Dinge des Alltags und für alles, was auf der Straße begegnet. Doch »alles« will dieser Realismus ja keineswegs sehen, sondern nur jene »Punkte« der Wirklichkeit, die »den Keim zu Szenen von poetischem Gehalte« bergen. Der ›Blick‹ muss also wissend sein und doch jene Distanz wahren können, die einem ›Apparat‹ leichter zugeschrieben wird als einem ›Menschenkenner‹, der wie Grillparzers »leidenschaftlicher Liebhaber der Menschen« den besonderen Spielmann aus der Masse des Volkes sogleich unterscheiden kann (vgl. *Der arme Spielmann*). Dieses ›gespannte‹ Wahrnehmen, objektiv und wissend bzw. ahnend zugleich, begegnet musterhaft im Erzähleingang von *Immensee*: »An einem Spätherbstnachmittage ging ein alter wohlgekleideter Mann langsam die Straße hinab. Er schien von einem Spaziergange nach Hause zurückzukehren; denn seine Schnallenschuhe, die einer vorübergegangenen Mode angehörten, waren bestäubt« (I, 295). Diese betont neutrale Erzählhaltung, die sich aufs Registrieren, Zeichenlesen und Schlussfolgern festlegt, gilt als ›objektiv‹; sie begegnet in *Madame Bovary*, *Witiko*, *Unterm Birnbaum* und entspricht dem, was schließlich auch Spielhagen vom modernen Romancier erwartet. Nur bleibt es nicht bei dieser Wahrnehmung. Indem der Blick des unpersönlichen Erzählers seinem Blickfang folgt, nähert er sich unmerklich dessen Blick. Als erstes wird eine Voraussetzung für den Blick der Novellen-Figur registriert; Reinhardt will »[n]och kein Licht!« (295). Der Grund für diese Entscheidung wird sogleich klar. Die Vermeidung des künstlichen Lichtes ermöglicht es, dass »ein Mondstrahl« (296) ins Zimmer dringt; der wirft einen »helle[n] Streif« an die Wand und lenkt im allmählichen Vorrücken »die Augen des Mannes unwillkürlich« auf ein »kleines Bild«. Hier bewährt sich schon zum zweiten Mal »das schärfere Auge« eines Menschen »für die Punkte« seiner Umgebung. Der »Keim zu Szenen von poetischem Gehalte« ist jetzt ein Name, der auch erst ausgesprochen werden muss, auf dass ihn der ›unpersönliche Erzähler‹ registrieren kann. Mit dem Klang des Wortes »Elisabeth« aber tritt eine entscheidende Veränderung ein: Sie ist visuell erkennbar am Kursivdruck und vollzieht die Wendung nach innen, zu der eine personale Erzählhaltung nicht so ohne Weiteres fähig ist und die bei ›laufender Kamera‹ als Rückblende realisiert wird: »*er war in seiner Jugend*« (296).

So also sieht ein **Weg zu jener Wirklichkeit** aus, die der Realismus kunstvoll entdecken, bergen, verhüllen und vorführen will. Storm wird ihn unter vielfältiger Abwandlung bis zum *Schimmelreiter* begehen und absuchen. Aber auch andere Novellisten, die der Rahmentechnik den Vorzug geben oder weitere Mittel zur Reflexion ihres Gangs durch die Wirklichkeit und zugleich in Richtung ›wirklicher Wirklichkeit‹ einsetzen, legen Wegstrecken an, die nicht nur das zu erreichende Ziel im Auge haben, sondern die ganze Spanne vom fruchtbaren Punkt bis zum entfalteten Ganzen vergegenwärtigen, ein Ganzes freilich, das sich dann doch nicht »vor den Augen des Lesers« ausbreiten lässt.

Storms Verfahren der thematisierten Annäherung an Wirklichkeit und ihrer Verwandlung weist unter Umständen eine Nähe zum kriminalistischen oder detektivischen, auf jeden Fall aber **analytischen Erzählverfahren** auf. Das zeigt sich besonders deutlich an seiner letzten frühen »Sommergeschichte« *Auf dem Staatshof*

(1860), ließe sich aber auch an *Aquis submersus* (vgl. die Rolle des Bildes) oder *Der Schimmelreiter* (die Erscheinung des Gespensts) nachweisen. *Auf dem Staatshof* beginnt mit folgender ›Erklärung‹:

> »Ich kann nur Einzelnes sagen; nur was geschehen, nicht wie es geschehen ist; ich weiß nicht, wie es zu Ende ging und ob es eine Tat war oder nur ein Ereignis, wodurch das Ende herbeigeführt wurde. Aber wie es die Erinnerung mir tropfenweise hergibt, so will ich es erzählen.« (I, 392)

Das klingt glaubwürdig und scheint ein **Vertrauensverhältnis zwischen Erzähler und Publikum** herzustellen, und zwar nicht aufgrund angemaßter Autorität, sondern eingestandener begrenzt subjektiver Perspektive. Zugleich könnte die freimütig bekannte Beschränkung auf »Einzelnes« nochmals »das schärfere Auge« des Ich-Erzählers »für die Punkte« des Geschehens zur Geltung bringen und der Verzicht auf die Darstellung des ›Wie‹ den Grundsatz befolgen, »vor den Augen des Lesers« zu motivieren. Nun steht am »Ende« der Geschichte immerhin ein Todesfall, Anne Lenes Sturz in den Wassergraben (Anne Lene ist die adlige Freundin des bürgerlichen Ich-Erzählers Marx); und zur Sprache kommt auch, »wodurch das Ende herbeige-führt wurde«, nämlich durch ein sich lösendes »Brett des Fußbodens« im verfallenen Pavillon an der Graft. Somit läge eindeutig ein Unglücksfall vor, der niemandem zur Last gelegt werden kann. Das Merkwürdige allerdings ist, dass der Erzähler selber fragt, »ob es eine Tat war oder nur ein Ereignis, wodurch das Ende herbeigeführt wurde«. Wäre es eine Tat, so läge ja mindestens fahrlässige Tötung wenn nicht Mord vor. Und tatsächlich verliert der Erzähler zum Zeitpunkt des kritischen Geschehens die Übersicht – »dann aber geschah etwas und ging so schnell vorüber, daß mein Gedächtnis es nicht zu bewahren vermocht hat« (425) –, so dass seine ›tropfenweise‹ Erinnerung nicht unbedingt zuverlässig wirkt. Marx reflektiert über ein Geschehen fast so, wie es im modernen Kriminalroman der Freiherr von Yosch tun wird, wenn er sich vom Mordverdacht reinwaschen möchte (vgl. Leo Perutz' Roman *Der Meister des Jüngsten Tages*).

So changiert der Weg des Realismus zwischen **Verschleierung und Preisgabe einer Wirklichkeit,** wie sie eigentlich gewesen sein soll und für deren wahres Gesicht die üblichen Wahrnehmungsinstrumente nicht genügen. Marx muss kein Mörder sein; aber das ganze System der bürgerlichen Sozialkritik, das sich ebenso gegen aristo-kratischen Hochmut (am Beispiel des Kammerjunkers) und patrizische Lebensform wie kapitalistisches Gebaren und möglicherweise auch den Auftritt derer mit ›Nagel-schuhen‹ richtet, rückt in den Verdacht, bloße Wirkung eines Ressentiments zu sein, Ausdruck eines Mannes, der in seinem Begehren zu kurz gekommen ist und – ähnlich wie Reinhardt – sich eher selbst gehemmt hat als durch andere behindert wurde. Storm ist ein eminent gesellschaftskritischer Autor; das heißt, er beobachtet den **Wandel von gemeinschafts- zu gesellschaftsbildenden Formationen** im Sinne seines Freundes Ferdinand Tönnies (vgl. Kap. I.2.4); doch sieht er in diesem Wechsel – anders als Tönnies – nur eine Zunahme und Verschärfung der Entfremdung auf allen Lebensbereichen. Gleich anderen Realisten hält er sein Werk für »überall ganz realistisch ausgeprägt und dabei in der ganzen Durchführung doch durch den Drang nach Darstellung des Schönen und Idealen getragen« (Brief an H. u. L. Brinkmann vom 21. Januar 1868). Das Schöne und Ideale findet sich allenfalls in den gemein-schaftlich geprägten Formen des Zusammenlebens. Der realistische Blick gilt den gesellschaftlichen Zügen des modernen Lebens. Sie werden als Störung und Zerstörung der menschlichen, d. h. gemeinschaftsbildenden Lebensformen beschrieben. Liebe, Ehe, Familie, Freundschaft, Nachbarschaft sind von diesem Wechsel betroffen: Liebesverhältnisse werden durch ökonomische Kalkulationen gestört (*Auf dem Heidedorf*), das finanzielle Geschäft zerreißt die ›natürliche‹ Vater-Sohn-Beziehung (*Hans und Heinz Kirch*); überall setzt sich das Prinzip der gesellschaftlichen Trennung, oft verursacht durch Geld und Spekulantentum (*Im Nachbarhause links, Zur Wald- und Wasserfreude*) gegen das der gemeinschaftlichen Verantwortung durch.

Storm greift neue, geradezu **naturalistische Themen** wie das Resozialisierungsproblem von Straffälligen (*Ein Doppelgänger*) und die Wirkung von Alkoholismus auf. In der Begegnung mit Außenseitern und Formen der Sucht erreicht sein Realismus ein neues Niveau der narrativen Problematisierung von Wirklichkeit konstituierenden und auflösenden Akten. Wie der Bau der sichernden Deiche zum heiklen Fall einer forcierten Erweiterung des Lebensbodens wird, so trägt der Alkoholismus zur gefährlichen Entgrenzung der ›tragenden‹ Familienrollen bei (*Der Herr Etatsrat*). Storm entdeckt schon früh die **Macht des Unterbewussten**, die zu einer veränderten Konzeption von Wirklichkeit als ›festem Boden‹ führt und den zentralen Begriff von handelndem Subjekt in Frage stellt; das geschieht eigentlich schon im Wassermotiv von *Immensee*, entfaltet sich vor allem aber in *Schweigen* (vgl. Wünsch 1992).

In Storms Welt hat das Unheimliche bereits einen festen Platz. Das liegt nicht nur an seiner Neigung zu Märchen und Gespenstergeschichten, sondern ist – wie bei Raabe und Fontane – Ausdruck einer wahrgenommenen verschrobenen, aus den Fugen geratenen und das Heimische zerstörenden Wirklichkeit (vgl. Simon 1999). Löst sich das feste Fundament der Wirklichkeit unter dem Eindruck des Unheimlichen auf, so macht sich, gegenläufig und doch komplementär, ein Erstarrungsprozess im bürgerlichen Leben geltend; das zeigt sich in den Novellen, die das Künstlerthema verarbeiten (*Pole Poppenspäler*).

Storms **Hinwendung zur ›Chroniknovelle‹** veranschaulicht gleichfalls die zeitlich gefasste Doppelbödigkeit des menschlichen Lebens im Zeichen gesellschaftlicher Entfremdung. Einerseits dient die Vergangenheit als günstige und Überblick gewährende Projektionsfläche für gegenwärtige, komplexe bzw. heikle Konflikte (*Ein Fest auf Haderslevhuus*), andererseits stellt sie eine notwendige ›Figur‹ im Drama des ›zeitlichen Umbruchs‹ dar, zeigt vergangene, vermeintlich feststehende Zeiten im Prozess des Verfalls; daraus lassen sich diagnostische Erkenntnisse für die Gegenwart gewinnen (*Zur Chronik von Grieshuus*). Der Blick zurück in die Geschichte scheint das Selbstvertrauen des Historismus und seine Form der gestärkten Erinnerungskraft zu spiegeln. Bei Storm aber verwandelt sich das sichere Forschen und routinierte Verlebendigen in ein aufreibendes Fragen und Besinnen, bei dem das Erinnern vom Vergessen beeinflusst wird (*Renate*). Auch das Angstgefühl, vergessen zu werden, begegnet in Storms Werk (*Aquis submersus*).

Storms Definition der Novelle als »epische Schwester des Dramas« (Brief an E. Alberti vom 12.3.1882) zielt in letzter Konsequenz auf den in ihr gestalteten tragischen Konflikt. Unter ›**Tragik**‹ bzw. ›**tragischer Schuld**‹ wollte Storm nicht nur die persönliche Schuld des tragischen Helden verstanden wissen:

> »Diese Fassung ist aber viel zu eng und etwas philiströs. Der vergebliche Kampf
> des Einzelnen gegen das, was durch die Schuld oder auch nur die Begrenzung, die
> Unzulänglichkeit des Ganzen (der Menschheit), von dem er ein nicht ablösbarer Teil
> ist, und also auch durch den Kampf gegen die Unzulänglichkeit des eignen Wesens
> [...] ihm entgegensteht, ist gewiß nicht weniger tragisch und, wie ich meine, das

vorzugs[weise] Tragische der epischen Dichtung, der Novelle.« (Brief an E. Alberti vom 12.3.1882)

»[...] der vergebliche Kampf gegen das, was durch die Schuld oder auch nur die Begrenzung, die Unzulänglichkeit *des Ganzen der Menschheit*, wovon der Einzelne ein unablösbarer Theil ist, der betreffenden Person entgegensteht und der dadurch herbeigeführte Untergang, sei es der Person selbst, oder ihres eigentlichen Lebensinhaltes, das ist nach meiner Ueberzeugung das Tragische im rechten großen Sinn.« (9.11.1881; LL III, 762; vgl. auch Brief vom 12.03.1882)

Dadurch erhalten **Storms tragische Novellen** ein eigentümliches Profil:

- Sie gestalten nicht, was der Zentralfigur begegnet bzw. widerfährt, sondern was sie tut bzw. zu tun gedenkt und doch im Kampf nicht durchsetzen kann.
- Storms Novellen wollen im Licht seiner Tragikauffassung Erzählungen über Handlungen, Kämpfe und Niederlagen sein.
- Die Katastrophe tritt notwendigerweise ein, weil sich der Handelnde als Teil dessen, was er bekämpft, auch gegen sich selbst wendet.
- Das, wogegen sich der Kampf richtet, ist keine historisch gewordene, sondern dem Menschen eigene »Unzulänglichkeit«. Storm meint »menschliche Conflicte, die wir ewig nennen« (an W. Petersen 12.12.1885; LL III, 761). Er nennt sie auch »**Prinzipalkonflikte**« (an G. Keller 27.11.1882; LL III, 759).
- Das hat **Folgen für Storms Realismus**. Wenn es um ›ewige Konflikte‹ geht, die grundsätzlich nicht lösbar sind, dann wird es schwierig, den für den Realismus fundamentalen Anspruch auf Verklärung einzulösen. Storm wird für einen Verklärungs-Realismus zu pessimistisch.
- Ob er deshalb den Realismus hinter sich lässt und in die Moderne vorstößt, sollte noch unentschieden bleiben, weil in der Moderne der Begriff des ›ewigen Konflikts‹ einen anderen Stellenwert einnimmt.
- Zu fragen bleibt wohl doch nach jenen Hilfskonstruktionen, die es dem Novellisten erlauben, trotz der unlösbaren »Prinzipalkonflikte« Auswege zu gestalten, die ihn als Realisten kenntlich halten.

5.8.1 Verdrängte Wirklichkeit: *Renate*

Als Beispiel diene *Renate* (1878), Storms ›Hexengeschichte‹ aus dem frühen 18. Jh. Der Novellenkonflikt erinnert an das **Romeo-und-Julia-Motiv**: Josias, der Sohn eines strenggläubigen Pastors liebt Renate, kann sie aber trotz Gegenliebe nicht heiraten, weil der Vater den Umgang mit einer als Hexe verschrieenen Frau dem künftigen Pfarrer untersagt. Der Sohn gehorcht, weil er in denselben voraufklärerischen Vorurteilen befangen ist. Erst im Alter, da sich die Zeiten zu wandeln beginnen, erfährt der einsame Josias die befreiende Liebe der allein lebenden Renate. Das ist kein »Prinzipalkonflikt«, denn die Ursachen für die Trennung liegen offenbar und ihre Beseitigung deutet sich schon im Umkreis der Vergangenheit an, wo die Spuren der Aufklärung zu wirken beginnen und die fast schon kriminellen Machenschaften der Orthodoxie an den Tag kommen (Petrus Goldschmidt). Renate ist natürlich keine Hexe, auch wenn sie die Hostie verweigert, und ihr Vater kein Hexenmeister, auch wenn die Ratten seinen Hof plötzlich scharenweise verlassen und seine Felder bestens gedeihen. Vater und Tochter sind ihrer Zeit voraus; zum Glück sind sie auch reich, so dass sich die Obrigkeit noch nicht einmal an die später alleinstehende Frau herantraut, denn die weiß wohl schon mit dem modernen Geld umzugehen. So weit erwiese sich Storm als **gesellschaftskritischer Realist,** der die gefährlichen Formen einer auf Vorurteil und Eigennutz beruhenden Gesellschaft vor Augen führt und warnend an die Gegenwart richtet. Die Sympathielenkung ist eindeutig, die Lösung des Konflikts zeichnet sich im Konzept der Aufklärung ab. Die Novelle als Tragödie ewiger Konflikte findet nicht statt.

Nun muss das nicht die ganze Geschichte sein. Es sind eher Details, die darauf hinweisen, dass die Erzählung nicht nur von den verhängnisvollen Folgen eines eklatant abwegigen Hexenwahns handelt. Eine wichtige Spur findet sich schon zu einem frühen Zeitpunkt, da der vierzehnjährige Josias zum ersten Mal allein seiner Renate begegnet. Da spielt sich für Josias in der Phase seiner maximalen Prägung eine Art Urszene ab, bei der die Botschaft von Kirchen-Bildern eine wichtige Rolle spielt: In den Blick rücken ein Altarbild mit den beiden Engeln, das Reiterstandbild St. Jürgens mit dem Drachen und das Epitaphium mit dem spinnenartig kletternden Totengerippe. Sie zusammen ergeben in der Kirche ein **Szenarium der Bedrohung und Angst,** augenfällig dramatisiert in der Legende als höllisch-tierische Begegnung und engelhaft-himmlische Rettung. Der Knabe spielt darin die Hauptrolle und könnte eigentlich schon früh dabei lernen, wie sehr polarisierende Bilder in der Nachkriegszeit – vom »erst jüngst verglichenen Kriege mit Dänemark« (II, 527) ist die Rede – die Wirklichkeit verfehlen und verformen, denn nicht er ist ja das Opfer der übereilt eingebildeten Gefahr, sondern eher Renates Hund, den er zu Unrecht für böse hält und demzufolge übel mit der Lanze des St. Jürgen zurichtet. So zeichnet sich bereits in der Kindheit ab, nach welchen Mustern Wirklichkeit gestanzt wird und welche Folgen solche Prägungen im Erwachsenenalter haben. Die spätere Stigmatisierung der im Geist der frühen Aufklärung aufwachsenden Renate lässt sich im Licht der ersten Begegnung unter Feindbildern als fortgesetzter Akt einer **Zurichtung von Wirklichkeit** begreifen, die den Boden für das eigene Leiden bereithält. Demnach wäre ein anderer Konflikt gemeint, nämlich die »Unzulänglichkeit« des Menschen, der sich immer nur an vorgefertigten Bildern orientiert, um nach ihrem Muster die Wirklichkeit zu ordnen. Das Tragische liegt dann darin, dass es genau diese Ordnung ist, die dem Ordnungsstifter den größten Schmerz bereitet. Aber auch dieser Blindheit hat ja die Aufklärung die Augen geöffnet, so dass selbst dieser Konflikt nicht unbedingt ein ewiger sein muss, es sei denn, dass ›St. Jürgen‹ und ›Hexe‹ nur Beispiele sind, die in einer gleichbleibenden Struktur durch beliebige andere Ordnungs- und Chaosbilder ersetzt werden können.

Es kommt wohl noch ein weiteres hinzu, was den eigentlich dargestellten Konflikt gleichfalls, wenn nicht verewigt, so doch beträchtlich verlängert. Josias entscheidendes Grunderlebnis ist der (Schein-)Kampf gegen den Hund, das »Unthier« und die »bestia« mit »funkelnden Augen«, »offene[m] Rachen« und »rothe[r] dampfende[r] Zunge« (529). Funkelnde, brennende Augen, schwarze Farbe und auffallender Mund (beim Reden, Trinken und Kommunizieren) sind Merkmale, die an Renate wiederkehren. Nicht zufällig also nimmt der soeben Gerettete das grimmige Tier und den Rettungsengel dicht nebeneinander wahr, sieht er »hart an dem rauhen Kopf des Unthiers ein gar lieblich Angesicht« (530); später – bei erneuter Begegnung in zunächst abermals zorniger Stimmungslage – verschwindet die Angst vor dem ›offene Rachen‹ gänzlich hinter der Lieblichkeit eines »offene[n] Mündlein[s]« (537). So nahe also liegen in der Wahrnehmung gefürchtete und begehrte Ansichten. Es sind dies **beieinander liegende Gegensätze** einer bildgesteuerten Wahrnehmung des Weiblichen, deren manichäisches Raster nur ›Engel‹ und ›Drachen‹ kennt; sie lassen die bloßgelegte Zunge je nach Wendung als bedrohlich dampfend oder als »liebkosend« (530) erfahren. Daraus entsteht nichts Geringeres als »Lust« (531), vielleicht sogar ›Angstlust‹ (Balint ²1988), die sich aber nicht entfalten kann, weil es insbesondere geistliche Ämter gibt, die darüber wachen, welche Wirklichkeit, auch welche **Wirklichkeit der Frau** gilt.

Es ist bezeichnend, dass die amtliche Verfügungsgewalt über das, was zu sein oder nicht zu sein hat, käuflich ist (›Simonie‹); gleich zwei Mal (82, 135) wird erwähnt, wie man jene kirchliche Machtposition erwirbt, die sich anmaßt, festzulegen, was der Fall ist. Der hier gemeinte »Prinzipalkonflikt« betrifft möglicherweise – denn sicher ist das wohl nicht – die **verstörende Nachbarschaft zwischen Begehrtem und Verabscheutem**. Das kann sich in Projektionshandlungen äußern; insofern würde Josias sein dichotomes Menschen- oder Frauenbild auf Renate projizieren und nicht nur sie verleumden, sondern sich selber schädigen. Die Dichotomisierung mag aber auch ein Ergebnis der wahrgenommenen Frau sein, deren unterschiedliche Seiten diesem Mann nur in Form einer Spaltung erträglich sind. (Auch der stets geliebte Vater erweist sich mit seinen Erwartungen als lebensfeindlicher Widersacher des Sohnes.) Josias muss – fast wie eine Stifter'sche Figur – alt werden, um die Labsal ihres Kusses genießen zu können. Und auch das wäre dann keine ›Errungenschaft‹ des Alters, sondern die ›Lizenz‹ angesichts des Todes. Wenn hier archetypische Muster eine Rolle spielen sollten, dann läge wohl ein ›ewiger Konflikt‹ vor.

Die Novelle handelt nicht nur von der unerfüllten Liebe zweier sich suchender Menschen in einer krisenhaften Zeit voller Wandel. Hinzu kommt der Rahmen mit seiner ›Handlung‹. Zu erwarten sind Motivation des Interesses an einer alten Geschichte, an ihrer Lektüre wie an ihrer Weitergabe, und Einstimmung in eine längst vergangene Zeit. Auf der Bahn des Erwarteten liegt insbesondere das für den historischen Roman kennzeichnende Verfahren, einen Kontrast zwischen damals und heute einzurichten, um eine **Anschauung von Vergänglichkeit** zu geben. Tatsächlich zeigt bereits die Örtlichkeit des Rahmenanfangs, dass nichts endgültig feststehen und Bestand haben kann. Wo sich heute ein solider Landboden dem Blick bietet, erstreckte sich ehemals ein Hafen, den berüchtigte Seeräuber (die Vitalienbrüder) benutzten. Von einst ›festen Häusern‹ ist nun nichts übrig geblieben als »karge Mauerreste«; vom früheren Leben zeugen jetzt nur noch verstreute »Zähne« (523). Das Interessante ist allemal das, was »dem Verfall« preisgegeben ist. Was zusammengehörte, wird zerstückelt, ›kommt davon‹, und was noch übrig bleibt, wird »auf Abbruch verkauft« (524).

Aber auch hier geben Details Anlass, weitere Bezüge zu entdecken. Der **Ich-Erzähler des Rahmens** kennt die Gegend, in der das Geschehen stattfindet, von dem später ein gefundenes Manuskript Kunde geben wird. Dieser Hinweis genügte, um ein Lokalkolorit zu entwerfen und eine persönliche Beziehung zum die Zeit überdauernden und doch den Wechsel veranschaulichenden Schauplatz herzustellen. Aber der Erzähler verrät mehr. Schon als junger Mensch hat er sich für das verlassene Gebäude interessiert, in der Renate, die »Schwabstedter Hexe« (526), vor hundert Jahren gewohnt hat. Allein der Name »Schwabstedter Hexe« verrät eine eigentümliche Faszination; denn ›Schwabstedt‹ bedeutet »lieblicher Ort« (523). Das ist er zur Zeit der Geschichte keineswegs; nur in der Gegenwart mag er für »Lustfahrten« taugen oder »bei vielen älteren Leuten ein hübsches Abseits ihres Jugendparadieses bilden« (523). Nur vergisst der Erzähler nicht, vorauszuschicken, dass er in »der neuesten, alle Traditionen aufhebenden Zeit« lebe, was ja angesichts der bald zu vernehmenden üblen ›Tradition‹ etwas merkwürdig klingt. Entlarvt er sich als zeitgemäßer Vergangenheitsschwärmer wider besseres Wissen?

Der Erzähler des Rahmens bekennt sich zu seiner früheren Neugier an der Geschichte des verlassenen Hexenhofs, hat aber die Angelegenheit bald wieder vergessen. Erst nach Jahrzehnten stößt er zufällig auf dem Dachboden bei der Suche nach des Großvaters »Bräutigamsbriefen an meine Großmutter« (526) auf eine Schatulle, die das Manuskript, Josias' Lebensbericht, enthält. Es bedarf dann noch eines zweiten Fundes, um die Auflösung der Geschichte zu erfahren. Sind das nur Inszenierungen, die auch der postmodern verspielte Roman anwendet (vgl. Ecos *Der Name der Rose*)? Oder wiederholt sich hier das Grunderlebnis, dass sich erst spät bzw. ›zuletzt‹ die Augen für das, was der Fall ist, öffnen können? Ist der Umstand, dass der Rahmenerzähler der vergessenen Geschichte »in nächster Nähe [...] auf dem Boden meines elterlichen Hauses« (526) wiederbegegnet, ein ›blindes Motiv‹ oder legt der Dachboden eine Spur in Richtung jenes Bezirks, wo ›**gesellschaftliche Realität** negiert wird‹ (vgl. Rothe-Buddensieg 1974)? Und wäre auch das ein Fall der »Unzulänglichkeit«?

Der Rahmen-Erzähler gibt zu, wie leicht er jene »geheimnisvolle Anziehungskraft« (524) **vergessen und verdrängen** kann und wie oft ihm »Mut und Geduld« fehlen, »den Staub in ihrem [der Schatulle] Innern aufzuregen« (582). Was interessiert ihn, über dessen Leben und Zusammenleben nichts mitgeteilt wird, an den »Bräutigamsbriefen« so sehr? Seine Nachkriegssituation, die Gründerjahre mit dem nunmehr spezifischen »lose[n] Volk« (527), mag andere Faktoren für jene unausgesprochene »Begrenzung« durch zeitgemäßeren ›Aberglauben‹ kennen, von der sich der ›moderne‹ Zeitgenosse ebensowenig ablösen kann. Aber auch hier mögen sich selbstverantwortete, bildgesteuerte, amtliche und käufliche Faktoren unheilbringend verschränken.

»[...] **das Irdische ist eitel**« (577, 581) – so lautet in der Binnengeschichte die verhängnisvolle Begründung des Vaters für das dem Sohn abgerungene Versprechen, Renate nicht zu heiraten. Die Formulierung, die zugleich Wirklichkeit beschreibt, stiftet und verneint, mutet seltsam an, weil ihr ›Wahrheitswert‹ oszilliert: Wahr ist sie insofern, als die Todesnähe in der Tat viele Werte relativiert bzw. auslöscht. Falsch ist sie, weil sie aufgrund selbstverschuldeter Verblendung (herbeigeführt durch den dubiosen Petrus Goldschmidt, der ja später der Simonie überführt wird) den Vorteil, ja das eigentlich Lebensstiftende einer Verbindung mit der Hofbauerntochter verkennt. (Schon die ›Ur-Renate‹ hätte, wenn sie dem Zwang, ins Kloster einzutreten, nachgegeben hätte, alles Leben nach sich abgebrochen.) Wahr ist die Formulierung wiederum, weil die überkommene und noch bestehende Wirklichkeit angesichts der anbrechenden Aufklärung in der Tat eitel, nichtig ist (wiewohl auch später noch, 1749 oder 1782 Hexen verbrannt werden; vgl. Terpstra 1974, 50). Falsch könnte die Formulierung dagegen zur Zeit des Rahmengeschehens sein, weil jetzt die Früchte der Aufklärung ihre Wirkung tun müssten. Doch als Satz über die turbulenten Schwankungen der Gründerjahre erweist er sich wohl kaum als falsch. Nicht leicht also hat es der Realismus bei seinem Versuch, die Welt darzustellen, wie sie war, ist und sein könnte.

So gewiss Storms Novelle nicht die Frage stellt, ob Renate tatsächlich eine Hexe ist, so unwahrscheinlich ist auch die Vermutung, dass sie ›Hygiene‹ im Umgang mit Mensch und Tier als Errungenschaft des Fortschritts feiern möchte (vgl. Geffers-Browne 2000). Nicht um selbstgefällige Spiegelung der erreichten Wirklichkeit, sondern um **verstörende Bergung des Verdrängten** in nächster Nähe geht es. Daraus folgt nicht, dass diese Geschichte (wie später z. B. *Schweigen*) bereits »an den Grenzen des Realismus« liegen muss (Wünsch 1992). Wenn Verdrängtes sich in der Literatur des Realismus schon früh unwillkürlich geltend macht (z. B. in *Immensee*), dann ist die Vermutung nicht abwegig, dass seine verdeckte Präsentation doch schon wesentlicher Bestandteil der realistischen Kunst ist und in ihrem Zentrum liegt.

5.8.2 Auf unsicherem Boden: *Der Schimmelreiter*

Das **Kräftefeld der Aufklärung** rückt in Storms letzter Novelle nochmals in den Vordergrund; wieder geht es um Begebenheiten und Handlungen, die mit dem rationalen Geist der Aufklärung nicht übereinstimmen. Doch scheint die ›Hexennovelle‹ – zumindest oberflächlich gesehen – einen Weg zur rational erhellten Welt der Moderne zu weisen, während die ›Gespensternovelle‹ – jedenfalls nach Auskunft der jüngsten Storm-Forschung – eher die Schäden des rationalen Zeitalters vor Augen führt.

Der Schimmelreiter (1888) ist ein merkwürdiger **Klassiker der realistischen Novellistik.** Seine kanonische Stellung ist abgesichert, aber die Gründe für diese Kodifizierung ändern sich fortwährend. Das betrifft schon seine Zuordnung zur Novellenform und gilt insbesondere von seinem Realismus. An Ferdinand Tönnies schrieb Storm: »›Novelle‹ braucht es nicht genannt zu werden; etwa: ›Eine Deichgeschichte‹ oder ›Eine Geschichte aus der Marsch‹« (7.4.1888; LL III, 1082 f.). Nimmt man Storms Hinweis ernst, so müsste dieser Geschichte das Entscheidende fehlen, jener »Prinzipalkonflikt«, der sie zu einer »Schwester des Dramas« macht. Das steht aber im Widerspruch zu Storms Ausführungen über die Schuld des Schimmelreiters, die ja auf einen Konflikt rückschließen lässt (vgl. ebd., 1084). In der Tat ist *Der Schimmelreiter* als Konfliktdichtung unumstritten. Strittig ist nur die **Identifizierung des Konflikts:**

■ Da Storm die Schuld des Deichgrafen in einer momentanen Ermattung seiner kämpferischen Energie, verbunden mit einer situativ bedingten Fehleinschätzung der Lage sah, fasste er den Konflikt als einen **Kampf des handlungsbereiten Individuums gegen eine lähmende Umwelt** auf. Tragisch scheitern muss der Schimmelreiter an dieser konkreten Schwäche oder auch an dem, was an gesellschaftlich Lähmendem in ihm als Teil der Gesellschaft, von der er sich aber abheben will, immer noch liegt. Vielleicht sah auch Storm in ihm einen »tüchtigen Realisten« (Necker 1889 in LL III, 1087); demnach würde seine Novelle von der Schuld des Realisten handeln und von Anfang an ein einen reflexiven Zug haben.

■ Üblicher ist jedoch eine andere Konfliktdeutung geworden. Ihr zufolge scheitert der Deichgraf an seinem **zeittypischen Größenwahn,** einer Hybris, die ihn, der eine »Gewaltnatur« besitzt, dem heroischen ›Übermenschen‹ der Gründerzeit angleicht (Hermand 1965, 44). Als »dämonischer Schadenbringer« und ›Unmensch‹ (Freund 1993, 195) wird er zum negativen Exempel einer moralischen Erzählung, die ihren Beitrag zur Entmystifizierung der gehuldigten Idolisierung in der Epoche des »preußischen Cäsarismus und Chauvinismus« (ebd., 197) leistet. Ein Konflikt im Storm'schen Sinne liegt hier nicht vor; vielmehr geht es um Aufklärung und Entlarvung. Unbeachtet bleibt bei dieser Deutung, dass ihr Denkweg auf Prinzipien der Aufklärung beruht, für die der Deichgraf gleichfalls eintritt. Wollte man trotzdem den »Schadenbringer« als tragischen Helden im Sinne Storms verstehen, so wäre er als ›Täter‹ aufzufassen, der in mancher Hinsicht auch nicht anders handelt als das Kollektiv, gegen das er kämpft.

■ Einer dritten Auffassung zufolge »überkreuzen sich in der Deichgrafengeschichte **divergierende Erfahrungsweisen des modernen Menschen**, die offenbar mit widersprüchlichen Folgen und Errungenschaften der Aufklärung verbunden sind« (Roebling 2000, 185). Der hier gemeinte Konflikt betrifft die Schwierigkeit bzw. Unmöglichkeit, die infolge der Aufklärung polarisierten und ausgeschlossenen »Stimmen« über ein komplexes Phänomen wie »Land*sicherung* und Land*gewinnung*« (ebd., 212) zu bündeln. Taten, die sich auf die Natur richten, scheinen seit der Aufklärung Sache der Vergegenständlichung, der Vernunft, der Herrschaft und des Mannes zu sein. Ausgeklammert sind verlebendigende, antirational-mythische, partizipative und weibliche Handlungsstile. Hauke Haiens Handeln steht demnach im Zeichen der »**Trennung von Mensch und Natur**« sowie der »Reduzierung alles Strebens auf Beherrschung, Rationalisierung, Nutzung« (ebd., 214). Seine Konfliktgegner sind demnach nicht die anderen, sondern das seit der Aufklärung vom Menschen abgespaltete Andere. Diese Konfliktstruktur wiederholt sich auf der Ebene des Erzählens, indem auch hier um des Erinnerns willen unterschiedliche »Stimmen« zur Geltung gebracht werden, damit vernehmbar werde, welche Konflikte entstehen, wenn das, was Sigmund Freud wenig später »das innere Ausland« nennt, weiterhin fremd bleibt (ebd., 213).

So verweist das Problem der Konfliktidentifizierung auf die Frage nach dem Erzählverfahren und insbesondere nach der Funktion der Rahmenkomposition. Die hat zwar viel mit der Novellenform zu tun, ist aber nicht eigentlich ein novellentheoretisches Thema, sondern betrifft Aspekte der Wirklichkeitsgestaltung, des zuverlässigen Erzählens und der realistischen Darstellungsweise. Der **Realismus von Storms Novelle** wurde schon immer – trotz ihrer Verbindung zu Sage und Gespenstergeschichte – lobend hervorgehoben. Erich Schmidt soll geschrieben haben: »Wundervoll die Verbindung des Abergläubisch-Geheimnißvollen mit dem sachkundigen Realismus, der da weiß, wie man Deiche baut u.s.w. wie die Fluth frißt u.s.w.« (III, 1083).

■ Das **sachkundliche Merkmal** ist eines der beharrlichsten Kriterien für die Realismusprobe. Wirklichkeit adäquat, objektiv, mit klaren Konturen und ohne Beiwerk wiederzugeben (vgl. Laage in LL II, 768), gilt auch heute als hinreichendes Kriterium für die Ermittlung realistischer Schreibweisen. Dennoch erfasst es nicht das, was seit dem programmatischen Realismus notwendigerweise hinzukommen muss: die ideelle Durchdringung, die Verklärung, das Poetische. Wollte man E. Schmidts Lob mit diesem Realismuskonzept in Einklang bringen, so läge wohl das spezifisch Realistische der Novelle in der ›wundervoll‹ genannten »Verbindung«. Dass an dieser Verbindung ›Abergläubisches‹ beteiligt ist, muss dem ›immanent‹ bleibenden Realismus nicht im Wege stehen, solange das Abergläubische als charakteristisches Moment mit historisch, sozial oder psychologisch spezifischen Bedingungen verknüpft wird. Das scheint für Schmidt gegeben zu sein, hält er doch das Novellenthema für »auf so furchtbare Weise zeitgemäß« (III, 1083).

■ Was das Kriterium der ›ideellen Durchdringung‹ betrifft, so ist unter ›realistisch‹ im Umfeld der literatursoziologischen und ideologiekritischen Textwissenschaft meistens eine gesellschaftskritische Darstellung der antagonistischen Klassengesellschaft bzw. der widersprüchlichen Struktur der bürgerlichen Gesellschaft gemeint. An Hauke Haiens ›Lebensprojekt‹ würden die Antinomien der bürgerlichen Gesellschaft im Zeichen der technischen Modernisierung ansichtig werden.

■ Die Storm- und Realismusforschung der neueren Zeit hat solchen Widerspiegelungskonzepten eine Absage erteilt und sich dem **konstruktivistischen Prinzip** verschrieben. Demnach gibt es ›die Realität‹ nicht; was als solche in Erscheinung tritt, ist »Konstrukt, d. h. eine symbolische Ordnung« (Harnischfeger 2000; 39, Blödorn 2005). Folglich hängt jedes Wirklichkeitsbild von seiner Präsentation, jede sachkundig wiedergegebene Realität von der Art des Erzählens ab. »Die Wirklichkeit, wie sie uns in realistischen Erzählungen entgegentritt, ist nicht weniger ein Konstrukt als die Welt der Mythen« (Harnischfeger 2000, 41). Nicht erst die Aufmerksamkeit des Publikums, sondern schon die Sorgfalt des Erzählers gilt deshalb der Form des Erzählens; an ihr wird nämlich ersichtlich, »dass alles auch ganz anders erzählt werden (erst recht also auch ganz anders *sein*) könnte und dass im Grunde nicht Wirklichkeit verhandelt wird, sondern *nolens volens* das Erzählen selbst« (Meier 2002, 171). Wenn der Begriff des Realismus sich nicht auf diesen neuen Sachverhalt einstellt, hat er ausgespielt. Nun gehört aber die Reflexion über seine fundamentalen Bedingungen, Wahrnehmung und Erfahrung, in den Umkreis seiner begrifflichen Konstitution. Als ›Konstrukte‹ mögen sich die Welten sowohl in mythischer als auch realistischer Rede erweisen; das nivelliert nicht den Unterschied zwischen realistischem und mythischem Weltkonstrukt. Storms Rahmentechnik mit den drei Erzählerfiguren mag die Konstruiertheit und Fingiertheit der Figur des Deichgrafen und seiner Geschichte inszenieren. Dann bliebe er trotzdem ein Realist, der die heuristische, weltschaffende Funktion der sprachlichen Zeichen auszuspielen versteht. Ob es in Analogie zum Kriterium der adäquaten Realitätswiedergabe auch ein Kriterium der adäquaten Wiedergabe von Wirklichkeitskonstruktionen gibt, bleibt dann immer noch zu klären.

Storm scheint in seiner Novelle tatsächlich das **Thema der problematischen Wirklichkeitserfassung** angeschnitten zu haben. Davon zeugen einige Stellen. Ein Beispiel: »[...] Sie können Ihren eigenen Augen doch nicht mißtrauen; und drüben an der anderen Seite, ich sagte es ja voraus, ist der Deich gebrochen!« (755). So wird in der Welt des zweiten Erzählers bewiesen, dass es das Schimmelreiter-Gespenst gibt. Als Vergewisserung gilt der Augenschein und das Eintreffen einer Prognose, genauer die Gültigkeit des ›Gesetzes‹: Wann immer das Gespenst erscheint, geschieht etwas. Das sind Ausflüsse eines positivistischen Weltbildes, das zwar nicht unbedingt parodiert, aber doch auf den Kopf gestellt wird und zeigt, dass genaues Sehen noch gar nichts besagt. Ähnlich ›unsicher‹ sind Gesetze, die bloß aufgrund von Vorkommenshäufigkeit formuliert werden. So rückt auch das Prinzip der Verifikation in die Nähe der Parodie. Die **Thematisierung zweier positivistischer Verfahren**, sich der Wirklichkeit zu versichern, führt dazu, ihre tatsächliche Unsicherheit vor Augen zu führen. Auch im Rahmen also wiederholt sich, wovon die Deichgeschichte konkret handelt: von den Verfahren der Abgrenzung zwischen Wasser und Land, der Sicherung des Begrenzten und der fortwährenden Anfälligkeit von Demarkationslinien. Das sind zentrale Themen des Realismus, wahrscheinlich elementarer als die Frage, ob sich nach den Anweisungen der Novelle ein Deich bauen ließe; und doch werden sie nicht eigentlich auf dem Wege der Reflexion, also diskursiv, bewusst gemacht, sondern erscheinen in Form einer Erzählung, oder schließlich noch genauer, im Fluss einer Erinnerung, die nochmals das Thema der Sicherung anspricht, und was davon alles abhängt (Roebling 2000, 212 ff.).

5.9 Raabes novellistisches Erzählwerk

5.9.1 Reflektiertes Erzählen von menschlichen Schicksalen

Wilhelm Raabes Werke, sofern sie nicht als Romane rubriziert werden (*Horacker, Pfisters Mühle, Das Odfeld, Stopfkuchen, Die Akten des Vogelsangs, Hastenbeck*; vgl. Fairley 1961,189 f.), spielen auch als Erzählungen mittlerer Länge in der Geschichte der Novelle keine herausragende Rolle. Selten erscheint ein Werktitel in den beliebten Sammlungen von Musterinterpretationen; eher eine Ausnahme bildet *Die Innerste* bei Benno von Wiese (1962), während Jakob Lehmann (1980) und Winfried Freund (1993a) an Raabe stillschweigend vorübergehen. Wenn es einen wesentlichen Zusammenhang zwischen Novelle und Realismus geben sollte, dann wären Raabes ›Geschichten‹ schon ihrer Form wegen ein Indiz für seinen Abstand vom vertrauten Bild des Realismus und für seine Nähe sei es zur kommenden Moderne, sei es zur weiter zurückliegenden Tradition des 18. Jh.s, insbesondere zu Laurence Sterne (vgl. Fairley 1961, 248–250). In der Tat fehlt Raabes Geschichten oft, was zuerst an Novellen auffällt: der bündige Umfang, der dramatische Erzählstil, die einsträngige Handlung, der prägnante Wendepunkt, die geschlossene Form und das ›objektive‹ (nicht auktoriale) Erzählen (vgl. Schrader 1989b, 195). Wenn ›Erzähldichte‹ (Martini 1953, 83) und ›Verdichtung‹ bei Raabe ins Auge fallen, so ist damit kein novellistisches Prinzip gemeint, sondern eine moderne Form des zeitdeckenden, zeitdehnenden oder zeitschichtenden Erzählens (vgl. Fairley 1961, 189 ff.). Dennoch weisen Raabes Geschichten **mannigfaltige Bezüge zur realistischen Literatur** und zu ihrem novellistischen Profil auf:

- Alle Geschichten spielen mit einem kalendarischen (kriegs- und politikgeschichtlichen) Wirklichkeitsbezug, der funktionale Entsprechungen zum novellistischen Wendepunkt hat;
- oft steht ein Skandal im Mittelpunkt (z. B. Umweltverschmutzung);
- immer, auch in den historischen Erzählungen, stehen fiktive Alltagsfiguren, ja ›arme Außenseiter‹ im Vordergrund und bilden den kritischen, menschlichen Gegenpol zum offiziellen Bild (Kafitz 1981);
- die Geschichten werden weder heroisierend, noch idyllisierend erzählt;
- im Zentrum stehen die öffentlichen, teils großen, teils kleinen Wirrnisse der Vergangenheit und Gegenwart, die sich bei einiger Umsicht leicht lösen ließen und sich doch stur erhalten bzw. fortwährend wiederholen;
- immer sind diese Geschichten symptomatisch; das kleinste Ereignis (der ›Bierkrieg‹ in *Höxter und Corvey*) vermag die Weltpolitik zu ›spiegeln‹;
- stets sucht der persönlich hervortretende Erzähler zu orientieren, auch wenn ihm das immer schwerer fällt;
- trotz Perspektivenwechsels wird auf Leserlenkung nicht verzichtet, so dass immer wieder sympathietragende Figuren begegnen;
- meistens geht es darum, die »Verbindung des Humoristischen mit dem Humanen« zu erhalten (Schrader 1989b, 212);

- der dargestellten Chaos-Situation entspricht die straffe Kunst der inszenierten Chaotik, so dass abbildende Verhältnisse auf dieser Ebene zur Geltung kommen (»das anschaulich und lebenswahr evozierte Chaos«; ebd., 206);
- Als Leitprinzip behauptet sich bei aller »›offenen‹ Form« die strikte »Verwobenheit aller Begebnisse« (Martini 1953, 81 f.), die epische Integration bzw. strenge Funktionalität in Form von logischer Handlungsverknüpfung, bruchloser Charakterisierungskunst und konsistenter Bild- und Zitat-Reihen (Schrader 1989b, 206 f.).

Wilhelm Raabes Erzählungen handeln von ›menschlichen Schicksalen‹. Was das bedeutet, umreißt jene Stelle aus O.L.B. Wolfs *Allgemeiner Geschichte des Romans*, die Raabe seiner späten Erzählung *Alter Nester* als Motto voranstellt. Demnach handeln die Geschichten nicht etwa von Taten, sondern von Begebenheiten, von dem, was Menschen, ja schon Kindern, den armen zumal, am Wege zustößt, ganz gleich, ob sie dort warten, wie es Goethe nach Wolf gesagt haben soll, oder ob sie sich auf diesem Wege irgendwie fortbewegen (SW XIV, 473). Raabe'schen Figuren widerfährt immer etwas, auch wenn sie noch so aktiv ›spielen‹ (vgl. 238). Das ist das genus dicendi seines novellistischen ›Realismus‹.

Raabes Erzählungen inszenieren das Erzählen, so dass es um zweierlei Begebenheiten geht: um das, was den erzählten Figuren widerfahren ist und das, was dem Erzähler beim Erzählen widerfährt. Beide ›Geschichten‹ machen deutlich, welche Erkenntnisse »am Wege« gewonnen und welche Illusionen dabei verloren wurden. Oft entfaltet sich dabei ein lebensgeschichtlicher Zusammenhang, der den begrenzten Raum der Novelle sprengt, eine Weitsicht, die Jahrhunderte und Kontinente umfasst und doch in kürzester Frist und auf engstem Raum – am Schreibtisch unter Akten oder im Bauch eines Schiffes – festgehalten, protokolliert, doch selten gemütlich erzählt wird.

> »O über die goldgrünen Zweige, in denen wir uns wiegten, unsere Nester bauten und von der Welt träumten und auch als Kinder, nicht als ausgewachsene Leute und große Philosophen, die Welt für ein Spiel nahmen, in welchem wie spielen durften!...« (*Alter Nester* in SW, XIV, 129)

In Sätzen wie diesen zeigt sich eine charakteristische Seite von Raabes Realismus. Nicht die Genauigkeit des Details, nicht die Lebendigkeit der Schilderung, sondern dieser Ton, diese Redeform, ist die **Signatur der Raabe'schen Inszenierungstechnik**. In der Tat wird hier inszeniert, das Reden einer in die Geschichte verwickelten und demnach nicht nur die Geschichte erzählenden Figur exponiert. Zur Sprache und ›Anschauung‹, d.h. eigentlich zu Gehör, kommen auf diese Weise ganze Lebensgeschichten und Deutungsmuster (»Kinder« und »spielen«) im Spiegel gebrochener Bewusstseinsformen. So erhält jedes ›Ding‹ seinen Rahmen, jedes Ideal – zum Beispiel »unsere Nester« – seinen Wert. Wer bei Raabe berichtet bzw. erzählt, lenkt nicht nur die Aufmerksamkeit auf andere, sondern verrät viel von sich selbst, von seinen Taten und Unterlassungen, die ihm selbst, aber eben auch anderen widerfahren. So muss der ›Quellenforscher‹ Fritz Langreuter, der am Sterbebett eines Kindes über die vergangenen »goldgrünen Zweige« klagt, erst von einem aus der Fremde Kommenden (Just Everstein) wachgerüttelt werden, bevor er sieht, was in der Nachbarschaft geschieht.

Raabe hat seine im Zeitschriften-Vorabdruck erschienenen Erzählungen für den Buchdruck oft zu Sammlungen vereint; so entstanden u.a. *Verworrenes Leben*.

Novellen und Skizzen (1862), *Ferne Stimmen* (1865), *Der Regenbogen* (1869) und *Krähenfelder Geschichten* (1879). Die zweite Sammlung enthält neben *Das letzte Recht* – eine der wenigen sogenannten Novellen – und der Rahmenerzählung über die Prager Tänzerin Jemima Löw (*Holunderblüte*) die als Schullektüre berühmt gewordene historische Erzählung *Die schwarze Galeere* (1861). Die spannende Novelle behandelt eine Episode aus dem Freiheitskampf der Geusen, arbeitet holzschnittartig die gegensätzlichen nationalen Positionen heraus, unterstreicht auch die wirtschaftlichen Implikationen der gewöhnlichen Kriege und ist noch von einem heroisch-pathetischen Ton getragen, den Raabe bald aufgeben wird. Schon *Der Regenbogen* wechselt zum kritischen, pessimistischen Ton über. *Else von der Tanne* (1865), Raabes ›Hexen‹-Geschichte, spielt im Nachfeld des Dreißigjährigen Krieges und handelt vom mörderischen Massenwahn jener, die – ihrerseits »im Elend« unterdrückt und zum Tier verwandelt – ihre bestialischen Aggressionen an Wehrlosen bzw. gerade an jener ›Beseelten‹ austoben, die eine Wendung zum Milderen hätte herbeiführen können. **Eine gottverlassene Welt** hat der vergangene große Krieg angerichtet, in der »keine Rettung in der Welt vor der Welt« (SW IX/I, 195) zu finden ist, weil jede Heilsbotschaft negiert wird (vgl. Cremer 2000) und von der »heute« »nur noch geringe Trümmer« zeugen.

Die *Krähenfelder Geschichten* beginnen mit einer Erzählung, deren Ton so scharf ausfällt, dass sie laut Auskunft des Freundes Wilhelm Jensen eigentlich polizeilich verboten werden sollte. *Zum wilden Mann* (1874) ist »eine kuriose, eine recht recht kuriose Geschichte« (SW XI, 176). Sie handelt von dem Sohn eines Scharfrichters, der sein geerbtes Amt nicht antreten will, sein Vermögen dem Freund überlässt, auswandert und nach Jahren wiederkehrt, um das Geld zurückzuverlangen; die plötzliche Rückzahlung ruiniert den Freund, der sich aus diesem Geld eine Apotheke, genannt »Zum wilden Mann« – eingerichtet hat. Erzählt wird diese Geschichte vom Apotheker, zu dessen Apotheke jedoch ein auktorialer Erzähler den Leser bei unwirtlichem Wetter – gemeint ist der deutsch-französische Krieg (Ende Oktober 1870) – hinführt.

Wie oft bei Raabe, geht es auch hier um **parallele Lebensläufe**, die sich am Anfang berühren, dann trennen, um schließlich wieder zusammenzukommen. Beide Lebensläufe stehen im Zeichen dessen, was die Elterngeneration verschuldet hat: Dem einen wird ein Beruf aufgezwungen, den er verabscheut, dem anderen wird mangels Geldes das Liebesglück versagt. Hinzu kommt die eigenwillige Gestaltung des Freundschaftsmotivs. Der sich den ›Verhältnissen‹ entziehende und in der Fremde ›hart‹ gewordene Scharfrichterssohn besteht auf seiner Rückgabeforderung, die sich privatrechtlich möglicherweise gar nicht durchsetzen ließe, öffentlich aber Anerkennung findet; jedenfalls funktioniert sein Verfahren. Eine wesentliche Rolle spielt dabei die jahrelang gepflegte Dankbarkeit des beschenkten Freundes Kristeller gegenüber dem großzügigen August, der sich später Agostin nennt. Der ökonomische Sinn der Geschichte liegt in der Herleitung des wirtschaftlichen Erfolgs aus privatem Leid und leiderzeugter Verhärtung. Daneben macht sich auch ein psychologischer Sinn geltend: So unterschiedlich die beiden Freunde sind, so ähnlich und analog fallen ihre Schicksale aus: Beide haben eine schmerzliche Vergangenheit hinter sich, der eine geht empfangend, der andere agierend daraus hervor. Die Konsequenzen erleben sie aneinander. Das heißt, beide Figuren lassen sich auch als **Extremwerte ein und derselben Person** verstehen, aufgespalten in gegensetzliches Verhalten (vgl. Roebling 1988). Unternehmerisches Handeln, wirtschaftlicher Erfolg und die Pflege freundschaftlicher Beziehungen passen unter den gegebenen »Verhältnissen« (229) nicht in einen einzigen Menschen; sie führen zur persönlichen Spaltung. So entstehen rücksichtslose Täter und ›melancholische‹ Opfer. Ein Drittes scheint es nicht zu geben, nur Rollentausch; aber dazu ist Kristeller nicht bereit.

5.9.2 Realistisches Schreiben im Bann der Umweltverschmutzung: *Die Innerste*

Kein Realist begnügt sich damit, die Wirklichkeit so darzustellen, wie sie ist. Trotz programmatischer Erklärungen wissen sie wohl alle, dass eine bloße Abbildung banal oder unmöglich ist, auf alle Fälle aber nicht das zeigt, worum es eigentlich geht. Diese Verschiebung des Aufgabenfeldes und der Aufmerksamkeit auf die **Wahrnehmungs- und Erfahrungsbedingungen** verleiht dem Realismus einen reflexiven, autopoetischen Zug, muss ihn aber nicht automatisch in die frühe Moderne überführen. Das zeigt sich an manchen Erzählungen Wilhelm Raabes, die besonders auffällig das Paradigma des Abbildens unterlaufen und dennoch nicht modern sind (vgl. Schrader 1989a).

Die Innerste (1878) ist zum Beispiel eine Geschichte, die abbilden möchte, wie es zu jenen Verschmutzungen und ihren katastrophalen Folgen kommt, unter denen alle leiden (vgl. auch *Pfisters Mühle*). ›Abgebildet‹ wird dies als Geschichte eines Flusses: seine ursprüngliche Reinheit, dann seine systematische Zerstörung ab dem Austritt aus der Quelle und seine notorische Reaktion als Flutkatastrophe. Eigentlich gemeint ist das jedoch nicht, jedenfalls nicht nur. Darauf weisen bereits der Flussname ›die Innerste‹ und die Einführung einer ›Parallelfigur‹, der Doris Radebrecker, hin. Sie soll nach Erzählerbericht Ähnliches erfahren haben, aber das wird eben nicht ›abgebildet‹, sondern als **Parallele, Analogie oder Allegorie** konstruiert.

Im Klartext ausgeschrieben, überstiege die Geschichte der Doris wohl kaum das Niveau des Sozialkitsches und ergäbe das rührende Gemälde einer durch die Männerwelt verdorbenen, ursprünglich unschuldigen und natürlichen Frau. Ja selbst die im Dunkeln bleibende Geschichte zwischen der ›wilden Doris‹ und dem ›wilden Albrecht‹ verspricht nur billige Pädagogik, deren sich jeder Realist schämen müsste: »Was weißt du von mir und ihm? – Er hat mehr gekriegt als ihr anderen alle, und es war eine Zeit, da hätte er mich wohl zu einem lieben, guten Weibe machen können!« (SW XII, 168).

Erst die **mythologische Perspektive unter historischen Rahmenbedingungen** (dem Siebenjährigen Krieg der Gegenwartshandlung und dem Dreißigjährigen Krieg als entscheidender Vorgeschichte) trägt zur spezifisch realistischen Profilierung einer unsäglichen Schädigung dessen bei, worauf der Titel als inneren und weiblichen Bezirk abzielt, ohne ihn endgültig abzubilden. Die ›Früchte des Krieges‹ lassen sich in der gewählten Schilderung mehr ahnen als anschauen, unbeschadet der Frage, ob es sich um Niederlagen oder Siege handelt. Kriege gehören in dieser Welt zum Alltag des politischen wie familiären Schlagabtauschs. Dabei scheint es sogar zweierlei Prügel zu geben: Der wilde Albrecht wird zuerst vom Vater empfindlich gezüchtigt, dann vom befreundeten Vorgesetzten heilsam geprügelt und schließlich von der zugeteilten Ehefrau milde ›gepflegt‹. Nimmt man die Warnung des Freundes ernst, so ist auch die eheliche Behandlung nicht frei von Gewalt; jedenfalls sollte die empfohlene, aber nicht angetretene Flucht zu Doris vor diesem Schicksal bewahren. Vielleicht ist auch dies ein Fall der ›**doppelten Buchführung**‹ (vgl. Roebling 1988), die nur an zwei unterschiedlichen Figuren zeigen kann, was eigentlich in einer zugleich passiert: schlagen und geschlagen werden, heimisch heiraten und fremd lieben, häuslich gedeihen und wild glücklich werden.

Man kann Raabes Geschichte als weniger gelungenes Kunstwerk beiseite legen oder als realistisches Verfahren bei der Suche nach einer noch wenig bekannten **Krise der Wirklichkeit** ernst nehmen (Denkler 1990; Stern 1994; Krobb 2000). In letzterem Fall hieße realistisch schreiben: die Syndrome einer fundamentalen Störung der Wirklichkeit an den Schnittstellen mehrerer, in sich lückenhafter Geschichten erscheinen zu lassen: Die rudimentäre Geschichte der Doris lässt sich ergänzen dank der analogen, aber explizierten Geschichte des Flusses; das gelingt aber nur dank des allegorischen Erzählstils. Die Geschichte des Flusses lässt sich ›erklären‹ aus der notorischen Verschmutzung durch Hüttenwerke und ›verstehen‹ aus der Geschichte der hercynischen Najade und ihrem Mythos. Dieser Mythos als prähistorischer Bericht von entscheidenden Zusammenhängen bzw. katastrophalen Entscheidungen überliefert die Wirkung historischer Kriege im Allgemeinen und Öffentlichen sowie die Folgen der familiären ›Verständigung‹ zwischen Hausvätern und Haussöhnen, mögen sie fiktiv Christian und Albrecht oder historisch Friedrich Wilhelm und Fritz heißen.

Wahrscheinlich verdichtet sich dies alles im **Funktionsraum der Mühle**, die – wie bei Wilhelm Busch – alles Widerstrebende bzw. Grobe fein zu mahlen bestimmt ist und insofern nützliche Dienste leistet. Gerade so zeichnet sich eine Transformationsstelle ab, die zutiefst ambivalent wirkt, weil sie das Wasser als äußere Kraft für innere Arbeit braucht, das Äußere zugleich als wildes Potential fürchtet und im Innersten eine aufreibende Tätigkeit verfolgt. Das zutiefst Verstörende liegt dabei darin, dass alle mäßigenden, d. h. in der ›Flusssprache‹ regulierenden Maßnahmen die ›Innerste‹ dergestalt ›beruhigen‹, dass sie »von Rechts wegen [...] heute da heulen [müßte], wo sie sonst nur schrie« (105). Der Befund, der ein Fazit ist, steht aber schon am Novellenanfang.

5.10 Conrad Ferdinand Meyers Novellen oder die »Wirklichkeit der Dinge«

Die »Wirklichkeit der Dinge« (SW XIII, 96) darzustellen oder einzufordern bzw. den Lauf der Welt an deren Maßstab zu beurteilen, ist eine der **Grundforderungen des Realismus**. Nun liegt es in der eigentümlichen Dynamik des realistischen Erzählens, dass dieses Postulat nicht nur eingelöst, vielmehr auch auf die Spitze getrieben wird, wo es dann nicht nur einen Extremwert (s. Naturalismus) erreicht, sondern umschlägt und sich in sein Gegenteil verkehrt, so dass, was im Zeichen der »Wirklichkeit der Dinge« begann, in deren Auflösung mündet. So kann im Namen der »Wirklichkeit der Dinge« eben diese »Wirklichkeit der Dinge« fraglich werden, zweideutig und illusionär erscheinen. Was ursprünglich zur Gewinnung erhöhter Sicherheit und »Wahrheit« (ebd., 100) nach realistischem Verfahren angegangen wurde, läuft nicht selten in **verwirrende Vermischung** und haltlose Verspiegelung aus. Die unablässig gestellte Frage nach dem, wie es sich eigentlich verhielt, schafft – aufgeworfen in besonders kritischen Situationen – mehr Unklarheit als Gewissheit. Das ist der konsequente Verlauf des realistischen Schreibens, das sich leicht und schnell ins ›Moderne‹ versteigt, wenn es sich nicht ›künstlich‹ abbremst bzw. unterbricht. So verhält es sich mit den Novellen Conrad Ferdinand Meyers (1825–98).

Wie Storm wird Meyer sowohl für seine Lyrik als auch Novellistik hochgeschätzt. Seine meistens tragischen Novellen (ausgenommen *Plautus im Nonnenkloster* und *Der Schuß von der Kanzel*) verflechten persönliche und historisch-politische Momente. Man könnte von ›Haupt- und Staatsaktionen‹ sprechen, da Meyer oft große historische Persönlichkeiten in dramatische, kritische Situationen stellt (der vermeintliche Entscheidungskonflikt in *Die Versuchung des Pescara*, das Treue-Dilemma in *Die Hochzeit des Mönchs*, die Verschuldung in *Das Amulett* oder *Die Leiden eines Knaben*, die Motive der verbotenen Liebe in *Gustav Adolfs Page* oder *Die Richterin*). Aber seine besondere Erzähltechnik erweist ihn als Realisten des Perspektivismus und der Nuance. Alles – Situationen, Figuren, Geschehen – geht aus den inszenierten Rede- und Erzählhandlungen seiner Novellen hervor. Meyer ist für seine **Rahmenkompositionen** berühmt. Sie erschöpfen sich keineswegs in ihrer Bedeutung als Mittel zur Erzeugung einer kulturgeschichtlichen Atmosphäre oder als realistische Situierung eines vergangenen Geschehens, sondern machen das Erzählte zum Stoff und Medium für mannigfaltige Formen der redenden Verarbeitung von unbewältigten Erfahrungen. Erzählen nimmt bei Meyer wiederholt Formen der Beichte an (*Das Amulett*, *Der Heilige*), einer Beichte, die teils freiwillig, teils erzwungen, einerseits aufrichtig, andererseits verlogen ausfällt.

5.10.1 Die Problematik des Authentischen: *Der Heilige*

»Wollt Ihr die Wahrheit erfahren?«, fragt der Armbruster Hans in Meyers Novelle *Der Heilige* (1880) seinen Gesprächspartner. »Wahrheit« ist hier das, was der Augenzeuge glaubwürdig berichten kann, weil er es selbst erlebt hat und deshalb der Legendenbildung entgegensetzen kann (vgl. Simon 1991). So verschränkt sich die **Objektivität des Berichterstatters** mit der Subjektivität dessen, der alles aus nächster Nähe erlebt hat, ohne dass dieser Widerspruch zwischen Objektivität und Subjektivität – vorläufig – störte. In mehrfacher Hinsicht ist aber der auf diese Weise Fragende am wenigsten dazu berufen, über die Wahrheit verlässlich Auskunft zu geben; denn er ist nicht nur durch seine Vergangenheit belastet – schließlich spricht hier ein gemeiner Mörder –, sondern er ist auch in den Fall verwickelt, ein Mittäter, der als ›Kronzeuge‹ natürlich wieder von hohem Wert für die Wahrheitsfindung ist. Dass er auch gut mit der ›Feder‹ arbeiten kann, erhöht allerdings nicht unbedingt seine Verlässlichkeit; doch verspricht die Namensverwandtschaft (Hans – Johannes) auch wieder besondere ›Offenbarungen‹. Wie dem auch sei: es kann nicht bedeutungslos sein, dass gerade bei der Frage, wie es sich eigentlich verhalten habe, eine so ›vielseitige‹ Figur als Autorität auftritt.

Wenn nach wie vor gilt, dass Meyer gewohnt war, »die Dinge bildhaft zu sehen« (Silz 1954, 260), so ist damit nicht nur ein Realismus der ›geöffneten Augen‹ bezeichnet und der empirische Sinn gemeint, sondern auch die **Umformung der** »Dinge« zum ›Bildhaften‹ und somit die eminent eigenwillige Umdeutung des Sehens als Wahrnehmung von Bildern. Meyers »scharfumrissene Objektivität« (ebd., 260) verwandelt demnach die »Wirklichkeit der Dinge« in ein absichtlich zubereitetes Bild, gewonnen von einem Erzählerstandort, der das Perspektivische und möglicherweise Konstruierte hervorhebt. ›Sehen‹ erweist sich damit grundsätzlich als ein »so« Sehen (vgl. Brief an Betty Paoli v. 9. April 1884; *Briefe* II, 349) und »so« In-die-Welt-Setzen. Meyers Wahrnehmungsobjekte liegen selten im wörtlichen Sinne ›vor Augen‹, vielmehr »so weit als möglich vom Auge« entfernt (*Briefe* II, 340). Das hat etwas mit Meyers Neigung zur **Verrätselung und Maskierung** (der Figuren wie der eigenen Person) zu tun und weist auf eine der vielen Funktionen der Rahmentechnik hin (Silz 1954, 263): Verlebendigung, Besiegelung der Glaubwürdigkeit, Perspektivierung, Filterung, Kommentierung, Reflexion auf die Produktions- und Rezeptionsbedingungen ›wahrer Geschichten‹, genauer noch: richtig stellender Berichte im Kontext autoritärer Legendenbildung.

Als sichere **Kennzeichen für Realismus** galten nach älterem Verständnis genaue Beobachtung, konkret bestimmte Lokalität, Individualisierung, psychologische Motivierung, behutsames Vorgehen bei nicht zu vermeidender Schilderung des Unerquicklichen (vgl. Meyer an Kinkel, 16. März 1897: »durch ihren Realismus unerfreuliche [...] Komposition«), vor allem aber die glaubwürdige, überzeugende Gestaltung lebendiger Menschen (»aus Fleisch und Blut«) sowie die symbolische Verallgemeinerung und Überhöhung des Konkreten (vgl. Silz 1954, 273 f.). Als realistisch gelten solche Weltentwürfe, die es dem Lesepublikum leicht machen, sich in die gebotene Welt mit allen ihren Figuren und Situationen hineinzuversetzen. Dieses Empathiekonzept hat die realistische Literatur mit dem bürgerlichen bzw. rührenden Schauspiel des 18. Jh.s gemeinsam.

Meyer bzw. der Erzähler in der *Heiligen*-Novelle verstößt gegen diese ›**Dramaturgie des Mitleids**‹ in doppelter Hinsicht, indem er die Ständeklausel wieder aufleben lässt und das ›natürliche‹ Identifikationsbedürfnis durchkreuzt. Seine Zentralfiguren überragen den ›menschlichen Durchschnitt‹, und der auf sie gelenkte Blick erzeugt Befremden, das um so mehr verstört, als er doch dem ›Näherbringen‹ des Entfernten dienen sollte. Das realistische Prinzip des charakteristischen Details nimmt bei Meyer eigentümliche Züge an: Die Individualisierung enthält typisierende Momente, und die Differenzierung verschärft sich zur Polarisierung (Thomas – Heinrich: Asket vs. Vitaler, Geist vs. Körper).

Die Novelle handelt davon, wie ein zunächst königstreuer Kanzler, der aus politischen Gründen das vakante Amt des Erzbischofs übernimmt, zu einem gläubigen Christen wird (bzw. zu werden scheint), der sich nun gegen die Politik seines Königs und ehemaligen Freundes wendet und als Märtyrer stirbt. Meyers Problem lag darin, den plötzlichen Gesinnungswandel eines loyalen Dieners glaubwürdig zu machen. Deshalb erfand er Grace, die verborgen lebende Tochter des Kanzlers, die aber, vom König entdeckt und zur Geliebten erkoren, bei einer Entführung getötet wird). So erhielt Meyer ein Motiv für den Gesinnungswandel des Kanzlers, führte damit aber zugleich das Nebenmotiv der Rache ein, das die Wandlung zum ›Heiligen‹ ins Zwielicht rückt. Im Munde des vorgeschobenen Erzählers und nächsten Augenzeugen bewirkt diese Episode kein mitfühlendes Verständnis für einen geplagten Heiligen, sondern stiftet im Gegenteil Verwirrung und ruft Abscheu hervor.

Auf dem Höhepunkt der Schilderung des Heiligenlebens, da Thomas Becket den Märtyrertod erleidet, sieht sich der neugierige Chorherr Burkhard außer stande, dem anfänglich begehrten vertraulichen Bericht des Armbrusters weiter zuzuhören. »›Genug!‹ rief der erbleichende Chorherr und streckte seine Hände abwehrend gegen den Armbruster aus« (SW XIII, 139). Die Szene spiegelt ein **Dilemma der realistischen Literatur** im Zeitalter der privaten, familiären, gemütlich gepflegten, aber auch kritisch sensiblen und doch ›korrekt‹ vollzogenen Lektüre. Grundlegend ist das Bedürfnis, Authentisches über einen Sachverhalt zu vernehmen, der vom ›Beiwerk‹ der Legende verdeckt oder im Raster der Chronik nicht erfasst wurde. Der Zeugenbericht leistet gewünschte Aufklärungsarbeit, indem er den Kern unter der Oberfläche freilegt, das Entfernte näher rückt und die Lücke in der Überlieferung schließt. Auf ein ›interessiertes‹, zahlungsbereites Publikum wirken solche Eröffnungen und Ergänzungen je nach parteilicher Stellung als Entlarvung oder Berichtigung. Am ›realistischsten‹ wirken sie, wenn sie Vorurteile der Gegenseite widerlegen und eigene Präjudizierungen bestätigen.

> »Herr Burkhard liebte das Heitere und Ergötzliche, wie das hohe Alter pflegt, das nur noch einen letzten Rest des Lebens zu genießen hat. Als er den Armbruster in sein Gemach zog, war es ihm darum zu tun gewesen, ein paar Geschichtchen und Menschlichkeiten aus dem Leben des Heiligen zu belächeln und das Gold des neuen Heiligenscheines – der Bescheidenheit zulieb – ein wenig zu schwärzen. Hans aber hatte ihm einen qualvollen Kampf und zwei schmerzverzogene Menschenangesichter gezeigt, und diesem Eindrucke war er nicht gewachsen.« (139)

Hier zeigt sich auf engstem Raum **das dialektische Moment im realistischen Erzählen**: Am Ausgangspunkt steht die Zuversicht, aus zuverlässiger Quelle mehr »Menschlichkeiten« zu erfahren, um ›kritischer‹, aber auch amüsierter zu erkennen, wie es sich eigentlich verhielt. Das Ergebnis des so in Gang gekommenen Erzählprozesses befriedigt nicht etwa, sondern überfordert und verletzt.

Es ist viel, was Meyer einem Publikum zumutet, das nach Art des Chorherrn »in seinen mit weichen Vliesen überlegten Armstuhl versenkt« (11) und mehr aus »Neugier« denn aus »Andacht« (10) etwas Genaueres über einen ›Gegenstand‹ erfahren möchte, den Schrift wie Rede längst verstellt haben. Dieses **am Realismus geschulte Hörbedürfnis** verlangt nach einem Zeugen, der nicht nur ›weiß‹, wie es sich verhielt, sondern der selbst ein Teil dieser Geschichte war, das heißt, der bestätigen kann, dass er »an König Heinrich gehaftet habe(st) wie der Knopf am Wamse, ja wie die Haut am Leibe« (14). Der Nachweis einer intimen Nähe dient der Beglaubigung, hat aber – beim Wort genommen – geradezu fatale Konsequenzen, sobald sich »Knopf« und »Haut« nicht als so sicher und fest erweisen, wie es das Bild meint.

Dass der Chorherr am Ende der ›realistischen‹ Erzählung »Genug!« hat, stellt eine direkte Reaktion auf den Schlusssatz des Armbrusters dar: »Herr Thomas aber auf seinem Grabsteine lächelte« (139). Dieses Lächeln meint kein menschliches Verhalten, sondern die Mimik einer Grabsteinfigur, die zwar als kunstlos gilt, aber lebensähnlich ist. Ihr **versteinertes Lächeln** kann zwar nichts ›meinen‹, wirkt aber in der Wahrnehmung des Hörers wie eine wissende und ewige Reaktion auf den Zusammenbruch des Königs und stützt den schon zuvor (von Bertram de Born) geäußerten Verdacht, dass Martyrium und Passion in der Nachfolge Christi nicht ein Werk der Liebe, sondern des Hasses seien und somit auch als Rache und ewige »Verdammnis« (111) dienen können.

Allein die Möglichkeit einer solchen Unterstellung verkehrt die christliche Botschaft und vernichtet selbst ihren säkularen Sinn, demzufolge ein Liebesdienst sich immer von der hasserfüllten Rache unterscheiden lassen sollte. Ein ganzes Wertesystem wird dadurch fraglich. Wer als Kronzeuge bezeugt, dass solche Verkehrungen tatsächlich vorkommen, belastet sich selbst, denn er erfährt an sich selber, in welche »Tiefen seiner Seele« solche Ereignisse hinuntergreifen, in Tiefen, »wo sein Empfinden zwiespältig wurde und seine Gedanken vor einem Abgrunde stehen blieben« (15). Das realistische Erzählen, das sich um den **Kern der Dinge** im Inneren bemüht und angesichts ihrer zuversichtlich die eigentliche Wahrheit zu erkennen glaubt, schlägt in einen Bericht um, der den Berichterstatter selbst belastet. So verwandelt sich die Erzählung ›am Kamin‹ in eine Beichte, die aber keine Absolution, sondern allenfalls eine Erleichterung (vgl.139) herbeiführt.

Hans, der Erzähler, ist sich anders als Schadau im *Amulett* seiner Schuld bewusst (»Mea culpa, mea maxima culpa«, 136). Er vermag über die **Unwägbarkeiten seiner Erzählung** im ›realistischen Kontext‹ zu reflektieren und verstrickt sich dennoch in Beteuerungen, die eine Art Letztbegründung geben wollen und im selben Atemzug ihr Scheitern offenbaren:

> »Gesetzt aber auch, meine Geschichte wäre etwas ins Ungewisse geraten, von jetzt an wird sie echt und unumstößlich wie das Evangelium. Denn was nun geredet wurde, haftet in meinem grauen Kopfe wie die römische Schrift auf einem umgestürzten Meilenstein, dessen Bruchstücke noch die unauslöschlich eingegrabenen Lettern tragen. Bei der Gnade der Mutter Gottes, ich rede die Wahrheit und lüge nicht.« (83)

Das **zielbewusste Erzählen** des geschickten Bogners trifft nicht nur den Zuhörer in der Welt des Mittelalters, sondern auch das moderne Publikum im Zeitalter des »neuen Glaubens« nach bibelkritischem Zuschnitt (vgl. D.F. Strauß). In diesem neuzeitlichen Kontext wirkt die Beteuerung der Unumstößlichkeit als diabolische Verkehrung, die das Gegenteil von dem besiegelt, was sie wörtlich beschwört. So wird der entrüstete Vorwurf »Das lügst du, Schandbube!« (139) keineswegs entkräftet. Der »schlaue(r) Mann« (13) ist auch »Schalk und böser Knecht« (131), als »Sohn Japhets« (77) von Grund auf zwiespältig (Japhet gilt sowohl als Stammvater der Griechen als auch der Türken) und als Namensvetter des »Apostel[s] Hans« (16) düsterer Verkünder der apokalyptischen Katastrophe. Dies alles rückt ins Blickfeld, wenn es darum geht, zu erzählen, wie es eigentlich gewesen ist, und zu zeigen, wie die »Wirklichkeit der Dinge« aussieht.

5.10.2 Bilanzen des Realismus: *Die Richterin*

Es gilt in der älteren Meyer-Forschung als ausgemacht, dass Meyer in seiner späten Novelle *Die Richterin* (1885) »den Stil einer realistischen Historien-Epik hinter sich gelassen« und stellenweise sogar schon »expressionistisch« gearbeitet habe (Fehr ²1980, 93). Das betrifft insbesondere jene Episoden, in denen »eine das Dämonische streifende, urtümliche sinnliche Wildheit« hervorbricht (Zäch 1973, 201), die in einer »durchaus realistischen Novelle fremd wirken« muss (ebd., 205). Nun liegt solchen Unterscheidungen ein **veralteter Realismusbegriff** zugrunde; demnach wird Meyers »realistisches Streben« auf seine »gründliche Kenntnis der Landschaft« eingeengt, die es ihm ermögliche, »Land und Leute und umgebende Natur aufs genaueste vor Augen zu haben« (ebd., 198). Doch auch bei Meyer erschöpft sich der Realismus nicht im Herstellen von Abbildern, vielmehr vollzieht er sich gleichfalls als Suchweg (vgl. Geppert 1994), als **Experiment mit Masken und Spuren**, die das ›eigentlich‹ Wirkliche‹ aus mannigfaltigen Verbergungen hervorleuchten lassen.

Was Keller im *Spiegel*-Märchen verkleinert, vergrößert Meyer im Fresko seiner Novelle aus der Zeit Karls des Großen; in beiden Fällen geht es um **alltägliche Bindungen**, die sich lebensgefährlich auswirken. Liebe und Ehe erscheinen im (Zwie-) Licht der konventionellen Zwänge, die tödliche Reaktionen hervorrufen. Der Verfremdung im Tierischen bei Keller entspricht die Verschiebung ins Historische bzw.

Prähistorisch-Mythische bei Meyer. Die entfesselten Leidenschaften, die Keller dem Kater zubilligt, bannt Meyer in eine »Böcklin-Szenerie« (von Matt 1980, 315), die er mit dem Siegel des Verwerflichen versieht und so präsentiert.

Setzt Keller seine wirklichkeitsähnliche (nicht märchenhafte) Liebesgeschichte in den Lügenrahmen eines Katers ein, so kehrt Meyer das Bedingungsverhältnis um, indem er im Rahmen der verbürgten Historie um Karl den Großen eine erfundene Fabel gibt, die von Geschwisterliebe zu handeln scheint: Palma, die Tochter der Richterin Stemma liebt ihren Halbbruder Wulfrin; der schrickt vor der angetragenen Zuneigung zurück und gerät doch in ihren Bann, so dass er sich selbst inzestuöser Gefühle bezichtigt. Die Lösung des Konflikts ergibt sich infolge Stemmas Geständnis, dass Palma das Kind aus einer vorehelichen Beziehung sei und dass sie deswegen auch den ihr aufgezwungenen Ehemann, Wulfrins Vater, vergiftet hätte. Das Merkwürdige der Enthüllung wahrer Beziehungen im erfindungsreichen Geflecht liegt allerdings darin, dass der inzestuöse Wahn (besonders Wulfrins Erlebnis in der Schlucht) höchst **reale Phantasien** reproduziert, deren eigentliche Wirklichkeit der Erzähler um seines Autors und dessen Publikum willen nicht anders als im Filter der Lüge darbieten kann (von Matt 1980). So scheint hier die ›wahre Novelle‹ in einen Kontext eingebettet zu sein, der sich als Traum oder Wahn maskiert, ohne seine wirklichen Züge endgültig preiszugeben.

Schon im Novellen-Auftakt klingt ein Motiv an, das den weiteren Verlauf bestimmen wird: **der fromme Trug zum Heil des wertvollen Bildes:** »Ich kann es nicht lassen, [...] den Reiter zu betrachten. Wie mild er über der Erde waltet! Seine Rechte segnet! Diese Züge müssen ähnlich sein« (SW XII, 161). Die Rede ist von der ehernen Statue eines Reiters, den das Mittelalter für den christlichen Kaiser Constantin hielt, der aber in Wirklichkeit der Heide Marc Aurel ist. Nur als Trug kann überleben, was in Wahrheit der sicheren Vernichtung preisgegeben wäre. Zu solchem Schutz gefährdeter Bilder trägt auch die Bild-Interpretation bei: Die Milde, die Karl an Constantin bewundert, wird ja auch dem Philosophen Marc Aurel zuerkannt, obwohl dieser die Christenverfolgung geduldet hat und jener für seine Grausamkeit gegenüber den Franken berüchtigt war. Was Karl an der Statue als realistisch unterstellt (»Diese Züge müssen ähnlich sein«), erweist sich als Spiel der perspektivischen Brechungen und Übertragungen; angesichts des umstrittenen Originals fällt von Anfang an ein Zwielicht auf alle Bilder, die von »Zucht« und »Tugend« (190) zeugen. Die eklatante Ähnlichkeit markiert zugleich die erste Verdachtsspur.

Nun scheint gerade Karl den »Grundgedanke[n] der immanenten Gerechtigkeit« (Brief an J. Landis, 21. Nov. 1885) am reinsten zu verkörpern: »Gottähnlich mächtig« lenke er die Menschen (Zäch 1973, 203). Doch passt zu solcher **Idealisierung** kaum die merkwürdige Krönungsszene: Soeben erst hat Karl – »zu seinem herzlichen Erstaunen« (161) – die Kaiserkrone entgegengenommen, die ihm Papst Leo »in rascher Begeisterung« verliehen hat. Die historischen Hintergründe sind alles andere als spontan und fromm (zum »Problem« der Kaiserkrönung vgl. Anm. zu 161). Karls politisches Verdienst liegt in den Kriegen gegen Sachsen und Sarazenen (171), sein legendäres Liebesglück verdankt er Konkubinen. Wie die Richterin übt Karl, der später Heiliggesprochene, sein Ordnungsamt auf dem Boden von Mord und Leidenschaft aus; doch im Unterschied zu ihr entzieht er sich – wie Papst Leo III – dem Gericht. So entsteht unanfechtbare Autorität (»wie ein Cherub«, 174) auf schwankendem Boden, während eine harmlose Schüler-»Faxe« (die Parodie der Disputationen) als »gottlose[s] Spiel« (164) verurteilt wird. Der Ort, wo »menschliche

Schuld [...] ihre Höhlen und Schlupfwinkel« (173) findet, scheint somit nicht auf Rätien, dem Amtsbezirk der Richterin, begrenzt zu sein.

Dem Anschein nach enthält Meyers Geschichte eine ›moralische Erzählung‹ in der Art des 18. Jh.s, die einen Zusammenhang zwischen früher Schuld und später Sühne knüpft. Dem Deutungshinweis ihres Autors folgend, erkannte man hier die Arbeit des Gewissens, das sich gegen alle Beschwichtigungen und Tarnungen zuletzt doch erfolgreich durchsetzt. Nun steht diese moralische Lesart insofern auf schwachen Füßen, als der anfängliche Mord mit anderen Gewalttaten im Zusammenhang steht und einen Bezirk definiert, den der Gelehrte Alcuin als »ein beirrendes Netz verstrickter Täler [kennzeichnet], das die Fabel mit ihren zweifelhaften Gestalten und luftigen Schrecken bevölkert. Hier ringelt sich die Schlangenkönigin, wie verlockt von einer Schale Milch, einem blanken Wasser zu, gegenüber, aus einem finstern Borne, taucht die Fei und wehklagt« (173). Individuelle, ethisch-rationale Verantwortung hat in dieser mythischen Welt, wie sie Alcuin, der »Abgrund des Wissens«, zeichnet, keinen Platz; und diejenigen, die sie verkünden, wie Kaiser und Papst, scheren sich wenig darum. So steht der Maßstab der Erzählung von Anfang an zur Disposition.

Stemma, die Richterin, ist keine Marionette des Gewissens, das Herrscher wie Karl oder Leo anderen Menschen einreden. Vom schwächlichen Liebhaber nicht ins Leben gerettet, vom rohen Vater einem Fremden »zugeschleudert«, vom gewaltsamen Ehemann in Besitz genommen, unterscheidet sich Stemmas nur drei Tage dauernde Ehe kaum vom Eheleben der »Lady Macbeth aus dem Landkreis Mzensk« (Leskow) oder Anna Kareninas. Dass sich die rätische Sechzehnjährige anders verhält als der »Backfisch« Effi, liegt vielleicht an der ererbten Gewalttätigkeit (vgl., 190), gewiss aber an der funktionalen Differenz zwischen ihrer Burg Malmort und Briests Herrenhaus Hohen-Cremmen. Gemeinsam ist den weiblichen Figuren das **Los der** »**Gezwungenen und Entwürdigten**« (194; vgl. auch Anzengrubers *Viertes Gebot*).

Die Novelle handelt von drei **Typen der Beziehung zwischen Frau und Mann:**

- Die Geschichte zwischen Stemma und Peregrin thematisiert das Motiv der Liebe zwischen Menschen unterschiedlichen Standes;
- die kurze Ehe zwischen Stemma und dem Comes vergegenwärtigt das Bild der konventionellen (Zwangs-)Ehe;
- und das Verhältnis zwischen den scheinbaren Geschwistern Palma und Wulfrin veranschaulicht die Gewalt einer Leidenschaft, die alle Fesseln zu sprengen bereit ist.

Hinzu kommen weitere Paare, die den Kreis scheiternder Beziehungen ausdehnen: Faustina zumal, dann auch die Vorgeschichte der Eltern des außerehelich geborenen Graciosus, und schließlich Karls Liebschaften. An Stemmas Geschick zeigt sich, dass die üblichen Liebeleien und Ehen wenig taugen; entweder sind die Männer als Liebhaber schwächlich und feige oder als Ehegatten brünstig, brutal und betrunken. Vor diesem negativen Hintergrund könnte sich die ›Geschwisterliebe‹ als Idealbeziehung abheben (wie in Wagners *Ring*), wäre sie nicht institutionell tabuisiert. Das heißt, eigentlich nimmt nur Wulfrin ihre Normenwidrigkeit wahr, während Palma sich rücksichtslos der Bruderliebe hingibt. Der Schwester kommt das Frevelhafte überhaupt nicht in den Sinn. Wenn sie im Wissen um die wahre Vorgeschichte der Mutter hinsieht, statt befreit aufzujubeln, so zeigt sie nochmals, wie wenig ihr die

Geschwisterliebe zum Problem geworden war und wie sehr sie nur fürchtet, der Bruder werde die Tochter der Vatermörderin verschmähen (Wünsch 2000).

Als analytische Erzählung gestaltet die Novelle ihren **Weg zu den Tatsachen mit Hilfe von Zeichen,** die immer besser anzeigen, wie es sich eigentlich verhält (Geppert 1994). Die ins Auge fallenden Zeichen der Novelle sind Becher und Horn. Sie spielen als Requisiten eine Rolle, deren Hantierung den Gang der Handlung bestimmt; sie fungieren als Abbilder, die Verborgenes, aber Ähnliches widerspiegeln; sie repräsentieren andere, ferne und doch maßgebende Welten und üben eine indexikalische, anzeigende Kraft aus.

- Als Requisiten verkörpert ihr Besitz oder Verlust den wechselnden Abstand zur wahren Wirklichkeit,
- als Abbilder spiegeln sie einen Schöpfungszustand, der bereits »in Mann und Weib [...] auseinanderging« (205) und nun nach Wiedervereinigung drängt (vgl. von Matt 1980),
- als prähistorische Relikte erinnern sie an die mythischen Schichten über wie unter dem festen Erdboden,
- und als Signale führen sie Wahrheit, Stemmas wahres Bekenntnis, herbei.

Horn und Becher stammen aus dem Märchen und wirken märchenhaft prompt; dennoch sind sie keine Zaubermittel, die endgültig die wahre Wirklichkeit herstellen. Nach der Gerichtsszene, die den ›Fall‹ öffentlich löst, bleibt der Schluss, die finale Wirklichkeit, insofern noch offen, als sich Wulfrin einer (Kriegs-)Probe unterziehen muss. Natürlich spricht alles dafür, dass ihm diese Prüfung gelingen wird; dennoch versagt sich die Geschichte die Zur-Schau-Stellung des glücklichen Finales (vgl. Fontanes *Vor dem Sturm*). Palma und Wulfrin bleiben Ausnahmen innerhalb einer Welt, in der die obersten Richter immun ihr Amt ausüben und eine Ordnung herstellen, die ihr eigenes Tun verdeckt. Das sind die **Bilanzen dieses Realismus.**

5.11 Berührungen mit dem Naturalismus: Ferdinand von Saars *Die Troglodytin*

Mit hohen Erwartungen hatte sich der frühe Realismus dem alltäglichen Leben als einem verkannten poetischen Stoff zugewandt. Bald musste er entdecken, dass es nicht genügt, das bislang Vernachlässigte in den Blick zu rücken, sondern dass trotz der willkommenen Eröffnung eines natürlichen, lebensvollen und auch konfliktreichen Neulands eine ideelle Durchdringung notwendig wurde. Das, was die Realisten sahen, entsprach nicht dem, was sie erwarteten. Das hatte erhebliche Folgen für die Ausbildung ihres Wirklichkeitsbegriffs, den Entwurf eines **Seh-, Wahrnehmungs- und Erfahrungskonzepts** sowie die Gewichtung normativer Rahmenbedingungen. Es konnte nicht ausbleiben, dass die aufgesuchte autonome Wirklichkeit bei den vielfältigen ›Nachhilfen‹, die sie sich gefallen lassen musste, nicht nur ›stillhielt‹, sondern auch ›reagierte‹, sich gerade wegen dieser eigentümlichen realistischen ›Übergriffe‹ zur Wehr setzte oder sich zu entziehen begann. Schon der grüne Heinrich konnte erfahren, was passiert, wenn ein Jüngling zu keck der freien Natur mit **rigorosen Nachahmungsabsichten** auf den Leib rückt. Sichtbar wurde dabei zunehmend, dass Vieles, was ursprünglich vielleicht als aufklärende oder verklärende, in jedem Fall aber intensivierende Widerspiegelung gemeint war, immer deutlicher Züge des Entwurfs, der subjektiven Herstellung von bevorzugter oder erwarteter Wirklichkeit annahm, ja geradezu **Wirklichkeitsfiktion** wurde, die in den Verdacht geriet, die ›eigentliche‹ Wirklichkeit zu vernachlässigen oder gar zu deformieren. Ideale der Wirklichkeitsgestaltung verkehrten sich so zu Quellen der Störung, wenn nicht gar der Vernichtung des realistischen Projekts.

Auf die Dauer konnte es den Realisten nicht entgangen sein, dass ihre Beschreibungen gerade dann am ›objektivsten‹ ausfielen, wenn sie die subjektiven, und das heißt auch deformierenden Quellen der Wirklichkeitsdarstellung offenlegten. Das zeigte sich schon an Ludwigs *Zwischen Himmel und Erde*, wo aber die subjektiv verantwortete Verzerrung von Wahrnehmung noch durch die Richtigstellung eines auktorialen Erzählers ausgeglichen werden konnte. Im weiteren Verlauf der realistischen Erzählkunst erhöht sich aber der **Anteil der gebrochenen bzw. gestörten Perspektive.** Der Anspruch, zu zeigen wie es sich eigentlich verhält, muss dabei nicht verloren gehen; erst wenn die beeinträchtigte Perspektive so angelegt ist, dass eine Entscheidung über ihre Zuverlässigkeit (Todorov 1975) unmöglich wird, beginnt das Phantastische der Moderne. Die Inszenierung der gebrochenen oder projizierenden Perspektive mit allen verzerrenden Folgen gehört noch ins Muster des Realismus, auch wenn die dargestellte Welt immer befremdlicher und ihre Verklärung definitiv unmöglich wird. Das zeigt sich z. B. an Ferdinand von Saars (1833–1906) ›Erinnerungsnovelle‹ *Die Troglodytin*, der dritten und letzten Erzählung im Band *Schicksale* (1889), der seinerseits zum Großprojekt der *Novellen aus Österreich* gehört.

Zeit und Ort der erinnerten Geschichte sind so gewählt, dass das **Krisenhafte der Situation** und des Geschehens deutlich wird. Nicht ein Lebensbild wird sichtbar, sondern Spuren, die einen Prozess der kritischen Wandlung anzeigen. Die Handlung spielt kurz vor und während des deutsch-österreichischen Krieges von 1866 in der Nähe eines mährischen Adelssitzes und eines Marktfleckens. Soziale, politische und wirtschaftliche Spannungen machen sich allenthalben geltend: Das Gut ist noch habsburgischer Feudalbesitz, die Gemeinde des nahen Ortes (mit Bezirksgericht) bereits autonom und mehrheitlich slawisch. Die angesiedelte Industrie (Hütten- und Eisenwerke) bringt ein Landproletariat hervor und bewirkt die Verelendung weiter Teile der Bevölkerung (Armut, Wohnungsnot, Alkoholismus, Kriminalität). Der Solidarpakt der Besitzenden (quer durch die teils deutsche, teils slawische Bevölkerung) kennt nur den rücksichtslos vorgehenden Apparat der Besitzsicherung bzw. Ausbeutung; das heißt, das Räderwerk der Ahndung und Bestrafung funktioniert, nicht aber die Einrichtungen für Vorbeugung bzw. Resozialisierung. Dadurch entsteht eine Spirale der Diskriminierung, die jedoch ihre Wirkung nicht etwa sich selbst, sondern einem Naturgesetz zuschreibt.

Das zeigt sich an der **Kettenreaktion der sozialen Stigmatisierung,** die aus der Maria (Maruschka) Kratochwil eine ›geborene‹ Troglodytin macht; das heißt, aus einem Menschen der Gegenwart eine Höhlen-Bewohnerin der Vorzeit, die weder im adligen Schloss, noch im bürgerlichen Haus, weder in der alten imperialen, noch in der modernen autonom nationalen Gesellschaft Platz findet und doch unter spezifisch modernen Bedingungen aufwächst. Dem Prinzip der hergestellten, herbeigeführten Wirklichkeit entspricht die subjektive Perspektive des Ich-Erzählers Pernett, der sich an eine »Geschichte« erinnert, die er selbst »erlebt« und deren Erinnerung ihn »noch heute ganz eigentümlich« ergreift (SW IX, 121). Als Ordnungshüter, er ist ein Forstadjunkt, müsste er sich eigentlich um objektive Beobachtung, vielleicht sogar um mitfühlende bzw. besorgt verantwortungsvolle Teilnahme bemühen. Stattdessen verstrickt er sich in die eigenen sexuellen Phantasien (in Saars Darstellung kommt die mögliche Freundlichkeit gegenüber Marie nur im Verhalten des Hundes Stop zum Ausdruck) und versagt unter dem Eindruck seiner panischen Reaktionen, wo immer er Marie begegnet. Wie Raabes Albrecht (*Die Innerste*) ist er unfähig, das Netz der erniedrigenden Bezichtigungen und tödlichen Verleumdungen zu zerreißen; wie in Fontanes *Grete Minde* führt das, was als Ordnung gilt, nämlich bequeme, d. h. de facto ungerechte Rechtsprechung (hier die Verurteilung zur Zwangsarbeit) in die Brandkatastrophe. Arbeit, ehemals die optimistische Signatur am Wirklichkeitsbau des Realismus, verkehrt sich zur destruktiven Kraft, die den Menschen in ein urzeitliches Zwangslager zurückwirft, aus dem er körperlich und geistig deformiert nur zum eigenen und allgemeinen Unheil entlassen wird (vgl. Boehringer 2006).

Die Rahmenbedingungen für die folgenreich **verzerrenden Wahrnehmungen** finden sich schon früh gesteckt. Zur Dienstaufgabe des Erzähler, der freimütig seine Neigung zum »Umgang mit angenehmen Frauenzimmern« eingesteht, gehört die Beaufsichtigung der Tagelöhnerinnen, das sind die »Weiber und Töchter« aus jenem »ländliche[n] Proletariat«, das die »herrschaftlichen Industrien« (122) geschaffen haben. Hier begegnet ihm eine andere, von Anfang an als gefährlich empfundene Welt.

> »Sie hatten durchaus nichts Plumpes und Ungeschlachtes an sich, vielmehr waren die meisten schlanke, zierliche Gestalten mit wohlgeformten Händen und Füßen, und was man auch gegen die Gesichter einwenden konnte, schöne Augen hatten sie fast alle und wußten davon auch ausgiebig Gebrauch zu machen. Dabei waren sie träg und nachlässig, naschhaft und diebisch – und auch sonst zu jedem Unfug aufgelegt. Weh' dem, der sich mit einer von ihnen leichtfertig eingelassen hätte; er wäre unrettbar in die Verlotterung mit hineingezogen worden.« (122)

Die Stelle ist ein Muster für den neuartigen ›Zusammenhang der Dinge‹, dessen Entwicklung zur Hauptaufgabe des Realismus seit seinem Anfang gehört, so aber nicht gemeint war. Im Zusammenhang stehen hier wirtschaftlicher Fortschritt und soziale Verelendung, weibliche Natur und männliche Einschätzung, liberales Begehren und bürgerliche Angst, ›strenge‹ **Beobachtung** und ›gierige‹ **Projektion**. Der Beobachter befindet sich in einer doppelten Zwangslage, insofern er sich gegenüber dem »verführerischen Völklein«, das er für »willfährige Sklavinnen« hält, »zu einem trostlosen Zölibat« (122) verurteilt sieht und doch die Frauen als »Teufelinnen« (123) fürchtet. Diese Erfahrung bestimmt seine Wahrnehmung, so dass er, wenn immer er die Maruschka sieht, zwiespältig reagiert: »Sie erwiderte nichts, sah mich aber mit einem Blick an, der mir das Blut sieden machte – und mich doch gleichzeitig derart empörte, daß ich mit ungeheuchelter Entrüstung ausrief: ›Du bist ein schamloses Ding! [...]‹« (136 f.). Und so auch später: »[...] trotz allen Ekels und Abscheus, trotz der Furcht, die ich jetzt vor ihr empfand, fühlte ich doch eine plötzliche Wallung des Blutes, meine Sinne drohten sich zu verwirren; ich befand mich in einer entsetzlichen Lage ...« (159).

Der sich erinnernde Beobachter erweist sich als Zeitgenosse der naturalistischen Moderne, wenn er das weitere Geschehen, insbesondere das Scheitern seiner ›resozialisierenden‹ Bemühungen um Maruschka, mit den »physischen Gesetzen« (140) der Degeneration erklärt. Dem Realismus verbunden bleibt der Text aber insofern, als er den Zusammenhang dieser Sicht mit den erfahrungsbedingten Wahrnehmungsweisen (Begehren, Enttäuschung, Neid) herstellt. »Aber wissen Sie, Pernett«, hält ihm sein

Vorgesetzter bei anderer Gelegenheit vor, »daß wir eigentlich in die Geschichte mit verwickelt sind« (148). ›Verwickelt‹ ist der Erzähler auch insofern, als er von der heimlich Begehrten und doch mannigfach Diskriminierten ernsthaft geliebt wird. Wie in Kellers Meretlein-Geschichte (*Der grüne Heinrich*), Stifters *Waldbrunnen*, Storms *Renate* oder Ebner-Eschenbachs *Das Schädliche* geht es um das **Handlungs- und Wahrnehmungsvermögen eines Ordnungshüters** gegenüber einem ›wilden‹ Leben. Pernett versagt und empfindet angesichts des Zusammenhangs gegensätzlicher Momente bereits jenes »unsägliche(s) Grauen« (154), das seine Geschichte in die Nähe der ›Jahrhundertwende‹ rückt. Figuren, die in dieser Welt hausen, werden oft bis zur »Unkenntlichkeit« (160) entstellt und erreichen eine Form der Wirklichkeit, die der Realismus, eigentlich auf Wiedererkennbarkeit eingestellt, nur unter Anstrengung inszenieren kann.

IV. Drama und Theater

1. Drama zwischen Klassik und Moderne

1.1 Profil und Stellung des Dramas im Horizont der realistischen Theorie

Es sind fast ausschließlich Eigenarten der Erzählprosa, die das literaturgeschichtliche Profil der Realismus-Epoche geprägt haben. Dabei spielte im 19. Jh. gerade das Drama bei der Verständigung der Ästhetiker und Kritiker (Vischer, Hettner, Freytag u. a.) über Möglichkeiten einer zeitgemäßen, repräsentativen und neuen ›klassischen‹ Literatur eine herausragende Rolle. Solche Überlegungen passten durchaus ins Selbstverständnis der realistischen Programmatiker, galt doch das **Drama als höchste Literaturform**, so dass sich alle Neuerungen bzw. grundsätzlichen Debatten unter besonderer Berücksichtigung dieser Gattung bewähren mussten (vgl. Schanze 1971 u. 1973; Bucher 1976; Schönert 1979).

Es gibt durchaus **bedeutende Dramen**, die zur Zeit des Realismus entstanden sind und aufgeführt wurden; doch gelten sie nicht unbedingt als realistische Werke (vgl. die späteren Dramen Friedrich Hebbels und Richard Wagners). Wo hingegen seinerzeit berühmte Beispiele für ein spezifisch realistisches Drama begegnen (z. B. Otto Ludwigs *Der Erbförster*, Gustav Freytags *Die Journalisten*), handelt es sich nach literaturgeschichtlicher Wertung um gescheiterte Versuche, die nicht erinnernswert sind (vgl. Martini ⁴1981, 206). Wo dagegen Dramen als ›realistische‹ gelingen (z. B. Ludwig Anzengrubers *Der Meineidbauer* und *Das vierte Gebot* oder schon Büchners Dramen und viele Possen Nestroys, z. B. *Zu ebener Erde und erster Stock*), werden nach geltender Regelung ihre modernen Züge (offene Form, Episierung, Bilderdramaturgie) hervorgehoben, und das heißt, dass hier nicht mehr Bedingungen des Realismus, sondern des Naturalismus und anderer nach- bzw. vorrealistischer Phasen zur Geltung kommen. Schließlich gibt es noch die Gruppe jener Dramen des Realismus, die eigentlich mehr Aufmerksamkeit verdienten und doch bislang ein Schattendasein in Literaturgeschichten führen (z. B. die restaurationskritischen Revolutionsdramen Karl Griepenkerls).

Theatergeschichtlich prägend ist hingegen die Fülle der ›berühmten‹, viel gespielten und lebhaft diskutierten **Dramen neben dem bzw. gegen den Realismus** (vgl. Albert Emil Brachvogels *Narciß*, Salomon Mosenthals *Deborah*, die Dramen Friedrich Halms, Robert Hamerlings, Paul Heyses, Emanuel Geibels, Rudolf Gottschalls, Julius Grosses und vor allem Ernst von Wildenbruchs). Sie bevorzugen antike oder historisch-nationale Stoffe und reproduzieren klassizistische Formen (Ernst von Wildenbruch verstand sich als der moderne Kleist); literaturgeschichtlich gesehen zählen sie zur epigonalen Literatur und fallen aus dem realistischen Paradigma heraus. Auch Marie von Ebner-Eschenbach und Ferdinand von Saar, die berühmtesten österreichischen Realisten an der Schwelle zur Moderne, versuchten sich – doch ohne Erfolg – in diesem Genre; berühmt sind sie für ihr Erzählwerk. Bühnengeschichtlich relevant sind auch die Schauspiele von Charlotte Birch-Pfeiffer, erfolgreiche Komödien, Rührstücke, zum Teil dramatische Adaptionen berühmter Romane (z. B. Ch.

Brontës *Jane Eyre*); ihr Werk galt lange als vernachlässigenswerte, am Fließband hergestellte Unterhaltungsware und wird erst neuerdings in seiner dramatischen Eigenart (Fortführung der commedia dell'arte-Tradition) und unter Berücksichtigung der Arbeitsbedingungen (Zensurüberwachung) ernsthaft erkundet (vgl. Pargner 1998; Stipriaan Pritchett 2005).

Fast alle bedeutenden Realisten – Keller, Fontane, Meyer – wollten Dramen schreiben. Ihre Versuche blieben in der Schublade (Kellers *Therese*), wurden abgebrochen (Fontanes *Karl Stuart*) oder nie in Angriff genommen (Meyer). Sie gaben ihre dramatischen Ambitionen auf oder verlagerten sie auf die Erzählprosa. Hier liegt ein Grund für die oft dramenähnliche Struktur ihrer Werke (›pyramidale‹ Verlaufsform nach dem Muster des ›geschlossenen Dramas‹, szenisches Erzählen). Friedrich Spielhagens Romantheorie, eine weit über seine Zeit hinaus geltende Lehre, läuft in seiner Verdrängung des auktorialen Erzählers und der Proklamation eines narrativen Objektivitätsideals auf die **Dramatisierung des Epischen** hinaus (vgl. Kap. III.1.3).

Genauer besehen spielen Theorie und Praxis des Dramas in der zweiten Jahrhunderthälfte eine nicht zu unterschätzende Rolle bei der **Konsolidierung einer neuen, zeitgemäßen Literatur zwischen Klassik und Moderne.** An diesem Projekt ist das realistische Programm wesentlich beteiligt, weil es ausdrücklich zwischen alten, d. h. idealistischen, und neuen, materialistischen Tendenzen vermitteln will. Wenn der Realismus, beflügelt durch die freiere Erzählkunst, im weiteren literaturkritischen und literaturgeschichtlichen Diskussionsverlauf das Drama aus dem Auge verliert, sollte sein ursprüngliches Interesse an der Modernisierbarkeit der dramatischen Form nicht außer Acht gelassen werden.

Wer von den allgemeinen Voraussetzungen des Realismus ausgeht, von den politischen, philosophischen und wissenschaftlichen Grundlagen der Epoche, kann eine Reihe von Verbindungen entdecken, die auf eine **fruchtbare Beziehung zwischen realistischer Epochenlage und normativer Dramenpoetik** hinweisen.

- Wenn es Aufgabe des Dramas ist, **fundamentale Konflikte und Kollisionen** vor Augen zu führen, so bietet ihm der moderne Historismus einen schier unerschöpflichen Steinbruch für vergangene, aber gegenwartsrelevante Streitfälle mit ihren düsteren Katastrophenszenarien und zukunftsweisenden Lösungsmodellen.
- Wenn die ›klassische‹ Gattungspoetik dem Drama vorschreibt, solche Handlungen darzustellen, die **entscheidend und notwendig** sind, so bietet die Politikgeschichte der zweiten Jahrhunderthälfte mit ihren historischen Geboten und realpolitischen Sachzwängen genügend Anlässe für die Konstruktion aktueller dramatischer Spannungsbögen.
- Wenn das ›klassisch-idealistische‹ Drama durch sein fundamentales und metaphysisches Interesse an den **Bedingungen für autonomes Handeln** charakterisiert ist, so begegnet ihm in der neuen, gegenwärtigen Welt durchaus ein zwar anderes, aber doch vergleichbares ›System‹ von Ordnungen, Kräften und Zwängen: Realpolitik als ›System‹ für zweckrationale und relativistische Konstruktionen, die Handlungen von bedeutendem Ausmaß bedingen, unvermeidbare Konflikte herbeiführen und aporetische Lösungen zur Folge haben. Anders gewendet: das Ende des idealistischen Systems ist kein Ende der Systeme überhaupt, sondern legt das **dramatische Potential der neuen nachidealistischen Systeme** erst frei. Auch sie bilden einen geschlossenen, nunmehr immanenten Raum, wo das autonome Handeln von Subjekten in Frage gestellt und Kollisionen herbeigeführt werden,

die das Individuum im Schnittpunkt der Ansprüche differenter Systeme herausfordern bzw. aufreiben.

▪ Zwar setzt das klassische Drama jenes autonome Subjekt voraus, das der moderne Positivismus in Frage stellt (›Entsubjektivierung‹). Doch führt gerade das **positivistische Prinzip der experimentellen Erkenntnisgewinnung** erneut zur Exponierung von Figuren im ›geschlossenen Raum‹. Das sind quasi-dramatische Inszenierungen zum Zweck der Beobachtung unter ›streng‹ kontrolliertem Einfluss. So entsteht eine eminent dramatische Situation mit markanten Spannungsbögen.

▪ Auch die **Kategorie der Notwendigkeit** erfährt durch das positivistische Kausalitätsdenken eine eigenartige und sogar verschärfende Wendung. Denn die neuen Begriffe des Zufalls und der determinierenden Gesetze sollen ja Handlungen nicht überflüssig machen, sondern sie besser vorbereiten.

▪ Die immanente Anthropologie Feuerbachs scheint dem klassischen Drama die wesentliche, metaphysische Grundlage zu entziehen. Könnte sie aber nicht auch eine Belebung bzw. Neumotivierung der längst erstarrten **Lehre von den drei Einheiten** bewirken, insofern nun wirklich alles – auch die dramatische Versöhnung – im Hier und Jetzt entschieden werden müsste?

Die Grundlagen des Realismus enthalten wesentliche Impulse auch für das erhoffte neue Drama; dies gilt insbesondere dann, wenn dem Drama die Aufgabe zuerkannt wird, »fundamentale Weltzusammenhänge« zu erhellen (McInnes in BRuG, 345).

Trotz solcher günstiger Voraussetzungen gelang es den ›realistischen‹ Dramatikern wie Otto Ludwig oder Gustav Freytag nicht, ihrem Werk ein neues, geschweige denn realistisches Profil zu verleihen. Die Geschichte des Dramas zwischen Klassik und Moderne fällt weitgehend mit der **Geschichte seines Scheiterns** in Theorie und Praxis zusammen. Schon die realistischen Programmatiker führten den Aspekt des Scheiterns in die Diskussion um eine neue dramatische Kunst ein. Sie haben sich damit wohl selbst geschadet, weil ihre Diagnosen nicht stimmten, ihre Therapievorschläge fehlgriffen und ihre Erwartungen zu hochgestochen ausfielen. Beklagt wurde die politische Instrumentalisierung und die sie unterstützende rhetorische Form. Aus realistischer Sicht war es geboten, alle, insbesondere einem politischen Zweck dienenden Literaturformen zurückzudrängen und erneut, aber im Rahmen des realistisch akzeptierten Wirklichkeitsbildes die Autonomie der Kunst zu fördern. Ähnliches gilt für die Modifizierung der idealistisch-klassizistischen Tradition. Idealistisch-utopische Visionen von Freiheit und Selbstbestimmung werden auf das realistische Maß einer greifbaren Zukunftsperspektive zugeschnitten und mit historisch akzeptablen Begriffen (Nation, Volk, Größe) versetzt. Nach altem Maß Unmögliches wird nach neuem Maß nationalpolitisch möglich, und umgekehrt werden ehemals revolutionäre Möglichkeiten (z. B. Gleichheit) unter gewandelten Verhältnissen nunmehr zu Unmöglichkeiten.

Auffallend ist, wie schematisch die gattungstheoretische und literaturkritische Diskussion verläuft. Nicht das Neue wird energisch gesucht, sondern der **Anschluss an das Vertraute** betrieben. Der Roman, so heißt es zum Beispiel, sei grundsätzlich episodisch strukturiert, und das Drama stehe immer unter dem Gebot der Einheit und Geschlossenheit. Das wird als gegeben vorausgesetzt und bestimmt die Folgerungen: Wenn die gegenwärtige Zeit durch auseinander driftende und sich durchkreuzende Tendenzen gekennzeichnet ist, dann versteht es sich nahezu von selbst, dass der Roman ein ›bequemeres Gefäß‹ für diese auseinander fallenden Inhalte ist als das Drama (vgl. Prutz 1851 in TbR, 277). Die Realisten halten es für unmöglich, eine Welt, die immer unübersichtlicher wird, nach dem Gebot der traditionellen Dramenlehre im engsten Raum auf einen ursächlichen Zusammenhang reduzieren und komprimieren zu können (vgl. Ludwig 1865 in: TbR, 289). Alternative dramatische Formen ziehen sie nicht in Erwägung, doch auf die komplexe Welt verzichten wollen sie ebensowenig. Und so kommt es insbesondere im Umkreis der Dramendiskussion zu den vermittelnden Konzepten; demnach geht es um einen »Kompromiß zwischen der Wirklichkeit der Dinge und dem Wunsche des Menschen, wie sie sein möchten« (Ludwig in TbR, 289), oder um eine ›durchgeistigte Naturwahrheit‹ (Gottschall in: TbR, 286), womit immer eine **kompensatorische Zurichtung der Wirklichkeit** gemeint ist, um sie der starren Dramenform gefügig zu machen.

Auch oder gerade in der Debatte um das neue Drama spielt der **Begriff der Objektivität** eine Schlüsselrolle (Prutz 1851 in TbR, 280; Ludwig in TbR, 289). Er meint – wie in der Epik (vgl. Spielhagens Theorie; Kap. II.3.5) – das spurenlose Verschwinden des Dramatikers, d. h. seiner Überzeugungen hinter seinem Werk; denn jede Form seines Mitsprechens im Medium einer Rolle bedeutet ›Tendenz‹, ›Rhetorik‹ und ›Pathos‹; das alles gilt als Eingriff von außen, den der Realismus im Kampf gegen die Vormärz-Literatur unter Bann gestellt hatte. Das geforderte ›Verschwinden‹ verlangt jedoch kein absolutes Verstummen, sondern nur ein besonderes Geschick, sich hinter den dramatischen Figuren bedeckt zu halten. Es gilt, das Gemeinte, d. h. die gebilligte ›Tendenz‹, im organischen Zusammenhang mit den Charakteren und ihren Handlungen zu entwickeln; so nur könne der Anschein entstehen, dass sich alles auf natürliche Weise und von selbst ergebe bzw. so erklären lasse. Deshalb ist die ›**psychologische**‹ **Differenzierung der Charaktere** so wichtig, weil sonst die Figuren bloße Allegorien bleiben. Allegorien gelten als ›tote Masken‹, die plakativ verkörpern, was der Autor will. Realismus und Allegorienkunst vertragen sich offenbar schlecht; daraus folgt jedoch nicht unbedingt, dass sie sich strikt ausschließen. Wenn die neuere Forschung in den ›klassischen‹ Werken des Realismus einen Anstieg allegorisierender Verfahren beobachtet, so ergibt ihr Befund trotzdem keine Zunahme von ›Tendenz‹ und ›Pathos‹.

Auch für Friedrich Theodor Vischer **tritt das ›moderne‹ Drama »mitten in die Bedingungen der Realität«** ein (Vischer 1857 in TbR, 287). Das heißt, Wunder und Schicksal als transzendente Kräfte sind in der immanent definierten Welt ausgeschlossen. Alle Handlungen sollen sich aus den Bedingungen des Charakters als »Ausdruck der Freiheit, des entschiedenen Wollens« entwickeln. Die Forderung nach einem autonomen Subjekt hat zur Folge, dass die Charaktere revolutionär und radikal sein müssen. Die Welt, in der sie handeln, gewinnt dadurch an »Fülle und Tiefe«. Das bedeutet, dass gerade das moderne Drama dem alten Einheitsgebot nicht gerecht werden kann und komplexere Strukturen – Vischer nennt sie »Polymythie« (ebd., 288) – entwickeln muss.

Wo die Dramatiker auf **Einheit und Geschlossenheit** im klassizistischen Verständnis beharren, versteifen sich ihre dramatischen Spiele zu propagandaartigen Demonstrationen ihrer klassizistisch-epigonalen Gesinnung. Zwar soll das »Große« in der Geschichte erkannt und nicht in sie hineingelegt werden, aber dieses Erkennen ist bereits darauf verpflichtet, entweder »alles Zufällige als nothwendig« zu begreifen oder es als »nichtig« zu verwerfen (Eckardt 1858 in RuG II, 430). Die ›weltgeschichtliche und poetische Wahrheit‹ hat dann nichts mit der ›geschichtlichen Treue‹ zu tun, die als spießbürgerliche Haltung sogar diskriminiert wird. Das geschichtliche Drama muss »die Aussicht auf die waltende höchste Gerechtigkeit nahe heranbringen [...] und die Versöhnung, die in der Geschichte oft erst spät erkennbar eintritt, vorwegnehmen und mit ihr den Schluß seines Werkes verklären« (ebd., 431). ›Realismus‹ heißt jetzt, **ideologische Versatzstücke lebendig zu veranschaulichen.** Das ist eine Grundformel, die nicht nur für das 19. Jh. gilt und den Begriff des Realismus in Verruf bringt.

1.2 Gustav Freytags *Technik des Dramas* und ihre Bedeutung für den Realismus

Das beste Beispiel für das Versagen vor der **Aufgabe, Drama und Realismus zu verknüpfen,** ist Gustav Freytags Lehrbuch von der *Technik des Dramas*. In fast mutwilliger Weise ignoriert es alle Möglichkeiten der wechselseitigen Förderung und versteift sich auf eine Strategie der Absonderung. Demnach ist nur vom »Drama hohen Stils« die Rede, schon das ›Schauspiel‹ wird an den Rand des Interesses gedrängt und die Komödie als »noch kaum auf der Bühne lebendig geworden« (Freytag: *Technik*, 508) abgetan. Zwar soll es nur um die »Technik« des Dramas gehen (vgl. von Matt 1976), doch stehen dabei schon die fortgeschrittensten Kunstmittel und Regeln zur Diskussion, meldet sich doch ein ›Fortschrittler‹ zu Wort, der über die Entwicklung der dramatischen Form Rechenschaft ablegen will.

Freytags produktionsästhetischer Ansatz steht dem **realistischen Prinzip der Wirklichkeitsbearbeitung** nahe und verrät bereits in den ersten Formulierungen den typischen Widerspruch dieses Zugangs:

> »In der Seele des Dichters gestaltet sich das Drama allmählich aus dem rohen Stoff, dem Bericht über irgend etwas Geschehenes. Zuerst treten einzelne Momente: innerer Kampf und Entschluß eines Menschen, eine folgenschwere Tat, Zusammenstoß zweier Charaktere, Gegensatz eines Helden gegen seine Umgebung, so lebhaft aus dem Zusammenhange mit andern Ereignissen heraus, daß sie Veranlassung zur Umbildung des Stoffes werden.« (Freytag: *Technik*, 515)

Dem Titel nach geht es um eine »Technik des Dramas«; die einleitende Formulierung hingegen rückt das Drama selbst in die Subjektposition und spricht ihm im spezifischen Kontext (»Seele des Dichters«) eine **eigene Entwicklungsdynamik** zu. Einerseits ist vom rohen Stoff die Rede, so dass ein direkter Wirklichkeitsbezug unterstellt werden kann, andererseits erscheint dieser Stoff bereits in fertiger, aber anonym gehaltener Berichtform. Noch wichtiger aber ist, dass einzelne, gewiss nicht beliebige, sondern eher entscheidende Momente von selbst aus diesem Bericht heraustreten und die Umbildung des Stoffes veranlassen sollen. Der ›Wirklichkeit‹, die im Grunde nur ein ›Bericht‹ ist, wird die Fähigkeit zugeschrieben, bestimmte Teile ihrer selbst »lebhaft« in Erscheinung treten und als Impuls für weitere Umbildungen wirken zu lassen. Mit solchen Formulierungen versucht der Realismus immer wieder, **die orientierende und steuernde Kraft der vermeintlich spontanen und objektiven Wirklichkeit** zu erweisen.

Im Anschluss an die Ausführungen über die »Umbildung des Stoffes heißt es weiter:

> »Diese Umbildung geht so vor sich, daß die lebhaft empfundene Hauptsache in ihrer die Menschenseele fesselnden, rührenden oder erschütternden Bedeutung aufgefaßt, von allem zufällig daran Hängenden losgelöst und mit einzelnen ergänzenden Erfin-

dungen in einen einheitlichen Zusammenhang von Ursache und Wirkung gebracht wird.« (ebd.)

Weder die ›Umbildungen‹ des Berichts, noch die ›Umbildungen‹, die für die Selektion (›Empfindung‹) der einzelnen Momente verantwortlich sind, werden als solche wahrgenommen. Erst in der dritten Bearbeitungsphase rücken intentionale, **vom Dichter ausgehende Handlungen** in den Vordergrund:

- das wirkungspsychologische Kalkül,
- die Absonderung des Kontingenten vom Notwendigen, mithin des Akzidentiellen vom Substantiellen,
- die zusätzliche Erfindung,
- die Herstellung eines Zusammenhangs, der die Bedingung des Einheitlichen erfüllt, und
- die Reduktion auf das Kausalitätsprinzip.

Diese Umbildung heißt ›Vergeistigung‹, später ›Idealisierung‹ (vgl. ebd., 522), und führt zum ›Poetischen‹. Im Sinn des realistischen Programms erleichtert diese Art des Umgangs mit ›Wirklichkeit‹ ihre Erkenntnis, denn alle Veränderungen sollen nur dem einen Zweck dienen, **das Verborgene, also Vorhandene, sichtbar zu machen.** In Freytags dramentechnischen Reflexionen spielt der Erkenntnisgesichtspunkt allerdings keine Rolle. Hier genügt anderes: »Dem Dichter ist das Höchste die schöne Wirkung der eigenen Erfindung, ihr zu Liebe wandelt er behaglich spielend den wirklichen Tatbestand« (519). Die gewollte und doch nicht wahrgenommene Selbstaushöhlung des realistischen Prinzips tritt an solchen Stellen besonders deutlich hervor. Als ›schöne Wirkung‹ gelten Rührung und Erschütterung. Ihren Einfluss empfand der Dichter schon bei seiner ersten Begegnung mit dem Stoff (Bericht); nunmehr ist es seine Aufgabe, die entscheidenden Momente des Stoffes so umzubilden,

> »daß er Taten und Untergang des Helden in vollständig begreiflichen und ergreifenden Zusammenhang bringt, und daß er sich das Wesen des Helden so umbildet, wie es für eine rührende und erschütternde Wirkung der Handlung wünschenswert ist.« (520)

So wird auf der einen Seite verlangt, dass der Stoff die Wirkungsbedingung bereits erfüllt, und auf der anderen Seite eingeräumt, dass erst der Dichter die wirkungsrelevanten Momente einführt. Zwar berücksichtigt Freytag den Faktor der »wirklichen Welt« bei der Beurteilung der Handlungswahrscheinlichkeit durch die ›Genießenden‹ (545), doch spielt er bei der Herbeiführung von Handlungswichtigkeit und Handlungsgröße keine Rolle. Aspekte des sozialen Lebens, sofern sie »unter dem Zwang epischer Verhältnisse« (554) stehen, werden ausdrücklich ausgeklammert, weil sie die fundamentale Voraussetzung jeder Tragödie, **die »innere Freiheit« des Helden,** in Frage stellen.

> »Deshalb sind solche Klassen der Gesellschaft, welche bis in unsere Zeit unter dem Zwang epischer Verhältnisse stehen, deren Leben vorzugsweise durch die Gewohnheiten ihres Kreises gerichtet wird, welche noch unter dem Druck solcher Zustände dahinsiechen, die der Hörer übersieht und als ein Unrecht verurteilt, solche endlich, welche nicht vorzugsweise befähigt sind, Empfindungen und Gedanken schöpferisch in Rede umzusetzen, zu Helden des Dramas nicht gut verwendbar, wie kräftig auch in diesen Naturen die Leidenschaft arbeite, wie naturwüchsig stark ihr Gefühl in einzelnen Stunden hervorbreche.« (554 f.)

Diese ablehnende Haltung ist nicht nur ein kurioses Überbleibsel aus der vergangenen klassizistischen Stiltrennungslehre, sondern **eine für Realisten typische Vergewisserung** über jene Wirklichkeit, die sie poetisieren wollen. Will man diesen Realismus nicht nur in Bausch und Bogen kritisieren, dann könnte man ihm zugestehen, dass seine Entdeckung der Wirklichkeit ein Rückzugsgefecht vor der gesehenen Wirklichkeit ist und dass er aus dieser Verlegenheit mit wechselndem Erfolg das Beste zu machen suchte.

> »Wenn vollends ein Dichter die Kunst dazu entwürdigen wollte, gesellschaftliche Verbildungen des wirklichen Lebens, Gewaltherrschaft der Reichen, die gequälte Lage Gedrückter, die Stellung der Armen, welche von der Gesellschaft fast nur Leiden empfangen, streitlustig und tendenzvoll zur Handlung eines Dramas zu verwerten, so würde er durch seine Arbeit wahrscheinlich die Teilnahme seiner Zuschauer lebhaft erregen, aber diese Teilnahme würde am Ende des Stückes in einer quälenden Verstimmung untergehen. Die Schilderung der Gemütsvorgänge eines gemeinen Verbrechers gehört in den Saal des Schwurgerichts, die Sorge um Besserung der armen und gedrückten Klassen soll ein wichtiger Teil unserer Arbeit im wirklichen Leben sein, die Muse der Kunst ist keine barmherzige Schwester.« (555)

Natürlich werden die Naturalisten an solchen Formulierungen Anstoß nehmen. Auch die Realisten reiben sich heftig an ihnen; das heißt aber nicht, dass sie das Gegenteil für ›richtig‹ halten. Gerade sie treten ja für die ›**Würde**‹ **der Kunst** ein, distanzieren sich von der üblichen, ›populären‹ Teilnahme der Zuschauer, meiden die quälende Verstimmtheit als Abschlusswirkung, suchen die spezifische ›Verhandlungsform‹ der Kunst einzuhalten und dispensieren sie von einer zwar moralisch korrekten, aber ästhetisch nicht zu verantwortenden Instrumentalisierung.

> »Der moderne Dichter hat dem Zuschauer die stolze Freude zu bereiten, daß die Welt, in welche er ihn einführt, durchaus den idealen Forderungen entspricht, welche Gemüt und Urteil der Hörer gegenüber den Ereignissen der Wirklichkeit erheben.« (573)

Die Formulierung ist eigentümlich, weil sie die »**idealen Forderungen**« **zum Maßstab über das Zumutbare von Wirklichkeit und Kunstwelt** erhebt. Aus einer ehemaligen Zukunftsvision, die mit vielen grundlegenden Veränderungen rechnete, ist hier ein fester ›Besitz‹ geworden. Keine Grundlage wird mehr in Frage gestellt, sondern ein Vorurteil von wahnhaftem Ausmaß anerkannt. Das ist der **Realismus von gestern** in einer seiner maßgeblichen Facetten. Die daneben zu beobachtenden Abwandlungen betreffen den Austausch bestimmter ›Positionen‹ in diesem Bescheid: Vor allem erweisen sich die »stolze Freude« und die »idealen Forderungen« als Leerstellen, die anders besetzt werden können. Sie werden aber keineswegs gelöscht. Erst wo die Sprache versagt und weder ›Betroffenheit‹ noch ›Kritik‹, weder ›ästhetische‹ noch ›rechtsstaatliche‹ Kriterien als Füllsel dienen, bricht der Realismus zusammen.

1.3 Illusionstechniken der Guckkastenbühne

Zur engsten **Berührung zwischen Prinzipien des Realismus und der dramatischen Gattung** kam es im Bereich der Aufführungspraxis. Rahmenbedingungen der Guckkastenbühne (vom Zuschauerraum getrennter Spielraum, dessen vierte Wand der bewegliche Vorhang bildet, mit wirklichkeitsähnlich bemaltem Prospekt und perspektivisch gezeichneten Kulissen, perfektionierte Theatermaschinerie) und Grundsätze des Illusionstheaters (Erzeugung von Räumlichkeit durch echte Dekoration und Requisiten, Lichtregie) entsprachen am ehesten dem Konzept einer wirklichkeitsnahen, lebensechten und detailgetreuen Literatur.

Die entscheidenden Anregungen zu einem realistischen Aufführungsstil gingen in vornaturalistischer Zeit von der **Meininger Theatergruppe** aus (vgl. Hahm 1970; Hoffmeier 1988; Osborne 1988). Es handelt sich hierbei um ein Gastspiel-Ensemble, das der historisch und archäologisch versierte, gleichermaßen kunst- wie theatergeschichtlich gebildete Herzog Georg II. von Sachen-Meiningen (1826–1914) gegründet hatte. Das zunächst für das eigene Schlosstheater angeworbene Personal trat nach intensiver Vorbereitung (ab 1866) seit 1874 an die Öffentlichkeit und gab im In- und Ausland weithin beachtete Gastspiele. Aufgeführt wurden mit wenigen Ausnahmen (z. B. Albert Lindners seinerzeit erfolgreiches Drama *Die Bluthochzeit oder Die Bartholomäusnacht* und Ernst von Wildenbruchs *Die Karolinger*) historische Stücke aus dem klassischen Repertoire (Schiller, Shakespeare, Kleist); das heißt, das zeitgenössische Drama, sofern es sich der Gegenwart zuwandte, wurde kaum aufgeführt und damit wenig gefördert (Ausnahme: Ludwigs *Erbförster*). Der Aufführungsstil der Meininger bewirkte eine grundlegende Theaterreform und bildet »eine ›*Summa*‹ des *realistisch-deutschspachigen Theaters*« (Kindermann 1965, 233).

Der Meiningersche Inszenierungsstil betraf alle Seiten des Theaterspiels: **Die ganze Ausstattung wurde realistisch umgeformt**: Die Bühnenarchitektur nahm dreidimensionale Züge an, der Bühnenapparat wurde technisch erneuert, Dekorationen, Kostüme und Requisiten waren ›echt‹ (abgesichert durch historische Recherchen), Licht und Ton (Geräusche) entsprachen der Wirklichkeit. Die Schauspieler vermieden den rhetorisch-deklamatorischen Vortrag und lernten das natürliche, situationsangepasste und psychologisch wahrscheinliche Sprechen. Nicht auf das isolierbare Virtuosentum des ›Stars‹ kam es an, sondern auf sein integriertes Mit- und Zusammenspiel im Ensemble. Alle Bewegungen erfolgten nach einem geradezu choreographisch angelegten Plan. Kein Schauspieler blieb auf offener Bühne ›unbeschäftigt‹; das stumme Spiel wurde konsequent entfaltet, jede Nebenrolle charakteristisch ausgebaut. Nicht der pathetische Ton dominierte, der doch nur langweilte bzw. ›kalt‹ ließ, sondern die mitreißenden Effekte, die unterhielten und doch die ›Botschaft‹ glaubwürdiger übermittelten. Hinzu kam eine besondere Sorgfalt im Umgang mit dem Dramentext; gespielt wurden grundsätzlich die Originaltexte.

Die Markenzeichen dieser Spielweise waren **Anschaulichkeit, Authentizität, Stimmigkeit, Spontaneität,** kurz ›**Wirklichkeit**‹. Verfremdende Illusionsbrüche, die in der kanonischen Erzählliteratur des Realismus auffallen und das naive Bild vom Realismus als Widerspiegelung objektiver Wirklichkeit korrigieren, galten im Meinigerschen Konzept als Fehler. Nach den Auftritten der ›Meininger‹ hatten es alle konventionellen Aufführungen schwer; ja selbst die Meininger mussten sich an ihren Vorgaben messen lassen, wie eine Bemerkung Theodor Fontanes zeigt:

> »Um nur ein Beispiel zu geben, die Erscheinung des Julius Cäsar im Zelte des Brutus wirkt wie ein aufgeschreckter Gymnasial-Direktor, der, mit übergeworfenem Schlafrock, plötzlich an ein vollmondbeschienenes Fenster tritt, und konnte, offen gestanden, mich ebenso wenig entzücken, wie das gestrige Geister-Kostüm des alten Hamlet, der einen halben Truthahn auf dem Helm und (absichtlich oder nicht) einen mehr rätsel- als gespensterhaft hin und her pendelnden Behang hinten an seiner Grau-Bluse trug.« (Fontane: *Werke*, III/2, 189 f.)

Sobald auf der Bühne wie in der Literatur ›**Wiedererkennbarkeit**‹ und ›**Glaubwürdigkeit**‹ eine tragende Rolle spielten, sahen sich Autoren wie Regisseure dazu verpflichtet, die realistischen Effekte ihrer Kunst sorgfältig anzulegen, um sich vor dem Vorwurf des Banalen oder Lächerlichen zu bewahren. Wie der unterhaltende historische Roman des 19. Jh.s (und weit darüber hinaus) perfektionierte und kanonisierte das ›Meininger‹-Theater das bunte, pralle, lebensvolle und überwältigende Bühnenspiel. Seine Prinzipien haben sich im Ausstattungsfilm vieler (auch phantastischer) Genres bis in die Gegenwart erhalten und bewährt. Dem Ruf des Realismus hat dieser blendende, mitreißende Augentrug eher geschadet; seine ›**Schule des Sehens**‹ sollte eigentlich nicht nur auf die Welt des Action-Kinos vorbereitet haben.

1.4 Realismus und Festspiel

In Abhandlungen über realistische Literatur fällt so gut wie nie ein Blick auf die Festspieltradition. Nichts scheint den Prinzipien des Realismus so entgegengesetzt zu sein wie die Festspielkultur. Dennoch kommt den Festspielen gerade um die Mitte der zweiten Jahrhunderthälfte im Umkreis der Reichsgründung eine besondere Bedeutung zu. Sie profilieren ein weithin gültiges, **offizielles Muster wirklichkeitsbezogener Kunst** und öffentlicher Theaterpraxis. Keine ›Literatur‹ erreicht jene realistischen Effekte, die tatsächlich von der Performanz festlicher Spielhandlungen ausgehen. Allenfalls erinnert die Präsenz der nationalen Festtage in Raabes und Fontanes Romanen oder der Feste in Kellers Werk an den fundamentalen, aber in der Realismus-Forschung vernachlässigten Zusammenhang (grundlegend Sprengel 1991). Kellers Essay »Am Mythenstein« (1861) ist das bekannteste Dokument für eine **substantielle Beziehung zwischen Festspiel und Realismus**; ihr gemeinsamer Nenner heißt »verklärende Nationaldichtung«.

    Stoffe, Themen und Spielweisen der Festspiele scheinen den realistischen Postulaten zu widersprechen. Festspiele handeln von Göttern und Heroen, setzen ein mythologisches Geschehen in Gang, bevorzugen allegorische Darstellungsstile, dienen der Verherrlichung oder gar Sakralisierung und gehören zur Praxis der höfischen Kultur. Doch ihre oft kalendarisch bestimmte Gebrauchsgeschichte verflicht sie mit der Wirklichkeit wie ein Dickensscher Roman, der in monatlichen Heftlieferungen das Leben seiner Leser ein ganzes Jahr lang begleitet.

    In Festspielen feiern Staat und Gesellschaft sich selber. Sie stellen jüngst oder längst vergangenes Geschehen in idealisierter Form weihevoll dar, um gewünschte Bilder von sich in Umlauf zu bringen bzw. in der Öffentlichkeit zu erhalten. Festspiele sind **meinungsbildende Medien** schlechthin. Der Stoff der Festspiele um 1870 ist die Reichsgründung mit ihrer kriegerischen Vorgeschichte und ihren kulturkämpferischen Implikationen. Hinzu kommen weitere ästhetisch-performative Aktionen der bürgerlichen und sozialistischen Vereine. Sie alle stehen **im Dienst einer Erinnerungskultur**, die vergangene Wirklichkeit selektiv in Szene setzt, faktisches Material ästhetisiert und ihre Erzeugnisse interaktiv – also unter Beteiligung des Publikums – realisiert. Die Spielstätte lag oft unter freiem Himmel, die Spieldauer erfüllte den Festtag, und das Publikum bestand aus Würdenträgern und dem ›ganzen Volk‹. Wie die Familienzeitschriften oder das Panorama geben die Festspiele einen ›Überblick‹ über eine tiefreichende und weitverzweigte, nunmehr zum Ziel bzw. zu Einheit und Größe gelangten Wirklichkeit. Sie stiften **kollektive Identität**. Das ist ein affirmatives Bildungsziel; Gottfried Keller hingegen dachte eher an eine »kritische Zuchtschule«.

    Patriotische Festspiele der wilhelminischen Zeit feiern die militärischen Erfolge, deuten die durch den Sieg veränderte politische Lage und reglementieren das zukünftige Verhalten der Mitglieder in der neuen Kommunität (vgl. Sprengel 1998, 416). Sie bilden selten ab und referieren doch auf die Gegenwart, um sie in der Art der Historienmalerei zu veranschaulichen und zu dekorieren; sie wollen **begründen, bestätigen und verewigen**. Sie werden peinlich überwacht, damit sie nicht gegen das verstoßen, was als politisch korrekt gilt. Ihr Material sind Versatzstücke einer mythisierten Historie (Kyffhäuser-Sage), literarische Vorlagen (Rückerts Barbarossa-Gedicht), Szenen der aktuellen Kriegsgeschichte und reale Personen (heimkehrende Soldaten als Statisten). Das Bühnengeschehen, theatersemiotisch gesehen ein fiktionaler Vorgang, geht gleitend in die Wirklichkeit über: Die sich selbst spielenden Soldaten werden auf der Bühne als wirkliche Heimkehrer begrüßt. Festspiele lösen die dichtungslogische Scheidung zwischen Fiktion und Wirklichkeit auf und zeigen den **Realismus auf der Höhe seiner Illusionsbildung** (Fiktionalisierung der Wirklichkeit). Die Behauptung, »im Festspielmythos hat die Realität keinen Platz« (Sauer/Werth 1971, 67), erweist sich angesichts der medialen Zurichtung von Wirklichkeit und ihres Rearrangements im Spiel als unangemessen. Gerade Festspiele haben im besonderen Ausmaß teil an der Inszenierung der wirklichkeitskonstituierenden Akte.

2. Die nachidealistische Tragödie: Friedrich Hebbel

2.1 Ehe- und Zeitkonflikte nach realistischem Muster: Hebbels späte Dramen

Friedrich Hebbels (1813–63) Stellung im Realismus bleibt umstritten. Seine Biographie könnte den Stoff für einen realistischen Individualroman nach dem Muster des *David Copperfield* abgeben: Herkunft aus bedrückenden Verhältnissen, krisenreiche Sozialisation, Aufstiegswille, Frauen als Begleitung auf dem männlichen Weg, problematische Karriere und gebrochene Arriviertheit hießen dann auch in seinem Fall die **Stationen des ›realistischen‹ Lebensweges**. Doch gleicht Hebbel weder dem ›grünen Heinrich‹ noch Anton Wohlfart oder Hans Unwirrsch. Dafür ist er nicht ›durchschnittlich‹ genug. Das, was er tut und anstrebt, sein Werk, seine Lyrik, Epik, die Essays, Tagebücher und insbesondere Dramen, passt nicht in das realistische Muster der ›Arbeit‹ an und in der Welt, obwohl es stets unter dem Druck der ›Konkurrenz‹ entsteht und somit doch die Bedingungen seines Werdens im wirtschaftlich liberalen, realpolitischen Kontext anzeigt.

Hebbel beginnt mit biblischen und legendenhaften Stoffen (Judith, Genoveva), an denen er sein Konzept von Tragik herausarbeitet (vgl. den grundlegenden Essay »Mein Wort über das Drama«), die unaufhebbare **Spaltung der Welt durch das Prinzip der Individuation**: Alles Lebende erscheint im Lichte seiner Vereinzelung. Dadurch entsteht ein Dualismus, der sich zu unlösbaren Konflikten und Kollisionen verschärft. Die Betonung des Individuellen führt, darstellungstechnisch gesehen, zur verstärkten **Psychologisierung in der Figurenzeichnung**, zu ihrer sozialen, kulturellen und historischen Konkretisierung. Hebbel bevorzugt historische Wendezeiten, um dem leitmotivischen Prinzip der Krise plastische Prägnanz zu geben. Zugleich aber versucht er, die konkret, d.h. kulturspezifisch entworfenen Charaktere im Rahmen ihrer psychologischen und sozialhistorischen Möglichkeiten zu steigern, sie einem Grenzwert anzunähern, um das jeweils und notwendigerweise **Maßlose ihrer tragischen Vereinzelung** anschaulich zu machen. Das ergibt dann einen Effekt, der sich mit den Erfordernissen eines realistischen Wahrscheinlichkeitsprinzips wenig verträgt, obwohl – nach Hebbel – alles im Dienst eines gesteigerten Realismus und demzufolge abgeschwächten Idealismus erfolgen soll (vgl. Hebbel: *Tagebücher* 1854, Nr. 5328).

Sein dramatisches Werk von *Herodes und Mariamne* über *Agnes Bernauer* bis zu den *Nibelungen* ist kein ›Überhang‹ aus einer zurückliegenden Epoche, nicht bloß »*Späterscheinung*« (Sengle 1980, III, 349) – das könnte eher von Grillparzers späten Dramen gelten –, sondern bildet einen eigenartigen, vielleicht sogar selbständigen Werkkomplex in der **Zwischenphase zwischen 1848er Revolution und Gründerzeit.** Mit Hebbel endet nicht nur eine hundertjährige Tragödientradition, die bei Lessing einsetzte (von Wiese [8]1973), sondern hebt etwas Neues an, eine Moderne, für die der Realismus im 19. Jh. steht und die ihn schließlich überholt. Als **Dramatiker der ›nachmärzlichen‹ Zeit** gerät Hebbel unweigerlich ins ›Schussfeld‹ des jungen, kritischen Realismus. Wenn er von dessen Programmatiker Julian Schimdt zurückgewiesen wird, so folgt daraus nicht, dass er überhaupt keinen Ort in der realistischen Epoche hätte. Ihn im Bereich des »mittleren 19. Jahrhunderts« (Sengle 1980, III, 347) ohne Bezug auf die realistische Epoche zu belassen, stellt angesichts der Veränderungen, die das realistische Literaturkonzept im späteren 19. Jh. gegenwärtig erfährt (Stichwort ›Modernisierungspotential‹), keinen Ausweg dar. Gerade die übliche Revision des Realismusbegriffs angesichts der modernen, das heißt postrealistischen Züge jener Autoren, die bisher als kanonische Realisten galten (vgl. die mannigfaltigen Brechungen des Wirklichkeitsbezugs), könnte der vertrauten realistischen Epoche eine neue Dimension geben, in der auch »die besondere Art des **Hebbel'schen Realidealismus**« (ebd., 348) einen zentralen Platz fände. Wenn Gerhard Kaiser schreibt: »Nur Hebbel [...] war unter den großen deutschen Realisten ein bedeutender Dramatiker, allerdings um den Preis der Lösung vom Realismus« (Kaiser 1987, 250), dann geht es dem Dramatiker Hebbel nicht anders als den kanonischen Realisten Keller, Storm, Raabe, Meyer und Fontane, die nach heutigem Verständnis gleichfalls als ›große Realisten‹ »um den Preis der Lösung vom Realismus« gelten können.

Am Anfang der realistischen ›Bewegung‹ stehen die Zeichen gut für die Aufnahme Hebbels in den Kreis der realistischen Literatur. »Wir haben im Romane einen *Jeremias Gotthelf*, im Drama einen *Hebbel*, in der Lyrik einen *Freiligrath*«, behauptet Fontane in seinem heute berühmten Realismus-Essay (III/1, 237) und meint wohl den Hebbel der *Maria Magdalene* (1844), das heißt – oberflächlich gesehen – die **Aktualisierung der Bürgerlichen-Trauerspiel-Tradition.** Selbst Julian Schmidt, der Erzfeind des Dramatikers, verkennt nicht den »steten Fortschritt« (Schmidt [2]1855, 213), den der Name Hebbel in der Reihe der Dramatiker von Gutzkow über Laube bis Ludwig signalisiere. Hebbel ist ihm kein Nicht-Realist, vielmehr verkörpere er die verkehrte Form eines Realidealisten, der statt den Realismus mit dem Idealismus zu versöhnen, die Kluft eher wieder aufreißt, indem er zwar beide Richtungen verfolgt, aber eigenwillig übertreibt (vgl. Sengle 1980, III, 348): Er besitzt zwar – wie es heißt – ein »realistisches Talent«, verdirbt es aber teils durch übertrieben plastische Darstellung, teils durch ›überhitzte‹, d.h. abstrakte und phantastisch-bizarre Reflexion (vgl. Schmidt, [2]1855, 174). Und: »Er ist Realist, insofern er das Schlechte mit großer Breite und Ausführlichkeit darstellt, er ist Idealist nur, insofern er eine jenseitige Welt symbolisch in dieses Reich der Nacht hereinscheinen lässt, er selber hat keinen Glauben, und darum liegt in seiner Kunst auch keine Nothwendigkeit« (ebd., 175).

Hebbels baldige Abwendung von der anfänglich fokussierten »jenseitige[n] Welt« und seine entschiedene **Hinwendung zur diesseitigen Wirklichkeit** (vgl. Ritzer 1991) entzieht dem Schmidtschen Vorwurf rasch den Boden. Für Schmidt steht *Maria Magdalene* an höchster Stelle, wenn es gilt, den »Realismus der Darstellung« zu beurteilen. »Hier ist Hebbel einmal auf dem Boden wirklicher Erfahrung« (Schmidt [2]1855, 188). Schmidts konstitutiver Gegensatz von ›Herz‹ und ›Hirn‹, Naivität und Reflexion, Gesundheit und Krankheit, Humor und Schauder, innerer, natürlicher und äußerlicher, akzidentieller Problementwicklung verliert bald an Verbindlichkeit, während die Brüche und Unstimmigkeiten, die Schmidt an Hebbels Werk tadelt, für den späteren Realismus zunehmend wichtiger und typischer werden. Wer sich im Zeichen dieses Realismus auf die neue, nachmärzliche und (vor-)gründerzeitliche Wirklichkeit einlässt, arbeite sich in der Tat an einem »gordischen Knoten« ab, der »keine Lösung verstattet« (ebd., 174). Was Schmidt emphatisch abzuwehren sucht, dringt immer deutlicher in den Realismus ein: »Noch sind wir nicht das Volk der Leichen und Gespenster, wozu uns unsere Poeten machen möchten« (ebd., 194). Es wird nicht lange dauern, bis Raabes, Storms und Fontanes »Gespenster« Schmidts gute »Stimmung« (ebd., 201) verderben werden.

2.2 *Herodes und Mariamne* vor dem Hintergrund des Eheromans

Hebbels erstes nachrevolutionäres Stück *Herodes und Mariamne* (1850) lässt sich sowohl unter gattungsgeschichtlichem als auch thematischem Gesichtspunkt in die Nähe realistischer Werke rücken: Die gattungsgeschichtliche Vergleichbarkeit gründet in der **Bevorzugung des historischen Genres:** An einem biblischen Stoff, der zwar noch nicht der Nationalgeschichte, wohl aber der Geschichte des jüdisch-christlichen Abendlandes entstammt (die Geschichte des Königs Herodes im Vorfeld des Bethlehemitischen Kindermordes), wird ein herausragendes Moment der Gegenwart, **Wendezeit als Zeit der Krise,** parabolisch inszeniert. Thematisch gesehen rücken biblisches Werk und realistische Epoche durch das gemeinsame Ehethema näher. In beiden ›Fällen‹ – beim biblischen Königspaar wie in den ›bürgerlichen‹ Ehen der Emma Bovary, Anna Karenina oder Effi Briest – geht es um Liebe, eheliche Treue und deren Bruch in kritischer Zeit. Zwar scheidet die Wahrung der Ständeklausel den tragischen Fall der Könige vom Missgeschick der bürgerlichen Familien im realistischen Mischstil. Doch handeln beide Figurengruppen unter vergleichbaren psychologischen Bedingungen, so dass klassische Tragödie und ›charakterisierender‹ Eheroman im selben Raum liegen (vgl. Aust 1996).

Was ein Realist wie Julian Schmidt (vgl. [2]1855, 202) an *Herodes und Mariamne* wahrnimmt, lässt sich als eine Geschichte konturieren, die von Liebe, Besitz, Mord und abrupt wechselnden Leidenschaften (Liebe / Hass) erzählt: Herodes liebt Mariamne über alles; im Kontext einer feindlichen Umwelt ist sie die einzige Person, der er ganz vertraut. Eifersüchtig, wie er aber von Natur aus ist bzw. aus Erfahrung wurde, hält er ihre Untreue im Fall seiner wiederholten Abwesenheit für möglich und bestellt – zum wiederholten Male – einen Diener, der das Todesurteil an der Untreuen vollziehen soll. Mariamne, die davon erfährt, ist empört über diesen männlichen Übergriff, inszeniert zum Schein eine Untreue und lässt sich hinrichten, um sich mit ihrem Tod am Mann zu rächen. Solche Verhaltensweisen passen aber nicht in den Erwartungshorizont des Realisten Schmidt. Dieser erwartet vielmehr einen **sittlichen**

Gedanken sowie eine **stringente Motivierung** des Geschehens aus den Eigenarten der individuellen Charaktere und den Besonderheiten der historischen Bedingungen. Schmidt anerkennt, was er dem Dramatiker als Aussageabsicht unterstellt: Menschen in ihrer unwiederholbaren Eigentümlichkeit zu zeigen und sie doch als typische Repräsentanten für eine Zeit des Umbruchs (die Geburt des Welterlösers) auszuweisen. Als Realist lobt er die »Energie« (ebd., 205) der Komposition und die »colorirten Schilderungen des jüdischen Wesens« (207); doch tadelt er vom selben Standpunkt aus »die gekniffene, frostige Sprache der Reflexion« (205), die Geschraubtheiten (207), das Ausblenden der ›wirklichen‹ Liebe, das »psychologische Mikroskop«, welches »das Ganze aus den Augen verliert« (ebd., 206), die Zumutung von Unerhörtem und Unglaubwürdigem sowie die Verwirrung der Motive (207 f.). Ähnlich wird übrigens auch Fontane in seiner Aufführungskritik aus dem Jahre 1874 urteilen.

Diese Vorbehalte würden genügen, Hebbels Drama aus dem Kreis realistischer Werke auszuschließen, wenn die Realisten sich selber an das hielten, was sie in ihren Kritiken scheinbar eindeutig verfügen. Aber so einfach ist das nicht. Gerade Fontane ist ein gutes Beispiel für die Spannbreite zwischen kritischen Maximen und praktischen Entscheidungen.

Motive der ehelichen Krise, wie sie in den realistischen Romanen begegnen, finden sich schon in Hebbels Drama. Auch hier steht die persönliche Krise mit einer öffentlichen Lage, sogar mit einer »Wendezeit« (dem Wechsel vom jüdischen zum christlichen Zeitalter) in Verbindung. Die ›interkulturelle‹ Begegnung – Herodes und Mariamne sind unterschiedlicher Herkunft – korrespondiert mit den Problemen sozialer, ethnischer und nationaler Verträglichkeit. Das individuelle Unglück oder Leid hat katastrophale, apokalyptische Folgen (Kindermord). Auch Mariamne (wie Effi Briest) hat nicht aus Liebe geheiratet, sondern war Opfer einer elterlichen Kalkulation. Ihr Bewerber war schon vorher ›gebunden‹. Ihr Ehemann steht unter dem Druck seiner Vorgesetzten und muss (wie Innstetten) seine Ehefrau oft allein lassen. Er findet sich nicht mit dieser Zwangslage ab, sondern hinterlässt seiner Strohwitwe wachsame »Gespenster« (SW II, 250 u. 275): bei Herodes ist es das Schwert und bei Innstetten der Chinese. Mariamne empört sich (wie Effi) über die Grausamkeit ihres ›Richters‹ (282). Der richtende Mann bereitet sich wegen eines Nichts das eigene Unglück und bereut die vorschnelle Tat (286). Schon Herodes erscheint nur oberflächlich gesehen als ein »Ekel«, während er in Wirklichkeit gar nicht so übel ist und auf seine Weise auch ›recht‹ hat.

Herodes und Mariamne beginnt mit einem Zeichen, einem symptomatischen Zittern, das den Gang der Handlung in Bewegung setzt und auf das Kommende vorausdeutet. Diese Zeichenfunktion passt zur Theorie des ›realistischen Weges‹ (vgl. Geppert 1994): Es geht konkret um die **Mehrdeutigkeit des Zitterns**, das sowohl anzeigt, was in einer Figur bei einer entscheidenden Begegnung vorgeht, als auch vorwegnimmt, was fortan durch ›schiefe‹ Verhältnisse anders wird bzw. welche Wirklichkeit schließlich in Erschütterung gerät (dazu Geppert 1994, 127 f., 138). Solche Reaktionen mit Kettenwirkungen sind in realistischen Eheromanen nicht selten: Emma Bovary weicht »zitternd« vor Rudolphe zurück (Flaubert: *Madame Bovary*, 223), bevor sie sich ihm »bebend« (ebd., 225) hingibt, um nach der Trennung unter »Zuckungen« (ebd., 291) zusammenzubrechen; das gleiche Symptom tritt auch in der Schlüsselbegegnung Anna Kareninas mit Wronski auf (Tolstoi: *Anna Karenina*, 127), die sich am Ende mit jenem »Gefühl« unter den Eisenbahnwaggon werfen wird, »das sie empfand, wenn sie beim Baden ins Wasser stieg« (ebd., 1131). Auch Effi wird angesichts ihres Bewerbers in ein Zittern verfallen.

In Hebbels Drama spielt das Zeichen des Zitterns eine die Wirklichkeit konstituierende, Vergangenheit einfangende, über die Gegenwart hinausweisende und Wahrheit sozial herstellende Rolle. Es verknüpft das Sichtbare (die Regung) mit dem Unsichtbaren (dem Gefühl, der Zukunft) und durchzieht das Beliebige, Ungewisse und Drohende (das willkürliche Schauspiel) mit der Spur des Echten und Verlässlichen (›zittern‹ kann man nur unwillkürlich). Wo alles fraglich wird, bietet das Symptom des Zitterns den verlässlichsten Anhaltspunkt. Insofern manifestiert sich hier ein **realistischer Prozess der Vergewisserung**, des immer besser gelingenden Zeichengebrauchs, dessen Weg durch einen »aufgewühlte[n] Strom« führt, der unmöglich die »Dinge spiegeln [kann], wie sie sind« (SW II, 350), und dessen Ziel doch darin liegen soll, »das verzerrte Bild« (350) mit Hilfe zuverlässiger Zeichen »rein und unbefleckt« (349) wiederherzustellen.

Mariamnes inszenierte Tanz-»Larve« (274, 359) entspricht in etwa dem, was sich Herodes im »wüste[n] Traumbild [s]einer Eifersucht« (360) ausgemalt hat, und ruft deshalb als direkte Antwort die prompte, mechanische ›Reaktion‹ mit dem Schwert hervor (361). Erst Mariamnes postume Mitteilung, also zu einem Zeitpunkt, da sie ihrem Mann nicht mehr lebendig entgegentreten kann, und zudem vermittelt durch einen ›Ausländer‹ 348), führt wieder zur Verständigung, erschafft wieder wahre Zeichen, setzt in Sprache um, was die Schwur-Pflicht, Herodes‹ fehlschlagende Versicherungspraxis, durchkreuzt hatte.

Mariamne spielt **mit falschen Spuren**, um ihre Liebestreue unwiderlegbar zu demonstrieren. Das führt zu einer Reaktion, die mehr enthält als nur den fälligen Wirklichkeitsbeweis. Die Liebe, die sie mit ihrem Tod beteuert, nimmt Züge einer blutigen Rache an. Herodes tobt daraufhin wie einer, der hereingelegt, aber nicht überzeugt wurde. Deshalb kündigt er als Rasender den Kindermord an. So pflegen realistische Romane nicht zu enden. Gewiss schließt Hebbels Tragödie nicht mit Herodes‹ Ankündigung des Massakers, sondern mit der ›weihnachtlichen‹ Perspektive, der Geburt des Erlösers. Ob das die Forderung des Realismus nach Verklärung einlöst, mag angesichts der bekannten christlich-abendländischen Geschichte fraglich bleiben.

2.3 *Agnes Bernauer – Gyges und sein Ring – Die Nibelungen*

Hebbels *Agnes Bernauer* (1852), ein »deutsches Trauerspiel« sowohl über die reine Liebe zwischen einer engelhaft schönen Baderstochter und dem ›liberalen‹ Sohn des regierenden Herzogs als auch über die politischen Folgen dieser privaten, aber ›revolutionären‹ Tat, hat mehrere Themen bzw. Motive mit Werken des Realismus gemeinsam: An vorderster Stelle steht der **Gegensatz von Individuum und Gesellschaft** (vgl. Kap. III.2.7) bzw. Staat. Mit ihm verknüpft sich der Konflikt zwischen natürlicher Spontaneität (die Unbedingtheit der Liebe) und kontrollierender Autorität, Freiheit des Herzens und gesetzlicher Ordnung oder – in Hebbel'scher Terminologie – ›absolutem‹ und ›positivem Recht‹ (*Briefe* IV, 350; zit. nach Pörnbacher 1974, 78; vgl. Kreuzer 1961). Unter ›entspannten‹ Bedingungen wiederholt sich das Schicksal, das Agnes und Albrecht widerfährt, an realistisch-durchschnittlichen Figuren wie Romeo und Julia auf dem Dorfe (vgl. Meyer-Benfey 1931, 63), Lene und Botho (*Irrungen, Wirrungen*) oder Stine und Waldemar. Allen diesen ›Liebesgeschichten‹ liegen politische Verhältnisse zugrunde, sei es die der Revolution, der nationalen

Frage oder der Wendezeit. Immer geht es um individuelle Krisen, die auf allgemeine Normenkrisen in Zeiten des Umbruchs verweisen, um »sozialhistorische Spannungen« (Ritzer 1997, 266), die einer Lösung bedürfen. Agnes wird mutwillig ermordet, und ebenso mutwillig wird das Recht gebeugt, um den Rechtsstaat ›als solchen‹ zu retten. Albrecht scheint ausbrechen zu können, tritt aber schließlich doch in die Spur derer, die er bekämpft.

Hebbels Trauerspiel ist ein Drama über »**Staatsraison**« und »**Notstandsmord**« (Kreuzer 1963a), das heißt, es führt einen Fall vor Augen, der zeigt, wie die Agenten einer zu Recht angefochtenen Ordnung durch bewusst begangenes Unrecht diese zerrüttete Ordnung nur deshalb erhalten wollen, weil sie ›Ordnung‹ heißt. Nach nationalsozialistischer Überzeugung hatte Hebbel einen »**heroischen Realismus**« konturiert (Rasch 1940, 415): »Bismarck hat den Einheitsstaat durchgesetzt gegen die partikularen Rechtsansprüche der Reaktionäre wie der Demokraten. Die Gesinnung, in der das geschah, ist verwandt mit jener, die in Hebbels Drama Gestalt wird« (ebd., 417). Nach energisch revidiertem Verständnis bietet sich der Begriff des »**Soziologische[n] Realismus**« an (Brittnacher 1996); er meint die Freilegung jener »sozialen Gesetze«, welche die Protagonisten des Dramas determinieren, und zeugt von einem »illusionslose[n] Blick auf Defizite der condition humaine« (ebd., 78 f.). Unter dieser Perspektive fällt dann weiterhin auf, dass die Bereitschaft, die eigenen Bedürfnisse den allgemeinen Zwecken zu unterwerfen, als Modell der Konfliktlösung jene »emanzipatorische Linie« aus den Augen verliert, die das bürgerliche Trauerspiel im Zeichen der Aufklärung hoffnungsvoll entworfen hatte (Durzak 2001, 85). Demnach hat weder Agnes' Märtyrer-Tod, noch Albrechts ›Anagnorisis‹, die Erkenntnis, dass er sich um des Friedens willen dem Staate unterwerfen muss, einen positiven Sinn.

Schon aus frührealistischer Sicht bewegte sich Hebbels bayerisches Trauerspiel »ganz auf der Erde« (Schmidt ²1855, 208), und nach wie vor zeichnen »Schlichtheit, Anschaulichkeit, Konkretheit« und »eine dem Prosastil entsprechende Tendenz zur deskriptiven Episierung« (Ritzer 1997, 280 f.) den **realistischen Zug des Dramas** aus. Dennoch zweifelte Julian Schmidt als Wortführer der Realisten nie daran, dass Hebbel den Kern des Realismus verfehlt habe, weil er »[u]nser Gefühl [...] zum Schluß nicht versöhnt, sondern verwirrt« (Schmidt ²1855, 210). Verglichen mit späteren ideologischen Festlegungen fällt Schmidts Reaktion ziemlich werknah aus. Statt den Sieg der Staatsräson zu feiern oder den Opfergang der engelhaft reinen Agnes zu bejammern – beides eher werkferne Reaktionen –, beharrt er auf dem **Eindruck der Verwirrung**. Demnach ist der geschürzte Knoten am Ende nicht gelöst, und entscheidende Fragen bleiben offen (vgl. schon die Kritik von Meyer-Benfey 1931).

Über die literarhistorische Stellung von *Gyges und sein Ring* (1856) schreibt Friedrich Sengle: »Die bloße Existenz einer solchen Tragödie gleichzeitig mit dem *Grünen Heinrich* ist erstaunlich und enthält eine strenge Warnung vor dem immer noch herrschenden ungenauen Realismusbegriff« (Sengle 1980, III, 403). Das richtet sich allgemein gegen Hebbels Präsenz in Literaturgeschichten des Realismus (Martini ⁴1981, Glaser 1982), insbesondere aber wohl gegen **Hebbels eigenen Gebrauch des Realismusbegriffs**; denn es war Hebbel selbst, der den Realismusbegriff zur Sprache brachte. In einem Brief an Sigmund Engländer schrieb er: »Was nun Ihre Bedenken gegen den Realismus des *Gyges* und der *Nibelungen* anlangt, so setze ich den Realismus hier und überall ausschließlich in das psychologische Moment, nicht in das kosmische« (Br. 847 v. 23.02.1863; zit. nach Rötzer 1965, 107). Gemeint war damit die Rücksicht auf die »Gesetze der menschlichen Seele«. Nach Sengle (1980, III, 403, 405) schließen Hebbels forcierte Rückkehr zur klassizistischen Tradition und der verstärkte Einsatz der allegorischen Gestaltungsweise jede Annäherung an den Realismus aus. Nun weiß auch Sengle, wie sehr gerade der frühe Realismus dem klassizistischen Paradigma verpflichtet blieb (vgl. Widhammer 1972). Selbst allegorisierende Verfahren stehen dem realistischen Prinzip nicht nur im Wege.

Hebbels **klassizistische Tragödie** spitzt ›triviale‹ Konflikte des ehelichen Alltags zu und verleiht ihnen zusätzliches Gewicht durch mythische, ethnologische, historische, und soziale Bezüge.

- Im Mittelpunkt steht **das bürgerliche Besitzdenken,** dessen Verdinglichungsgewalt durch raumzeitliche Distanzierung (Archaisierung) verträglicher gemacht, aber nicht entschärft wird (vgl. Lütkehaus 1983; Fülleborn 2001): Ein Mann ist stolz auf ›seine‹ Frau und will, dass auch sein Freund ihn deswegen bewundert; deshalb zeigt er ihm seinen Besitz wie ein prächtiges Stück Land. Diese Verdinglichung führt zur Katastrophe.

- Diese Demonstration kann nur mit Hilfe eines unsichtbar machenden Ringes gelingen. Der Ring – eigentlich ein magisches Requisit aus dem Märchen – steht für den **technischen Fortschritt,** der kulturelle Traditionen zerstört (vgl. Kaiser 1983, 104 f.).

- Hinzu kommt die moderne **Psychologisierung der Ehe als Liebesbeziehung,** wodurch nicht zuletzt deren körperlicher, erotisch-sexueller Grund freigelegt und damit ein neuer Konflikt zwischen Würde und Trieb entdeckt wird. Die begehrte Frau trägt einen Schleier, und die Lust des Mannes liegt darin, den Schleier zu heben.

- Schließlich macht sich auch ein kommunikationspsychologisch gefasstes Verständigungsproblem zwischen den Ehepartnern geltend, das Hebbel als mörderischen, agonalen **Kampf der Geschlechter** dramatisiert (vgl. Wittkowski 1992, 301 f.).

All das wird modellartig in eine antike Zeit des Übergangs von Altem zu Neuem verlagert, in eine Epoche der Modernisierung mit ihren revolutionären und fundamentalistischen Nebenwirkungen.

Was hier der Ehefrau Rhodope durch ihren Mann Kandaules widerfährt – die gewaltsame Entschleierung der ›Zurückgezogenen‹ durch den, der sie ›offiziell‹ besitzt –, lässt sich zwar nicht gleichsetzen, wohl aber vergleichen mit dem, was Hilde (*Ellernklipp*), Cécile, Effi und Melusine (*Der Stechlin*), also viele ›elementaren‹ Frauenfiguren Fontanes, durch ihre Männer und Freunde erfahren. Dank ihrer Wirkung auf Männer werden sie zu verfügbaren Gütern in der Hand ihrer ›Verehrer‹. Hebbel thematisiert einen männlichen, »**voyeuristischen Blick**« (Glaser 1982b, 342) auf Weiblichkeit und Nacktheit, die dem Wahrheitsideal des Realismus im Zeichen seiner photographischen Konkurrenz und seiner ›Entschleierungs-Technik‹ noch viel zu schaffen machen wird.

Hebbels Realismus findet auf dem Umweg über Geschichte, Mythos und Sage zu seiner eigentümlichen Prägnanz. Während der Vorbereitungen zu seinem *Nibelungen*-Projekt (1862) wird Hebbel »immer stärker Realist« (Hermand 1963, 319). Die Trilogie, eher ein zweiteiliges Drama mit einem Vorspiel, setzt also nicht nur den mythisch-sagenhaften Vorgang in Szene, verlebendigt nicht bloß nach historistischer Manier eine national bedeutsame Vorgeschichte, sondern deutet die **Krisen der Gegenwart im Medium eines sich wachsender Beliebtheit erfreuenden nationalen**

Stoffes. Sie ist »präzise Analyse der Wirklichkeit, in der wir uns befinden«, »in der modernen Gesellschaft angesiedelt und spiegelt deren zentrale unverklärte Wirklichkeit« (Emrich 1975, 15,11). Fasst man das Ganze als eine Parabel auf, so dramatisiert Hebbels »deutsches Trauerspiel« den liberalen Fortschrittsgedanken in der Phase seiner Verhärtung zum System der realpolitischen, utilitaristischen, technokratischen und virilen Sachzwänge (vgl. Kaiser 1983, 117–138).

Nach dem **Muster des Schicksalsdramas**, aber trotz mythisch-sagenhafter Bezüge gänzlich immanent, entfaltet sich der katastrophale Prozess als unabwendbare Kettenreaktion im zweckrationalen, auf Herrschaft bedachten Handeln. »Im objektiven Willen des Notwendigen, des Schicksals, kommt der individuelle Wille des ego, des individuierten liberalen Subjekts zu seiner Vollendung. Mannesdienst erweist sich als Herrschaftsstreben, *der Kern der Sachlichkeit ist Imperialismus*« (Kaiser 1983, 137).

So entsteht aus einem Stoff, dessen Eigenart für Hebbel »in der wunderbaren Mischung des Ungeheuren und rein Menschlichen« (SW XII, 166) lag, eine »rein menschliche, in allen ihren Motiven natürliche Tragödie« (*Tagebücher*, Nr. 5933). Sie unterwirft die »Eisen-Männer« und »Riesen-Weiber« (Vischer: *Kritische Gänge*, II, 456) einer kritischen Psychologie, die das monumentale archaische Geschehen dreier Zeitalter, des mythischen, germanisch-heidnischen und christlichen, in den Raum des modernen, ›gelockerten‹ Realismus (Sengle 1980, III, 407) versetzt. Dadurch entsteht eine »wirre Polyphonie« (Hermand 1963, 325), eine Mischung, die den einfachen, natürlichen Stil (vgl. Sengle 1980, III, 408) mit dem manirierten, grellen, grässlichen und hyperbolischen (vgl. Gottschall [7]1902, III, 295) verbindet.

Schon aus der Sicht des programmatischen Realismus vollzog Hebbels Trauerspiel die denkbar **größte Annäherung eines sogenannten ›Idealrealisten‹**, dessen Realismus aber nicht mit seinem Idealismus zur Deckung gelangt, an die propagierten Ideale (J. Schmidt [2]1855, III, 174 und ders. 1896, V, 433). Zu Hilfe kam dabei das nationale Thema, das dem Nibelungen-Stoff auch nach realistischer Sicht innewohnt (vgl. Hilzinger 1982, 111). Hebbels prägnante Psychologie freilich zog sich weiterhin den Vorwurf der übersteigerten Raffinesse zu (vgl. J. Schmidt 1896, V, 436). Nicht die »sorgfältige psychologische Motivierung« hob Treitschke an Hebbels Werk hervor, sondern im Gegenteil die »Erhöhung«, wodurch die »riesigen Gestalten dieser Sage« ein »ungeheures Geheimnis« bleiben (Treitschke 1912, 351 f.). Das heißt, die zeitgenössische Rezeption verkannte Hebbels Realismus, der nach revidierter Auffassung im klassizistischen Tragödienschema seine »Mittelstellung zwischen der Verwerfung der Achtundvierziger Revolution und dem Geist der Gründerzeit verrät« (Hermand 1963, 331).

3. Das bürgerliche Drama

3.1 Bürgerlicher Realismus auf der Bühne

Das bürgerliche Drama, wie es im 18. Jh. entstanden ist, hätte eine günstige Plattform für eine spezifisch realistische Bühnenliteratur bieten können. Seine ›offene Form‹ (Lockerung der Einheiten, Beseitigung der Ständeklausel, Neudefinition von tragischem Leid und dramatischer Fallhöhe, Verbürgerlichung aller Verhältnisse) kam den realistischen Belangen entgegen (Interesse an den realen Bedingungen des Lebens, Gegenwartsbezug, durchschnittliche Helden, Symptomatik des Alltäglichen, entspannte Form, Konzept der empathischen Rezeption). Auch die dramatische Literatur sah sich dazu aufgerufen, nicht die bloße Wirklichkeit zu kopieren, sondern deren »geistigen Gehalt« (Müller-Samswegen 1858, in RuG II, 465) aufzudecken und sich in einer gedachten Mittelstellung ebenso fern vom Idealismus wie vom Materialismus zu halten (vgl. auch Hettner 1852/1924).

Dennoch hat sich **ein bürgerliches Drama nach realistischem Zuschnitt** literaturgeschichtlich nicht behaupten können. Schon die Zeitgenossen bedauerten, dass sich neben den französischen Konversationsstücken und den heimischen »Birchpfeiffereien« (Müller-Samswegen 1858, in RuG II, 460) – beides Erzeugnisse des abgewerteten, ›fabrikmäßigen‹ Unterhaltungsbetriebs auf der Bühne – keine eigenen, originalen Stücke durchsetzen konnten. Hebbels *Maria Magdalene* (1844), das immer wieder erwähnte kleinbürgerliche Drama in vor- oder frührealistischer Zeit, entsprach nicht unbedingt der realistischen Doktrin, weil es nicht die Erwartungen an die obligatorische Versöhnung erfüllte; die hätte im Sinn einer »äußeren Versöhnung« jedes begegnende Hässliche (Not, Ungerechtigkeit) durch das komplementäre Schöne kompensieren sollen und im Sinn einer »innere[n] Versöhnung« das Prinzip der Notwendigkeit bestätigen müssen. Beides aber sei unterblieben (vgl. Kürnberger 1848, in RuG II, 466).

Zu den Verfechtern des bürgerlichen Schauspiels als **Drama der Zukunft** gehört Hermann Hettner. In seinen ästhetisch programmatischen »Untersuchungen« über *Das moderne Drama* (1852) umreißt er die Linien eines vom Moralismus der Aufklärung bereinigten Theaters, das in seiner neuen Form mit der klassischen Tragödie durchaus wetteifern und eine Analogie zum zeitgemäßen sozialen Roman darstellen könnte. Im Zentrum seiner weitgefassten bürgerlichen Dramaturgie, die auch Werke der klassischen Literatur umgreift, steht die dramatische Kollision, deren Wucht durch keinen ›Deus ex machina‹ abgeschwächt werden dürfe. Die »Schrecken und Kämpfe der häuslichen Wirklichkeit« (Hettner 1852/1924, 74) werden nach Shakespeares Vorbild ernst genommen und geben dem tragischen Schicksal ein eigentümliches, auf die bürgerliche Gegenwart bezogenes Profil. In diesem Rahmen bewahrt auch das alltägliche Detail seine typische Bedeutung, und selbst der banale Zufall zeugt – wenn die dramaturgische Anlage stimmt – von einer höheren Notwendigkeit (vgl. 76). Momente der Charakterentwicklung, des Familienlebens und der sozialen Zustände bilden den Stoff dieser modernen Tragödie (vgl. 80).

Hettner unterscheidet drei **Formen der bürgerlichen Tragödie**: An erster Stelle nennt er die »Tragödie der Verhältnisse«, in der das »Schicksal« nichts Überirdisches, sondern »die herrschende Weltlage selber« ist, d. h. »die aus dieser Weltlage entspringenden Sitten, Begriffe und Zustände, die für den Einzelnen als Einzelnen durchaus unberechenbar und deshalb für ihn eine tragische Macht sind« (84). Sodann fällt der Blick auf die »Tragödie der Leidenschaft«, die er als Kollision entgegengesetzter, aber gleichberechtigter Leidenschaften definiert. Die dritte Form, die »Tragödie der Idee«, meint gleichfalls Kollisionen zwischen Leidenschaften, nunmehr aber keinen subjektiv-persönlichen, sondern zwischen »substantiellen« (100), z. B. zwischen der idealistischen und realistischen Natur des Menschen (Tasso vs. Antonio).

Zusammenfassend heißt es: »Das moderne Drama hat den Kothurn bei Seite geworfen. In der Zeichnung der Charaktere und Situationen ist es durch und durch naturwirklich. Seine Idealität sucht es ausschließlich in der Strenge der Komposition und in der Reinheit der Motive, durch die diese Komposition bedingt ist« (107). Der entscheidende Unterschied zum bürgerlichen Rührstück Kotzebues und Ifflands, deren Wirklichkeits- und Lebensbilder oberflächlich gesehen den geforderten Realismus einlösen, liegt in der Forderung nach strenger Motivation. Dahinter steht ein bestimmtes **Konzept der inneren Notwendigkeit**. Die Notwendigkeit korrespondiert nach Hettners Ansicht mit der »Unverletzlichkeit der ewig vernünftigen Weltordnung« (107). Diese idealistische Voraussetzung ist zwar für das realistische Konzept charakteristisch, steht aber den realistischen Tendenzen zur ›offenen (Prosa-)Form‹ im Wege und verhindert die Entfaltung eines vielgestaltigen realistischen Dramas.

3.2 Otto Ludwigs *Der Erbförster*, das Drama des Eigensinns

Otto Ludwigs (1813–1865) ›dramatische Studien‹ dokumentieren den gescheiterten Versuch, **die klassische Dramen- bzw. Tragödienform mit den neuen Rahmenbedingungen des Realismus in Einklang zu bringen.** Als wesentliches Hindernis für die Aktualisierung der dramatischen Form nach realistischem Erwartungsmuster erweist sich der Faktor der Wirklichkeit. Der realistische Ansatz verlangt einen Rückgriff auf die gegenwärtige Wirklichkeit. Für Ludwig ist diese Gegenwart infolge der gescheiterten Revolution vor allem durch ihre **soziale Zuständlichkeit** charakterisiert. Das neue Drama müsste also genau diese stagnierende, gelähmte Welt exponieren. Dem aber widerspricht die Formtradition des Dramas, die im Gegenteil eine dynamische Wirklichkeit verlangt, in der die Spannungen handelnd ausgetragen werden (vgl. Ricklefs 1991).

Ludwig hat mehrere Dramen verfasst: Lust- und Trauerspiele, Stücke mit historischem und biblischem Stoff (z. B. *Die Makkabäer* oder das Fragment *Der Engel von Augsburg*). Sein erfolgreichstes Trauerspiel *Der Erbförster* (1850) gehört in die Tradition des ›**bürgerlichen Dramas**‹ und setzt seine realistische Tendenz fort (vgl. McInnes 1983, 121 ff.). Es handelt von einem Vater, der – gereizt durch berufliche Konflikte und im Glauben, dass der Sohn seines ehemaligen Freundes, der zugleich der Geliebte seiner Tochter ist, seinen eigenen Sohn umgebracht hätte – nun dessen Sohn erschießen möchte und dabei versehentlich seine eigene Tochter trifft. Der längst nicht mehr neue und doch noch immer anstößige Bruch mit der klassizistischen Stiltrennungslehre (vgl. Treitschke 1859 in RuG II, 468 f.) ermöglicht einen tragischen Helden aus den unteren, hier kleinbürgerlichen Verhältnissen.

Die kritische Literaturgeschichte hat über Ludwigs Werk wegen seiner vielen banalen Zufälle längst den Stab gebrochen (vgl. schon Hettners 1852/1924, 111 f., 121 f. vernichtendes Urteil). Dem zu widersprechen hat kaum Sinn; nur wirken die Kriterien der Abwertung (z. B. Hettners vorausgesetzte »ewig vernünftige Weltordnung«, ebd., 107) wenig verlässlich. Getadelt wird an Ludwig die Entscheidung für einen ›empirischen‹ Ansatz, der nicht tadelnswert ist. Ludwig macht die Erfahrung: »Besser, man geht von der greifbaren Wirklichkeit aus. Ich gehe von keiner Philosophie aus, denn die, auf welche ich meine Untersuchungen gründen wollte, könnte aus der Mode kommen, ehe ich fertig werde. Ich gehe von der menschlichen Natur aus« (Ludwig: *Werke* VI, 5). Diese Auffassung muss nicht schlechter sein als ihr ›philosophisches‹, d.h. idealistisch entworfenes Gegenteil, das zurückgewiesen wird. Denn der Vorsatz, »von der menschlichen Natur« auszugehen, ist grundsätzlich nicht unphilosophischer als die Konstruktion nicht-subjektivierter Verhaltensformen.

Der Erbförster ist ein **Drama des Eigensinns**. Eigensinn steht hier nicht nur für den ›Fehler‹ eines alltäglichen Charakters (Jähzorn, Eigenliebe, Selbstgerechtigkeit), sondern so heißt die für das (Klein-)Bürgertum **typische Form des autarken Handelns**, und zwar überall: in der Öffentlichkeit, in der Familie und unter Freunden. Diese soziale und ›gemütliche‹ Disposition kann unter günstigen Bedingungen harmlos sein bzw. wirkungslos bleiben, sie verschärft sich aber zu einer rundum vernichtenden Kraft, sobald sich die situativen Bedingungen ändern:

Der Fabrikherr Stein kauft ein Gut, auf dem sein bester Freund Ulrich in ehrenvoller Erbfolge noch immer Förster ist. Durch den **Wechsel der ›Realität‹**, des ›Grundes und Bodens‹ (vgl. Kap. I.1.1), verwandelt sich der harmlose Streit der beiden »Herren«-Freunde über fällige Forstmaßnahmen in einen scharfen Konflikt zwischen rechtmäßigem »Herrn« und redlichem »Diener«, Neureichem und Erbförster, der heillos eskaliert, obwohl er eine Banalität ist und sich rasch schlichten ließe. Statt die naheliegende Versöhnung zu wählen, verselbständigen sich die Ereignisse, führen zu irreversiblen Sachverhalten und verursachen die Katastrophe.

Im *Erbförster* tritt die fatale Änderung der alten Verhältnisse im **Umfeld der März-Revolution** sowie des Übergangs von einer Naturlandschaft zu einer Region mit Hochöfen ein und konkretisiert sich als Veränderung des Besitzverhältnisses, das zugleich ein Herrschaftsverhältnis ist. Veränderlich sind die Verhältnisse durch das Geld geworden: Macht und Recht lassen sich in der ›neuen‹ Welt des noch aus ›Erb-Verhältnissen‹ kommenden Försters ohne weitere Umstände kaufen. **Kaufhandlungen verändern die menschlichen Beziehungen** und machen aus belächelnswerten Marotten blutigen Ernst. Das wirkt keineswegs erhaben im Sinne eines klassizistischen Anspruchs, kann aber gerade auch in seiner Banalität als typisch gelten.

Im **Zusammenspiel von verhütbarem Unglück und ausgeschlossener Versöhnung** liegt die Eigenart des Dramas. So und nicht anders sind – nach Ludwig – die dramatischen Konflikte in einer durchschnittlichen bürgerlichen Berufs- und Arbeitswelt, wo nicht mehr das ›Erbe‹ zählt, sondern wo alle dank der im Hintergrund gärenden Revolution ›Herren‹ sein wollen, bis sie erneut aufgekauft oder versehentlich abgeschossen werden. Es sind dies merkwürdige Machthaber, die, indem sie anderen befehlen, sie sogar »zu Kreuze kriechen« lassen wollen (*Werke* II, 124), ihrer selbst nicht mächtig sind. Was ihnen dabei widerfährt, schieben sie einem übergeordneten »Schicksal« (125) zu, das sie sich aber selbst bereiten; doch sie sind unfähig, das Pathologische des eigenen Verhaltens zu erkennen. Es liegt in der Dialektik des Herrsein-Wollens, dass alle öffentlichen Versprechungen, die nur der Förster abgibt und demnach auch revidieren könnte, eine Eigendynamik als ›Schicksal‹ führen. Hier berührt sich Ludwigs Drama durchaus mit dem Gespräch zwischen Innstetten und Wüllersdorf in *Effi Briest*, das auch auf die quälende Selbstbindung durch das dem Freund gegenüber ausgesprochene Wort hinausläuft.

Für die dramaturgische Konstruktion haben die eigensinnigen Handlungen zur Folge, dass die **Kollisionen auf einem Nichts beruhen**. Zwar handeln die Gegenspieler, aber eigentlich wollen sie es nicht; sie fühlen sich zum Handeln verpflichtet und hoffen zugleich, dass der andere das eigene ›Scheinhandeln‹ durchschaut. So schaukeln sie sich wechselseitig hoch und halten das für ein undurchschaubares Schicksal. Dass man den Vorgang auch von außen sehen kann, zeigt sich an einer Bemerkung der Försterin: »Ihr harten Männer macht das Schicksal und – wir müssen 's erdulden« (148). Dem Förster erscheint die übereilte und leicht rückgängig zu machende Kündigung als Rechtsbruch und Ehrverletzung, die er aber nach geltendem Recht nicht einklagen kann. So wird ihm die neue Welt zunehmend fremder.

Wie im bürgerlichen Drama üblich, richtet sich der aufgestaute Zorn zerstörerisch gegen den Zornigen selbst, d. h. gegen das Höchste in dieser Vaterwelt, gegen die eigene Tochter. Es liegt in der Konsequenz der gemischten Charaktere im bürgerlichen Alltag, dass sie so eigensinnig handeln können. Dahinter steht die besondere Form der ›inneren Notwendigkeit‹ im Alltag, die mit »der ewig vernünftigen Weltordnung« (Hettner 1852/1924, 107) dieses Alltags korrespondiert. Eigensinnig bleiben diese Menschen bis zur Selbstvernichtung, wo andere längst den Ausweg in Formen der Buße, Verzeihung oder Flucht anbieten. So entsteht ein **gespenstisches Trauerspiel über eine entgleitende Wirklichkeit** im sozialen und wirtschaftlichen Umbruch.

4. Das Geschichtsdrama

Im Geschichtsdrama kommen historistische, liberale und klassizistische **Tendenzen des Realismus** zusammen:

- Der Historismus motiviert das Interesse an der Geschichte als rekonstruierbare Vergangenheit in ihren großen und entscheidenden Momenten. Auf seiner Basis löst das Drama das realistische Objektivitätsideal am besten ein.
- Der Liberalismus steuert und filtert das Interesse an der Geschichte als Modell für die Gegenwart, als eine für die Gegenwart relevante nationale bzw. demokratische Vorgeschichte oder als warnende bzw. anspornende Parabel.
- Der sich im Realismus erhaltende Klassizismus wertet das Interesse an der Geschichte als ästhetisch angemessenen und würdigen Stoff auf; er legitimiert eine Hinwendung zur Wirklichkeit, die nicht in der banalen Alltäglichkeit aufgeht, sondern jenseits idealistischer Begründung ›Größe‹ zeigt.

Es liegt nahe, dass der Realismus neben dem bürgerlichen Schauspiel im historischen Drama die »Losung« der Zeit sah (Hettner 1852/1924, 3). Denn das »Wesen der Zeit« verlangte, »geschichtliche Stoffe in ihrem innersten Kerne rein und unverfälscht aufzufassen und darzustellen« (ebd., 5). ›Geschichte‹ versteht sich jetzt als »maulwurfsartig fortarbeitende Selbstentwicklung des Menschen« (48) und ist somit auf ein **Fortschrittskonzept** bezogen. Shakespeare gilt – wie so oft– auch jetzt als Muster; freilich werden seine Historiendramen nur bedingt akzeptiert, so dass, was da als »episch« bzw. »episierend« in der »Komposition« auffällt, nach dem fraglos unterstellten Gesetz der »innerste[n] Notwendigkeit« als »Mangel« kritisiert wird (vgl. 19 f.).

Für Hettner ist die historische Tragödie »wesentlich **psychologische Tragödie**« (44). Das bedeutet, dass der Dramatiker die Freiheit der Stoffwahl, die in diesem Fall eine Freiheit der Heldenwahl meint, in Anspruch nehmen und sich nicht – wie es die vielen »chronikalischen Dramatisierungen« (ebd.) zu tun pflegen – dem geschichtlichen Verlauf und seiner Darstellung unterwerfen soll. Auch wo es um historische Prozesse oder Ideen geht, stehen die individuell Handelnden und deren persönliche Kollisionen im Vordergrund. Hettner erwartet vom »gesunde[n] realistische[n] Sinn der Gegenwart« (56), dass es gelingt, eine Synthese (Kinder 1973) zu bilden zwischen Gegenwartsbindung (»aus dem eigensten Herzblut der eigenen Zeit herausdichten«) und historischer Treue (»den Lokalton des geschichtlichen Helden mit Sicherheit treffen«, 57).

Viele dem Realismus nahestehende Autoren schrieben historische Dramen: Freytag, Hebbel, Ludwig, Saar zumal, dann auch Gutzkow, Heyse und Wildenbruch. Das historische Drama signalisierte nationale Bedeutsamkeit auf höchstdotiertem, ästhetischem Feld abseits der oder gar wider die Prosa der Erzählung. In dieser beharrlichen Form verpasste es den Anschluss an die Moderne (vgl. Sengle 1974).

4.1 Robert Griepenkerls dramatisches Revolutionsprojekt

Die Wendung gegen Klassizismus und Romantik, die Forderung nach einer »Gestaltung des Wirklichen« sowie das Eintreten für eine Kunst der Gegenwart, die auch im Historischen um der Zukunft willen das Aktuelle sucht und einem »allgemeinen volkstümlichen Interesse« entsprechen will (Griepenkerl 1850, in *Werke*, xi, x, xiii f.) – das alles sind Momente einer dramatischen Poetik, die ihren Autor Robert Griepenkerl in die **Nähe des frühen Realismus** rücken. Griepenkerl bekannte sich zu Schiller, wollte aber dessen »Idealismus« angesichts der jüngsten revolutionären Erfahrungen »mit dem Blute des Wirklichen, des Lebendigen, des Gegenwärtigen« erfüllen (ebd., xix). Seine Absicht, der fortschrittlichen Idee der Freiheit am historischen Modell der Französischen Revolution realistischen Ausdruck zu geben, zeigt, dass er in der Nachmärz-Zeit den Anschluss an die liberale und jungdeutsche Position des Vormärz nicht aufgegeben hat, auch wenn er sich um eine skeptischere Einschätzung bemüht.

Robert Griepenkerl (1810–1868), in Bern geboren, aber in Braunschweig lebend und am dortigen Karolinum sowie an der Kadettenanstalt deutsche Sprache und Literatur lehrend, trat als Theoretiker und Reformer des Dramas auf. Er verstand es, die Aufmerksamkeit der Zeitgenossen mit Vorlesungen aus eigenen Werken auf sich zu lenken. Bald wurde er mit Büchner und Grabbe verglichen (vgl. Gottschall [2]1861, III, 324 bzw. [7]1902, III, 301), zuweilen sogar als »**deutscher Shakespeare**« gefeiert (Griepenkerl, 339), aber auch als »Dichter der Zukunft« ironisiert (J. Schmidt [2]1855, III, 227). Fortwährend in dürftigen Verhältnissen lebend, geriet er schon zu Lebzeiten in Vergessenheit (Büttner 1980).

Das Trauerspiel in Prosa *Maximilian Robespierre* (1851) – erster Teil eines dramatischen Zyklus, dem nur noch *Die Girondisten* folgten – steht stofflich Büchners *Dantons Tod* nahe. Es thematisiert die **Dialektik des revolutionären Freiheitsgedankens** und inszeniert die Selbstvernichtung der Revolution. ›Freiheit‹ bedeutet nach Auskunft der »Amazone von Bordeaux« (12), Therese Cabarrus, – sie spricht als Idealfigur der Revolution als einzige in Versen – jene »Gnade«, die im ›Neuen Jerusalem‹ der Revolution nicht nur der König, sondern das ganze Volk empfangen soll, so dass »alle Kön'ge sein auf dieser Erde« (Griepenkerl: *Werke*, 10). Doch diese Gabe schlägt in mörderische Willkür um. Maximilian Robespierre, der »gute Bürger von der Straße Saint-Honoré« (87), erweist sich als maßlos ›tugendhafter‹ Revolutionär, der sich im Kampf gegen seine ›gemäßigten‹ Mitrevolutionäre (Danton) und angesichts der schwankenden Volksgunst von seinen eigenen Voraussetzungen distanziert und eine Politik des Massakers vertritt: »ein Volk, das gegen seine Vertretung wütet, ist kein Volk mehr, ist außer dem Gesetz und vogelfrei« (31).

Als **tragischer Held** ist er kein bloßer Intrigant, vielmehr glaubt er, »im Vollgefühle des Rechts und im Dienste der republikanischen Tugend« zu handeln (60); als Agent des ›Notstands‹ propagiert er die tödliche Losung: »Die Notwendigkeit opfert euch der Freiheit« (60), und als ›Gottes Knecht‹ (vgl. 66) geht er dekretierend über Leichen (vgl. seine Rede 82–84). Erst in der Gruft der ausgeraubten Königsgräber – von der Literaturkritik als ›deutsch-sentimentale Kirchhofsphantasie‹ getadelt (Gottschall [7]1902, III, 302) – ändert er seine Einstellung und ›erkennt‹ seinen Irrtum. Von nun an, angesichts der »Sterblichkeit« (86) und der »Bilder der Verwesung« (90), verzichtet er auf weitere Handlungen, d.h. Hinrichtungen. Er, den man den ›Unbestechlichen‹ nennt, »weil sein Herz gut und rein ist« (88), und der demnach »nichts Böses« tat, er – und zwar nur er – glaubt nun, dass er doch Böses beging. Es ist dies eine merkwürdige Anagnorisis, weniger Erkenntnis als Glaube, »daß er's tat; doch weiß er's nicht, und wissend würd' er es nicht glauben« (88).

Maximilian Robespierre geht nach derselben Regel zugrunde, die er in der Phase des Wollens auf seine Widersacher anwandte (»Sie reißen mich aus dem Gesetz«, 100; vgl. 31). Damit zeichnet sich ein **fataler Automatismus** ab, eine Nemesis, die kein Entkommen aus dem revolutionären Räderwerk zulässt; es sei denn, dass Robespierres Schlusswort trotz seiner Abgrenzung vom christlichen Passionsweg doch eine schwache Hoffnungsperspektive setzt: »Golgatha war auch ein Schafott, Leon! Der hatte nicht geirrt, als man ihn kreuzigte; uns kreuzigt man, weil wir geirrt; – vielleicht auch, daß wir irren sollten, damit die Kommenden nicht irren« (101). Das wäre dann die **realistische Versöhnung**, die – anders als in den übrigen ›Restaurationsdramen‹ – nicht auf Kosten der revolutionären Freiheit erfolgte (vgl. Denkler 1973, 368).

Griepenkerls zweites Trauerspiel aus dem Revolutionszyklus *Die Girondisten* (1852) dramatisiert die Geschehnisse des Jahres 1793, greift also ein Jahr vor *Maximilian Robespierre* zurück. Wieder rückt die mörderische Konkurrenz der Revolutionäre, der Kampf zwischen radikalen und gemäßigten Positionen, in den Vordergrund. Abermals machen sich die Spannungen zwischen dem Volk und seinen Vertretern sowie die Eigendynamik der Volksbewegung geltend. Wie der Dramentitel anzeigt, steht jetzt kein individueller tragischer Held, sondern eine Gruppe im Vordergrund. Das entspricht besser der schon im ersten Drama angestrebten ›Bilder-Dramaturgie‹ (»Gemälde«, Griepenkerl: *Werke*, xx) und könnte auf moderne Züge einer nachrealistischen Dramaturgie hindeuten. Dennoch: zwischen *Dantons Tod* und *Die Weber* klafft in der Gattungsgeschichte des historischen Dramas noch immer eine Lücke (vgl. Hinck 1981).

4.2 Geschichte und Gegenwart: Gustav Freytags *Die Fabier*

Wenn Gustav Freytags versifiziertes Römerdrama *Die Fabier* (1859) überhaupt einen **realistischen Effekt** bezweckt, so geht dieser von der historisch-parabolischen Gestaltung aktueller politischer Ereignisse aus. Der sagenhafte Untergang der Fabier

(477 v. Ch.) bildet die Katastrophe für einen der Gegenwart abgelesenen Konflikt. Der Gang der dramatischen Handlung von der Schürzung des Knotens bis zur endlichen Versöhnung nach der tragischen Katastrophe konturiert am antiken Stoff die **Krise des Liberalismus** zur Zeit der Neuen Ära, der Heeresreform und des Verfassungskonflikts. Die Entsprechungen betreffen sowohl die nationalpolitischen und verfassungsgeschichtlichen als auch die sozialen Aspekte des Zeitkonflikts. Sichtbar wird eine sozial polarisierte Gemeinschaft im Prozess ihrer Modernisierung vor dem Hintergrund ausländischer Bedrohung.

An den Staatsgrenzen zur Zeit der ersten römischen Konsuln droht der etruskische Feind, die Vejenter. Ein Krieg scheint unvermeidbar und setzt innere Einheit voraus. In Rom regiert als einer der beiden Konsuln ein Angehöriger des aristokratischen Fabiergeschlechts. Er weiß sich seinem Stamm verpflichtet, vertritt aber das moderne Stadtrecht, das den Bürgern in ihren gewählten Vertretern (Volkstribunen) das Mitspracherecht einräumt. So beginnt sich **das neue Rechtsprinzip** gegenüber dem älteren Prinzip der Privilegien zu behaupten, eine Wandlung, die jedoch zu inneren sozialen Spannungen führt und nach außen als Schwäche wahrgenommen werden kann. Anlässlich der Entscheidung über die Kriegsbewilligung bricht der latente Streit zwischen Fabiern (Aristokratie) und Bürgern (Volk) erneut aus und gipfelt im Mord an dem Volksvertreter. Der Konsul will nach Stammessitte den Mörder zum Tode verurteilen, kann sich aber nicht durchsetzen, weil der Mörder sein eigener Sohn ist und über einen noch immer einflussreichen Anhang verfügt. Statt der Todesstrafe verhängt der Konsul als Sühne den aussichtslosen Kampf der von den Bürgern ›allein gelassenen‹ Fabier gegen den übermächtigen Feind. Erst im Untergang zeichnet sich eine Versöhnung unter neuem Recht ab: Ein wesentlicher Bestandteil dieser neuen Einigung wird die Liberalisierung des Eherechts sein, das nunmehr die soziale Mischheirat zwischen Adligen und Bürgern zulässt und somit die Offenheit einer modernen bürgerlichen Welt einleitet.

Das Trauerspiel verknüpft private Schicksale (die Liebe des reichen Bauernsohnes Gaius Ilicius zu Fabia, der Konsulstochter) mit innenpolitischen (bürgerliche Gleichheit und Freiheit) und außenpolitischen Faktoren (vaterländischer Notstand). Wie in Fontanes *Irrungen, Wirrungen* werden am **Mesalliance-Motiv** grundlegende Momente des politischen und sozialen Systems vorgeführt, so dass auch hier das private, persönliche Geschick als Symptom für allgemeine Missverhältnisse dient.

Freytags Drama steht dem modernen Politthriller nicht fern; aktionsreich und melodramatisch organisiert, lenkt er die Aufmerksamkeit auf Handlungen, Posen und das ›Setting‹. Politisches Handeln vermischt sich mit kriminellem. Psychologisch angelegte Charaktere begegnen kaum; stattdessen mehren sich wieder Typen, die nach allegorischem Muster **Grundkräfte des gesellschaftlich-politischen Prozesses** anzeigen: das Wölfische und Trotzige der Fabier, das Rechtsbewusstsein des abwägenden, ›dazwischenstehenden‹ Konsuls, die ›gewachsene‹ Nachbarschaft der Bauern im Fabiergau und der neue ›synthetische‹ Mensch als heroischer Jüngling, der mit Pflug wie mit Schwert gleichermaßen geschickt umzugehen weiß. Das Trauerspiel soll wie das **Räderwerk einer fatalen Fehlentwicklung** funktionieren, wobei sichtbar bleibt, welche Rädchen bei anderer Drehung dem Gang der Geschichte rechtzeitig und unter weniger Verlusten die richtige Wendung gegeben hätten.

Historischer Wandel, sozialer Konflikt und außenpolitische Gefahr konturieren eine dramatische Situation, in der erkennbar werden soll, was eine bloße »Fehde mit dem Adel« von einem national relevanten »Gefecht« (Freytag: *Dramatische Werke*,

195) unterscheidet. Auf dem Spiel steht der **Solidarisierungseffekt**, den ständische Interessen untergraben, während ›römische‹ Grundsätze (Wahrung des Besitzes in Stadt und Land) integrativ wirken.

Freytags Anleihen bei Schiller bzw. die Nähe zu Hebbels *Nibelungen* oder Wagners *Rienzi* fielen schon auf (vgl. Martini [4]1981, 214). Die sogenannten hohen Dramen des Realismus ahmen ihre idealistischen Vorbilder gern nach, nur glauben sie, Politik und Geschichte konkreter inszenieren zu können. Dazu gehört die Abwendung vom Prinzip der tragischen Kollision, d. h. vom Prinzip der Unlösbarkeit eines Dilemmas, und die Hinwendung zur »Relativität des Geschichtlichen« (ebd., 215). Das muss nicht als Schwächung der tragischen Konstellation abgewertet werden, sondern kann auch als **Wiederaufnahme des Anagnorisis-Prinzips** gelten, das schon bei Aristoteles die Spanne zwischen zu spätem und rechtzeitigem Erkennen umfasst. Wenn realistische Literatur dadurch gekennzeichnet ist, dass sie erkennbare Wirklichkeit inszenieren möchte oder – vorsichtiger bzw. konstruktivistischer gesagt – Attrappen für verstehbare gesellschaftliche und politische Prozesse aufstellt, dann bleibt Freytags Trauerspiel ein bemerkenswertes Werk der Zeit und verdient Aufmerksamkeit.

4.3 »Realistische Individualität« im kulturhistorischen Prozess: Ferdinand Lassalles *Franz von Sickingen*

Dass eine »Rückwendung« zur Geschichte nicht automatisch eine Flucht vor der Gegenwart bedeutet, erweist sich an Ferdinand Lassalles (1825–64) Interesse für die Figur des Franz von Sickingen. Angeregt durch Friedrich Theodor Vischers Forderung nach einem »Drama mit großem Geschichtsgehalt« (Martini [4]1981, 209) und gelenkt durch David Friedrich Strauß' gerade erscheinender dreibändiger *Hutten*-Biographie (1858–60), entdeckt Lassalle, der Politiker und Gründer des ›Allgemeinen Deutschen Arbeitervereins‹, im Reformationszeitalter »jene Periode unseres größesten und entschiedensten geschichtlichen Wendepunktes« (Lassalle: *Franz von Sickingen*, 7), dessen Nachwirkung er bis in die Gegenwart verfolgen kann. Lassalle erkennt in der Reformation eine »Epoche der gewaltigsten nationalen Kämpfe und Strebungen« (8), in der ›kolossale‹ Gestalten wie Luther, Hutten und eben Sickingen eine »Zeit nationaler Erhebung« bewirkten und dennoch nicht verhindern konnten, dass »wir aufgehört [haben] ein Volk zu sein, ein nationales Dasein und eine nationale Geschichte überhaupt zu haben!« Lassalle sieht hinter den konfessionellen oder gar theologischen und dogmatischen Streitigkeiten ein fundamental »**reformatorisches Bewußtsein**« am Werk, das sich auf das gesamte kulturelle, gesellschaftliche und politische Leben auswirkt und alles mit einem »rein humanen Freiheitspathos« (9) umgibt; so zeichne sich eine »Sache der allgemeinen Freiheit, der nationalen Größe und Erhebung« (10) ab.

Das ebenso dramatische wie tragische Moment liegt für Lassalle darin, dass zu Beginn des 16. Jh.s binnen kürzester Frist in Deutschland »alle Elemente zusammentrafen, um es zur vollsten **politischen Wiedergeburt** zu führen – und doch wieder auseinanderfallen!« (11). Nach Lassalles Auffassung verdichtet sich und kulminiert diese Krise in der »*Erhebung Sickingens*« und der problematischen Rolle, die er im Bauernkrieg spielte. Sickingen erhebt sich gegen Papst, den »röm'sche[n] Priestertrug«, die »wilde Fürstenanarchie« (55) und schließlich auch gegen den Kaiser, tritt für ein »ein'ges, großes, mächt'ges Deutschland« (87), für die ›reine Lehre‹ und die ›deutsche

Freiheit‹ ein; aber er tut dies nicht entschieden und offen genug, schreckt vor der Utopie des befreiten Volkes zurück, die ihm Ulrich von Hutten entfaltet, wählt die falschen Mittel (Kampfmuster der Fehde), sucht die Unterstützung bei den Rittern und Bürgern statt im Volk und bei den Bauern und scheitert.

Schon damals wurde – so Lassalle – eine »*geistige* Freiheit« errungen; doch habe dies nur auf Kosten des »nationale[n] Dasein[s]«, der »politische[n] Freiheit, Einheit und Größe« (12) erfolgen können und musste deshalb wieder verkümmern. Das sind die Voraussetzungen für die dramatische Idee, diesen »gewaltigen kultur-historischen Prozeß, auf dessen Resultaten unsere ganze Wirklichkeit lebt, [...] zum innern bewußten Gemeingut des Volkes zumachen. Ich wollte, wenn möglich, diesen kultur-historischen Prozeß noch einmal in bewußter Erkenntnis und leidenschaft-licher Ergreifung durch die Adern alles Volkes jagen« (13). Mit der Entscheidung für Franz von Sickingen als tragischen Helden fällt zwar der Blick auf ein Individuum, doch geht es nicht um persönliche Konflikte, sondern allein »um jene größesten und gewaltigsten Geschicke der Nationen – Schicksale, welche über das Wohl und Wehe des gesamten allgemeinen Geistes entscheiden und von den dramatischen Personen mit der verzehrenden Leidenschaft, welche historische Zwecke erzeugen, zu ihrer eigenen Lebensfrage gemacht werden« (14). Das umreißt die besondere Form der »**realistische[n] Individualität**«, die Lassalle seinem politischen Ideendrama, seinem einzigen literarischen Werk, zu geben versucht.

Die so entstandene »historische Tragödie« *Franz von Sickingen* (1859) ist ein ›antiquarisches‹ Literaturdrama geblieben und wurde erst 1969 uraufgeführt. Literar-ästhetisch und theatergeschichtlich spielt sie keine Rolle. Aber wirkungsgeschichtlich hat sie als kritisches Exempel im Ringen um eine materialistische Literaturtheorie und eine aus ihr entwickelte Realismus-Auffassung von sich Reden gemacht. Ein Materi-alienband mit dem Titel *Die Sickingen-Debatte* (Hinderer 1974), repräsentiert eine Verständigung, an der sich Engels, Marx, Strauß, Vischer und andere Zeitgenossen lebhaft beteiligt haben. Das beflügelte die Realismus-Diskussion, gab ihr – verglichen mit den biederen Stellungnahmen des jetzt schon erlahmenden ›programmatischen Realismus‹ – ein brisantes Niveau mit zukunftsweisender Richtung, obwohl es auf die Dauer nicht gelang, den engen Zirkel des Widerspiegelungskonzepts zu über-schreiten.

Rückblickend fallen die vielen problematischen Voraussetzungen auf, die dazu führten, dass ›Realismus‹ als Verfahren zur Widerspiegelung von Klassenkämpfen und als Norm für eine trennscharfe Unterscheidung zwischen reaktionären und progres-siven Kräften instrumentalisiert wurde. Das fiktive Moment solcher schematischen Zurichtungen ging in der ideologisch orientierten Debatte unter. Lassalle habe sich – so der Vorwurf – für das falsche historische Subjekt entschieden. Statt einen Vertreter des untergehenden Rittertums zu wählen, hätte er, um den Prozess der historischen wie gegenwärtigen Revolution zu inszenieren, Bauern, Städter und überhaupt den gesamten Umfang der plebejischen Kräfte in den Mittelpunkt rücken sollen. Erst die-se Entscheidung hätte den Boden für einen kritischen Realismus geschaffen, für die (auch ästhetisch) erfolgreiche Konzeption eines anti-idealistischen, d. h. realistischen Dramas, das ein »Shakespearisieren« ermöglicht hätte.

Aber was besagt der Vorwurf, dass Lassalle kein Drama in der Art Shakespeares schreiben konnte? Welchen »Realismus der Geschichtstragik« soll er geahnt, aber nicht bewältigt haben (Martini [4]1981, 210)? Lassalle erfüllt doch viele **Forderungen des realistischen Programms:**

- Wahl eines eminent kritischen Wendepunktes in der Nationalgeschichte,
- unmittelbare Relevanz des Stoffes für die Gegenwart,
- Konstruktion eines tragischen Handlungsfehlers (›Hamartia‹), die das Scheitern erklärt, ohne die Zukunftsperspektive auszulöschen,
- Konkretisierung und Individualisierung der Revolutionsidee,
- problematischer Charakter.

Der Vorwurf, dass er nur eine **Revolution** ›**von oben**‹ imaginiert habe, geht davon aus, dass allein die Revolution ›von unten‹ der richtige, also realistische Weg gewesen wäre. Ist das nicht auch eine Fiktion? Nach dem Arrangement des Dramas scheitert Franz von Sickingen, weil er wie ein Realpolitiker nach dem Prinzip der »realistischen Klugheit« handelt, statt sich ›offen‹ für den revolutionären Kampf gegen Kaiser und Fürsten auszusprechen. So gerät er in einen »unlösliche[n] Widerspruch zwischen der spekulativen Idee [...] und dem endlichen Verstande« (Hinderer 1974, 21). Auch das ist ein Projekt, das an die ›Grenzen des Realismus‹ führt, denn der würde ein solches Dilemma nicht konstruieren wollen. Dem Dramatiker ein falsches Geschichtsbild bzw. eine unbewältigte Geschichtstragik vorzuwerfen und eine »konkrete Auffassung des Geschichtlichen« (Martini [4]1891, 210) einzufordern, klingt eingedenk der Diskussion über die Verfügbarkeit des Anschaulich-Wirklichen im realistischen Blick etwas veraltet. Wohl mag Lassalles Rückfall ins Rhetorisch-Abstrakte nichts mit jener modernen Form des Abstrakten jenseits aller Narration zu tun haben; doch wäre angesichts der Tendenz, die ehemals als Realisten kanonisierten Autoren nunmehr als Frühmoderne zu kennzeichnen, eingehender zu prüfen, ob im *Franz von Sickingen* nicht doch ein ›typisch‹ realistisches Geschichtsdrama vorliege.

5. Richard Wagners Beitrag zum Realismus: *Der Ring des Nibelungen*

Eine Literaturgeschichte des Realismus wäre schlecht beraten, ginge sie an Richard Wagners (1813–83) Musikdramen wortlos vorbei. Ebensowenig würde es genügen, das ›Phänomen Wagner‹ aus dem Gegensatz zum vorherrschenden Epochenbild zu entwickeln. Zu wichtig sind die Berührungen zwischen den zwar entgegengesetzten bzw. konkurrierenden, aber auf denselben Gegenstand, die **Kritik der modernen Gesellschaft**, gerichteten künstlerischen Entwürfen, als dass Wagners Opern in einer Bilanz des Realismus außer Acht gelassen werden könnten. Nur wer den Realismus auf seine Abbildfunktion verkürzt, könnte auf Wagner im realistischen Kontext verzichten. Die **mythische Interpretation der modernen Welt** steht aber längst nicht mehr im Gegensatz zu dem, was die realistische Darstellungsweise vermag. Im Gegenteil neigt auch diese immer wieder zu einer spezifisch mythischen Grundierung der zeitgenössischen Lebensverhältnisse, ihrer Entstehungs- und Verfallsbedingungen (Keller, Storm, Fontane). All das liegt aber jenseits dessen, was der herkömmliche Realismus der Anschaulichkeit, Lebendigkeit und Wiedererkennbarkeit ahnen ließ.

Unter realistischem Blickwinkel scheinen als literarisches Werk *Die Meistersinger von Nürnberg* (1862) am ehesten die Rahmenbedingungen der Epoche einzulösen. Dennoch soll sich hier die Aufmerksamkeit nicht auf das deutsche Künstlerdrama, sondern das mythologische »Bühnenfestspiel« *Der Ring des Nibelungen* (1863) richten; an ihm gilt es, den möglichen Epochenbezug zu erkunden. Schon Hebbels Verarbeitung der Nibelungen-Sage zeigte ja, wie **Mythos und Realpolitik** im dramatischen Kalkül tatsächlich ineinandergreifen.

Wagners *Nibelungen*-Tetralogie (*Das Rheingold, Die Walküre, Siegfried, Die Götterdämmerung*) ist ein für die Epoche des Realismus überaus wichtiges Werk; das heißt aber nicht, dass sie ein typisch realistisches Werk ist. Dieser Zuordnung steht ihre **radikale Position** im Weg. Radikal über die Grenzen des Realismus hinaus ist der *Ring* in seiner unauflösbaren Alternative zwischen Politik, Staat, Gesellschaft einerseits und der individuellen, alle Normen brechenden Liebe andererseits sowie in seiner globalen Katastrophen-Lösung. Zwar ist überall im Realismus das Untergangsthema präsent (z. B. Fontanes *Schach von Wuthenow* oder *Unwiederbringlich*), doch nie werden – wie bei Wagner – alle Register der Liquidierung gezogen. Immer wieder erscheinen Liebe und Natürlichkeit als utopischer Horizont in einer auf lange Sicht widrigen Gesellschaft und Politik; selten aber werden sie im Realismus bis zur instrumentellen Verherrlichung des Inzests ausgereizt, wie es im *Ring* tatsächlich geschieht.

Die ›**Ähnlichkeit**‹, die den *Ring* in die Nähe der Wirklichkeit Preußen-Deutschlands und wohl auch Europas rückt, ist keine durch Widerspiegelung erwirkte. ›Gleich‹ sind die Figuren der Tetralogie, Wotan zumal, ihren realen ›Vorbildern‹ hauptsächlich durch Verdichtung und ›Summierung‹: »Sieh Dir ihn recht an! Er gleicht uns auf's Haar; er ist die Summe der Intelligenz der Gegenwart« (Brief an A. Röckel vom 25./26. Januar 1854; zit. nach Bermbach 2003, 235). Als »politische Untergangsparabel« (Bermbach, 238) will die Tetralogie ja ohnehin nicht spiegeln, sondern ›durchschauen‹, d. h. das Latente aufdecken und das Nahende vorwegnehmen.

Der Ring des Nibelungen handelt vom Zusammenhang zwischen Geld, Macht und Liebe. An einem relativ neuen Sagen-Stoff (gemessen an der antiken Stoff-Tradition) wird ein archaisches **Modell für die verzwickten Tücken der Realpolitik** mit ihren Verträgen, Verfassungen, Schachzügen und Instrumentalisierungen entworfen. Das Heißersehnte ist das Verderbliche (vgl. Raimunds Zauberspiel *Der Bauer als Millionär* oder Hebbels *Der Rubin*). Gier entsteht aus Entbehrungen und dem, was einem versagt wird, Zwangslagen resultieren aus maßlosem Begehren, das notorische Großmachtstreben bewirkt eine hilflose Abhängigkeit, und das Erlösungsbedürfnis erfüllt sich allein im ultimativen Bankrott.

Zwerge und Riesen, Götter und Menschen interagieren beim **Kampf »um die Weltherrschaft«** (so der Titel eines historisch-politischen Kolportageromans von Sir John Retcliffe; vgl. auch Borchmeyer 2002, 278), der zugleich ein ›Zappeln‹ nach dem Diktat der Triebe ist (Fontane: *Werke*, IV/3, 156). Zur Anschauung gelangt eine »Totschlägerreihe« (Frank 2001, 97), die im Dienst einer neuen Weltordnung stehen soll.

Der **Wirklichkeits- und Lebensgrund** in Wagners Drama ist doppelbödig wie in Storms *Schimmelreiter*, Fontanes *Effi Briest*, Kellers *Martin Salander*, Raabes *Stopfkuchen* oder Meyers *Der Heilige*. Nichts stimmt hier unter der Oberfläche und über den Wolken und schon gar nicht zwischendrin mitten auf der Erde. Natürlich und rechtlich soll alles vorgehen, und doch gilt es, Verträge zu brechen, mit List das Verwehrte zu erraffen und grimmig das Unerreichbare zu verfluchen, damit kein anderer sich je daran erfreue.

Wie im Gesellschaftsroman rückt auch in der Welt der Sage und des Mythos die ›**normale**‹ **Ehe** in den Vordergrund (vgl. Bermbach 2003, 207 ff.) und muss sich

am Richtwert der ›freien Liebe‹ messen lassen. In radikaler Wendung gegen die gesellschaftliche Konvention proklamiert Wagners Drama die **Utopie der Befreiung zur
wahren Liebe** als Bruch mit dem Inzestverbot (ebd., 212 f.). Das ist für ›realistische‹
Maßstäbe zweifelsohne überspannt (es sei denn, man verfolgt ähnliche Tendenzen
bei Storm oder denkt an Interpretationen, die das Inzest-Motiv an einer realistischen
Novelle wie *Romeo und Julia auf dem Dorfe* herausarbeiten; vgl. Holub 1991).
Dennoch stehen dieselben ›Stützen der Gesellschaft‹ zur Diskussion, die auch Ibsen
revidieren wird: Liebe, Ehe, Familie, Heim, Gesellschaft, Politik und Staat.

Wagners musiktheatralisches Konzept weist eine wichtige Schnittstelle zu
einem Grundprinzip des Realismus auf, dem des bedeutungsvollen Zusammenhangs.
Mit der **Einführung des ›Leitmotivs‹** gewinnt er ein »architektonische[s] Prinzip von
»unermeßlichen Ausdehnungs- und Entwicklungsmöglichkeiten« (vgl. Bermbach
2003, 178). So entsteht im Musikdrama ein »symptomatisches Gewebe«, das die
realistischen Bemühungen um den ›**Zusammenhang der Dinge**‹ nicht nur einlöst,
sondern weit übertrifft. Realistisch relevant ist dieses Prinzip darüber hinaus wegen
seiner Analogie zu politischen Strukturen. Das literarisch-musikalische Leitmotiv
entspricht als ›Baustein‹ einem Mikro-Organisationsprinzip, einer ›Basiseinheit‹,
die durch Kombination in komplexere Strukturen eines stabilen Ganzen nach dem
Muster ›freier Vereinigungen‹ überführt werden kann (vgl. ebd., 179). So bildet der
Ring nicht Wirklichkeit ab, meint sie auch nicht nur in parabolischer Form, sondern
entwirft sie als Zukunftsmodell. Das Leitmotiv verabsolutiert zudem das realistische
Prinzip des Wiedererkennens (jeder Figur und jedem Handlungsmotiv sind musikalisch
wiederkehrende Einheiten zugeordnet). So gesehen, arbeiten realitäts- und mythen-
schaffende Prinzipien am selben Strang. Beide suchen nach ›Präsentationsformen‹,
die dem Wiedererkennen dienen und Erkenntnis ermöglichen.

6. Die Komödie

6.1 Poetik der Hoffnung: Hermann Hettners und Friedrich Theodor Vischers Komödientheorie

Steht das ästhetische Konzept des Tragischen dem sozialen Konzept des Realistischen
im Wege, so öffnet sich die Theorie des Komischen erneut der »Stoffwelt des sozialen
und Privatlebens« (Vischer: *Aesthetik*, VI, 329). Wie der Roman hat es das Lustspiel
mit der »**Wirklichkeit des Lebens**« (ebd., 337) und seinen »prosaischen Verhältnissen«
(ebd., 339) zu tun. Sie sind der gattungsspezifische Gegenstand für Darstellungen in
jenem »charakteristischen Stile« (335), der für den »moderne[n] Realismus« (337)
kennzeichnend ist. Zu erwarten wäre also eine Blüte der Komödie im realistischen
Zeitalter. Doch die blieb aus. Die Literaturgeschichte kennt keine realistische Komödie,
die sich mit einem kanonischen Erzählwerk des Realismus vergleichen ließe. Die bekannten bzw. seinerzeit erfolgreichen Komödien wie Gustav Freytags *Journalisten* sind
ästhetisch belanglos, und die theaterästhetisch herausragenden Komödien, mehrere
Werke Johann Nestroys in der Nachmärz-Zeit (z. B. *Freiheit in Krähwinkel*), führen
als ›Possen‹ bzw. als Volkstheater aus vorrealistischer Zeit in der neuen Epoche eine
Randexistenz (vgl. Martini [4]1981, 217).

Als Grund für das Scheitern bzw. **Ausbleiben einer modernen, realistischen Komödie** werden Eigenschaften jener »prosaischen Verhältnisse« angegeben, die eigentlich die Entfaltung der Komödie befördern. Vischers Ästhetik, die sich im Komödien-Kapitel auf Hermann Hettners Programmschrift *Das moderne Drama* (1852) beruft, erklärt: »Der Grund, warum wir so arm sind an Komödien, liegt zum Teil [...] in dem Mangel einer Gesellschaft, einer großen tonangebenden Hauptstadt mit der gleichfließenden Stoffquelle komischer Typen, komischer Verhältnisse, zum Teil auch im Mangel politischer Freiheit [...]« (ebd., 334). Schärfer noch argumentierte Hettner: »Unser Staat, der noch immer nicht ein Rechts-, sondern nur ein Polizeistaat ist, erlaubt nicht die Komödierung staatlicher Zustände« (Hettner 1852/1924, 156). Und weiter: »[...] der rechte Stoff wird [...] erst dann vorhanden sein, wenn die Völker frei, wenn geordnete würdige Zustände, wenn wahre Staatsmänner, wenn andere Träger der Bildung vorhanden sind« (Vischer: *Aesthetik*, VI, 171).

Dieser Zusammenhang, an dem auch die Literaturgeschichte des 20. Jh.s festhält (vgl. Martini [4]1981, 216), ergibt sich aus der **Koppelung ästhetischer, politischer und geschichtsphilosophischer Reflexionen** (vgl. Kinder 1973, 238 ff.). Zugrunde liegt die Überzeugung, dass **eine neue literarische ›Klassik‹** nur unter günstigen politischen, d. h. demokratischen Bedingungen entstehen könne. Ungeklärt bleibt dabei, welche Rolle jene Kunst spielt, die vor bzw. außerhalb solcher Bedingungen entsteht. Muss sie deshalb als ›Kunst‹ grundsätzlich scheitern, vermag sie, ihre eigenen Bedingungen zu antizipieren, oder ist sie gar in der Lage, kraft anderer Ressourcen (z. B. dank der Genialität des Künstlers oder des utopischen Potentials der Kunstform) ›unbedingt‹ zu entstehen? Zugrunde liegt weiterhin die Vorstellung, dass in der Komödie nicht nur normwidriges Verhalten nach dem Maßstab geltender Normen ausgelacht, sondern im Gegenteil repräsentatives, mithin normkonformes und somit (noch) **geltendes Handeln im Lichte geschichtsphilosophischer Zukunftsdeutung dem Lachen preisgegeben** werden soll. So macht sich eine, nicht von der gegenwärtigen Wirklichkeit, sondern von der antizipierten Zukunft ausgehende, also spekulative Komponente geltend, die eigentlich ein Fremdkörper im realistischen Denken ist. Will man sie dennoch dem realistischen Programm anpassen, so verwandelt sich der spekulative Zug in einen Fortschrittsglauben. Mit der **Perspektive des Fortschritts** rückt aber eine Norm in den Mittelpunkt, die im realpolitischen bzw. gründerzeitlichen Umfeld bereits gilt. Sie wird eben nicht an repräsentativen Typen im komischen Genre exponiert, sondern bildet die nicht weiter befragte Grundlage eines teils belanglosen, teils ideologisch verbrämten Gelächters. Zur gezielten Fortschrittskritik, deren Relevanz im späten Realismus zunimmt, kann diese Komödie nichts beitragen, es sei denn, dass auch hier Nestroys Werk – zum Beispiel die späte Posse *Der Schützling* (1847), die das Fortschrittsthema in den Mittelpunkt rückt – den Maßstab setzt.

Hettner entwickelte das Profil der realistischen Komödie unter der typisch realistischen Voraussetzung, dass der »künstlerische Geist« eine »verklärende Spiegelung der realen Weltverhältnisse« ist (Hettner 1852/1924, 142). Die **realistische Komödie** zeichnet sich aus durch:

- täuschende Natürlichkeit (ebd., 151),
- kompositorische Straffheit (152),
- rein sachlichen Witz (153) und
- echt humoristischen Ton (154).

Hettner hat eine ›Komödie der Zukunft‹ vor Augen, die nicht nur die Linie des realistischen Lustspiels fortführt, sondern eine Synthese mit der entgegengesetzten ›aristophanischen‹, d. h. phantastischen Tradition darstellt. Erste Ansätze hierfür sieht er in den Possen des Volkstheaters und wertet sie – in wörtlicher Anlehnung an einen Brief Gottfried Kellers – als »Vorboten einer **neuen Komödie**« (170). Deren Merkmale sind:

- größere Willkür in der Ökonomie und
- Verbindung von Musik und Dichtung.

Dieser Werktypus löst also nicht die klassizistische Forderung des programmatischen Realismus nach Einheit und Gattungsreinheit ein, sondern konturiert eine komplex organisierte ›Vielstimmigkeit‹, die sich nach neuerer Erkenntnis ja gerade auch in den realistischen Werken trotz Einhaltung der ›epischen Integration‹ geltend macht.

6.2 Der »böse Geist Journalismus«: Gustav Freytags *Die Journalisten*

Zu den »beiden einzigen Komödienwerken von Rang, die die deutsche Kulturgeschichte um die Mitte des 19. Jh.s hervorgebracht hat«, zählt neben Richard Wagners *Die Meistersinger von Nürnberg* das heute vergessene Lustspiel von Gustav Freytag *Die Journalisten* (Stauch-von Quitzow 1986, 39). Das klingt verwunderlich, entspricht aber der Rezeptionsgeschichte: 1852 in Breslau uraufgeführt (gedruckt 1854, [14]1898), bleibt Freytags Stück, eigentlich ein »Konversationsschauspiel« (ebd.), bis zum Beginn des 20. Jh.s das neben *Minna von Barnhelm* am meisten gespielte Werk der deutschen Komödienliteratur. Mit gutem Gespür für die Veränderungen der Kräfteverhältnisse im öffentlichen Leben nach der 48er Revolution rückt Freytag den Wahlkampf um einen Abgeordnetensitz ins Zentrum seines politischen Intrigenstücks. Das Wahlthema verbindet Freytags Lustspiel mit anderen Erzählwerken des Realismus, zum Beispiel mit Fontanes *Frau Jenny Treibel* und *Der Stechlin* oder Kellers *Martin Salander*. Das **Motiv des dilettierenden Politikers,** das bei Freytag aber nur entfernt anklingt, gehört zwar längst zur Komödientradition (vgl. Holberg: *Der politische Kanngießer*, 1722). Doch ist der Vorgang der Abgeordneten-Wahl in den frühen 1850er Jahren eine noch junge politische Praxis im Nachfeld der März-Revolution (vgl. Beaton 1986); ›vertrauter‹ als die Abordnung frei gewählter Volksvertreter, die in einem konstitutionellen Staat die Interessen ihrer Wähler bzw. Wahlmänner vertreten, wäre ihre Berufung von oben bzw. ihre Ernennung aufgrund persönlicher oder ständischer Privilegien.

Scharfblickend erkennt Freytag in der **Presse** einen **wesentlichen Faktor der neuen, parteipolitisch motivierten Auseinandersetzung** (grundlegend Theel 1996). So lässt er nicht etwa konträre politische Positionen aufeinandertreffen, sondern verlagert den Konflikt ganz auf die Ebene der journalistischen Konkurrenz zweier Zeitungen, des ›Coriolan‹ und der ›Union‹, deren entgegengesetzte Richtung, der eine konservativ, die andere liberal, nur vage angedeutet wird. Im Vordergrund stehen die ›Journalisten‹ als zeitgemäße Typen des öffentlichen Lebens und als Drahtzieher für das, was in der Öffentlichkeit als Wirklichkeit gelten soll. Aus der alten, sächsischen Typenkomödie (vgl. Beaton 1986, 516) mit ihrem Intrigenspiel wird so eine moderne »politische Humoreske« (Gottschall [2]1861, III, 447), die ihre parteipolitischen bzw. journalistischen Typen in ein massenmedial organisiertes Manipulationsspiel versetzt.

Der ›Hanswurst‹ der alten Komödie tritt im neuen Gewand des meinungsbildenden Journalisten und mephistophelischen ›Spielleiters‹ Bolz auf (vgl. Freytag: *Dramatische Werke*, 29). Vor diesem Hintergrund schürzt Freytag den Knoten für einen ›gemütlich‹ komödiantischen Romeo-und-Julia-Konflikt, in den gleich zwei Liebespaare verwickelt sind und der dank einer weiblichen Intrige, die in Nachbildung der Lessingschen Minna von Barnhelm von einer zweiten Spielleiterin, Adelheid Runeck, ausgeht, zum guten Ende geführt wird.

Freytags Lustspiel setzt eine **parteipolitisch differenzierte und zerstrittene Öffentlichkeit** voraus. Doch bemüht er sich an keiner Stelle um eine spezifisch politische Profilierung der Gegensätze. Die »Hexe Politik« (Freytag: *Dramatische* Werke, 54) bleibt anonym. Wo es gilt, politische Programme zu formulieren, lässt er die Figuren absichtlich allgemein menschliche Grundsätze vertreten. Beispielhaft zeigt sich das an der politischen Rechtfertigungsrede Professor Oldendorfs, des sympathietragenden Wahlkandidaten der liberalen Unions-Partei, gegenüber der um Vermittlung bemühten Adelheid Runeck:

> »Es ist möglich, daß, wie jetzt Sie, auch eine spätere Zeit unseren politischen Hader, unsere Parteibestrebungen und was damit zusammenhängt, sehr niedrig schätzen wird. Es ist möglich, daß unser ganzes Arbeiten erfolglos bleibt; es ist möglich, daß vieles Gute, das wir ersehnen, sich, wenn es erreicht ist, in das Gegenteil verkehrt, ja, es ist höchst wahrscheinlich, daß mein eigener Anteil an dem Kampfe oft peinlich unerquicklich und durchaus nicht das sein wird, was man eine dankbare Tätigkeit nennt; aber das alles darf mich nicht abhalten, dem Kampf und Ringen der Zeit, welcher ich angehöre, mein Leben hinzugeben; denn es ist trotz alledem dieser Kampf das Höchste und Edelste, was die Gegenwart hervorbringt.« (74)

Man kann dies als politisch relevantes »Glaubensbekenntnis« anerkennen (McInnes in BRuG, 367) oder als zwar ethisch korrekte, aber nichtssagende Phrase kritisieren. Im Grunde kommt es auf solche Verlautbarungen nicht an; sie mögen das ›Herz‹ des Publikums bewegen, richten aber politisch nichts aus. Was hier zählt, ist der Einfluss der Presse, die **Macht des journalistischen Wortes**, das Vermögen, »recht anschaulich« (31) eine Information in die Welt zu setzen, um die gewünschte Wirklichkeit durchzusetzen (vgl. 27). Insofern ist es konsequent, dass der politische Inhalt des Lustspiels ein Nichts ist; je ›unbeschriebener‹ das Blatt, desto faszinierender die Zauberkraft des manipulierenden Schrift-Mediums. Das wäre ein geeignetes Thema für eine Satire, die Freytags Lustspiel aber nicht sein will. Deshalb wird die Kraft des Herzens wiederholt evoziert, die über alle Differenzen und Zwistigkeiten hinweg auszugleichen und zu versöhnen vermag. Wenn der ›Unions‹-Redakteur Bolz, ein »zartfühlender und hochherziger Mensch« (78), für seinen Kandidaten wirbt, so legt er sich nur ›menschlich‹ fest:

> »Seine politischen Ansichten kümmern mich hier nicht. Aber was verlange ich von einem Deputierten? Daß er ein Mann ist; daß er ein warmes Herz hat und ein sicheres Urteil, und ohne Schwanken und Umherfragen weiß, was gut und recht ist; und dann, daß er auch die Kraft hat zu tun, was er für recht erkennt, ohne Zaudern, ohne Bedenken.« (62)

Die **Instanz des Herzens** wird zu einer Art affektiver Verfassungsgrundlage, die auch im zukünftigen Mehrparteien-System regulierend wirken kann.

Der komische Konflikt entsteht durch eine Art Systemzwang und Marionetteneffekt, hervorgerufen durch die noch kaum erprobte **Praxis des mediengesteuerten politischen Wahlkampfs** (eigentlich geht es ja nur um die Gewinnung von Wahlmännern). Ohne irgendeinen konkreten parteipolitischen Bezug vermag die Presse das öffentlich Geschehen beliebig zu lenken (trotz des Dementis; vgl. 89); das zeigen besonders ›gemütlich‹ die inszenierten Ovationen an den Wahlverlierer. Aus der Willkür der journalistischen Praxis, jener »gemeinsamen Mutter« und »großen Macht, welche Deputierte hervorbringt« (99), entstehen jedoch strikte Verbindlichkeiten bzw. Notwendigkeiten. Die Komödie, deren Strukturprinzip der Zufall ist, konstruiert aus zufälligen Momenten zwingende Bindungen. So klagen die beiden von den Zeitungsparteien lancierten Kandidaten, Oldendorf und Oberst Berg, gleichermaßen darüber, dass sie nicht anders können (vgl. 15) oder nicht anders dürfen (vgl. 43), sondern gerade so müssen (vgl. 42 f.), obwohl sie sich eigentlich auch anders verhalten wollten. Der nach Freytag'scher Lehre tragische Widerspruch zwischen Wollen und Müssen wird komödiantisch aufgelöst, indem es der Gegenintrige gelingt, die Machenschaften der Anfangsintrige aufzudecken. So kann der Konflikt zwischen zwei keineswegs verlachenswerten Kontrahenten versöhnlich aufgelöst werden.

Den **Schein des Wahlgetriebes** und den eigentümlichen Zusammenhang von Manipulation und tragischem Zwang durchschaut ein Protagonist, der Oberst Berg, schon früh. »Es ist ja sonst Brauch bei solchen Wahlen, daß man einflußreichen Personen den Hof macht und den Wählern die Hand drückt, Reden hält, Versprechungen um sich streut und wie die Teufeleien alle heißen.« (14) Und:

> *Oberst*: In diesen jungen Herren steckt der Teufel des Ehrgeizes, er treibt sie, wie der Dampf die Lokomotiven.
> *Ida*: Nein, Vater, er [Oldendorf] hat dabei nicht an sich gedacht.
> *Oberst*: Das stellt sich nicht so nackt dar: ich will Karriere machen, oder: ich will ein gefeierter Mann werden. Das geht feiner zu. Da kommen die guten Freunde und sagen: Es ist Pflicht gegen die gute Sache, daß du – es ist ein Verbrechen gegen dein Vaterland, wenn du nicht – dir ist es ein Opfer, aber wir fordern es; – und so wird der Eitelkeit ein hübscher Mantel umgehangen und der Wahlkandidat springt hervor, natürlich aus reinem Patriotismus. (39)

Bezüglich des liberal gesonnenen Oldendorf wird sich der Oberst irren; aber nicht darauf kommt es an, sondern auf die Möglichkeiten, die in dieser neuen Praxis der politischen Selbstinszenierung liegen.

Nach den Spielregeln der Komödie trägt an allem »der böse Geist Journalismus« (72) die Schuld. Gustav Freytag, selbst Journalist (vgl. Theel 1996), legt diese ›Erkenntnis‹ seiner Zentralfigur Adelheid Runeck in den Mund: »Rauchen Sie Tabak, mein Gemahl, so viel Sie wollen, er verdirbt höchstens die Tapeten, aber unterstehen Sie sich nicht, jemals eine Zeitung anzusehen, das verdirbt Ihren Charakter« (46). Diese **Übermacht des Journalismus** hat einen bestimmten Grund: »Alle Welt klagt über ihn und jedermann möchte ihn für sich benutzen« (72). Der Widerspruch wird benannt, aber nicht ausgestaltet. Die brisante Auskunft: »Ich kann schreiben nach jeder Richtung« (51), dem Coriolan-Mitarbeiter Schmock, einer jüdischen Figur, in den Mund gelegt, bleibt gleichfalls ohne Konsequenz. Die journalistische Leidenschaft überfällt die Gutherzigen, entfremdet sie ihrem Wesen und zerreißt bewährte Freundschaften. Nur die noch höhere **Macht des Geldes** vermag diesem Dämon Einhalt zu gebieten. Adelheid Runeck, steinreiche Schlossbesitzerin, erwirkt durch ihre Kaufkraft, wozu die einsichtigen Männer von sich aus nicht in der Lage sind. Sie kauft die gefährdete Unions-Zeitung auf, räumt dadurch die im Wege stehenden ›politischen‹ Hindernisse beiseite und führt so den glücklichen Komödienschluss für andere und sich herbei. Auch das wäre Stoff für eine Satire; aber Freytag beharrt auf seinem märchenhaften Schluss, und so bekommt auch der Pastorensohn und Jugendfreund Bolz seine angebetete Schlossherrin. Wie anders wird es Velten Andres mit seiner Helene Trotzendorff in Raabes *Akten des Vogelsangs* gehen!

7. Das Volkstheater

7.1 Der Realismus in der Volksstück-Debatte

Tragende Bausteine des programmatischen Realismus, wie sie insbesondere aus den beliebten Dorfgeschichten gewonnen wurden, finden sich schon in der Poetik der Posse und des ›Volksstücks‹, wie sie zur Zeit des Vormärz im Umkreis der **Debatte um das Wiener Vorstadt- bzw. Volkstheater** propagiert wurde. Auch hier geht es um

- Hinwendung zum alltäglichen Leben der ›Mittelklasse‹ in Beruf und Freizeit;
- originale Stoffe;
- gesunde Wirklichkeitsdarstellung;
- Bevorzugung des Lokalen, Volkstümlichen und Nationalen;
- charakterisierende Sittenzeichnung;
- humoristische Einfärbung;
- positive Einstellung (frisch, heiter, lebensfroh; ›Verklärung‹);
- latente Pädagogik (Yates 1985; Aust/Haida/Hein 1989, 25 ff.)

Die Volksstück-Poetik bildet wie der programmatische Realismus eine Art Erwartungshorizont, dem die Theaterdichter mit ihren ›Lokalpossen‹ – einerseits ›Originalwerke‹, andererseits lokal adaptierte Spielvorlagen des internationalen Unterhaltungstheaters – mehr oder weniger entsprechen bzw. den sie durch camouflierende Strategien zu unterlaufen suchen.

Im Briefwechsel zwischen Gottfried Keller und Hermann Hettner spielt die Posse eine Schlüsselstellung in der Diskussion um eine ›neue, politische Komödie‹ (vgl. Keller-Hettner-Briefwechsel 1964, 23 u. 46). Für Keller wird insbesondere am Aufführungsstil sichtbar, wie »**Volk und Kunst** zusammen, unbewußt, nach einem neuen Inhalte und nach der Befreiung eines allmählich reif werdenden Ideals ringen« (23 f.). Wieder geht es um die »**Angelegenheiten des Tages**«, die im Zeichen des Realismus durchaus »poetischen und bleibenden Wert« haben (49). Die Dramaturgie der Posse – »freie Willkür in der Ökonomie und die Allegorisierung politischer und moralischer Begriffe« (47) – bereitet dem ›niederen‹ Genre einen alternativen Handlungs- und Wirkungsraum, der sich von der klassizistischen Dramentradition positiv abhebt. Dadurch entstehen satirische, karnevaleske und phantastische Spielformen (vgl. am Beispiel der Stücke Franz von Poccis: Valenta 1991). Ob sie ein Gegenmodell zur realistischen Possen- und Volksstücktradition darstellen oder diese erneuern, modernisieren, wäre noch genauer durch Einzelinterpretationen zu ermitteln.

7.2 Wie realistisch können Possen sein? Johann Nestroy

Johann Nestroys Spätwerk taucht in Literaturgeschichten des Realismus am Rande auf, spielt aber keine tragende Rolle. Martini schrieb anerkennend: »In seiner Sprache brach mit epigrammatischer Schlagkraft die Ironie und Anklage durch«, schränkte jedoch sogleich ein: »Aber er blieb in den Grenzen der Wiener Posse, an ihre Schematik der Intrige, ihre sprunghafte theatralische Anekdotik, ihre possenhaften Genrebilder des Komischen gebunden, welche die Schärfe der Gegensätze verflachten, ihren größeren Hintergrund verwischten. Thema und Form kamen nicht zum Gleichgewicht« (Martini [4]1981, 217). Eine Abgleichung mit Grundsätzen des Realismus unterbleibt. Positiver klingt die Bilanz von Jürgen Hein; demnach zeigten »sich in den späten Stücken Nestroys sowohl Tendenzen zur Fortsetzung bzw. Rückkehr zu den dramatischen Modellen des Vormärz als auch zur **Anpassung an realistische Gestaltungsweisen**« (Hein in DL 1982, 363). McInnes spricht sogar von einem »neuen Höhepunkt«: »Nestroy war auch nach den Revolutionsereignissen im Sommer 1848 auf einzigartige schöpferische Weise bestrebt, die Volksbühne zum Vehikel der Zeitgeschichte zu machen« (McInnes in BRuG 1996, 374). Das bezieht sich vor allem auf die Revolutionskomödie *Freiheit in Krähwinkel* (1848) und meint ihre satirische Verarbeitung der revolutionären wie reaktionären Tendenzen. So gesehen, ließe sich Nestroys Realismus auf eine **wirklichkeitskritische Widerspiegelungskunst** reduzieren.

Der Versuch, Nestroys (Spät-)Werk bei einer **Profilierung der realistischen Literatur** einzubeziehen, macht es notwendig, mehrere Faktoren zu berücksichtigen:

■ Die verwerteten (im Sinne Spielhagens gefundenen) Spielstoffe entstammen dem Repertoire des internationalen Unterhaltungstheaters (London, Paris, Berlin) oder der ›gelesenen Literatur‹ (z. B. Paul de Kock, Eugène Sue);
■ statt einer Poetik der originalen Schöpfung gilt durchgehend die Kunst der Bearbeitung von meistens ›trivialen‹, d. h. weitläufig kursierenden Vorlagen;
■ es dominieren trotz erwarteter neuer Stoffe durchaus konventionelle Handlungsmuster;
■ die Werkkonstruktion dient der Unterhaltung, und doch läuft alles auf Entlarvung aus;
■ der moderne liberale Fortschrittsgedanke wird turbulent und hintergründig ad absurdum geführt;
■ spielerisch inszeniertes Chaos und wohlkalkulierte Irrationalismen destabilisieren bürgerliche, politische wie soziale Ordnungskonzepte;
■ ästhetische Verdichtung heißt grundsätzlich Konzentration auf Sprache und Sprachspiel sowie Entbindung der theatralischen Aktion;
■ politische bzw. mentalitätsgeschichtliche ›Spiegelbilder‹ wechseln sich ab mit allusionsreicher Intertextualität und unterstreichen das Konstruierte der Wirklichkeitseffekte.

Dies widerspricht zum Teil den **Grundsätzen des programmatischen Realismus**. Aber solche Widersprüche treten eben auch in der Praxis der späten Realisten auf; und so gilt es zu fragen, auf welcher Basis ein literaturgeschichtlicher Realismusbegriff zu entwerfen wäre, der diese Praxis berücksichtigt.

Produktionsgeschichtlich gesehen, stehen **Theaterarbeit und Erzählpraxis** ohnehin unter vergleichbaren Konditionen: Beide müssen sich auf politische und marktgesetzliche Rahmenbedingungen einstellen, hier die Überwachung durch die Zensurbehörden, dort die Reglementierungen durch den Vorabdruck in Familienzeitschriften. So erscheinen Werke des Realismus grundsätzlich in zweifacher Form: in intendierter und in realisierter Gestalt. Beide Werk-›Reihen‹ müssen demnach viel zwischen den Zeilen zum Ausdruck bringen.

Nestroys späte Posse *Mein Freund* (1851) zum Beispiel greift Themen und Motive auf, die auch in den Romanen des Realismus (Balzacs *Verlorene Illusionen*, Raabes *Der Hungerpastor*) eine Rolle spielen:

- die Darstellung des Freundschaftsmotivs bzw. seiner Krisen,
- die neobarocke Deutung der Aufstiegs- und Fallgeschichten,
- die Dramatisierung der Geldkräfte, vergegenständlicht im Requisitenspiel mit Wechseln und symbolisiert mit dem Münzwert des Wortes,
- die Inszenierung des Gegensatzes zwischen Provinz und Metropole sowie
- die Thematisierung des Mediums, in dem und um dessen willen sich alles ereignet.

Nestroys Realismus gründet nicht in bloßer Widerspiegelung und Objektivität sondern arbeitet ›freier‹, d. h. auch mit amimetischen Verfahren (Typisierung, Mechanisierung, Verfremdung). Im Mittelpunkt des Theaterspiels steht die **Satire**. Wie der europäische **Desillusionsroman** trägt auch sie zur Entlarvung bzw. Zerstörung ausgehöhlter oder in sich brüchiger Ideale bei.

7.3 Ludwig Anzengrubers Normenkontrollklage: *Das vierte Gebot*

Mit den Volksstücken des österreichischen Dramatikers Ludwig Anzengruber (1839–1889) gewinnt das **realistische Drama im Vorfeld des Naturalismus** ein bemerkenswertes Profil. Bürgerliches Schauspiel und (Lokal-)Posse mit Gesang bilden die Voraussetzungen für einen neuen Trauerspiel-Typus, der eine theatergeschichtliche Modernisierung bewirkt, die Fontane als »demokratische[n] Zug« begrüßen wird (Fontane: *Werke*, III/2, 844).

Anzengruber ist ein Dramatiker, der **aktuelle und brisante Themen** aus Politik, Gesellschaft und Kirche aufgreift, zu bühnenwirksamen Handlungen in der Stadt und auf dem Land umformt, zu teils tragischen, teils komischen Konflikten zuspitzt und einer oft positiven Lösung zutreibt (vgl. McInnes 1983, 130–139; Aust/Haida/Hein 1989, 204–220). Unter den Dramatikern ist er vielleicht der einzige, der zentralen Grundsätzen des programmatischen Realismus entspricht (kritische Darstellung von Alltag, Familie, Arbeit mit verklärender Perspektive) und trotzdem – anders als Freytag und Ludwig – auch heute noch gespielt wird. Zu seinen bekanntesten Werken gehören *Der Pfarrer von Kirchfeld*, *Der Meineidbauer* und *Das vierte Gebot*.

Die Wiener Uraufführung des *Vierten Gebots* (1877) wurde noch durch die bestehende **Theaterzensur** beeinträchtigt. So durfte das Stück nicht den heiklen Titel tragen, sondern hieß unverfänglich »Ein Volksstück«. Entscheidende Stellen, die von Anzengrubers radikaler Kritik am 4. Gebot bzw. seiner Geltung in einer aus den Fugen geratenen Gesellschaft zeugen, wurden ersatzlos gestrichen. Erst die Aufführung der Berliner Freien Bühne (1890), dem neuen Forum des naturalistischen Theaters, verhalf dem Stück zu einem wirksamen Bühnenleben in authentischer Form.

Nach einer frühen brieflichen Auskunft Anzengrubers behandelt das Stück »das **Thema der Verziehung**, des üblen Beispieles der Eltern – daraus resultierend die Unmöglichkeit des ›Ehre Vater und Mutter‹. [...] Die Geschichte wird effektvoll, aber tragisch« (Anzengruber: *Briefe*, I, 320). Drei Elternpaare und das jeweilige Geschick ihrer Kinder bilden den Kern der dreigeteilten, aber zusammenhängenden Handlung. Demonstriert werden die **tödlichen Folgen eines religiösen Gebots** im Umfeld einer nach materiellem Gewinn strebenden Gesellschaft. In zwei Fällen – in der zur Ehe mit einem ungeliebten reichen Mann gezwungenen Hedwig (vgl. Frenzel 1996) und dem durch verantwortungslose Eltern verzogenen Geschwisterpaar Martin und Josepha – erweist sich das ›vierte Gebot‹ als nichtig und sogar verderblich, insofern die Eltern ihre Fürsorgepflicht sträflich vernachlässigen. Sie versagen aber nicht nur aus persönlichem Unvermögen, sondern im Einklang mit der herrschenden Gesinnung, die dazu verlockt, in materiellem Nutzen, Aufstieg, Geldvermehrung und Spaß die neuen Werte zu achten.

Das **Motiv der verwehrten Liebes- und erzwungenen Vernunftehe** verbindet das Volksstück mit herausragenden Erzählwerken des Realismus (Raabes *Schüdderump*, Fontanes *Irrungen, Wirrungen*). Ähnliches gilt vom Motiv der falschen bzw. vernachlässigten Erziehung (Kellers *Der grüne Heinrich* oder *Ursula*, Fontanes *Quitt*, Raabes *Die Akten des Vogelsangs*). In beiden Fällen zeichnen sich katastrophale Entwicklungen ab: Die Frauen (die reiche Hedwig, die arme Josepha) werden zur verfügbaren Ware einer teils eigennützigen, teils verantwortungslosen Familienplanung, die Männer (Vater Schalanter, sein Sohn Martin) zu Trinkern und Mördern oder – abgeschwächt, aber doch mit kritischem Akzent – zu lebensfernen Priestern (Eduard), deren bevorzugte Stellung nur dazu dient, tödliche Ratschläge oder falschen Trost zu erteilen. Am Ende wird Hedwig, freilich zu spät, wie Nora das Männerhaus verlassen; Martin leidet unter der ›gespensterhaften‹ Prägung durch seinen Vater. So rückt Anzengruber deutlich an **Ibsens modernes Drama** heran.

Realistisch im programmatischen Sinn bleibt das Volksstück durch seinen didaktisch-reformatorischen Zug. Normen wie das vierte Gebot müssen sich eine Kontrolle gefallen lassen; wo das von ihm implizierte Gehorsamkeitsgebot mit dem Leben nicht übereinstimmt bzw. von übergeordneten ökonomischen Faktoren abhängt, verliert es seine Geltung. Die exemplifizierte Normenkontrolle führt also nicht zur radikalen Infragestellung der Normierbarkeit des Lebens (wie in Raabes *Akten des Vogelsangs*), sondern zur Besinnung auf lebensfördernde Werte. Anzengrubers Tragödie entwickelt ihre Katastrophe aus beobachtbarem, individualisierbarem und doch allgemein repräsentativem Fehlverhalten: Der reiche Hausbesitzer Hutterer und das heruntergekommene Drechsler-Paar Schalanter verhalten sich sozial typisch, aber moralisch falsch; sie sind die eigentlichen Normbrecher.

Das »ruhig[e], anständig[e] Elternhaus« ist eine von Anfang an bühnenpräsente Richtschnur. Und doch bleiben die einzigen Eltern, die ihrem Kind – mit ihm ›wachsend‹ – als »Pfleger«, »Berater« und »Freunde« zur Seite stehen (Anzengruber: *Das vierte Gebot*, 73), ein merkwürdig steriles Paar. Sie lösen die für das Volksstück typische Rührung aus, aber ›lebendig‹ wirken weder sie noch ihr Sohn, der Weltpriester Eduard. Selbst wenn ihnen glückt, was der klugen Großmutter mit ihren Enkeln Martin und Josepha nicht gelingt, entsteht keine vitale Jugend; wo sich dagegen ›Jugend‹ zeigt, wie an Hedwig und Josepha, verkümmern die jungen Frauen als »Verkaufte« (77). Anzengrubers positives Bild der Großmutter Herwig widerspricht unterschwellig der Vitalität seines reformerischen Ideals.

V. Lyrik

1. Dimensionen einer realistischen Lyrik

1.1 Die Stellung der Lyrik im realistischen Literaturkonzept

Gibt es eine spezifisch realistische Lyrik? In welchem Sinn kann es sie nicht geben, und welches Bild der Lyrik rückt in den Blick, falls ihr doch der Anschluss an das Literatursystem des Realismus in irgendeiner Form gelungen sein sollte (vgl. grundsätzlich Selbmann 1999, 9–24)? Die Realismus-Forschung, zumal die komparatistisch orientierte, würde die Frage nach den Möglichkeiten einer realistischen Lyrik rasch beantwortet haben, und zwar negativ. Zu eng ist das vertraute Bild von realistischer Literatur mit den Verfahren einer narrativen Erschließung gesellschaftsgeschichtlich strukturierter Welten verknüpft, als dass sich lyrische Ausdrucksformen im Begriff des Realismus als alternative oder komplementäre Komponente behaupten könnten. Demnach **kann es keine realistische Lyrik geben,** weil

- das Merkmal ›lyrisch‹ dem Merkmal ›realistisch‹ widerspricht,
- das Epische als klar darstellende Gattung (Goethe) dem Lyrischen als erregt sprechende entgegensteht,
- die Verskultur den Weg der Prosa ausschließt.

Die Literaturgeschichten, die das literarische Leben nicht nur nach den Grundsätzen des Realismus vermessen, registrieren natürlich die Präsenz der Lyrik, ja betonen sogar deren Dominanz, sind aber weit davon entfernt, diese Lyrik als eigenständigen Beitrag zur realistischen Epoche anzuerkennen (vgl. Martini [4]1981; BRuG 1996). Vielmehr begegnen in solchen Zusammenhängen geradezu gegenläufige Kennzeichnungen wie epigonale, modische und – neuerdings sogar – serielle Lyrik. Das heißt, in die Aberkennung einer realistischen Prägnanz mischt sich eine **Abwertung der lyrischen Leistung** überhaupt. Wo die Lyrik der Epoche hingegen als eigenwertig kanonisiert wird, wie im Falle Storms und Meyers, spielen Schlüsselbegriffe des Realismus keine herausragende Rolle. Es scheint sich wenig zu lohnen, den Möglichkeiten einer spezifisch realistischen Lyrik nachzufragen. Die wenigen Studien, die dennoch der Lyrik im Realismus gelten, treten in der Realismusforschung nicht in den Vordergrund (Schlaffer 1966; Anderle 1979; Todorov 1981; Selbmann 1999). Und doch liegt in dieser hingenommenen Gleichgültigkeit eine Verkennung. Zu prüfen bleibt nämlich, ob das zeitgenössische realistische Programm tatsächlich bzw. grundsätzlich der Lyrik fernstand und welche historischen Modifikationen des Realismusbegriffs von der Lyrik weg- bzw. womöglich auch zur Lyrik hinführen können.

In Hegels *Ästhetik* ist der allgemeine Charakter des Lyrischen durch seinen strikten **Gegensatz zu dem des Epischen** bestimmt. Da die epische Poesie durch ›Äußeres‹, ›Sachliches‹, ›Objektives‹, ›Reales‹ und ›Welthaltiges‹ gekennzeichnet ist, ergeben sich auf der Gegenseite als Kennzeichen für das Lyrische ›Inneres‹, ›Empfindung‹, ›Subjektives‹, ›Einnehmendes‹ und ›Anverwandelndes‹. Der in dieser Weise fixierte Gegensatz ist so geregelt, dass die lyrische Poesie genau das leistet, was sich die epische grundsätzlich versagt. Von hieraus wird verständlich, dass ›**Realismus**‹

und ›Lyrik‹ **zwei unverträgliche Konzepte** darstellen, weil ›Realismus‹ sich bei solcher Scheidung immer nur in der epischen Poesie entfalten kann. Dennoch liegen die Dinge nicht so eindeutig getrennt voneinander, wie es die systematische Unterscheidung will, vielmehr enthält schon Hegels Bestimmung des Lyrischen den Ansatz zu einer Vermittlung. So heißt es:

> »Aus der Objektivität des Gegenstandes steigt der Geist in sich selber nieder, schaut in das eigene Bewußtsein und gibt dem Bedürfnisse Befriedigung, statt der äußeren Realität der Sache die Gegenwart und Wirklichkeit derselben im *subjektiven* Gemüt, in der Erfahrung des Herzens und Reflexion der Vorstellung und damit den Gehalt und die Tätigkeit des innerlichen Lebens selber darstellig zu machen.« (Hegel: *Ästhetik*, III, 416)

Schon der **Begriff des Schauens** verrät, dass der gattungsgeschichtliche Gegensatz nur auf der Basis von Analogien funktioniert und demnach selbst in der metaphorischen Abwandlung des ›Sehens‹ die Struktur der Wahrnehmung bewahrt. Wichtiger aber noch für eine Vermittlung mit episch-realistischen Tendenzen ist der **Begriff des Bewusstseins** als einer die »Wirklichkeit« der »Sache« gegenwärtig haltenden Instanz. Auf die Dauer gesehen, wird jedes realistische Prinzip auf die Vermitteltheit der äußeren Realität durch Bewusstsein, Erfahrung und möglicherweise sogar »Herz« rekurrieren oder – um das mindeste zu sagen – sich daran abarbeiten, um das Geschaute eben doch »darstellig zu machen« und nicht bloß auszudrücken, mithin keinen »Erguß« (ebd., 417) zu leisten, sondern das »Gemüt« als »gereinigtes Objekt« zu exponieren. So enthält der Charakter der lyrischen Poesie durchaus Momente, die in der fortgeschrittenen Realismus-Diskussion eine zunehmend wichtige Rolle spielen werden. Nur die epigonal-idealistische Hegel-Rezeption verwischt diesen brisanten Zusammenhang wieder.

Der Hegel'sche Gegensatz der beiden Gattungen kehrt in Vischers *Ästhetik* wieder, wird jetzt als Entwicklungsschritt von der epischen zur lyrischen Dichtkunst fixiert und mit dem philosophiegeschichtlichen Fortschritt vom Realismus zum Idealismus parallelisiert (Vischer: *Aesthetik*, VI, 198). Auch hier fällt die Betonung des »**Bewußtseins**« **als assimilative Instanz** auf, die jeder bewusstlosen Form des realistischen Zugriffs auf Welt »Naivität« (ebd.) vorwirft.

> »[...] die Welt soll vom Geiste ganz durchdrungen, durchkocht erscheinen und dies kann [...] nur dadurch geschehen, daß sie überhaupt nicht für sich erscheint, sondern nur so, wie sie im Geiste gesetzt, zu seinem innern Bild und Leben geworden, ganz in ihm ein- und aufgegangen ist.« (ebd.)

Das klingt fast schon konstruktivistisch und bereitet darauf vor, wie eng lyrische und epische Dichtkunst im Zeichen realistischer Gestaltungsaufgaben zusammenarbeiten könnten. Für Vischer stellt der ›empfindende‹ Standpunkt der Lyrik den »unendlich kürzeren Weg« zu jenem ›selben‹ Ziel dar, das auch der ›geduldigere‹ epische verfolgt. Es gilt eine »Form« zu finden,

> »worin der dargestellte Mensch im eigenen Namen redet und so, daß er seine Erscheinung ungesagt, doch merkbar mitbringt und das Bild der Außendinge, wie sie in ihm sich spiegeln, durch das Aussprechen der Spiegelung ausspricht.« (ebd.)

Demnach hat es auch die Lyrik mit dem realistischen Schlüsselwort der **Widerspiegelung** zu tun, und die meint ausdrücklich einen ›reflektierten‹ Vorgang.

Der weiteste und zugleich typische Rahmen für eine Lyrik in der Epoche des Realismus ist durch eine ›**ideal-realistische**‹ Ästhetik gesteckt, wie sie etwa Moriz Carriere vertritt:

»Die Lyrik ist subjectiv in dem doppelten Sinne des Wortes: daß die Innerlichkeit der Empfindung, die Bewegungen des Gemüths, das Seelenleben und die Gedankenwelt wie sie im Geiste waltet von einer Persönlichkeit ausgesprochen werden, und daß diese ihr eigenstes, unmittelbar nur ihr angehöriges Fühlen und Streben darin ausprägt; die Selbstbefreiung und der Selbstgenuß, der im Erguß der erregten Stimmung liegt, ist zunächst das Ziel und findet im Gesang selbst seine Befriedigung. Aber das ganz Individuelle erlangt die Weihe der Kunst dadurch, daß es so dargestellt wird wie es dem Wesen der Menschheit entspricht, daß etwas Allgemeingültiges darin anklingt, wodurch es in andern Herzen weiter tönt.« (Carriere: *Aesthetik*, II, 567 f.)

Diese erste Auskunft führt insofern vom Realismus weg, als sie an die Stelle des Darstellungsprinzips das **Prinzip der Aussprache** setzt. Damit verändert sich auch der ›Gegenstand‹ der Gestaltung, der nicht durch Welthaltigkeit, sondern »Innerlichkeit« gekennzeichnet ist. Eine auffallend mechanische Vorstellung von den inspirierenden und zur Artikulation drängenden Vorgängen macht sich bemerkbar: Genannt werden Bewegungen, Erregungen und akustische Wirkungen. ›Subjektivität‹, ›Innerlichkeit‹, ›Gemüt‹ lauten die tragenden Begriffe, die markant den Gegensatz zum Epischen anzeigen und seiner Tendenz zum Objektiven widerstreben. Was jedoch die Aufgabenbeschreibung und Funktionsbestimmung solcher Lyrik betrifft, so wird erneut der Anschluss an die übergeordnete Verklärungspoetik gesucht.

»Die Aufgabe des Lyrikers ist also: Allgemeingültiges frisch zu empfinden und es auf eine Weise aus dem eigenen Gemüth zu offenbaren, oder das Persönliche so darstellen daß darin das Menschheitliche zur Erscheinung kommt, daß endlich die angeschlagene Saite in anderen Herzen mittönt.« (ebd., 568)

So entsteht eine »**Poesie der Subjectivität,** in welcher das Gemüth sich selbst zur Schönheit läutert und **in künstlerischer Verklärung anschaut**« (ebd.). Demnach entspräche das »Gemüth« in der Lyrik der Wirklichkeit im Erzählen, ihr Innen seinem Außen, das Reflexive dem Reflektieren. Beides aber richtet sich final auf eine durch Läuterung bzw. Verklärung zu erlangende »Schönheit«.

Von »künstlerisch geläuterter Erregtheit« spricht auch Rudolf von Gottschall in seiner *Poetik* (II, 5); die Rede ist von einer Malerei für das »innere Auge der Seele« (ebd., 6). Die »äußere Welt« bleibt trotz der Konzentration auf das Subjekt und seine Innerlichkeit präsent, dient aber immer nur als »Spiegel der inneren«. **Lyrik gilt als Gegenwartskunst** schlechthin. Im Umkreis realistischer Konzepte könnte das dazu führen, die idealistisch gemeinte Auskunft: »erst der Lyriker schafft eine Gegenwart« wörtlich zu nehmen. Gemeint ist jedoch: »Die Lyrik ist aus dem Bedürfnis des Gemütes hervorgegangen, sich selbst in künstlerischer Verklärung gegenwärtig zu werden« (ebd., 8).

Eine solche **Selbstbezüglichkeit der Lyrik**, die im Namen einer ›höheren Harmonie‹ und eines ›harmonischen Ganzen‹ immer nur sich selbst in den Vordergrund rückt ohne Rücksicht auf das, was Hegel die »allgemeine Gültigkeit« (Hegel: *Ästhetik*, III, 416) genannt hatte, entfernt sich von der erwarteten Welthaltigkeit realistischer Darstellung und zeigt die Problematik des Verklärungskonzepts, sobald die prosaische Form des Bezugs nach außen aufgegeben wird. Im Vorgriff auf neuere, intertextuelle Studien, die mit der Dispensierung jeglicher Referenzfunktion eine Auflösung des Realismusbegriffs anstreben, ließe sich hier bereits andeutungsweise ein Grundzug der nachrealistischen, d.h. ›modernen‹ Darstellungsform ausmachen. Es hängt also vom Konzept der realistischen Literatur, ihrer Möglichkeiten und Grenzen, ab, ob der ›lyrische Standpunkt‹ für die Herausbildung realistischer bzw. moderner Literatur relevant ist.

Im Umkreis der frühen realistischen ›Programmatik‹ spielt die Lyrik eine zwar bescheidene, aber keineswegs marginale Rolle. Das zeigt sich an einer Nebenbemerkung in Fontanes frühem Essay, der typische Positionen in der Anfangsphase des Realismus bündelt und schon im Titel neben der »epischen« (gemeint sind versepische Werke) auch die »lyrische« Poesie vorstellt. Zwar mag sich der fragliche Hinweis mehr auf die zeitgenössische, d. h. ›moderne‹ Dichtung als auf die spezifisch realistische Lyrik beziehen; aber es wird an dieser Stelle doch deutlich, dass Fontane eine Lyrik, die dem übergeordneten realistischen Prinzip gerecht wird, nicht nur für möglich hält, sondern tendentiell schon erreicht sieht. Ausdrücklich heißt es: »Die moderne Kunst ist auf allen Gebieten dieselbe, und ihre Unterschiede sind nur quantitativer Natur [...]. Wir haben im Romane einen *Jeremias Gotthelf*, im Drama einen *Hebbel*, in der Lyrik einen *Freiligrath*« (*Werke*, III/1, 237). Im daran anschließenden Abschnitt über Freiligrath nennt Fontane den Schöpfer des Gedichts »Die Toten an die Lebenden« einen **Apostel des Realismus**« (ebd., 246). Hinter diesem Urteil steckt keine ausgefeilte realistische ›Theorie‹. Viel eher fällt das taktische Lavieren des ehemaligen Revolutionssympathisanten und nunmehr selbsternannten »eingefleischten Royalisten« ins Auge, dem es darum geht, mit einem »ästhetischen Maßstab« auch dort loben zu können, wo die geltende politische Korrektheit nur »eine Kugel vor den Kopf« (ebd.) austeilen würde. So diffus aber oder gar aporetisch das frühe realistische Programm ausfallen mag, es umgreift in Fontanes Version doch die lyrische Produktion und besiegelt gerade auch an diesem Gegenstand den ›realistischen Grundsatz‹, nicht »nach dem *Buche*«, sondern »nach dem *Leben*« zu dichten (ebd., 260). Und angewandt wird dieses neue Kriterium nicht nur im Rückblick auf Freiligrath, sondern vor allem in der kritischen Rundschau auf Bestseller oder Poetae minores wie Redwitz, Scherenberg, Roquette, Bodenstedt, Merckel, Lepel sowie auf die gegenwärtigen ›Größen‹, Heyse und Storm.

Konvergenzen zwischen realistischem Programm und neuer Lyrik lassen sich auch bei Julian Schmidt beobachten. Gerade der für den Realismus grundlegende **Begriff der »Objektivität«** wird als ästhetische Forderung, »bei der Sache [zu] bleiben« bzw. »der Sache angemessen« zu dichten (Schmidt 1852 in TbR, 291), auf die Lyrik angewandt. (Gottschall wird freilich das Konzept einer ›objektiven Lyrik‹ entschieden zurückweisen.) Das Einheitsgebot, das in der Erzählprosa zur ›epischen Integration‹ führt, gilt hier gleichermaßen als »Einheit der Stimmung« und korrespondiert mit dem Gebot der »inneren Notwendigkeit« (ebd., 292), das sich gegen alle Formen der produktions-, darstellungs- und wirkungsästhetischer Willkür wendet.

Verglichen mit der Diskussion über Roman und Novelle handelt es sich bei der Erörterung einer realistischen Lyrik nur um randständige Fragen. Wenn aber gerade zentrale Begriffe der realistischen Debatte (Objektivität, Gemüt) bei einer noch so flüchtigen Behandlung der Lyrik gleichfalls auftauchen, so erweist sich nicht nur die Universalität einiger Schlüsselbegriffe des Realismus, sondern möglicherweise auch die Gebundenheit dieser Begriffe an die erwartete und gebilligte lyrische Form. Bekannt ist seit langem, dass die frühe realistische Theorie keineswegs in der Praxis der Realisten aufgeht, ja in deren modernem Potential sogar überwunden bzw. widerlegt wird. Zu fragen bliebe demgegenüber, ob eine solche Theorie nicht leichter und beharrlicher in jene Form der Lyrik einmünden könnte, die literaturgeschichtlich als epigonal bzw. gründerzeitlich ausgewiesen wird. Das ganze **Projekt der vom Herzen und Gemüt**

gestifteten Wirklichkeits- und Alltagsverklärung, die Forderung nach Spontaneität, Natürlichkeit und Objektivität, findet sich, gesellschaftlich akzeptiert, im Umkreis der gelesenen und literaturgeschichtlich als trivial eingestuften Lyrik.

Die meisten Realisten schrieben Gedichte. Storms und Meyers lyrisches Werk gehört seit langem zum Kanon der Gattungsgeschichte. Hinzu kommt Fontane, dessen lyrische Leistung immer wieder entdeckt und nunmehr – besonders die späte Lyrik – als Glanzstück einer der Alltagssprache abgewonnenen Poesie gilt. Auch Kellers und Hebbels Gedichte (vgl. Häntzschel, 1997) sind nach wie vor präsent; und doch erscheinen alle diese Werke nach literaturgeschichtlicher Sichtung in eine Art Parallelwelt zum Realismus versetzt. Nur Raabes und Stifters Lyrik (vgl. Helmers ²1978; 70; U. Naumann 1979, 82) bleibt selbst auf realistisch ›neutralem‹ Feld unbeachtet. Dafür spielt die Mundartdichtung eine bedeutende Rolle. Neben Storm zählt Klaus Groth zu den herausragenden Lyrikern der realistischen Epoche (vgl. Martini ⁴1981, 252). Mehr oder mindert berühmt bzw. einflussreich, bestimmten die genannten Lyriker doch nicht unbedingt den literarischen Geschmack; wenn es um den herrschenden Ton in der Lyrik ging, dann spielten andere Namen eine führende Rolle, so Geibel, Bodenstedt oder Heyse (Wuthenow 1970, 6).

Die **Merkmale der Lyrik im Realismus** hat Fritz Martini (⁴1981, 252) prägnant aufgelistet und somit zugleich zur weiteren Überprüfung bereitgestellt. Demnach ist die Lyrik im Realismus durch ihren erzählerischen bzw. spruchhaften Zug charakterisiert; das heißt, diese Lyrik ist anschaulich und deutlich, bietet konturierte Bilder und Stimmungen, verwendet vertraute Inhalte, wählt einen persönlichen Ton, wahrt eine gelassene Haltung und verrät in der bevorzugt monologischen Sprechform eine Neigung zur Isolation. Lied, Spruchdichtung und Ballade öffnen sich für politische, soziale und technische Erfahrungen in der Gegenwart (vgl. Böttcher 1975, 649, 901). Über Eigenart der Lyrik »im« Realismus informierte auch Heinz Schlaffer (1966, ³1984). An der Raum- und Zeitgestaltung in der Lyrik von Mörike, Droste-Hülshoff und Liliencron erkannte er eine symptomatische Entwicklung. Obwohl die Auswahl der Lyriker anzeigt, dass nicht die Lyrik des Realismus (Storm, Keller, Fontane) im Vordergrund steht, ergab sich gleichfalls eine in der realistischen Literatur vertraute Zunahme der Subjektivierung: »Die Entwicklung geht also von der objektiven und immerseienden Welt der Romantik über den subjektiv begrenzten, aber bewegten Ausschnitt der Droste zur subjektiv totalen und bewegten Welt Liliencrons« (Schlaffer 1966, 115).

Im Realismus-Konzept allgemein und in der Lyrik »des« Realismus insbesondere entdeckt Rolf Selbmann (1999) Bemühungen um eine »simulierte Wirklichkeit«; das heißt, auch die Lyrik antwortet auf die drängenden Fragen des gegenwärtigen Lebens, inszeniert aber ihre **Antworten als Bilder einer gewünschten Wirklichkeit,** die im Sinne Schopenhauers eine Abkehr vom Tatsächlichen vollziehen. Selbmann beginnt seine Analysen einzelner Werke mit dem Nachweis der »ersten Spuren eines lyrischen Realismus« (ebd., 34) bei Heine, betont die Subjektivierung der Wahrnehmung in Mörikes Dinggedicht »Auf eine Lampe«, wendet sich dann der politisch engagierten Lyrik Freiligraths und Herweghs zu, rückt die gegenläufige Richtung bei Storm und Keller in den Vordergrund (Betonung der sinnlichen Wahrnehmung), durchmustert die Verarbeitung naturwissenschaftlicher und historischer Themen in Lied (Scheffel) und Ballade (Fontane), erkennt die »Einlösung der realistischen Postulate« (121) bei Liliencron und Busch und markiert in Meyers Dinggedicht »Der römische Brunnen« die »Überwindung des Realismus« (135). Nach Selbmann geht die realistische Lyrik von der schockierenden Erfahrung eines nicht rückgängig zu machenden Wirklichkeitsverlustes aus und inszeniert bzw. simuliert deshalb um so energischer eine alternative, betont »liebenswerte« Wirklichkeit, liebenswert im Sinne des Bildes »Die liebenswerte Wahrheit« von René Magritte, das den Einband von Selbmanns Buch schmückt. Vielerlei und Gegensätzliches umfasst diese Simulation:

> »Weltschmerz und gleichzeitige überdrehte Lustigkeit, eine ungebremste Wirklichkeitsanbetung, (selbst-)kritisches Epigonenbewußtsein, die Problematisierung und Relativierung der Wahrnehmung in ausgestellten Subjekten, symbolhaft erstarrte Bilder, Risikovermeidung, freudige Anpassung an die Gegebenheiten, das Loblied der provinziellen Enge, Konsensbereitschaft, Selbstbescheidung.« (Selbmann 1999, 156)

Das alles verpflichtet die Lyrik einerseits auf ein konservatives Literaturkonzept, könnte sie andererseits aber auch wegen ihres engagierten Eintretens für eine andere, bessere Wirklichkeit in die Nähe jenes kämpferischen Realismus rücken, den Bertolt Brecht vertreten wird.

Die Aufgabe, ›Realismus und Lyrik‹ aufeinander zu beziehen, bleibt ein herausforderndes Thema. **Unterschiedliche Lösungsrichtungen** lassen sich denken:

- Realismus und Lyrik sind literatur- und gattungstheoretisch gesehen inkompatibel, so dass eine Geschichte der realistischen Literatur an den Gedichten kommentarlos vorbeigehen kann.
- Auch Gedichte sind im Netz der Wirklichkeitsbezüge, in die jede Literatur als kulturelle Praxis eingelagert ist, verflochten, so dass die Frage nach ihrem Realismus virulent bleibt.
- Gerade die Gedichte der zweiten Jahrhunderthälfte lösen die Forderungen des programmatischen Realismus augenfällig ein; hier offenbart sich jener Zusammenhang zwischen Theorie und Praxis, der auf epischem Feld ausblieb.
- Die in der zweiten Jahrhunderthälfte erschienenen Gedichte müssen gerade wegen ihrer nicht-realistischen Eigenart die Wahl des Epochenbegriffs beeinflussen; wenn also die Epoche weiterhin als realistische klassifiziert wird, muss in den Begriff des Realismus die Eigenart dieser Lyrik eingehen.
- Es gibt unter den kanonisierten realistischen Erzählern ein noch unentdecktes Potential realistischer Lyrik.

1.2 Verskultur und Anthologiewesen

Dass die Lyrik im Realismus sowohl die Funktion einer Kulturprestige-Ware erfüllt als auch eine Masse bedient und dass sie seriell hergestellt wird, wurde ihr immer wieder vorgeworfen. Als Vorform von ›Pop-Kultur‹ und im Freiraum postmoderner ›Gleichgültigkeit‹ wurde sie jedoch noch kaum ernst genommen (vgl. die Hinweise zur funktionalen Äquivalenz der Kunstwerke eines Makart und Warhol bei Rossbacher 1992, 15). Gewiss aber ist, dass sich eine Signatur der Epoche wie überhaupt des gesamten Jahrhunderts gerade in der Lyrik besonders deutlich abzeichnet, nämlich die Vermessung kultureller Leistungen nach Maßgabe ihres gesellschaftlichen Gebrauchswertes in produktions-, darstellungs- und rezeptionsgeschichtlicher Hinsicht (dazu Häntzschel 1982; Fohrmann 1996 in BRuG). Lyrik wird als eminent subjektive Kundgabe zum **prägnant gesellschaftlichen Phänomen**, indem sie im Umfeld von literarischen Vereinigungen entsteht (›Tunnel über der Spree‹, ›Münchner Dichterkreis‹), das »tonangebende Wort für Millionen« findet (Carriere: *Aesthetik*, II, 568), dann massenhaft und attraktiv verteilt wird (Familienzeitschriften, Taschenbücher) und schließlich in Gesellschaft (Vereinen) chorisch oder einzeln, aber auf jeden Fall immer wieder abgesungen wird. Das alles wirkt im Rückblick nur diskriminierend, ist aber eingedenk der populären Kulturformen nur ein frühes Beispiel für Praktiken des späten 20. und beginnenden 21. Jh.s.

Die Beliebtheit der Lyrik und damit zusammenhängend die Verbreitung mehr oder minder schmucker Gedichtbändchen könnte darauf hinweisen, dass die Produktion von Lyrik ein einträgliches Geschäft für freie Schriftsteller gewesen sei. Doch gilt das nicht unbedingt. So klagt Gottfried Keller:

> »Es ist mit der Lyrik eine eigene Sache; sie duldet nur selten eine rivalisierende Tätigkeit neben sich und erfordert ein ganzes und ungeteiltes Leben, um aus dessen edelstem Blute als unvergängliche Blüte hervorgehen zu können. Jedes gute Lied kostet einen schrecklichen Aufwand an konsumierten Viktualien, Nervenverbrauch und manchmal Tränen, vom Lachen oder vom Weinen, gleichviel: und dann wird es einem bogenweise berechnet! Und die sechs Strophen füllen nicht einmal zwei Seiten – da geh' einer hin und werde Lyriker!« (DD 240)

Dass gerade Lyrik Wirklichkeit schafft, konstruiert, sie unmittelbar zur Anschauung bringt und als verpflichtende Botschaft an das rechte Publikum adressiert, zeigt das dominante **Medium der Anthologie**, z. B. Elise Polkos überaus erfolgreiche *Dichtergrüße. Neuere deutsche Lyrik* (1860, ³1863, ¹⁴1892). Es ist – wie viele dieser Art – ein hübsches, handliches Buch mit ausgewählt schönen und guten Gedichten, anschaulich aufgelockert mit gefälligen Bildern, die schon damals die Komplementarität des ›Formulierens und Visualisierens‹ (vgl. Bucher 2004) bewusst hielten und zeigten, wie das Gemeinte aussieht und in welcher Umwelt es vorkommt. Polkos Anthologie ist dazu bestimmt, »an die Frauen- und Mädchenherzen zu klopfen« und hat deshalb nur das gesammelt, was den »Wahlspruch« bestätigt: »Daß eben das Schöne doch nur gelte, wenn es eine schöne Seele belebe« (Vorwort zur 2. Aufl.). Dieses Buch will ausdrücklich »›Spiegelbild‹ wirklichen Lebens« sein (Schönert 1984, 330).

Das »**System**« dieser **Blütenlese** ist ebenso einfach wie suggestiv, denn passende »Gruppenbilder« benennen und bündeln das Gemeinte: »Beschauliches«, »Natur, Naturbild, Naturempfindung«, »Liebeslied – Volkslied«, »Lebensbild«, »Romanzen – Balladen – Kriegslieder« und »Erbauliches«. Fokussiert wird die gemeinte Wirklichkeit schon mit dem farbigen Titelbild nach Eugen Klimsch, realisiert als Chromolithographie. Zu sehen ist ein junges Paar in altdeutscher Tracht, versetzt in eine amöne Landschaft (waldiger Hintergrund, im Vordergrund ein Ufer, ufernah im Wasser zwei Schwäne). Der junge Mann hat die Mandoline, deren Steg aufwärts ragt, an die Seite gelehnt und richtet seiner Partnerin lächelnd den Blumenkranz auf dem Haar, das als geflochtener Zopf bis in den Schoß fällt. Sie neigt sich leicht den beiden Schwänen zu und führt den Zeigefinger ihrer locker geöffneten linken Hand dem roten Schnabel des einen Schwans entgegen. Die erotische Gebärde ist unverkennbar und verhüllt sich doch im idyllischen Schein. Sie darf nicht gemeint sein und liegt doch vor Augen. Spätere Bilder werden selbst Nacktheit inszenieren, doch bleibt diese begrenzt als Eigenschaft der Elfen- und Nixenwelt (vgl. Polko: *Dichtergrüße*, 208, 454). Hier aber und im Prinzip verdeckt das Gewand noch den Körper »von den Ohren bis zum Erdboden« und gibt nur »einen schwellenden Busen« preis (vgl. Musil: *Mann ohne Eigenschaften*, 54). Denn es geht um das Reine, das sich in den ›Frauen‹ zu verkörpern hat.

Deshalb beginnt Polkos Anthologie mit Julius Rodenbergs Hymne »**Die reinen Frauen**«, die genau diese Reinheit verherrlicht. Frauen, die in der ›wirklichen Wirklichkeit‹ des öffentlichen Lebens keine Rolle spielen, wird das Amt zugewiesen, das »Höchste [...] hinieden« zu verkörpern und zu lehren: »Schönheit, Poesie und Frieden«. Das Farbbild ist nicht die einzige prototypische Visualisierung des initialen Wortlauts. Hinzu kommen ein gleichfalls altdeutsches »Daheim«-Familienbild, das den Einblick in eine ›geöffnete‹ Wohnstube bietet und eine junge Frau im Kreis ihrer Familie am Webstuhl zeigt, sowie eine allegorische Frauenfigur in körperbetonender Kleidung, in der rechten Hand einen Kranz haltend und den linken Ellenbogen auf einen Sockel stützend, der die Initiale des Rodenberg'schen Gedichts trägt. Das hat nichts mit dem vertrauten Realismus zu tun und markiert doch jenen Willen zur wahren Wirklichkeit, der diesem Realismus als Ausgangspunkt zugrunde liegt und sich sowohl im idyllischen Genre als auch in der Allegorie ausdrückt. So entsteht ein visueller Kommentar, der zeigt und verbirgt, konkretisiert und abstrahiert, heranholt und in die Ferne rückt.

Wie in der Geschichte der Novelle so trägt auch in der Geschichte der Lyrik das **anthologische Prinzip**, Werke in Sammlungen wieder zu veröffentlichen, zur Profilierung einer Gattung wesentlich bei. Für die Geschichte der Lyrik sind insbesondere drei Anthologien zu nennen: Theodor Fontanes *Deutsches Dichteralbum* (1852, [4]1858), Georg Scherers *Deutscher Dichterwald* (1853, [16]1894) und Theodor Storms *Hausbuch aus deutschen Dichtern seit Claudius* (1870). Befragt man diese Sammlungen unter dem Gesichtspunkt, welcher Lyriker mit den meisten Gedichten aufgenommen wird, so ergibt sich folgende Rangordnung. In Fontanes Sammlung stehen Storm und Groth an der Spitze, Scherer wiederholt diese Rangordnung, rückt aber darüber hinaus noch C.F. Meyer und G. Keller in den Vordergrund. Storm schließlich setzt sich und Groth an erste Stelle, drängt Keller wieder in den Hintergrund und übergeht Meyer stillschweigend (vgl. Bernd 1981, 59).

Eine programmatische ›**Theorie**‹ der realistischen Lyrik gibt es ebensowenig wie eine ›Theorie‹ der Erzählwerke Kellers, Raabes oder Fontanes. Die ›neue‹ Lyrik tritt programmatisch erst mit dem Naturalismus auf. Storms ›Vorreden‹ ändern an diesem allgemeinen Befund wenig. Seine Schlüsselbegriffe »Situation«, »Erlebnis«, »Gemüt« und »Innerlichkeit« (Storm 1854 in TbR, 298 ff.) entsprechen oberflächlich gesehen den gleichlautenden Vokabeln des *Grenzboten*-Realismus, stimmen aber mit diesem vielleicht ebensowenig überein wie mit der eigenen Praxis.

Auf lyrischem Feld könnte sich vielleicht besonders deutlich erweisen, welche Folgen es hat, sich im Namen des Realismus gegen die Romantik zu wenden. Die realistische Prosa tat dies anfänglich in gutem Glauben, musste jedoch im Lauf ihrer Wirklichkeitserkundung feststellen, dass die **vermeintlich überwundene Romantik** nach- und weiterwirken kann; hieraus, aus den Folgen der Wiederkehr des Verdrängten und den Reibungen daran, mag der modernistische Zug des späten Realismus mit abzuleiten sein. Die Lyrik hatte es wohl leichter, wenn sie eine trivialisierte Form der Romantik weiterverfolgte und mühelos schön an der Wirklichkeit vorbeischrieb, ihr zuwiderhandelte oder idealisierend vorauseilte.

Was sie tatsächlich vermochte, wird durch ihr Bild in Theorie und Anthologie noch nicht sichtbar. Das können wohl nur induktiv gewonnene Einsichten aus Einzelwerkinterpretationen ergeben, die das realistische Prinzip nicht von Anfang an aus den Augen verlieren.

2. Lyrik der Sinne: Gottfried Keller

Gottfried Keller hat, zwar mit Unterbrechungen, aber doch zeitlebens Gedichte geschrieben bzw. früh geschriebene Gedichte später erneut überarbeitet. So entstanden
drei Gedichtsammlungen: *Gedichte* (1846), *Neuere Gedichte* (1851, ²1854) und
Gesammelte Gedichte (1883). Seine frühe Lyrik steht noch im Bann der Romantik.
Zur Zeit des Vormärz tritt das politische Engagement in den Vordergrund. Dann,
schon um 1850 und besonders ab 1870, beginnt die Sichtung bzw. Überarbeitung
des Veröffentlichten nach Maßgabe realistischer Erfahrungswerte. Neue Gedichte
kommen hinzu (vgl. Cowen 1985, 181).

Die eigne Lyrik, die frühe zumal, beurteilte Keller nicht immer freundlich.
Den ›realistisch‹ gewordenen Autor – »ein ganz anderer Mensch und Literat« (DD
244) – störte im Rückblick das »subjektive Gebaren« (DD 235), das persönlich wie
politisch Parteiische und – allgemein – das Voreilige bzw. Verfrühte dieser veröffentlichten »lyrischen Übeltaten« (DD 219). Nach eigener Einschätzung boten die
Gedichte der ersten Sammlung »etwas Naturstimmung, etwas Freiheits- und etwas
Liebeslyrik, entsprechend dem beschränkten Bildungsfelde« (DD 216). Schon die
zweite Sammlung von 1851 verwandelt die persönlichen Geständnisse mit ihrem
»subjektiven Geblümsel« in objektivere, Distanz herstellende und damit zu verallge-
meinernde, d. h. **allgemein verbindliche Bilder** (vgl. Locher 1969, 136, 138). Nicht
um den Ausdruck jugendlicher »Aufregung und Bewegung« ging es, sondern um
den Erwerb der Voraussetzung, »kräftig und wahr zu empfinden« (DD 240). »Denn
nach dem ersten Rausche der Jugend kann meiner Meinung nach nur das intensive
Lebensgefühl des Mannes, der in stillen Momenten ausruht, etwas wirklich Gutes
in der Lyrik zustande bringen« (DD 244). Als Keller sich zwanzig Jahre später dazu
anschickte, erneut eine Ausgabe seiner Gedichte vorzubereiten, blieb auch jetzt das
›Purifizieren‹ die vordringlichste Aufgabe (vgl. DD 470). Hinzu kamen »viele Ergänzungen« (DD 475). Eine ›Objektivierung‹ setzte sich durch, die das Lyrische dem
Epischen annäherte (vgl. Ermatinger 1924, 259).

Kellers Gedichte gelten heute »als vollgültiges Dokument eines aus klassischer
Tradition und vormärzlicher Politisierung hervorgegangenen Realismus« (Sprengel
1998, 570). Das heißt, die schon in der Erzählkunst hervortretende Vermittlerrolle
des Realismus zwischen Klassizismus und Moderne, ästhetischer Autonomie und
politischer Anteilnahme, macht sich auch in der Lyrik geltend und bestätigt die gattungsübergreifende Relevanz des Realismuskonzepts. Kellers Lyrik zeugt von einem
republikanisch-demokratischen Engagement und respektiert doch den autonomen
Status der lyrischen Aussage. So bestätigt sich auch auf diesem Feld die »Reichsunmittelbarkeit der Poesie« (DD 382) im Zeitalter der zweckrationalen ›Realkultur‹.
Trotz oder gerade wegen des wahrgenommenen Elends in der Welt beharrt Keller auf
einer »Verklärung der Wirklichkeit«; alles persönlich Erfahrene und Erlittene wird
idealisiert, mythisch überhöht und entrückt, um solche Entbehrungen verständlich
und erträglich zu machen (vgl. die Verklärung als Trotz-Haltung in »Der arme
Bettler«).

Dass es Keller gelingt, die gegensätzlichen Tendenzen zu vereinen, lässt sich
wohl durch den Einfluss der Philosophie Ludwig Feuerbachs erklären (vgl. Kap. I.3.1).
Die **Säkularisierung heilsgeschichtlicher Momente** führte zu einer fast idealistischen
Aufwertung aller immanenten und auch alltäglichen Vorgänge, so dass Politik und
Ästhetik keine grundsätzlich geschiedenen Welten bleiben mussten. Das Paradies im

Himmel erweist sich demnach als bloße Projektion jener scheinbar unerfüllbaren Wünsche, deren Erfüllung sich der Mensch angesichts seiner falsch verstandenen Sterblichkeit jedoch nur selbst versagt. Besinnt er sich hingegen auf das diesseitige Leben als seine und der ganzen Menschengattung einzige Welt, so zielt alles Handeln auf die diesseitige Verwirklichung des Ersehnten, und alle Freude – das »selig klare Schauen« (»Der arme Bettler«) – wird zum Zeichen für den bereits erlebten oder in der Zukunft der Gattung zu erreichenden ›paradiesischen‹ Glückszustand (vgl. Kellers spätes Gedicht »Abendlied«, das zu seinen berühmtesten zählt).

Deshalb ist in den Gedichten Kellers das **Fest-Motiv**, das den wochentäglichen Gang im Feiertag aufgipfeln lässt, so wichtig, und deshalb wiegt jede Pervertierung der Festlichkeit so schwer. Denn Feiern ist weder eine nebensächliche, noch bloß ausruhende Tätigkeit. Im Fest wird sichtbar, was am sozialen Netz abfedert und trägt oder gefangenhält und würgt. Feiern gehört im Lichte der Feuerbach'schen Philosophie zur **Heilsgeschichte nach säkularisiertem Zuschnitt**, es ist das Ziel der immanent gefassten Geschichtsphilosophie. Seine Qualität hängt nicht, wie im Berufs- und Arbeitsleben, von den stärksten, sondern von den schwächsten Teilnehmern ab. Deshalb kann nur ein einziger Unglücksfall des Ärmsten eine ganze Festtradition zunichte machen. Auch ein Fest zu gestalten bereitet Mühe, aber es ist eine **freudevolle Arbeit** (vgl. »Sommernacht«). Ein Fest nach Keller'schem Format ist ein sensibler Indikator für die Sicherheit bzw. Brüchigkeit der Welt. Gerade auf solchen Festtagswiesen können sich verklärende und entlarvende Züge vermengen und eine **Doppelbödigkeit**, eine Kontur »gemischter Zustände« einrichten (Hofmannsthal, zit. nach Brockhoff 1984, 174).

Zu den Gedichten, die den Feuerbach-Einfluss deutlich bekunden und somit das **Grundmuster des frühen Realismus** aufweisen, gehört »**Die Zeit geht nicht**« (1851/83). Das Gedicht reiht Bilder, die alle das in den ersten beiden Versen genannte Thema erfassen und bewältigen wollen. ›Zur Diskussion‹ steht eine allgemeine Auskunft, fast schon eine abstrakte Behauptung.

> Die Zeit geht nicht, sie stehet still,
> Wir ziehen durch sie hin;
> Sie ist ein Karavanserei,
> Wir sind die Pilger drin.

Eine solche ›These‹ gehört eigentlich weder in die Lyrik, noch zum Realismus, der seinem Selbstverständnis gemäß nichts exemplifizieren, sondern alles konkret und lebendig widerspiegeln möchte. Doch die Werke halten sich selten an das ›Programmierte‹, und so begegnen schon in der Erzählkunst wiederholt allgemeine ›Sätze‹ (vgl. den Eingangssatz zu *Der grüne Heinrich*, Erstfassung, *Anna Karenina* oder *The Portrait of a Lady*); konkret wird es dann ohnehin.

Ähnliches gilt für Kellers Gedicht, das von der »Zeit« bald auf das »Wir« wechselt und schließlich beim »Ich« ankommt. Die im Verlauf des Gedichts entfaltete Bilderreihe, die den **Stillstand der Zeit** im Gegensatz zum Gang des Menschen veranschaulichen möchte, zeigt zuerst »ein Karavanserei«, dann ein form- und farbenloses »Etwas«, danach einen »Tropfen Morgentau«, und schließlich ein »weißes Pergament«. Das bewegte »Wir« figuriert zuerst als »Pilger«, dann als Auf- und Niedertauchendes bzw. Zerrinnendes, als »Strahl des Sonnenlichts«, der etwas Nichtiges wie einen »Tropfen Morgentau« doch blitzen lässt, dann als jene ›Energie‹, die einen »Tag« zur »Perle« oder ein »Jahrhundert« zum »nichts« macht, und endlich als jemand, der mit »seinem roten Blut« auf das »Pergament« der Zeit schreibt. Dominieren also zunächst konkrete Bewegungsvorstellungen im Raum (horizontal wie vertikal, »hin« bzw. »auf und nieder«; wiederholt »drin«), so spezifiziert sich anschließend der Bewegungsablauf als Schreibvorgang, in dem aber das allgemeinere ›Hin‹ und ›Weg‹ erhalten bleibt (»vertreibt«).

An dieser Stelle erst meldet sich **das lyrische Ich** zu Wort und ergreift die durch die Schreibmetapher vorbereitete Gelegenheit, selbst etwas zu schreiben, nämlich »meinen Liebesbrief« an die »wunderbare Welt«, die also jetzt erst als dritte Position nach »Zeit« und »Wir« und gleichsam als ›Adressatin‹ eingeführt wird. Das Mitgeteilte ist nicht unbedingt typisch für einen Liebesbrief. Gewiss wird das Wunderbare als nicht enden wollende Schönheit gepriesen und ihr »Glanz« gelobt. Eine ausgesprochene Liebeserklärung findet sich allerdings nicht; statt dessen begegnet nur das Bekenntnis, über das eigene ›Aufblühen‹ im »Kranz« der Welt »Froh« zu sein, und zum Schluss die merkwürdige Erklärung, aus Dankbarkeit die »Quelle« nicht trüben zu wollen. Was ist hier aus dem Thema der ›stillstehenden Zeit‹ und des ›bewegten Wir‹ geworden, und was hat das mit Realismus zu tun?

Zu Recht hat man auf die »**Brüche und Sprünge**« hingewiesen (Höllerer 1962, 210), die das Gedicht davor bewahren, im naiv hymnischen Ton das Welt-Evangelium Feuerbachs zu propagieren. Wenn es preisend klingt, so lobt es doch – ganz anders als in »Abendlied« – nur trotz alledem; und der Vorbehalt bleibt vernehmbar im »roten Blut« und der ›Vertreibung‹. Diese Reserviertheit macht deutlich, dass Feuerbachs Harmonisierungsentwurf nicht bruchlos umsetzbar ist. Die beiden Schlussstrophen, die der realistischen Verklärungspoetik gerecht zu werden scheinen, stehen im Schatten der vorausgehenden Bilder, die eben nicht nur anschaulich erhellen und versöhnlich erheitern, was es mit der Zeit auf sich hat, sondern auch entlarven und verraten, wie es sich eigentlich verhält und was dieser Sachverhalt kostet. Schön ist dieses »Abenteuer« in der »Zeitlandschaft« – so der Titel eines anderen Gedichts, das den technischen Fortschritt ästhetisiert – keineswegs.

So wird die **Verklärung des Realismus** zwar vollzogen, bleibt aber in Frage gestellt und bestätigt die Vermutung, dass im Realismus von Anfang an etwas steckt, das ihn an seine Grenzen treibt, an die Schwelle der Moderne (Kaiser 1987, 633, 635). Festzuhalten bleibt, dass dies kein Randphänomen des Realismus ist, sondern mitten in seiner Kernzone geschieht.

Das kann sich bis zu einer »Aussageverweigerung« (Kaiser 1987, 631) verschärfen. Sie begegnet z. B. im Gedicht »**Weihnachtsmarkt**« (1854/83) und bewirkt hier sogar, »daß das Poetische des poetischen **Realismus an sein Ende** kommt«. Auf dem Spiel steht die Sinnfindung im Umkreis des üblichen Weihnachtstreibens. Man bereitet sich vor, kauft ein, feiert vorab, und doch geschieht alles bereits in einer heillos »verkehrten Welt« (ebd., 629): Denn nur die Reichen können sich die Wünsche erfüllen, die Armen hingegen müssen »[b]ang« den ›Zauberhain‹ des Weihnachtsmarktes meiden. So sieht die Situation aus, in der sich das lyrische Ich an einen anderen Weihnachtsbaum erinnert. Das war kein bereits gefällter, um »[d]rei Nüsse daran zu henken«, sondern ein noch aufrecht stehender, an dessen »unterste[m] Ast [...] man entsetzt / Die alte Wendel hangen« sah.

> Hell schien der Mond ihr ins Gesicht,
> Das festlich still verkläret;
> Weil auf der Welt sie nichts besaß,
> Hatt sie sich selbst bescheret.

Gerade weil sich ›Bescherung‹ auf ›Verklärung‹ reimt – klanglich wie eigentlich auch inhaltlich –, zerbricht in dieser ›Harmonie‹ ein wesentlicher Zusammenhang, den der programmatische Realismus gewahrt wissen wollte. Das Fest der Verheißung hat sich in sein Gegenteil verkehrt und somit seinen Sinn verloren, es sei denn, dass schon die Weihnachtsfeier auf das Passionsgeschehen vorbereiten soll. Was aber springt aus diesem Zusammenhang für eine von Feuerbach inspirierte Weltfrömmigkeit dann noch heraus?

3. Der Klassiker der Lyrik im Zeitalter des Realismus: Theodor Storm

Theodor Storms Lyrik galt früher als ›rein‹ (Beissenhirtz 1932). Eine solche ›Reinheit‹ hat selten etwas mit Realismus zu tun. Je ›unreiner‹, desto realistischer, ließe sich verkürzt sagen; vorsichtiger formuliert, liefe die Zurücknahme des Reinen um des realistischen Effektes willen auf eine ›gesunde Mischung‹ hinaus. Aber auch das gilt nur bedingt, sobald ›Reinheit‹ ein Vollkommenheitsmaß meint. Und auf Vollkommenheit wollte Storm angesichts der ›Erfolgslyrik‹, deren »willkürliche und massenhafte« Herstellung (LL IV, 332) er kritisch beobachtete, nie verzichten. An sich selber stellte er den höchsten Anspruch; deshalb blieb sein lyrisches Werk schmal (zur ideologiekritischen Einschätzung vgl. H. Müller 1975).

Storm hielt sich für den wahrhaft ›letzten Lyriker‹ des 19. Jh.s in der Nachfolge Goethes, Eichendorffs, Heines und Mörikes. Zu dieser **Selbsteinschätzung** motivierten ihn u. a. die unangemessenen Lobreden (1884) auf den verstorbenen Großlyriker des Münchner Dichterkreises Emanuel Geibel. »Man klagt über den Tod des letzten Lyrikers, u. weiß nicht, oder ignoriert, daß Einer lebt, der wirklich der Letzte war. Davon kann mich, was ich an Lyrik nach mir gesehen, auch nicht abbringen« (LL I, 744). Wie Fontane neigte er früh dazu, seine Lyrik weit über seine Prosa zu stellen. »Während ich hinsichtlich meiner Sachen in Prosa nur den Anspruch erheben kann, meinen eignen selbstständigen Ton zu besitzen [...], so darf ich als *Lyriker* den Anspruch erheben, daß von denen, die in dem letzten Vierteljahrhundert in die Literatur *ein*getreten sind, ich [...] der Einzige bin der überhaupt in *seiner Totalerscheinung* in Betracht kommen kann und dauernde Spur getreten hat« (LL I, 744). Das schrieb er nach dem 8. Juli 1868, also noch vor seiner entschiedenen Hinwendung zur tragischen Novellenform, die ihm als Novellisten den hohen Rang in der Literaturgeschichte sichern sollte. Dennoch bewahrt das Bekenntnis seine Relevanz und gewinnt sogar an Bedeutung, wenn es gilt, die Storm'sche Lyrik im Sinne Dieter Lohmeiers epochengeschichtlich zu verorten bzw. zu bewerten. »Wenn es überhaupt sinnvoll ist, von einer Lyrik des Realismus zu sprechen, dann am ehesten bei Storm« (LL I, 749). Es ist die für Storm eigentümliche »Einfachheit«, die ihn an der Schwelle zum Realismus als »**Pionier der realistischen Lyrik**« erscheinen lässt (Sengle 1979, 29, 30; Koopmann 1991; Choi 1994).

Storms Lyrik steht dennoch grundsätzlich in einem gespannten Verhältnis zu dem, was Realismus meinen kann. Das liegt am fundamentalen **Erlebnis-Begriff** (vgl. LL IV, 332; Detering 2005). Gespannt ist das Verhältnis deshalb, weil die Erlebnis-Kategorie einerseits einen unveräußerlichen Wirklichkeitsbezug meint, andererseits gerade nicht solche ›Gegenstände‹ an den Tag bringt, die im engeren Wortsinn dargestellt oder widergespiegelt werden können, sondern unmittelbar realisiert werden müssen. Der empirisch klingende Zugriff auf Erlebtes meint zwar eine Authentizität des Erlebens, nicht aber eine Ähnlichkeit des Abbildens, sondern unmittelbar einen Realität-schaffenden Vorgang (»Naturlaut in künstlerischer Form«), einen die erlebte Wirklichkeit (ein Gefühl, eine Erregung, eine »vom Leben gegebene[n] Situation« LL IV, 331) im Gemüt des Gegenübers erneut herbeiführenden Akt. Wichtig ist dabei, dass diese **produktive** ›**Beeinflussung**‹ nicht willkürlich, sondern notwendigerweise geschieht: »Den echten Lyriker wird sein Gefühl, wenn es das höchste Maß von Fülle und Tiefe erreicht hat, von selbst zur Produktion nötigen« (LL IV, 332). Das entspricht dem Aristotelischen Mimesis-Begriff, sofern man ihn nicht fälschlicherweise als Darstellung der Realität, sondern als Nachahmung der produktiven Naturkräfte, als Mimesis ihrer schöpferischen Akte versteht (Fontius 1981). Von hier aus ist Storms ›realistische‹ Position leichter zu fassen und manifestiert sich in der begrüßten »Emanzipation von der Phrase und dem konventionellen poetischen Apparat« sowie in der geforderten »Erkenntnis des organischen Zusammenhangs zwischen Form und Inhalt« (LL IV, 330).

> »Die eigentliche Aufgabe des lyrischen Dichters besteht aber unsrer Ansicht nach darin, eine Seelenstimmung derart im Gedichte festzuhalten, daß sie durch dasselbe bei dem empfänglichen Leser reproduziert wird [...].« (LL IV, 331)

In einem Brief an Hartmuth Brinkmann (vom 10. Dezember 1852) hat Storm programmatisch zusammengefasst, worauf es ihm in seiner **neuen Lyrik** ankommt. Demnach gilt es:

- »im möglichst Individuellen das möglichst Allgemeine auszusprechen«,
- jeden »Ausdruck« unmittelbar »im Gefühl oder der Phantasie des Dichters« zu verwurzeln,
- jedes Gedicht, das zunächst immer nur ein »Gelegenheitsgedicht« ist, »zum Allgemeingültigen [zu] erheben«,
- »über Vorstellungen und Gefühle, die dunkel und halbbewußt im Leser (Hörer) liegen, ein plötzliches oder neues Licht« zu werfen,
- jene »*Weise*« zu treffen, deren Wirkung »*Seele, Innigkeit*« heißen. (*Briefe* II, 169 f.)

All das kann nur dann als eine Verengung des Lyrischen auf Psychologisches und Subjektives gelten (vgl. Martini [4]1981, 247 f.), wenn ausschließlich nach metaphysischen Kriterien gemessen wird. Ohne solchen Rückbezug öffnet sich im Zeichen der »Seelenstimmung« ein schier unübersehbares Feld des Bewusstseins in allen seinen Schattierungen und Modifikationen. Storms Lyrik als **Emanation solcher Bewusstseinswelten** ergänzt den vertrauten Realismus kraft narrativer Vermittlung um einen neuen Realismus kraft inszenatorischer Virtualität. Auch hier wahrt die realistische Lyrik nicht ihre ›gemütlichen‹ Grenzen wie noch in dem berühmten Gedicht »Oktoberlied«, sondern geht über sie hinaus, auch wenn sie vor solchen Übergängen schließlich doch warnt.

Storms lyrischer Realismus entfaltet seine ganze, bis zum Äußersten gespannte Kraft beispielsweise in dem Gedicht »**Geh nicht hinein**« (1879), das im Vorabdruck der *Deutschen Rundschau* noch den Titel »Einem Toten« trug. Es handelt sich um ein Gelegenheitsgedicht anlässlich des Todes von Theodor zu Reventlow, des 16-jährigen

Sohnes des mit Storm befreundeten Grafen Reventlow. Auch hier also begegnet ein »unmittelbar aus der vom Leben gegebenen Situation heraus« geschriebenes Gedicht (LL IV, 331), nicht erdacht oder erfunden, sondern erlebt. Der Akt der Poetisierung beginnt bei der Verallgemeinerung, d. h. bei der **Objektivierung**: Es kommt trotz des subjektiven Erlebnisses nicht auf den persönlichen Eindruck an, sondern auf eine Wirkung, die alle spüren können bzw. müssen (vgl. Storms Brief an Keller v. 27./30. Dezember 1879; *Briefe* I, 186). ›Objektivierung‹ also bedeutet eine Tilgung der nur für eine bestimmte Person geltenden Umstände und erwirkt demnach eine Erweiterung des jeweils persönlichen Geschehens auf alle Menschen, auch wenn diese doch nur einzeln und für sich die gleiche Empfindung haben. ›Objektivierung‹ meint weder Versachlichung, noch Entsubjektivierung, sondern **Vervielfältigung, ja Totalisierung** einer je individuellen (im Grunde nicht reproduzierbaren und doch immer wieder ähnlich eintretenden) Situation, Lage oder Stimmung. ›Subjektiv‹ bleibt das Gedicht ausdrücklich in der Form einer inszenierten realen Rede, einer Anrede an einen anderen, der schließlich auch zurückfragt, so dass das Gedicht zum Wortwechsel wird; sein Ton ist ernst, aber keineswegs gehoben, es dominiert die Umgangssprache.

Hörbar wird ein Dialog ›am Rande‹ einer außerordentlichen und zugleich wieder gewöhnlichen Situation, spielt er sich doch zu einem Zeitpunkt ab, da die Menschen noch zu Hause unter den Blicken der Nahestehenden starben. Der ohne weitere Markierung präsente Sprecher weist einem Besucher den Weg durchs Wohnhaus und gibt durch Verneinungen des Gewohnten zu verstehen, dass eine **entscheidende Veränderung** eingetreten ist: Zunächst betrifft diese Veränderung einen Orts- bzw. Richtungswechsel:

> Im Flügel oben hinterm Korridor,
> Wo es so jählings einsam worden ist
> – Nicht in dem ersten Zimmer, wo man sonst
> Ihn finden mochte [...] (LL I, 93)

Das »Nicht« zeigt an, dass, was »sonst« gelten mochte, jetzt nicht mehr zutrifft. Die Folgen dieser Veränderung reichen bis in die Sprache hinein. Noch bevor klar wird, wer mit dem »Ihn« gemeint ist, verwandelt sich das Pronomen für eine Person, die mit »blasse[r] Hand«, »junge[m] Haupt« und träumenden »Augen« nur punktuell Gestalt gewann, in ein bloßes »Etwas«, dem die kaum skizzierte Person schon wieder abhanden gekommen ist. Nach dreifacher Negation des Vertrauten bleibt für den ›Rest‹ nur noch ein »Es« übrig, das den Besucher »fremd / Und furchtbar« anschaut. Das persönliche »er« taucht allein in der Erinnerung auf und behauptet sich, solange der »Boden« hält. »Bodenlos« und »am Abgrund« verschwindet »er«, und übrig bleibt erneut »Jetzt etwas«, von dem es warnend heißt:

> Es schaut
> Dich fremd und furchtbar an; für viele Tage
> Kannst du nicht leben, wenn du es erblickt. (LL I, 94)

Diese schockierende Wirkung geht nicht etwa von der leblosen Gestalt, sondern von ihrem **Leiden zu Lebzeiten** aus, das so entsetzlich wirkte, »Daß ratlos Mitleid, die am Lager saßen, / In Stein verwandelte«.

Der Einwurf dessen, der die Auskunft, ja Warnung erhält, macht das ganze **Ausmaß des Normbruchs** deutlich, dessen sich der ›Situationskundige‹ schuldig macht. Auf die vorwurfsvolle Frage »Und weiter – du, der du ihn liebtest – hast / Nichts weiter du zu sagen?« erfolgt in der abgesetzten Halbzeile (im Drama läge eine Antilabe vor) die lapidare Antwort »Weiter nichts.« Sie weist die konventionelle Erwartung, die sich im »weiter« ausspricht, als bloße Phrase zurück, bekräftigt stattdessen das »Nichts« und besiegelt im anstößigen Verstummen das Aussichtslose, Zukunftsleere und Untröstliche dieser ›Situation‹.

Realistisch ist die Situation in ihrer zwar konkreten, aber selektiven Vergegenwärtigung: am Menschen werden die »blasse Hand« und das »junge Haupt« sichtbar, am Interieur »Laub / Von Tropenpflanzen«, »ausgebälgt Getier«, »der Stuhl« und der »Wandschirm«. Symptomatisch weist der Zustand der Gegenstände auf die vormals gestaltende Wirklichkeit des Lebenden: »die Pflanzen lassen / Verdürstend ihre schönen Blätter hängen«. Unauffällig gerät der »Wandschirm« ins Blickfeld und gewinnt infolge der wiederholten Nennung symbolische Bedeutung: Trennung, Teilung, ›Blickfang‹, Abwehr, Grenze.

Die **Grenzen des Realismus** sind dort erreicht, wo der Tod nicht nur das Leben beendet, sondern ein Weiterleben angesichts des Todes in Frage stellt (vgl. Wünsch 1999). Wenn ›Realismus‹ im Sinne Feuerbachs ein vom Tode nicht zu trübendes bzw. zu vernichtendes Leben meint, eine Art Fortleben nach dem Gesetz der (Lebens-) Energieerhaltung, dann überschreitet Storms »Geh nicht hinein« die realistische Selbstbeschränkung. Es negiert die Verklärbarkeit der zufällig ins Auge fallenden Oberfläche durch den Einblick oder den Blick dahinter. Genau diesen Blick lehrt der Realismus in aufrichtiger Konsequenz selbst.

Ob das Gedicht deshalb trostlos wirken muss, braucht nicht unbedingt daraus zu folgern. Das »Nichts« weist ja vor allem den **phrasenhaften Sprachgebrauch** in solchen Situationen zurück und folgt somit der realistischen Maxime, die Augen zu öffnen und sich dafür zu interessieren, ›wie es sich eigentlich verhält‹. Wenn Realismus je ›hinter die Dinge‹ schauen wollte, so werden ihm bei verschärfter Wahrnehmungslage gleichzeitig die vielfältigen ›Wandschirme‹ in den Blick geraten müssen, die seinen Blick nicht nur behindern, sondern auch schützen.

Storms Gedicht-Sammlung ([7]1885), insbesondere das kanonische »Erste Buch«, führt diese **wechselnden Sichtachsen** vor Augen. Am Anfang, als Eröffnung, steht die scheinbar unverwüstliche Genieße-Lust des »Oktoberliedes«. Dämpfend folgt sogleich »Abseits« mit der ausgegrenzten und eben dadurch auch schon anstehenden »aufgeregten Zeit« (LL I, 12). Bald danach machen sich in »Meeresstrand« »Stimmen« hörbar, die dem optimistischen Verstehensbedürfnis mit einem »Geheimnisvollen Ton« des »gärenden Schlammes« (LL I, 14) entgegenwirken. Zwar gelingt eine Wendung des verstörend Unerklärbaren zum Begehrenden in »Abends«, zwar scheint zu Weihnachten die »Jagd des Lebens« (»Knecht Ruprecht«, LL I, 77) für Augenblicke stille zu stehen, doch verstummen die widersprechenden ›Untertöne‹ selten und stellen selbst die Erinnerung an die »selige Zeit« (»Über die Heide«, LL I, 93) in Frage. »Geh nicht hinein« liegt auch nach dem Willen der anthologischen Anordnung an der Grenze, am Ende. Und dennoch bildet es nicht den Schlussstein zum ersten, entscheidenden Buch der Sammlung. Diese Aufgabe übernehmen vielmehr zwei »Märchen-Szenen« (»Schneewittchen«). Sie halten als lyrisch-dramatisches Mischgenre unaufgelöst in der Schwebe, was Storms Lyrik in Fällen der Liebe, des Lebens und des Todes auf die Spitze treibt.

4. Der Realismus auf dem Weg zum Symbolismus: Conrad Ferdinand Meyer

Auch Conrad Ferdinand Meyers Gedichte füllen infolge strengster Auswahl – dem Dichter gefiel es, seine Lyrik als bloßes »Spiel« abzuwerten (vgl. Brief an Louise von François vom 8. April 1882) – nur einen einzigen Band (*Gedichte* 1882, ²1892). Meyer steht an der Schwelle der Moderne und gilt als »Bahnbrecher des Symbolismus« (Henel 1962, 220) bzw. als Überwinder des Realismus (vgl. Selbmann 1999, 135). Diese literaturgeschichtliche Übereinkunft verhinderte es, die nicht minder auffällige Nähe seiner Lyrik zum Realismus, ja sogar zu Grundpositionen des *Grenzboten*-Programms wahrzunehmen (zu Meyers Herkunft aus der vorrealistische Epoche vgl. Häntzschel 1977). Es sind dies keineswegs nur minderwertige Gedichte, die eine solche **Rückbindung an das traditionelle realistische Konzept** zu erkennen geben. Sollte sich der Zusammenhang zwischen programmatischem Realismus und Meyers Lyrik bestätigen, könnte daraus ein für die gesamte Realismus-Forschung überraschender Schluss folgen. Während nämlich die neuere Forschung die Güte der ehemals kanonischen Realisten nur noch an ihrem Abstand zum realistischen Literatursystem zu ermessen gewillt ist, zeigt das Beispiel des seit je ›modernsten‹ und dem Ästhetizismus nahestehenden Symbolisten, dass auch im traditionellen Konzept des ›poetischen Realismus‹ ein **Modernisierungspotential** steckt, d. h. eine Dynamik, die das Konzept selbst erweitert bzw. bereichert und eben nicht nur abrupt negiert.

Ein gutes Beispiel für die fruchtbare Nutzung realistischer Voraussetzungen im ›modernisierten‹ Kontext ist Meyers Gedicht »**Auf Goldgrund**« (1865/87). Der Titel kann als topisch gelten, begegnet doch die Fügung in der Literatur des 19. Jh.s (auch in Kellers *Grünem Heinrich*) wiederholt.

> Ins Museum bin zu später
> Stunde heut ich noch gegangen,
> Wo die Heil'gen, wo die Beter
> Auf den goldnen Gründen prangen.
>
> Dann durchs Feld bin ich geschritten
> Heißer Abendglut entgegen,
> Sah, die heut das Korn geschnitten,
> Garben auf die Wagen legen.
>
> Um die Lasten in den Armen,
> Um den Schnitter und die Garbe
> Floß der Abendglut, der warmen,
> Wunderbare Goldesfarbe.
>
> Auch des Tages letzte Bürde,
> Auch der Fleiß der Feierstunde
> War umflammt von heil'ger Würde,
> Stand auf schimmernd goldnem Grunde.

Das lyrische Ich ›berichtet‹ von einem Museumsbesuch und seinem anschließenden Gang durchs Feld, wo es beobachtet, wie Schnitter die Garben auf einen Wagen legen. Das Besondere dieser Wahrnehmung liegt darin, dass sich die Seherfahrung innerhalb des Museums, die hier vom Anblick sakraler Figuren ausgelöst wird, draußen im profanen Alltag wiederholen: Der musealen Bilderfahrung »Auf den goldenen Gründen« folgt somit die reale Anschauung auf »goldenem Grunde«. Das ist ein epochentypischer Zusammenhang, dessen genauere Ausgestaltung allerdings unentschieden bleibt: Die aufeinanderfolgenden Eindrücke des gehenden und sehenden Subjekts können einen kausalen oder auch finalen Zusammenhang andeuten (der Museumsbesuch als Ursache der neuen Wahrnehmungswirkung bzw. als Mittel zur Erreichung eines Wahrnehmungszwecks); und sie mögen als Folge sowohl eine Steigerung wie auch Korrektur meinen (schöner als der Goldgrund im Museum ist der Goldgrund draußen bzw. nicht im Museum findet man den wahren Goldgrund, sondern unter freiem Himmel). In jedem Fall aber erfüllen sich hier Momente des ›realistischen Programms‹. Hans und Rosmarie Zeller (1984a, 397) formulieren bündig:

> »Menschliche Arbeit als Gegenstand des Gedichts wird nach der Kunstanschauung des deutschen Realismus behandelt. Die Würde des Gegenstandes verbindet sich mit klassizistischer Einfachheit der Form, das Reale mit dem Idealen. Die Wirklichkeit um ihrer selbst willen ist es nicht wert, dargestellt zu werden, sie muß erhöht werden, sie wird »auf Goldgrund« gesehen, verklärt.«

›Verklären‹ heißt hier: das auf dem Weg Liegende und im Vorübergehen zufällig, aber nicht nur beliebig Gesehene, weil es ja für die Jahreszeit typisch ist und zum elementaren Leben gehört, unter einem bestimmten Raster zu schauen; dieses Raster hat man woanders, am musealen Bildungsort, erworben und wendet es nun in freier Natur auf ›das Leben selbst‹ an.

Es geht also um eine Art **Realisation im Bereich von Seherfahrungen**. In Meyers Lyrik wiederholt sich der Blickwechsel, die Übertragung erworbener Sehgewohnheiten auf neue Gegenstände. Unter solchen Perspektivierungen, die sich auch in der Novellistik auswirken, wird das Gesehene doppelbödig, vieldeutig bzw. mehrwertig. Das zeigt sich gerade an der ins Auge fallenden alltäglichen Wirklichkeit. Das zeichnet den Modus des realistischen Schreibens aus, der die Oberfläche durchsichtig macht, aber nicht zum Verschwinden bringt, so dass dank wechselnder Blickpunkte andere Schichten sichtbar werden. Alltägliche Requisiten und technische Besonderheiten wie »des Rohres schwarzer Rauch« – »äußerlich ganz realistisch gehalten« (Staiger 1952/71, 209) – gewinnen mythische Dimensionen (vgl. »Im Spätboot«), und Sagenhaftes offenbart einen realen Kern (vgl. »Nicola Pesce«). Allenthalben fällt die »Parallelisierung von zwei Zuständen« auf (H.u.R. Zeller 1984b, 415). Die Technik der Personifizierung und Allegorisierung von Gegenständen ermöglicht es, die für Meyer so typische **Objektivität** mit vielfältigen subjektiven Bezügen zu verflechten. Auch Meyers Realismus ist ambivalent und beruht auf einer »Spannung« (ebd., 418), die selbst im dominant symbolistischen Stil die gegensätzlichen, subjekt- wie objektzentrierten Darstellungsmodi überbrückt.

Auch »Lethe« (1874) kann trotz der antiken Kulisse und des ›griechischen Kostüms‹ in den Umkreis realistischer Lyrik rücken, denn das Gedicht betrifft wiederholt Begegnendes und wohl auch Alltägliches. Schlaf, Traum, Liebe, Erinnern, Vergessen und Tod sind keine ›entfernten‹, sondern nahe Momente, die den Bezirk psychischer Wirklichkeit umschreiben. So gesehen steht »Lethe« keineswegs »weit entfernt von aller Wirklichkeit« (Henel 1962, 218). Henel selbst entdeckt ja auf dem Umweg über den biographischen Hintergrund (Meyers Lebensmotiv der versagten Liebe) die bemerkenswerte Realitätsspur. ›Gegenstand‹ des Gedichts sind keine klassizistisch reproduzierten Mythen, sondern ein Traum, der nach bestimmten, hier bildlichen Mustern, Alltägliches verarbeitet. Wenn Henel die Absicht des Dichters mit den Worten charakterisiert, »Außen und Innen, den geborgten Stoff und sein eigentliches Anliegen, in Einklang zu bringen« (ebd., 220), so bezeichnet er eine Aufgabe, die dem realistischen Programm gefundener, aber zu poetisierender Stoffe grundsätzlich nahesteht. Gerade Meyer nützt die **realistische Lizenz der Traumrede** zur wahrscheinlichen Darstellung unwahrscheinlicher bzw. tabuisierter oder versagter subjektiver Empfindungen (vgl. ebd., 221). So gelingt mit und trotz der klassizistischen Stilisierung eine »Substitution«, die »zum erlebten Schmerz ein nie gekanntes Glück hinzudichtet und so die harte Wirklichkeit zugleich steigert und verklärt« (ebd., 222). Der Deutung Henels folgend, verdichtet »Lethe« persönliche Erlebnisse (unerwiderte Liebe), kunstgeschichtliche Wahrnehmung bzw. Bildung (Charles Gleyres Bild »Le Soir«, auch »Les Illusions perdues« genannt) und poetologische Reflexion in einem objektivierten, das heißt Distanz schaffenden Traum-Bild, das sich in den produktiven Grundzug der Epoche, die ›**verlorenen Illusionen**‹, einfügt (vgl. Kap. IV.7.2). Henels apodiktische Auskunft, »Conrad Ferdinand Meyer war kein Realist« (ebd., 228), wird der eigenen psychologisierenden Deutung nicht gerecht bzw. verkennt die Auswirkungen des realistischen Prinzips. Gerade Meyers an ›Dingen‹ und ›Erlebnissen‹ orientierte Lyrik zeigt, wie realistische Literatur solche Dinge zwar buchstäblich und evident darstellt, zugleich aber aufgrund der bloßen Lesbarkeit solcher ›Abbildungen‹ stets daran erinnert, dass es sich hierbei um anderes als Wirklichkeit handelt, nämlich um zu lesende Gedichte.

Das Spiel mit der Illusion nimmt in Meyers Gedicht »**Der römische Brunnen**« eine eigentümliche Wendung: Ein Gegenstand, der fest (der Brunnen aus Marmorschalen) und flüssig ist (Strahl und Flut des Wassers), teils sichtbar, teils verborgen (verschleiernd), wird sprachlich dynamisiert (aufsteigen, gießen, nehmen, geben) und vereint doch Bewegung und Stillstand (»strömt und ruht«). Die Beschreibung erfasst Augenfälliges, so dass es zum täuschenden Eindruck eines Zugleich von entgegengesetzten Tätigkeiten und Aggregatzuständen kommt (der Tastsinn führte nicht diese Wirkung herbei). Das ist eine **auf die Spitze getriebene Illusionskunst**, die für den Realismus typischer ist als für die Moderne, denn der vermeintlich unüberbrückbare »Widerspruch« zwischen Gegenstandsbezug und Sinngebung (vgl. Selbmann 1999, 149) wird im illusionären Spiel mit dem Augenschein aufgehoben und bleibt somit im Bann der **Subjektivierung des Objektiven**, die eine Grundbewegung im Realismus ist: Das künstlerische Bild aus Buchstaben wird zum Objekt der persönlichen Wahrnehmung eines Dinges, das objektiv fest und flüssig in einem ist.

Die »Welt ist des Spekulierens müde und verlangt nach jener ›frischen grünen Weide‹, die so nah lag und doch so fern«. So charakterisierte Fontane (*Werke*, III/1, 236) die Haltung des ›jungen‹ Realismus. Es galt, in nächster Nähe das bislang Übersehene und doch so Sehenswerte endlich wahrzunehmen. Meyers Ballade »**Die Füße im Feuer**« (1864/82) setzt bei diesem Moment der Augenöffnung an und treibt das Prinzip doch weit über das hinaus, was Fontanes Wort von der ›frischen grünen Weide‹ zu verstehen gab, nämlich das unmittelbare Hinsehen auf das, was sich an mehr oder minder Erfreulichem in der Welt bietet. Darauf weist schon der Anfangsvers hin, der mit einem wild zuckenden »Blitz« als unzuverlässiger Lichtquelle in kritischer Lage einsetzt (»Sahst du das Wappen nicht am Tor?«). Meyers historische Ballade aus der Zeit der »Hugenottenjagd« richtet nicht nur den Blick auf ein vergangenes politisches Geschehen, sondern handelt vom **Sehen und Wiedererkennen**, von Wahrnehmungen, die ihrerseits Vergangenes wiederaufleben lassen, ›Fragmente‹ wie die »Füße« zum Leben wecken und Verborgenes an den Tag bringen. Dabei spielt die Wahrnehmung alltäglicher Dinge wie des Wohnraums und seines Interieurs eine entscheidende Rolle.

Denn unter solchem Blick verwandelt sich die gegenwärtige Zuflucht zur Stätte für unerhörte politische Verbrechen (Folter, Mord). Mehr noch: der Inbegriff idyllischer Häuslichkeit und Familiarität, der Herd, funktioniert bei wieder geöffnetem Auge als tödliches Folterinstrument. Die ›fortgeschrittene‹ **realistische Schule des Sehens** inszeniert das Wiedererkennen angesichts von Seheindrücken (»Herdes Feuer«, »Hugenott im Harnisch«, »stolzes Edelweib«) als einen Vorgang der Bewusstwerdung, die zum erneuten Sehen des Vergangenen führt. Tathergang und Täterschaft werden – nach dem filmischen Prinzip der Rückblende – unmittelbar ansichtig.

> Der Reiter wirft sich in den Sessel vor dem Herd
> Und starrt in den lebend'gen Brand. Er brütet, gafft ...
> Leis sträubt sich ihm das Haar. Er kennt den Herd, den Saal ...
> Die Flamme zischt. Zwei Füße zucken in der Glut.

So wird das realistische **Prinzip der Verlebendigung und Anschaulichkeit** auf die Spitze getrieben und realisiert sich als vorweggenommener innerer Monolog oder Bewusstseinsstrom der Moderne. Es ist die Anschaulichkeit dieser realistischen Technik, die den Reiter auf »Nimmerwiedersehn« vertreibt. Man hat früher die »Zwei Füße« gern als »Dingsymbol« bezeichnet und mit dem für Meyer kennzeichnenden Symbolismus in Verbindung gebracht (Müller-Seidel 1968, 72). Folgt man dem Wortlaut des Gedichts, so liegt der realistische Effekt der erwähnten Füße näher: Sie sind Glieder einer Frau (also zeichentheoretisch gesehen nicht Symbol, sondern Index; hinzu kommt der öffentlich entblößte Körperteil), sie zählen zu den bevorzugten Stellen im routinierten Folterverfahren (erhöhter Schmerz bei verzögertem Tod) und verwandeln sich zu Fragmenten, Bruchstücken infolge bewährter politischer Praxis.

Folterszenen gibt es in der realistischen Literatur des 19. Jh.s nur im Bereich der Kolportage (vgl. Sir John Retcliffe); auch spielen sie sich hier eher unter Männern ab, während die Vergewaltigung von Frauen in der Geschichte der Folter eine gesonderte Rolle spielt (vgl. allgemein Kramer 2004). Insofern verletzt Meyers Folterszene, bei der eine Frau gefoltert und wahrscheinlich auch vergewaltigt wurde (»Ich werde wild. *Der* Stolz! Ich zerre das Geschöpf ...«) ein Tabu des geltenden Literatursystems. Wenn diese Darstellung trotzdem ›realistisch‹ bleibt, so liegt das, abgesehen vom verhüllenden Stil, an der Historisierung und Politisierung des Geschehens.

Zweierlei fällt nämlich auf und bindet das moderne Werk an die **Grundsätze des ›kritischen Realismus‹:**

- Da der Edelmann nie erwägt, vor Gericht zu gehen, sondern das eigentliche ›Gericht‹ einem »Gott« und seiner »Rache« überlässt, wird klar, dass die Taten aus der Zeit der »Hugenottenjagd« weder vor »Drei Jahre[n]« noch »heut« justitiabel waren bzw. sind. Sie werden nach wie vor geduldet, so dass nicht Recht, sondern nur »Rache« den notwendigen Ausgleich bringen kann. Damit dieser Ausgleich aber ›gerecht‹ erfolgt, was im Fall der Rache nach realistischem Maß selten gelingt, und damit dieser Ausgleich den Lebenden auch irgendwie zugute kommt, wird er einer unfehlbaren Instanz, nämlich »Gott« überantwortet. Das mag ein Nachklang der Verklärungspoetik mit ihrer Idee von **poetischer Gerechtigkeit** sein, die allerdings insofern an ihre Grenzen stößt, als sie nicht mehr ›immanent‹ das Versöhnungsziel erreicht.

- Das zweite Merkwürdige an Meyers Ballade ist ihre **sozialkritische Dimension.** Reiter und Edelmann stehen nämlich nicht auf gleicher sozialer Stufe. Das zeichnet sich schon an den unterschiedlichen, soziale Distanz markierenden Anrederpronomen ab (»Ihr« vs. »du«) und setzt sich fort im Wortschatz (»Verdammt«) bzw. in dem unverkennbaren Ressentiment des Folterers gegenüber der aristokratischen Lebensform (»Ein fein, halsstarrig Weib«). Das ist aber nur die eine Seite des unterschwellig wirkenden sozialen Gegensatzes. Auf der anderen Seite gilt fraglos, dass der Scherge als »Knecht des Königs« in jedem Fall dem Edelmann überlegen ist. Als ›Eigentum‹ des »größten König[s]« zeigt er darüber hinaus an, woraus bzw. worin politische Größe ›eigentlich‹ besteht. So kann als »kluger Mann« nur gelten, wer sich danach richtet; so jedenfalls lautet die Auskunft des Reiters. Freilich weiß derselbe ›realpolitische‹ Ratgeber, dass jeder, der »nur einen Tropfen Bluts« hat, anders handeln würde.

Dadurch entstehen jene **Handlungslähmungen,** die seit der gescheiterten Revolution von 1848 immer wieder in realistischer Literatur thematisch werden. Es kann deshalb wohl nicht als gewiss gelten, dass Meyers Ballade in eine »Feier des Sieges, der ein Glaubenssieg ist« einmündet (Laufhütte 1988, 334). Und auch die »Zukunftssicherheit« bleibt fraglich angesichts eines äußerlich ergrauten und innerlich auch zertrümmerten Menschen. Denn das Schlussbild der Natur wirkt mit ihren »Friedsel'ge[n] Wolken« keineswegs nur idyllisch (Breier 1968, 435), sondern eher ambivalent wie bei schönem Wetter ein Schlachtfeld nach der Schlacht. Dass dies alles nicht schon im unmittelbaren Anschluss an die Tat geschah, sondern sich erst Jahre später, da der Täter ungeschoren und erneut legitimiert auftritt, ereignet, ist der eigentliche **Skandal** des weniger erzählten als inszenierten Vorfalls. Während in *Effi Briest* die Verjährung einen Weg der Erneuerung hätte einleiten können, vernichtet hier die Dauer der Dienstbarkeit noch denjenigen, der vor Zeiten den Mord, das Massaker überstand. Nach traditionellem Verständnis profilierten solche gesellschaftskritischen Perspektiven, deren spezifisches Gewicht erst das 20. Jh. mit seiner notorisch verzögerten Aufarbeitung der Völkermorde vieler Regionen ermitteln wird, Eigenart und Vorzug des Realismus im 19. Jh.

5. Blicke ins »Herz der Wirklichkeit«: Theodor Fontanes Lyrik

Dass Fontane sich mit seiner späten Lyrik »himmelweit« von dem entferne, »was unter Lyrik gemeinhin verstanden zu werden pflegt« (Sosnosky 1911; zit.n. Richter 2001, 224), wurde schon früh beobachtet. Doch was als Lob gemeint war, hat sich als Tadel ausgewirkt und gilt vereinzelt bis in die Gegenwart; in ›Geschichten der deutschen Lyrik‹ begegnet der Name Fontanes nicht unbedingt (vgl. Holznagel 2004). Verengte Begriffe des Lyrischen und fixierte Vorstellungen über das Realistische verhinderten eine ernsthafte Auseinandersetzung mit solchen ›Abweichungen‹ eines bedeutenden, vielseitigen und eigenartigen Lyrikers in der zweiten Hälfte des 19. Jh.s. Dass sich Fontane als Lyriker ebenso ›entwickelt‹ habe wie als Erzähler, mithin von einer frühen, abhängigen zu einer späten, selbständigen Schreibart vorgedrungen sei, hat schon Conrad Wandrey beobachtet (1919, 352). Aber erst die Arbeiten von Karl Richter (in Andeutungen bereits 1966, dann insbesondere 1980) lenkten die Aufmerksamkeit auf diese **Doppel- oder gar Mehrfachbegabung** eines damals schon kanonischen Romanciers des Realismus. Angesichts der vielen Entdeckungen bei der nunmehr selbstverständlichen Interpretation des lyrischen Werkes (vgl. Scheuer

2001a) und in Anbetracht der Schwankungen, denen das Realismus-Konzept seit geraumer Zeit unterliegt, hat es wenig Sinn, naiv danach zu fragen, wie realistisch Fontanes Gedichte seien. Es empfiehlt sich vielmehr, induktiv zu verfahren und das Gesamtwerk als Material für einen erst zu entwerfenden Realismusbegriff fruchtbar zu machen. Eingedenk des Grundsatzes, dass die ›Poetik realistischer Literatur‹ nicht allein aus der essayistisch kritischen Theorie, sondern gleichfalls, wenn nicht in erster Linie sogar aus der poetischen Praxis zu gewinnen sei, gilt auch hier der ›realistische‹ Grundsatz, bei den Werken selber hinzuschauen, wie es sich eigentlich verhält.

Fontane hat Balladen, Lieder, Sprüche und Gelegenheitsgedichte verfasst; er selber gruppierte sie unter den Rubriken »Lieder und Sprüche«, »Bilder und Balladen« sowie »Gelegenheitliches« bzw. »Gelegenheits-Gedichte« (hinzu kam später noch die Rubrik »Lieder und Balladen frei nach dem Englischen«). Seine Gedichte erschienen gesondert im Vorabdruck diverser Zeitungen oder als Separatpublikation (so der Romanzen-Zyklus *Von der schönen Rosamunde*, 1850, ²1853, ³1863) und vor allem in Sammlungen (*Gedichte*, 1851, ²1875, ³1889, ⁴1892, ⁵1898). Vereint mit dem zu Lebzeiten Ausgeschiedenen füllen sie mehr als tausend Buchseiten und zeugen von einem fünfzig Jahre lang anhaltenden Interesse an Lyrik. Nichts könnte fruchtbarer sein, als dieses Werk einem gattungsgeschichtlich differenzierten Epochenbegriff zugrunde zu legen. In einen solchen literarhistorischen Lichtkegel rückte dann die ganze Spanne der Gedichte vom frühen Klassiker in der Liedtradition »Der alte Zieten« (1850) bis zum späten, merkwürdig herausfallenden, posthum veröffentlichten Werk mit dem sonderbaren Titel »Veränderungen in der Mark. Die Mark und die Märker (Anno 390 und 1890)« (1899).

Umrissen wäre damit ein weites Feld, auf dem **Geschichte, Gegenwart und Mythos** nebeneinander zu liegen kommen, eine Welt, in der sich Aktion und Reaktion abwechseln, in der Bewunderung und Kritik laut werden, Wunsch- und Schreckbilder Kontur gewinnen und Hoffnungen mit Enttäuschungen konkurrieren. Epigonales steht neben Originellem, Kitschiges neben Tendenziellem, Gelegentliches neben Außerordentlichem, Erregtes neben Gelassenem. Von Anfang an machen sich die **Schlüsselkonzepte der Entheroisierung, Verbürgerlichung und Vermenschlichung** geltend; zugleich rückt der wechselvolle Gebrauchswert jener Lyrik in den Blick, die das Menschliche in der Ent-Politisierung sucht und doch die Re-Politisierung nicht verhindern kann oder unterschwellig sogar selbst betreibt (vgl. Scheuer 2001b, 33; Aust 2001a, 264 f.). Zwischen dem »Zieten« und den »Veränderungen in der Mark« liegt Vielerlei, und doch kehrt eines leitmotivisch wieder: die **Gewalt in nächster Nähe** (Revolution, Kriege, Rassismus) und global verbreitet (Imperialismus, Kolonialismus). Hinzu kommt der **Alltag als Lebenskosmos**, seine Trivialitäten, Rituale und Geschäfte. Fontanes lyrisches Ich blickt immer wieder auf die Gegenstände der Gegenwart, registriert sie mit keineswegs verschleierten Augen; zuweilen, z. B. in »**Ein Ball in Paris**« (1850), sieht dieses so scharf, wie es der spätere Romancier tun wird:

> Wohl! rings dasselbe Tun noch und Beginnen,
> Ich aber jetzt, mit nachtgeschärften Sinnen,
> Schau durch das Maskenwerk und seinen Schein
> Tief in das Herz der Wirklichkeit hinein. (*Werke*, I/6, 261)

Der **nachtgeschärfte Sinn** meint ein Wahrnehmungsvermögen, das im gegenwärtigen Festzug durch den »prächtige[n] Ball« jenen anderen »Festeszug« erblickt, »Wo der Hyänenmensch *auch* Blumen trug«. Und nicht zuletzt begegnet in solcher Lyrik, ästhetisch geschliffen, die gesprochene Sprache, ja der **Bummelton als Kunstform,** deren produktive Entdeckung im ›Unlyrischen‹ liegt. Wenn es **Welthaltigkeit in der Lyrik** geben sollte, so findet sie sich bei Fontane, und die Hypothese klingt nicht abwegig, dass hier wegen dieser Welthaltigkeit so etwas wie ein Spurenverlauf der realistischen Lyrik beginnt. Seinen Richtungen und Verzweigungen zu folgen, wäre Sache der Einzelinterpretation.

Eine Entwicklung zum Lyriker lässt sich wohl nicht definitiv ›erklären‹. Im Falle Fontanes aber gibt es so etwas wie eine **Schule für Sprachkunst** und Arbeit am literarischen Werk, den ›Tunnel über der Spree‹. Dieser Berliner Sonntagsverein dilettierender Schriftsteller bot Fontane über Jahrzehnte hinweg ein Forum für poetische Fingerübungen. Es war ein Ort förderlicher Geselligkeit in literarischer wie biographischer Hinsicht (zusammenfassend Aust 2000a, 320–324).

Fontane war sich wohl von früh auf seiner Eigenart, ja »Einseitigkeit« als Lyriker bewusst. Darauf weist eine briefliche Selbsteinschätzung hin:

> »Ich laborire allerdings an einer gewissen Einseitigkeit und wäre nicht das Dutzend *Sprüche* da, so würde jene noch mehr hervortreten. Erwägen Sie, wie viele Felder hat die Poesie und wie wenige bebau' ich? Sprech' ich vom Formellen, so finden Sie keine Hexameter, keine Oden- und Hymnenstrophe, keine Sonette, Terzinen und Ottaven, keine spanischen Trochäen, keine Ghaselen, keine Makamen und hundert anderer Spielereien (Ritornell, Triolett, Malaisches u.s.w.) zu geschweigen. Das Fehlen dieser Formen ist weder was Zufälliges noch was Gleichgültiges – mit diesen Formen fehlen gleichzeitig bestimmte Dichtungsarten, denen jene Formen eben zugehören, gleichsam angewachsen sind. Sie finden in meinen Sachen keine Idylle, keine Fabel, keine Legende, kein still beschreibendes, kein Lehrgedicht, es fehlt die Dithyrambe, es fehlt das Naive und Drollige, und vor allem, es fehlen – die Lieder, das Lyrische überhaupt [...]« (Brief an Friedrich Witte vom 3. Februar 1851; DD I, 36)

Wenn diese negative Bilanz – vorausgesetzt, dass sie auch weiterhin Recht behalten sollte – nicht nur das Eingeständnis eines Mangels, sondern auch einen Hinweis auf den gesuchten eigene Weg birgt, dann könnte sich in der Zurückhaltung gegenüber der reichen und differenzierten Formentradition eine Neigung zu jenem freien lyrischen Sprechen abzeichnen, das in Analogie zur offenen Form der Prosa jenen welthaltigen, flexiblen Zug trägt, der dem Fontane'schen Werk überhaupt eignet. Das wäre dann die positive Bilanz dieser »unlyrischen Lyrik« (Richter 1980, 119). Das späte, posthum veröffentlichte Gedicht »Auch ein Stoffwechsel« (1899), fasst Fontanes literarische **Entwicklung zum ›entspannten‹ Stil** auf knappem Raum zusammen:

> Im Legendenland, am Ritterbronnen,
> Mit Percy und Douglas hab' ich begonnen;
> Dann hab' ich in seiner Schwadronen Mitten
> Unter Seydlitz die großen Attacken geritten
> Und dann bei Sedan die Fahne geschwenkt
> Und vor zwei Kaisern sie wieder gesenkt.
> In der Jugend ist man eben dreister,
> Mag nicht die Zunft der Handwerkermeister;
> Jetzt ist mir der Alltag ans Herz gewachsen,
> Und ich halt' es mit Rosenplüt und Hans Sachsen. (*Werke*, I/6, 344)

Diese narrative Aufzählung ist nicht vollständig, sie unterschlägt u. a. die politische Lyrik der Märzzeit und überbetont die **Orientierung am Alltag.** Sie vernachlässigt insbesondere, was im »Ball von Paris« auffiel, den Gestus des Seitab-Tretens, den

Blick aus »eines Fensters Nische«, der auf ein anderes Bild von Wirklichkeit fällt und – Bild mit Bild überblendend – Einblick ins »Herz der Wirklichkeit« gewährt und Erkenntnis stiftet. Fontanes »Stoffwechsel« meint ja im Grunde solche Aufnahme und Verarbeitung unterschiedlicher Stoffe; und so artikuliert dieser Rückblick in plakativer Form ein eigentümliches Bekenntnis zur realistischen Wende mitsamt der anachronistischen Betonung der handwerklichen Arbeit. Darin mag auch eine Spur jenes **Humors** liegen, den der erzählerische Realismus wiederholt als Kennzeichen vorweist und der nicht nur etwas mit dem duldenden Belächeln, sondern mit dem poetischen Arrangement sich widersprechender Bilder zu tun hat.

Ähnlich wie Storm hielt Fontane über seine frühen Gedichte »furchtbar – wie Karl Moor – Musterung« (IV/1, 327); gleich Keller kehrt er zu ihnen als »den Göttern und Hämmeln meiner Jugend« zurück (IV/3, 392). Lyrik spielt in der Selbsteinschätzung Fontanes eine große Rolle. Schon Conrad Wandrey zählte Gedichte wie »Lebenswege«, »Was mir fehlt« und »Was mir gefällt« zu den »stärksten Versdichtungen des Realisten« (Wandrey 1919, 357).

Fontane galt und gilt als **Meister der Ballade** in all ihren Facettierungen, der heroischen und der antiheroischen, der historischen und der politischen, der traditionellen und der modernen (*Balladen* 1861). Für viele dieser Art steht »**Archibald Douglas**« (1857). Erich Kohler hat seinerzeit bündig die eigenartigen Vorzüge der Ballade aufgezählt: Sie vereine »die spezifisch Fontanische Problematik, sein Menschen- und Heldenbild, die Strachwitz-Tradition, die Bedeutung der englischen Volksballaden und nicht zuletzt, in dem Nationalgehalt, in der Verherrlichung der Heimatliebe auch das Preußische« (Kohler 1940, 337). Solche Kennzeichnungen konnten dem Autor auch schaden, weil Kohlers Reizwort ›Heimatliebe‹ stärker wirkte als der unhandlichere Begriff der ›Problematik‹. Vor allem aber überdeckte das Konzept des ›Preußischen‹ die eigenartige Gestaltung des politischen Konflikts.

Es geht, wie in anderen Werken des zeitlichen Umfeldes, um eine **Revision des Verhältnisses zwischen König, Adel und Volk** aus der Sicht der Revolutionserfahrung. Gewiss konturiert die Ballade am politischen Stoff – getreu der Vischerschen Roman-Konzeption (vgl. Kap. III.1.4) – das Psychologische, Innerliche, Menschlich-Private. Zugleich aber bleibt die politische Relevanz der anthropologischen Besinnung gewahrt. Fontane zeigt die Folgen von Gewalt, die sich in Aktion und Reaktion von selber steigert, und die Verhunzung des Rechts (›Sippenhaft‹) zur Erhaltung von Macht. In der gespannten Konfliktlage, in der nur Machtverhältnisse entscheiden, erzählt die Ballade von einem dritten Weg der Schlichtung, von einem geradezu wörtlich inszenierten Verständigungs-›Weg‹. Projiziert wird ein solcher ›Gang‹ auf die schottische Vergangenheit, abgelesen wird seine Notwendigkeit an der jüngsten Gegenwart und anwenden ließe sich die phantasierte gewaltlose Lösung im Sinn einer »grünen Stelle« (vgl. Kap. III.1.4) wohl auch noch auf die Zukunft.

> Denk lieber zurück an Linlithgow,
> An den See und den Vogelherd,
> Wo ich dich fischen und jagen froh
> Und schwimmen und springen gelehrt.
> [...]
> Zu Roß, wir reiten nach Linlithgow,
> Und du reitest an meiner Seit',
> Da wollen wir fischen und jagen froh,
> Als wie in alter Zeit. (I/6, 10, 12)

Der Fluchtpunkt, die Jugendidylle von Linlithgow, ist so gesehen weder ein trivialro-mantischer Regress, noch ein subversiv gemeinter Hohn auf das Spaßbedürfnis der Machthaber, sondern ein – gewiss seit Horaz topisches – Beispiel für einen lebensge-schichtlich argumentierenden Neuansatz aus verfahrener Situation. Hierbei kommt der ›Heimatliebe‹ eine brisantere Rolle zu, als es die Konnotation dieses Wortes aus dem Wortschatz der Heimatvertriebenen anzuzeigen scheint. Denn gerade der Bezug auf die Heimatliebe bewirkt, dass der Gegensatz zwischen ›Herr‹ und ›Knecht‹ aufbricht und sich in eine Art ›Mitbürgerschaft‹ verwandelt.

Zu den ›schönsten‹ und zugleich ›furchtbarsten‹, somit bestimmt umstrittensten **Liebesliedern** Fontanes gehört jenes Gedicht, das er selbst in keine seiner Antholo-gien aufnahm, sondern ›nur‹ einem Roman (*Frau Jenny Treibel*) beigab, dort aber für eine Wiederholungslektüre innerhalb derselben Romanrezeption gleich doppelt exponierte; gemeint ist das Gedicht, das der verliebte und literarisch dilettierende Wilibald Schmidt seiner Jugendgeliebten Jenny Bürstenbinder als Liebesgeschenk übereignete und das die später ›glücklicher‹ verheiratete Kommerzienrätin Treibel auf ihren Soirees zum Leiden mancher Gäste regelmäßig zu singen pflegt. So wird einer der bekanntesten Romane des Realismus zum Forum für ›Verhandlungen‹ über Lyrik und literarische Sozialisation in der modernen Gesellschaft der Kaiser-zeit – auch dies, wie schon im »Ball von Paris« – ein Blick »Tief in das Herz der Wirklichkeit hinein«.

Das titellose Lied mit der Anfangszeile »Glück, von deinen tausend Losen« zählt nach Auskunft einer maßgeblichen Edition bloß zu den »Versuche[n] und Fragmente[n]« (I/6, 808); es hat weder in der ideologiekritischen, noch werkimma-nenten Literaturwissenschaft einen guten Ruf (zur unterschiedlichen Einschätzung vgl. Aust 1974; Müller-Seidel [2]1980; Schulte-Sasse/Werner [4]1986; Selbmann 1992; Lohmeier 1994; Thielking 1997). Das liegt ebenso an seinem Thema wie an seinem Ton. Allenthalben dominieren Sentimentalität, Klischeehaftigkeit und Kitsch, die das bourgeoise Herrschaftsgebaren verschleiern bzw. mit der Patina kultureller Anteil-nahme verbrämen. Das Lied, drei vierzeilige Strophen lang, scheint in exemplarischer Verdichtung alle Untugenden der **Trivialpoesie** zu vereinen und deshalb seine litera-turkritische Schelte zu verdienen. Näher besehen, ist es doch ›unschuldiger‹ und wird für etwas getadelt, was andere mutwillig aus und mit ihm machen. Nun mag auch dies in seiner, des Gedichtes Verantwortung liegen, insofern es naiv von »Rosen«, »Waldesrauschen«, »Kuß« und »Herz« schwärmt, ohne zu verhindern, dass gerade diejenigen, die nichts davon halten, es am lautesten nachsingen können – ganz so wie es in Kellers *Martin Salander* der ›Demokratie‹ ergeht. Doch geht es in dem Roman, der den Schlussvers dieses Liedes als Untertitel trägt (*Frau Jenny Treibel oder »Wo sich Herz zum Herzen find't«*), gerade nicht darum, die ›Poesie‹ mitsamt der sie ver-brauchenden Bourgeoisie satirisch abzufertigen, sondern um eine Fallgeschichte, die dazu verhilft, das eine vom anderen zu unterscheiden, zu trennen, Tauschwert und Marktwert desselben Produkts zu differenzieren. Was in Anthologien der Kontext jedes einzelnen Gedichtes stiften kann, wenn die Anthologie mit Bedacht angelegt ist, geschieht in diesem Roman dank der epischen Integration, die durch Verwendungs-bezüge zeigt, was im einzelnen ›Ding‹ steckt.

> Glück, von allen deinen Losen
> Eines nur erwähl ich mir.
> Was soll Gold? Ich liebe Rosen
> Und der Blumen schlichte Zier.

Und ich höre Waldesrauschen,
Und ich seh' ein flatternd Band –
Aug' in Auge Blicke tauschen,
Und ein Kuß auf deine Hand.

Geben nehmen, nehmen, geben,
Und dein Haar umspielt der Wind.
Ach, nur das, nur das ist Leben,
Wo *sich Herz zum Herzen find't.* (I/4, 338, 472 u. I/6, 808 f.)

Die dem Lied angelasteten Mängel liegen nicht im Wortlaut des Gedichts, sondern im gesellschaftlichen Verwendungszusammenhang. Es ist die festliche Rahmensituation, die Konvention, sich selbst mit einem ›Poesie‹ zu feiern, die dem ›Binnenlied‹ schadet. Der schlichte Wortlaut des Gedichts muss dadurch nicht entlarvt werden, vielmehr gewinnt er an Fülle, wird vor den Augen der Romanleser **ambivalent.** Je einfacher, ja unorigineller und banaler die Mittel gewählt, gebastelt und geklittert sind (»der Blumen schlichte Zier« – »ein flatternd Band«), desto größer ist der Wert ihrer Wirkung, sobald sie überhaupt Wirkung zeigen; und gerade davon erzählt der Roman. Er erzählt, wie aus einem »Unglücksding« über den Um- und Abweg seiner ›Kanonisierung‹ im bourgeoisen Salon trotzdem noch ein »wirkliches Lied« (I/4, 369,477) ›entstehen‹ kann. Ähnliches widerfuhr ja schon Schillers »Bürgschaft« in Kellers *Martin Salander.*

Die **Instrumentalisierung des Lyrischen bzw. Poetischen** als festliche Verschönerung des Alltags betrifft ein Grundproblem der realistischen Literatur, dessen halbherzige Lösung ihr nicht nur von außen aufgezwungen wird, sondern das sie sich selbst im Verklärungspostulat zubereitet hat. ›Jennys Lied‹ zeigt an seiner Gebrauchsgeschichte, was ›**Verklärung**‹ ist, d. h. woraus sie besteht, wie sie zustande kommt, wozu sie dient und wie sie sich in einer historisch identifizierbaren Zivilgesellschaft deformieren oder reformieren lässt.

Fontanes späte Lyrik ist nach Karl Richter gekennzeichnet durch »das Vordringen der Zeit- und Gesellschaftsbezüge, die Tendenz zur skeptischen Betrachtung« und »Reflexion« über Leben und Alltag (Richter 1980, 119). Exemplarisch für die **Poetisierung des Banalen** ist u. a. das Gedicht »**Würd' es mir fehlen, würd' ich's vermissen?**« (1889) Es besteht aus einer Aufzählung von Lebens-›Kleinigkeiten‹, an denen die herkömmliche Poesie vorbeizuschauen pflegt, obwohl sie oft den Anspruch erhebt, Grundlegendes zu thematisieren; und was wäre grundlegender als eine gut durchschlafene Nacht, warme Semmeln oder der Blick auf kleine Mädchen, wie sie zur Schule gehen? Fontanes ›Gedicht‹, das solche Sachen aufzählt, mündet in die titelgebende Frage »Würd' es mir fehlen, würd' ich's vermissen?«

Heute früh, nach gut durchschlafener Nacht,
Bin ich wieder aufgewacht.
Ich setzte mich an den Frühstückstisch,
Der Kaffee war warm, die Semmel war frisch,
Ich habe die Morgenzeitung gelesen
(Es sind wieder Avancements gewesen).
Ich trat ans Fenster, ich sah hinunter,
Es trabte wieder, es klingelte munter,
Eine Schürze (beim Schlächter) hing über dem Stuhle,
Kleine Mädchen gingen nach der Schule –
Alles war freundlich, alles war nett,

> Aber wenn ich weiter geschlafen hätt'
> Und tät' von alledem nichts wissen,
> Würd' es mir fehlen, würd' ich's vermissen? (I/6, 340)

Die Koda klingt wie eine rhetorische Frage, die klar beantwortet und das heißt wohl verneint werden will, wenn sie nicht doch auch bejaht werden sollte mit Blick auf das, was dem Dichter dann doch »gefällt« (343) und was er sonst »noch erleben« möchte (349 f.; vgl. Detering 2005). Aber weder die Aufwertung des Banalen, noch die Relativierung des Netten wirken beruhigend. Beides – sehen und verschlafen – zeugt von »**Desillusion**« dessen, was öffentlich und privat gilt (Richter 1980, 121). Fontanes lyrisches Ich greift nicht den Klage-Ton mancher Erzähler Raabes auf, wenn sie vom Fenster aus und von oben her das Leben auf der Gasse beobachten. Dieses Ich scheint zu wissen, was gut tut und das Leben angenehm erhält. Man muss ihm die zur Schau getragene Resignation nicht glauben und kann sie auch als Camouflage lesen: Wiederaufwachen, zu Tische sitzen, von Aufrückungen in höhere Stellen lesen, hinunterschauen (wie der »Doktor« in Heines »Seegespenst«), Spuren des Schlachtens – die »Schürze (beim Schlächter)« – neben den Bewegungen des frischen Lebens sehen – das sind ganz eigentümliche, irdisch-überirdisch oszillierende Blickrichtungen eines Realisten.

Die für Fontane kennzeichnende Form der lyrischen Aussprache ergibt sich wohl darüber hinaus in einer Art Parallellektüre (nach dem Muster des *Frau Jenny Treibel*-Romans). Erst dann werden Spannungen sichtbar, die den Lyriker spezifischer profilieren. So bietet es sich an, bei der Frage nach Wert und Glück des Lebens auch eine andere Novität derselben, dritten Gedicht-Ausgabe (1889) mitzulesen: »**Jung-Bismarck** (In Begleitung eines Bildes, das ihn in seinem 19. Jahre darstellt)« (vgl. Berbig 1992). Auch hier geht es um Frage und Antwort:

> Was ist das Glück? Ist's Gold, ist's Ehr',
> Ist's Ruhm, ist's Liebe? Das Glück ist mehr:
> »Leben und Sterben dem Vaterland« –
> Gott segne fürder deine Hand,
> Jung-Bismarck. (I/6, 249)

Eine ›Wucht‹ des Sehens und Verschlafens kommt wohl erst im Lektüredurchlauf beider Gedichte zur Wirkung. Nicht darauf kommt es an, ob das eine ›eigentlicher‹ als das andere ist, ob sich die Gedichte ›widersprechen‹, ›ergänzen‹ oder ›bestätigen‹, sondern auf den Blick, die Blickrichtung, die sich am Bild oder der ›Szene‹ orientiert, **die Blickamplitude, die beides umfasst.**

Fontanes sogenanntes »Lied« »**Die Balinesenfrauen auf Lombok**« (1895/96) gilt seit langem als »eines der bedeutendsten revolutionären Zeugnisse der deutschen Lyrik« (Reuter 1968, II, 777). Seit der zweiten Fontane-Renaissance, als infolge der veröffentlichten Briefe an Georg Friedlaender der Romancier Fontane als **gesellschaftskritischer Realist von europäischem Format** entdeckt und literarhistorisch festgeschrieben wurde, wirkt diese Einschätzung als Schlüssel für den Zugang zu einer spezifisch realistischen Lyrik. Was für ein Bild von ›Realismus‹ entsteht, wenn Fontanes Lied, das man auch Ballade nennt (wodurch die Gattungsgeschichte wie durch andere Fontane-Balladen auch, z. B. »Herr von Ribbeck zu Ribbeck auf Havelland« oder »John Maynard« eine neue Wendung erhält), eine paradigmatische Rolle einnimmt?

Das Gedicht gehört in die **Tradition des Zeitungsliedes**; es bringt mit schlagzeilenartigem Auftakt eine aufrüttelnde Nachricht aus der näher gerückten Ferne im Zeitalter des globalen Kolonialismus.

Unerhört,
Auf Lombok hat man sich empört,
Auf der Insel Lombok die Balinesen
Sind mit Mynheer unzufrieden gewesen. (I/6, 382)

›Nachricht‹ ist laut publizistischer Sprachregelung »eine nach bestimmten journalistischen Regeln gestaltete Mitteilung über einen Sachverhalt, von dem angenommen wird, dass er für den Empfänger ganz oder teilweise neu ist« (Noelle-Neumann 1971,195). Als literarische Nachricht gehört Fontanes Lied gewiss zur ›phantasiebetonten Stilform‹ der Nachrichtenpräsentation; gewirkt hat es aber auch als ›tatsachenbetonte‹ Mitteilung, denn die niederländische Presse sah sich veranlasst, dieser Darstellung eines ›Grobschmiedekünstlers‹ zu widersprechen (vgl. Horch 2001, 251). So funktioniert – in der Öffentlichkeit zumindest – weiterhin der realistische Effekt, der von Ortsnamen, Nationalitätsbezeichnungen und heiklen Tätigkeitsberichten ausgelöst wird.

Nun gilt es zu berücksichtigen, dass sich Fontane doppelt geirrt hat. ›Tatsache‹ ist nämlich und somit **mitzuteilender** »**Sachverhalt**«, dass die niederländischen Truppen keineswegs im eigenen, kolonialistischen Interesse gehandelt haben, sondern gegen brutale Unterdrücker der Urbevölkerung von Bali und auf deren Bitten hin vorgegangen sind, dabei selbst aufgerieben wurden und dass sie bei der nachfolgenden Strafaktion keineswegs unschuldige Frauen und Kinder massakriert, sondern diese sich als Angehörige der herrschenden Kaste nach deren Unterwerfung – einem alten Ritual entsprechend – selbst den Kugeln ausgeliefert haben. Fontanes ›Balladennachricht‹ kehrt also den tatsächlichen Sachverhalt auf den Kopf und schildert eine Aktion gegen Unterdrücker als Tat von Ausbeutern. Das ist die billige Art der breitenwirksamen Propaganda. Was ist daran noch ›Realismus‹?

Nichts und doch alles, wenn man bedenkt, dass es ›gute‹ realistische Tradition ist, die Wirklichkeit nicht an ihrer Oberfläche zu berühren, sondern ihren ›Kern‹ geradezu **detektivisch zu enthüllen** (vgl. Eisele 1979) und somit ins »Herz der Wirklichkeit« zu schauen. Das war ja der Zweck des Verklärungspostulats, sich nicht von Schein und Zufall täuschen zu lassen, sondern das Wesentliche und Allgemeine zu erkennen, wider den bloßen Augenschein und dank »nachtgeschärfter Sinne« die Wirklichkeit ›widerzuspiegeln‹.

Wie Fontane den heroischen Stil der alten Ballade fortsetzt, ihn aber auf einen aktuellen, unkanonischen ›Gegenstand‹, die Frauen von Lombok, überträgt, so wahrt er auch die Spur des Realismus, lenkt ihn jedoch auf **neue Konfliktfelder** und trägt so zu seiner Veränderung bei. Realistisch zu schreiben heißt demnach ebensowenig, das Reale darzustellen, wie die Redewendung ›kritisch zu lesen‹ ›Kritisches zu lesen‹ meint. Das Verklärungskonzept kann unter Fontanes Hand dazu dienen, um der ›wahren Wirklichkeit‹ willen gegen die tatsächliche zu schreiben, weil der verbreitete Kolonialismus andere Folgen hat als der singuläre Gerechtigkeitssinn und die Dichtung sich weniger um das Tatsächliche als um das Mögliche kümmert (vgl. Aristoteles, 58 f. und Fontane I/4, 360). Das fördert nicht den Ästhetizismus der Jahrhundertwende, sondern reaktiviert noch einmal und gegen die öffentliche Meinung das realistische Mitteilungsformat.

Fontane hat eine Reihe von Gedichten verfasst oder im Grundmuster entworfen, die **das realistische Prinzip an die Grenze treiben.** Dazu gehören »Auf der Kuppe der Müggelberge« (1896), »An meinem Fünfundsiebzigsten«, »Veränderungen in der Mark« und »Haus- und Gartenfronten in Berlin W.«; nur das erste Gedicht veröffentlichte er, die drei anderen brachte erst die Durchsicht des Nachlasses zutage. Angeregt durch ein seinerzeit berühmtes Bild (Carl Blechens ›Semnonenlager am Müggelsee‹) wird im Medium einer »Vision«, zu der eine Art Unterwelt-Reise befähigt (»Über den Müggelsee setzt mich der Ferge«) germanische Vergangenheit als welterobernder Aufbruch zum alltäglichen Leben sichtbar. Anlässlich der eigenen Geburtstagsfeier zeichnen sich Verschiebungen in der kulturtragenden Schicht ab, so dass die ›Cohns‹ an die Stelle der ›Itzenplitze‹ rücken. Und im umsichtigen Gang durch die Stadt ergeben sich ethnische und topographische Zusammenhänge.

Realismus – im herkömmlichen Verständnis als Wirklichkeitsbezug gedacht – löst seine zeitkritische Mission auf sonderbaren Wegen ein. Das zeigt sich an dem merkwürdigen ›Architektur-Gedicht‹ »**Haus- und Gartenfronten in Berlin W.**« besonders deutlich (entstanden zwischen 1892 und 1898). Es handelt sich um ein Experiment, das weitgehend aus der bloßen Nennung von Ortsnamen, die zugleich Häusernamen sind, und der Aufzählung von Luxus-Accessoires besteht:

Rogasen –
Delphine und Springbrunnen; gekämmter Rasen.

Reppen –
Rhododendronbüsche, Marmortreppen.

Krotoschin –
Blutbuche, Calla und Jasmin.

Podolien –
Rhus. La France. Magnolien.

Brody –
»Vulgus profanum odi.«
(Neu geadelt im Wappen. Oder Rappen im Wappen.)

Samara –
Palmen, Goldgitter, Sarah.

Quatre-vingt-dix-neuf –
Aloe, Stores und Oeil de boeuf. (Fontane: *Gedichte* II, 508 f.)

Wer sich daran erinnert, dass in *Effi Briest* der Name »Rogasen« als Reimwort für ein kleinstädtisches Nest am Rande des preußischen Regierungsbezirks dient, das jeden Menschen (bzw. Beamten) »zum Rasen« bringt (*Werke*, I/4, 221), wird rasch erkennen, dass Fontanes »Haus- und Gartenfronten«-Gedicht mit dem Gegensatz von Prunk und Öde arbeitet, den ökonomischen Aufstieg thematisiert und einen nahöstlichen Zusammenhang stiftet, dessen gesellschaftskritische Spitze sich gegen die richtet, die ihre Villen nicht nur exotisch benennen, sondern in der Namenswahl auch erkennen lassen, woher sie kommen bzw. welchem Volk sie angehören (vgl. Mecklenburg 2000, 365 ff.).

Das auf zwei Verse verkürzte, sonst eher dreizeilige Ritornell lässt ahnen, wie die ›**klassischen**‹ **Prinzipien des Realismus** angesichts der modernen Stadt-Situation und einer neuartigen Blickwendung bzw. Aufmerksamkeit in eine Schieflage geraten können: adressenartig konkreter Wirklichkeitsbezug, Anschaulichkeit, Wiedererkennbarkeit, dialektische Korrespondenz von Vorder- und Rückseite (Analogie und doch hintergründiger Kontrast von Schein und Sein), erreichte Muster der verklärten Wirklichkeit, beredte Typik, weitreichende Symptomatik, metonymisches Prinzip

(Zug der Zeit), soziale Repräsentanz, Gesellschaftskritik, Blicke ins »Herz der Wirklichkeit« als indirekte Offenbarung weltweiter ›Zusammenhänge der Dinge‹ – all das erfüllt dieses Fragment in musterhafter Verdichtung und doch scheint es geprägt zu sein vom »Gestus der hämischen Enthüllung« eines »Antisemiten« (Mecklenburg 2000, 366).

Fontanes Großstadt-Ritornell – vielleicht in Konkurrenz mit den Ritornellen seiner Freunde Storm und Heyse angelegt – ist ›**Wiederkehr**‹ **in dreifachem Sinn:**
- Wiederkehr der prunkvollen Villen,
- Wiederkehr der west-östlichen Korrespondenz und
- Wiederkehr eines alten Liedes.

Die dritte ›Wiederkehr‹ betrifft eine Ode, die erste Römerode des Horaz, verfasst im alkäischen Strophenmaß und ihrerseits schon eine Nachschrift nach Lukrez. Ihr erster Vers erscheint bei Fontane um des Reimes willen in leicht deformierter Gestalt (orig. »Odi profanum vulgus [et arceo]«). Er hat **verschiedene Bedeutungen:**
- Seine wörtliche Bedeutung lautet bei Horaz, der seinerseits schon eine rituelle Formel zitiert: »Ich hasse das gemeine Volk [weg mit ihm]«; gemeint sind die ›Uneingeweihten‹ bzw. ›Unverbesserlichen‹, die ›unphilosophische Menge‹, die kein Mahnwort des Dichters, der sich als Musenpriester versteht, erreicht (vgl. Syndikus 1973, 7 ff.).
- Die übertragene Bedeutung, motiviert durch die Wahl der östlichen Häusernamen, könnte zu verstehen geben, dass beim »gemeinen Volk« konkreter an neureiche ostgalizische Juden in Berlin zu denken ist.
- Die durch das Zitieren gestiftete dritte Bedeutung ergibt sich aus der funktionalen Entsprechung von Gedicht (Ode) und »Delphine«, »Rhododendronbüsche« und »Aloe« und meint den usurpierenden Gebrauch von erlesenen Pflanzen und hochtönenden Versen zur Zier der prunkvollen Lebensform.

Mit der ›pars pro toto‹-Funktion des Zitats könnte die übertragene, denunziatorische Bedeutung des Verses in den Hintergrund rücken und dabei den wörtlichen Sinn wieder freilegen bzw. den Gebrauchswert des anzitierten Gedichtes hervorheben. Damit wäre so ungefähr der Umgang getroffen, den Jenny mit ihrem Lied zu treiben pflegt. Abermals zeichnete sich ein Missbrauch ab, der nicht vom Lied, sondern von seinen (reichen) Benutzern ausgeht und die ›Adressen‹ des Ritornells auf den Kopf stellt. Diese Verkehrung rückgängig zu machen, heißt, nach der ›autonomen‹ Sprache des Liedes zu fragen (Homann 1999). Schon in Horazens Römerode geht es angesichts schimmernder Marmorsteine, glänzenden Purpurs, neiderweckender Säulen und moderner, hochragender Hallen, die den Verfall Roms anzeigen, um das ›Glück der Genügsamkeit‹, mithin um das, was ›Jennys Lied‹ trotz Jennys Stimme naiv besingt: »Was soll Gold? Ich liebe Rosen / Und der Blumen schlichte Zier.« Bei Horaz wie vielleicht bei Fontane stünde mit solcher Erkenntnis, sentenzhaft knapp und antithetisch formuliert, nicht weniger als die Zukunft zweier Kaiserreiche auf dem Spiel.

Sind das Fontanes erste lyrische Schritte weg vom Realismus der referentiellen Bezüge, die sich als ›Bezichtigung‹ erweisen, hin zu einer **Moderne der autoreflexiven Bezüglichkeit?** Und welche gewichtigere Welthaltigkeit – das herkömmliche Markenzeichen eines jeden Realismus – würde durch diese ›Wendung‹ des Fassaden-Ritornells erwirkt? Wie poetisch banal war das Schlüsselkonzept der Kritik an einer kapitalistisch gesonnenen Gesellschaft, wenn sich wesentliche Teile ihres ›Realismus‹ unter verbesserter Sehbedingung u. a. auch als nationalistisch, rassistisch bzw. antisemitisch motiviertes Raunzen erweisen? Ist dann Autoreflexivität allemal unverfänglicher als soziale Typik und globale Signatur? Solche Überlegungen mögen nichtig sein, hat doch Fontane das Gedicht nicht vollendet und schon gar nicht zur Veröffentlichung freigegeben. Es mag Ausdruck eines Missgriffs, Scheiterns oder Versagens sein, doch eignet es sich nicht dazu, über Fontanes Altersweisheit zu entscheiden (vgl. Mecklenburg 2001), zumal der im letzten Verspaar versteckt erhobene ›Gaunervorwurf‹ dank der Vieldeutigkeit von ›Neunundneunziger‹ eben nicht nur ›Betrüger‹, sondern auch ›Apotheker‹ meint und also jene Berufsgruppe trifft, zu der auch Fontane einmal gehörte. Wohl aber zeichnet sich in der abgebrochenen »Spielerei«, wie der junge Dichter die Ritornell-Form bezeichnete, etwas anderes ab: eine beträchtliche Strecke jenes Weges, den der Realismus eingeschlagen hat, um angesichts der Moderne, wie sie ist, zu seiner ›wahren Wirklichkeit‹ zu gelangen, das heißt in jenes »Herz der Wirklichkeit« zu schauen, das sowohl ein ›Herz der Finsternis‹ meinen kann als auch – dank des mise en abyme-Verfahrens – die Wirklichkeit der Dichtung bedeuten mag.

Literaturverzeichnis

1. Werke und Quellen

Anzengruber, Ludwig: Der Sternsteinhof. Hrsg. von Rudolf Latzke. Wien 1921 (= L.A's sämtliche Werke. Kritisch durchgesehene Gesamtausgabe in 15 Bänden. Hrsg. von Rudolf Latzke und Otto Rommel, Bd. 10).

– : Das vierte Gebot. Volksstück in vier Akten. Hrsg. von Mechthild Keller. Stuttgart 1984.

– : Briefe. Hrsg. von Anton Bettelheim. 2 Bde. Stuttgart 1902.

Aristoteles: Poetik. Übers. von Manfred Fuhrmann. München 1976.

Auerbach, Berthold: Schwarzwälder Dorfgeschichten. Hrsg. von Jürgen Hein. Stuttgart 1984.

Balzac, Honoré de: Verlorene Illusionen. Übers. von Otto Flake. In: Ausgewählte Werke. Leipzig: H. Fikentscher o.J.

Brecht, Bertolt: Über Realismus. Hrsg. von Werner Hecht. Frankfurt a. M. 1971, [4]1977.

Büchner, Ludwig: Kraft und Stoff. Empirisch-naturphilosophische Studien. Eine allgemein-verständliche Darstellung. Leipzig [9]1867.

Busch, Wilhelm: Gesamtausgabe in vier Bänden. Hrsg. von Friedrich Bohne. Wiesbaden o.J.

Carriere, Moriz: Aesthetik. Die Idee des Schönen und ihre Verwirklichung im Leben und in der Kunst. 3., neu bearb. Aufl., 2 Theile. Leipzig 1885.

Dahn, Felix: Ein Kampf um Rom. Historischer Roman. 2 Bde. Leipzig o.J. (= Gesammelte Werke. Erzählende und poetische Schriften. Neue wohlfeile Gesamtausgabe. Erste Serie: Band 1 u. 2).

Dickens, Charles: Bleak House [1853]. Hrsg. von George Ford und Sylvère Monod. New York 1977.

Ebers: Eine Ägyptische Königstochter. Historischer Roman. Stuttgart o.J. (= Ausgewählte Werke, Bd. 1).

Ebner-Eschenbach, Marie von: Unsühnbar. Hrsg. von Burkhard Bittrich. Bonn 1978 (= Kritische Texte und Deutungen. Hrsg. von Karl Konrad Polheim, Bd. 1).

– : Božena. Hrsg. von Kurt Binneberg. Bonn 1980 (= Kritische Texte und Deutungen. Hrsg. von Karl Konrad Polheim, Bd. 2).

Eliot, George: Middlemarch. Hrsg. von W.J. Harvey. Harmondsworth: Penguin Books 1968.

Feuerbach, Ludwig: Das Wesen des Christentums [1841]. Stuttgart 1971.

Flaubert, Gustave: Frau Bovary. Übers. von Arthur Schurig. Leipzig: Insel o.J.

Fontane, Theodor: Werke, Schriften und Briefe. Hrsg. von Walter Keitel und Helmuth Nürnberger. 2. Aufl., 4 Abteilungen, München 1969 ff., 3., durchges. u. im Anh. erw. Aufl. 1990 ff. [= H].

– : Romane und Erzählungen. Hrsg. von Peter Goldammer u. a. Berlin/Weimar 1969, [4]1993 [= A].

– : Große Brandenburger Ausgabe. Hrsg. von Gotthard Erler. 4 Abteilungen. 1. Abteilung: Das erzählerische Werk. Hrsg. von Christine Hehle. Berlin 1997 ff. [= GBA].

– : Gedichte. Hrsg. von Joachim Krüger und Anita Golz. 3 Bde. Berlin/Weimar 1989.

Fowles, John: The French Lieutenant's Woman [1969]. London: Pan Books 1987.

Freytag, Gustav: Soll und Haben. Roman in sechs Bänden. Mit einem Nachwort von Hans Mayer und Anmerkungen von Anne Anz. München: dtv 1978.

– : Dramatische Werke. Technik des Dramas. Leipzig: H. Fikentscher o.J.

– : Aufsätze zur Politik, Geschichte, Literatur und Kunst. Leipzig: H. Fikentscher o.J.

Gerstäcker, Friedrich: Die Flußpiraten des Mississippi. Mit einem Nachwort von Harald Eggebrecht. Frankfurt a. M. 1980.

Gottschall, Rudolf von: Poetik. Die Dichtkunst und ihre Technik. Vom Standpunkte der Neuzeit. 2 Bde. 6., verm. u. verb. Aufl. Breslau 1893.

Gottsched, Johann Christoph: Versuch einer Critischen Dichtkunst vor die Deutschen [1730]. In: Schriften zur Literatur. Hrsg. von Horst Steinmetz. Stuttgart 1972, 12–196.

Griepenkerl, Robert: Ausgewählte Werke. Hrsg. von Heinz Amelung. Berlin 1921.

Groner, Auguste: Der Brief aus dem Jenseits. Kriminalnovellen. Berlin 1985.

Gutzkow, Karl: Die Ritter vom Geiste. Roman in neun Büchern. Hrsg. von Reinhold Gensel. Berlin o.J.

Haeckel, Ernst: Die Welträthsel. Gemeinverständliche Studien über Monistische Philosophie. Volks-Ausgabe. Stuttgart (1903).

Hebbel, Friedrich: Sämtliche Werke. Historisch-kritische Ausgabe. Hrsg. von Richard Maria Werner. Berlin 1901.

– : Tagebücher. Historisch-kritische Ausgabe. Hrsg. von R.M. Werner. 4 Bde. Berlin o.J. (1903).

Hegel, Georg Wilhelm Friedrich: Vorlesungen über die Ästhetik. 3 Bde. Frankfurt a.M. 1970 (= Theorie Werkausgabe, Redaktion Eva Moldenhauer und Karl Markus Michel, Bd. 13–15).

Heinze, Paul/Goette, Rudolf: Deutsche Poetik. Umriß der Lehre vom Wesen und von den Formen der Dichtkunst. Mit einer Einführung in das Gebiet der Kunstlehre. Dresden-Striesen 1891.

Herbart, J.F.: Zur Aesthetik. In: J.F. Herbart's kleinere philosophische Schriften und Abhandlungen, nebst dessen wissenschaftlichem Nachlasse. Hrsg. von Gustav Hartenstein. Leipzig 1843, Bd.3, 428–442.

Heyse, Paul: Gesammelte Novellen. Auswahl in fünf Bänden. Stuttgart 1921.

Huet, Pierre Daniel: Traité de l'origine des romans. In: Theorie und Technik des Romans im 17. und 18. Jahrhundert. I: Barock und Aufklärung. Hrsg. v. Dieter Kimpel und Carl Wiedemann. Tübingen 1970.

Kant, Immanuel: Kritik der Urteilskraft und Schriften zur Naturphilosophie. Darmstadt 1975 (= Werke in zehn Bänden. Hrsg. von Wilhelm Weischedel, Bd. 8).

Keller, Gottfried: Sämtliche Werke in sieben Bänden. Hrsg. von Thomas Böning und Gerhard Kaiser. Frankfurt a.M. 1985–96 (= Bibliothek Deutscher Klassiker) [SW].

Kellers Briefe in einem Band. Hrsg. von Peter Goldammer. Berlin u. Weimar 1967.

[Keller:] Der Briefwechsel zwischen Gottfried Keller und Hermann Hettner. Hrsg. von Jürgen Jahn. Berlin/Weimar 1964.

Kirchmann, J.H. v.: Aesthetik auf realistischer Grundlage. 2 Bde. Berlin 1868.

Klopstock, Friedrich Gottlieb: Ausgewählte Werke. Hrsg. von Karl August Schleiden. Darmstadt 1962.

Lassalle, Ferdinand: Franz von Sickingen. Eine historische Tragödie. Hrsg. von Rüdiger Kaun. Stuttgart 1974.

Ludwig, Otto: Werke in sechs Bänden. Hrsg. von Adolf Bartels. Leipzig: Max Hesses Verlag (1908) [Werke].

– : Sämtliche Werke. Hrsg. von Paul Merker. 3. Band: Zwischen Himmel und Erde. Novellenfragmente. Hrsg. von Paul Merker und Hans Heinrich Borcherdt. München 1914 [SW].

Marlitt, Eugenie: Romane und Novellen. Volksausgabe in zehn Bänden. Bd. 1: Goldelse. Bd. 5: Reichsgräfin Gisela. Stuttgart: Union Deutsche Verlagsgesellschaft o.J.

Meyer, Conrad Ferdinand: Sämtliche Werke. Historisch-kritische Ausgabe. Hrsg. von Hans Zeller und Alfred Zäch. 15 Bde. Bern 1958–96 [SW].

– : Briefe. Nebst seinen Rezensionen und Aufsätzen. Hrsg. von Adolf Frey. 2 Bde. Leipzig 1908.

[Meyer] Louise von François und Conrad Ferdinand Meyer. Ein Briefwechsel. Hrsg. von Anton Bettelheim. Berlin 1905.

Möllhausen, Balduin: Die Mandanen-Waise. Erzählung aus den Rheinlanden und dem Stromgebiet des Missouri. Frankfurt a.M. 1974 (= Das Schmöker Kabinett).

Musil, Robert: Der Mann ohne Eigenschaften. Roman. Hamburg 1968 (= Gesammelte Werke in Einzelausgaben, hrsg. von Adolf Frisé).

Nestroy, Johann: Einen Jux will er sich machen. Hrsg. von W.E. Yates. Wien 1991 (= Sämtliche Werke. Historisch-kritische Ausgabe. Hrsg. von Jürgen Hein u. a., Stücke 18/I.).

– : Mein Freund. Der gemüthliche Teufel. Hrsg. von Hugo Aust. Wien 2001 (= Sämtliche Werke, Stücke 30).

Nietzsche, Friedrich: Werke in sechs Bänden. Hrsg. von Karl Schlechta. München 1980.

Opitz, Martin: Buch von der Deutschen Poeterey [1624]. Neu hrsg. von Richard Alewyn. Tübingen ²1966.

Pietsch, Ludwig: Wie ich Schriftsteller geworden bin. Der wunderliche Roman meines Lebens [zuerst 1893/94]. Hrsg. von Peter Goldammer. Berlin 2000.

Polko, Elise (Hrsg.): Dichtergrüße. Neuere deutsche Lyrik [1860]. Ausgewählt von Elise Polko. 13. Aufl., Leipzig o.J.

Raabe, Wilhelm: Sämtliche Werke. Hrsg. von Karl Hoppe. 20 Bde. u. 5 Ergänzungsbde. Freiburg bzw. Göttingen 1951 ff. Ergänzungsband II: Briefe (= Braunschweiger Ausgabe) [SW].

– : Werke in Einzelausgaben. Hrsg. von Hans-Jürgen Schrader. Frankfurt a.M. Bd. X: Altershausen, 1985.

Ranke, Leopold von: Geschichte der romanischen und germanischen Völker. Sämmtliche Werke. Leipzig ²1874, Bd. 33–34.

Reuter, Fritz: Werke. Nach der in Gemeinschaft mit Conrad Borchling und Ernst Brandes besorgten Ausgabe neubearbeitet und ergänzt von Wilhelm Seelmann und Heinrich Brömse. 12 Bde. Leipzig (1936).

Riehl, Wilhelm Heinrich: Die bürgerliche Gesellschaft. Stuttgart ⁵1858 (= Die Naturgeschichte des Volkes als Grundlage einer deutschen Social-Politik, Bd. 2).

Rochau, Ludwig August von: Grundsätze der Realpolitik. Angewendet auf die staatlichen Zustände Deutschlands [1853/69]. Hrsg. u. eingeleitet von Hans-Ulrich Wehler. Frankfurt a. M. 1972.

Rosenkranz, Karl: Die Verklärung der Natur. Eine skeptische Untersuchung [1836]. In: Ders.: Studien. Erster Teil. Reden und Abhandlungen: Zur Philosophie und Literatur. Berlin 1839, Nachdr. Hildesheim 1975, 155–205.

Saar, Ferdinand von: Sämtliche Werke in zwölf Bänden. Hrsg. von Jakob Minor. Leipzig (1909).

Scheffel, Joseph Victor: Gesammelte Werke in sechs Bänden. Hrsg. von Johannes Proelß. Stuttgart o.J. (1907).

Schiller: Der Briefwechsel zwischen Schiller und Goethe. Hrsg. von Emil Staiger. Frankfurt a. M. 1966.

Schlegel, Friedrich: Kritische Schriften. Hrsg. von Wolfdietrich Rasch. München ²1964.

Schopenhauer, Arthur: Zürcher Ausgabe. Werke in zehn Bänden. Zürich 1977.

Spielhagen, Friedrich: Sturmflut. Roman. 3. Bde. 23. Aufl. Leipzig 1909 (= Friedrich Spielhagens sämtliche Romane, Bd. 8 u. 9).

– : Beiträge zur Theorie und Technik des Romans. Leipzig 1883.

– : Neue Beiträge zur Theorie und Technik der Epik und Dramatik. Leipzig 1898.

Stifter, Adalbert: Werke und Briefe. Historisch-kritische Gesamtausgabe. Hrsg. von Alfred Doppler und Wolfgang Frühwald. Stuttgart, Bd. 2,2: Bunte Steine. Hrsg. von Helmut Bergner, 1982; Bd. 4: Der Nachsommer. Hrsg. von Wolfgang Frühwald und Walter Hettche, 1997; Bd. 5: Witiko. Hrsg. von Alfred Doppler und Wolfgang Wiesmüller, 1984 [W].

Storm, Theodor: Sämtliche Werke in vier Bänden. Hrsg. von Karl Ernst Laage und Dieter Lohmeier. Frankfurt a. M. 1987–88 (= Bibliothek Deutscher Klassiker). [LL]

– : Briefe. Hrsg. von Peter Goldammer. 2 Bde. Berlin/Weimar 1972.

Strauß, David Friedrich: Der alte und der neue Glaube. Ein Bekenntniß. Bonn ⁷1874.

Temme, Jodokus Donatus Hubertus: Ein tragisches Ende. Kriminalnovellen. Mit einem Nachwort von Reinhard Hillich. Berlin 1985.

Tolstoi, Leo N.: Anna Karenina. Übers. von Gisela Drohla. 2 Bde. Frankfurt a. M. 1980.

Tönnies, Ferdinand: Gemeinschaft und Gesellschaft. Grundbegriffe der reinen Soziologie. Unveränderter reprographischer Nachdruck. Darmstadt 1969.

[Turgenjew:] Iwan Turgenjew an Ludwig Pietsch. Briefe aus den Jahren 1864–1883. Hrsg. von Alfred Doren mit Zeichnungen von Ludwig Pietsch. Berlin (1923).

[Turgenjew:] Iwan Turgenjew: Briefe an Ludwig Pietsch. Mit einem Anhang: Ludwig Pietsch über Turgenjew. Vorwort von Christa Schulze. Berlin u. Weimar 1968.

Vischer, Friedrich Theodor: Aesthetik oder Wissenschaft des Schönen. 2. Aufl. Hrsg. von Robert Vischer. 6 Bde. München 1922–23, repr. Nachdr. Hildesheim 1996.

– : Kritische Gänge. 6 Bde. Hrsg. von Robert Vischer. München ²1920–22.

– : Shakespeare in seinem Verhältniß zur deutschen Poesie, insbesondere zur politischen. Aus dem literarhistorischen Taschenbuch, herausgegeben von R.E. Prutz. In: Ders.: Kritische Gänge. Neue Folge. 3 Hefte. Stuttgart 1860 f., 2. Heft, 1–61.

– : Satyrische Zeichnung. Neuere deutsche Karikatur. In: Ders.: Altes und Neues. Stuttgart 1882, 120–129.

Zimmermann, Robert: Geschichte der Aesthetik als philosophischer Wissenschaft. Wien 1858.

Zweig, Stefan: Die Welt von Gestern. Erinnerungen eines Europäers. Stockholm 1947.

2. Einführungen und Grundlagen

Auerbach, Erich: Mimesis. Dargestellte Wirklichkeit in der abendländischen Literatur. Bern 1946, ⁵1971.

Aust, Hugo: Literatur des Realismus. Stuttgart ³2000.

Balzer, Bernd: Einführung in die Literatur des Bürgerlichen Realismus. Darmstadt 2006.

Becker, Sabina: Bürgerlicher Realismus. Literatur und Kultur im bürgerlichen Zeitalter 1848–1900. Tübingen 2003.

Brinkmann, Richard (Hrsg.): Begriffsbestimmung des literarischen Realismus. Darmstadt 1969, ³1987.

Bucher, Max/Hahl, Werner/Jäger, Georg/Wittmann, Reinhard (Hrsg.): Realismus und Gründerzeit. Manifeste und Dokumente zur deutschen Literatur 1848–1880. Bd. 1: Einführung, Bd. 2: Manifeste und Dokumente. Stuttgart 1975/76 [= RuG].

Cowen, Roy C.: Der Poetische Realismus. Kommentar zu einer Epoche. München 1985.

Geppert, Hans Vilmar: Der realistische Weg. Formen pragmatischen Erzählens bei Balzac, Dickens, Hardy, Keller, Raabe und anderen Autoren des 19. Jahrhunderts. Tübingen 1994.

Herman, Luc: Concepts of Realism. Columbia, SC. 1996.

Glaser, Horst Albert (Hrsg.): Deutsche Literatur. Eine Sozialgeschichte. Bd. 7: Vom Nachmärz zur Gründerzeit: Realismus 1848–1880. Reinbek 1982 [= DL].

Kohl, Stephan: Realismus. Theorie und Geschichte. München 1977.

Kontje, Todd (Hrsg.): A Companion to German Realism 1848–1900. Rochester, NY 2002.

Martini, Fritz: Deutsche Literatur im bürgerlichen Realismus 1848–1898. Stuttgart 1962, ⁴1981.

McInnes, Edward/ Plumpe, Gerhard (Hrsg.): Bürgerlicher Realismus und Gründerzeit 1848–1890. München 1996 (= Hansers Sozialgeschichte der deutschen Literatur, Bd. 7) [= BruG].

Plumpe, Gerhard (Hrsg.): Theorie des bürgerlichen Realismus. Eine Textsammlung. Stuttgart 1985 [= TbR].

Sprengel, Peter: Geschichte der deutschsprachigen Literatur 1870–1900. Von der Reichsgründung bis zur Jahrhundertwende. München 1998.

Swales, Martin: Epochenbuch Realismus. Romane und Erzählungen. Berlin 1997.

Villanueva, Dario: Theories of Literary Realism. New York 1997.

3. Forschung

Ackermann, Eric: Existieren Epochen? In: Mitteilungen des Deutschen Germanistenverbandes. Themenheft: Epochen 49 (2002), 222–239.

Ahlers, Nicole: Das deutsche Versepos zwischen 1848 und 1914. Frankfurt a. M. 1998.

Albisetti, James C./Lundgreen, Peter: Höhere Knabenschulen. In: Handbuch der deutschen Bildungsgeschichte. Band IV. 1870–1918. Von der Reichsgründung bis zum Ende des Ersten Weltkriegs. Hrsg. von Christa Berg. München 1991, 228–278.

Anderle, Martin: Deutsche Lyrik des 19. Jahrhunderts. Ihre Bildlichkeit: Metapher – Symbol – Evokation. Bonn 1979.

Anderson, Paul Irving: *Der Stechlin*. Eine Quellenanalyse. In: Interpretationen. Fontanes Novellen und Romane. Hrsg. von Christian Grawe. Stuttgart 1991, 243–274.

Anz, Thomas: Das Poetische und das Pathologische. Umwertungskriterien im programmatischen Realismus. In: Titzmann (Hrsg.): Goethezeit und Realismus. 2002, 393–407.

Arens, Hans: E. Marlitt. Eine kritische Würdigung. Trier 1994.

Auerbach, Erich: Mimesis. Dargestellte Wirklichkeit in der abendländischen Literatur. Bern 1946, ⁵1971.

Aust, Hugo: Theodor Fontane:» Verklärung«. Eine Untersuchung zum Ideengehalt seiner Werke. Bonn 1974.

– : Die Mythisierung der Gründungsidee. Robert Hamerlings ›Homunkulus‹ auf dem Hintergrund der epischen Produktion um 1870. In: Mythos und Mythologie in der Literatur des 19. Jahrhunderts. Hrsg. von H. Koopmann. Frankfurt a. M. 1979, 263–275.

– : Der historische Roman. Stuttgart 1994.

– : Hebbel aus realistischer Sicht (am Beispiel von Theodor Fontanes Kritik über *Herodes und Mariamne*). In: Hebbel-Jahrbuch 51 (1996), 49–63.

– : Theodor Fontane. Ein Studienbuch. Tübingen 1998.

– : Kulturelle Traditionen und Poetik. In: Grawe/Nürnberger 2000, 306–465 (a).

– : Literatur des Realismus. Stuttgart ³2000 (b).

– : Finessen einer schopfhaarigen Zeitkritik. In: Scheuer 2001, 261–275 (a).

– : Trilaterale Positionen in der Literatur des Realismus. In: Dethloff 2001, 391–415 (b).

– : Faktoren, Freunde und Finanzen. Nestroy und Balzac. In: Nestroyana 22 (2002), 29–42.

– : Fontane und der historische Roman. Ludwig Rellstabs »1812«, Theodor Fontanes »Vor dem Sturm« und Leo Perutz' »Der Marques de Bolibar«. In: Theodor Fontane – Dichter der Deutschen Einheit. Hrsg. von Bernd Heidenreich und Frank-Lothar Kroll. Berlin 2003, 133–145.

– : Novelle. 4., überarb. u. aktual. Aufl. Stuttgart 2006.

– /Haida, Peter/Hein, Jürgen: Volksstück. Vom Hanswurstspiel bis zum sozialen Drama der Gegenwart. München 1989.

Balint, Michael: Angstlust und Regression. München ²1988.

Balzer, Bernd: Einführung in die Literatur des Bürgerlichen Realismus. Darmstadt 2006.

Barkhoff, Jürgen u. a. (Hrsg.): Das schwierige neunzehnte Jahrhundert. Tübingen 2000.

Barthes, Roland: Probleme des literarischen Realismus. In: Akzente 3 (1956), 303–307.

– : L'Effet de Réel. In: Communications 11 (1968), 84–89; engl. Übers. in: Furst 1992, 135–141.

Baßler, Moritz u. a.: Historismus und literarische Moderne. Tübingen 1996.

Batt, Kurt: Fritz Reuter. Leben und Werk. Rostock ²1974.

Battafarano, Italo Michele/Eilert, Hildegard: Italiener als Spitzbuben in Eugenie Marlitts *Die zwölf Apostel*, Friedrich Spielhagens *Sturmflut* und Julius Stindes *Buchholzens in Italien*. In: Literatur im interkulturellen Dialog. Festschrift zum 60. Geburtstag von Hans-Christoph Graf von Nayhauss. Hrsg. von Manfred Durzak und Beate Laudenberg. Bern 2000, 269–313.

Baumgarten, Hermann: Der deutsche Liberalismus. Eine Selbstkritik [1866]. Hrsg. u. eingeleitet von Adolf M. Birke. Frankfurt a. M. 1974.

Bayly, Christopher A.: The Birth of the Modern World 1780–1914. Global Connections and Comparisons. Oxford 2004.

Beaton, Kenneth Bruce: Gustav Freytags *Die Journalisten*: Eine ›politische‹ Komödie der Revolutionszeit. In: ZfdPh 105 (1986), 516–543.

– : Gustav Freytag, Julian Schmidt und die Romantheorie nach der Revolution von 1848. In: JRG 1976, 7–32.

Becker, Sabina: Bürgerlicher Realismus. Literatur und Kultur im bürgerlichen Zeitalter 1848–1900. Tübingen 2003.

Becker, Susanne: Gattungskonstruktionen in der Geschichte der zirkulierenden Literatur. Rekonstruktionsverfahren am Beispiel des abenteuerlichen Netzes 1840 bis 1935. Trier 2000.

Beckmann, Martin: Theodor Fontanes Roman *Der Stechlin* als ästhetisches Formgefüge. In: WW 39 (1989), 218–239.

Begemann, Christian: »Realismus« oder »Idealismus«? Über einige Schwierigkeiten bei der Rekonstruktion von Stifters Kunstbegriff. In: Laufhütte/Mösenender 1996, 3–17.

Beilharz, Richard: Balzac. Darmstadt 1979.

Beissenhirtz, Walter: Theodor Storms Theorie der reinen Lyrik, ihre Forderungen, ihr Sinn und ihre geschichtliche Bedeutung. Diss. Marburg 1932.

Benjamin, Walter: Das Passagen-Werk. In: W.B., Gesammelte Schriften. Hrsg. von Rolf Tiedemann und Hermann Schweppenhäuser. Frankfurt a. M. 1982, V 1/2.

Berbig, Roland (unter Mitarbeit von Bettina Hartz): Theodor Fontane im literarischen Leben. Zeitungen und Zeitschriften, Verlage und Vereine. Berlin 2000.

– : »In Lockenfülle das blonde Haar / Allzeit im Sattel und neunzehn Jahr«. Die Bismarck-Gedichte in Paul Lindaus Zeitschrift »Nord und Süd« 1885. In: FBl 53 (1992), 42–57.

Berman, Russell A.: *Effi Briest* and the End of Realism. In: Kontje 2002, 339–364.

Bermbach, Udo: Wagner »Blühendes Leid«. Politik und Gesellschaft in Richard Wagners Musikdramen. Stuttgart 2003.

Bernd, Clifford Albrecht: German Poetic Realism. Boston 1981.

– : Poetic Realism in Scandinavia and Central Europe 1820–1895. Columbia, SC 1995.

Bertram, Ernst: Nietzsche. Versuch einer Mythologie. Bonn ⁸1965.

Beutin, Heide: Marie von Ebner-Eschenbach: *Bozena* (1876). Die wiedergekehrte »Fürstin Libussa«. In: Denkler 1980, 246–259.

Beyer, Conrad: Deutsche Poetik. Theoretisch-praktisches Handbuch der deutschen Dichtkunst. 3 Bde. Berlin ³1900.

Blamberger, Günter u. a. (Hrsg.): Studien zur Literatur des Frührealismus. Frankfurt a. M. 1991.

Blessin, Stefan: *Unwiederbringlich* – ein historisch-politischer Roman? Bemerkungen zu Fontanes Symbolkunst. In: DVjs 48 (1974), 672–703.

Blödorn, Andreas: Storms Schimmelreiter. Vom Erzählen erzählen. In: DU 57,2 (2005), 8–17.

Blumenberg, Hans: Die Legitimität der Neuzeit. Frankfurt a. M. 1966.

Boehringer, Michael: Gender, identity and the function of violence in Ferdinand von Saar's *Die Troglodytin*. In: Helen Chambers (Hrsg.): Violence, Culture and Identity. Essays on German and Austrian Literature, Politics and Society. Oxford 2006, 165–184.

Boeschenstein, Hermann: Gottfried Keller. Stuttgart ²1977 (= Sammlung Metzler).

Böschenstein-Schäfer, Renate: Zeit- und Gesellschaftsroman. In: Glaser 1982, 101–123.

Böschenstein, Renate: Fontanes ›Finessen‹. Zu einem Methodenproblem der Analyse realistischer Texte [1985]. In: Böschenstein 2006, 85–90.

– : Mythologie zur Bürgerzeit. Raabe – Wagner – Fontane [1986]. In: Böschenstein 2006, 91–121.

– : Verborgene Facetten. Studien zu Fontane. Hrsg. von Hanna Delf von Wolzogen und Hubertus Fischer. Würzburg 2006.

Böttcher, Klaus u. a. (Hrsg.): Geschichte der deutschen Literatur. Von den Anfängen bis zur Gegenwart. Bd. 8,1/2: Von 1830 bis zum Ausgang des 19. Jahrhunderts. Berlin (Ost) 1975.

Bollenbeck, Georg: Theodor Storm. Eine Biographie. Mit einem Bildteil. Frankfurt a. M. 1991.

Borchmeyer, Dieter: Richard Wagner. Ahasvers Wandlungen. Frankfurt a. M. 2002.

Brauer, Cornelia: Eugenie Marlitt – Bürgerliche, Christin, Liberale, Autorin. Eine Analyse ihres Werkes im Kontext der ›Gartenlaube‹ und der Entwicklung des bürgerlichen Realismus. Diss. Erfurt, Mühlhausen 1994.

Brenner, Peter J.: Die Einheit der Welt. Zur Entzauberung der Fremde und Verfremdung der Heimat in Raabes »Abu Telfan«. In: JRG 1989, 45–62.

Brinkmann, Richard: Wirklichkeit und Illusion. Studien über Gehalt und Grenzen des Begriffs Realismus für die erzählende Dichtung des neunzehnten Jahrhunderts. Tübingen 1957, ³1977.

– (Hrsg.): Begriffsbestimmung des literarischen Realismus. Darmstadt 1969, ³1987.

– : Afterthoughts on realism. In: Realism in European Literatur. Essays in Honour of J.P. Stern. Hrsg. von Nicholas Boyle und Martin Swales. Cambridge 1986, 183–202.

Brittnacher, Hans Richard: Sündenbock und Opferlamm. Soziologischer Realismus in Hebbels *Agnes Bernauer*. In: Hebbel-Jahrbuch 51 (1996), 77–99.

Brockhoff, Eva Maria: Die Kühle im warmen Golde der Sommernacht. Zu Gottfried Kellers *Sommernacht*. In: Häntzschel 1984, 169–177.

Bucher, Hans-Jürgen: Text und Bild in Printmedien oder: Warum Formulieren und Visualisieren zusammen gehören. In: Mitteilungen des Deutschen Germanistenverbandes 51 (2004), 24–38.

Bucher, Max/Hahl, Werner/Jäger, Georg/Wittmann, Reinhard (Hrsg.): Realismus und Gründerzeit. Manifeste und Dokumente zur deutschen Literatur 1848–1880. Bd. 1: Einführung, Bd. 2: Manifeste und Dokumente. Stuttgart 1975/76 [= RuG].

Bucher, Max: Drama und Theater. In: Bucher u. a. 1976, Bd. 1, 136–151.

Bühler, Karl: Sprachtheorie. Die Darstellungsfunktion der Sprache [1934]. Frankfurt a. M. 1978.

Büttner, Ludwig: Robert Griepenkerl. Das Schicksal eines freien deutschen Schriftstellers. Nürnberg 1980.

Butzer, Günter/Günter, Manuela/Heydebrand, Renate von: Strategien zur Kanonisierung des ›Realismus‹ am Beispiel der *Deutschen Rundschau*. Zum Problem der Integration österreichischer und schweizerischer Autoren in die deutsche Nationalliteratur. In: IASL 24 (1999), 55–81.

Butzer, Günter/Günter, Manuela/Heydebrand, Renate von: Von der ›trilateralen‹ Literatur zum ›unilateralen‹ Kanon. Der Beitrag der Zeitschriften zur Homogenisierung des ›deutschen Realismus‹. In: Kulturtopographie deutschsprachiger Literaturen. Perspektivierungen im Spannungsfeld von Integration und Differenz. Hrsg. von Michael Böhler und Hans Otto Horch. Tübingen 2002, 71–86.

Butzer, Günter/Günter, Manuela: Der Wille zum Schönen. Deutscher Realismus und die Wirklichkeit der Literatur. In: Sprache und Literatur 79 (1997), 54–77.

Cesaire, Jean: Der Liberalismus und die Liberalismen. Versuch einer Synthese. In: Liberalismus. Hrsg. von Lothar Gall. 3., erw. Aufl., Königstein 1985, 134–146.

Chambers, Helen: The Changing Image of Theodor Fontane. Columbia 1997.

Choi, Byungje: Realismus und Lyrik. Untersuchungen zum Gedichtwerk Theodor Storms. Diss. Passau 1994.

Christians, Heiko/Kohns, Oliver: Politik der Einfachheit. Stifters *Witiko*. In: WW 55 (2005), 389–403.

Colonge, Paul: *Sturmflut*, de Friedrich Spielhagen, representation romanesque de l'»Ere des Fondateurs«. In: Images de l'Allemagne. Hrsg. von Pierre Jalabert. Toulouse 1990, 111–125.

Corbin, Alain: Wunde Sinne. Über die Begierde, den Schrecken und die Ordnung der Zeit im 19. Jahrhundert. Aus dem Französischen von Carsten Wilke. Stuttgart 1993, bes. 74–82.

Cornioley, Hans: Sexualsymbolik in der »Frommen Helene« von Wilhelm Busch. In: Die psychoanalytische Bewegung 1 (1929), 154–160.

Cowen, Roy C.: Der Poetische Realismus. Kommentar zu einer Epoche. München 1985.

Cremer, Günter: Gott oder Satan? Negierte Heilsbotschaft und Nihilismus in Raabes Erzählung »Else von der Tanne«. In: JRG 2000, 74–95.

Cysarz, Herbert: Von Schiller zu Nietzsche. Hauptfragen der Dichtungs- und Bildungsgeschichte des jüngsten Jahrhunderts. Halle a.S. 1928.

Czymmek, Götz/Lenz, Christian (Hrsg.): Wilhelm Leibl zum 150. Geburtstag. Ausstellungskatalog. Neue Pinakothek, München, Wallraff-Richartz-Museum, Köln 1994.

Delf von Wolzogen, Hanna: »Dazwischen immer das Philosophenhaus«. Abschweifende Überlegungen zu Schopenhauer und den Melusinen. In: Hahn 2002, 263–267.

– /Nürnberger, Helmuth (Hrsg.): Theodor Fontane. Am Ende des Jahrhunderts. 3 Bde. Würzburg 2000.

Demetz, Peter: Formen des Realismus: Theodor Fontane [1964]. Frankfurt a. M. 1973.

Denkler, Horst: Restauration und Revolution. Politische Tendenzen im deutschen Drama zwischen Wiener Kongreß und Märzrevolution. München 1973.

– (Hrsg.): Romane und Erzählungen des Bürgerlichen Realismus. Neue Interpretationen. Stuttgart 1980.

– : »Da hat Antäus seine ›alte Erde‹ wieder berührt…« Über Wilhelm Raabes und Eberhard Schlotters »Innerste«. In: JRG 1990, 22–35.

Derrida, Jacques: Die Postkarte von Sokrates bis an Freud und jenseits. 2. Lieferung. Berlin 1980.

Detering, Heinrich: Storm und Fontane als Lyriker. In: FBl 80 (2005), 106–124.

Dethloff, Uwe: Französischer Realismus. Stuttgart 1997.

– : Emma Bovary und Effi Briest. Überlegungen zur Entwicklung des Weiblichkeitsbildes in der Moderne. In: Delf von Wolzogen/Nürnberger 2000, Bd. 2, 123–134.

– (Hrsg.): Europäische Realismen. Facetten – Konvergenzen – Differenzen. Diversité des réalismes européens: convergences et différences. Internationales Symposium der Fachrichtung Romanistik an der Universität des Saarlandes 21.–23. Oktober 1999. St. Ingbert 2001 (a).

– : Programmatischer Realismus in Frankreich: Malerei und Literatur. In: Dethloff (Hrsg.): Europäische Realismen. 2001, 205–225 (b).

Dittmann, Ulrich: Nachwort. In: Wilhelm Raabe: Das Odfeld. Eine Erzählung. Hrsg. von U.D. Stuttgart 1977, 267–289.

Downes, Daragh: Effi Briest. In: Grawe/Nürnberger 2000, 633–651.

Droysen, Johann Gustav: Historik. Textausgabe von Peter Leyh. Stuttgart 1977.

Durzak, Manfred: »Außer der Bernauerin ist Niemand naß geworden.« Hebbels problematischer Beitrag zur Geschichte des Bürgerlichen Trauerspiels in *Agnes Bernauer*. In: Hebbel-Jahrbuch 56 (2001), 83–102.

Ecker, Hans-Peter/Titzmann, Michael (Hrsg.): Realismus-Studien. Hartmut Laufhütte zum 65. Geburtstag. Würzburg 2002.

Eggert, Hartmut: Studien zur Wirkungsgeschichte des deutschen historischen Romans. 1850–1875. Frankfurt a. M. 1971.

Ehlbeck, Birgit: Zur poetologischen Funktionalisierung des Empirismus am Beispiel von Stifters ›Kalkstein‹ und ›Witiko‹. In: Laufhütte/Möseneder 1996, 455–475.

Ehlich, Konrad (Hrsg.): Fontane und die Fremde, Fontane und Europa. Würzburg 2002.

Ehrismann, Otfried: Der schöne Schein des sozialen Friedens – Hebbels *Mutter und Kind*: Das Epos und Aspekte seiner Rezeption. Hebbel-Jahrbuch 1998, 7–34.

– : *Man wird heiliger und reiner, wenn man dieß Gedicht liest.* Friedrich Hebbel: die neue Welt, das Epos. In: »Durch aubenteuer muess man wagen vil«. Festschrift für Anton Schwob zum 60. Geburtstag. Innsbruck 1997, 87–98.

Eibl, Karl: Das Realismus-Argument. Zur literaturpolitischen Funktion eines fragwürdigen Begriffs. In: Poetica 15 (1983), 314–328.

Eicher, Thomas: Poesie, Poetisierung und Poetizität in Gustav Freytags *Soll und Haben*. In: WW 45 (1995), 64–81.

Eilert, Heide: »… und mehr noch fast, wer liebt«. Theodor Fontanes Roman *Unwiederbringlich* und die viktorianische Sexualmoral. In: ZfdPh 101 (1982), 527–545.

Eisele, Ulf: Realismus und Ideologie. Zur Kritik der literarischen Theorie nach 1848 am Beispiel des »Deutschen Museums«. Stuttgart 1976.

– : Der Dichter und sein Detektiv. Raabes »Stopfkuchen« und die Frage des Realismus. Tübingen 1979.

Eliade, Mircea: Das Mysterium der Wiedergeburt. Initiationsriten, ihre kulturelle und religiöse Bedeutung. Zürich 1961.

Emrich, Wilhelm: Hebbels Nibelungen. Götzen und Götter der Moderne. In: Akademie der Wissenschaften und der Literatur. Abhandlungen der Klasse der Literatur, Jg. 1973/74, Nr. 6. Mainz 1975.

Enders, Horst: Zur Popular-Poetik im 19. Jahrhundert. ›Sinnlichkeit‹ und ›inneres Bild‹ in der Poetik Rudolf Gottschalls. In: Beiträge zur Theorie der Künste im 19. Jahrhundert. Hrsg. von Helmut Koopmann und J.A. Schmoll gen. Eisenwerth. Frankfurt a.M. 1971, Bd. 1, 66–84.

Ermatinger, Emil: Gottfried Kellers Leben. 1. Bd. Stuttgart ^{6/7}1924.

Esch, Arnold: Ein Kampf um Rom. In: Deutsche Erinnerungsorte. Hrsg. von Etienne François und Hagen Schulze. München 2001, Bd. 1, 27–40.

Estermann, Alfred: Die deutschen Literatur-Zeitschriften 1850–1880. Bibliographien – Programme. Bd. 3. München 1989.

Fairley, Barker: Wilhelm Raabe. Eine Deutung seiner Romane. Aus d. Eng. übertr. von Hermann Boeschenstein. München 1961.

Fasold, Regina: Theodor Storm. Stuttgart 1997 (= Sammlung Metzler, Bd. 304).

Fauth, Søren R.: Schopenhauers Philosophie als dominanter Hypotext in Raabes Erzählung ›Höxter und Corvey‹. In: JRG 2001, 79–118.

– : Transzendenter Fatalismus: Wilhelm Raabes Erzählung *Zum wilden Mann* im Horizont Schopenhauers und Goethes. In: DVjs 78 (2004), 609–645.

Fehr, Karl: Conrad Ferdinand Meyer. Stuttgart ²1980.

Feilchenfeldt, Konrad: Leutnant Greeley – ein amerikanisches Vorbild für Europa? Zu Fontanes *Der Stechlin* (Achtunddreißigstes Kapitel). In: Ehlich 2002, 229–247.

Fenner, Birgit: Friedrich Hebbel zwischen Hegel und Freud. Stuttgart 1979.

Fontius, Martin: Das Ende einer Denkform. Zur Ablösung des Nachahmungsprinzips im 18. Jahrhundert. In: Literarische Widerspiegelung. Hrsg. von Dieter Schlenstedt u.a. Berlin, Weimar 1981, 189–238.

Foucault, Michel: Überwachen und Strafen. Frankfurt a.M. 1977.

Frank, Manfred: Der *Ring*-Mythos als »Totschlägerreihe«. In: Narben des Gesamtkunstwerks. Wagners *Ring des Nibelungen*. Hrsg. von Richard Klein. München 2001, 81–102.

Franzen, Jonathan: Du sagst Kunst, ich sage Unterhaltung. Mr. Difficult oder Der gefährliche Pakt zwischen dem Autor und seinem Leser: Wie ich lernte, die Romane von William Gaddis zu lesen. In: Frankfurter Allgemeine Zeitung v. 5. November 2002, Literaturbeilage S. 1.

Frech, Kurt: Felix Dahn. Die Verbreitung völkischen Gedankenguts durch den historischen Roman. In: Handbuch zur »Völkischen Bewegung« 1871–1918. Hrsg. von Uwe Puschner, Walter Schmitz und Justus H. Ulbricht. München 1996, 685–698.

Frenzel, Elisabeth: Der Haustyrann und seine Opponenten: Wandlungen von Rollenbildern zwischen Hebbel und Gerhart Hauptmann. In: Theodor Wolpers (Hrsg.): Familienbindung als Schicksal. Wandlungen eines Motivbereichs in der neueren Literatur. Göttingen 1996, 99–122.

Freund, Winfried (Hrsg.): Deutsche Novellen. Von der Klassik bis zur Gegenwart. München 1993 (a).

– : Heros oder Dämon? Theodor Storm: *Der Schimmelreiter* (1888). In: Freund 1993, 187–198 (b).

– : Novelle. Stuttgart 1998.

Fried, Michael: Menzel's Realism. Art and Embodiment in Nineteenth-Century Berlin. New Haven 2002.

Fries, Ulrich/Jaap, Hartmut: *Der Stechlin*. Politikum in unserer Zeit oder Liebesgeschichte aus einem vergangenen Jahrhundert. In: Theodor Fontane. Text + Kontext Sonderband 1989, 185–202.

Fülleborn, Ulrich: »Er ist Dein Eigenthum«: Der Ring des Gyges und das Problem des Besitzdenkens im Drama Friedrich Hebbels. In: Hebbel-Jahrbuch 56 (2001), 9–29.

Furst, Lilian R. (Hrsg.): Realism. London 1992.

Gall, Lothar: Bismarck. Der weiße Revolutionär. Frankfurt a.M. 1980.

Gay, Peter: Kult der Gewalt. Aggression im bürgerlichen Zeitalter. Aus dem Englischen von Ulrich Enderwitz, Monika Noll und Rolf Schubert. München 1996.

Gebhard, Walter: »Der Zusammenhang der Dinge«. Weltgleichnis und Naturverklärung im Totalitätsbewußtsein des 19. Jahrhunderts. Tübingen 1984.

Geffers-Browne, Christine: Calvinismus oder schlichte Hygiene? Zu einigen Aspekten der Novelle »Renate«. In: STSG 49 (2000), 65–69.

Geppert, Hans Vilmar: Der »andere« historische Roman. Theorie und Strukturen einer diskontinuierlichen Gattung. Tübingen 1976.

– : *Das Odfeld*. Zur Zeichensprache der Geschichte. In: Lensing/Peter 1981, 266–280.

– : Der realistische Weg. Formen pragmatischen Erzählens bei Balzac, Dickens, Hardy, Keller, Raabe und anderen Autoren des 19. Jahrhunderts. Tübingen 1994.

Gerrekens, Louis: »Und hier ist es« – Die verwirrende Fiktion erzählerischer Objektivität in Storms Novelle »Zur Chronik von Grieshuus«. In: STSG 47 (1998), 47–72.

Glaser, Hermann (Hrsg.): Friedrich Hebbel: Agnes Bernauer. Dichtung und Wirklichkeit. Frankfurt a. M. 1964.

Glaser, Horst Albert: Theodor Fontane: *Effi Briest* (1894). Im Hinblick auf Emma Bovary und andere. In: Denkler 1980, 362–377.

– (Hrsg.): Deutsche Literatur. Eine Sozialgeschichte. Bd. 7: Vom Nachmärz zur Gründerzeit: Realismus 1848–1880. Reinbek 1982a.

– : Hebbels Dramen und Dramentheorie. In: Glaser 1982, 324–344 (b).

Gottschall, Rudolph: Die deutsche Nationalliteratur in der ersten Hälfte des neunzehnten Jahrhunderts. Literarhistorisch und kritisch dargestellt. 3 Bde. 2., verm. u. verb. Aufl. Breslau 1861.

– : Die deutsche Nationallitteratur des neunzehnten Jahrhunderts. Litterarhistorisch und kritisch dargestellt. 4 Bde. 7., verm. u. verb. Aufl. Breslau 1902.

Graef, Eva: Martin Salander. Politik und Poesie in Gottfried Kellers Gründerzeitroman. Würzburg 1992.

Graevenitz, Gerhart von: Memoria und Realismus. Erzählende Literatur in der deutschen ›Bildungspresse‹ des 19. Jahrhunderts. In: Memoria. Vergessen und Erinnern. Hrsg. von Anselm Haverkamp und Renate Lachmann. München 1993, 283–304.

Graf, Andreas: Abenteuer und Geheimnis. Die Romane Balduin Möllhausens. Freiburg/Br. 1993.

Graf, Johannes/Kwisinski, Gunnar: Heinrich Schaumann, ein Lügenbaron? Zur Erzählstruktur in Raabes »Stopfkuchen«. In: JRG 1992, 194–213.

Grant, Damian: Realism. London 1970.

Grawe, Christian/Nürnberger, Helmuth (Hrsg.): Fontane-Handbuch. Stuttgart 2000.

– : Der Fontanesche Roman. In: Grawe/Nürnberger 2000, 466–488 (a).

– : Fontane: Vor dem Sturm. In: Grawe/Nürnberger 2000, 488–509 (b).

Greiner, Walter F./Kemmler, Fritz (Hrsg.): Realismustheorien in England (1692–1919). Texte zur historischen Dimension der englischen Realismusdebatte. Tübingen ²1997.

Grimm, Reinhold/Hermand, Jost (Hrsg.): Realismustheorien in Literatur, Malerei, Musik und Politik. Stuttgart 1975.

Günter, Manuela/Butzer, Günter: Deutsch-schweizerische Literaturbeziehungen nach 1948 im Spiegel der Zeitschriften. Ein Beitrag zur interkulturellen Germanistik. In: JDSG 42 (1998), 214–241.

Hahl, Werner: Gesellschaftlicher Konservatismus und literarischer Realismus. Das Modell einer deutschen Sozialverfassung in den Dorfgeschichten. In: Bucher u. a. 1976, Bd. 1, 48–93.

Hahm, Thomas: Die Gastspiele des Meininger Hoftheaters im Urteil der Zeitgenossen unter besonderer Berücksichtigung der Gastspiele in Berlin und Wien. Diss. Köln 1970.

Hahn, Monika (Hrsg.): »Spielende Vertiefung ins Menschliche«. Festschrift für Ingrid Mittenzwei. Heidelberg 2002.

Häntzschel, Günter: Bemerkungen zum literaturgeschichtlichen Ort von Conrad Ferdinand Meyers Lyrik. Meyers Herkunft aus der lyrischen Praxis der Restaurationsepoche und seine individuelle Weiterentwicklung. In: Literatur in der sozialen Bewegung. Aufsätze und Forschungsberichte zum 19. Jahrhundert. Hrsg. von Alberto Martino u. a. Tübingen 1977, 355–369.

– : Lyrik und Lyrikmarkt in der zweiten Hälfte des 19. Jahrhunderts. Forschungsbericht und Projektskizzierung. In: IASL 7 (1982), 199–246.

– (Hrsg.): Gedichte und Interpretationen. Vom Biedermeier zum Bürgerlichen Realismus. Stuttgart 1984.

– (Hrsg.): Gefühl und Reflexion: Studien zu Friedrich Hebbels Lyrik. Neuried 1997.

– : Friedrich Hebbels »Mutter und Kind« vor dem Hintergrund der Tradition von Idylle und Epos. In: Hebbel. Mensch und Dichter im Werk. Neue Wege zu Hebbel. Hrsg. von Ida Koller-Andorf. Bd. 3. Wien 1990, 91–104.

Harnischfeger, Johannes: Modernisierung und Teufelspakt. Die Funktion des Dämonischen in Theodor Storms »Schimmelreiter«. In: STSG 49 (2000), 23–44.

Hasubek, Peter: Der Zeitroman. In: ZfdPh 87 (1968), 218–245.

– : Karl Gutzkow: *Die Ritter vom Geiste* (1850/51). Gesellschaftsdarstellung im deutschen Roman nach 1848. In: Denkler 1980, 26–39.

Hebekus, Uwe: Klios Medien. Die Geschichtskultur des 19. Jahrhunderts in der historistischen Historie und bei Theodor Fontane. Tübingen 2003.

Hehle, Christine: Venus und Elisabeth. Beobachtungen zu einigen Bildfeldern in Theodor Fontanes Roman »Unwiederbringlich«. In: Hahn 2002, 219–233.

Hein, Jürgen: Dorfgeschichte. Stuttgart 1976.

– : Wiener Vorstadttheater. In: Glaser 1982, 358–368.

– /Meyer, Claudia: Theaterg'schichten. Ein Führer durch Nestroys Stücke, Wien 2001.

Heitmann, Klaus: Der französische Realismus von Stendhal bis Flaubert. Wiesbaden 1979.

Hellmann, Winfried: Objektivität, Subjektivität und Erzählkunst. Zur Romantheorie Friedrich Spielhagens [zuerst 1957]. In: Brinkmann ³1987, 86–159.

Helmers, Hermann: Wilhelm Raabe. Stuttgart ²1978 (Sammlung Metzler, Bd. 71).

Helmhold, Heidi: Ihr pyramidales Schweigen, Herr Derrida. In: IKUD. Zeitschrift für Kunst und Designwissenschaften. Denken nach Derrida. Beiträge zu einem Kulturphänomen. Hrsg. von Peter Ulrich Hein und Thomas Zaunschirm, 1 (2005), 66–70.

Helmstetter, Rudolf: Die Geburt des Realismus aus dem Dunst des Familienblattes. Fontane und die öffentlichkeitsgeschichtlichen Rahmenbedingungen des Poetischen Realismus. München 1997.

Henel, Heinrich: Conrad Ferdinand Meyer: Lethe. In: Benno von Wiese (Hrsg.): Die deutsche Lyrik. Form und Geschichte. Düsseldorf 1962, Bd. 2, 217–229.

Herding, Klaus (Hrsg.): Realismus als Widerspruch. Die Wirklichkeit in Courbets Malerei. Frankfurt a. M. 1978.

Herman, Luc: Die Nachwirkung der Idyllentradition bei der Rezeption der Dorfgeschichte im programmatischen Realismus. In: EG 42 (1987), 16–28.

– : Concepts of Realism. Columbia, SC. 1996.

Hermand, Jost: Hebbels »Nibelungen« – Ein deutsches Trauerspiel. In: Kreuzer 1963, 315–333.

– : Hauke Haien. Kritik oder Ideal des gründerzeitlichen Übermenschen? In: WW 15 (1965), 40–50.

– : Gründerzeit und bürgerlicher Realismus. In: Monatshefte 59 (1967), 107–117.

– : Grandeur, High Life und innerer Adel: »Gründerzeit« im europäischen Kontext. In: Monatshefte 69 (1977), 189–206.

– : Hebbels »Nibelungen« – Ein deutsches Trauerspiel. In: Kreuzer 1983, 315–333.

Herold, Theodor: Moderne Literatur und Schule. Leipzig 1908.

Hertling, Gunter H.: Conrad Ferdinand Meyers Epik: Traumbeseelung, Traumbesinnung und Traumbesitz. Bern 1973.

Hettner, Hertmann: Das moderne Drama. Aesthetische Untersuchungen [1852]. Nachdr. hrsg. von Paul Alfred Merbach. Berlin 1924.

Hetzner, Michael: Die Ästhetisierung der Welt, die Narkotisierung des Lesers. Zu einem (postmodernen) Grundmotiv in den Novellen Heyses. In: LfL 1993, 134–143.

Hey'l, Bettina: Geschichtsdenken und literarische Moderne. Zum historischen Roman der Zeit der Weimarer Republik. Tübingen 1994.

Hillenbrand, Rainer: Heyses Novellen. Ein literarischer Führer. Frankfurt a. M. 1998.

– : Heyses sogenannte Falkentheorie. In: Paul Heyse. Ein Schriftsteller zwischen Deutschland und Italien. Hrsg. von Roland Berbig und Walter Hettche. Frankfurt a. M. 2001, 77–86.

Hilzinger, Klaus Harro: Hebbels »Nibelungen« – Mythos und Nationalgeschichte. In: Friedrich Hebbel. Neue Studien zu Werk und Wirkung. Hrsg. von Hilmar Grundmann. Heide i.H. 1982, 103–116.

Hinck, Walter (Hrsg.): Geschichte als Schauspiel. Deutsche Geschichtsdramen. Interpretationen. Frankfurt a. M. 1981.

Hinderer, Walter (Hrsg.): Sickingen-Debatte. Ein Beitrag zur materialistischen Literaturtheorie. Neuwied 1974.

Hobsbawm, Eric J.: Die Blütezeit des Kapitals. Eine Kulturgeschichte der Jahre 1848–1875. Übers. v. Johann Georg Scheffner. Zürich: Buchclub Ex Libris 1979.

Hoffmeier, Dieter: Die Meininger – Streitfall und Leitbild. Untersuchungen zur Wirkungsgeschichte der Gastspielaufführungen eines spätfeudalen Hoftheaters. Diss. Berlin 1988.

Hohendahl, Peter Uwe: Die gebildete Gemeinschaft: Stifters *Nachsommer* als Utopie der ästhetischen Erziehung. In: Utopieforschung. Interdisziplinäre Studien zur neuzeitlichen Utopie. Hrsg. von Wilhelm Voßkamp. Frankfurt a. M. 1985, 3. Bd., 333–356.

Höllerer, Walter: Keller: Die Zeit geht nicht. In: Benno von Wiese (Hrsg.): Die deutsche Lyrik. Düsseldorf 1962, Bd. 2, 201–216.

Holub, Robert C.: Reflections of Realism. Paradox, Norm, and Ideology in Nineteenth-Century German Prose. Detroit 1991.

Holznagel, Franz-Josef u. a.: Geschichte der deutschen Lyrik. Stuttgart 2004.

Homann, Renate: Theorie der Lyrik. Heautonome Autopoiesis als Paradigma der Moderne. Frankfurt a. M. 1999.

Honnefelder, Gottfried: Die erzähltechnische Konstruktion der Wirklichkeit bei Theodor Fontane: Zur Funktion des Briefes im Roman. In: ZfdPh 92 (1973), Sonderheft, 1–36.

Horch, Hans-Otto: Welt-Sprache. Theodor Fontanes letzter Roman *Der Stechlin*. In: Meisterwerke der Weltliteratur. Hrsg. von Helmut Siepmann u.a. 1989, Bd. 3, 271–291.

– : ›Christlich Kulturelles‹ als Camouflage. Theodor Fontanes antikolonialistische Ballade *Die Balinesenfrauen auf Lombok*. In: Scheuer 2001, 247–258.

Horkheimer, Max/Adorno, Theodor W.: Dialektik der Aufklärung. Philosophische Fragmente [1944]. Frankfurt a.M. 1971.

Hügel, Hans-Otto: Untersuchungsrichter, Diebsfänger, Detektive. Theorie und Geschichte der deutschen Detektiverzählung im 19. Jahrhundert. Stuttgart 1978.

Hunter-Lougheed, Rosemarie: Adalbert Stifter: Der Waldbrunnen. Interpretation und Ursprungshypothese. Linz 1988 (= Schriftenreihe des Adalbert-Stifter-Institutes des Landes Oberösterreich, Folge 37).

Hurrelmann, Bettina: Die lustige Geschichte von den bösen Kindern. Wilhelm Buschs ›Max und Moritz‹. In: Klassiker der Kinder- und Jugendliteratur. Hrsg. von B.H. Frankfurt a.M. 1995, 46–67.

Jackson, David A.: Conrad Ferdinand Meyer in Selbstzeugnissen und Bilddokumenten. Reinbek 1975.

– : Taboos in German Literature. Oxford 1996.

– : Tabuisierte politische, religiöse und sexuelle Themen im Werk C.F. Meyers. In: R. Zeller 2000, 225–240.

– : Theodor Storm. Dichter und demokratischer Humanist. Eine Biographie. Berlin 2001.

Jäger, Andrea: Die historischen Erzählungen von Conrad Ferdinand Meyer. Zur poetischen Auflösung des historischen Sinns im 19. Jahrhundert. Tübingen 1998.

Jäger, Georg: Der Realismus in Frankreich. In: Bucher u.a. 1976, Bd. 1, 5–8.

– : Lehrplan und Fächerkanon der höheren Schulen. Deutsch. In: Handbuch der deutschen Bildungsgeschichte. Band III. 1800–1870. Von der Neuordnung Deutschlands bis zur Gründung des Deutschen Reiches. Hrsg. von Karl-Ernst Jeismann und Peter Lundgreen. München 1987, 195–197.

Jakobson, Roman: Über den Realismus in der Kunst [zuerst 1921]. In: Russischer Formalismus. Texte zur allgemeinen Literaturtheorie und zur Theorie der Prosa. Hrsg. von Jurij Striedter. München 1971, 373–391.

Jauslin, Kurt: Ansichten ›realistischen‹ Erzählens. Gutzkows *Die neuen Serapionsbrüder* im Vergleich mit Spielhagens *Sturmflut*. In: Gutzkow lesen! Beiträge zur Internationalen Konferenz des Forum Vormärz Forschung vom 18. bis 20. September 2000 in Berlin. Hrsg. von Gustav Frank und Detlev Kopp. Bielefeld 2001, 363–384.

Jeziorkowski, Klaus: Gottfried Keller: Kleider machen Leute. Text, Materialien, Kommentar. München 1984 (= Literatur-Kommentare, Bd. 22).

Jolles, Charlotte: Unwiederbringlich – der Irrweg des Grafen Holk. In: Hahn 2002, 203–218.

Jørgensen, Sven-Aage: Nachahmung der Natur – Verfall und Untergang eines ästhetischen Begriffs. In: Kopenhagener germanistische Studien 1 (1969), 198–212.

Kafitz, Dieter: Figurenkonstellation als Mittel der Wirklichkeitserfassung. Dargestellt an Romanen der zweiten Hälfte des 19. Jahrhunderts (Freytag, Spielhagen, Fontane, Raabe). Kronberg 1978.

– : Die Appellfunktion der Außenseitergestalten: Zur näheren Bestimmung des Realismus der mittleren und späten Romane Wilhelm Raabes. In: Lensing/Peter 1981, 51–76.

Kaiser, Gerhard: Gottfried Keller. Das gedichtete Leben. Frankfurt a.M. 1987 (= it 1026).

Kaiser, Herbert: Friedrich Hebbel. Geschichtliche Interpretation des dramatischen Werks. München 1983.

– : Tod, Erinnerung, Geschichte: Zur Kritik des historischen Bewußtseins in Meyers ›Huttens letzte Tage‹ und Storms ›Zur Chronik von Grieshuus‹. In: DU 43,4 (1991), 20–31.

– : Unzeitgemäße Zeitgenossenschaft: ›Huttens letzte Tage‹ gelesen im Blick auf den frühen Nietzsche. In: Ritzer 2001, 35–50.

Kayser, Wolfgang: Das Groteske. Seine Gestaltung in Malerei und Dichtung. Oldenburg ²1961, 123–131.

Keiler, Otfried: *Vor dem Sturm*. Das große Gefühl der Befreiung und die kleinen Zwecke der Opposition. In: Fontanes Romane und Novellen. Hrsg. von Christian Grawe. Stuttgart 1991, 13–43.

Keisch, Claude/Schuster, Peter-Klaus/Wullen, Moritz (Hrsg.): Fontane und die bildende Kunst. Berlin 1998.

Ketelsen, Uwe-K.: Adalbert Stifter: *Der Nachsommer* (1857). Die Vernichtung der historischen Realität in der Ästhetisierung des bürgerlichen Alltags. In: Denkler 1980, 188–202.

Kienzle, Michael: Der Erfolgsroman. Zur Kritik seiner poetischen Ökonomie bei Gustav Freytag und Eugenie Marlitt. Stuttgart 1975.

– : Eugenie Marlitt: *Reichsgräfin Gisela* (1869). Zum Verhältnis zwischen Politik und Tagtraum. In: Denkler 1980, 217–230.

Killy, Walther: Geschichte gegen die Geschichte. Raabe: ›Das Odfeld‹. In: Ders.: Romane des 19. Jahrhunderts. Wirklichkeit und Kunstcharakter (1963). Göttingen 1967, 146–165 (a).

– : Utopische Gegenwart. Stifters ›Der Nachsommer‹. In: W.K., Romane des 19. Jahrhunderts. Wirklichkeit und Kunstcharakter. Göttingen 1967, 83–103 (b).

Kim, Du Gyu: Volkstümlichkeit und Realismus. Untersuchungen zu Geschichte, Motiven und Typologien der Erzählgattung *Dorfgeschichte*. Bielefeld 1991.

Kinder, Hermann: Poesie als Synthese. Ausbreitung eines deutschen Realismus-Verständnisses in der Mitte des 19. Jahrhunderts. Frankfurt a. M. 1973.

Kindermann, Heinz: Theatergeschichte Europas. Bd. 7: Realismus. Salzburg 1965.

Kindermann, Manfred: Subjektkonstitution als Entfremdung. Implizites psychologisches Wissen in Raabes Roman »Die Akten des Vogelsangs«. In: JRG 2000, 102–121.

Klatt, Gudrun/Klatt, Hans Heinrich: Zur Romantheorie Friedrich Spielhagens. In: ZfG 10 (1989), 34–44.

Klein, Wolfgang/Boden, Petra: Realismus. Vom Weltanschauungsbegriff zum Kunstbegriff – und zurück? In: WB 36 (1990), 268–283.

Klotz, Volker: Abenteuer-Romane (Sue, Dumas, Ferry, Retcliffe, May, Verne). München 1979.

Knapp, Gerhard P.: Nachwort. In: Conrad Ferdinand Meyer: Jürg Jenatsch. Eine Bündnergeschichte. Hrsg. von G.P.K. München 1984.

Köhler, Erich: Balzac und der Realismus (»Illusions perdues«). In: Ders.: Esprit und arkadische Freiheit. Aufsätze aus der Welt der Romania. Frankfurt a. M. 1966, 177–197.

Kohl, Stephan: Realismus. Theorie und Geschichte. München 1977.

Kohler, Ernst: Die Balladendichtung im Berliner »Tunnel über der Spree«. Berlin 1940.

Kohlschmidt, Werner: Geschichte der deutschen Literatur vom Jungen Deutschland bis zum Naturalismus. Stuttgart 1975.

Kontje, Todd (Hrsg.): A Companion to German Realism 1848–1900. Rochester, NY: Camden House 2002 (a).

– : Introduction: Reawakening German Realism. In: Kontje (Hrsg.): A Companion to German Realism. 2002, 1–28 (b).

Koopmann, Helmut: Die Vorteile des Sprachverfalls. Zur Sprache der Lyrik im 19. Jahrhundert. In: Das 19. Jahrhundert. Sprachgeschichtliche Wurzeln des heutigen Deutsch. Hrsg. von Rainer Wimmer. Berlin 1991, 307–324.

Korte, Hermann: Ordnung & Tabu. Studien zum poetischen Realismus. Bonn 1989.

Kosellek, Reinhart: Geschichte. In: Geschichtliche Grundbegriffe. Historisches Lexikon zur politisch-sozialen Sprache in Deutschland. Hrsg. von Otto Brunner u. a. Stuttgart 1975, Bd. 2, 593–717.

Köster, Alex: Julian Schmidt als literarischer Kritiker: Ein Beitrag zur Entwicklung des Realismus im 19. Jahrhundert und zur Geschichte der Kritik. Bochum 1933.

Krah, Hans/Ort, Claus-Michael (Hrsg.): Weltentwürfe in Literatur und Medien. Phantastische Wirklichkeiten – realistische Imaginationen. Festschrift für Marianne Wünsch. Kiel 2002.

Kramer, Sven: Die Folter in der Literatur. Ihre Darstellung in der deutschsprachigen Erzählprosa von 1740 bis nach Auschwitz. München 2004.

Kraul, Margret: Höhere Mädchenschulen. In: Handbuch der deutschen Bildungsgeschichte. Band IV. 1870–1918. Von der Reichsgründung bis zum Ende des Ersten Weltkriegs. Hrsg. von Christa Berg. München 1991, 279–303.

Krauss, Rolf H.: Photographie & Literatur. Zur photographischen Wahrnehmung in der deutschsprachigen Literatur des neunzehnten Jahrhunderts. Ostfildern 2000.

Kreuzer, Helmut: Agnes Bernauer als Hebbels »moderne Antigone«. In: Hebbel-Jahrbuch 1961, 36–70.

– (Hrsg.): Hebbel in neuer Sicht. Stuttgart 1963.

– : Hebbels »Agnes Bernauer« (und andere Dramen der Staatsraison und des politischen Notstandsmordes). In: Kreuzer 1963, 267–293 (a).

– : Zur Theorie des deutschen Realismus zwischen Märzrevolution und Naturalismus. In: Grimm/Hermand 1975, 48–67.

Kristiansen, Børge: Das Problem des Realismus bei Thomas Mann. In: Thomas-Mann-Handbuch. Hrsg. von Helmut Koopmann. Stuttgart ²1995, 823–835.

– : Wilhelm Raabe und Arthur Schopenhauer. Überlegungen zu den Romanen »Das Odfeld« und »Hastenbeck«. In: JRG 1999, 15–32.

Krobb, Florian: Geschichtssinn und Narrativität in Wilhelm Raabes Erzählung Die Innerste. In: Barkhoff u.a. 2000, 89–99.

Kühlmann, Wilhelm: Das Ende der ›Verklärung‹. Bibel-Topik und prädarwinistische Naturreflexion in der Literatur des 19. Jahrhunderts. In: JDSG 30 (1986), 417–452.

Kühnel, Jürgen: Nationale Versepik. In: Glaser 1982, 282–289.

Laage, Karl Ernst: Theodor Storm und Iwan Turgenjew. Persönliche und literarische Beziehungen, Einflüsse, Briefe, Bilder. Vaduz 1989.

Lampart, Fabian: Zeit und Geschichte. Die mehrfachen Anfänge des historischen Romans bei Scott, Arnim, Vigny und Manzoni. Würzburg 2002.

Landesmann, Heinrich: Adalbert Stifter: Der Nachsommer [1857]. In: Adalbert Stifter im Urteil seiner Zeit. Hrsg. von Moriz Enzinger. Wien 1968.

Lässig, Simone: Jüdische Wege ins Bürgertum. Kulturelles Kapital und sozialer Aufstieg im 19. Jahrhundert. Göttingen 2004.

Lauer, Reinhard: Der russische Realismus. In: Europäischer Realismus. Hrsg. von R.L. Wiesbaden 1980, 275–342.

Laufhütte, Hartmut: Kunst des Indirekten. Zu Conrad Ferdinand Meyer: Die Füße im Feuer. In: Gedichte und Interpretationen. Deutsche Balladen. Hrsg. von Gunter E. Grimm. Stuttgart 1988, 320–338.

– : Ein Seldwyler in Münsterburg. Gottfried Kellers »Martin Salander« und die Deutungstradition. In: Gottfried Keller. Elf Essays zu seinem Werk. Hrsg. von Hans Wysling. Zürich 1990, 23–43.

– /Möseneder, Karl (Hrsg.): Adalbert Stifter. Dichter und Maler, Denkmalpfleger und Schulmann. Neue Zugänge zu seinem Werk. Tübingen 1996.

– : Der ›Nachsommer‹ als Vorklang der literarischen Moderne. In: Laufhütte/Möseneder 1996, 486–507.

– : Annette von Droste-Hülshoffs Novelle Die Judenbuche als Werk des Realismus. In: Titzmann 2002, 285–303.

Laumont, Christof: Grenzgefechte des Realismus. Conrad Ferdinand Meyer und Gustave Flaubert – Aspekte eines Vergleichs. In: Ritzer 2001, 127–145.

Lehmann, Jakob (Hrsg.): Deutsche Novellen von Goethe bis Walser. Interpretationen für den Deutschunterricht. 2 Bde. Königstein/Ts. 1980.

Lensing, Leo A./Peter, Hans-Werner (Hrsg.): Wilhelm Raabe. Studien zu seinem Leben und Werk. Aus Anlaß des 150. Geburtstages (1831–1981). Braunschweig 1981.

Levin, Harry: On the Dissemination of Realism [zuerst 1968]. In: Ders.: Grounds for Comparison. Cambridge Mass. 1972, 244–261.

Liebrand, Claudia: Das Ich und die andern. Fontanes Figuren und ihre Selbstbilder. Freiburg i.B. 1990.

– : Wohltätige Gewalten? Zu einem Paradigma in Raabes »Stopfkuchen«. In: JRG 1997, 84–102.

Lieskounig, Jürgen: »Peter im Einmachtopf« oder die (Klein-)bürgerliche Horrorwelt des Wilhelm Busch. In: Acta Germanica 17 (1984), 69–82.

Lillyman, William J.: The Interior Monologue in James Joyce and Otto Ludwig. In: Comparative Literature 23 (1971), 45–54.

Limlei, Michael: Geschichte als Ort der Bewährung. Menschenbild und Gesellschaftsverständnis in den deutschen historischen Romanen (1820–1890). Frankfurt a.M. 1988.

Linden, Walther: Das Zeitalter des Realismus (1830–1885). In: Aufriß der deutschen Literaturgeschichte nach neueren Gesichtspunkten. Hrsg. v. H.A. Korff und W. Linden. Leipzig ³1932, 167–192.

Locher, Kaspar: Gottfried Keller. Der Weg zur Reife. Bern 1976.

Lohmeier, Anke-Marie: »… es ist ein wirkliches Lied.« Theodor Fontanes Roman Frau Jenny Treibel als Selbstreflexion von Kunst und Kunstrezeption in der Gesellschaft der Gründerjahre. In: DVjs 68 (1994), 238–250.

Lohre, Heinrich: Otto Ludwigs Romanstudien und seine Erzählungspraxis. Berlin 1913 (= Wissenschaftliche Beilage zum Jahresbericht der Zehnten Realschule zu Berlin).

Lütkehaus, Ludger: Antikommunistisches Manifest oder karitative Utopie? Hebbels Mutter und Kind und Verwandtes. In. Hebbel-Jahrbuch 1982, 117–148.

– : Dialektik der Aufklärung: Hebbels »Gyges und sein Ring«. Heidelberg 1983.

Lützeler, Paul Michael: Historismus und Zeitkritik: Der Dreißigjährige Krieg in Conrad Ferdinand Meyers ›Jürg Jenatsch‹. In: Literatur und Demokratie. Festschrift für Hartmut Steinecke zum 60. Geburtstag. Hrsg. von Alo Allkemper und Norbert Otto Eke. Berlin 2000, 81–98.

– : Oszillierende Charaktere. Intertext und Zitat in Conrad Ferdinand Meyers ›Jürg Jenatsch‹. In: Ritzer 2001, 251–268.

Lukács, Georg: Essays über Realismus. Berlin 1948.

– : Deutsche Realisten des 19. Jahrhunderts. Berlin 1951.

– : Balzac und der französische Realismus. Berlin 1952.

– : Der historische Roman. Berlin 1955 (a).

– : Probleme des Realismus. Berlin 1955 (b).

– : Wider den mißverstandenen Realismus. Hamburg 1958.

Machatzke, Martin: Fritz Reuter: *Ut mine Stromtid* (1862/64). Die Gesellschaftsidee der bürgerlichen Humanität im humoristischen Roman. In: Denkler 1980, 203–216.

Majut, Rudolf: Der deutsche Roman vom Biedermeier zur Gegenwart. In: Deutsche Philologie im Aufriß. Hrsg. von Wolfgang Stammler. 2., überarb. Aufl. Berlin 1960, Bd. 2, Sp. 1357–1794.

Mann, Thomas: Theodor Storm [zuerst 1930]. In: Ders.: Essays. Hrsg. von Hermann Kurzke und Stephan Stachorski. 3. Bd., Frankfurt a.M. 1994, 223–244.

Martini, Fritz: Wilhelm Raabes »Höxter und Corvey«. In: DU 1953, H. 1, 76–92.

– : Deutsche Literatur im bürgerlichen Realismus 1848–1898. Stuttgart 1962, ⁴1981.

Masanetz, Michael: »Awer de Floth, de is dull!« Fontanes *Unwiederbringlich* – das Weltuntergangsspiel eines postmodernen Realisten (Teil 1). In: FBl 52 (1991), 68–90; »In Splitter fällt der Erdenball / Einst gleich dem Glück von Edenhall« Fontanes *Unwiederbringlich* – das Weltuntergangsspiel eines postmodernen Realisten (Teil 2). In: FBl 56 (1993), 80–101.

Matt, Peter von: Das literarische Gespenst »klassisches Drama«. Zur Sozialgeschichte der modernen Dramaturgie. In: Merkur 1976, 728–742.

– : Conrad Ferdinand Meyer: *Die Richterin* (1885). Offizielle Kunst und private Phantasie im Widerstreit. In: Denkler 1980, 310–324.

Mayer, Gerhart: Der deutsche Bildungsroman. Von der Aufklärung bis zur Gegenwart. Stuttgart 1992.

McInnes, Edward: Das deutsche Drama des 19. Jahrhunderts. Berlin 1983.

– /Plumpe, Gerhard (Hrsg.): Bürgerlicher Realismus und Gründerzeit 1848–1890. München 1996 (= Hansers Sozialgeschichte der deutschen Literatur, Bd. 7) [BruG].

Mecklenburg, Norbert: Einsichten und Blindheiten. Fragmente einer nichtkanonischen Fontane-Lektüre. In: Theodor Fontane. Text + Kritik 1989, 148–162.

– : »Ums Goldne Kalb sie tanzen und morden«. Philo- und antisemitische Gedichte des alten Fontane. In: WW 50 (2000), 358–381.

– : Ein Flaneur mit bösem Blick. In: Marcel Reich-Ranicki (Hrsg.): Frankfurter Anthologie. 24. Band. Frankfurt a.M. 2001, 58–60.

Meier, Albert: »Wie kommt ein Pferd nach Jevershallig?« Die Subversion des Realismus in Theodor Storms *Der Schimmelreiter.* In: Krah/Ort 2002, 167–179.

Menger, Carl: Die Irrthümer des Historismus in der deutschen Nationalökonomie. Wien 1884.

Meuthen, Erich: Poesie des Neben-Sächlichen. Über Fontanes *Stechlin* und die Kunst der Rede. In: JDSG 38 (1994), 147–170.

Meyer, Friederike: Zur Relation juristischer und moralischer Deutungsmuster von Kriminalität in den Kriminalgeschichten der *Gartenlaube* 1855 bis 1870. In: IASL 12 (1987), 156–189.

Meyer, Reinhart: Novelle und Journal. Erster Band: Titel und Normen. Untersuchungen zur Terminologie der Journalprosa, zu ihren Tendenzen, Verhältnissen und Bedingungen. Stuttgart 1987.

Meyer-Benfey, Heinrich: Hebbels Agnes Bernauer. Weimar 1931.

Miething, Christoph: Drei Frauen, drei Romane, dreimaliger Tod. Eine Reflexion zum Problem des Schönen in der Moderne. In: Sinn und Form 46 (1994), 341–366.

Miller, J. Hillis: The Fiction of Realism: Sketches by Boz, Oliver Twist, and Cruikshank's Illustrations [zuerst 1971]. Wiederabgedr. In: Furst 1992, 287–318.

Minder, Robert: Über eine Nebenfigur bei Fontane. In: Minder: Hölderlin unter den Deutschen und andere Aufsätze zur deutschen Literatur. Frankfurt a.M. 1968, 46–63.

Mittenzwei, Ingrid: Die Sprache als Thema. Untersuchungen zu Fontanes Gesellschaftsromanen. Bad Homburg v.d.H. 1970.

Mojem, Helmuth/Sprengel. Peter: Wilhelm Raabe: *Stopfkuchen* – Lebenskampf und Leibesfülle. In: Romane des 19. Jahrhunderts. Stuttgart 1992, 350–386.

Mommsen, Wolfgang J.: Der Historismus als Weltanschauung des aufsteigenden Bürgertums. In: J.W.M., Bürgerliche Kultur und politische Ordnung. Künstler, Schriftsteller und Intellektuelle in der deutschen Geschichte 1830–1933. Frankfurt a.M. 2000, 97–112.

Mosse, George L.: Die Nationalisierung der Massen. Politische Symbolik und Massenbewegungen in Deutschland von den Napoleonischen Kriegen bis zum Dritten Reich. Frankfurt a. M. 1976.

Müller, Harro: Theodor Storms Lyrik. Bonn 1975.

– : Historische Romane. In: McInnes/Plumpe 1996, 690–707.

Müller, Joachim: Das Alte und das Neue. Historische und poetische Realität in Theodor Fontanes Roman *Der Stechlin*. Berlin 1984.

Müller, Klaus-Detlef (Hrsg.): Bürgerlicher Realismus. Grundlagen und Interpretationen. Königstein 1981.

Müller, Udo: Realismus. Begriff und Epoche. Freiburg i.B. 1982 (= studio visuell Literatur).

Müller-Seidel, Walter: Die Deutsche Ballade. Umrisse ihrer Geschichte. In: Rupert Hirschenauer/ Albrecht Weber (Hrsg.): Wege zum Gedicht. II. Interpretation von Balladen. München 1968, Nachdruck 1976, 17–83.

– : Theodor Fontane. Soziale Romankunst in Deutschland. Stuttgart ²1980.

Mullan, Boyd: Death in Venice: The Tragedy of a Man and a City in Paul Heyse's *Andrea Delfin*. In: Colloquia Germanica 29 (1996), 97–114.

Naumann, Dietrich: Zeitungsroman und Zeitroman. Zu Gutzkows »Die Ritter vom Geiste«. In: Hahn 2002, 91–108.

Naumann, Ursula: Adalbert Stifter. Stuttgart 1979 (= Sammlung Metzler, Bd. 186).

Neuhaus, Volker: Der zeitgeschichtliche Sensationsroman in Deutschland 1855–1878. ›Sir John Retcliffe‹ und seine Schule. Berlin 1980.

Neumann, Bernd: Auf dem Weg zum Stadtroman. Friedrich Spielhagens *Sturmflut* als Darstellung des Berlins der »Gründerzeit«. In: Das poetische Berlin. Hrsg. von Klaus Siebenhaar. Wiesbaden 1992, 17–39.

– : Friedrich Spielhagen: *Sturmflut* (1877). Die »Gründerjahre« als die »Signatur des Jahrhunderts«. In: Denkler 1980, 260–273.

Nipperdey, Thomas: Deutsche Geschichte 1800–1866. Bürgerwelt und starker Staat. München 1998 (a).

– : Deutsche Geschichte 1866–1918. Erster Band: Arbeitswelt und Bürgergeist. Zweiter Band: Machtstaat vor der Demokratie. München 1998 (b).

Noelle-Neumann, Elisabeth: Nachrichtenwesen. In: Publizistik. Hrsg. von E.N.-N. und Winfried Schulz. Frankfurt a. M. 1971 u.ö., 195–210.

Nusser, Peter: Wilhelm Buschs Schwarzer Humor. In: DU 42,3 (1990), 80–94.

Obenaus, Sibylle: Literarische und politische Zeitschriften 1848–1880. Stuttgart 1987.

Ohl, Hubert: Bild und Wirklichkeit. Studien zur Romankunst Raabes und Fontanes. Heidelberg 1968.

– : Der Bürger und das Unbedingte bei Raabe. In: JRG 1979, 7–26.

– : Spielhagens Spätwerk und das Fin de Siècle. Figuren und Motive. In: ZfdPh 120 (2001), Sonderheft 177–197.

Ort, Claus M: Zeichen und Zeit. Probleme des literarischen Realismus. Tübingen 1998.

Osborne, John: The Meininger Court Theatre 1866–1890. Cambridge 1988.

Pape, Walter: Wilhelm Busch. Stuttgart 1977 (Sammlung Metzler, Bd. 163).

– : Eins von den äußerst gefährlichen Giften. Die Kinderliteratur des 19. Jahrhunderts und Wilhelm Buschs »Max und Moritz«. In: Wilhelm-Busch-Jahrbuch 1990, 7–19.

Pargner, Birgit: Zwischen Tränen und Kommerz. Das Rührtheater Charlotte Birch-Pfeiffers (1800–1868) in seiner künstlerischen und kommerziellen Verwertung. Quellenforschung am Handschriften-Nachlaß. Bielefeld 1998.

Passavant, Rudolf von: Zeitdarstellung und Zeitkritik in Gottfried Kellers »Martin Salander«. Bern 1978.

Pastor, Eckart: »Du bist hier Partei!« Theodor Storms Novelle »Draußen im Heidedorf« und ihre Erzähler. In: STSG 44 (1995), 23–40.

Peckham, Morse: Is the Problem of Literary Realism a Pseudo-Problem? In: Critique 12 (1970), 95–112.

Peschken, Bernd/Krohn, Claus-Dieter (Hrsg.): Der liberale Roman und der preußische Verfassungskonflikt. Analyseskizzen und Materialien. Stuttgart 1976 (= Literaturwissenschaft und Sozialwissenschaften, Bd. 7).

Petersen, Jürgen H.: Mimesis – Imitatio – Nachahmung. Eine Geschichte der europäischen Poetik. München 2000.

Pfeiffer, Peter C.: Geschlecht, Geschichte, Kreativität: Zu einer neuen Beurteilung der Schriften Marie von Ebner-Eschenbachs. in: ZfdPh 120 (2001), Sonderheft: Realismus? Zur deutschen Prosa-Literatur des 19. Jahrhunderts, 73–89.

Pilling, Claudia: »Unsere Kinder sind die Armen«. Von der Wohltätigkeit der bürgerlichen Gesellschaft in Hebbels »Mutter und Kind«. In: Hebbel-Jahrbuch 1991, 41–65.

Platthaus, Andreas: Das Millionenspiel um einen Helden. In: Frankfurter Allgemeine Zeitung vom 3. September 2005, 36.

Plett, Bettina: Problematische Naturen? Held und Heroismus im realistischen Erzählen. Paderborn u. a.: Ferdinand Schöningh 2002.

Plumpe, Gerhard: Systemtheorie und Literaturgeschichte. Mit Anmerkungen zum deutschen Realismus im 19. Jahrhundert. In: Epochenschwellen und Epochenstrukturen im Diskurs der Literatur- und Sprachhistorie. Hrsg. von Hans Ulrich Gumbrecht und Ursula Link-Heer. Frankfurt a. M. 1985, 251–264.

– (Hrsg.): Theorie des bürgerlichen Realismus. Eine Textsammlung. Stuttgart 1985 [TbR].

– : Der tote Blick. Zum Diskurs der Photographie in der Zeit des Realismus. München 1990.

– : An der Grenze des Realismus. Eine Anmerkung zu Adalbert Stifters »Nachkommenschaften« und Wilhelm Raabes »Der Dräumling«. In: JRG 1994, 70–84.

– : Realismus. In: Plumpe: Epochen moderner Literatur. Ein systematischer Entwurf. Opladen 1995, 105–137.

– : Roman. In: McInnes/Plumpe 1996, 529–689.

Polheim, Karl Konrad (Hrsg.): Theorie und Kritik der deutschen Novelle von Wieland bis Musil. Tübingen 1970.

Pörnbacher, Karl (Hrsg.): Friedrich Hebbel. Agnes Bernauer. Erläuterungen und Dokumente. Stuttgart 1974.

Preisendanz, Wolfgang: Humor als dichterische Einbildungskraft. Studien zur Erzählkunst des poetischen Realismus. München 1963, ²1976, ³1985.

– : Voraussetzungen des poetischen Realismus in der deutschen Erzählkunst des 19. Jahrhunderts [zuerst 1963]. In: Brinkmann 1969, 453–479.

– : Das Problem der Realität in der Dichtung. In: Bogawus. Zeitschrift für Literatur, Kunst und Philosophie 9 (1969), 3–9.

– : Die Erzählstruktur als Bedeutungskomplex der »Akten des Vogelsangs«. In: JRG 1981, 210–224.

Prendergast, Christopher: The Order of Mimesis. Balzac, Stendhal, Nerval, Flaubert. Cambridge 1986.

Ranke, Leopold von: Ueber die Epochen der neueren Geschichte. Hrsg. von Alfred Dove. Leipzig 1888.

Rasch, Wolfdietrich: Hebbels ›Agnes Bernauer‹. Die Tragödie als politische Dichtung. In: DVjs 18 (1940), 387–430.

Rath, Wolfgang: Die Novelle. Konzept und Geschichte. Göttingen 2000.

Rebing, Günther: Der Halbbruder des Dichters. Friedrich Spielhagens Theorie des Romans. Frankfurt 1972.

Rehm, Walter/Kohlschmidt, Werner: Abenteuerroman. In: Reallexikon der deutschen Literaturgeschichte. Hrsg. von Werner Kohlschmidt und Wolfgang Mohr. Berlin ²1958, Bd. 1, 1–4.

Reichelt, Gregor: Fantastik im Realismus. Literarische und gesellschaftliche Einbildungskraft bei Keller, Storm und Fontane. Stuttgart 2001.

Reinhardt, Heinrich: Die Dichtungstheorie der sogenannten Poetischen Realisten. Würzburg 1939.

Reuter, Hans-Heinrich: Fontane. 2 Bde. München 1968.

– : Fontanes Realismus. In: Fontanes Realismus. Wissenschaftliche Konferenz zum 150. Geburtstag Theodor Fontanes in Potsdam. Vorträge und Berichte. Hrsg. von Hans-Erich Teitge und Joachim Schobeß. Berlin 1972, 25–64.

Rhöse, Franz: Konflikt und Versöhnung. Untersuchungen zur Theorie des Romans von Hegel bis zum Naturalismus. Stuttgart 1978.

Richter, Carl: Leiden an der Gesellschaft. Vom literarischen Liberalismus zum poetischen Realismus. Königstein/Ts. 1978.

Richter, Karl: Resignation. Eine Studie zum Werk Theodor Fontanes. Stuttgart 1966.

– : Die späte Lyrik Theodor Fontanes. In: Fontane aus heutiger Sicht. Hrsg. von Hugo Aust. München 1980, 118–142.

– : Altersbewußtsein und Alterslyrik in Fontanes Gedicht *Ja, das möcht ich noch erleben*. In: Scheuer 2001, 219–229.

– : Die Erneuerung der Ballade in Fontanes Alterswerk. In: FBl 71 (2001), 102–119.

Ricklefs, Ulfert: Otto Ludwigs Dramentheorie. Zum Problem der Kontinuität zwischen Frührealismus und poetischem Realismus. In: Blamberger 1991, 45–76.

Riedel, Wolfgang: Mimesis. In: Literatur Lexikon. Begriffe, Realien, Methoden. Hrsg. von Volker Meid. Gütersloh 1993, Bd. 14, 91–94.

Riekenberg, Miriam: »Ihre Novelle übrigens hat mich sehr angemutet.« Zu Theorie und Praxis in Paul Heyses *Einer von Hunderten.* In: WW 2003, 417–428.

Ries, Hans: Zum Aspekt des Komischen in Wilhelm Buschs »Max und Moritz«. In: Komik im Kinderbuch. Erscheinungsformen des Komischen in der Kinder- und Jugendliteratur. Weinheim 1992, 87–103.

Riha, Karl: Wilhelm Buschs Bildergeschichten. In: Glaser 1982, 290–294.

Ritzer, Monika: Hebbels Tragödie der Notwendigkeit und die Poetik des realistischen Dramas. In: Blamberger 1991, 77–118.

– : Christian Friedrich Hebbel: *Agnes Bernauer.* In: Dramen des 19. Jahrhunderts. Interpretationen. Stuttgart 1997, 253–285.

– (Hrsg.): Conrad Ferdinand Meyer. Die Wirklichkeit der Zeit und die Wahrheit der Kunst. Tübingen 2001.

Roebling, Irmgard: »Du liebe Zeit! Welch ein Malheur! Man kennt das schöne Bild nicht mehr.« Versuch über Zerstörungsphantasien bei Wilhelm Busch. In: Phantasie und Deutung. Psychologisches Verstehen von Literatur und Film. Hrsg. von Wolfram Mauser u. a. Würzburg 1986, 70–88.

– : Wilhelm Raabes doppelte Buchführung. Paradigma einer Spaltung. Tübingen 1988.

– : »Von Menschentragik und wildem Naturgeheimnis«. Die Thematisierung von Natur und Weiblichkeit in »Der Schimmelreiter«. In: Storm-Lektüren. Festschrift für Karl Ernst Laage zum 80. Geburtstag. Hrsg. von Gerd Eversberg u. a. Würzburg 2000, 183–214.

Roper, Katherine: 1848 in the Early Novels of Friedrich Spielhagen: The Making of a German Democrat. In: German Studies Review 23 (2000), 427–452.

Rosenberg, Rainer: Zum Problem der Konstituierung literaturgeschichtlicher Epochenbegriffe. In: Mitteilungen des Deutschen Germanistenverbandes. Themenheft: Epochen 49 (2002), 308–318.

Rossbacher, Karlheinz: Literatur und Liberalismus. Zur Kultur der Ringstraßenzeit in Wien. Wien 1992.

Rothe-Buddensieg, Margret: Spuk im Bürgerhaus. Der Dachboden in der deutschen Prosaliteratur als Negation der gesellschaftlichen Realität. Kronberg/Ts. 1974.

Rötzer, Hans Gerd (Hrsg.): Friedrich Hebbel. Gyges und sein Ring. Dichtung und Wirklichkeit. Frankfurt a. M. 1965.

Ruckhäberle, Hans-Joachim/Widhammer, Helmuth: Roman und Romantheorie des deutschen Realismus. Darstellung und Dokumente. Frankfurt a. M. 1977.

Rychner, Max: Stifters ›Nachsommer‹ [zuerst 1949]. In: Interpretationen 3: Deutsche Romane von Grimmelshausen bis Musil. Hrsg. von Jost Schillemeit. Frankfurt a. M. 1966, 190–202.

Safranski, Rüdiger: Schopenhauer und Die wilden Jahre der Philosophie. Eine Biographie. Reinbek 1990.

Sagarra, Eda: Marie von Ebner-Eschenbach. In Literatur Lexikon. Autoren und Werke deutscher Sprache. Hrsg. von Walther Killy. Gütersloh 1989, Bd. 3, 161 f.

– : Theodor Fontane *Der Stechlin.* München 1986.

– : Berliner Göre und brave Mädchen in der deutschsprachigen Erzählliteratur des Realismus: Zum Beispiel Olga Pittelkow. In: Hahn 2002, 193–202.

Sauer, Klaus/German Werth: Lorbeer und Palme. Patriotismus in deutschen Festspielen. München 1971.

Sautermeister, Gert: Erziehung und Gesellschaft in Gottfried Kellers Novelle »Kleider machen Leute«. In: Der alte Kanon neu. Zur Revision des literarischen Kanons in Wissenschaft und Unterricht. Hrsg. von W. Raitz und E. Schütz. Opladen 1976, 176–207.

– : Gottfried Keller: *Der grüne Heinrich* (1854/55; 2. Fassung 1879/80). Gesellschaftsroman, Seelendrama, Romankunst. In: Denkler 1980, 80–123.

Schafarschik, Walter (Hrsg.): Theodor Fontane. Effi Briest. Stuttgart 1972 u. ö. (= Erläuterungen und Dokumente).

Schanze, Helmut: Theorie des Dramas im ›Bürgerlichen Realismus‹. In: Deutsche Dramentheorien. Beiträge zu einer historischen Poetik des Dramas in Deutschland. Hrsg. von Reinhold Grimm. Frankfurt a. M. 1971, Bd. 2, 374–393.

– : Drama im Bürgerlichen Realismus (1850–1890). Theorie und Praxis. Frankfurt a. M. 1973.

Scheit, Gerhard: »Soziale Glaubensbekenntnisse?« Hebbels *Mutter und Kind* und Brechts *Der Kaukasische Kreidekreis*. In: Hebbel. Mensch und Dichter im Werk. Hrsg. von Ida Koller-Andorf. Bd. 7. Berlin 2000, 205–215.

Scherer, Wilhelm: Goethe-Philologie [zuerst 1877]. In: Aufsätze über Goethe. Berlin 1886, 1–28.

Scheuer, Helmut (Hrsg.): Gedichte von Theodor Fontane. Interpretationen. Stuttgart 2001 (a).

– : »Männer und Helden« – Geschichte aus dem Geist der Anekdote. In: Scheuer 2001, 14–34 (b).

Schirmeyer-Klein, Ulla: Realismus – Literaturprogramm für einen bürgerlichen Staat (Der programmatische Realismus in den ›Grenzboten‹ 1848–1860). Diss. Münster 1974 (1976).

Schlaffer, Hannelore: Poetik der Novelle. Stuttgart 1993.

Schlaffer, Heinz: Lyrik im Realismus. Studien über Raum und Zeit in den Gedichten Mörikes, der Droste und Liliencrons. Bonn 1966, ³1984.

Schlawe, Fritz: Friedrich Theodor Vischer. Stuttgart 1959.

Schlobach, Jochen: Der Realismusbegriff bei Georg Lukács. In: Dethloff 2001, 341–359.

Schmidt, Arno: Der sanfte Unmensch. Einhundert Jahre »Nachsommer« [1958]. In: Ders.: Nachrichten von Büchern und Menschen. Band 2: Zur Literatur des 19. Jahrhunderts. Frankfurt a. M. 1971, 114–136.

Schmidt, Julian: Geschichte der Deutschen Literatur im neunzehnten Jahrhundert. Zweite, durchaus umgearbeitete, um einen Band vermehrte Auflage. Dritter Band: Die Gegenwart. Leipzig 1855.

– : Otto Ludwig. In: Die Grenzboten 16,2 (1857), Heft 4, 401–412.

– : Bilder aus dem Geistigen Leben unserer Zeit. 4 Bde. Leipzig 1870/71/73/75.

– : Fritz Reuter. In. J.Sch., Neue Bilder aus dem Geistigen Leben unserer Zeit. Leipzig 1873, 149–184.

– : Geschichte der Deutschen Litteratur von Leibniz bis auf unsere Zeit. 5. Band: 1814–1866. Berlin 1896.

Schmidt, Michael: Der Dilettant, ein Detektiv. Wilhelm Raabes *Stopfkuchen* und die »Möglichkeit« des Kriminalromans. In: Dilettant, Dandy und Décadent. Hrsg. von Guri Ellen Barstad und Marie-Theres Federhofer. Hannover 2004, 49–78.

Schmidt-Henkel, Gerhard: Niederdeutsche Mundartdichtung. In: Glaser 1982, 216–231.

Schön, Erich: Geschichte des Lesens. In: Handbuch Lesen. Hrsg. von Bodo Franzmann u. a. München 1999, 1–85.

Schönberg, Jutta: Frauenrolle und Roman. Studien zu den Romanen der Eugenie Marlitt. Frankfurt a. M. 1986.

Schönert, Jörg: Zur Diskussion über das »moderne Drama« im Nachmärz (1848–1870). Realismus – Klassizität – epigonale Praxis. In: DVjs 53 (1979), 658–694.

– : Otto Ludwig: *Zwischen Himmel und Erde* (1856). Die Wahrheit des Wirklichen als Problem poetischer Konstruktion. In: Denkler 1980, 153–172.

– : Kriminalgeschichten in der deutschen Literatur zwischen 1779 und 1890. Zur Entwicklung des Genres in sozialgeschichtlicher Perspektive [zuerst 1983]. In: Jochen Vogt (Hrsg.): Der Kriminalroman. München 1998, 322–339.

– : Poesie als schmeichelnder Spiegel in Frauenhand. Zu Julius Rodenbergs Gedicht »Die reinen Frauen«. In: Häntzschel 1984, 324–333.

– (Hrsg.): Erzählte Kriminalität. zur Typologie und Funktion von narrativen Darstellungen in Strafrechtspflege, Publizistik und Literatur zwischen 1770 und 1920; Vorträge zu einem interdisziplinären Kolloquium, Hamburg, 10.–12. April 1985. Tübingen 1991.

– : Berthold Auerbachs *Schwarzwälder Dorfgeschichten* der 40er und 50er Jahre als Beispiel eines ›literarischen Wandels‹? Titzmann 2002, 331–345.

Schorske, Carl E.: Fin-de-Siècle Vienna. Politics and Culture. New York 1961, repr. 1981.

Schrader, Hans-Jürgen: Gedichtete Dichtungstheorie im Werk Raabes. Exemplifiziert an »Alte Nester«. In: JRG 1989, 1–27 (a).

– : »Höxter und Corvey«. Tragisches Erleben und humoristischer Freiblick in verworrenen Zeiten. Nachwort. In: Wilhelm Raabe: Höxter und Corvey. Eine Erzählung. Hrsg. von H.-J.S. Stuttgart 1989, 189–213 (b).

– : Im Schraubstock moderner Marktmechanismen. Vom Druck Kellers und Meyers in Rodenbergs *Deutscher Rundschau*. Zürich 1994.

– : Autorfedern unter Preß-Autorität. Mitformende Marktfaktoren der realistischen Erzählkunst – am Beispiel Storms, Raabes und Kellers. In: JRG 2001, 1–40.

Schulte-Sasse, Jochen/Renate Werner: Einführung in die Literaturwissenschaft. München ⁴1986.

Schuster, Peter-Klaus: Theodor Fontane: *Effi Briest* – ein Leben nach christlichen Bildern. Tübingen 1978.

Schwab, Hans-Rüdiger: Helden, hoffnungslos. Felix Dahns *Ein Kampf um Rom* als gründerzeitliche Schicksalstragödie. In: WW 51 (2001), 211–234.

Selbmann, Rolf: Gottfried Keller: Kleider machen Leute. München 1985.

– : »Das Poetische hat immer recht«. Zur Bedeutung der Poesie in Fontanes Roman »Frau Jenny Treibel«. Zu Jenny Treibels 100. Geburtstag. In: FBl 54 (1992), 101–109.

– : Die simulierte Wirklichkeit. Zur Lyrik des Realismus. Bielefeld 1999.

– : Gottfried Keller. Romane und Erzählungen. Berlin 2001.

Sengle, Friedrich: Das historische Drama in Deutschland. Geschichte eines literarischen Mythos. Stuttgart 1974.

– : Biedermeierzeit. Deutsche Literatur im Spannungsfeld zwischen Restauration und Revolution 1815–1848. 3 Bde. Stuttgart 1971–80.

– : Storms lyrische Eigenleistung. Abgrenzung von anderen großen Lyrikern des 19. Jahrhunderts. In: STSG 28 (1979), 9–33.

Silz, Walter: Meyer: ›Der Heilige‹ [1954]. In: Deutsche Erzählungen von Wieland bis Kafka. Interpretationen, Bd.4. Hrsg. von Jost Schillemeit. Frankfurt a.M. 1966, 260–283.

Simmel, Georg: Vom Realismus in der Kunst [1908]. In: Ders.: Vom Wesen der Moderne. Essays zur Philosophie und Ästhetik. Hrsg. von Werner Jung. Hamburg 1990, 311–327.

Simon, Ralf: Dekonstruktiver Formalismus des Heiligen. Zu C.F. Meyers Novelle »Der Heilige« und »Die Versuchung des Pescara«. In: ZfdPh 116 (1991), 224–253.

– : Gespenster des Realismus. Moderne Konstellation in den Spätwerken von Raabe, Stifter und C.F. Meyer. In: Konzepte der Moderne. Hrsg. von Gerhart von Graevenitz. Stuttgart 1999, 202–234.

Sjogren, Christine Oertel: The Frame of *Der Waldbrunnen* Reconsidered: A Note on Adalbert Stifter's Aesthetics. In: Modern Austrian Literature 19 (1986), 9–25.

Sohns, Jan-Arne: An der Kette der Ahnen. Geschichtsreflexion im deutschsprachigen historischen Roman 1870–1880. Berlin 2004.

Sorg, Bernhard: Zur literarischen Schopenhauer-Rezeption im 19. Jahrhundert. Heidelberg 1975.

Söring, Jürgen: Wagner – Meyer – Nietzsche. In: Ritzer 2001, 51–72.

Sottong, Hermann J.: Transformation und Reaktion. Historisches Erzählen von der Goethezeit zum Realismus. München 1992.

Spies, Bernhard: Der Luxus der Moral. Eine Studie zu Paul Heyses Novellenwerk. In: LfL 1982, 146–163.

Sprengel, Joh. Georg: Die Notlage des deutschen Unterrichts auf den höheren Schulen insbesondere auf dem humanistischen Gymnasium. Berlin 1909.

– : Die neuere deutsche Dichtung in der Schule. Frankfurt a.M. 1911.

Sprengel, Peter: Die inszenierte Nation. Deutsche Festspiele 1813–1913. Mit ausgewählten Texten. Tübingen 1991.

– : Geschichte der deutschsprachigen Literatur 1870–1900. Von der Reichsgründung bis zur Jahrhundertwende. München 1998.

Spriewald, Ingeborg: Vom »Eulenspiegel« zum »Simplicissimus«. Zur Genesis des Realismus in den Anfängen der deutschen Prosaerzählung. Berlin 1974.

Stadler, Arnold: Mein Stifter. Portrait eines Selbstmörders in spe und fünf Photographien. Köln 2005.

Staiger, Emil: Adalbert Stifter: Der Nachsommer [1942]. In: Ders.: Meisterwerke deutscher Sprache aus dem neunzehnten Jahrhundert. Frankfurt a.M. 1973, 163–176.

– : Das Spätboot. Zu Conrad Ferdinand Meyers Lyrik [zuerst 1952]. In: Ders.: Die Kunst der Interpretation. Studien zur deutschen Literaturgeschichte. München 1971, 205–235.

Stauch-von Quitzow, Wolfgang: Ein Lustspiel der Versöhnung. Gustav Freytags »Journalisten« und ihr komödiengeschichtlicher Standort. In: Neue Zürcher Zeitung vom 14. März 1986 (Fernausgabe 60), 39 f.

Steinbrink, Bernd: Abenteuerliteratur des 19. Jahrhunderts in Deutschland. Studien zu einer vernachlässigten Gattung. Tübingen 1983.

Steinecke, Hartmut: Romantheorie und Romankritik in Deutschland. Die Entwicklung des Gattungsverständnisses von der Scott-Rezeption bis zum programmatischen Realismus. 2 Bde. Stuttgart 1975 und 1976.

– : Gustav Freytags *Soll und Haben* – ein ›realistischer‹ Roman? In: Formen realistischen Erzählens. Festschrift for Charlotte Jolles. Nottingham 1979, 108–119.

– : Gustav Freytag: *Soll und Haben* (1855). Weltbild und Wirkung eines deutschen Bestsellers. In: Denkler 1980, 138–152.

Stern, Joseph Peter M.: ›Effi Briest‹: ›Madame Bovary‹: ›Anna Karenina‹. In: MLR 52 (1957), 363–375.

– : On Realism. London 1973.

Stern, Martin: Raabe gegen ihn selbst in Schutz genommen. Gedanken zu seiner Erzählung »Die Innerste«. In: JRG 1994, 1–21.

Stern, William: Psychologie der frühen Kindheit bis zum sechsten Lebensjahre. 4., überarb. u. erw. Aufl. Leipzig 1927.

Stipriaan Pritchett, Rinske van: The Art of Comedy and Social Critique in Nineteenth-Century Germany. Charlotte Birch-Pfeiffer (1800–1868). Oxford 2005.

Stockhorst, Stefanie: Zwischen Mimesis und magischem Realismus. Dimensionen der Wirklichkeitsdarstellung in Kriminalnovellen von Droste-Hülshoff, Fontane und Raabe. In: JRG 2002, 50–81.

Stürmer, Michael: Das ruhelose Reich Deutschland 1866–1918. Berlin 1994 (= Siedler Deutsche Geschichte).

Swales, Martin: Epochenbuch Realismus. Romane und Erzählungen. Berlin 1997.

– : Replication, Representation, and Revalenta. On Flaubert, Keller and the Nineteenth-Century Realism. In: Barkhoff u. a. 2000, 219–227.

Syndikus, Hans Peter: Die Lyrik des Horaz. Eine Interpretation der Oden. 2 Bde. Darmstadt 1973.

Taraba, Wolfgang: Conrad Ferdinand Meyers *Jürg Jenatsch*: Geschichte in der Geschichte. In: De consolatione philologiae. Studies in honor of Evelyn Firchow. Hrsg. von Anna Grotans. Göppingen 2000, Bd. 2, 551–569.

Terpstra, Jan Ulbe: Storms Novelle »Renate« und der Würzburger Hexenprozeß der Renate Singer im Jahre 1749. In: STSG 23 (1974), 47–54.

Theel, Robert: Kommunikationsstörungen. Gustav Freytags Kritik an Parteipresse und Politikgesellschaft in seinem Lustspiel *Die Journalisten*. In: Euphorion 90 (1996), 185–205.

Theissing, Heinrich: Wilhelm Busch, die Romantik und die Renaissance. Die Grotteske und das Groteske. In: Romantik und Renaissance. Die Rezeption der italienischen Renaissance in der deutschen Romantik. Hrsg. von Silvio Vietta. Stuttgart 1994, 253–279.

Thielking, Sigrid: »Nur wer im Wohlstand lebt, lebt angenehm!« Rührpoesie und Renommage in Th. Fontanes *Frau Jenny Treibel*. In: LfL 20 (1997), 133–142.

– : Didaktik der Literaturgeschichte als permanente Umbaulandschaft. Zum Beispiel: ›Poetischer‹ Realismus. In: DU 55,6 (2003), 44–53.

Thomé, Horst: Autonomes Ich und ›Inneres Ausland‹. Studien über Realismus, Tiefenpsychologie und Psychiatrie in deutschen Erzähltexten 1848–1914. Tübingen 1993.

Thormann, Michael: Der programmatische Realismus der *Grenzboten* im Kontext von liberaler Politik, Philosophie und Geschichtsschreibung. In: IASL 18 (1993), 37–68.

– : Realismus als Intermezzo. Bemerkungen zum Ende eines Literatur- und Kunstprogramms. In: WB 42 (1996), 561–587.

Titzmann, Michael: Die Konzeption der ›Germanen‹ in der deutschen Literatur des 19. Jahrhunderts. In: Nationale Mythen und Symbole in der zweiten Hälfte des 19. Jahrhunderts. Hrsg. von Jürgen Link und Wulf Wülfing. Stuttgart 1991, 118–143.

– : An den Grenzen des späten Realismus. C.F. Meyers *Die Versuchung des Pescara*. Mit einem Exkurs zum Begriff ›Realismus‹. In: R. Zeller 2000, 97–140.

– (Hrsg.): Zwischen Goethezeit und Realismus. Tübingen 2002.

– : Wilhelm Raabes *Ein Frühling* und die Konstituierung des »Realismus« in den 1850er Jahren. In: Ecker/Titzmann 2002, 13–44 (a).

– : ›Grenzziehung‹ vs. ›Grenztilgung‹. Zu einer fundamentalen Differenz der Literatursysteme ›Realismus‹ und ›Frühe Moderne‹. In: Krah/Ort 2002, 181–209 (b).

– : *Epoche* und *Literatursystem*. Ein terminologisch-methodologischer Vorschlag. In: Mitteilungen des Deutschen Germanistenverbandes. Themenheft: Epochen. 49 (2002), 294–307 (c).

Todorov, Almut: Lyrik und Realismus in der Mitte des 19. Jahrhunderts. In: K.-D. Müller 1981, 238–254.

Todorov, Tzvetan: Einführung in die fantastische Literatur. Berlin 1975.

Treitschke, Heinrich von: Friedrich Hebbel. In: Ders.: Ausgewählte Schriften. Leipzig ⁵1912, 2. Bd, 328–357.

Tschernyschewski, N.G.: Die ästhetischen Beziehungen der Kunst zur Wirklichkeit. In: Ders.: Ausgewählte philosophische Schriften. Übers. von Alfred Kurella. Moskau 1953, 362–493.

Tscherpel, Roland: Freiheit und Geschichte in Hebbels »Nibelungen«. In: Hebbel-Jahrbuch 1984, 37–60.

Ueding, Gert: Wilhelm Busch. Das 19. Jahrhundert en miniature. Frankfurt a. M. 1977.

Ullmann, Christiane: Form and Content of Paul Heyse's Novelle *Andrea Delfin*. In: Seminar 12 (1976), 109–120.

Valenta, Reinhard: Franz von Poccis Münchener Kulturrebellion. Alternatives Theater in der Zeit des bürgerlichen Realismus. München 1991.

Villanueva, Dario: Theories of Literary Realism. New York 1997.

Vormweg, Uwe: Wilhelm Raabe. Die historischen Romane und Erzählungen. Paderborn 1993.

Voss, Lieselotte: Literarische Präfiguration dargestellter Wirklichkeit bei Fontane. Zur Zitatstruktur seines Romanwerks. München 1985.

Wahl, Hans Rudolf: Die Religion des deutschen Nationalismus. Eine mentalitätsgeschichtliche Studie zur Literatur des Kaiserreichs: Felix Dahn, Ernst von Wildenbruch, Walter Flex. Heidelberg 2002 [über *Ein Kampf um Rom*, 31–148].

Walter-Schneider, Margret: Das Unzulängliche ist das Angemessene. Über die Erzählerfigur in Stifters *Nachsommer*. In: JDSG 34 (1990), 317–342.

Wandrey, Conrad: Theodor Fontane. München 1919.

Weimann, Robert (Hrsg.): Realismus in der Renaissance. Aneignung der Welt in der erzählenden Prosa. Berlin/Weimar 1977.

– : Zu Genesis und Struktur realistischer Weltaneignung. Grundzüge eines historisch-funktionalen Realismusbegriffs. In: Jahrbuch der internationalen Germanistik 11 (1979), 12–41.

Wellek, René: Der Realismusbegriff in der Literaturwissenschaft [zuerst 1961]. In: Brinkmann 1969, 400–433.

Wende, Waltraud: »Es gibt ... viele Leben, die keine sind ...« Effi Briest und Baron von Innstetten im Spannungsfeld zwischen gesellschaftlichen Verhaltensmaximen und privatem Glücksanspruch. In: Delf von Wolzogen/Nürnberger 2000, Bd. 2, 147–160.

White, Hayden: The Value of of Narrativity in the Representation of Reality. In: Critical Inquiry 7 (1980), 5–27.

Widdig, Bernd: Mode und Moderne. Gottfried Kellers »Kleider machen Leute«. In: Merkur 48 (1994), 109–123.

Widhammer, Helmuth: Realismus und klassizistische Tradition. Zur Theorie der Literatur in Deutschland 1848–1860. Tübingen 1972.

– : Die Literaturtheorie des deutschen Realismus (1848–1860). Stuttgart 1977.

Wierlacher, Alois: Reinbecks Novellentheorie. Zur Situationsnovelle des 19. Jahrhunderts. In: Jahrbuch des Freien Deutschen Hochstifts 1981, 430–447.

Wiese, Benno von: Die deutsche Tragödie von Lessing bis Hebbel [1948]. Hamburg [8]1973.

– : Wilhelm Raabe. Die Innerste. In: Ders.: Die deutsche Novelle von Goethe bis Kafka. Interpretationen. II. Düsseldorf 1962, 198–215.

Wiesmüller, Wolfgang: Geschichte als Kassandra? Zum Verhältnis von Historie und Dichtung bei Adalbert Stifter. In: Ästhetik der Geschichte. Hrsg. von Johann Holzner und W.W. Innsbruck 1995, 61–75.

Wilkending, Gisela (Hrsg.): Mädchenliteratur der Kaiserzeit. Zwischen weiblicher Identifizierung und Grenzüberschreitung. Stuttgart 2003.

Willems, Gottfried: Anschaulichkeit. Zu Theorie und Geschichte der Wort-Bild-Beziehungen und des literarischen Darstellungsstils. Tübingen 1989.

Winterscheid, Friedrich: Deutsche Unterhaltungsliteratur der Jahre 1850–1860. Die geistesgeschichtlichen Grundlagen der unterhaltenden Literatur an der Schwelle des Industriezeitalters. Bonn 1970.

Wittkowski, Wolfgang: Die Bestialität in Handschuhen: *Gyges und sein Ring*. In: Günter Häntzschel (Hrsg.): »Alles Leben ist Raub«. Aspekte der Gewalt bei Friedrich Hebbel. München 1992, 195–218.

Wolpers, Theodor: Der Realismus in der englischen Literatur. In: Europäischer Realismus. Hrsg. von R. Lauer. Wiesbaden 1980, 89–184.

Wolpert, Georg: »Für mich haben Bücher Physiognomien wie die Menschen.« Die Verlagseinbände der ersten Buchausgaben Theodor Fontanes. Eine Annäherung. In: Einbandforschung 2003, H. 13, 37–46.

– : »Fire, but don't hurt the flag!« Die Verlagseinbände der ersten Buchausgaben Theodor Fontanes (Teil I). In: FBl 80 (2005), 125–155.

Worthmann, Joachim: Probleme des Zeitromans. Studien zur Geschichte des deutschen Romans im 19. Jahrhundert. Heidelberg 1974.

Wunberg, Gotthart: Rondell und Poetensteig. Topographie und implizite Poetik in Fontanes *Stechlin*. In: Literaturwissenschaft und Geistesgeschichte. Festschrift für Richard Brinkmann. Tübingen 1981, 458–473.

Wünsch, Marianne: Eigentum und Familie. Raabes Spätwerk und der Realismus. In: JDSG 31 (1987), 248–266.

– : Vom späten »Realismus« zur »Frühen Moderne«: Versuch eines Modells des literarischen Strukturwandels. In: Modelle des literarischen Strukturwandels. Hrsg. von Michael Titzmann. Tübingen 1991, 187–203.

– : Experimente Storms an den Grenzen des Realismus: neue Realitäten in »Schweigen« und »Ein Bekenntnis«. In: STSG 41 (1992), 13–23.

– : »Tod« in der Erzählliteratur des deutschen Realismus. In: JRG 1999, 1–14.

– : Die realitätsschaffende Kraft des Wortes. Zu C.F. Meyers *Die Richterin*. In: R. Zeller 2000, 77–95.

– : Grenzerfahrung und Epochengrenze. Sterben in C.F. Meyers *Die Versuchung des Pescara* und Arthur Schnitzlers *Sterben*. In: Norm – Grenze – Abweichung. Kultursemiotische Studien zu Literatur, Medien und Wirtschaft. Michael Titzmann zum 60. Geburtstag. Hrsg. von Gustav Frank und Wolfgang Lukas. Passau 2004, 127–146.

Wuthenow, Ralph-Rainer: Einleitung. In: Epochen der deutschen Lyrik 1830–1900. Hrsg. von R.-R.W. München 1970, 5–12.

Wysling, Hans: »Jürg Jenatsch«. In: Conrad Ferdinand Meyer 1825–1898. Hrsg. von H.W. und Elisabeth Lott-Bütiker. Zürich 1998, 227–257.

Yates, W. Edgar: The Idea of the ›Volksstück‹ in Nestroy's Vienna. In: German Life & Letters NS 38 (1985), 462–473.

– : »Die Sache hat bereits ein fröhliches Ende erreicht!« Nestroy und das Happy-End«. In: Jean-Marie Valentin (Hrsg.): Das österreichische Volkstheater im europäischen Zusammenhang 1830–1880. Berne 1988, 71–86.

Zäch, Alfred: Conrad Ferdinand Meyer. Dichtkunst als Befreiung aus Lebenshemmnissen. Frauenfeld 1973.

Zeller, Hans/Rosmarie Zeller: Zu Conrad Ferdinand Meyers Gedicht »Auf Goldgrund«. In: Häntzschel 1984, 385–398 (a).

Zeller, Hans/Rosmarie Zeller: Zu Conrad Ferdinand Meyers *Rose von Newport*. In: Häntzschel 1984, 411–418 (b).

Zeller, Rosmarie: Realismusprobleme in semiotischer Sicht. In: Jahrbuch der internationalen Germanistik 12 (1980), 84–101.

– : Schweizer Autoren und die Reichsgründung. Gottfried Keller und C.F. Meyer. In: Literatur und Nation. Die Gründung des Deutschen Reiches 1871 in der deutschsprachigen Literatur. Hrsg. von Klaus Amann und Karl Wagner. Wien 1996, 461–477.

– (Hrsg.): Conrad Ferdinand Meyer im Kontext. Beiträge des Kilchberger Kolloquiums. Heidelberg 2000.

Zeman, Herbert: Ethos und Wirklichkeitsdarstellung – literarhistorische Überlegungen zum österreichischen Realismus. In: Lauter Einzelfälle. Bekanntes und Unbekanntes zur neueren österreichischen Literatur. Hrsg. von Karlheinz F. Auckenthaler. Bern 1996, 147–167.

Ziegler, Edda/Gotthard Erler: Theodor Fontane. Lebensraum und Phantasiewelt. Eine Biographie. Berlin 1996.

Zimmerli, Walther Ch.: Das vergessene Problem der Neuzeit. Realismus als nicht nur ästhetisches Konzept. In: Jahrbuch der internationalen Germanistik 16 (1984), 18–79.

Personenregister

Das Register erfasst nur die im Text vorkommenden Namen. Bloße Namensnennungen in den Literaturverweisen wurden in der Regel nicht berücksichtigt.